Windows 11

Tipps und Tricks in Bildern

von
Jörg Hähnle und Mareile Heiting

Wir hoffen, dass Sie Freude an diesem Buch haben und sich Ihre Erwartungen erfüllen. Ihre Anregungen und Kommentare sind uns jederzeit willkommen. Bitte bewerten Sie doch das Buch auf unserer Website unter **www.rheinwerk-verlag.de/feedback**.

An diesem Buch haben viele mitgewirkt, insbesondere:

Lektorat Erik Lipperts
Korrektorat Friederike Daenecke, Zülpich
Herstellung Maxi Beithe
Typografie und Layout Vera Brauner
Einbandgestaltung Mai Loan Nguyen Duy
Coverbilder shutterstock273431822 © Billion Photos, iStockphoto 496563653 © chictype
Satz Christine Netzker
Druck mediaprint solutions, Paderborn

Gesetzt wurde dieses Buch aus der Linotype Syntax Next (10,25 pt/14,25 pt) in Adobe InDesign.
Gedruckt wurde es auf mattgestrichenem Bilderdruckpapier (115 g/m²).
Hergestellt in Deutschland.

Bibliografische Information der Deutschen Nationalbibliothek:
Die Deutsche Nationalbibliothek verzeichnet diese Publikation in der Deutschen Nationalbibliografie; detaillierte bibliografische Daten sind im Internet über *http://dnb.dnb.de* abrufbar.

978-3-8421-0910-0

3., aktualisierte Auflage 2022, 1. Nachdruck 2022

Vierfarben ist eine Marke des Rheinwerk Verlags. Der Name Vierfarben spielt an auf den Vierfarbdruck, eine Technik zur Erstellung farbiger Bücher. Der Name steht für die Kunst, die Dinge einfach zu machen, um aus dem Einfachen das Ganze lebendig zur Anschauung zu bringen.

Informationen zu unserem Verlag und Kontaktmöglichkeiten finden Sie auf unserer Verlagswebsite **www.rheinwerk-verlag.de**. Dort können Sie sich auch umfassend über unser aktuelles Programm informieren und unsere Bücher und E-Books bestellen.

Liebe Leserin, lieber Leser,

mit Windows 11 hat Microsoft sein bewährtes Betriebssystem einer Frischzellenkur unterzogen. Viele Funktionen mögen intuitiv und leicht verständlich sein, doch manche Situation erfordert kompetente Hilfe. Auch Sie suchen sicherlich ab und an nach konkreten Lösungen, praktischen Tipps, versteckten Einstellungen oder gar nach verschwundenen Ordnern. Dann haben Sie mit diesem Buch die richtige Wahl getroffen.

Die Autoren Jörg Hähnle und Mareile Heiting kennen nicht nur die drängendsten Fragen zu Windows 11 – hier geben sie Ihnen die benötigten Antworten. Deshalb freue ich mich, dass die beiden in diesem Buch mehr als 160 nützliche Tipps zu Dateien und Ordnern, zur Registry, zur Wartung oder zur Datensicherung für Sie zusammengestellt haben. Und dank des übersichtlichen Bild-für-Bild-Formats werden Sie schnell fündig, erhalten verständliche Anleitungen und sparen so Zeit und Nerven.

Dieses Buch wurde mit größter Sorgfalt geschrieben und hergestellt. Sollten Sie dennoch einmal Fehler finden oder inhaltliche Anregungen haben, freue ich mich, wenn Sie mit mir in Kontakt treten. Für konstruktive Kritik bin ich dabei ebenso offen wie für lobende Worte. Doch zunächst einmal wünsche ich Ihnen viel Freude beim Lesen!

Ihr Erik Lipperts
Lektorat Vierfarben

erik.lipperts@rheinwerk-verlag.de

Inhalt

Teil I Tipps für die tägliche Arbeit

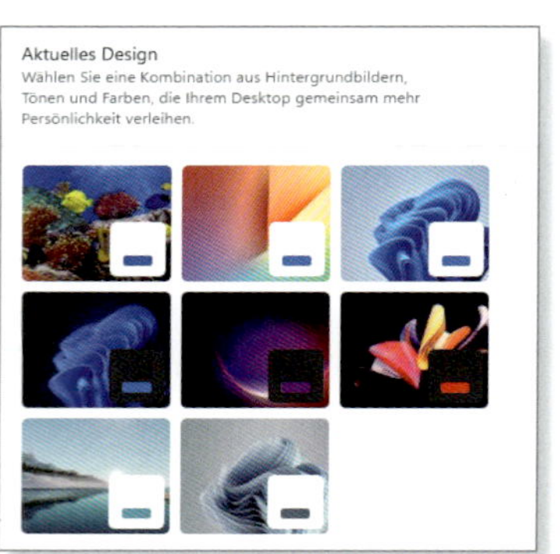

Inhalt

Akzentfarbe
Zuletzt verwendete Farben
Windows-Farben

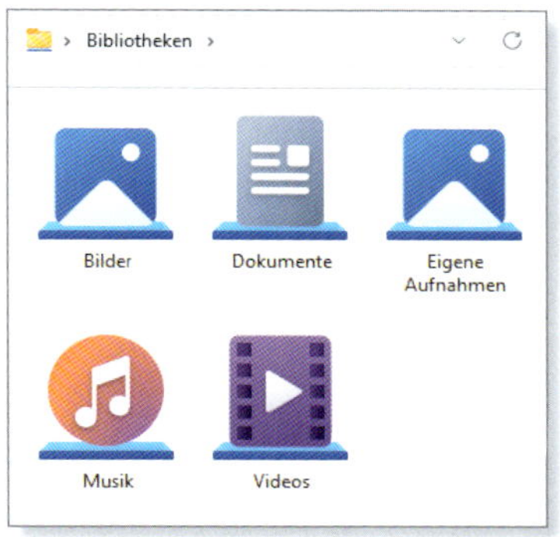

Bibliotheken
Bilder
Dokumente
Eigene Aufnahmen
Musik
Videos

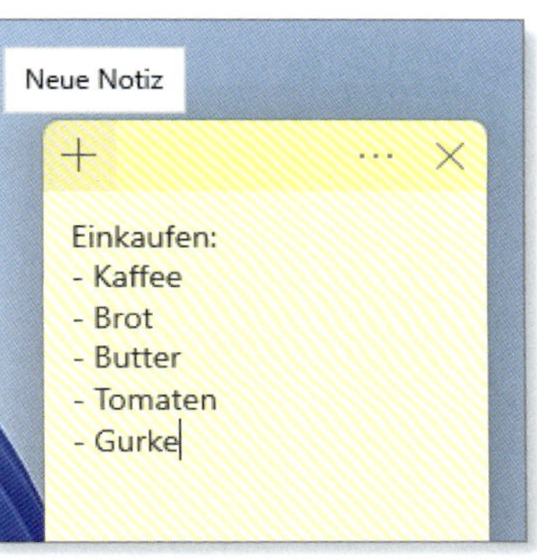

Neue Notiz
Einkaufen:
- Kaffee
- Brot
- Butter
- Tomaten
- Gurke

Inhalt

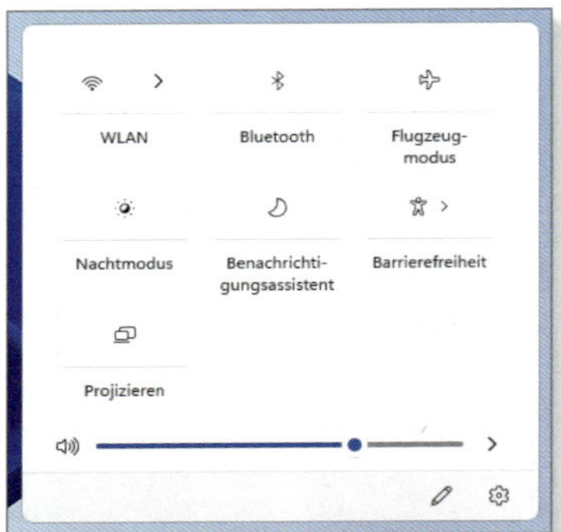
WLAN
Bluetooth
Flugzeug-modus
Nachtmodus
Benachrichti-gungsassistent
Barrierefreiheit
Projizieren

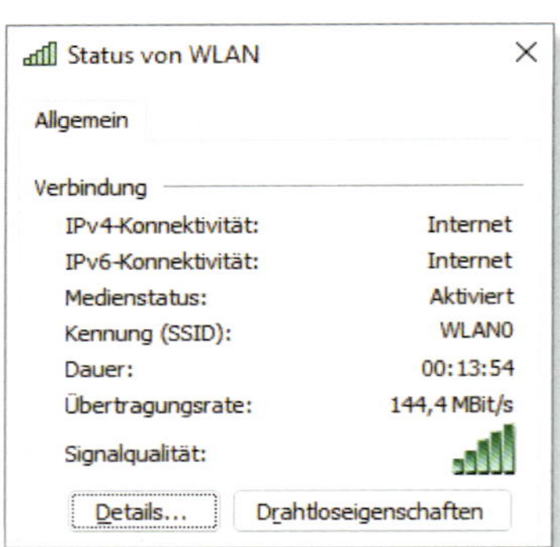
Status von WLAN
Allgemein
Verbindung
IPv4-Konnektivität: Internet
IPv6-Konnektivität: Internet
Medienstatus: Aktiviert
Kennung (SSID): WLAN0
Dauer: 00:13:54
Übertragungsrate: 144,4 MBit/s
Signalqualität:
Details...
Drahtloseigenschaften

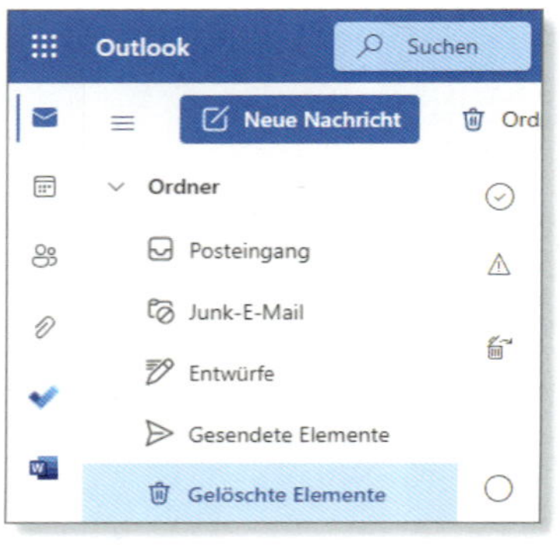
Outlook
Suchen
Neue Nachricht
Ord
Ordner
Posteingang
Junk-E-Mail
Entwürfe
Gesendete Elemente
Gelöschte Elemente

Inhalt

Automatisch verbessern
Original
Lochen
Goldfarben
Strahlen
Warmer Kontrast
Ruhig

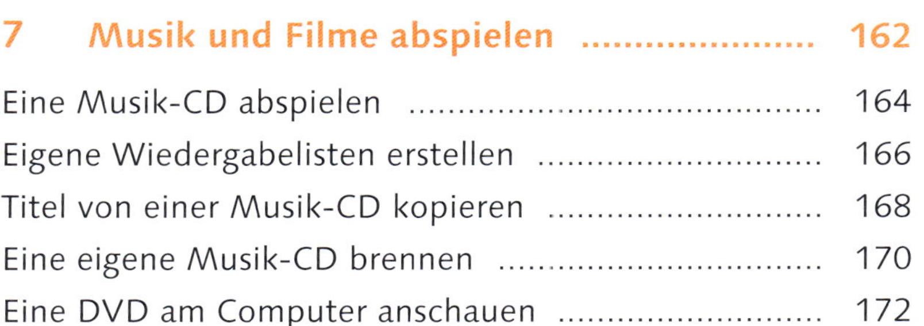

Wiederge...
Brennen
Synchron...
Brennen starten
Liste löschen
CD-Laufwerk (E:)
Audio-CD
6:11 verfügbar auf dem letz...
CD R
Brennliste
Datenträger 1 (73:12)
Honey Honey - ABBA
2:55

Inhalt

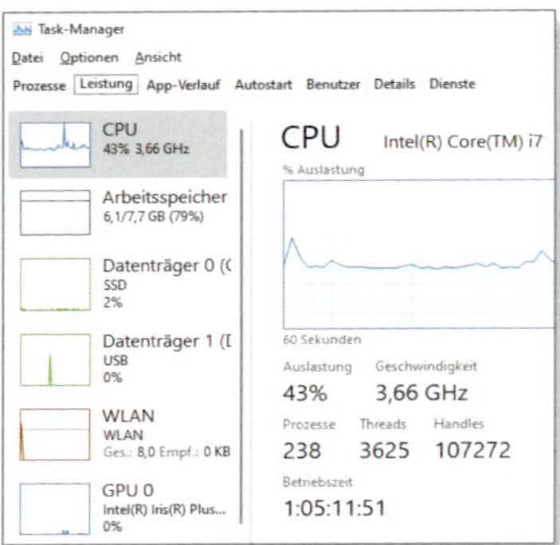
Task-Manager
Datei Optionen Ansicht
Prozesse Leistung App-Verlauf Autostart Benutzer Details Dienste
CPU
43% 3,66 GHz
Arbeitsspeicher
6,1/7,7 GB (79%)
Datenträger 0 (C
SSD
2%
Datenträger 1 (I
USB
0%
WLAN
WLAN
GPU 0
Intel(R) Iris(R) Plus...
0%
CPU
Intel(R) Core(TM) i7
% Auslastung
60 Sekunden
Auslastung
Geschwindigkeit
43%
3,66 GHz
Prozesse
Threads
Handles
238
3625
107272
Betriebszeit
1:05:11:51

Bremen, HB
21° C
F
Sonnig
Zuletzt aktualisiert um 15:02
Täglich
9. Mo
24° 13°
Teilweise sonnig
10. Di
25° 14°
Bewölkt
11. Mi
23° 12°
Teilweise sonnig
12. Do
19° 8°
Teilweise sonnig
Stündlich

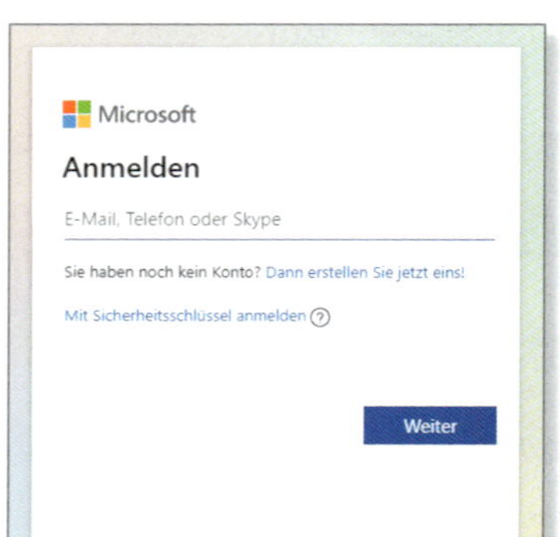
Microsoft
Anmelden
E-Mail, Telefon oder Skype
Sie haben noch kein Konto? Dann erstellen Sie jetzt eins!
Mit Sicherheitsschlüssel anmelden
Weiter

Inhalt

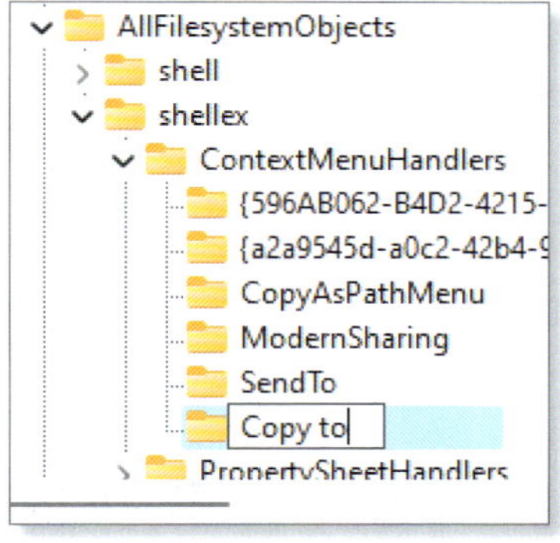

AllFilesystemObjects
shell
shellex
ContextMenuHandlers
CopyAsPathMenu
ModernSharing
SendTo
Copy to

Mareile Heiting
PIN
Ich habe meine PIN vergessen.

Inhalt

Windows Update
Sie sind auf dem neuesten Stand.
Letzte Überprüfung: Heute, 09:54
Weitere Optionen
Updates aussetzen
Updateverlauf

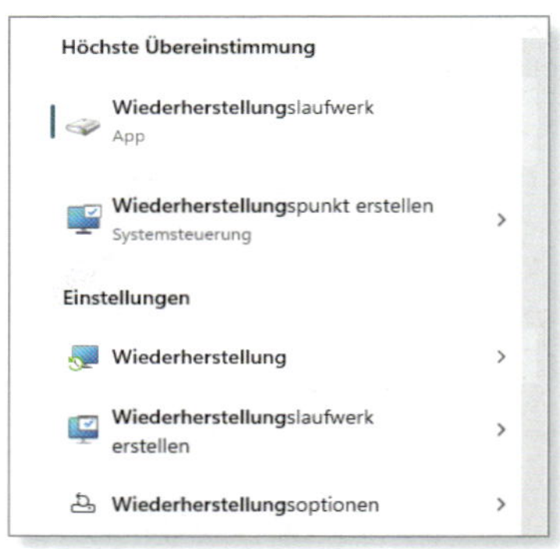
Höchste Übereinstimmung
Wiederherstellungslaufwerk
App
Wiederherstellungspunkt erstellen
Systemsteuerung
Einstellungen
Wiederherstellung
Wiederherstellungslaufwerk erstellen
Wiederherstellungsoptionen

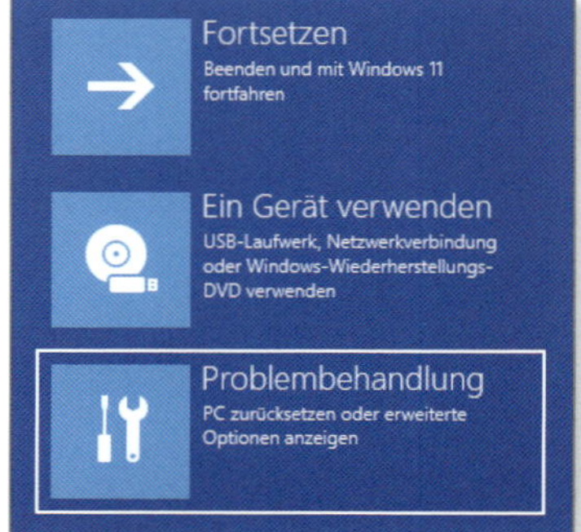
Fortsetzen
Beenden und mit Windows 11 fortfahren
Ein Gerät verwenden
USB-Laufwerk, Netzwerkverbindung oder Windows-Wiederherstellungs-DVD verwenden
Problembehandlung
PC zurücksetzen oder erweiterte Optionen anzeigen

Inhalt

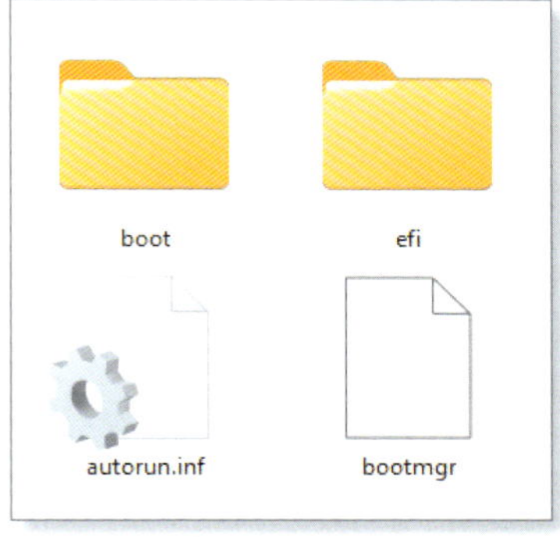

boot
efi
autorun.inf
bootmgr

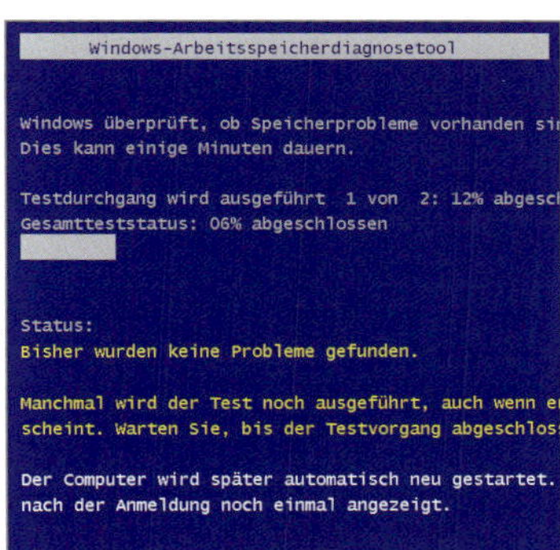

Windows-Arbeitsspeicherdiagnosetool
Windows überprüft, ob Speicherprobleme vorhanden si
Dies kann einige Minuten dauern.
Testdurchgang wird ausgeführt 1 von 2: 12% abgesch
Gesamtteststatus: 06% abgeschlossen
Status:
Bisher wurden keine Probleme gefunden.
Manchmal wird der Test noch ausgeführt, auch wenn e
scheint. Warten Sie, bis der Testvorgang abgeschlos
Der Computer wird später automatisch neu gestartet.
nach der Anmeldung noch einmal angezeigt.

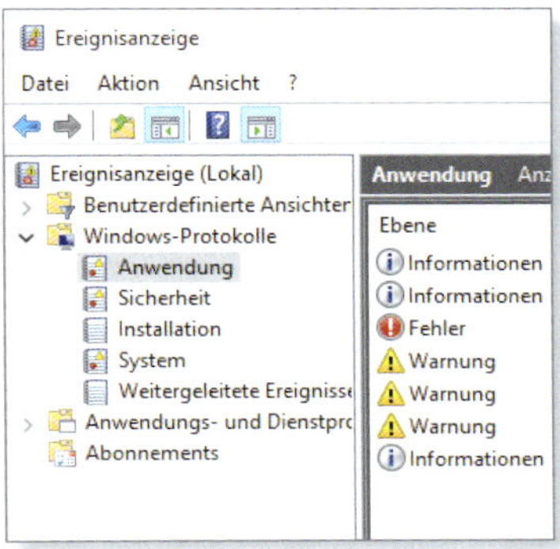

Ereignisanzeige
Datei Aktion Ansicht ?
Ereignisanzeige (Lokal)
Benutzerdefinierte Ansichter
Windows-Protokolle
Anwendung
Sicherheit
Installation
System
Weitergeleitete Ereigniss
Anwendungs- und Dienstpr
Abonnements
Anwendung
Ebene
Informationen
Informationen
Fehler
Warnung
Warnung
Warnung
Informationen

Kapitel 1
Windows besser im Griff

Der Computer ist hochgefahren, und kurz danach wird der Arbeitsplatz angezeigt. Mit jeder neuen Version bietet Windows ein neues Startmenü. Das ist auch unter Windows 11 nicht anders. Die zahlreichen bunten Kacheln, die das Startmenü von Windows 10 noch dominierten, gehören der Vergangenheit an. Stattdessen erscheint nur noch eine überschaubare Anzahl an Programmsymbolen. Welche Symbole können wie angeordnet werden? Wie passen Sie Maus, Textcursor und Tastatur Ihren Bedürfnissen an? Wir zeigen Ihnen, wie Sie nützliche Voreinstellungen für Ihr Windows-System vornehmen.

Das neue Startmenü

Das Startmenü erscheint unter Windows 11 in neuem Glanz ❶. Die Vielzahl an Symbolen repräsentiert Verknüpfungen zu Windows-Apps und Desktop-Programmen. Wie ist das Startmenü aufgebaut, und wie findet man hier Programme und Einstellungen? Auf den folgenden Seiten lernen Sie das Startmenü und die neue Suchfunktion kennen.

Maus, Textcursor und Tastatur auf Ihre Bedürfnisse einstellen

Die meisten Anwender nutzen Windows auf einem Schreibtisch-PC oder einem Laptop. Tastatur und Maus, die hier hauptsächlich genutzt werden, können Sie Ihren Bedürfnissen anpassen. Tun Sie sich z. B. schwer, die Position des Mauszeigers oder des Textcursors auf dem Bildschirm ausfindig zu machen, passen Sie einfach Größe und Farbe an ❷. Wie schnell die Maus auf Bewegungen und Doppelklicks reagiert und was passiert, wenn Sie das Mausrädchen drehen, lässt sich festlegen. Mithilfe akustischer Signale können Sie sich darauf aufmerksam machen lassen, falls Sie versehentlich die [⇩]-Taste drücken.

Arbeitsplatz, Taskleiste und Schnellstartmenü

Wie ist der Windows-Arbeitsplatz aufgebaut? Wie nutzt man die neue, in die Taskleiste integrierte Suchfunktion ❸ am effektivsten? In diesem Kapitel erfahren Sie, wie Sie die wichtigsten Bereiche der täglichen Arbeit nach Ihren Wünschen anpassen können und welche Möglichkeiten Ihnen das versteckte Schnellstartmenü bietet.

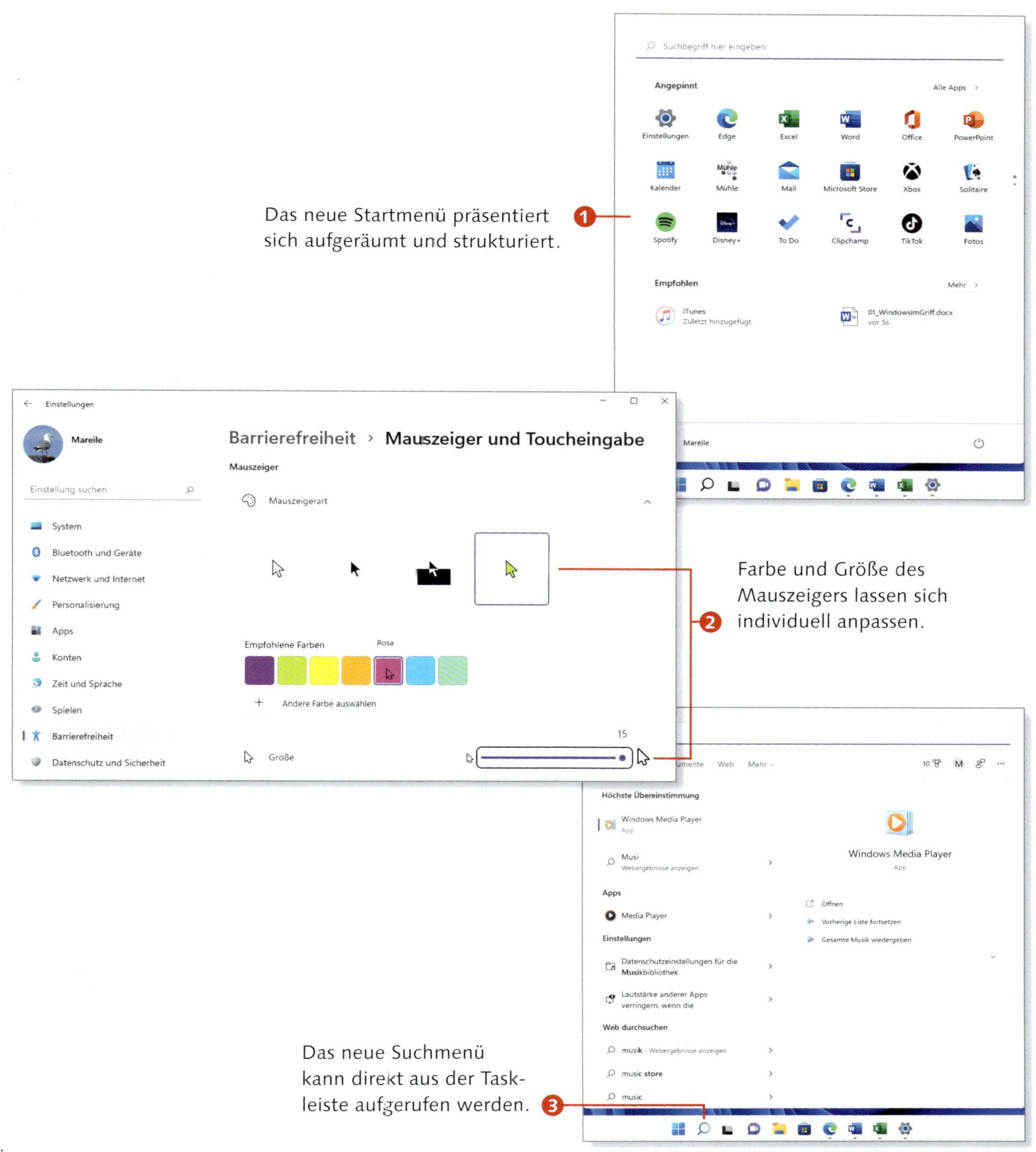

1 Das neue Startmenü präsentiert sich aufgeräumt und strukturiert.

2 Farbe und Größe des Mauszeigers lassen sich individuell anpassen.

3 Das neue Suchmenü kann direkt aus der Taskleiste aufgerufen werden.

Nützliche Tastenkombinationen

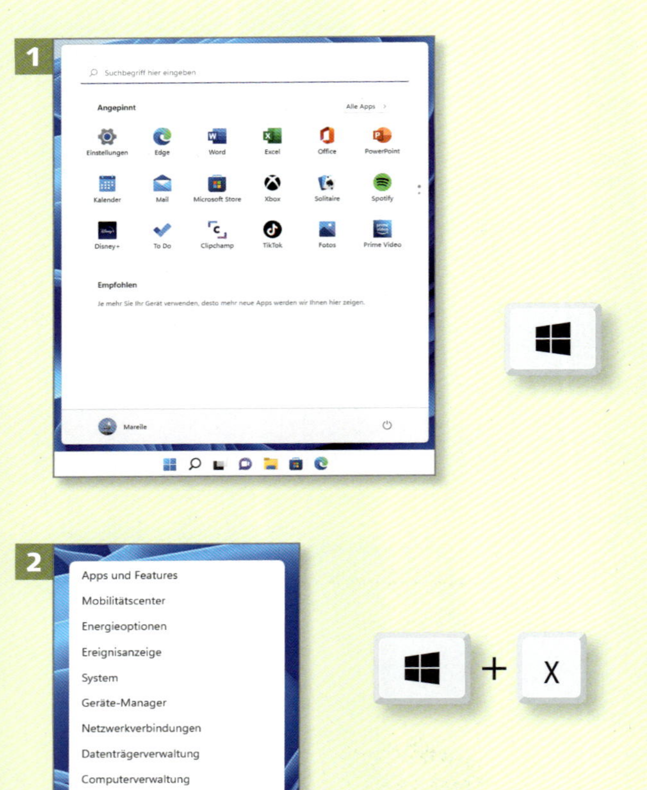

Auch für Windows 11 gibt es einige nützliche Tastenkombinationen, die Ihnen die tägliche Arbeit am Computer erleichtern.

1 Das Startmenü öffnen

Mit der Taste ⊞ öffnen Sie das neue Startmenü. Dies funktioniert sowohl auf dem Desktop als auch aus jeder Anwendung heraus. Drücken Sie die Taste erneut, um das Startmenü wieder zu schließen.

2 Das Schnellstartmenü

Das Schnellstartmenü (auch *Schnellzugriffsmenü* oder *Win-X-Menü* genannt) öffnen Sie über die Tasten ⊞ + X. Das Menü enthält direkte Zugriffe auf wichtige Systemeinstellungen wie die Energieoptionen oder den Geräte-Manager.

3 Programme auf der Taskleiste starten

⊞ + *Zahl* startet das Programm an der jeweiligen Position in der Taskleiste. Steht an zweiter Stelle z. B. das Symbol des Explorers ❶, öffnen Sie ihn mit ⊞ + 2. Vorsicht: Die Zählung beginnt erst bei dem ersten Symbol rechts von den fest in der Taskleiste verankerten Symbolen, im Bild also bei dem Chat-Symbol ❷.

4 Das Benachrichtigungs-center öffnen

Das Benachrichtigungscenter hält Benachrichtigungen zu wichtigen System- und Programmereignissen bereit und erlaubt den Zugriff auf viele Einstellungen. Mit der Tastenkombination [⊞] + [N] öffnen Sie es.

5 Einstellungen öffnen

In der Einstellungen-App finden Sie zahlreiche Konfigurationsmöglichkeiten für Ihr System. Die App lässt sich mit der Kombination [⊞] + [I] öffnen.

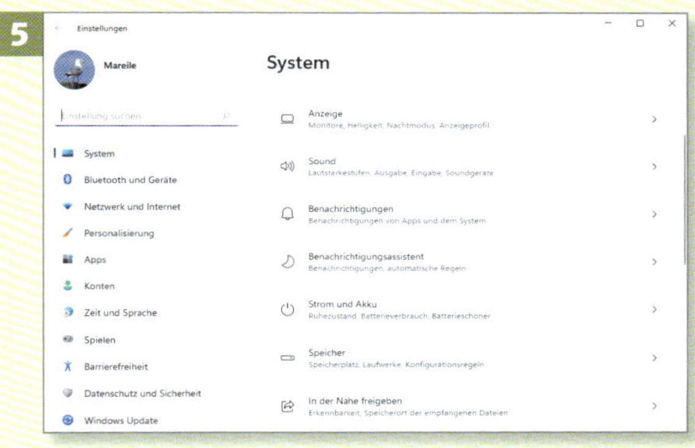

6 Den Computer sperren

Verlassen Sie Ihren Arbeitsplatz, können Sie Ihren Computer schnell und bequem mit den Tasten [⊞] + [L] sperren und ihn so vor den Blicken Unbefugter schützen. Für die Weiterarbeit ist die Eingabe Ihres Benutzerkennworts oder Ihrer PIN nötig.

Tastenkombinationen

Zahlreiche weitere Tastenkombinationen für die tägliche Arbeit unter Windows finden Sie im Internet unter der Adresse *www.paules-pc-forum.de*.

Das neue Startmenü im Überblick

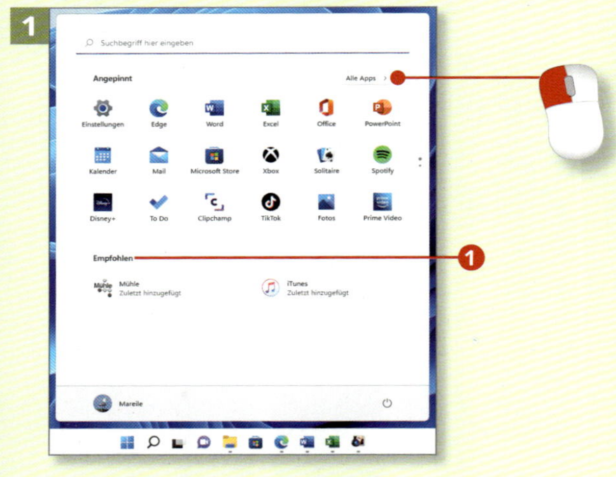

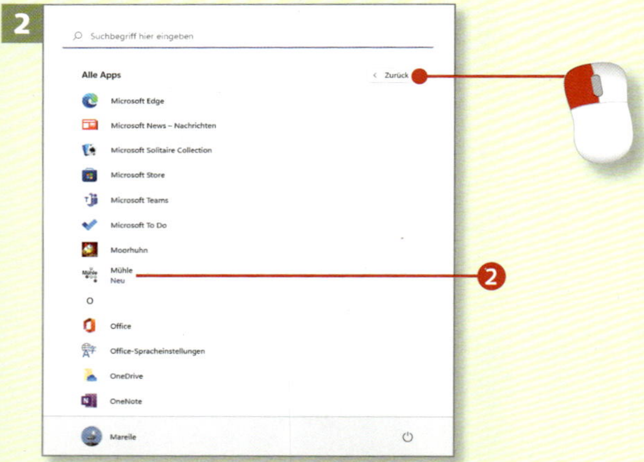

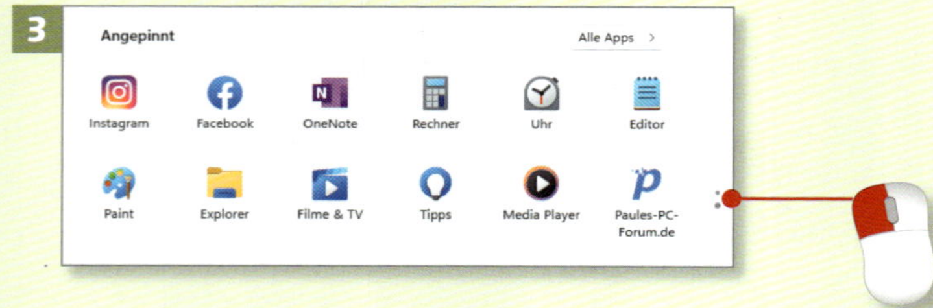

Das Startmenü von Windows 10 mit all seinen Kacheln fand nicht bei allen Zuspruch. Unter Windows 11 erscheint es nun in neuem Gewand. Viele seiner Möglichkeiten sind erst auf den zweiten Blick zu erkennen.

1 Neue Anwendungen

Neu installierte Programme werden zunächst im Startmenü im Bereich **Empfohlen** ❶ aufgeführt. Finden Sie es dort nicht, rufen Sie per Mausklick die Liste **Alle Apps** auf.

2 Alle Apps anzeigen

Sie sehen nun eine alphabetisch sortierte Liste. Mithilfe der Bildlaufleiste oder des Rädchens Ihrer Maus blättern Sie in der Liste. Neu hinzufügte Apps erkennen Sie anhand des Zusatzes **Neu** ❷. Über die Schaltfläche **Zurück** kehren Sie zur Startseite des Startmenüs zurück.

3 Angepinnte Apps

Der Bereich **Angepinnt** mit den Programmsymbolen fällt sofort ins Auge. Etwas versteckt ist die zweite Seite des Bereichs, den Sie über den unteren Punkt am rechten Rand erreichen. Alternativ blättern Sie mit dem Scrollrad der Maus von der ersten zur zweiten Seite und umgekehrt.

4 Symbole verschieben

Die Positionen der Programmsymbole legen Sie individuell fest. Positionieren Sie den Mauszeiger auf dem gewünschten Symbol, halten Sie die linke Maustaste gedrückt, und verschieben Sie das Symbol. An der gewünschten Stelle lassen Sie die Maustaste wieder los.

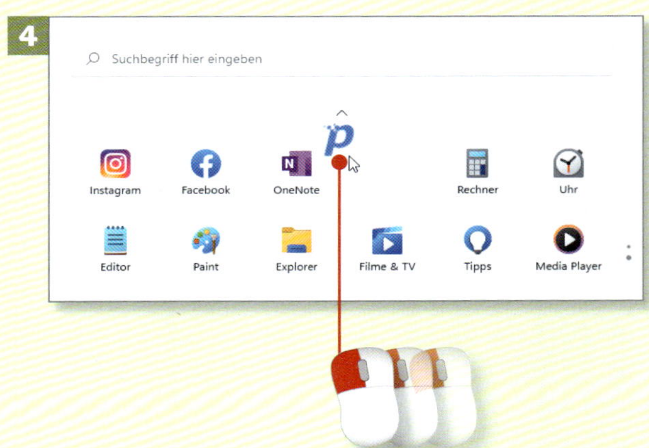

5 Symbole entfernen

Symbole nicht mehr benötigter Apps können Sie aus dem Startmenü lösen. Klicken Sie mit rechts auf das Programmsymbol und dann auf **Von "Start" lösen**.

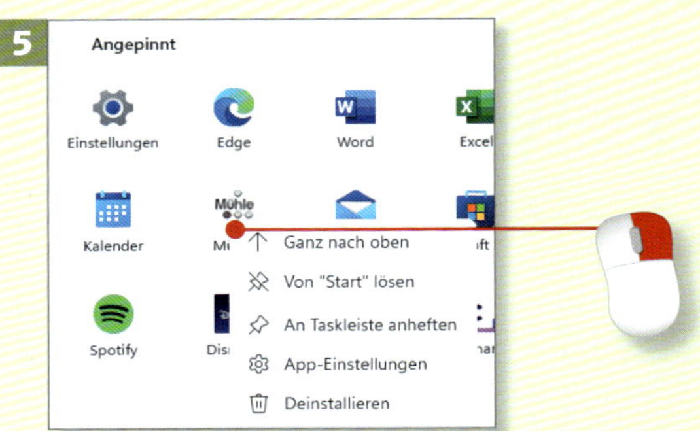

6 Kontoeinstellungen ändern

Der aktuelle Benutzer wird unten links angezeigt. Per Klick auf Ihr Profilbild können Sie die **Kontoeinstellungen ändern**, um z. B. ein anderes Profilbild zu verwenden. Über **Abmelden** können Sie sich vom System abmelden.

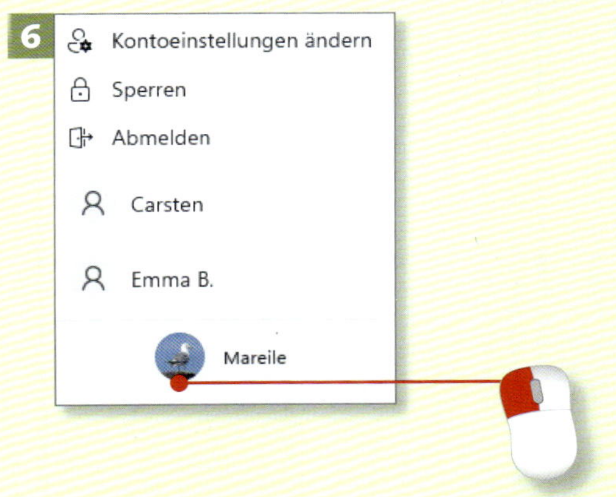

Programme wiederfinden

Aus dem Startmenü gelöste Programme finden Sie weiterhin in der App-Liste. Klicken Sie es mit der rechten Maustaste an, können Sie es mit **An „Start" anheften** jederzeit wieder in das Startmenü integrieren.

So ist der Windows-Desktop aufgebaut

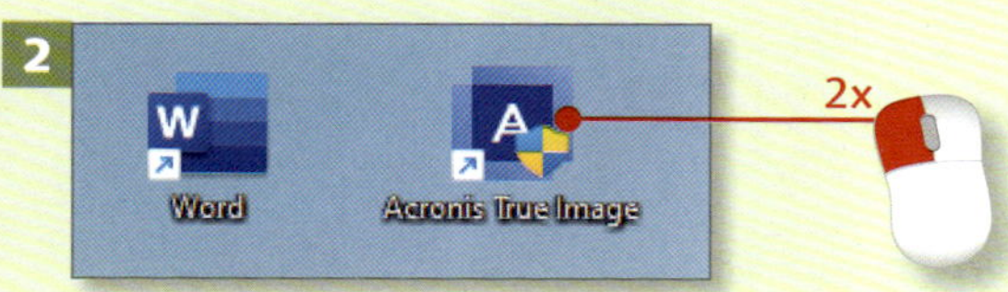

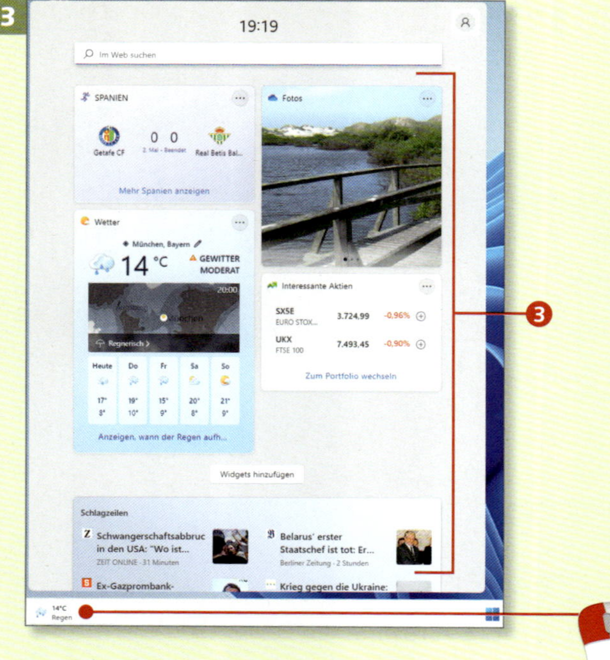

Auf dem Desktop werden Datei- und Programmsymbole, Anwendungsfenster und Dialoge angezeigt. Hier hat sich gegenüber früheren Windows-Versionen nicht viel verändert. Auffällig ist die Taskleiste mit ihren nun mittig angeordneten Symbolen.

1 Der Desktop zu Beginn

Bei einem frisch installierten Windows 11 präsentiert sich der Desktop zu Anfang schlicht und aufgeräumt. Nur die Symbole des Papierkorbs ❶ und des Browsers Edge ❷ sind zu sehen.

2 Weitere Symbole

Im Laufe der Zeit kommen durch Programminstallationen viele neue Symbole hinzu. Sie starten eine Anwendung mit einem Doppelklick auf das jeweilige Symbol.

3 Die Widgets

In der *Taskleiste* am unteren Bildschirmrand ist ganz links das Widget-Symbol zu sehen. Haben Sie sich bei Windows 11 oder einer der Microsoft-Apps mit Ihrem Microsoft-Konto angemeldet, zeigt es die aktuelle Wettermeldung an. Klicken Sie auf das Symbol, werden die Widgets mit vielen Informationen eingeblendet ❸.

4 Die Start-Schaltfläche

Unter Windows 11 befindet sich die **Start**-Schaltfläche in der Mitte der Taskleiste. Ein Klick mit der linken Maustaste öffnet das neue Startmenü, ein Rechtsklick das Schnellstartmenü.

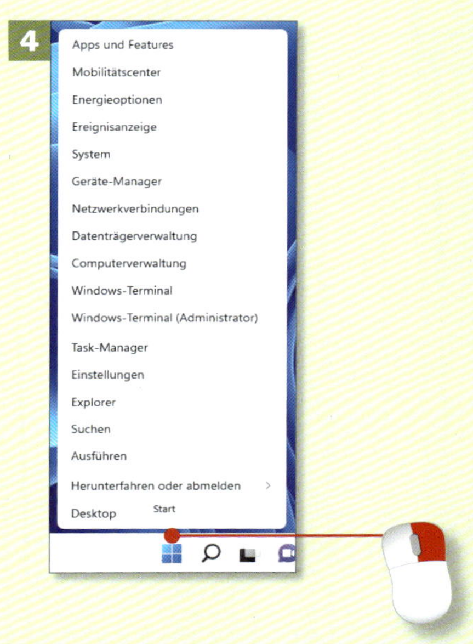

5 Das Suchmenü

Neben der **Start**-Schaltfläche ist ein Lupensymbol zu sehen, über das Sie das Suchmenü öffnen. Hier können Sie z. B. nach Dateien oder Einstellungen suchen ❹. Rechts von der Lupe befinden sich das Symbol zum Einblenden der virtuellen Desktops ❺ und das Symbol der Chat-App *Microsoft Teams* ❻.

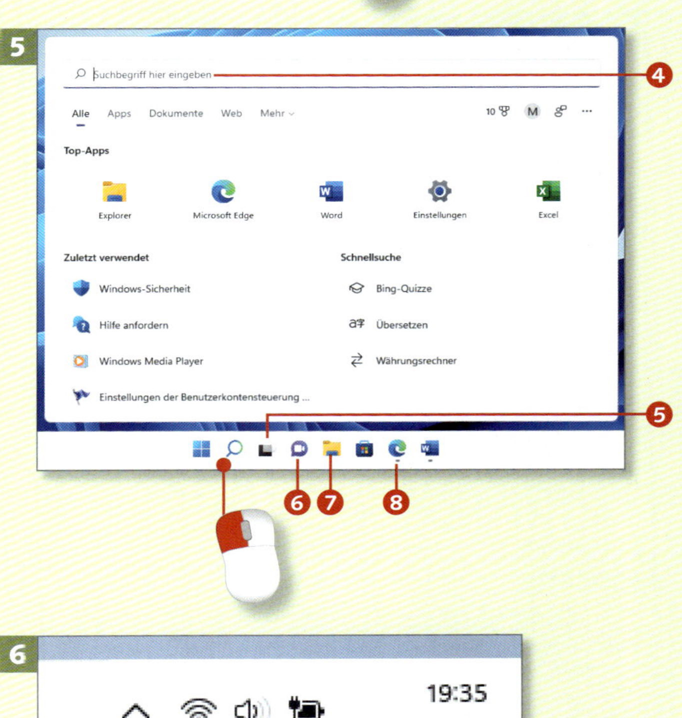

6 Der Infobereich

Der rechte Bereich der Taskleiste wird als *Infobereich* bezeichnet. Hier werden neben Uhrzeit und Datum verschiedene Programm- und Systeminformationen angezeigt.

Programmsymbole in der Taskleiste

Der größte Bereich der Taskleiste ist nach wie vor den Programmsymbolen vorbehalten. Es handelt sich dabei um an die Taskleiste angeheftete Programme (z. B. den Explorer ❼ oder Edge ❽), die Sie mit einem einfachen Klick auf das jeweilige Symbol starten.

So ist der Windows-Desktop aufgebaut (Forts.)

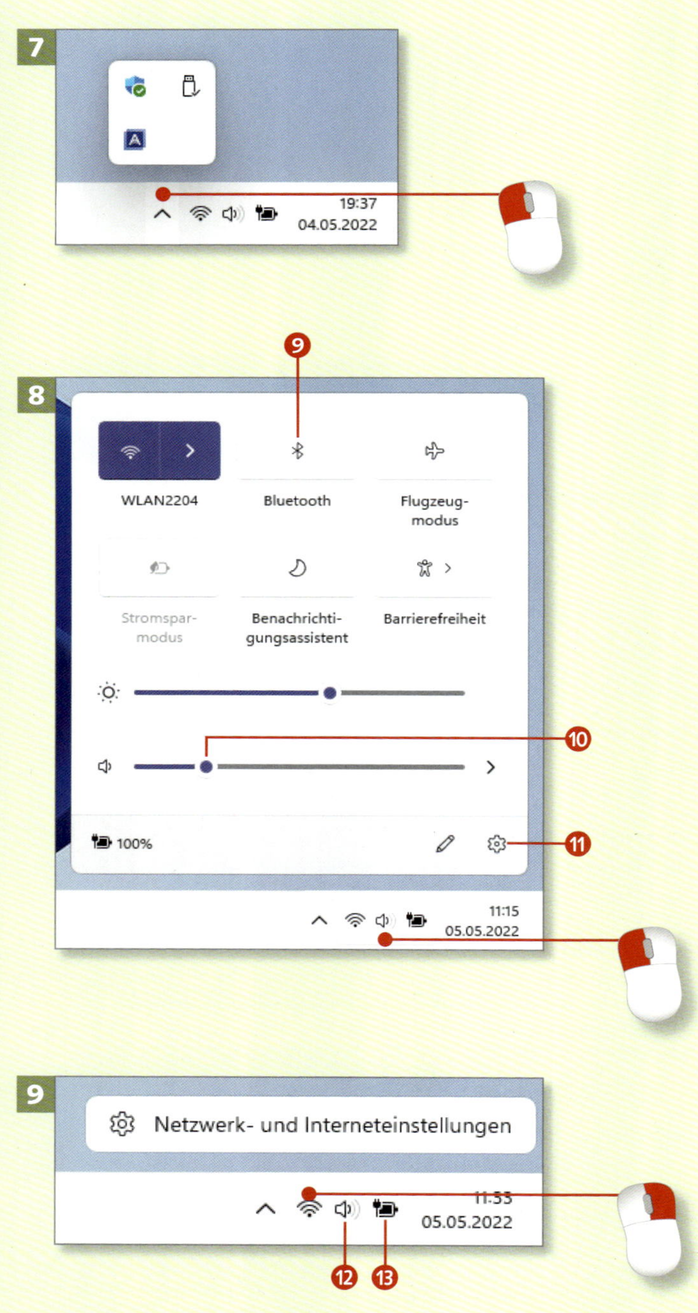

7 Versteckte Symbole

Kaum zu sehen ist der kleine Pfeil am linken Rand des Infobereichs. Ein Klick darauf öffnet ein Fenster. Angezeigt werden hier Programme, die im Hintergrund laufen, wie z. B. der Windows Defender.

8 Schnelleinstellungen

Sie möchten die Bluetooth-Funktion aktivieren 9 oder die Lautstärke regulieren 10? Der schnellste Weg führt Sie über die Schnelleinstellungen, die Sie per Klick auf eines der drei Symbole im Infobereich der Taskleiste einblenden. Per Klick auf das Zahnradsymbol 11 in den Schnelleinstellungen rufen Sie die Einstellungen-App für weitere Konfigurationen auf.

9 Rechter Mausklick

Klicken Sie eines der Symbole mit der rechten Maustaste an, wird jeweils ein anderes Kontextmenü eingeblendet. So können Sie mit einem Rechtsklick auf das Netzwerksymbol z. B. die **Netzwerk- und Interneteinstellungen** aufrufen. Analog werden Ihnen beim Lautsprechersymbol 12 die Soundeinstellungen angeboten und beim Akkusymbol 13 die Energie- und Stand-by-Modus-Einstellungen.

10 Das Benachrichtigungs-center

Das Benachrichtigungscenter, das per Klick auf die Uhrzeit eingeblendet wird, informiert über Programm- und Systemereignisse, wie Systemfehler oder auch allgemeine Anwendertipps zu Windows 11. Im unteren Abschnitt ist ein Kalender zu sehen ⑭.

11 Benachrichtigungsbanner

Benachrichtigungsbanner ⑮ informieren über Systemereignisse verschiedener Prioritäten. Sie werden nur wenige Sekunden lang auf dem Bildschirm angezeigt. Haben Sie eine Benachrichtigung verpasst, finden Sie diese zum Nachlesen im Benachrichtigungscenter.

12 Die Desktop-Schaltfläche

Ganz am äußersten rechten Rand findet sich schließlich eine »unsichtbare« Schaltfläche. Wenn Sie auf diesen Bereich klicken, werden alle geöffneten Programmfenster minimiert und der Desktop wird angezeigt.

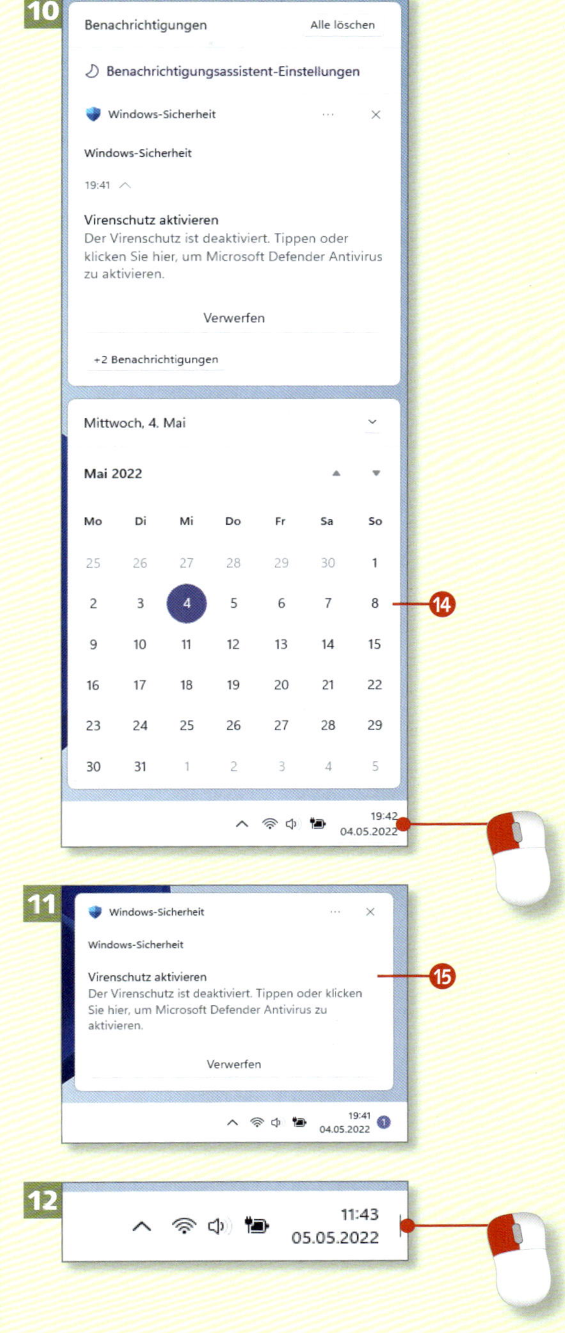

Benachrichtigungen
In der Einstellungen-App ([Windows] + [I]) können Sie unter **System ▸ Benachrichtigungen** festlegen, bei welchen Ereignissen eine Benachrichtigung erfolgen soll.

Das Mausverhalten anpassen

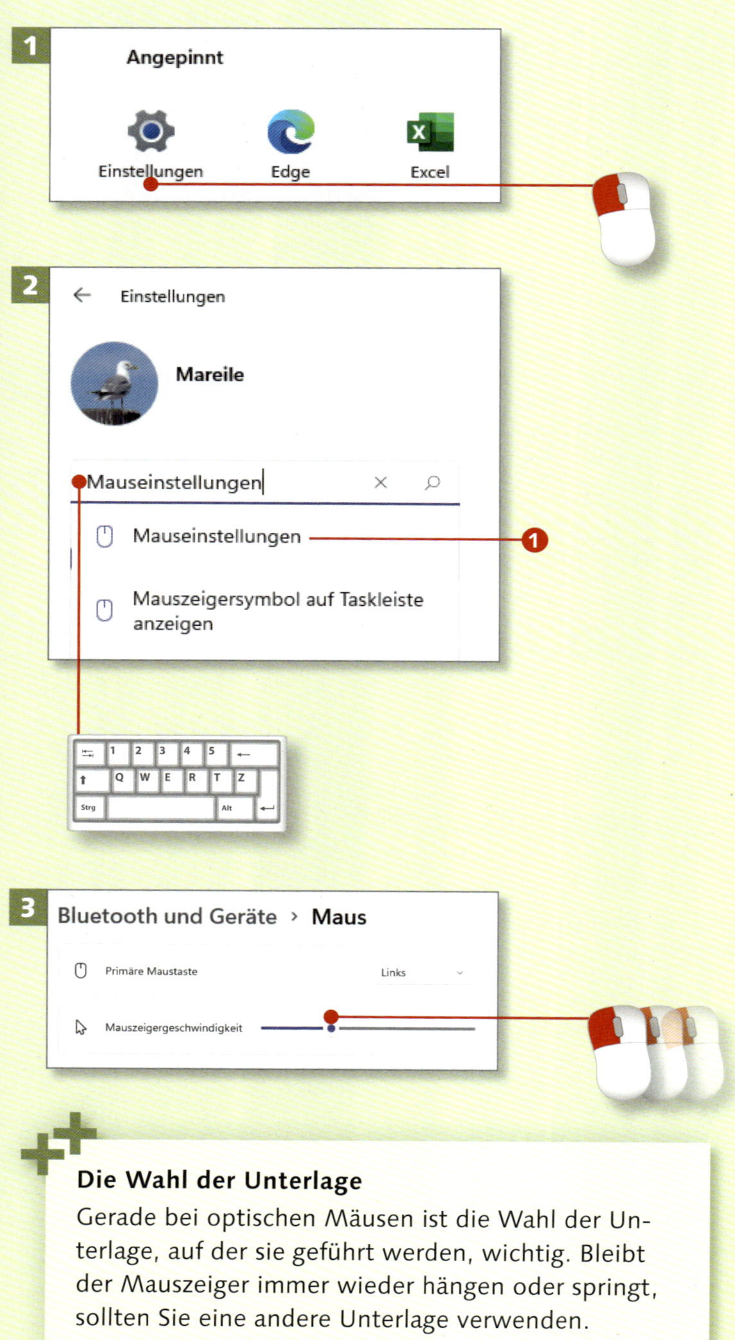

Wenn Sie kein Gerät mit Touchscreen nutzen, ist die Maus eines der wichtigsten Eingabegeräte. Mit der passenden Konfiguration wird das Arbeiten mit ihr noch komfortabler.

Schritt 1

Öffnen Sie die Einstellungen-App über die Tastenkombination [Windows] + [I] oder über das Zahnradsymbol im Startmenü.

Schritt 2

Geben Sie im Suchfeld der Einstellungen-App den Begriff »Mauseinstellungen« ein, und wählen Sie den gleichnamigen Treffer per Mausklick aus (1).

Schritt 3

Wie schnell sich die Maus bewegen soll, lässt sich über den Schieberegler **Mauszeigergeschwindigkeit** festlegen. Schieben Sie den Regler nach links, um den Mauszeiger zu verlangsamen, und nach rechts, um ihn zu beschleunigen.

Die Wahl der Unterlage

Gerade bei optischen Mäusen ist die Wahl der Unterlage, auf der sie geführt werden, wichtig. Bleibt der Mauszeiger immer wieder hängen oder springt, sollten Sie eine andere Unterlage verwenden.

Schritt 4

Im Abschnitt **Bildlauf** ❷ definieren Sie, wie viele Zeilen sich der Fensterinhalt – z. B. einer Webseite – bei Verwendung des Mausrädchens nach oben oder unten bewegen soll. Je weiter Sie den Schieberegler nach rechts ziehen, desto mehr Zeilen werden gleichzeitig gescrollt.

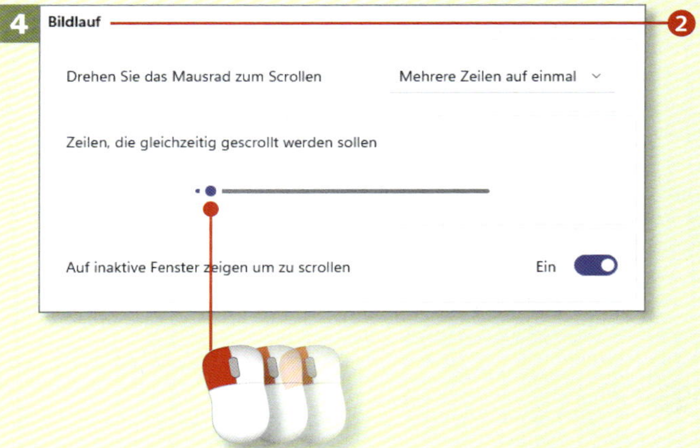

Schritt 5

Blättern Sie in der rechten Spalte der Einstellungen-App nach unten, bis Sie zum Abschnitt **Verwandte Einstellungen** gelangen. Klicken Sie hier auf **Mauszeiger**.

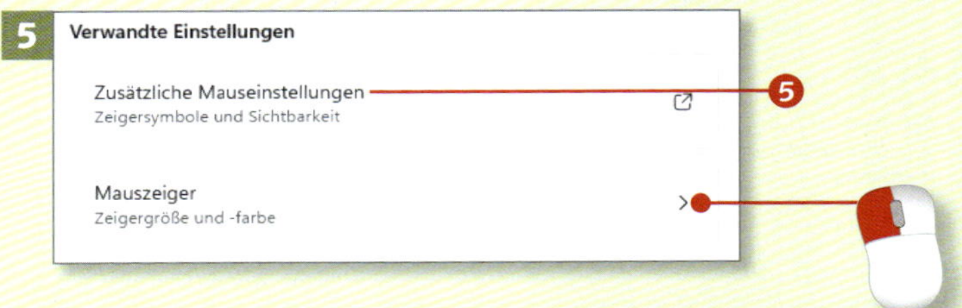

Schritt 6

Im Abschnitt **Mauszeiger** können Sie nun die gewünschte Mauszeigerart auswählen. Entscheiden Sie sich für die farbige Variante, lässt sich anschließend der Farbton ändern ❸. Über den Schieberegler **Größe** passen Sie die Größe des Mauszeigers an ❹.

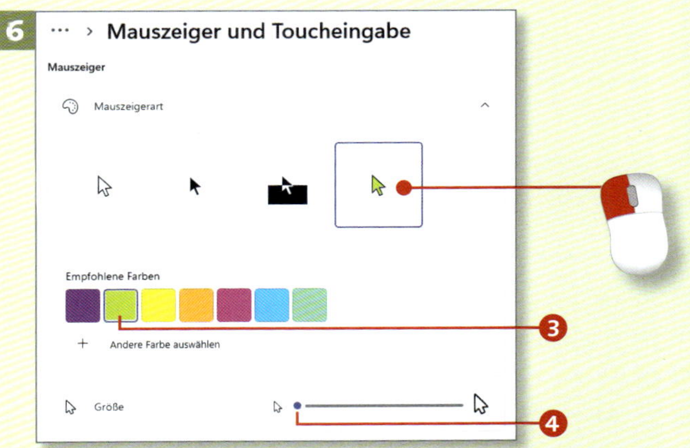

Doppelklickgeschwindigkeit
Über **Zusätzliche Mauseinstellungen** ❺ gelangen Sie zu dem aus früheren Windows-Versionen bekannten Eigenschaftendialog der Maus. In diesem können Sie unter anderem die Doppelklickgeschwindigkeit festlegen.

Textcursor und Tastatur einstellen

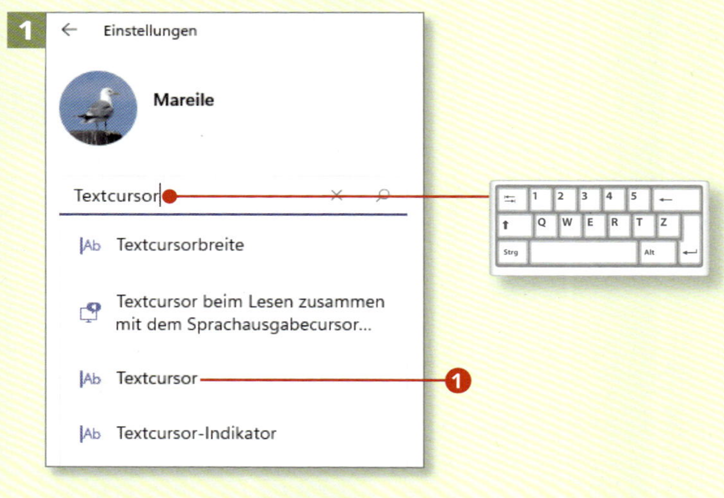

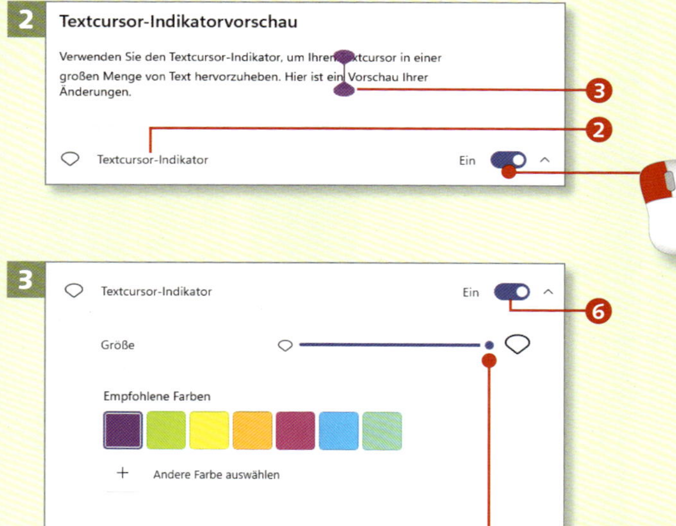

Sie tun sich schwer, den Textcursor zu erkennen, der die Stelle der nächsten Texteingabe markiert? Das lässt sich ändern. Akustische Signale helfen Ihnen, falls Sie die falsche Taste auf der Tastatur gedrückt haben.

Schritt 1

Öffnen Sie die Einstellungen-App mithilfe der Tastenkombination [Windows] + [I]. Geben Sie im Suchfeld »Textcursor« ein, und klicken Sie auf den gleichnamigen Treffer ❶.

Schritt 2

Der Textcursor-Indikator markiert die Stelle, an der sich die blinkende Markierung gerade befindet. Setzen Sie den Regler rechts von **Textcursor-Indikator** per Mausklick auf **Ein**, um den Indikator einzublenden. Per Klick auf **Textcursor-Indikator** ❷ blenden Sie gegebenenfalls weitere Einstellungen ein.

Schritt 3

In der **Textcursor-Indikatorvorschau** begutachten Sie das aktuelle Aussehen des Indikators ❸. Über den Schieberegler **Größe** lässt sich der Indikator vergrößern bzw. verkleinern. Die Breite passen Sie mit dem Schieberegler **Textcursorbreite** ❹ an.

Schritt 4

Den Farbton des Textcursor-Indikators wählen Sie einfach per Mausklick im Abschnitt **Empfohlene Farben** aus.

Schritt 5

Um die Tastatureinstellungen zu optimieren, klicken Sie links in das Suchfeld der Einstellungen-App. So können Sie auch gleich die Einstellungen des Textcursor-Indikators prüfen, der hier nun eingeblendet wird. Geben Sie im Suchfeld »Tastatureinstellungen« ein, und wählen Sie den Treffer **Tastatureinstellungen für die Barrierefreiheit** aus 5.

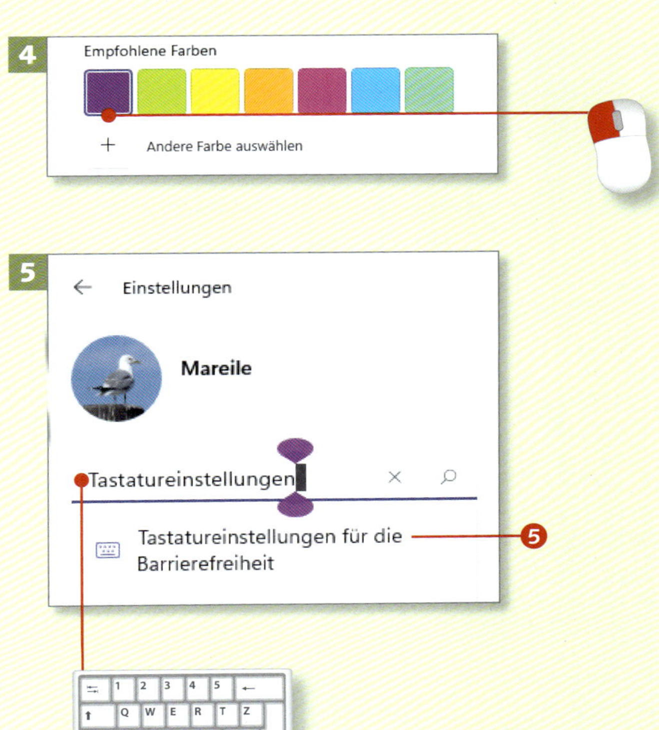

Schritt 6

Schnell drückt man versehentlich die Feststelltaste, und schon erscheinen alle weiteren Eingaben als Großbuchstaben. Setzen Sie rechts den Regler **Umschalttastensignal** auf **Ein**, erscheint zukünftig ein Signal, sobald Sie die Tasten `⇩`, `NUM` oder `Rollen` drücken.

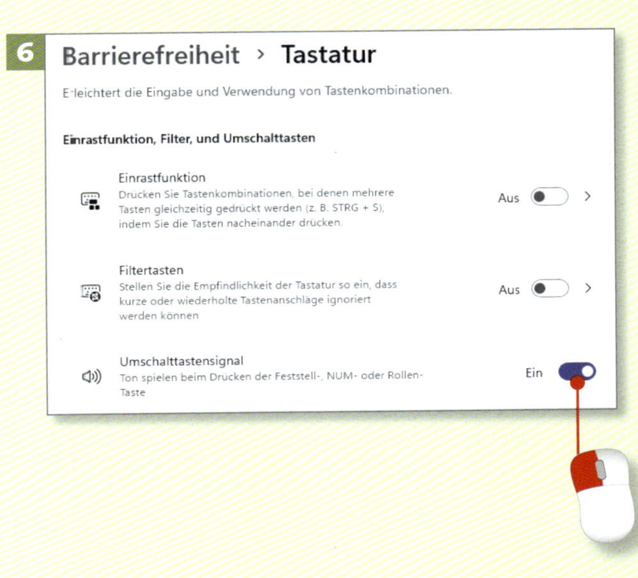

Textcursor-Indikator deaktivieren

Falls Sie den Textcursor-Indikator nicht mehr benötigen, setzen Sie den entsprechenden Regler 6 in der Einstellungen-App einfach wieder auf **Aus**.

Die Taskleiste sinnvoll einrichten

Auf der Taskleiste ist viel los: Hier werden Systeminformationen und Vorschaufenster der laufenden Anwendungen angezeigt. Sie können sie individuell anpassen.

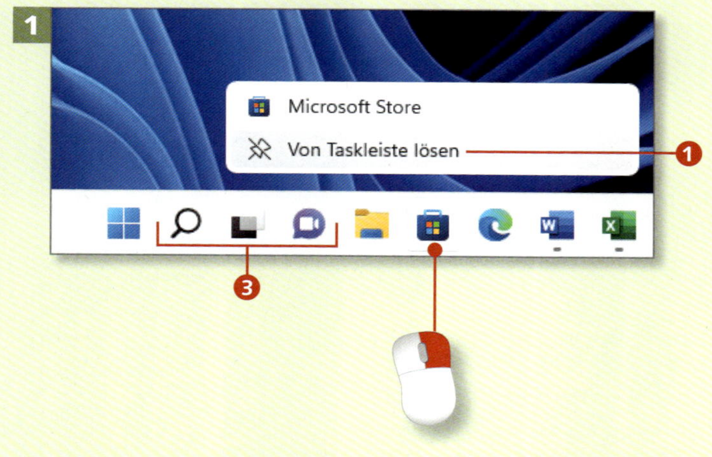

Schritt 1

Benötigen Sie die standardmäßig in der Taskleiste eingeblendeten Programmsymbole des Explorers, des Stores oder des Browsers Edge nicht, klicken Sie das entsprechende Symbol mit der rechten Maustaste an. Im Kontextmenü wählen Sie den Befehl **Von Taskleiste lösen** ❶.

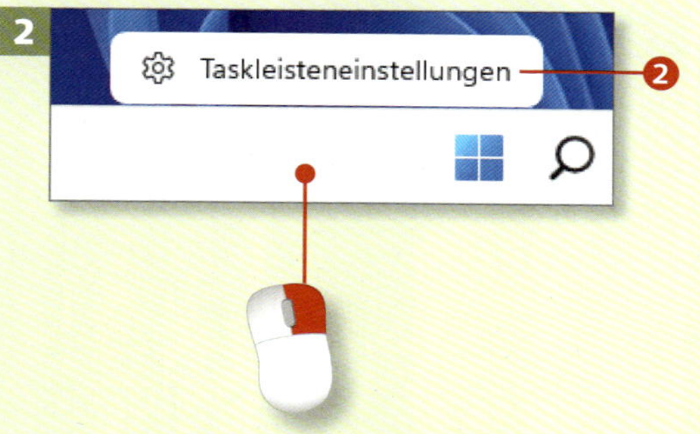

Schritt 2

Um weitere Konfigurationen der Taskleiste vorzunehmen, klicken Sie mit der rechten Maustaste auf eine freie Stelle der Taskleiste und wählen dann die **Taskleisteneinstellungen** aus dem Kontextmenü aus ❷.

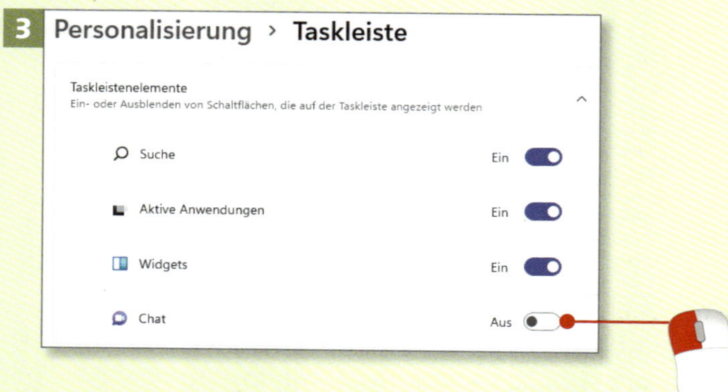

Schritt 3

Die drei Symbole neben der **Start**-Schaltfläche ❸ sowie das Widgets-Symbol am linken Rand der Taskleiste lassen sich nicht per rechtem Mausklick entfernen. Um sie auszublenden, müssen Sie den entsprechenden Regler im Abschnitt **Taskleistenelemente** auf **Aus** setzen.

Schritt 4

Unter Windows 11 werden die Taskleistenelemente standardmäßig zentriert ausgerichtet. Eine linksbündige Ausrichtung lässt sich aber auch einstellen. Blättern Sie hierzu nach unten. Werden die Einstellungen unterhalb von **Verhalten der Taskleiste** nicht angezeigt, klicken Sie rechts auf den kleinen nach unten weisenden Pfeil.

Schritt 5

Klicken Sie in das Feld rechts von **Taskleistenausrichtung**, und wählen Sie **Links** aus. Die Start-Schaltfläche sowie alle weiteren Symbole wandern in der Taskleiste sofort an den linken Rand. Das Widgets-Symbol 4 wird nun links vom Explorer-Symbol eingeblendet.

Schritt 6

Soll die Taskleiste ausgeblendet werden, sobald Sie mit der Maus den Bereich der Leiste verlassen? Dann versehen Sie das Kästchen **Taskleiste automatisch ausblenden** mit einem Häkchen.

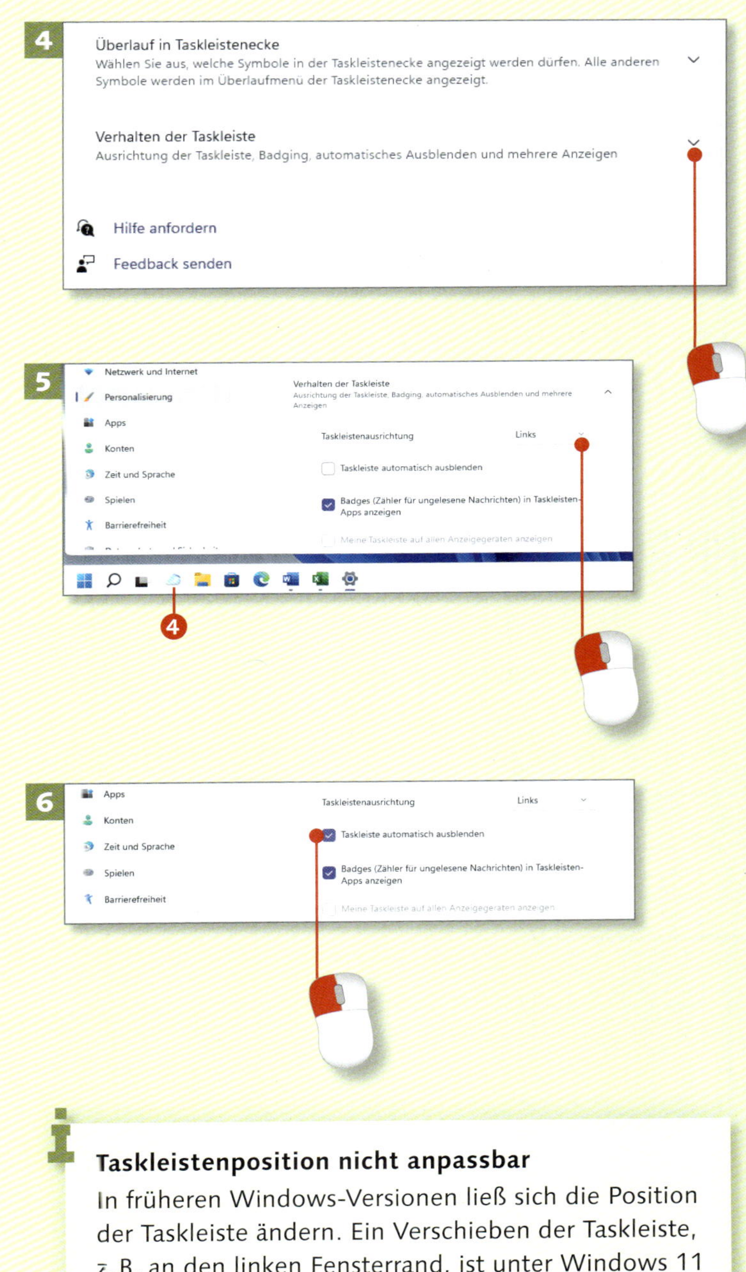

Taskleistenposition nicht anpassbar

In früheren Windows-Versionen ließ sich die Position der Taskleiste ändern. Ein Verschieben der Taskleiste, z. B. an den linken Fensterrand, ist unter Windows 11 derzeit (Stand: Juni 2022) nicht möglich.

Die Ansicht mit dem Mausrad vergrößern

Viele Texte auf Internetseiten oder in Office-Dokumenten sind recht klein gehalten. Um die Darstellung der Schrift zu vergrößern, genügt ein kleiner, aber feiner Trick mit Tastatur und Maus.

1

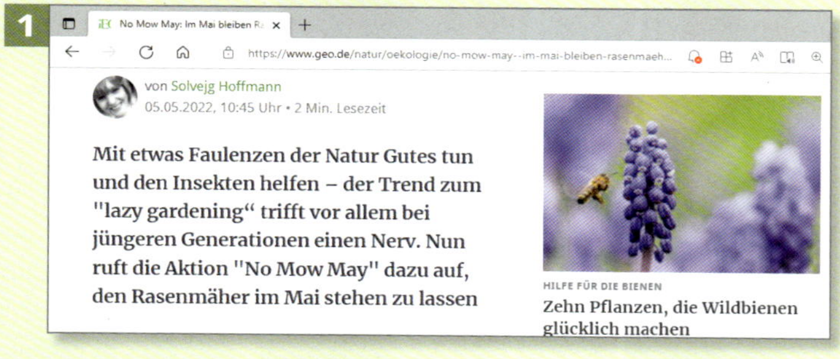

Schritt 1

Gerade auf Internetseiten ist die Schriftgröße häufig sehr klein gewählt. Um die Schrift zu vergrößern, drücken Sie die Strg-Taste, halten sie gedrückt und drehen gleichzeitig das Rädchen Ihrer Maus nach vorn.

2

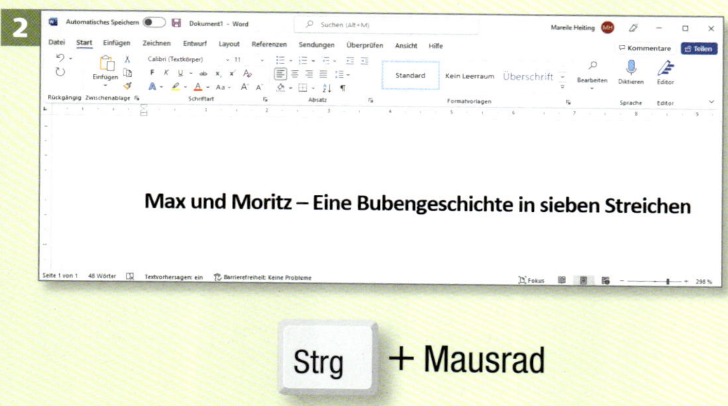

Schritt 2

Der Trick funktioniert auch mit WordPad sowie mit Office-Dokumenten aus Programmen wie Microsoft Word oder Excel. Halten Sie auch hier die Strg-Taste gedrückt, und drehen Sie am Mausrad.

3

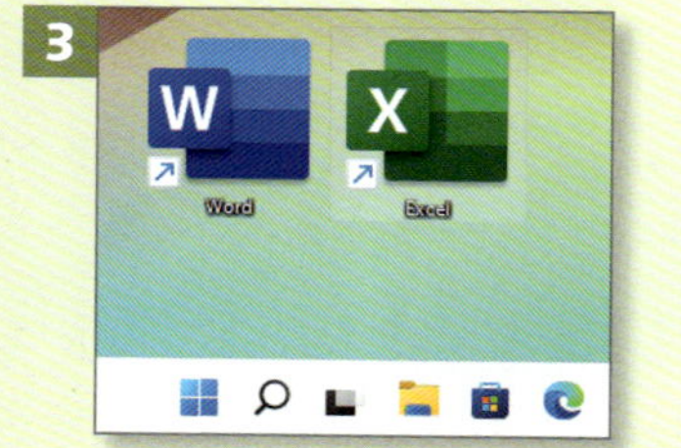

Schritt 3

Auch die Programmsymbole auf Ihrem Desktop können Sie auf diese Weise vergrößern: Strg + *Mausrad nach vorn drehen* vergrößert die Darstellung, Strg + *Mausrad nach hinten* verkleinert sie.

Die Ansicht mit der Bildschirmlupe vergrößern

Auf Webseiten kann es bei einer zu großen Schrift zu Darstellungsfehlern kommen. Windows bietet daher eine weitere Möglichkeit, Schriften zu vergrößern: die Bildschirmlupe.

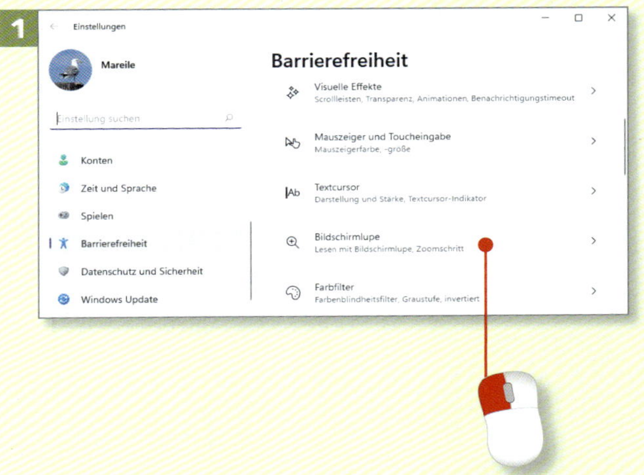

Schritt 1

Drücken Sie ⊞ + U, um die Einstellungen-App direkt mit der Kategorie **Barrierefreiheit** zu öffnen. Wählen Sie dann rechts die Unterkategorie **Bildschirmlupe** aus.

Schritt 2

Aktivieren Sie die Bildschirmlupe, indem Sie in der rechten Fensterhälfte den Schieberegler des gleichnamigen Menüpunktes auf **Ein** stellen.

Schritt 3

Drücken Sie Strg + Alt + L, um auf eine bewegliche Lupe umzuschalten. Mit ⊞ + + und ⊞ + – erhöhen bzw. verringern Sie den Vergrößerungsfaktor.

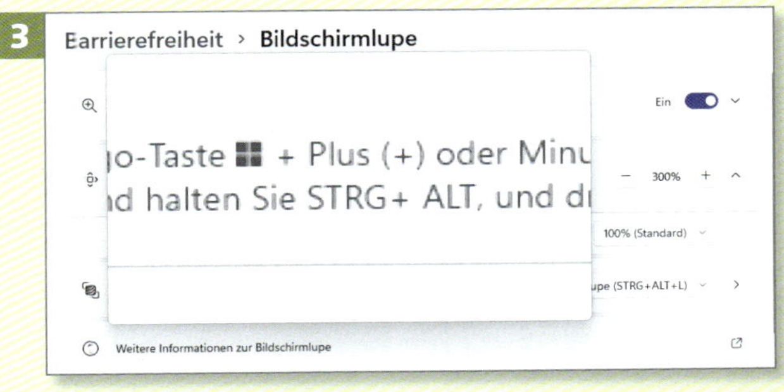

Weitere Tastenkürzel

Mit Strg + Alt + F schalten Sie in den Vollbildmodus, und mit Strg + Alt + D verankern Sie die Lupe auf dem Bildschirm. Schließen Sie die Lupe mit ⊞ + Esc.

Dateien suchen und finden

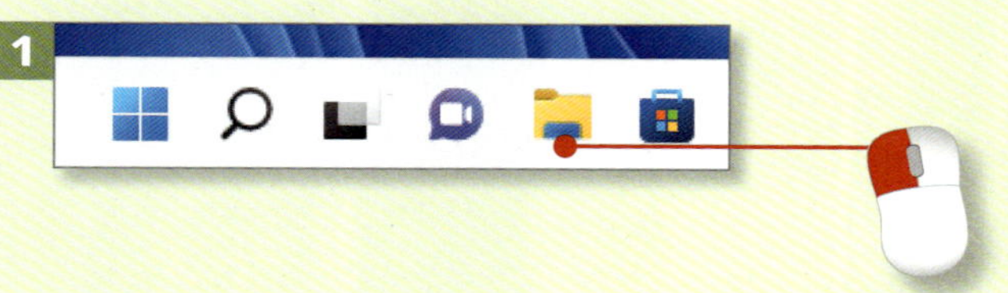

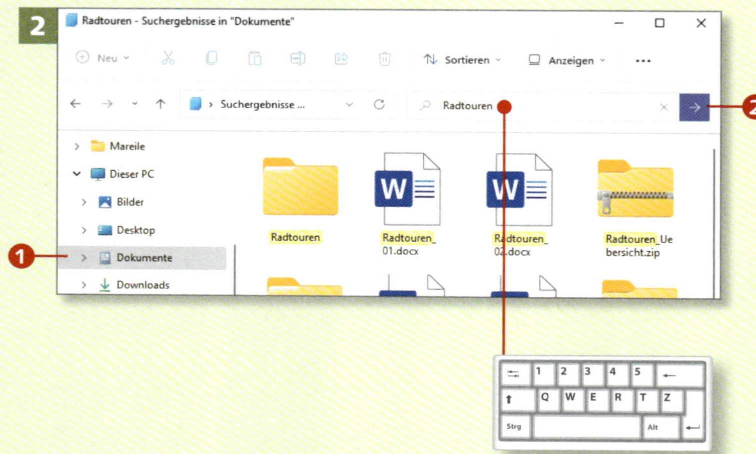

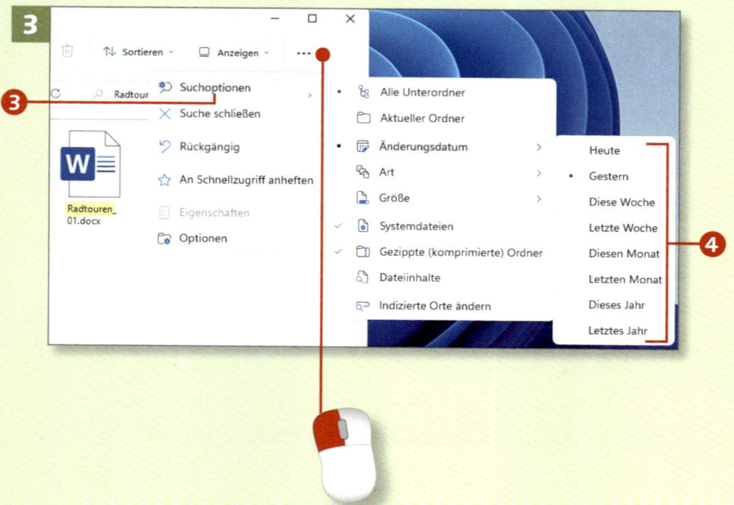

Im Laufe der Zeit sammeln sich viele Daten an, die sich manchmal schwer wiederfinden lassen. Mit der Suchfunktion behalten Sie den Überblick.

Schritt 1

Öffnen Sie zunächst den Explorer mit einem Klick auf das Ordnersymbol in der Taskleiste.

Schritt 2

Markieren Sie in der linken Spalte den Ort, der durchsucht werden soll, z. B. **Dokumente** ❶, und geben Sie rechts oben den Suchbegriff ein. Ob Sie ihn groß- oder kleinschreiben, spielt keine Rolle. Schließen Sie die Eingabe per Klick auf das blaue Pfeilsymbol ab ❷.

Schritt 3

Um die Suche weiter einzugrenzen, klicken Sie rechts oben auf das Symbol mit den drei Punkten. Positionieren Sie den Mauszeiger im aufklappenden Menü auf **Suchoptionen** ❸. Es werden nun weitere Suchkriterien eingeblendet, die teilweise ebenfalls weitere Suchoptionen bieten ❹.

Die neue Suchfunktion nutzen

Über das Lupensymbol in der Taskleiste rufen Sie das Suchmenü auf, um nach Dateien, Ordnern und Programmen auf Ihrem Computer zu suchen. Auch Suchergebnisse aus dem Internet werden angezeigt.

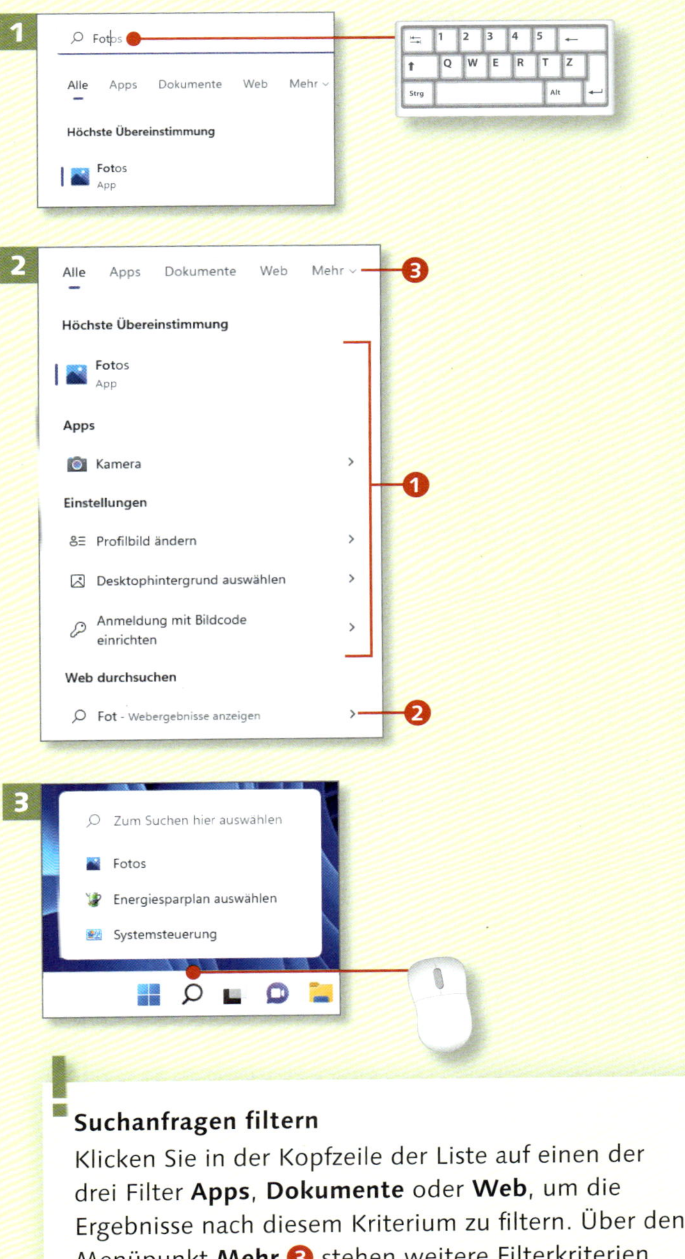

Schritt 1

Das Suchmenü lässt sich über die Tastenkombination [Win] + [S] oder per Klick auf das Lupensymbol in der Taskleiste einblenden. Tippen Sie im Suchfeld dann den Suchbegriff ein. Windows ergänzt Ihre Eingabe mit einem Suchvorschlag. Möchten Sie diesen übernehmen, klicken Sie nochmals in das Suchfeld.

Schritt 2

Besteht eine Internetverbindung, zeigt die Liste der Suchergebnisse im oberen Teil Programme, Apps, Ordner und Dateien an ❶ und unten Ergebnisse der Internetsuche ❷.

Schritt 3

Positionieren Sie den Mauszeiger in der Taskleiste auf dem Lupensymbol, werden in einem Dialog die letzten Suchanfragen aufgeführt. Haben Sie z. B. nach der Systemsteuerung gesucht, klicken Sie auf **Systemsteuerung**, um diese direkt zu öffnen.

Suchanfragen filtern

Klicken Sie in der Kopfzeile der Liste auf einen der drei Filter **Apps**, **Dokumente** oder **Web**, um die Ergebnisse nach diesem Kriterium zu filtern. Über den Menüpunkt **Mehr** ❸ stehen weitere Filterkriterien zur Auswahl.

Den Computer über den Netzschalter herunterfahren

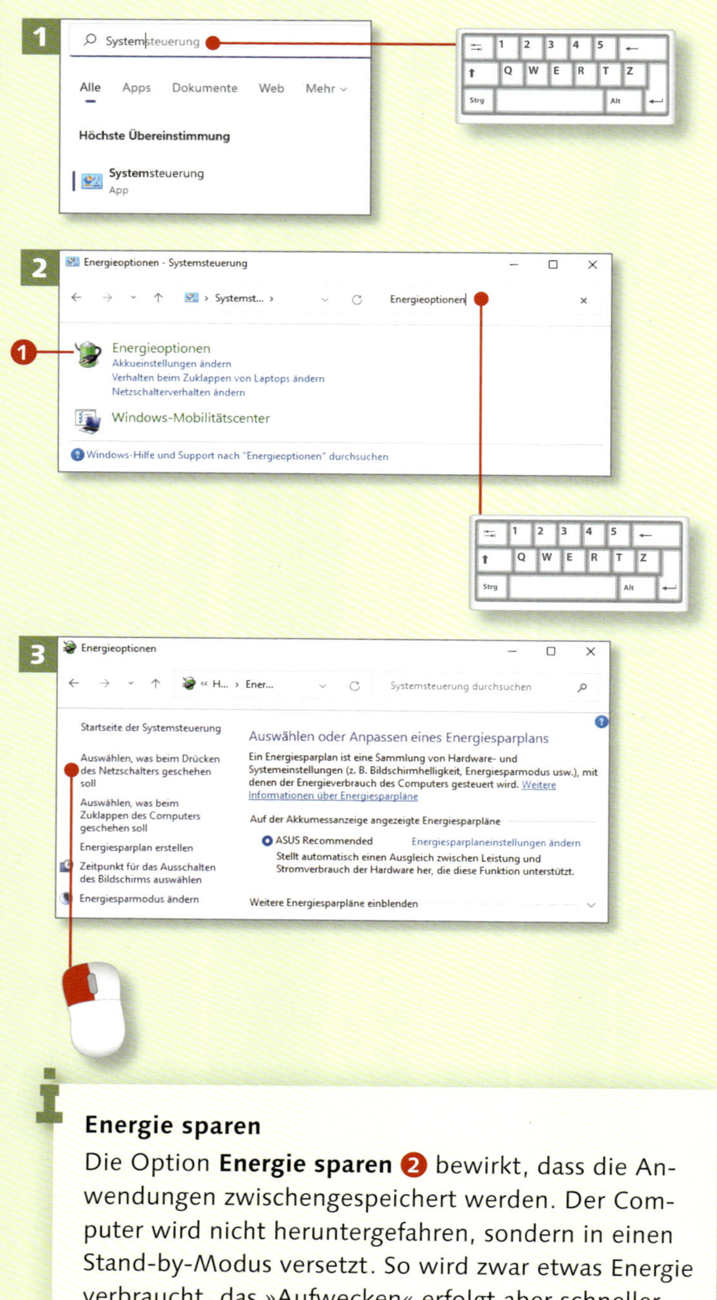

Der klassische Weg, Ihren Computer herunterzufahren, führt über das Startmenü. Wer gerne mit Tastenkombinationen arbeitet, drückt Alt + F4*. Sie können Ihren PC aber auch über den Netzschalter herunterfahren oder ihn in den Energiesparmodus versetzen.*

Schritt 1

Die gesuchten Einstellungen sind noch nicht in die neue Einstellungen-App integriert. Der Weg führt noch über die Systemsteuerung. Öffnen Sie über die Tastenkombination ⊞ + S das Suchmenü, und geben Sie die Suchanfrage »Systemsteuerung« ein. Wählen Sie per Mausklick das gleichnamige Suchergebnis aus.

Schritt 2

Im Suchfeld des Dialogs **Systemsteuerung** geben Sie »Energieoptionen« ein. Bereits während der Eingabe erhalten Sie Vorschläge. Wählen Sie die **Energieoptionen** ❶ aus.

Schritt 3

Klicken Sie nun links in der Aufgabenleiste auf den Link **Auswählen, was beim Drücken von Netzschaltern geschehen soll**.

Energie sparen

Die Option **Energie sparen** ❷ bewirkt, dass die Anwendungen zwischengespeichert werden. Der Computer wird nicht heruntergefahren, sondern in einen Stand-by-Modus versetzt. So wird zwar etwas Energie verbraucht, das »Aufwecken« erfolgt aber schneller.

Schritt 4

Öffnen Sie das zweite Menü neben **Beim Drücken des Netzschalters**, und wählen Sie das gewünschte Verhalten aus, z. B. **Herunterfahren**. Bei mobilen Geräten können Sie die Auswahl für Akku- und Netzbetrieb separat vornehmen.

Schritt 5

Je nach verwendetem Gerätetyp können Sie zusätzlich das Verhalten der Energiespartaste festlegen und angeben, was beim Zuklappen eines Laptops geschehen soll.

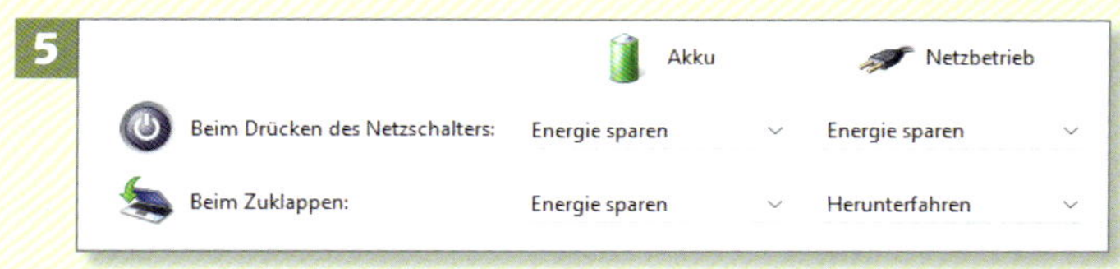

Schritt 6

Schließlich müssen Sie die soeben getroffenen Einstellungen noch speichern. Klicken Sie dazu ganz unten auf die Schaltfläche **Änderungen speichern**. Sie ist nur aktiv, wenn Sie etwas verändert haben.

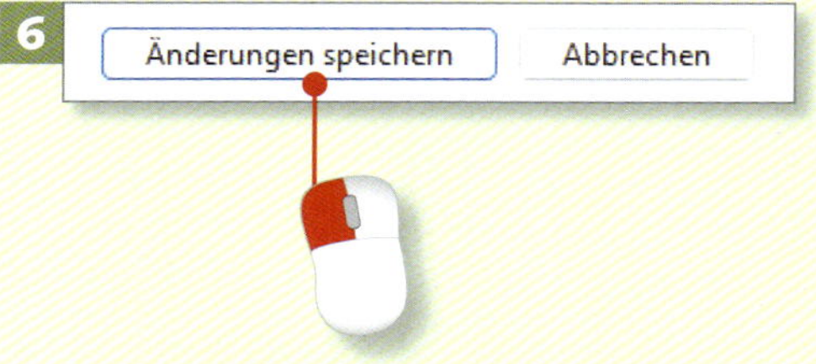

Ruhezustand

Bei der Option **Ruhezustand** werden beim Beenden alle Programme und Dokumente auf der Festplatte gespeichert, und der PC wird heruntergefahren und ausgeschaltet. Bei einem Neustart werden die zuletzt verwendeten Dokumente und Programme wieder geöffnet.

Kapitel 2
Windows optimal einrichten

Die ersten Hürden sind genommen – Windows ist eingerichtet, nun geht es an die Feinabstimmung. Verschieben Sie Anwendungen in die Taskleiste, um sie bei Bedarf schneller starten zu können. Passen Sie das Startmenü und den Sperrbildschirm Ihren Bedürfnissen an, und legen Sie fest, welche App Ihnen Benachrichtigungen zukommen lassen darf und welche nicht. Schauen Sie sich außerdem die Datenschutzeinstellungen genauer an, denn wie sein Vorgänger ist auch Windows 11 recht neugierig.

Neue Farben für Startmenü, Taskleiste und mehr
Ein mausgraues oder gar schwarzes Startmenü und die Taskleiste ebenfalls in dieser Optik? Das ist nicht jedermanns Sache. Bringen Sie doch etwas Farbe in die Leisten, Menüs, Schnelleinstellungen und das Benachrichtigungscenter. Die Farbauswahl können Sie selbst vornehmen oder Windows 11 überlassen ❶.

Benachrichtigungen anpassen
Das Windows-Sicherheitscenter gibt regelmäßige Statusmeldungen aus. Auch über neu eingetroffene E-Mails werden Sie sofort informiert. Nicht alle Benachrichtigungen sind aber erwünscht. Werden es zu viele, kann dies auch von der Arbeit ablenken. Um nicht unnötig gestört zu werden, sollten Sie überprüfen, welche Anwendungen Sie tatsächlich benachrichtigen dürfen und welche nicht ❷.

Datenschutzeinstellungen konfigurieren
Bereits die Vorgängerversionen standen im Verruf, zu viele Informationen an Microsoft weiterzuleiten. Trotz aller Kritik hat sich dies auch unter Windows 11 nicht geändert. Wenn Sie nicht bereits bei der Ersteinrichtung des Systems den Wissensdrang von Microsoft unterbunden und die neugierigen Nachfragen abgelehnt haben, sollte Sie spätestens bei der Arbeit mit dem PC einen Blick in die Datenschutzeinstellungen werfen ❸.

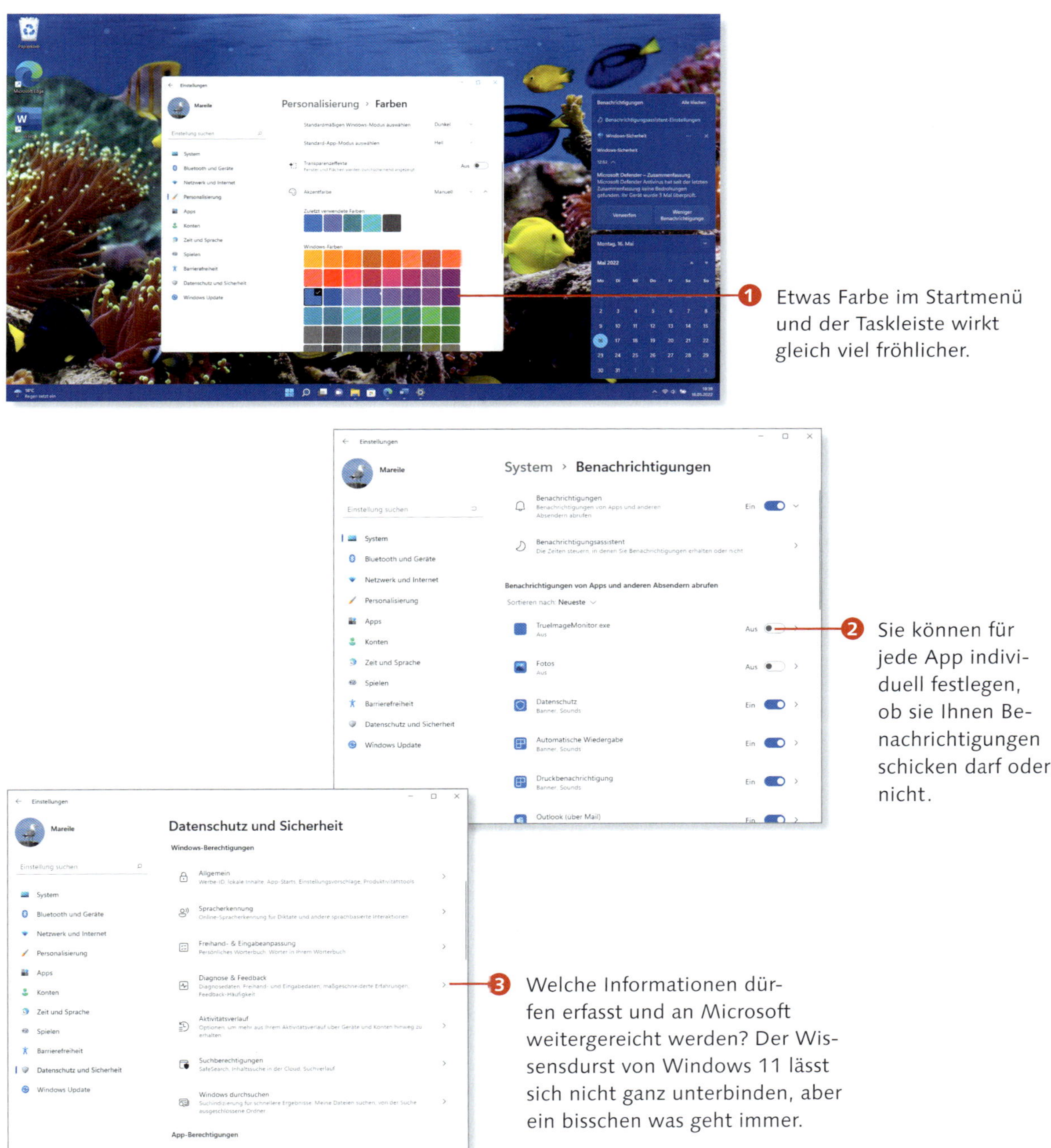

1 Etwas Farbe im Startmenü und der Taskleiste wirkt gleich viel fröhlicher.

2 Sie können für jede App individuell festlegen, ob sie Ihnen Benachrichtigungen schicken darf oder nicht.

3 Welche Informationen dürfen erfasst und an Microsoft weitergereicht werden? Der Wissensdurst von Windows 11 lässt sich nicht ganz unterbinden, aber ein bisschen was geht immer.

Anwendungen an die Taskleiste heften

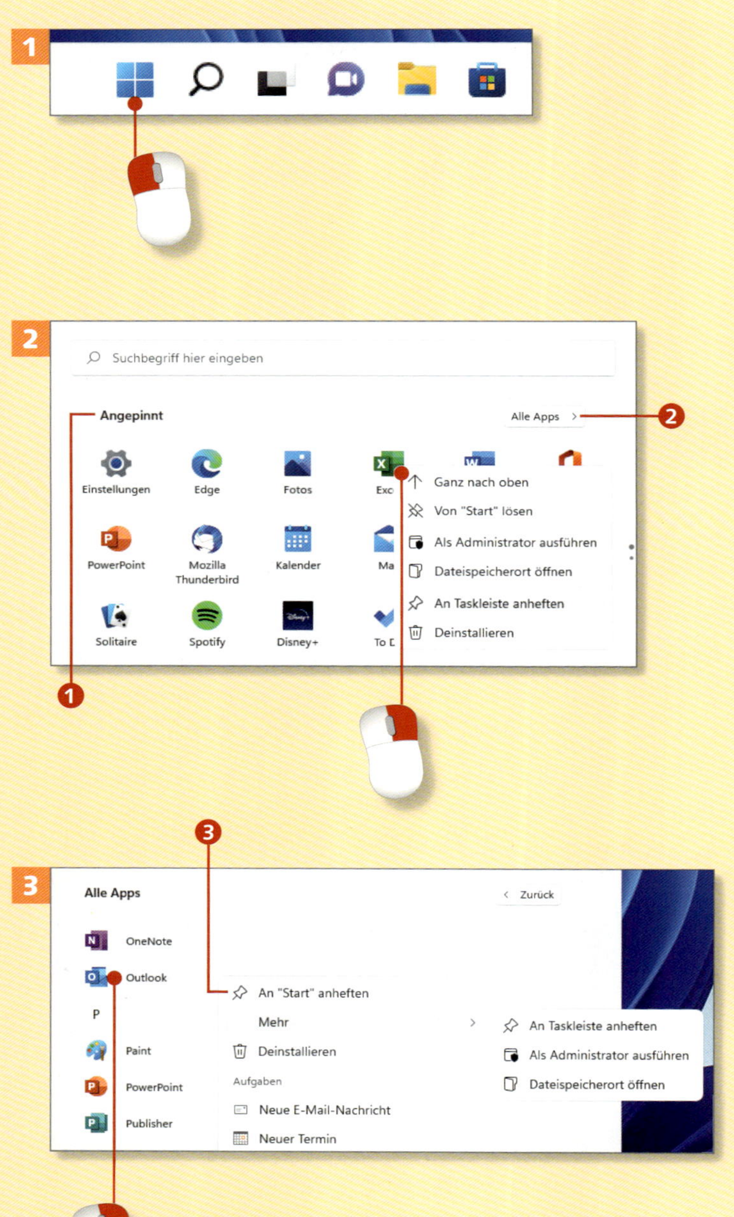

Anstatt sich durch das Startmenü zu klicken, können Sie Anwendungen auch an die Taskleiste heften und mit nur einem Mausklick starten.

Schritt 1

Öffnen Sie das Startmenü mithilfe der [Windows]-Taste oder per Klick auf das **Start**-Symbol in der Taskleiste.

Schritt 2

Befindet sich das Programm im Bereich **Angepinnt** ❶, klicken Sie es hier mit der rechten Maustaste an. Im Kontextmenü wählen Sie den Befehl **An Taskleiste anheften**. Wird das Programm noch nicht aufgeführt, klicken Sie auf **Alle Apps** ❷.

Schritt 3

Sie sehen eine alphabetisch sortierte Liste aller installierten Anwendungen. Klicken Sie das gewünschte Programm mit der rechten Maustaste an. Im Kontextmenü markieren Sie **Mehr** und dann **An Taskleiste anheften**.

An "Start" anheften

Falls Sie eine App aus der Liste **Alle Apps** an das Startmenü anheften möchten, klicken Sie sie mit der rechten Maustaste an und wählen **An "Start" anheften** ❸.

Schritt 4

Natürlich lassen sich Programme und Apps auch wieder aus der Taskleiste entfernen. Dazu klicken Sie das Programmsymbol mit der rechten Maustaste an und öffnen so das Kontextmenü.

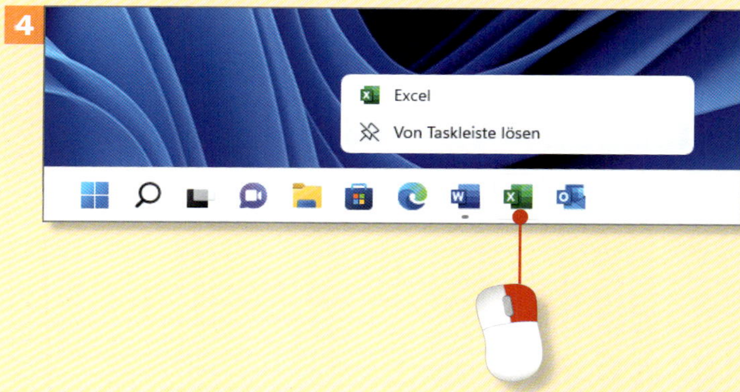

Schritt 5

Wählen Sie nun den Befehl **Von Taskleiste lösen** aus, wird das entsprechende Programm sogleich entfernt.

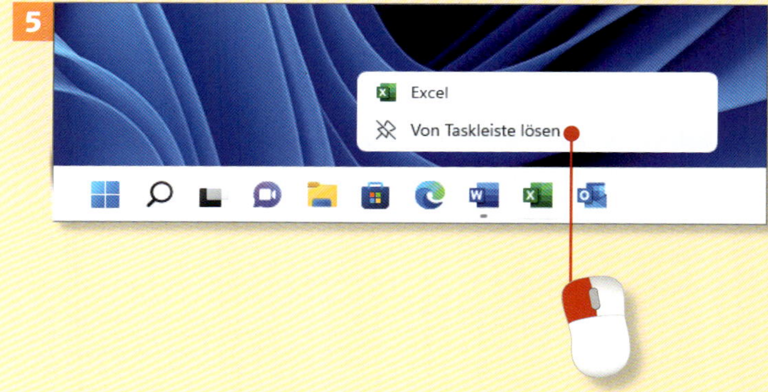

Schritt 6

Das Symbol ist verschwunden. Keine Sorge: Bei dieser Aktion wird nur eine Verknüpfung zum Programm, nicht aber das Programm selbst gelöscht.

Dateien und Ordner

Auf die hier beschriebene Weise können Anwendungen, nicht aber Dateien oder Ordner an die Taskleiste angeheftet werden. Wenn Sie einen schnellen Zugriff auf Ordner und Dateien haben möchten, können Sie sie als Verknüpfungen auf den Desktop legen. Das geht über einen Rechtsklick auf die Datei bzw. den Ordner und den Menüpunkt **Senden an ▸ Desktop (Verknüpfung erstellen)**.

Schnellzugriff im Startmenü optimieren

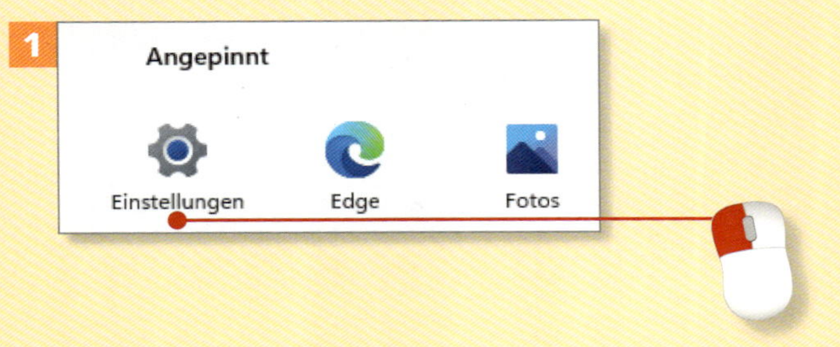

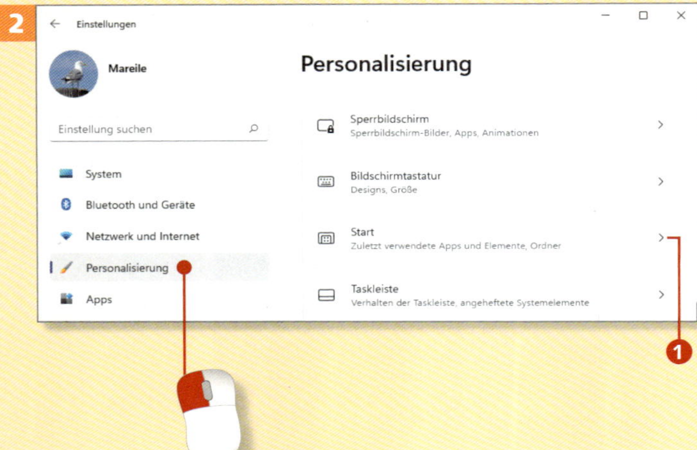

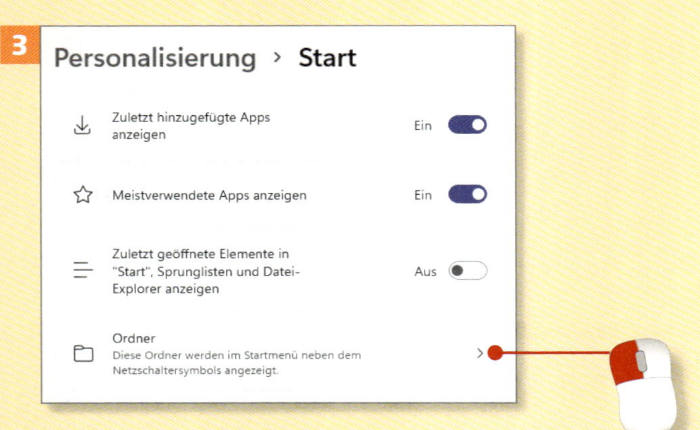

Das neue Startmenü bietet einige Möglichkeiten zur individuellen Anpassung. Sie können z. B. festlegen, welche Ordner im Schnellzugriff angezeigt werden sollen.

Schritt 1

Öffnen Sie das Startmenü, und klicken Sie dort auf **Einstellungen**, um die Einstellungen-App zu öffnen.

Schritt 2

Wählen Sie die Kategorie **Personalisierung** per Mausklick aus. Markieren Sie dann rechts die Unterkategorie **Start** ❶.

Schritt 3

Klicken Sie rechts auf **Ordner**, um weitere Konfigurationsmöglichkeiten einzublenden.

Apps ausblenden

Im Startmenü werden zu Beginn der Liste aller Apps die Programme aufgeführt, die Sie am häufigsten verwenden. Wünschen Sie dies nicht, stellen Sie die Option **Meistverwendete Apps anzeigen** auf **Aus**. Ist der Regler **Zuletzt hinzugefügte Apps anzeigen** eingeschaltet, werden im Startmenü im Bereich **Empfohlen** die zuletzt hinzugefügten Apps aufgelistet.

Schritt 4

Wählen Sie nun durch Verstellen der Schieberegler aus, welche Ordner und Einstellungen im Startmenü angezeigt werden sollen. In der Standardeinstellung ist keiner eingeschaltet.

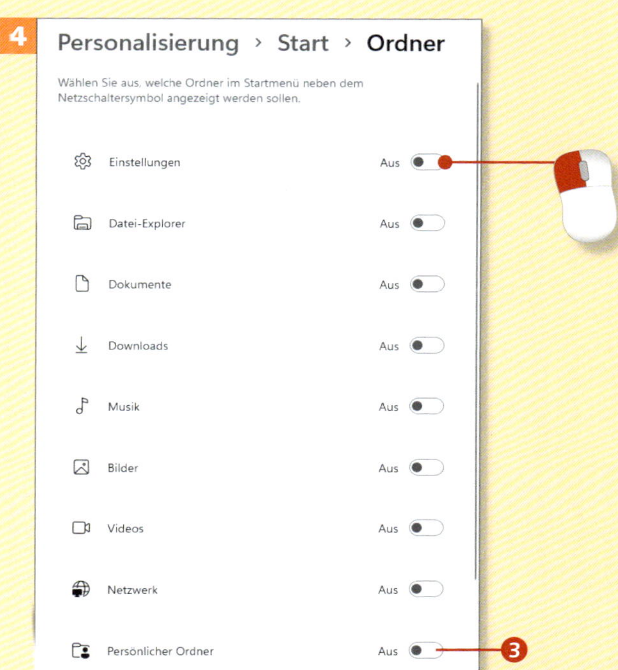

Schritt 5

Stellen Sie den Schieberegler jener Einträge auf **Aus**, die Sie aus dem Startmenü entfernen möchten, und den Schieberegler derjenigen auf **Ein**, die hinzugefügt werden sollen.

Schritt 6

Die Änderungen werden sofort übernommen. Wenn Sie nun das Startmenü öffnen, sehen Sie die neu hinzugefügten Menüpunkte. In diesem Beispiel sind es die Einträge **Einstellungen**, **Dokumente** und **Bilder** 2.

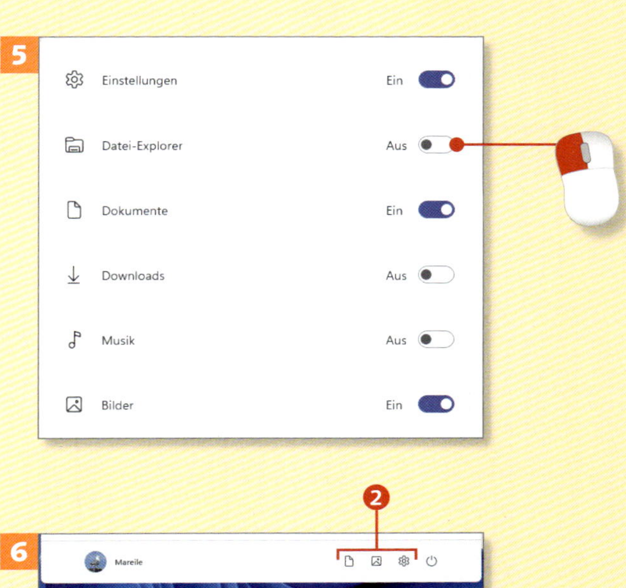

Was ist der persönliche Ordner?
Über Ihren persönlichen Ordner 3 haben Sie Zugriff auf Ihre Verzeichnisse, z. B. Bilder, Dokumente oder Musik, aber auch auf gespeicherte Suchvorgänge, Spiele, Kontakte und Favoriten, die Sie in Microsoft Edge angelegt haben.

Farben des Startmenüs und mehr anpassen

Windows 11 kann das Startmenü, die Taskleiste und auch das Benachrichtigungscenter in einer transparenten Darstellung anzeigen. Dahinterliegende Programmfenster scheinen dann dezent durch. Ebenso lassen sich die Farben der Elemente ändern.

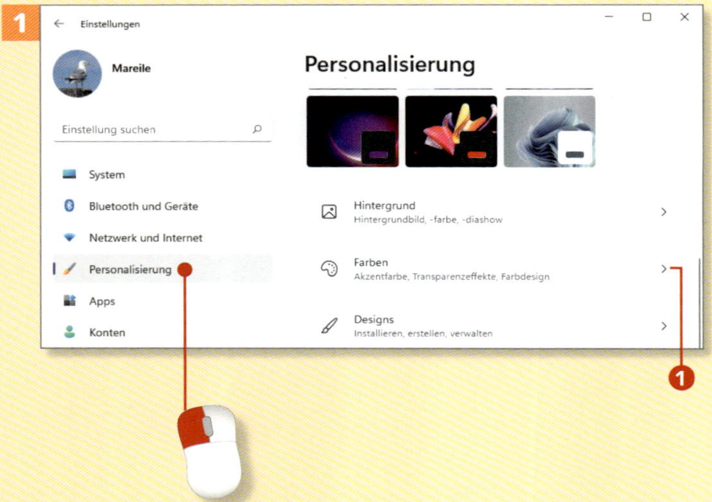

Schritt 1

Öffnen Sie die Einstellungen-App, z. B. mithilfe der Tastenkombination [Win] + [I]. Wählen Sie in der linken Spalte die Kategorie **Personalisierung** aus. Klicken Sie dann rechts auf die Unterkategorie **Farben** 1.

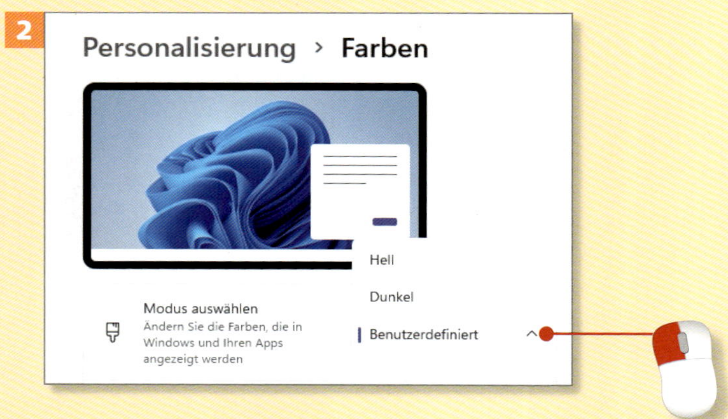

Schritt 2

Falls Sie das Startmenü, die Taskleiste, die Schnelleinstellungen und das Benachrichtigungscenter mit etwas Farbe versehen möchten, klicken Sie zunächst in das Feld **Modus auswählen** und stellen hier **Benutzerdefiniert** ein.

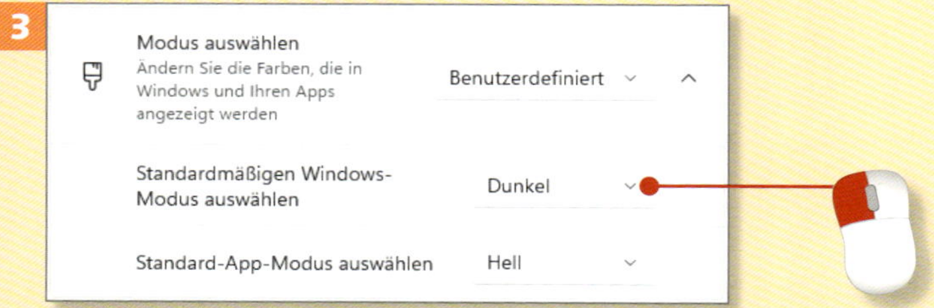

Schritt 3

Im Feld **Standardmäßigen Windows-Modus auswählen** müssen Sie **Dunkel** wählen. Mit der Alternative **Hell** lässt sich im folgenden Schritt sonst nicht die Farbe ändern.

Schritt 4

Stellen Sie den Regler der Option **Transparenzeffekte** auf **Ein**. Um die Farbe des Startmenüs selbst bestimmen zu können, wählen Sie im Feld **Akzentfarbe** die Einstellung **Manuell** 2. Nun können Sie per Mausklick einen Farbton in der Farbpalette markieren 3.

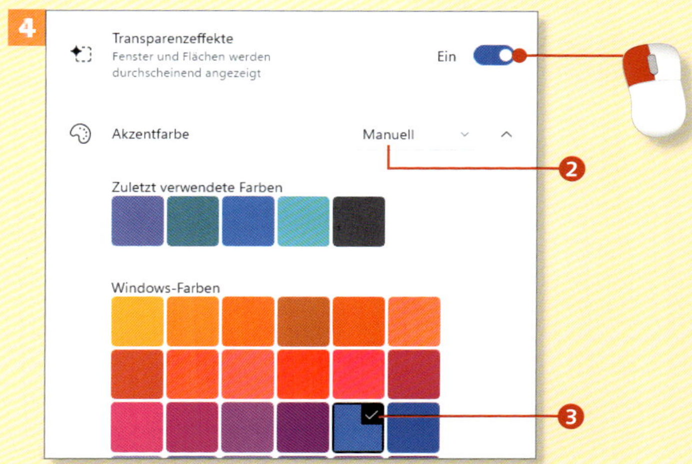

Schritt 5

Blättern Sie mithilfe der Bildlaufleiste nach unten 4. Setzen Sie den Regler **Akzentfarbe auf Start und Taskleiste anzeigen** auf **Ein**, damit beide sowie die Schnelleinstellungen und das Benachrichtigungscenter im ausgewählten Farbton erscheinen. Analog können Sie die Akzentfarbe in Titelleisten und Fensterrändern anzeigen lassen 5.

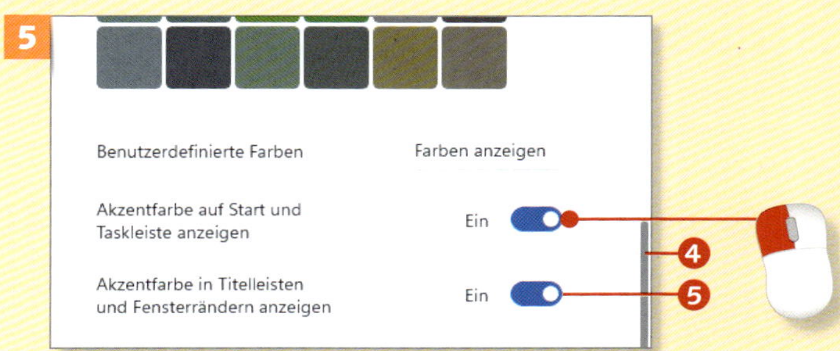

Schritt 6

Startmenü, Taskleiste etc. erscheinen sofort im ausgewählten Farbton. Öffnen Sie das Startmenü, scheinen die auf dem Desktop geöffneten Programmfenster leicht durch.

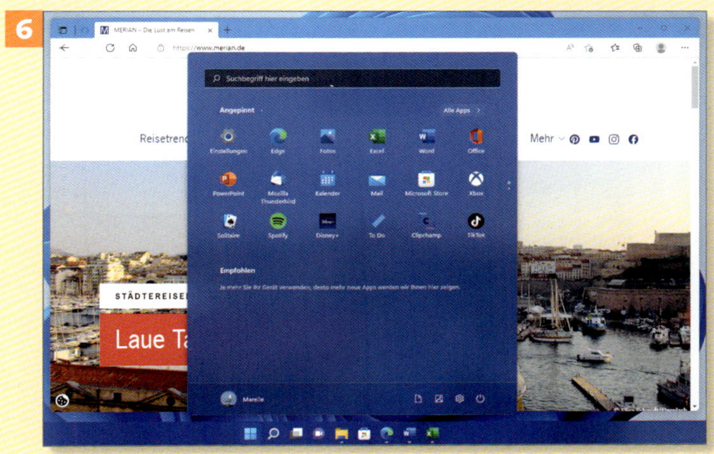

Automatische Akzentfarbe

Ist im Feld **Akzentfarbe** die Option **Automatisch** eingestellt, passt Windows 11 die Farbe des Startmenüs und der Taskleiste anhand des Desktophintergrunds an.

Neue Designs für Ihr Windows 11

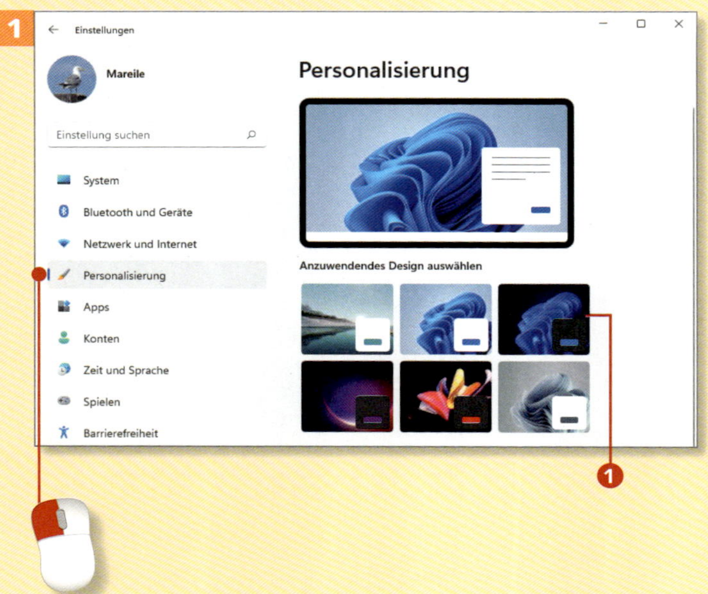

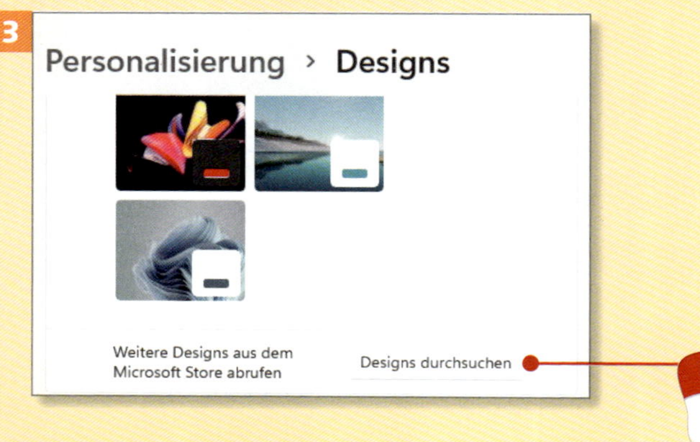

Ein Tapetenwechsel muss auch unter Windows von Zeit zu Zeit mal sein. Eine große Auswahl neuer Designs finden Sie im Microsoft Store.

Schritt 1

Öffnen Sie die Einstellungen-App mit den Tasten [Windows] + [I]. Klicken Sie links auf **Personalisierung**. Zu Beginn der rechten Fensterhälfte sehen Sie die Standard-Designs von Windows 11. Gefällt Ihnen eines davon, wählen Sie es per Mausklick aus ❶.

Schritt 2

Sagt Ihnen keines der Designs zu, blättern Sie mithilfe der Bildlaufleiste nach unten ❷ und wechseln per Mausklick in die Unterkategorie **Designs**.

Schritt 3

Klicken Sie in der rechten Fensterhälfte rechts von **Weitere Designs aus dem Microsoft Store abrufen** auf die Schaltfläche **Designs durchsuchen**.

Schritt 4

Nun öffnet sich die Store-App. Sollten hier noch keine Designs angezeigt werden, geben Sie im Suchfeld *Designs* ein und starten die Suche durch Drücken der Taste [↵]. In den Suchergebnissen wählen Sie dann die **Windows-Designs** per Klick auf **Personalisieren Sie Ihren Desktop mit Stil** ❸ aus.

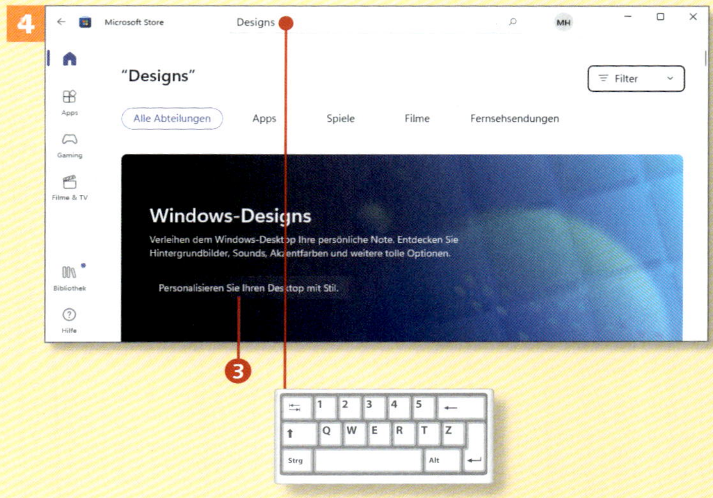

Schritt 5

Suchen Sie sich aus der großen Auswahl verschiedener Designs eines aus, z. B. **Fish and Corals** (Fische und Korallen), indem Sie zunächst auf das Vorschaubild und anschließend auf der Detailseite auf die Schaltfläche **Herunterladen** klicken.

Schritt 6

Nach dem Herunterladen finden Sie das neue Design in der Einstellungen-App im Abschnitt **Aktuelles Design**. Mit einem Mausklick darauf wird es übernommen.

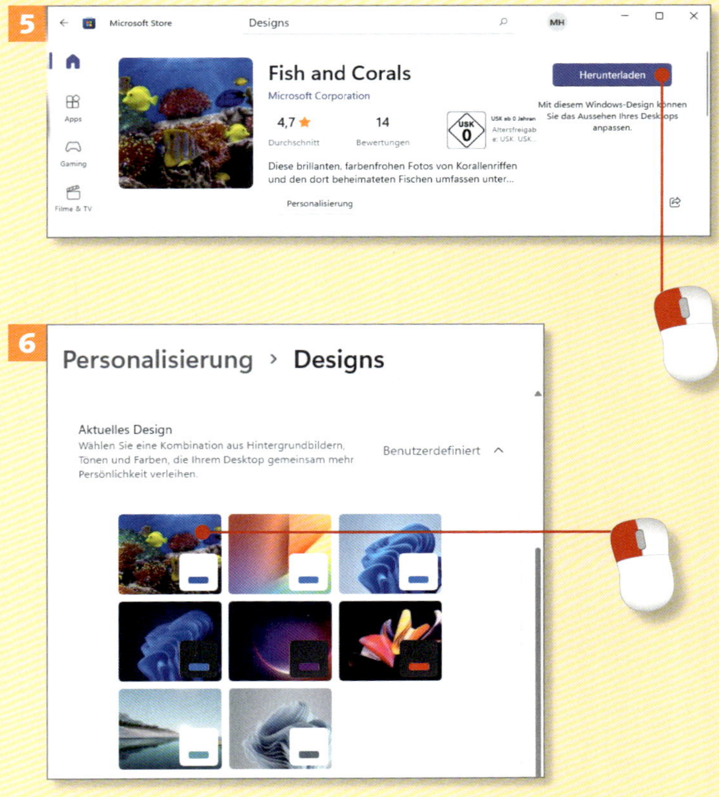

Die Widgets aus der Taskleiste entfernen

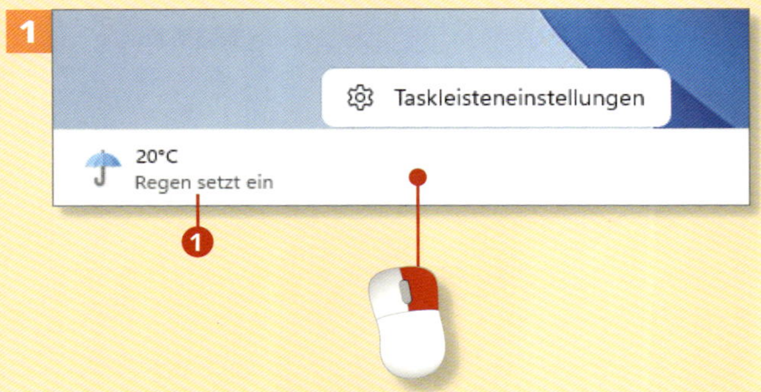

Unter Windows 11 sind die Taskleistenelemente standardmäßig mittig ausgerichtet. Eine Ausnahme stellt das Symbol der Widgets am linken Taskleistenrand dar. Falls Sie die Minianwendungen, die per Klick auf das Symbol eingeblendet werden, nicht benötigen, können Sie das Symbol auch schnell entfernen.

Schritt 1

Klicken Sie mit der rechten Maustaste auf eine freie Stelle der Taskleiste, z. B. rechts vom Widgets-Symbol ❶. Wählen Sie nun den Befehl **Taskleisteneinstellungen**.

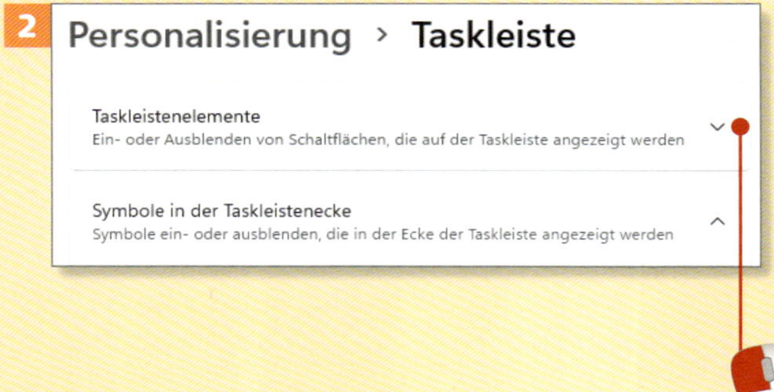

Schritt 2

Jetzt wird direkt die Einstellungen-App mit der Unterkategorie **Taskleiste** geöffnet. Klicken Sie auf **Taskleistenelemente**, um die weiteren Optionen einzublenden.

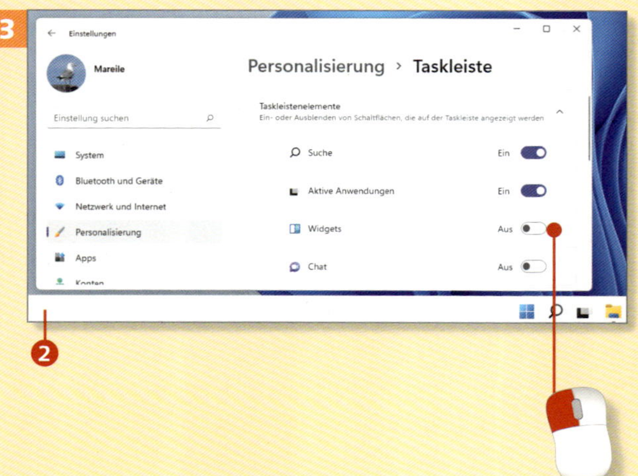

Schritt 3

Setzen Sie den Regler **Widgets** auf **Aus**. Das Widgets-Symbol verschwindet aus der Taskleiste ❷. Wenn Sie möchten, können Sie analog die Symbole für die Suche, die aktiven Anwendungen sowie für die Chat-Funktion *Microsoft Teams* aus der Taskleiste entfernen.

Bei einer fehlerhaften Bildschirmeinstellung können bereits nach kurzer Zeit brennende Augen oder sogar Kopfschmerzen die Folge sein. Die klarste Darstellung der Schrift und das beste Bild erhalten Sie durch die korrekte Bildschirmauflösung.

Schritt 1

Klicken Sie mit der rechten Maustaste auf eine freie Stelle des Desktops, und wählen Sie aus dem Kontextmenü die Option **Anzeigeeinstellungen** aus.

Schritt 2

Öffnen Sie in der rechten Fensterhälfte das Dropdown-Menü **Bildschirmauflösung**, und wählen Sie aus der Liste die optimale Auflösung für Ihren Bildschirm aus. Die optimale Auflösung wird in der Regel als **empfohlen** gekennzeichnet.

Schritt 3

Die Anzeige wird nun umgestellt. Wenn Sie mit der neuen Darstellung zufrieden sind, bestätigen Sie die anschließende Abfrage mit **Beibehalten**.

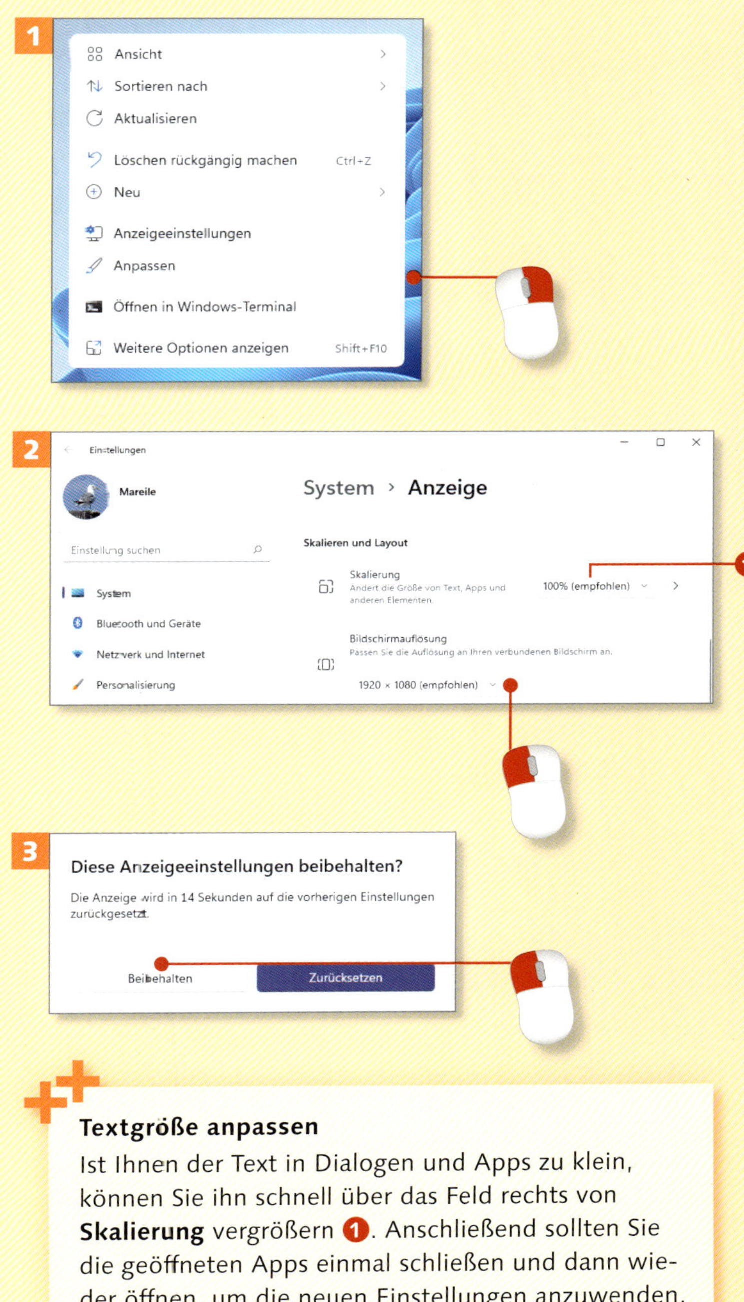

Textgröße anpassen

Ist Ihnen der Text in Dialogen und Apps zu klein, können Sie ihn schnell über das Feld rechts von **Skalierung** vergrößern ❶. Anschließend sollten Sie die geöffneten Apps einmal schließen und dann wieder öffnen, um die neuen Einstellungen anzuwenden.

Datenschutzoptionen anpassen

1

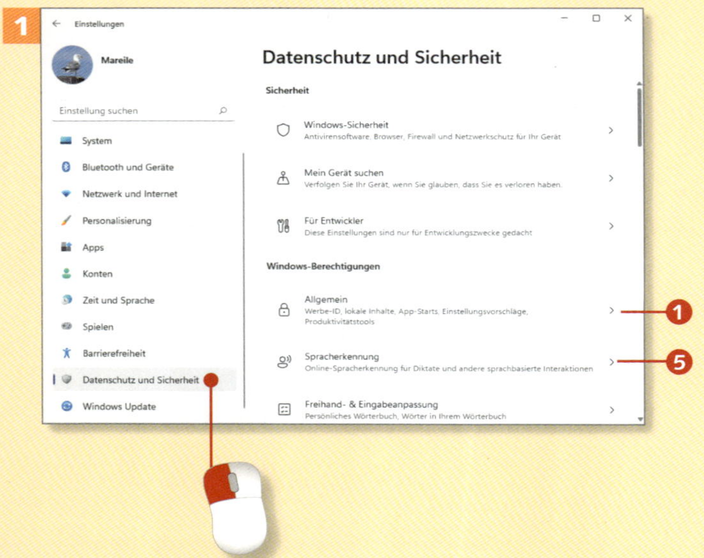

2

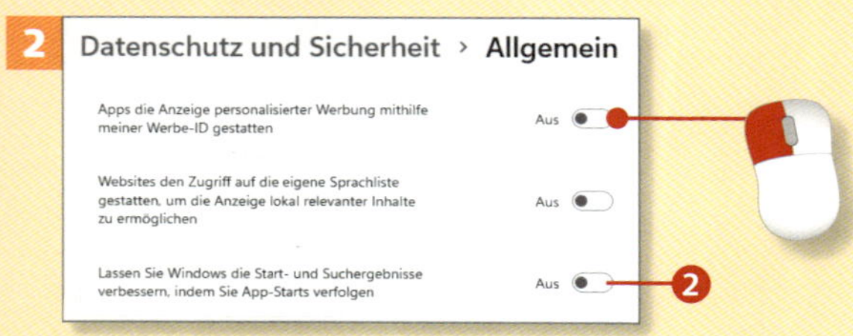

3

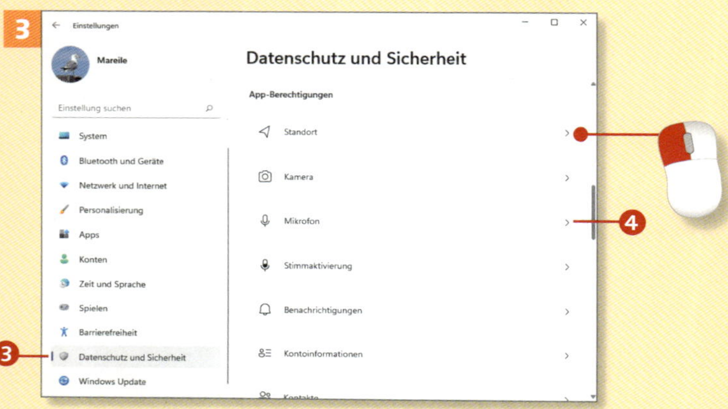

Windows 11 hat einen großen Datenhunger. Daher kommt den Themen Datenschutz und Privatsphäre eine besondere Bedeutung zu. Kontrollieren Sie die Datenschutzeinstellungen!

Schritt 1

Öffnen Sie die Einstellungen-App mit der Tastenkombination [Windows] + [I], und rufen Sie in der linken Spalte die Kategorie **Datenschutz und Sicherheit** auf. Markieren Sie dann rechts die Unterkategorie **Allgemein** ❶.

Schritt 2

Deaktivieren Sie in der rechten Spalte die Option **Apps die Anzeige personalisierter Werbung mithilfe meiner Werbe-ID gestatten**, wenn Sie nicht möchten, dass personalisierte Werbung in Apps angezeigt wird. Wünschen Sie nicht, dass Windows protokolliert, wie oft sie welche Anwendung starten, sollten Sie diese Option ebenfalls deaktivieren ❷.

Schritt 3

Markieren Sie links wieder **Datenschutz und Sicherheit** ❸. Blättern Sie rechts nach unten bis zum Abschnitt **App-Berechtigungen**. Hier klicken Sie auf **Standort**.

Schritt 4

In der rechten Fensterhälfte können Sie nun festlegen, ob Apps wie die Wetter-App oder ein Routenplaner Zugriff auf Ihren Standort erhalten dürfen. Scrollen Sie nach unten, um einzelnen Apps die Erlaubnis zur Ortung zu entziehen, oder schalten Sie die Funktion über den Regler **Ortungsdienste** ganz aus.

Schritt 5

Per Klick auf **Datenschutz und Sicherheit** ❸ kehren Sie wieder zur Übersicht zurück. Wählen Sie hier z. B. die Unterkategorien **Kamera** und **Mikrofon** ❹ können Sie die Nutzung jeweils für alle Apps festlegen oder sie für jede betroffene App individuell einstellen.

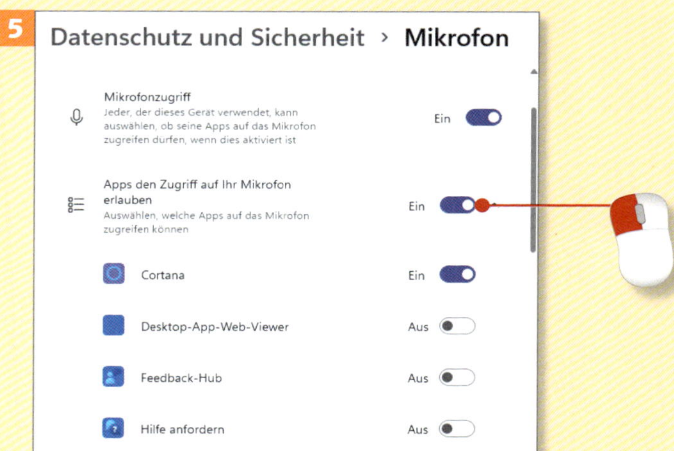

Schritt 6

Wenn Sie Cortana nicht nutzen, wählen Sie nach einem Klick auf **Datenschutz und Sicherheit** ❸ die Unterkategorie **Spracherkennung** ❺ aus. Setzen Sie den Regler unterhalb von **Online-Spracherkennung** auf **Aus**. Die Verwendung von Cortana ist damit nicht mehr möglich.

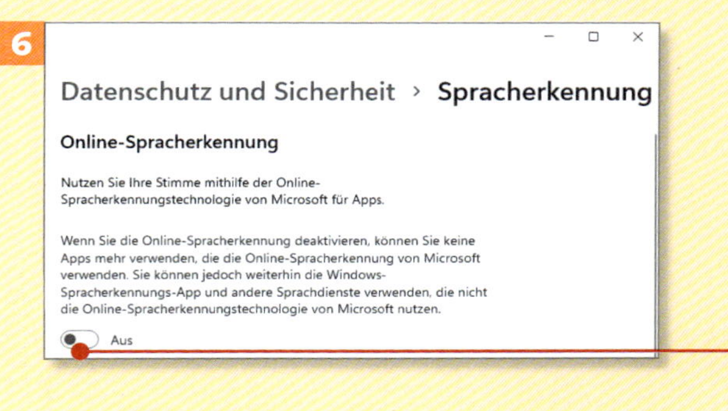

Was soll ich deaktivieren?
Informationen zu den Datenschutzoptionen finden Sie auf *http://www.paules-pc-forum.de*.

App-Benachrichtigungen verwalten und anpassen

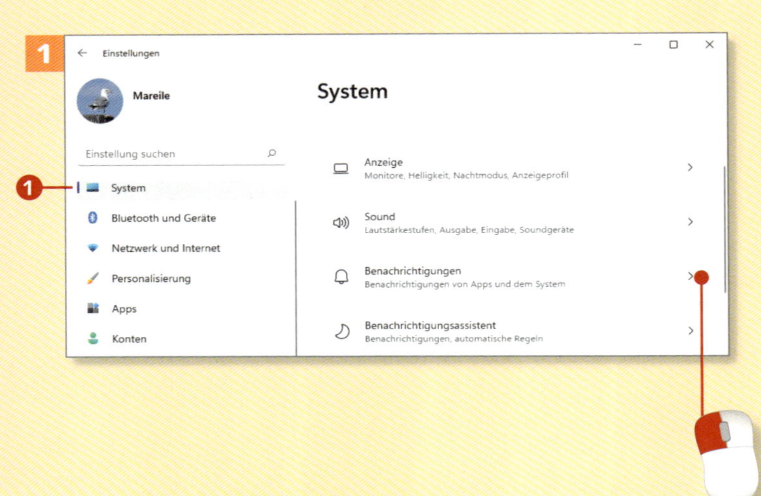

Einige Apps geben Benachrichtigungen auf dem Bildschirm aus, sobald ein bestimmtes Ereignis eintritt. So informiert z. B. die Mail-App über neu eingetroffene Nachrichten in Ihrem Postfach und der Kalender über anstehende Termine. Sie können selbst bestimmen, welche Apps Benachrichtigungen ausgeben sollen.

Schritt 1

Öffnen Sie zunächst die Einstellungen-App, z. B. über die Tastenkombination [Windows] + [I]. Stellen Sie sicher, dass in der App links die Kategorie **System** ❶ markiert ist. Klicken Sie dann rechts auf **Benachrichtigungen**.

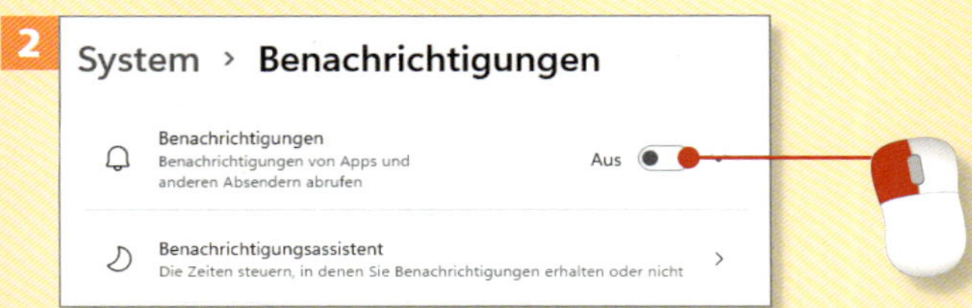

Schritt 2

Sie können die Benachrichtigungen aller Apps vollständig deaktivieren, indem Sie den Regler rechts von **Benachrichtigungen** auf **Aus** stellen.

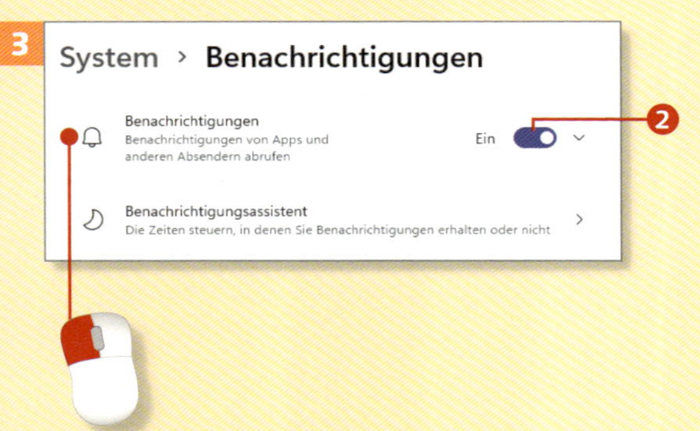

Schritt 3

Sollen die Benachrichtigungen hingegen nur auf dem Sperrbildschirm ausgeschaltet werden, stellen Sie den Regler auf **Ein** ❷. Klicken Sie dann auf **Benachrichtigungen**, um weitere Optionen einzublenden.

Schritt 4

Entfernen Sie hier das Häkchen vor **Benachrichtigungen auf dem Sperrbildschirm anzeigen**.

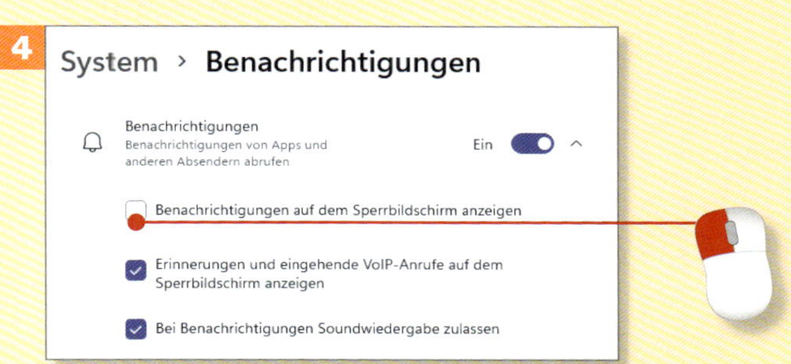

Schritt 5

Im unteren Teil des Fensters werden alle Apps aufgelistet, die Benachrichtigungen ausgeben können. Hier können Sie über die Regler für jede App individuell festlegen, ob eine Benachrichtigung erfolgen soll.

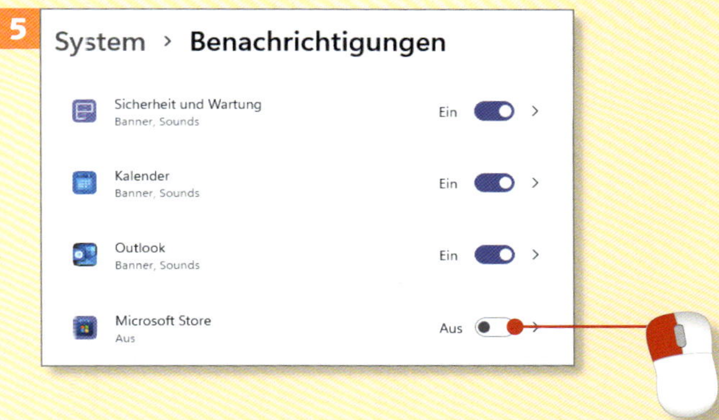

Schritt 6

Möchten Sie, dass Ihnen das System von Zeit zu Zeit Tipps zu Windows 11 anzeigt? Die Tipps werden als Infobanner auf dem Desktop sowie im Benachrichtigungscenter angezeigt. Um darauf zu verzichten, entfernen Sie das Häkchen. Die Einstellungen finden Sie am unteren Rand der rechten Fensterhälfte.

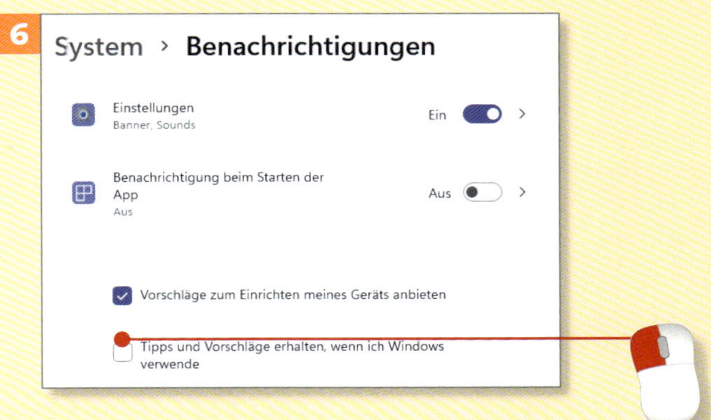

Wecker ohne Funktion?

Benachrichtigungen und Wecktöne können nicht ausgegeben werden, wenn der PC ausgeschaltet ist oder sich im Energiesparmodus befindet, es sei denn, er verfügt über die *InstantGo-Funktion*.

Den Sperrbildschirm individuell einrichten

Nach dem Start des Rechners werden Sie mit dem sogenannten Sperrbildschirm begrüßt. Sie können selbst festlegen, welche Informationen hier angezeigt werden sollen und welches Hintergrundbild Sie dafür verwenden möchten.

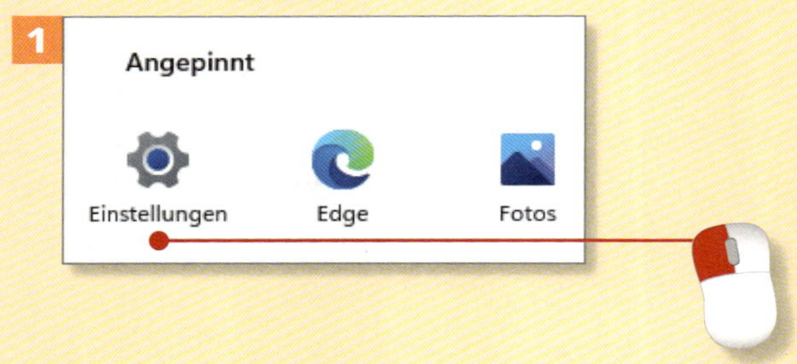

Schritt 1

Klicken Sie im Startmenü auf das Programmsymbol **Einstellungen**, oder öffnen Sie die Einstellungen-App mit den Tasten [Win] + [I].

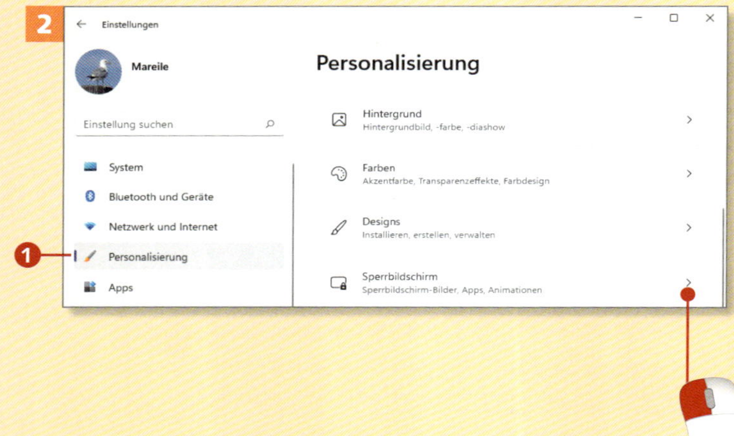

Schritt 2

Wählen Sie in der App links die Kategorie **Personalisierung** ❶. Markieren Sie anschließend rechts die Unterkategorie **Sperrbildschirm**.

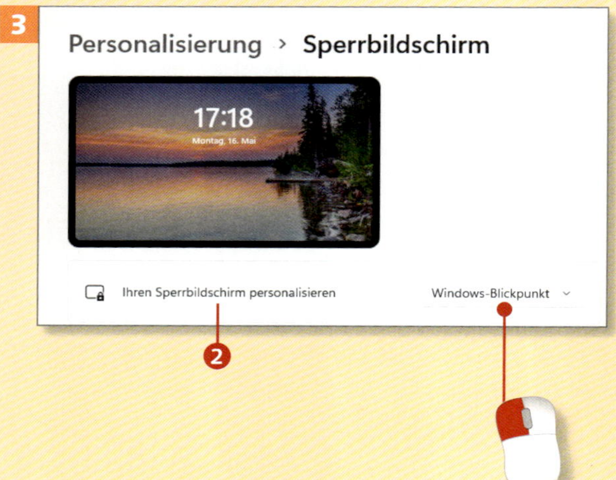

Schritt 3

In der rechten Fensterhälfte sehen Sie nun eine Vorschau des Sperrbildschirms. Wird im Feld **Ihren Sperrbildschirm personalisieren** ❷ noch die Standardeinstellung **Windows-Blickpunkt** angezeigt, nimmt Windows 11 die Bildauswahl für Sie automatisch vor.

Schritt 4

Falls Sie ein eigenes Foto vorziehen, wählen Sie im Feld **Ihren Sperrbildschirm personalisieren** die Option **Bild** aus. Markieren Sie in den nun angezeigten Hintergrundbildern ein Bild per Mausklick, oder klicken Sie auf **Fotos durchsuchen** ❸, um ein anderes Foto auszuwählen.

Schritt 5

Im Abschnitt **Status des Sperrbildschirmes** ❹ legen Sie fest, welche App Informationen auf dem Sperrbildschirm anzeigen darf. Der **Kalender** ist voreingestellt. Wünschen Sie eine andere App, klicken Sie darauf und wählen eine andere App aus. Falls keinerlei Statusinformation erscheinen soll, wählen Sie **Keiner**.

Schritt 6

Falls das für den Sperrbildschirm ausgewählte Foto auch als Hintergrundbild für den Anmeldebildschirm dienen soll, setzen Sie den entsprechenden Regler auf **Ein**.

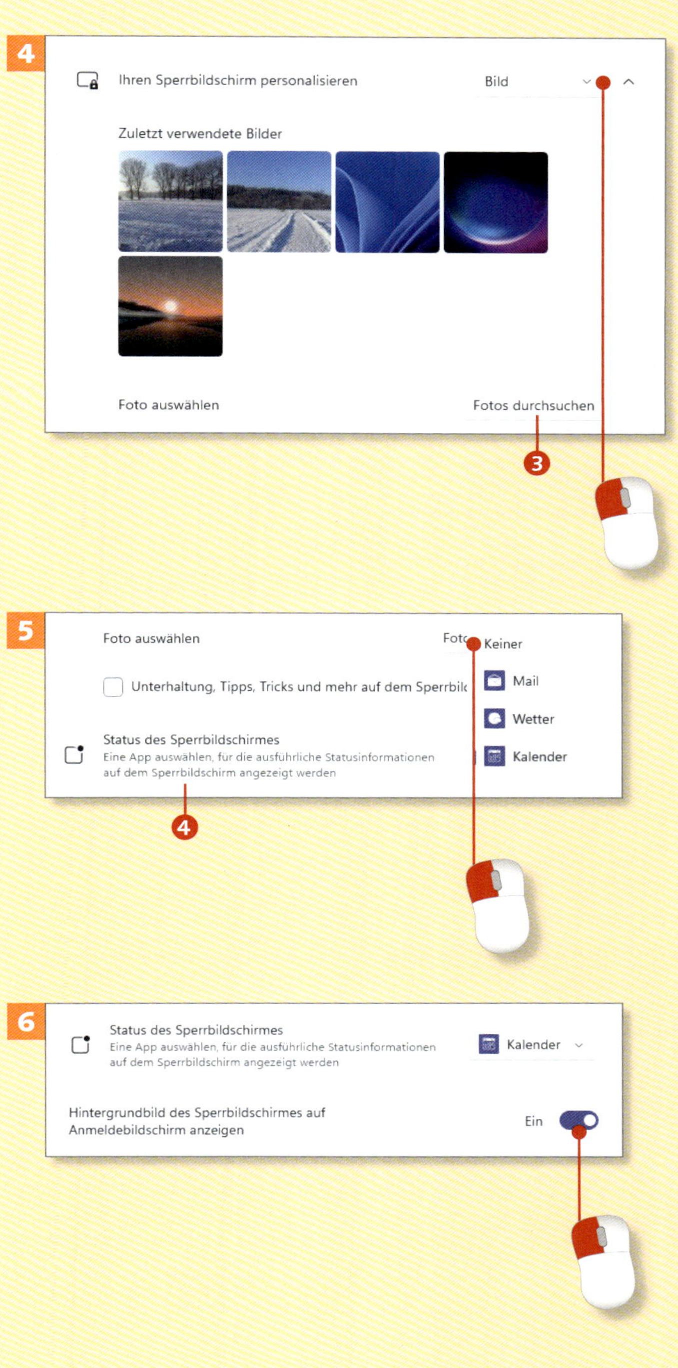

Computer manuell sperren

Mit [Windows] + [L] können Sie Ihren Computer sperren und Ihren Arbeitsplatz so vor neugierigen Blicken schützen. Persönliche Informationen sollten Sie dann aber auf dem Sperrbildschirm deaktivieren.

Windows 11 professionell einrichten

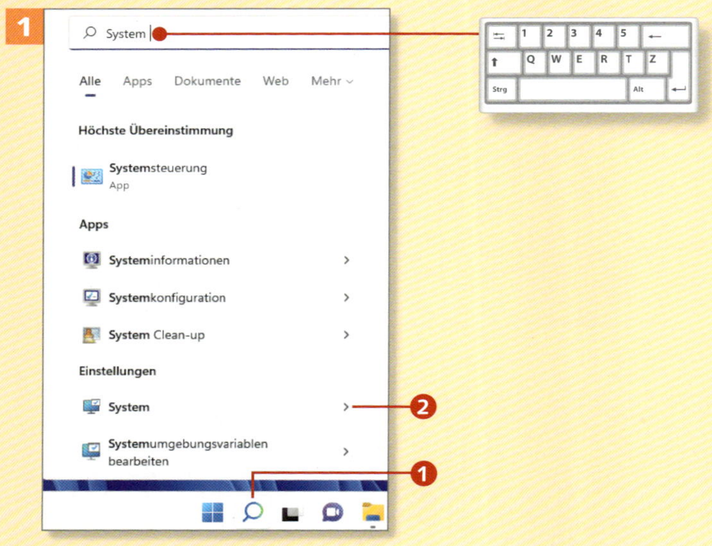

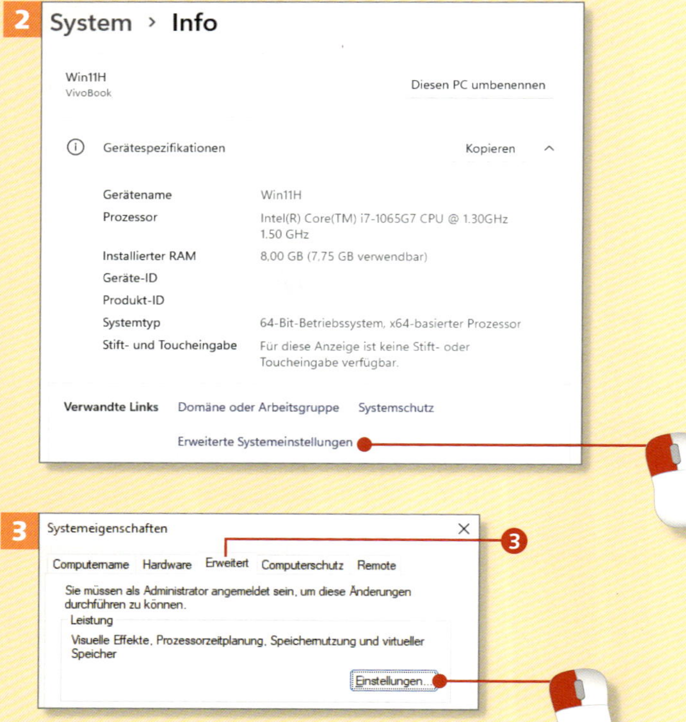

Ambitionierte Anwender schauen gerne auch mal hinter die Kulissen, und auch bei Windows 11 schadet ein wenig Insiderwissen nicht. Bereits mit wenigen Mausklicks können Sie Optik und Leistung Ihres Systems verbessern und an Ihre Bedürfnisse anpassen.

Schritt 1

Öffnen Sie das Suchmenü per Klick auf das Lupensymbol in der Taskleiste ❶. Tippen Sie im Suchfeld »System« ein, und wählen Sie dann den Eintrag **System** aus der Liste aus ❷.

Schritt 2

Damit öffnen Sie die Einstellungen-App mit der Kategorie **System ▸ Info**. Klicken Sie rechts auf den Link **Erweiterte Systemeinstellungen**. Wird dieser nicht angezeigt, ist zuvor ein Klick auf **Gerätespezifikationen** notwendig.

Schritt 3

Nun öffnet sich das Fenster **Systemeigenschaften**. Klicken Sie auf der Registerkarte **Erweitert** ❸ und im Abschnitt **Leistung** auf die Schaltfläche **Einstellungen**.

Schritt 4

Hier sehen Sie unter dem Register **Visuelle Effekte** zahlreiche Einstellungsmöglichkeiten. Soll Windows selbst die passenden Werte ermitteln, wählen Sie die Option **Optimale Einstellung automatisch auswählen** mit einem Klick aus.

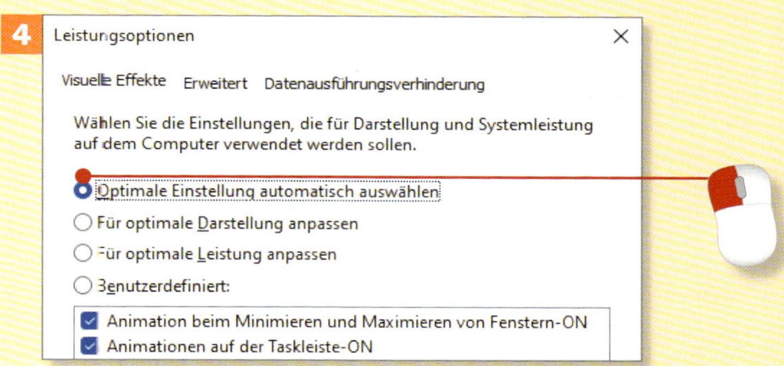

Schritt 5

Wenn Sie mehr Wert auf die Optik legen und weniger Rechenleistung benötigen, wählen Sie die Option **Für optimale Darstellung anpassen**.

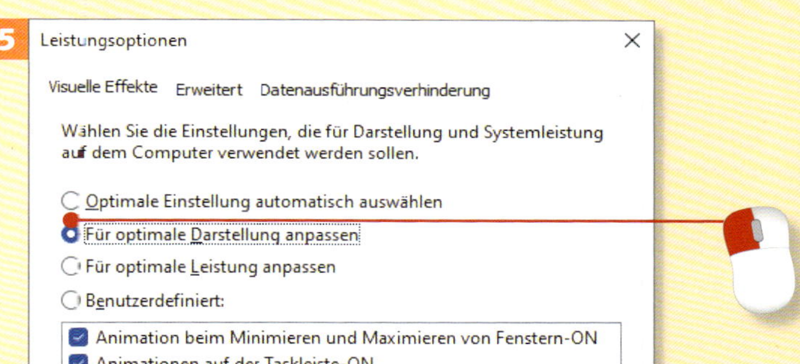

Schritt 6

Brauchen Sie hingegen mehr Rechenleistung und können Sie dafür auf optische Spielereien verzichten, markieren Sie die Option **Für optimale Leistung anpassen**.

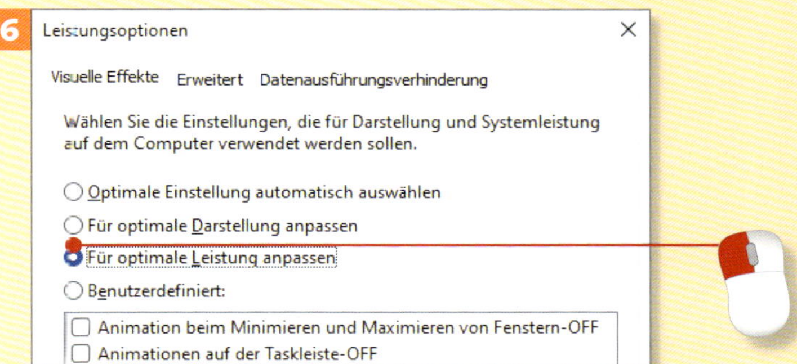

Empfohlene Einstellungen

Die »optimalen Einstellungen« für Darstellung und Leistung ermittelt Windows aus den Leistungsdaten Ihres Computers. Die Auswahl ist lediglich als Empfehlung anzusehen; Sie können sie jederzeit ändern.

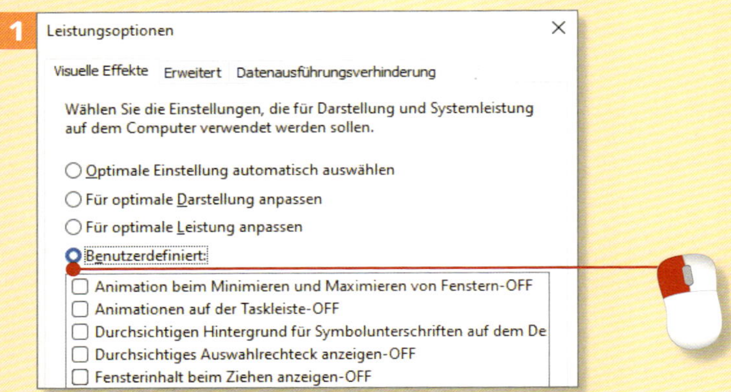

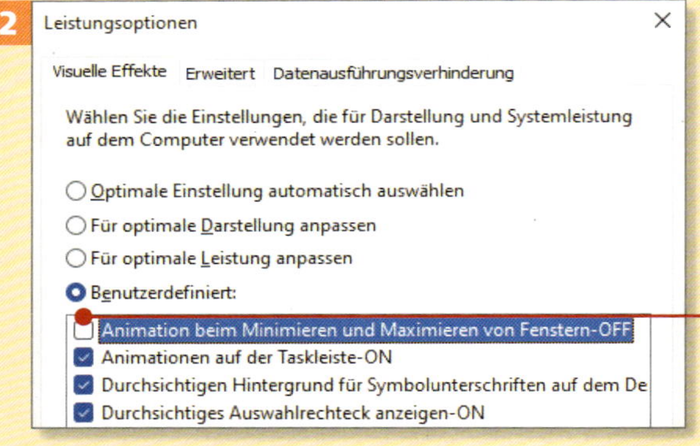

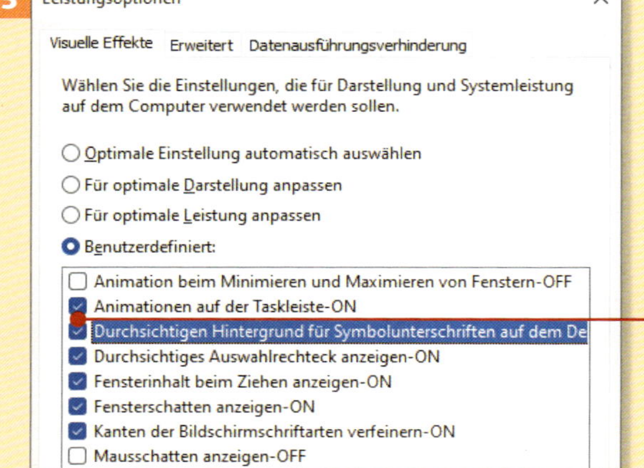

Schritt 7

Mit der Auswahl der Option **Benutzerdefiniert** haben Sie außerdem die Möglichkeit, alle Einstellungen individuell festzulegen.

Schritt 8

Das Maximieren und Minimieren von Fenstern geschieht mit einem kleinen Effekt. Um das zu ändern, deaktivieren Sie den Punkt **Animation beim Minimieren und Maximieren von Fenstern**.

Schritt 9

Je nach Hintergrundbild kann es von Vorteil sein, die Beschriftung der Desktop-Symbole anzupassen. Wählen Sie dazu die Option **Durchsichtigen Hintergrund für Symbolunterschriften auf dem Desktop**.

Experimentieren Sie ruhig!
Experimentieren Sie ruhig ein wenig mit den Einstellungen. Wählen Sie eine Option aus, und klicken Sie dann auf **Übernehmen**. Die Änderung wird sogleich angezeigt, und Sie können dann entscheiden, ob Sie sie beibehalten oder wieder rückgängig machen möchten.

Schritt 10

Möchten Sie beim Verschieben eines Fensters dessen Inhalt sehen? Falls ja, aktivieren Sie die Option **Fensterinhalt beim Ziehen anzeigen**.

Schritt 11

Wenn Sie mit der Maus rechts unten neben der Uhr auf die Taskleiste zeigen, werden alle Fenster ausgeblendet und der Blick auf den Desktop wird frei. Möchten Sie dieses Verhalten deaktivieren, entfernen Sie das Häkchen vor der Option **Peek aktivieren**.

Schritt 12

Sie haben nun die Einstellungen von Windows schon recht umfangreich und professionell angepasst. Keine Sorge, Sie können jede Änderung auch wieder rückgängig machen. Sind alle Einstellungen getroffen, übernehmen Sie sie mit einem Klick auf die Schaltfläche **OK**.

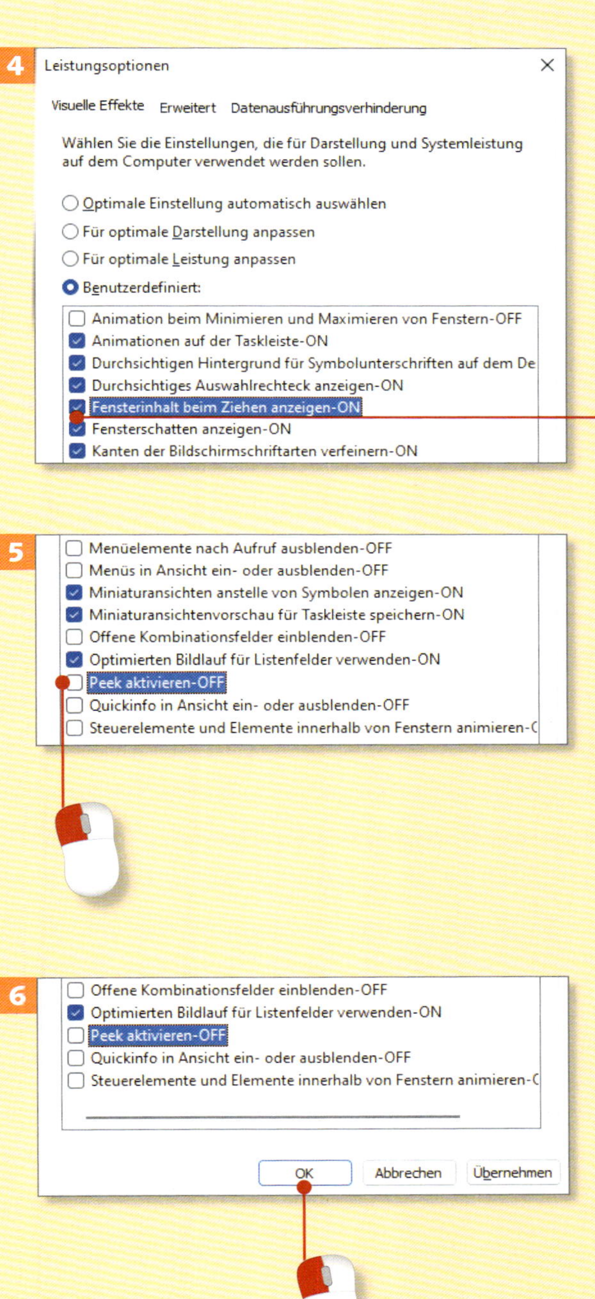

Kapitel 3
Schneller mit Dateien und Ordnern arbeiten

Was bedeutet eigentlich Drag & Drop? Wie erkenne ich das Format einer Datei, und wie lässt sich festlegen, mit welchem Programm eine Datei geöffnet werden soll? Erfahren Sie in diesem Kapitel, wie Sie richtig mit Dateien und Ordnern umgehen, wie z. B. ein Dateipfad aufgebaut ist, wie Sie eigene Bibliotheken erstellen und wie Sie wertvollen Speicherplatz durch Komprimierung Ihrer Daten zurückgewinnen.

Der Datei-Explorer

Ob Sie nun Dateien kopieren, umbenennen, ausschneiden, löschen oder neue Ordner anlegen möchten – all diese Operationen führen Sie über den Explorer aus ❶. Anfangs erscheint der Explorer noch ein wenig unübersichtlich, aber mit ein wenig Übung haben Sie ihn schnell im Griff. Die wichtigsten Funktionen erreichen Sie schnell über die neue Symbolleiste.

Erstellen Sie eigene Bibliotheken

Der großen Datenflut Herr zu werden, ist nicht immer einfach. Verwalten Sie Urlaubsbilder, Back- und Kochrezepte, Dokumente oder Musik in eigens erstellten Bibliotheken ❷, und behalten Sie so den Überblick über Ihre wertvollen Daten. Microsoft hat die Bibliotheken unter Windows 11 allerdings gut versteckt; Sie müssen sie erst wieder einblenden, um sie nutzen zu können.

Die neuen Fenstertechniken von Windows 11

E-Mail-Programm, Browser und dazu noch ein Office-Programm: Meist ist bei der täglichen Arbeit am PC nicht nur ein Programmfenster geöffnet, sondern gleich mehrere. Mithilfe der Snap-Layouts, die Windows 11 neu an Bord hat, ist es ein Leichtes, mehrere Fenster ganz nach Belieben auf dem Bildschirm anzuordnen ❸.

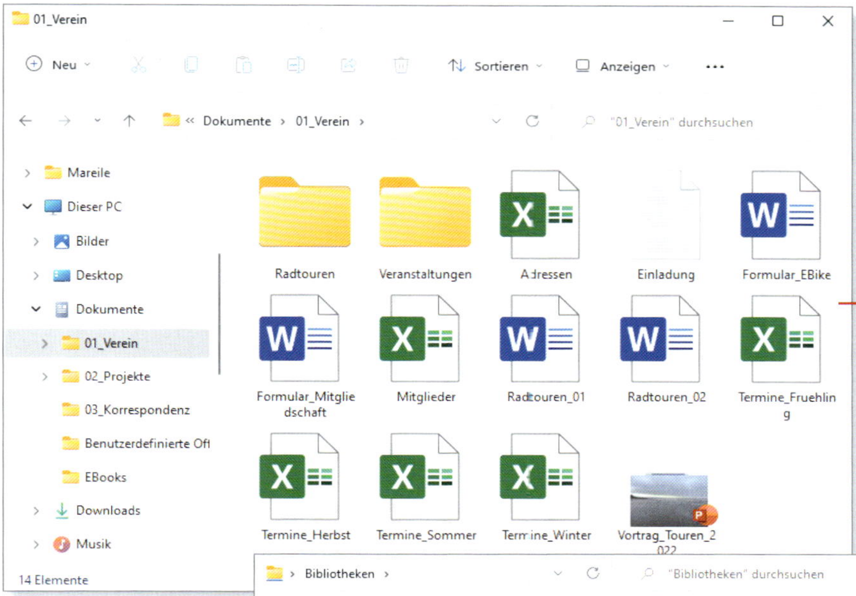

❶ So sieht der Explorer aus. Bei der täglichen Arbeit mit Windows 11 werden Sie regelmäßig mit ihm zu tun haben.

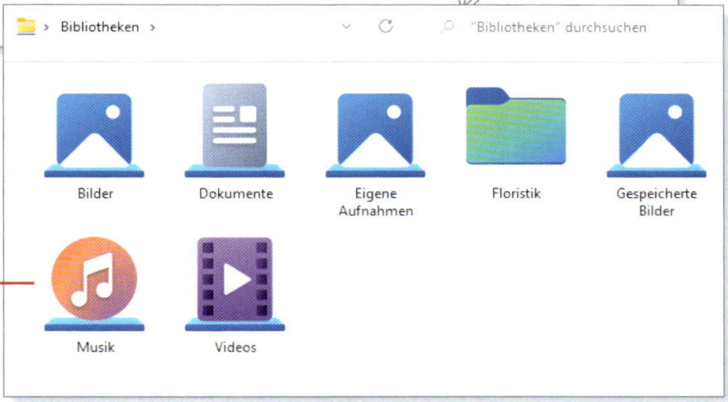

❷ Im Handumdrehen können Sie eigene Bibliotheken erstellen.

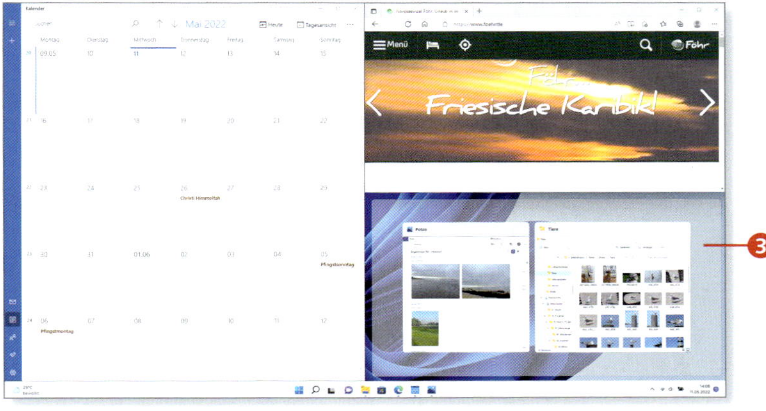

❸ Mithilfe der Snap-Layouts lassen sich blitzschnell mehrere Programmfenster auf dem Bildschirm anordnen.

Der Explorer im Überblick

Der Explorer ist eines der wichtigsten Programme überhaupt. Mit ihm verwalten Sie alle Dateien und Laufwerke.

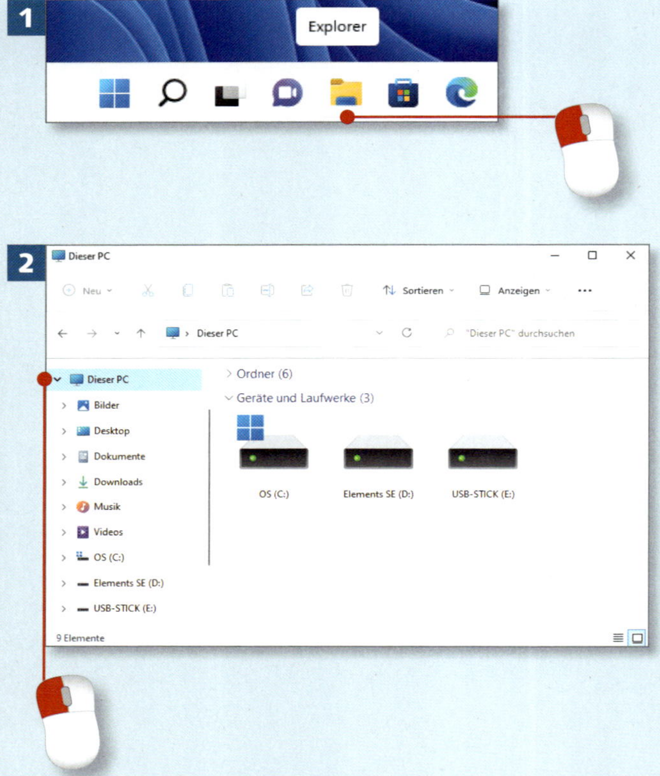

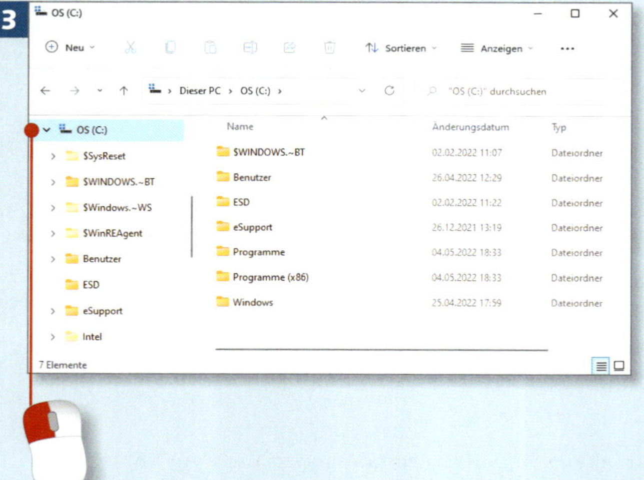

Schritt 1

Starten Sie den Explorer mit einem Klick auf das Ordnersymbol in der Taskleiste oder mit ⊞ + E.

Schritt 2

Klicken Sie in der linken Spalte des Fensters (auch *Navigationsbereich* genannt) auf das kleine Pfeilsymbol vor **Dieser PC**, um alle Laufwerke (Festplatten und Wechseldatenträger) Ihres Systems anzuzeigen.

Schritt 3

Auch um alle Ordner eines einzelnen Laufwerks aufzulisten, klicken Sie auf den davorliegenden Pfeil.

Schritt 4

Markieren Sie einen beliebigen Ordner in der linken Spalte per Mausklick. Alle darin enthaltenen Dateien und Unterordner werden daraufhin im rechten Teil des Fensters, dem sogenannten Inhaltsbereich, angezeigt.

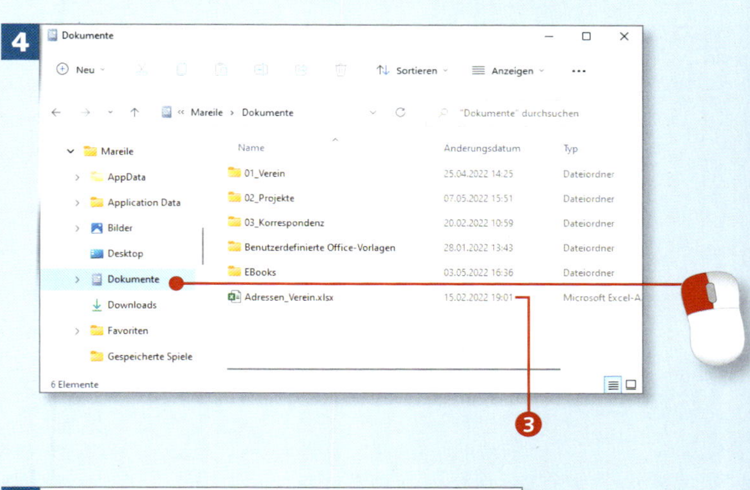

Schritt 5

Die Darstellung der Ordner und Dateien in der rechten Fensterhälfte können Sie verändern. Klicken Sie dazu in der Symbolleiste auf die Schaltfläche **Anzeigen**. In der aufklappenden Liste können Sie nun zwischen verschiedenen Darstellungen wählen ❶. Am besten probieren Sie die verschiedenen Möglichkeiten einfach einmal aus.

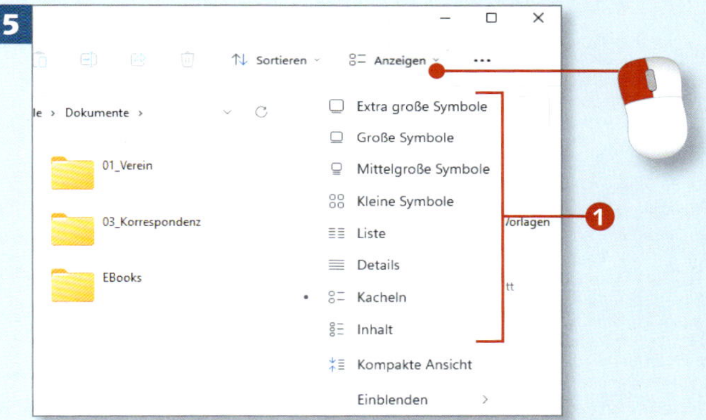

Schritt 6

Enthält ein Ordner z. B. Fotos, stellen Sie die Darstellung auf **Große Symbole** oder **Extra große Symbole** um. Alle Bilder werden nun in einer Vorschau angezeigt.

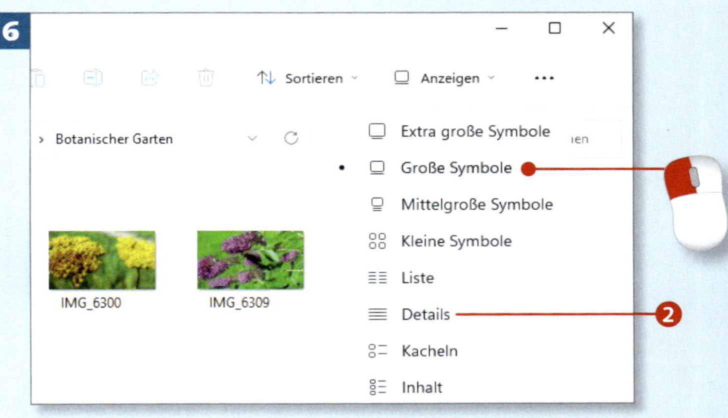

Details einblenden

Wählen Sie die Darstellung **Details** ❷, werden die Ordner und Dateien tabellarisch mit einer Vielzahl an Informationen aufgelistet. So sehen Sie z. B. auf einen Blick das Änderungsdatum der Daten ❸.

Den Navigationsbereich anpassen

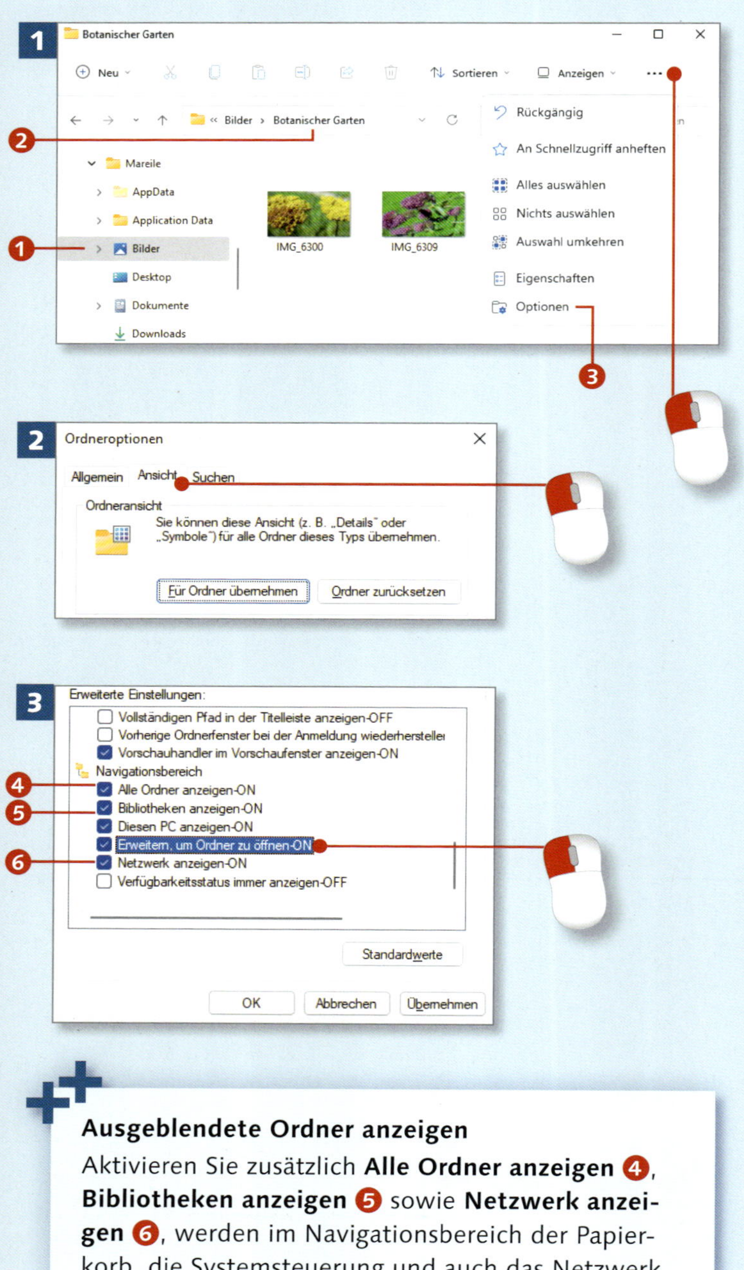

Ausgeblendete Ordner anzeigen

Aktivieren Sie zusätzlich **Alle Ordner anzeigen** ❹, **Bibliotheken anzeigen** ❺ sowie **Netzwerk anzeigen** ❻, werden im Navigationsbereich der Papierkorb, die Systemsteuerung und auch das Netzwerk eingeblendet.

Markieren Sie in der linken Spalte des Explorers einen Ordner, wird sein Inhalt nur in der rechten Spalte aufgeführt. Mit einem kleinen Trick blenden Sie die Unterordner auch im Navigationsbereich ein.

Schritt 1

Das Bild zeigt das Problem: Im Navigationsbereich ist nur der übergeordnete Ordner **Bilder** zu sehen ❶. In welchem Unterordner Sie sich befinden (hier **Botanischer Garten** ❷), lässt sich lediglich in der Adresszeile ablesen. Um links auch die untergeordneten Verzeichnisse einzublenden, klicken Sie in der Symbolleiste auf das Symbol mit den drei kleinen Punkten und wählen dann **Optionen** ❸.

Schritt 2

Wechseln Sie im Dialog **Ordneroptionen** in das Register **Ansicht**.

Schritt 3

Blättern Sie in der Liste **Erweiterte Einstellungen** ganz nach unten bis zum Abschnitt **Navigationsbereich**. Versehen Sie den Eintrag **Erweitern, um Ordner zu öffnen** mit einem Häkchen. Bestätigen Sie mit **OK**.

So ist der Dateipfad aufgebaut

Der Pfad beschreibt den Weg zu einem Ordner oder zu einer Datei. Ausgangspunkt dieser Wegbeschreibung ist dabei immer das Laufwerk, auf dem das Objekt gespeichert ist.

Schritt 1

Oben in der **Adresszeile** ❶ zeigt der Explorer den Speicherort einer Datei in vereinfachter Form an.

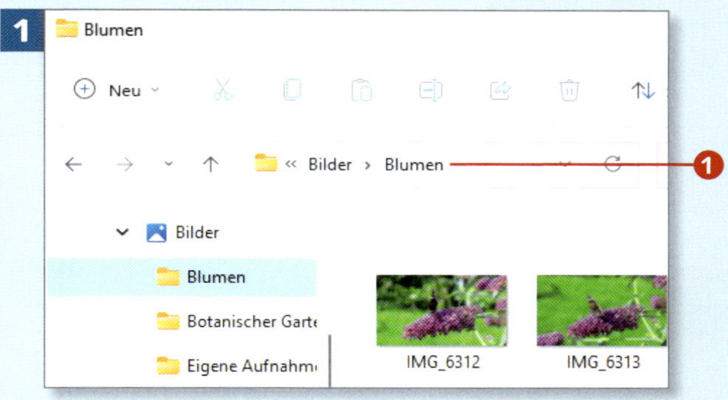

Schritt 2

Erst wenn Sie auf einen freien Bereich am rechten Rand des Adressfelds klicken, wird Ihnen der vollständige Dateipfad ❷ angezeigt.

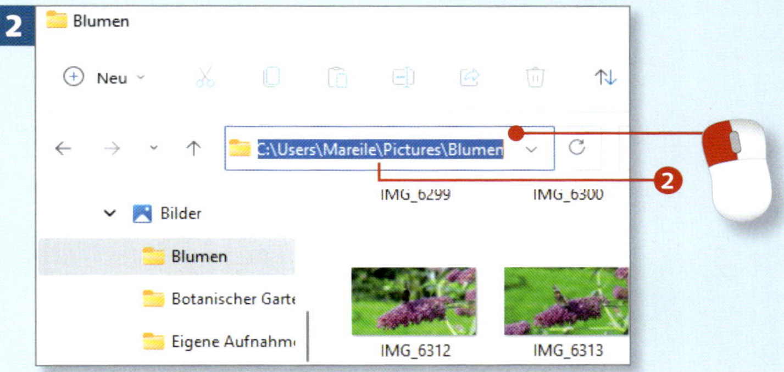

Schritt 3

Zuerst wird das Laufwerk angegeben, in diesem Fall *C:*. Es folgen das Hauptverzeichnis (Ordner), eventuell vorhandene Unterverzeichnisse und schließlich der Dateiname. Standardordner wie **Benutzer** und **Bilder** zeigt Windows 11 in englischer Sprache an, d. h. als **Users** und **Pictures**.

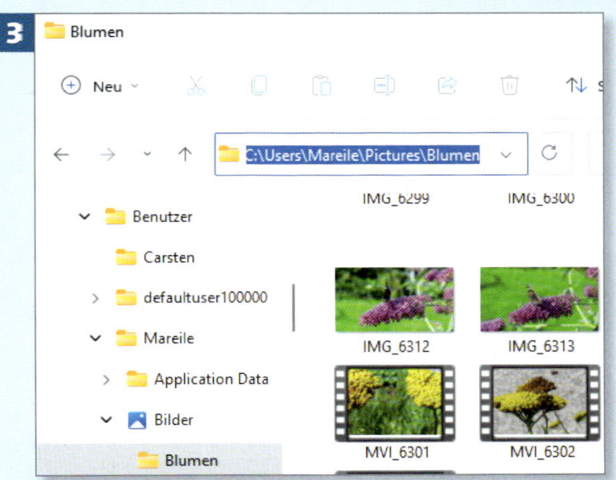

Laufwerksbuchstaben

Jedes an den Computer angeschlossene Laufwerk (z. B. Festplatte, DVD-Laufwerk oder USB-Stick) verfügt über eine eigene Laufwerkskennung in Form eines einzelnen Buchstabens.

Dateiendungen einblenden

Jede Datei hat eine Endung, die durch einen Punkt getrennt an den Dateinamen angehängt wird. Sie kennzeichnet das Format einer Datei.

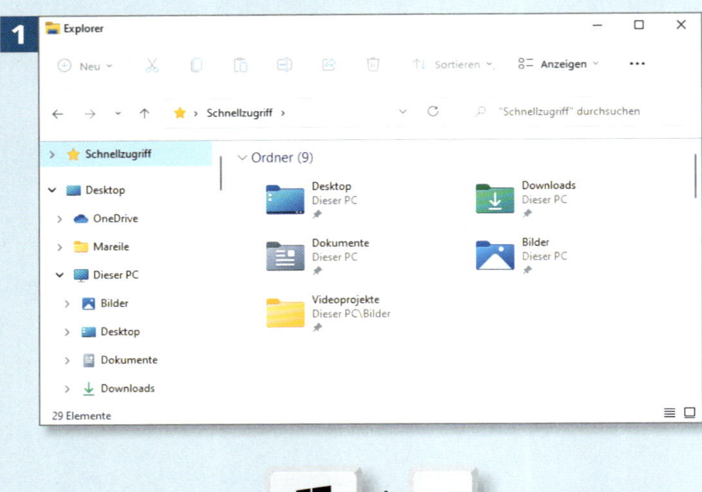

Schritt 1

Öffnen Sie den Explorer mit den Tasten [Windows] + [E].

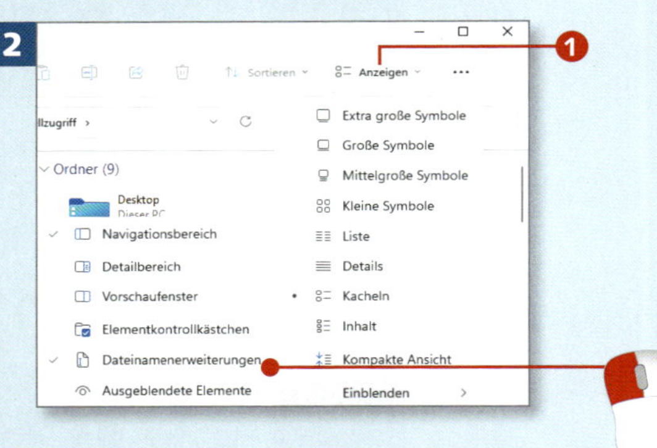

Schritt 2

Klicken Sie in der Symbolleiste auf **Anzeigen** ❶. Positionieren Sie den Mauszeiger dann auf dem Eintrag **Einblenden**. In der aufklappenden Liste versehen Sie **Dateinamen-erweiterungen** per Mausklick mit einem Häkchen.

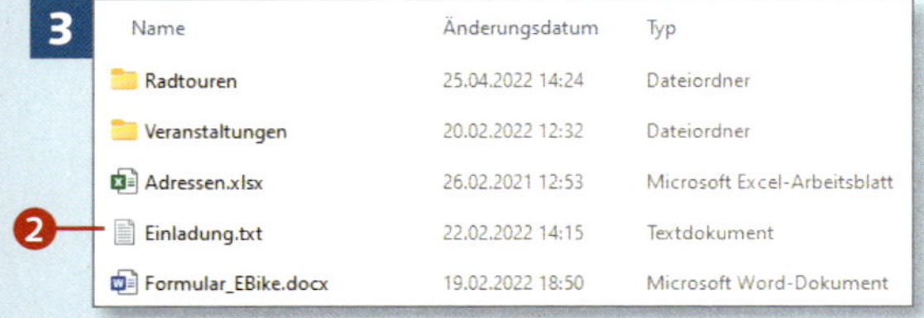

Schritt 3

Wenn Sie nun in einen Ordner wechseln, der Dateien enthält, sehen Sie, dass hinter jedem Dateinamen auch die Dateiendung angezeigt wird, z. B. *.txt* ❷ für eine einfache Textdatei oder *.docx* für ein Word-Dokument.

Für ein Mehr an Sicherheit!
Schadprogramme verbergen sich in ausführbaren Dateien, z. B. mit der Endung *.exe*. Damit Sie Risiken besser einschätzen können, sollten die Dateiendungen daher auf jedem Computer angezeigt werden.

Dateiendungen zuordnen

Standardmäßig werden Bilder mit der Fotos-App geöffnet. Durch die Installation neuer Programme kann sich diese Zuordnung ungewollt ändern. So stellen Sie die alte Ordnung wieder her.

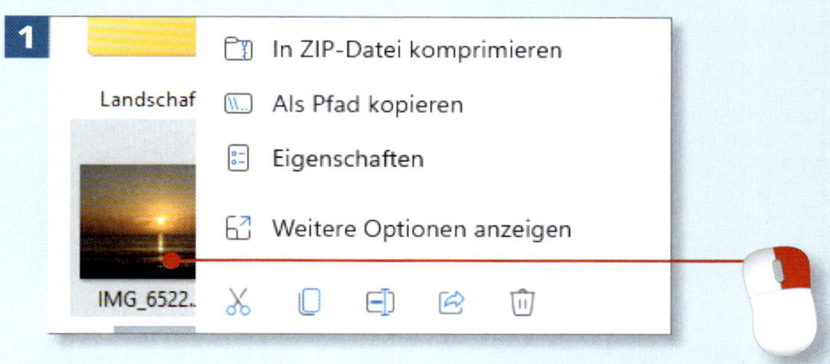

Schritt 1

Klicken Sie mit der rechten Maustaste auf die Datei, deren Zuordnung Sie ändern möchten, und wählen Sie aus dem Kontextmenü den Eintrag **Eigenschaften** aus.

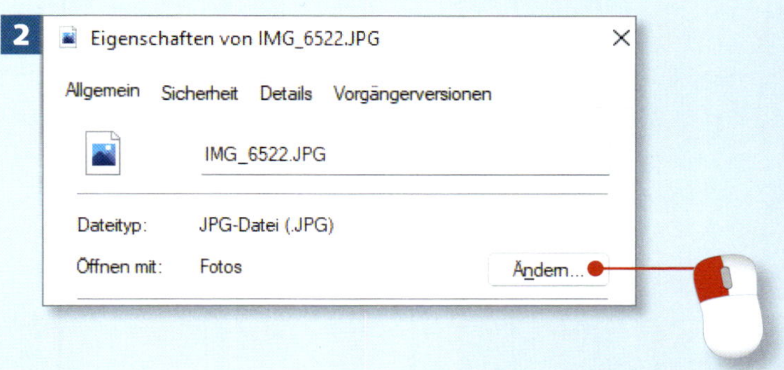

Schritt 2

Auf dem Reiter **Allgemein** wird im Abschnitt **Öffnen mit** das aktuell zugeordnete Programm angezeigt. Klicken Sie auf **Ändern**, um ein neues Programm festzulegen.

Schritt 3

Wählen Sie aus der Liste das Programm aus, das Sie zum Öffnen der Datei verwenden möchten.

Programm nicht aufgelistet?
Sollte das gewünschte Programm nicht aufgelistet sein, klicken Sie auf **Weitere Apps** (1), um die Liste zu erweitern. Ist das Programm noch immer nicht enthalten, klicken Sie auf **Andere App auf diesem PC suchen** und wählen dann die passende Anwendung aus.

So funktioniert »Drag & Drop«

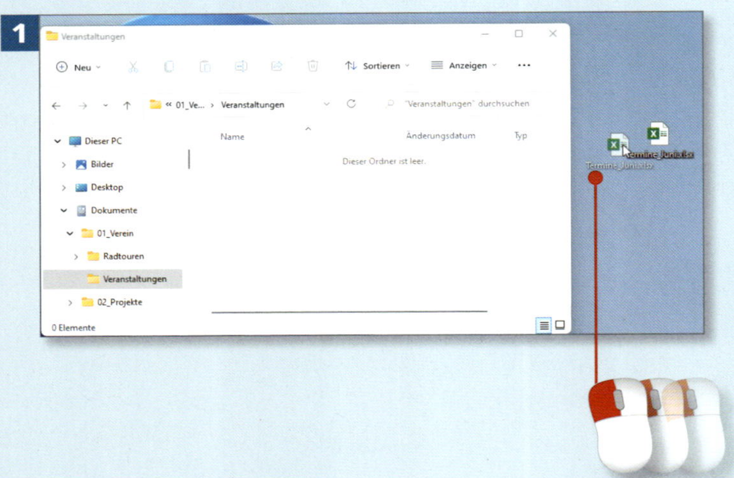

Zum schnellen Verschieben oder Kopieren von Elementen verwendet man häufig die Drag & Drop-Technik. »Drag & Drop« steht für »Ziehen und Ablegen«.

Schritt 1

Möchten Sie eine Datei von Ihrem Desktop in einen Ordner verschieben, klicken Sie sie zunächst mit der linken Maustaste an, halten die Taste gedrückt und verschieben das Objekt an die gewünschte Stelle.

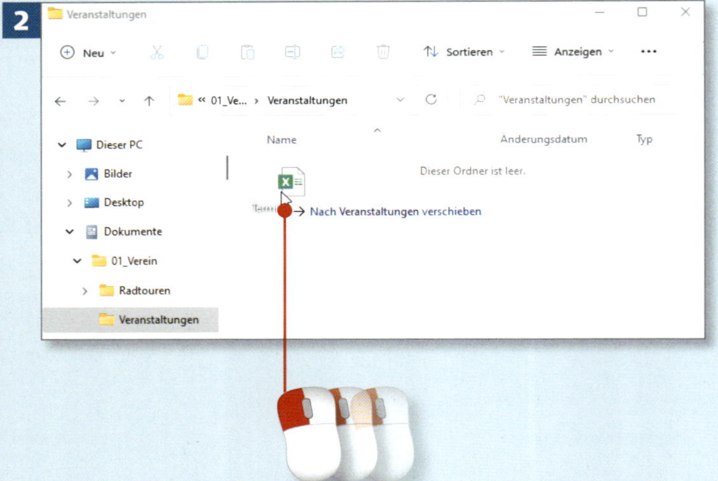

Schritt 2

Haben Sie das Ziel erreicht, lassen Sie einfach die Maustaste wieder los und legen damit das Objekt ab.

Schritt 3

Die per Drag & Drop verschobene Datei wird sogleich im Zielordner angezeigt.

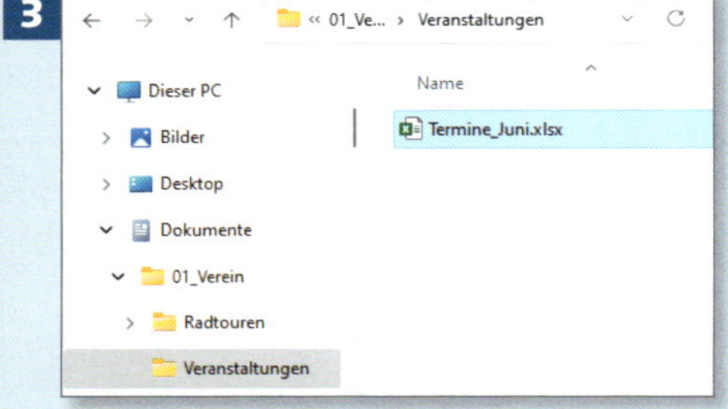

Fenster verschieben

Auch Programmfenster lassen sich per Drag & Drop verschieben. Klicken Sie dazu ein Fenster in der Kopfleiste an, und verschieben Sie es beliebig auf dem Bildschirm.

Schritt 4

Drag & Drop funktioniert in vielen Anwendungen auch mit Textzeilen oder einzelnen Wörtern. Markieren Sie zuerst den gewünschten Text mit der Maus, indem Sie dreimal schnell auf die Zeile klicken.

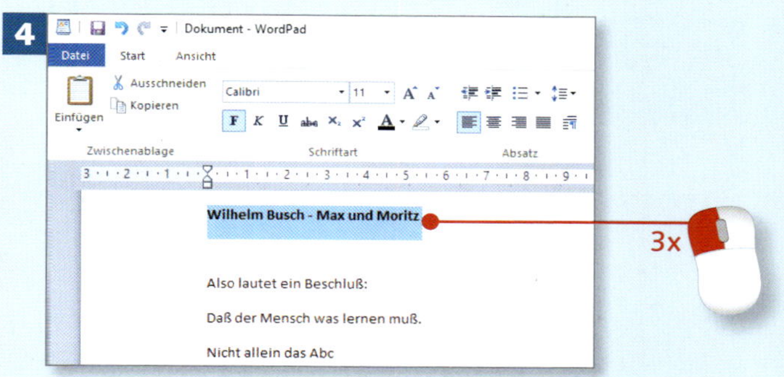

Schritt 5

Klicken Sie auf den markierten Text, und verschieben Sie ihn bei weiterhin gedrückter Maustaste an die gewünschte Position.

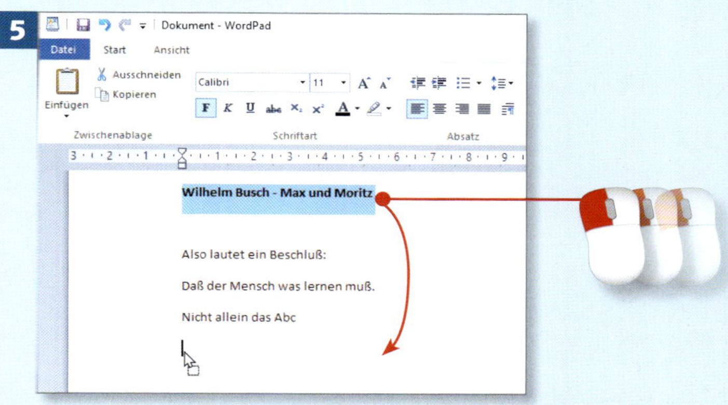

Schritt 6

Lassen Sie die Maustaste wieder los, wird der Text an der angezeigten Markierung eingefügt. Sie können auch mehrere Zeilen markieren und auf diese Weise längere Textabschnitte oder komplette Absätze neu anordnen.

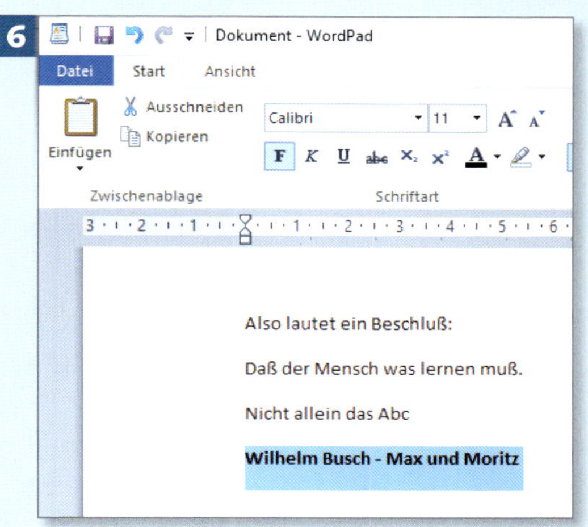

Grenzüberschreitend

Die Drag & Drop-Technik funktioniert oft auch zwischen zwei Anwendungen. So können Sie z. B. eine Grafikdatei aus dem Explorer direkt in das geöffnete Programmfenster Ihrer Bildbearbeitung verschieben und dort weiterbearbeiten.

Einen neuen Ordner für den Schnellzugriff hinzufügen

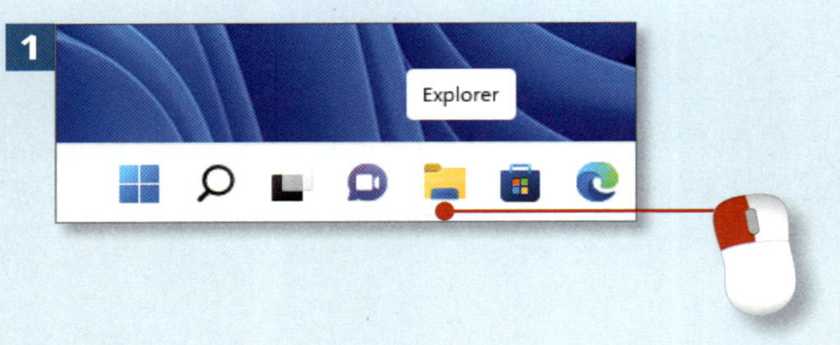

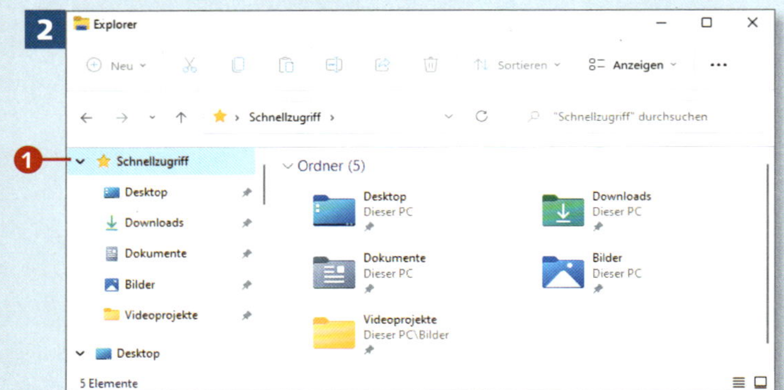

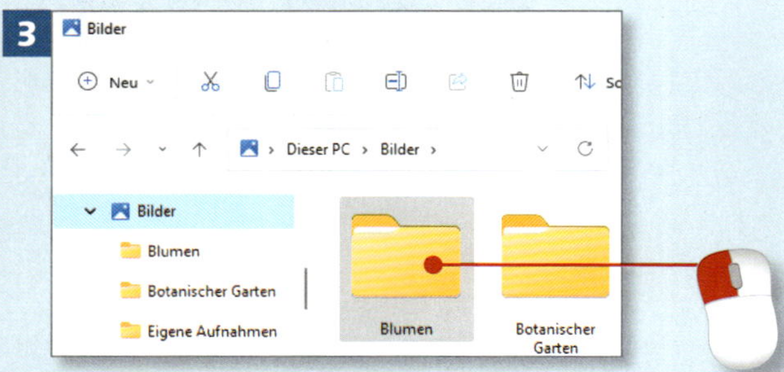

Anstatt sich durch die Untiefen der Ordnerstrukturen zu klicken, können Sie häufig benötigte Ordner auch in den Schnellzugriff des Explorers legen. So geht's.

Schritt 1

Öffnen Sie den Explorer über das Ordnersymbol in der Taskleiste oder über die Tastenkombination [Windows] + [E].

Schritt 2

In der linken Spalte des Fensters sehen Sie nun alle Verzeichnisse, die aktuell dem Schnellzugriff zugeordnet sind (1).

Schritt 3

Wählen Sie einen Ordner aus, den Sie dem Schnellzugriff hinzufügen möchten. Als Beispiel nehmen wir den Ordner *Blumen*.

Der Speicherort bleibt derselbe
Wenn Sie einen Ordner in den Schnellzugriff aufnehmen, wird er nicht wirklich dorthin verschoben, sondern es wird lediglich eine Verknüpfung zum Ordner angelegt. Der ursprüngliche Speicherort wird also nicht verändert.

Schritt 4

Klicken Sie den ausgewählten Ordner mit der rechten Maustaste an, und wählen Sie aus dem Kontextmenü den Befehl **An Schnellzugriff anheften** aus.

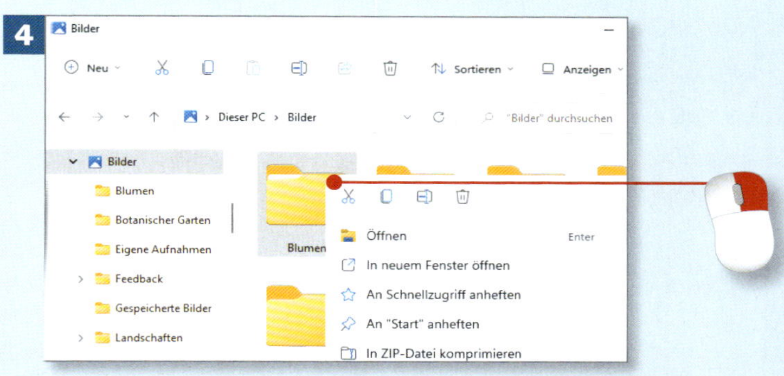

Schritt 5

Der ausgewählte Ordner wird nun dem Schnellzugriff hinzugefügt ❷ und kann fortan mit nur einem Klick geöffnet werden. Sie können den Ordner wie alle anderen auf Ihrem System nutzen und die darin befindlichen Dateien kopieren, löschen, umbenennen etc.

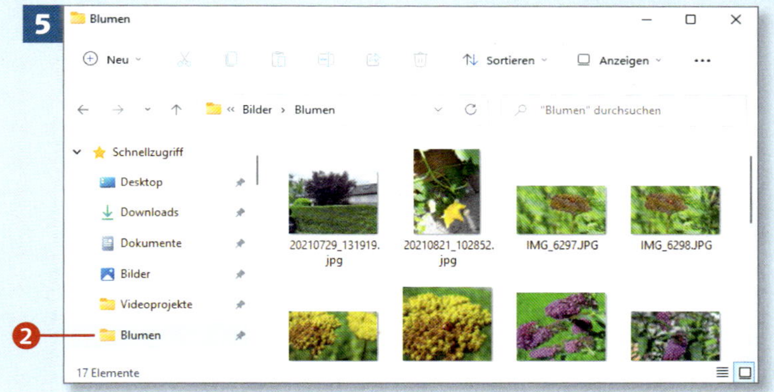

Schritt 6

Möchten Sie einen Ordner wieder aus der Liste entfernen, klicken Sie ihn einfach mit der rechten Maustaste an und wählen aus dem Kontextmenü den Befehl **Von Schnellzugriff lösen** aus.

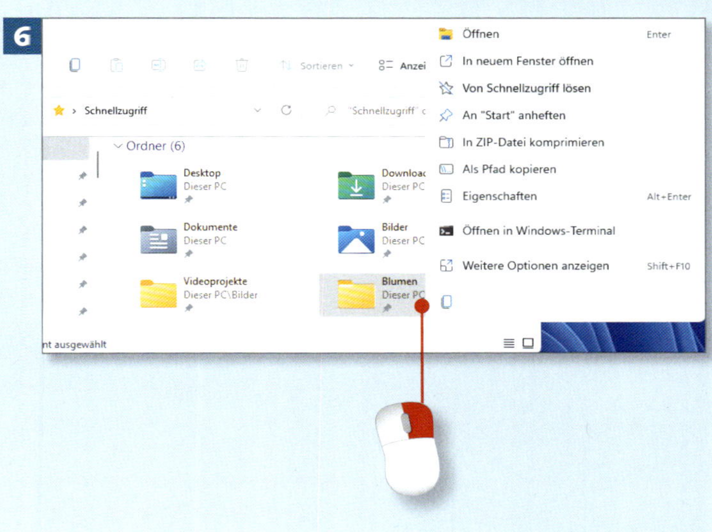

Es wird nichts gelöscht!
Entfernen Sie einen Ordner wie beschrieben aus der Favoritenliste, wird nur die Verknüpfung, nicht aber der Ordner selbst gelöscht. Es gehen dabei also keine Daten verloren.

Den Explorer im Verzeichnis »Dieser PC« starten

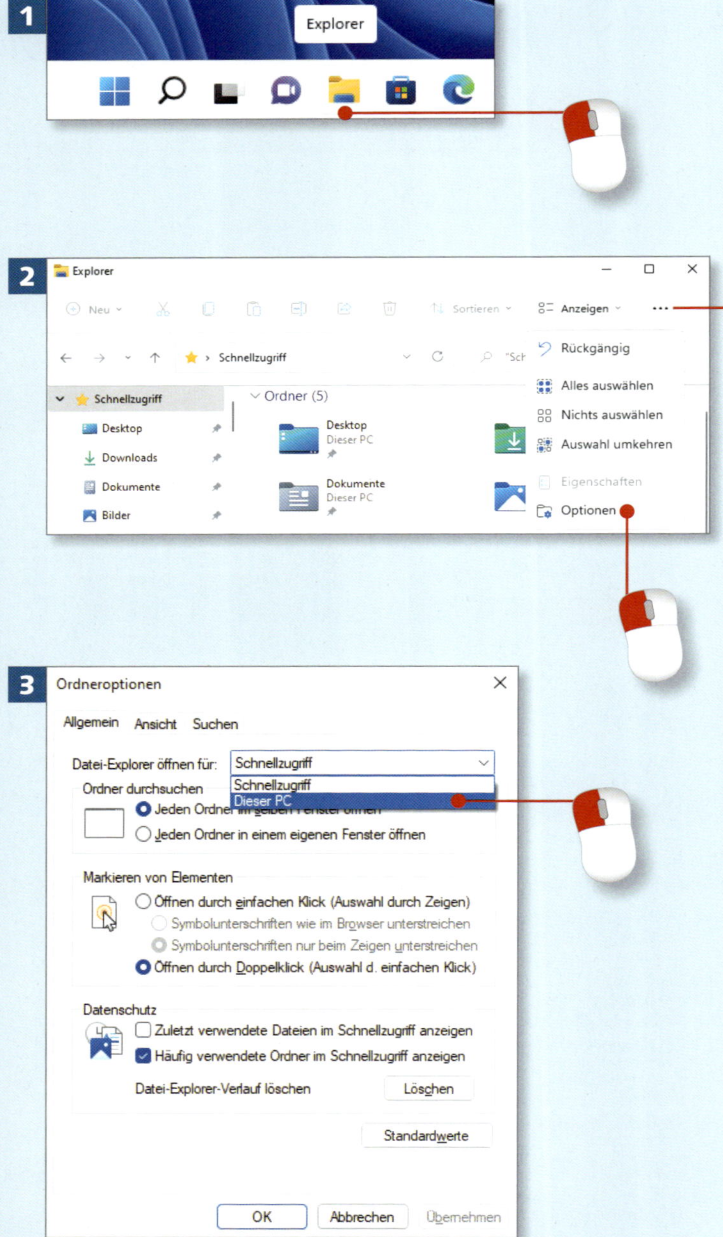

Beim Aufruf des Explorers zeigt dieser standardmäßig das Verzeichnis des Schnellzugriffs. Nur wenige Mausklicks sind nötig, um die Ansicht dauerhaft auf das Verzeichnis »Dieser PC« umzustellen.

Schritt 1

Öffnen Sie den Explorer über das Symbol in der Taskleiste oder mit der Tastenkombination [Win] + [E].

Schritt 2

Um zu den Einstellungen zu gelangen, klicken Sie in der Symbolleiste auf das Symbol mit den drei kleinen Punkten (1). Wählen Sie im aufklappenden Menü die **Optionen**.

Schritt 3

Das Dialogfenster **Ordneroptionen** öffnet sich. Öffnen Sie das Dropdown-Menü **Datei-Explorer öffnen für**, und wählen Sie darin die Option **Dieser PC**. Mit **OK** wird die Einstellung übernommen.

Weiteres Explorer-Fenster

Möchten Sie zusätzlich zum ersten ein zweites Explorer-Fenster öffnen, drücken Sie [Win] + [E], oder halten Sie [Strg] gedrückt, während Sie das Symbol in der Taskleiste anklicken.

Das erweiterte Kontextmenü einblenden

In der Symbolleiste des Explorers finden sich lediglich die wichtigsten Befehle, etwa zum Kopieren oder Löschen von Dateien und Ordnern. Auch das Kontextmenü ist zunächst ähnlich überschaubar. Doch dies lässt sich noch erweitern.

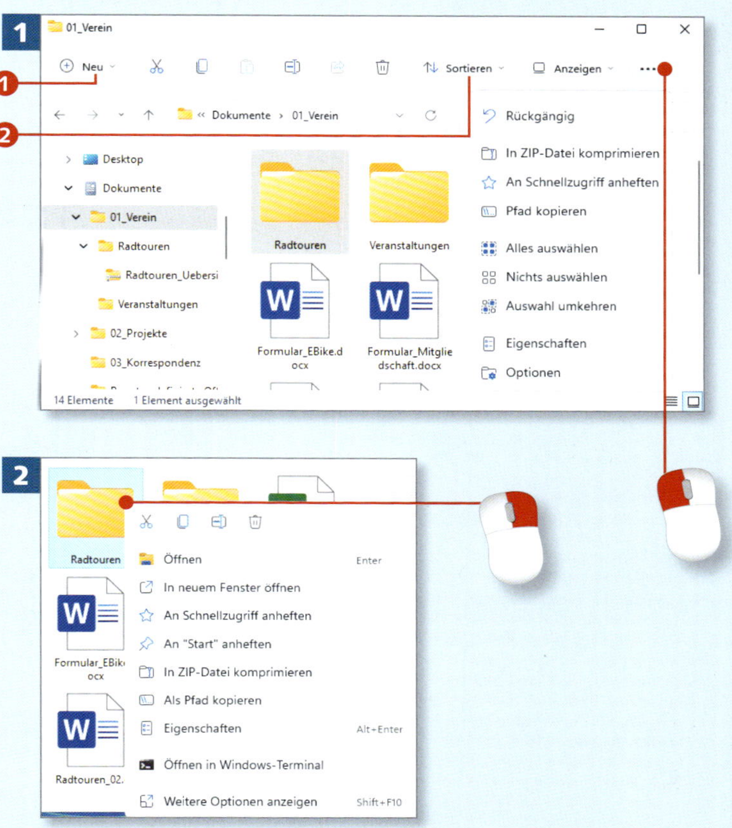

Schritt 1

Über die Symbolleiste des Explorers erreichen Sie nur wenige Befehle, etwa zum Neuanlegen eines Ordners ❶ oder zum Sortieren von Daten ❷. Mit einem Klick auf das Symbol mit den drei kleinen Punkten lässt sich das Angebot an Befehlen erweitern.

Schritt 2

Mit einem rechten Mausklick auf einen Ordner oder eine Datei blenden Sie das Kontextmenü ein. Auch hier findet sich unter Windows 11 nur noch eine kleine Befehlsauswahl. Klicken Sie auf **Weitere Optionen anzeigen**, um das erweiterte Kontextmenü einzublenden.

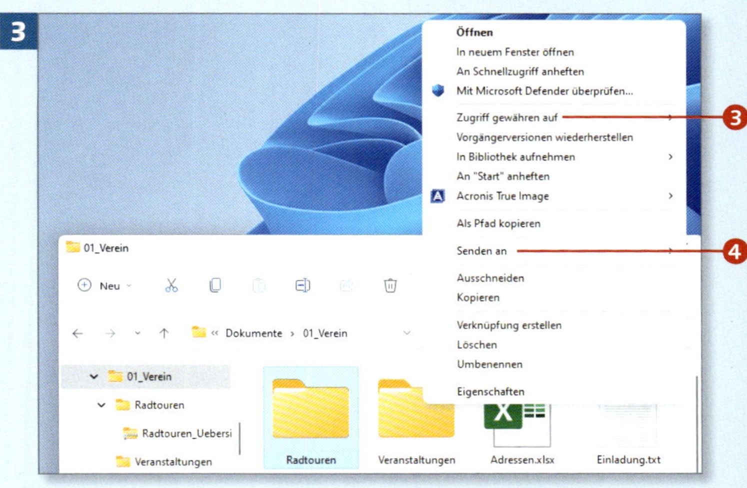

Schritt 3

Sie sehen nun das aus früheren Windows-Versionen bekannte Kontextmenü. Hier finden sich häufig genutzte Befehle wie **Zugriff gewähren auf** ❸ oder **Senden an** ❹.

Ordner komprimieren, um Speicherplatz zu sparen

Wird der Speicher auf der Festplatte knapp, können Sie einige Ordner komprimieren. So gewinnen Sie Speicherplatz zurück.

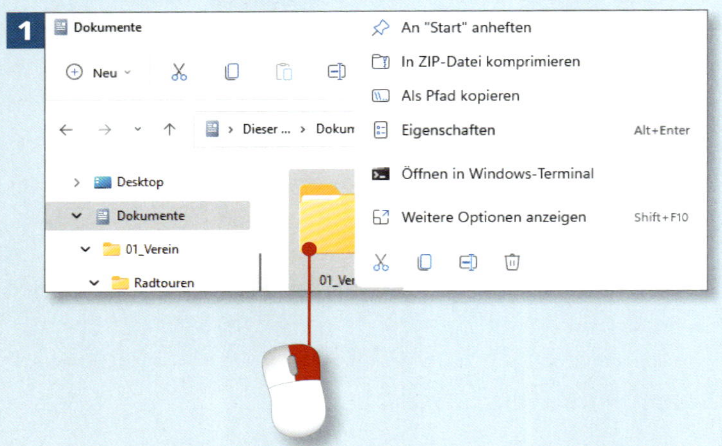

Schritt 1

Führen Sie im Explorer einen Rechtsklick auf den Ordner aus, den Sie komprimieren möchten, und rufen Sie die Option **Eigenschaften** aus dem Kontextmenü auf.

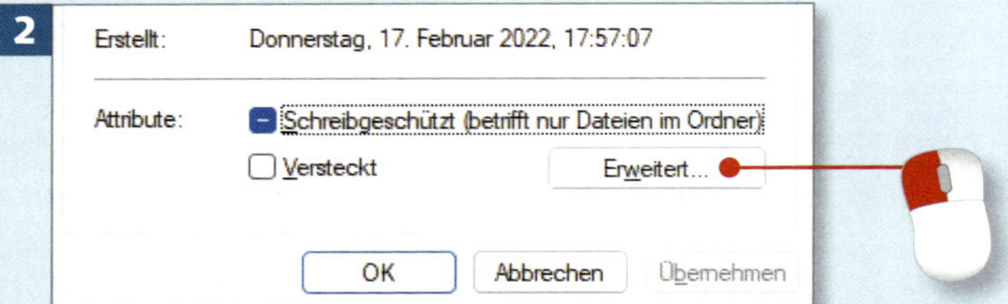

Schritt 2

Klicken Sie nun auf der Registerkarte **Allgemein** auf die Schaltfläche **Erweitert**, um die erweiterten Attribute des Ordners anzuzeigen.

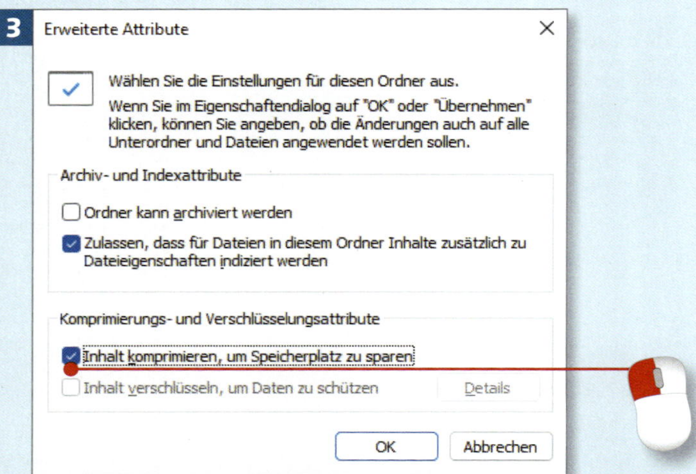

Schritt 3

Markieren Sie das Kästchen vor der Option **Inhalt komprimieren, um Speicherplatz zu sparen**, und schließen Sie das Dialogfenster über die Schaltfläche **OK**.

!

Voraussetzungen

Zur Erstellung komprimierter Ordner und Dateien benötigen Sie Administratorrechte. Die Echtzeitkomprimierung ist zudem nur auf NTFS-Dateisystemen möglich.

Schritt 4

Die Einstellung muss gespeichert werden; klicken Sie dazu im weiterhin geöffneten Eigenschaftenfenster des Ordners auf **Übernehmen**.

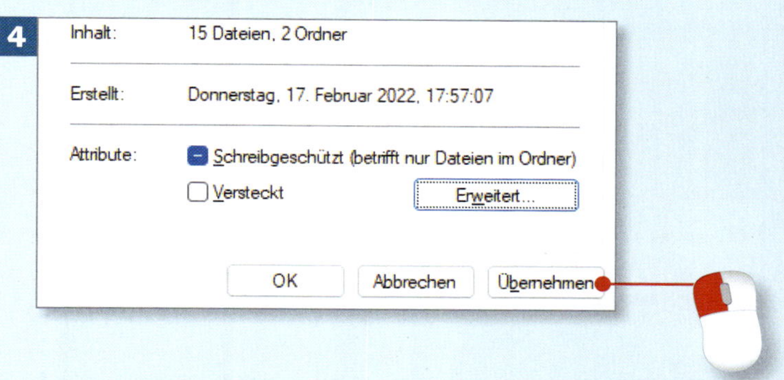

Schritt 5

Nun öffnet sich ein weiteres Dialogfenster. Markieren Sie die Option **Änderungen für diesen Ordner, untergeordnete Ordner und Dateien übernehmen**, und bestätigen Sie erneut mit **OK**.

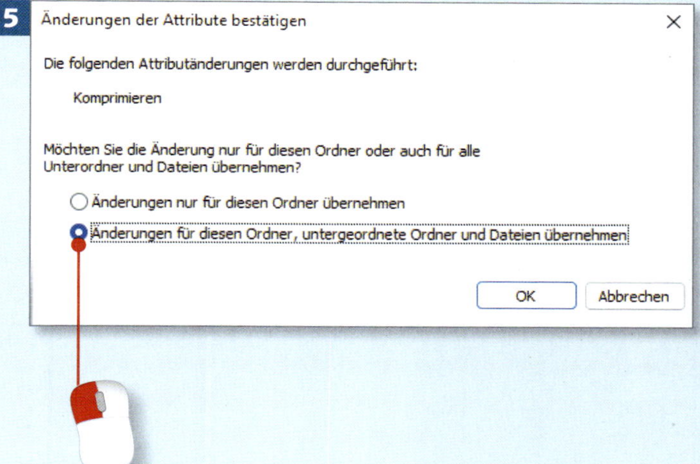

Schritt 6

Die Attributänderungen wurden nun übernommen; zum Schließen des Eigenschaftenfensters müssen Sie ein weiteres Mal auf **OK** klicken.

Dauer

Die Komprimierung sehr großer Datenmengen kann mehrere Stunden Zeit in Anspruch nehmen. Auf die komprimierten Daten können Sie später aber wie gewohnt zugreifen. Die Daten werden beim Öffnen blitzschnell dekomprimiert, ohne dass es dabei zu nennenswerten Verzögerungen kommt.

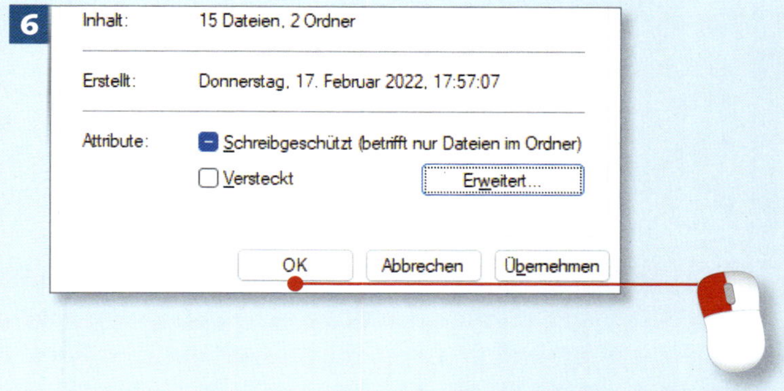

Dateien auf einen USB-Stick kopieren

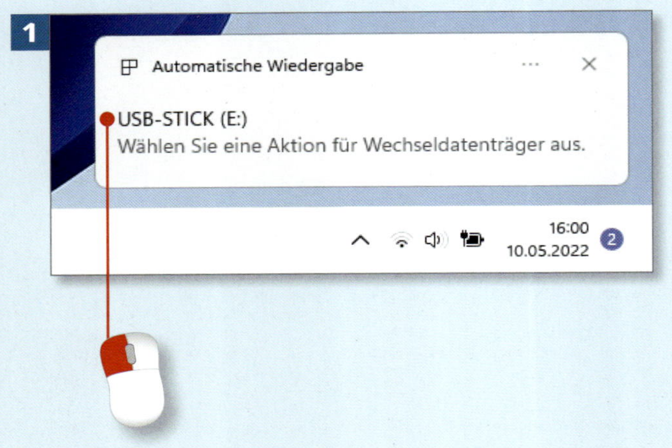

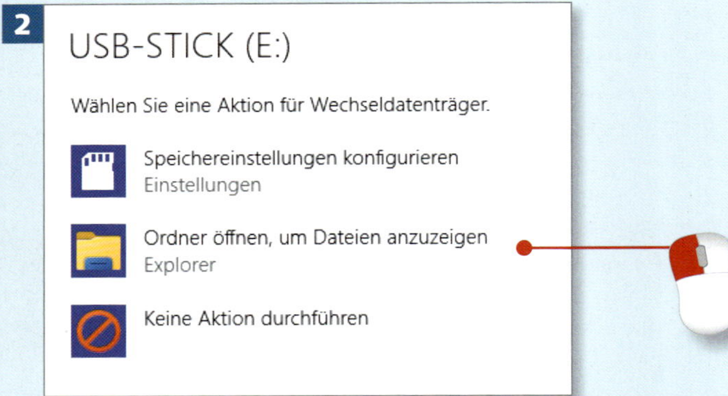

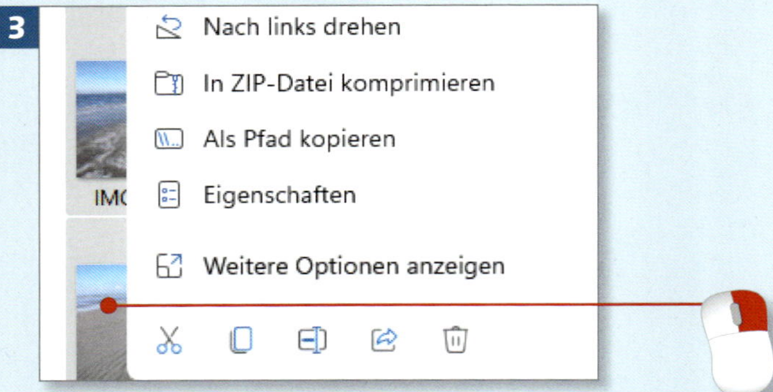

USB-Sticks sind die idealen Wechseldatenträger. Wie Sie Daten auf einen Stick kopieren, zeigt diese Anleitung.

Schritt 1

Schließen Sie Ihren Speicherstick an eine freie USB-Schnittstelle an. Nach wenigen Sekunden blendet Windows rechts unten ein Hinweisfenster ein. Klicken Sie darauf, um eine Aktion für den Wechseldatenträger auszuwählen.

Schritt 2

Wählen Sie im zweiten Dialog die Option **Ordner öffnen, um Dateien anzuzeigen**, woraufhin der Explorer geöffnet wird. Windows merkt sich diese Einstellung; Sie müssen die Auswahl nur einmal durchführen.

Schritt 3

Markieren Sie die zu kopierende(n) Datei(en) per Mausklick. Rufen Sie per rechtem Mausklick das Kontextmenü auf, und wählen Sie hier **Weitere Optionen anzeigen**.

Schritt 4

Im erweiterten Kontextmenü zeigen Sie nun auf den Befehl **Senden an** und wählen dann Ihren USB-Stick als Ziel aus.

Schritt 5

Der Kopiervorgang wird sogleich gestartet. Ein Dialog informiert über den Fortschritt des Kopierens. Klicken Sie auf **Mehr Details**, um sich weitere Informationen anzeigen zu lassen. Falls Sie den Kopiervorgang anhalten möchten, klicken Sie auf das Pause-Symbol ❶.

Schritt 6

Mit einem Klick auf das Fortsetzen-Symbol fahren Sie mit dem Kopieren fort. Bei großen Datenmengen kann der Kopiervorgang recht lange dauern. Falls Sie den Vorgang abbrechen möchten, klicken Sie auf das kleine Kreuzsymbol ❷.

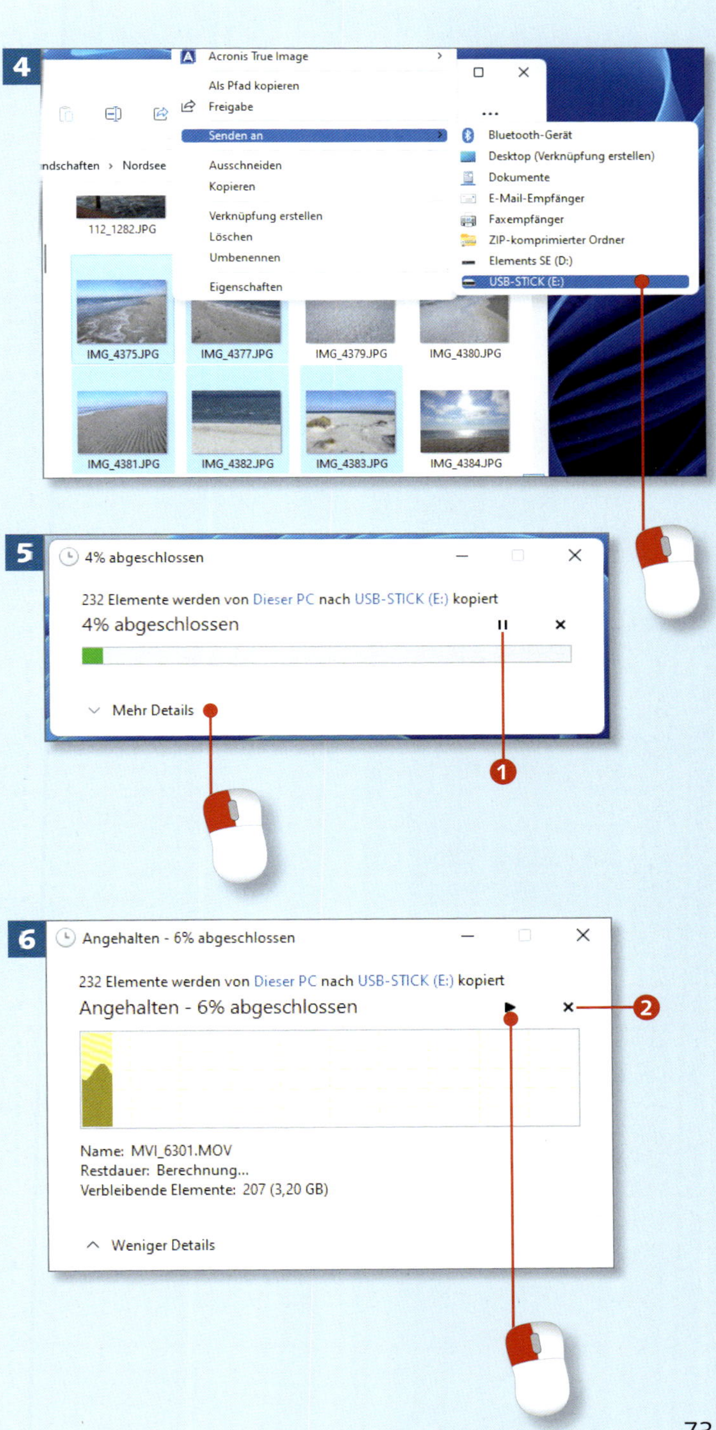

Eigene Bibliotheken erstellen

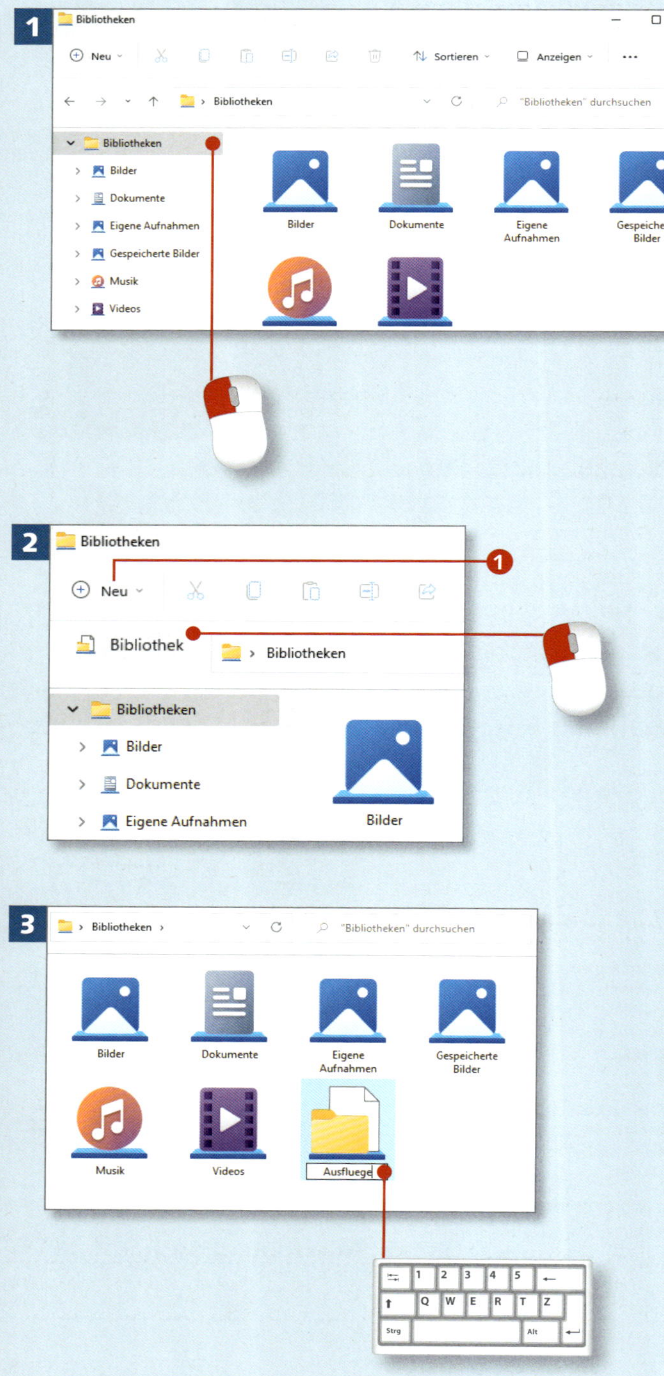

Ordner mit verschiedenen Speicherorten lassen sich unter Windows 11 bequem in Bibliotheken zusammenfassen. So behalten Sie stets den Überblick über Ihre Daten.

Schritt 1

Öffnen Sie den Explorer, und wählen Sie in der linken Fensterhälfte den Eintrag **Bibliotheken** aus. Sollten die Bibliotheken nicht sichtbar sein, lesen Sie den Kasten »Ausgeblendete Ordner anzeigen« auf Seite 60.

Schritt 2

Klicken Sie in der Symbolleiste auf **Neu** 1, und wählen Sie dann **Bibliothek**.

Schritt 3

Vergeben Sie einen Namen für Ihre Bibliothek, und schließen Sie die Eingabe mit [↵] ab.

Standardbibliotheken

Die Bibliotheken *Bilder*, *Dokumente*, *Eigene Aufnahmen*, *Gespeicherte Bilder*, *Musik* und *Videos* sind bereits voreingerichtet. Sie können sie bei Bedarf aber jederzeit umbenennen oder löschen.

Schritt 4

Die Bibliothek ist noch leer; um ihr Ordner zuzuweisen, führen Sie einen Doppelklick auf Ihre Bibliothek aus und klicken anschließend auf die Schaltfläche **Ordner hinzufügen**.

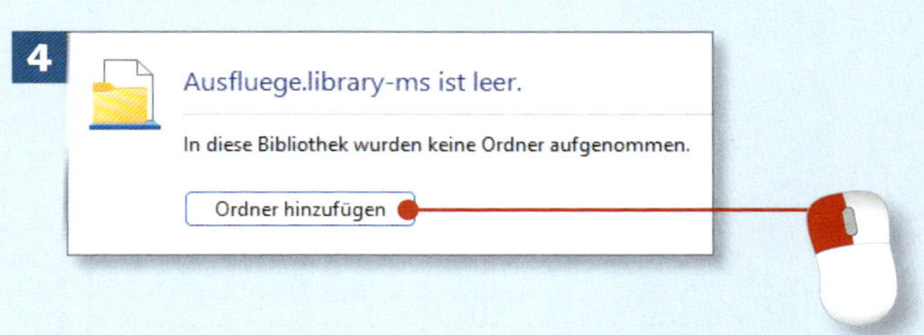

Schritt 5

Nun öffnet sich ein neues Fenster. Wählen Sie hier einen passenden Ordner aus ❷, und fügen Sie ihn der Bibliothek über die Schaltfläche **Ordner aufnehmen** hinzu.

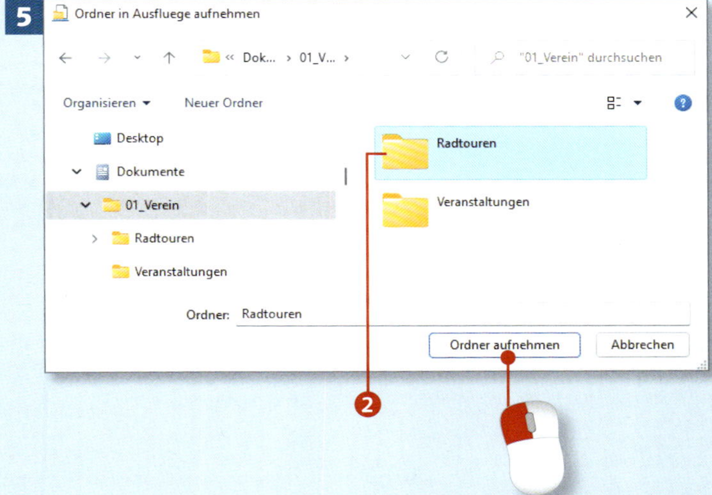

Schritt 6

Möchten Sie einen weiteren Ordner hinzufügen, markieren Sie ihn im Inhaltsbereich des Explorers ❸. Drücken Sie die Tasten ⇧ + F10. Im erweiterten Kontextmenü zeigen Sie auf den Befehl **In Bibliothek aufnehmen** und wählen die gewünschte Bibliothek aus.

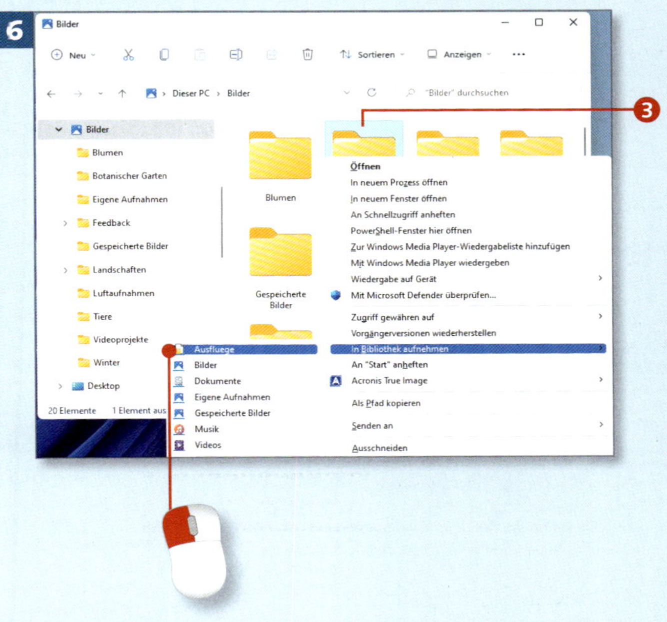

Löschen einer Bibliothek

Da die Daten in einer Bibliothek nicht in dieser selbst, sondern an verschiedenen Orten gespeichert sind, bleiben sie beim Löschen einer Bibliothek erhalten.

Dateien komprimieren und entpacken

Wenn Sie Dateien per E-Mail versenden möchten, können Sie sie zuvor komprimieren und damit das Datenvolumen erheblich reduzieren. Das spart Zeit beim Senden und Empfangen der Daten.

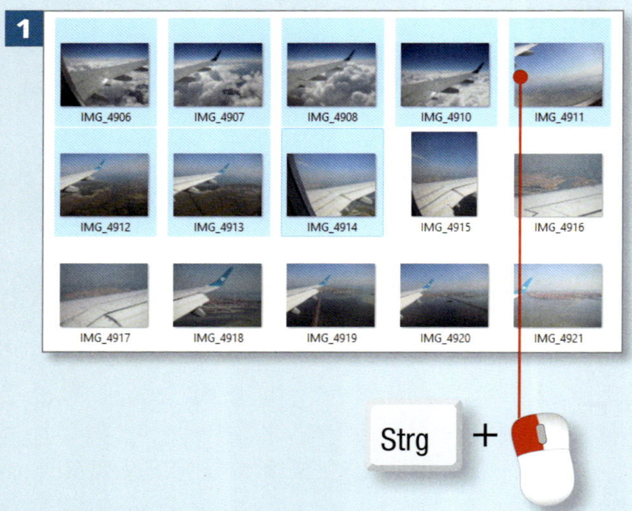

Schritt 1

Markieren Sie im Explorer die gewünschten Elemente per Mausklick. Um mehrere Dateien zu komprimieren, halten Sie während des Markierens die Taste [Strg] gedrückt.

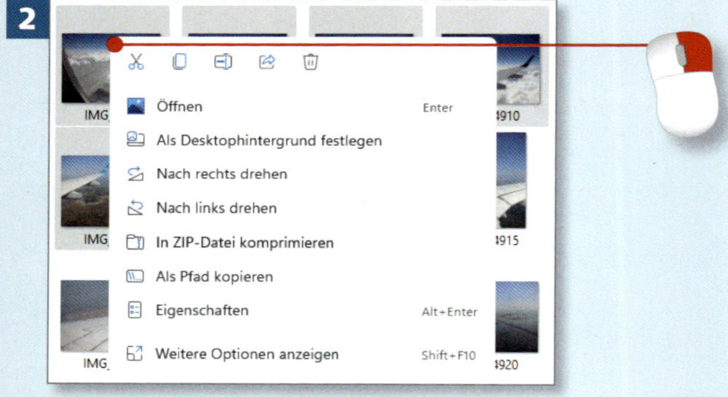

Schritt 2

Klicken Sie die markierten Elemente mit der rechten Maustaste an. Im Kontextmenü wählen Sie nun den Befehl **In ZIP-Datei komprimieren**.

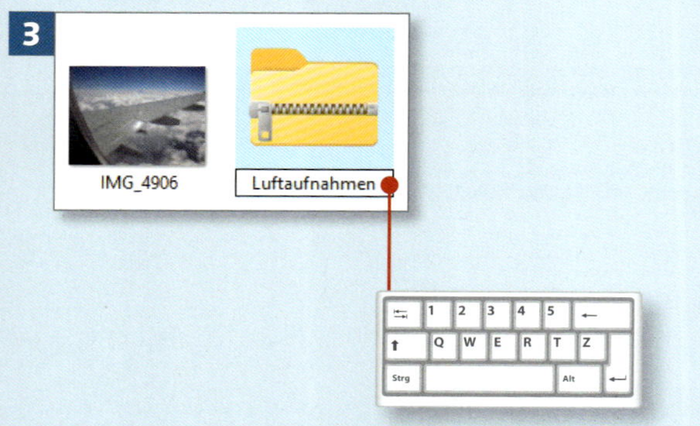

Schritt 3

Vergeben Sie einen Namen für Ihr ZIP-Archiv, und schließen Sie die Tastatureingabe mit der [↵]-Taste ab.

Packen und Löschen

Um tatsächlich Platz zu sparen, müssen Sie die unkomprimierten Daten natürlich auch löschen. Testen Sie aber vorher noch, ob alle Dateien im Archiv enthalten sind. Sie können sich den Inhalt eines Archivs per Doppelklick auf die ZIP-Datei anzeigen lassen.

Schritt 4

Um einen komprimierten Ordner wieder zu dekomprimieren, klicken Sie ihn mit der rechten Maustaste an und wählen dann den Eintrag **Alle extrahieren** aus.

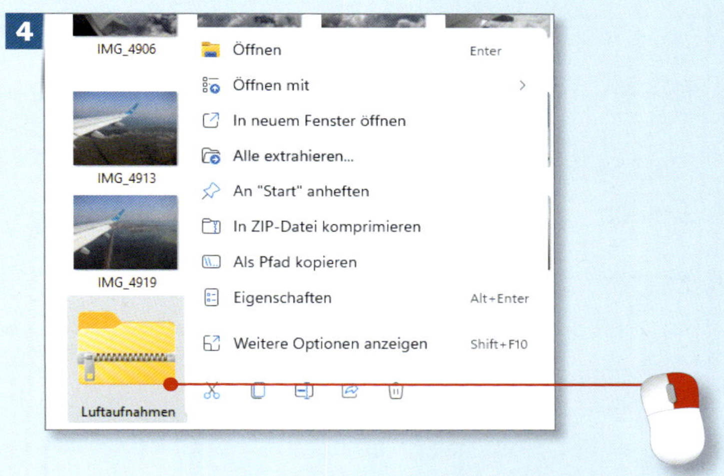

Schritt 5

Als Nächstes müssen Sie den Pfad angeben, wohin die Dateien entpackt werden sollen. Tragen Sie einen Pfad ein, oder klicken Sie auf **Durchsuchen**, um einen geeigneten Speicherort auszuwählen. Voreingestellt ist der Speicherort, an dem auch der komprimierte Ordner liegt.

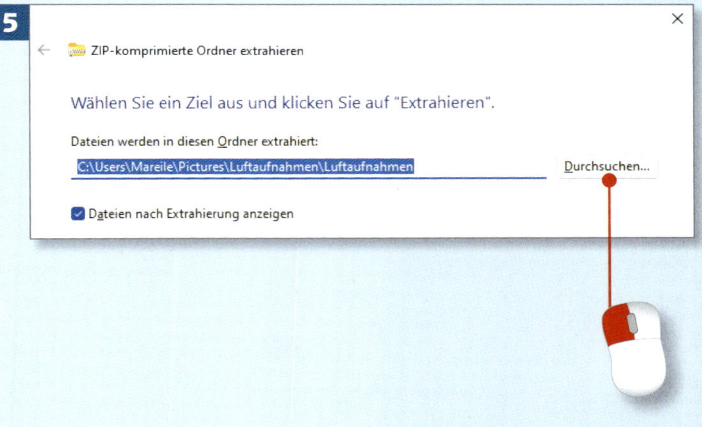

Schritt 6

Über die Schaltfläche **Extrahieren** starten Sie schließlich den Vorgang. Die entpackten Dateien befinden sich nun in dem von Ihnen gewählten Pfad.

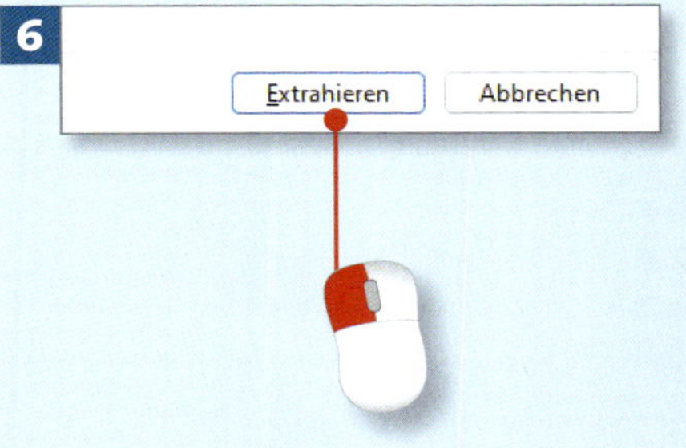

Externe Packprogramme

Externe Packprogramme wie 7-Zip oder WinRAR sind meist leistungsfähiger als die interne ZIP-Funktion unter Windows.

Gelöschte Dateien wiederherstellen oder entfernen

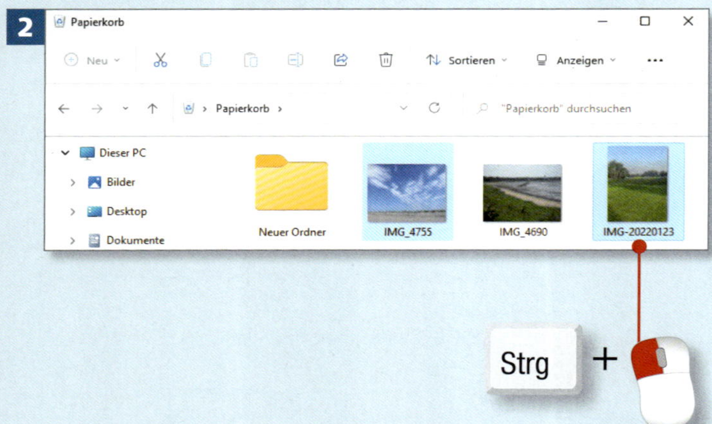

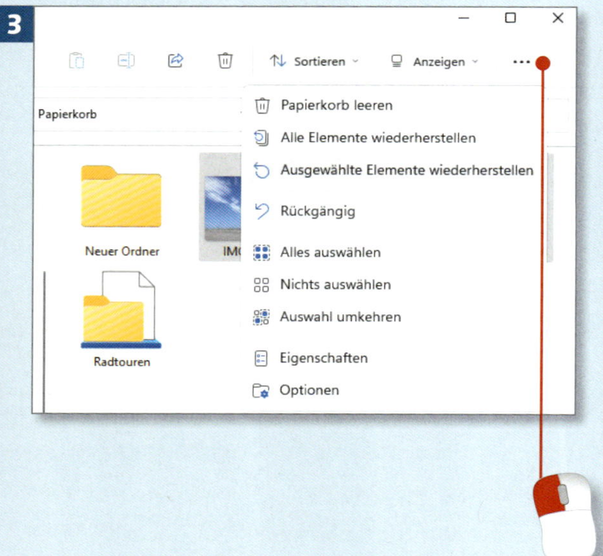

Wenn Sie unter Windows 11 eine Datei löschen, wird sie nicht sofort entfernt, sondern nur in den Papierkorb verschoben. Aus dem Papierkorb können Sie die Daten jederzeit wiederherstellen oder auch endgültig löschen.

Schritt 1

Führen Sie einen Doppelklick auf das Papierkorbsymbol auf Ihrem Desktop aus, um den Papierkorb zu öffnen.

Schritt 2

Suchen Sie sich aus der Liste die Dateien oder Ordner aus, die Sie wiederherstellen möchten, und markieren Sie sie. Mehrere Dateien können Sie markieren, indem Sie `Strg` gedrückt halten und hintereinander auf die einzelnen Dateien klicken.

Schritt 3

Um die Datei wieder aus dem Papierkorb zu fischen, klicken Sie nun oben in der Symbolleiste auf das Symbol mit den drei kleinen Punkten und wählen in der aufklappenden Liste den Befehl **Ausgewählte Elemente wiederherstellen**. Die Datei steht sogleich wieder am alten Speicherort zur Verfügung.

Schritt 4

Möchten Sie hingegen Dateien endgültig löschen, öffnen Sie erneut den Papierkorb und markieren die zu löschenden Dateien.

Schritt 5

Führen Sie einen Rechtsklick auf eine der markierten Dateien aus, und wählen Sie aus dem Kontextmenü den Befehl **Löschen** aus.

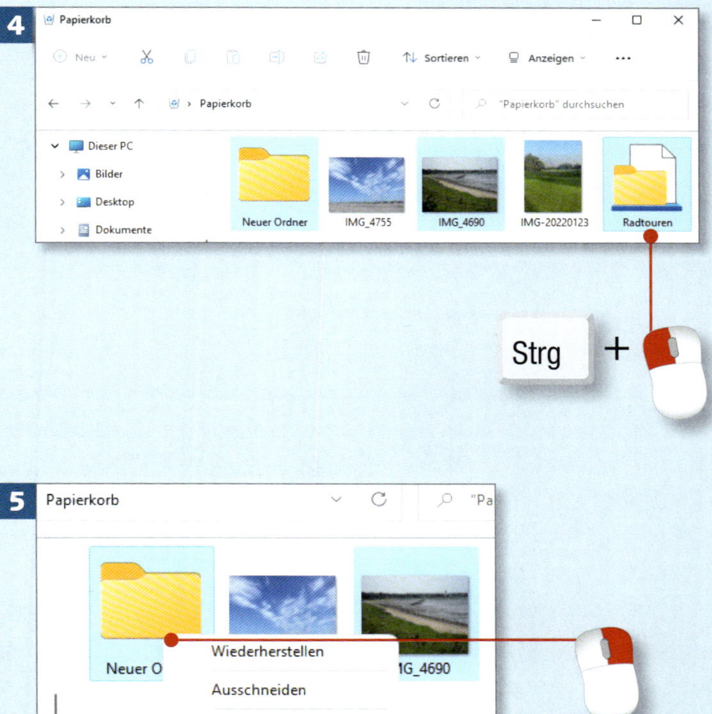

Schritt 6

Es folgt eine Sicherheitsabfrage. Möchten Sie die ausgewählten Dateien wirklich unwiderruflich löschen? Wenn Sie sicher sind, bestätigen Sie die Abfrage mit **Ja**.

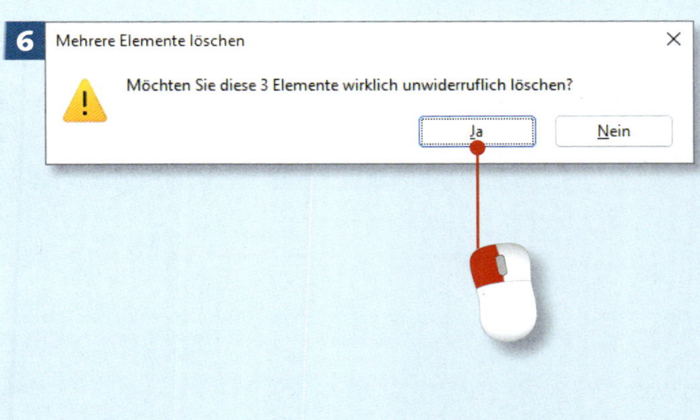

Papierkorb vollständig leeren
Anstatt Dateien oder Ordner einzeln zu löschen, können Sie den Papierkorb auch vollständig leeren und so alle darin enthaltenen Daten unwiderruflich löschen. Klicken Sie dazu das Papierkorb-Symbol auf dem Desktop mit der rechten Maustaste an, und wählen Sie im Kontextmenü **Papierkorb leeren** aus.

So erstellen Sie eine Kurznotiz

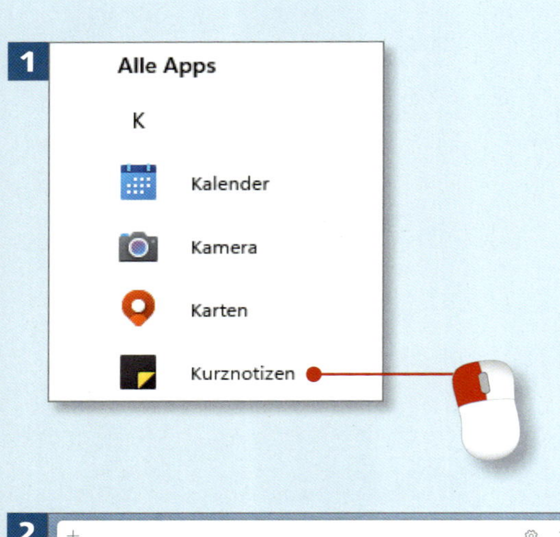

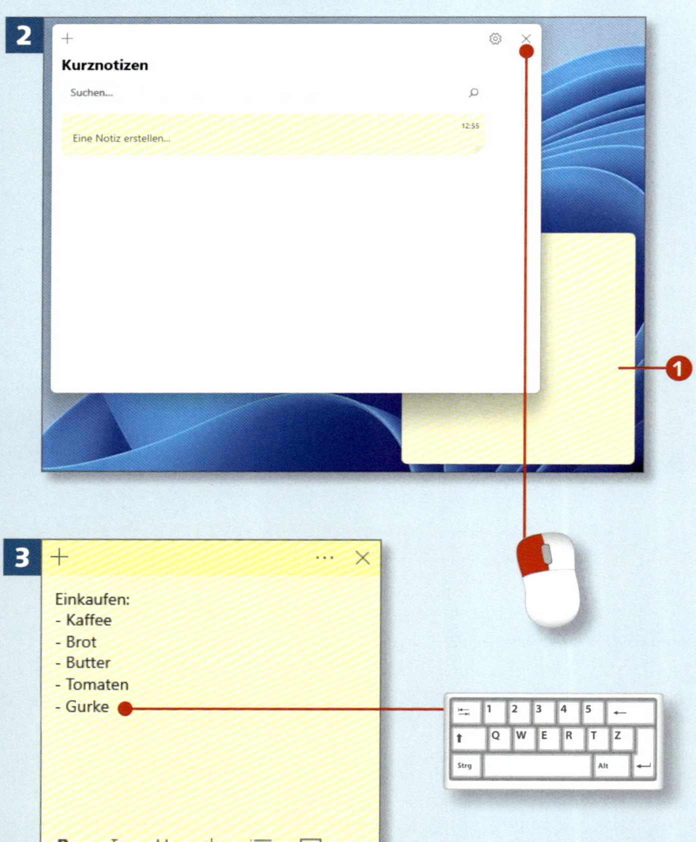

Die kleinen gelben Zettel in Büro und Haushalt kennt jeder. Unter Windows gibt es sogar eine digitale Form der kleinen Helferlein.

Schritt 1

Die Anwendung *Kurznotizen* finden Sie im Startmenü in der Auflistung aller Apps. Starten Sie das Programm per Klick auf die Schaltfläche.

Schritt 2

Zusätzlich zu einem gelben Notizzettel 1 wird auch das Programmfenster der Kurznotizen angezeigt. Dies können Sie per Klick auf das Kreuzsymbol schließen.

Schritt 3

Schreiben Sie Ihre Notiz auf. Klicken Sie dazu einmal auf den Zettel, und tippen Sie einen Text ein. Mit der [↵]-Taste können Sie einen Zeilensprung durchführen.

Die Größe des Notizzettels ändern

Um die Größe eines Notizzettels zu verändern, fahren Sie mit der Maus an seine untere rechte Ecke. Wird der Mauszeiger zu einem Doppelpfeil, ziehen Sie das Fenster mit gedrückter Maustaste auf die gewünschte Größe.

Schritt 4

Möchten Sie eine neue Notiz erstellen, klicken Sie auf das kleine Pluszeichen in der oberen linken Ecke des Zettels. Daraufhin öffnet sich ein neuer Zettel, den Sie mit weiteren Texten füllen können.

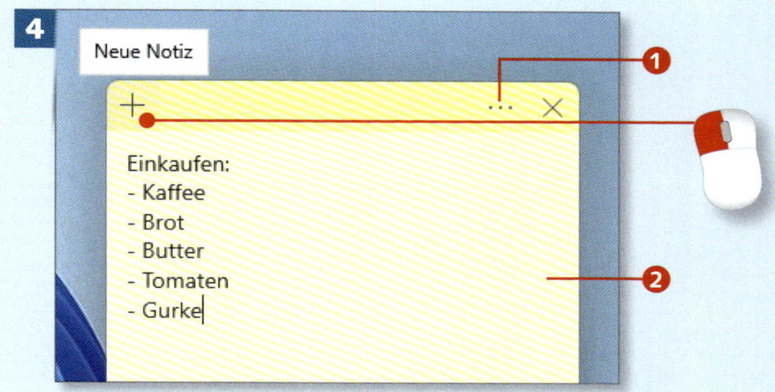

Schritt 5

Nur gelbe Zettel wären auf Dauer langweilig; um die Farbe einer Notiz zu ändern, klicken Sie auf die Schaltfläche mit den drei Punkten ❶. Ist diese nicht zu sehen, klicken Sie einmal auf den Notizzettel ❷. Markieren dann in der Farbpalette eine neue Farbe.

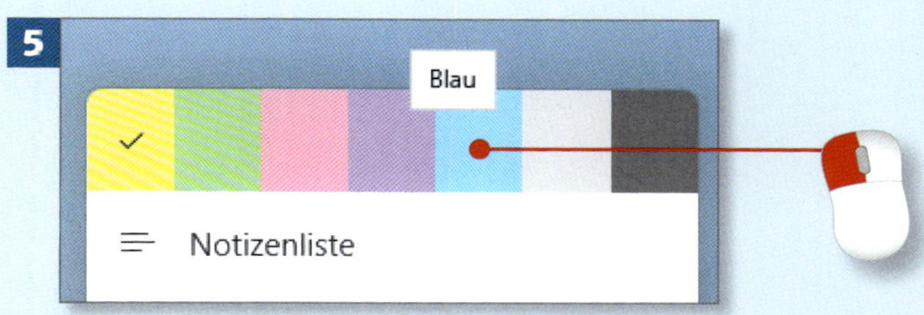

Schritt 6

Möchten Sie eine Kurznotiz wieder löschen, klicken Sie ebenfalls auf das Symbol mit den drei Punkten ❶. Wählen Sie nun den Befehl **Notiz löschen**. Die Nachricht wird nach kurzer Rückfrage entfernt.

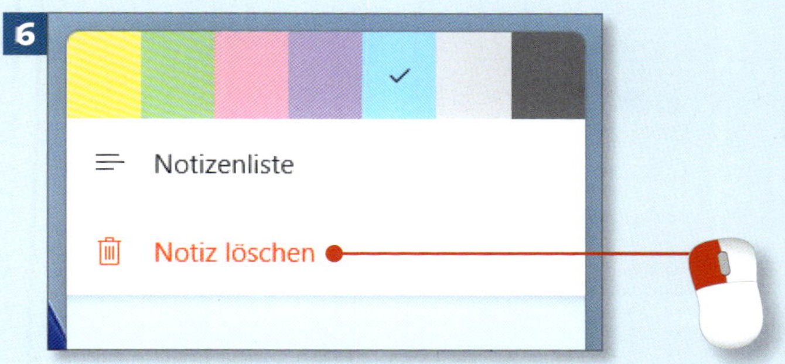

Notizen neu anordnen

Natürlich können Sie die Position der Notizzettel auf Ihrem Desktop auch verändern. Klicken Sie dazu einen Zettel in der Kopfleiste an, und verschieben Sie ihn mit gedrückter Maustaste an die gewünschte Position.

Zwei oder mehr Fenster nebeneinander anordnen

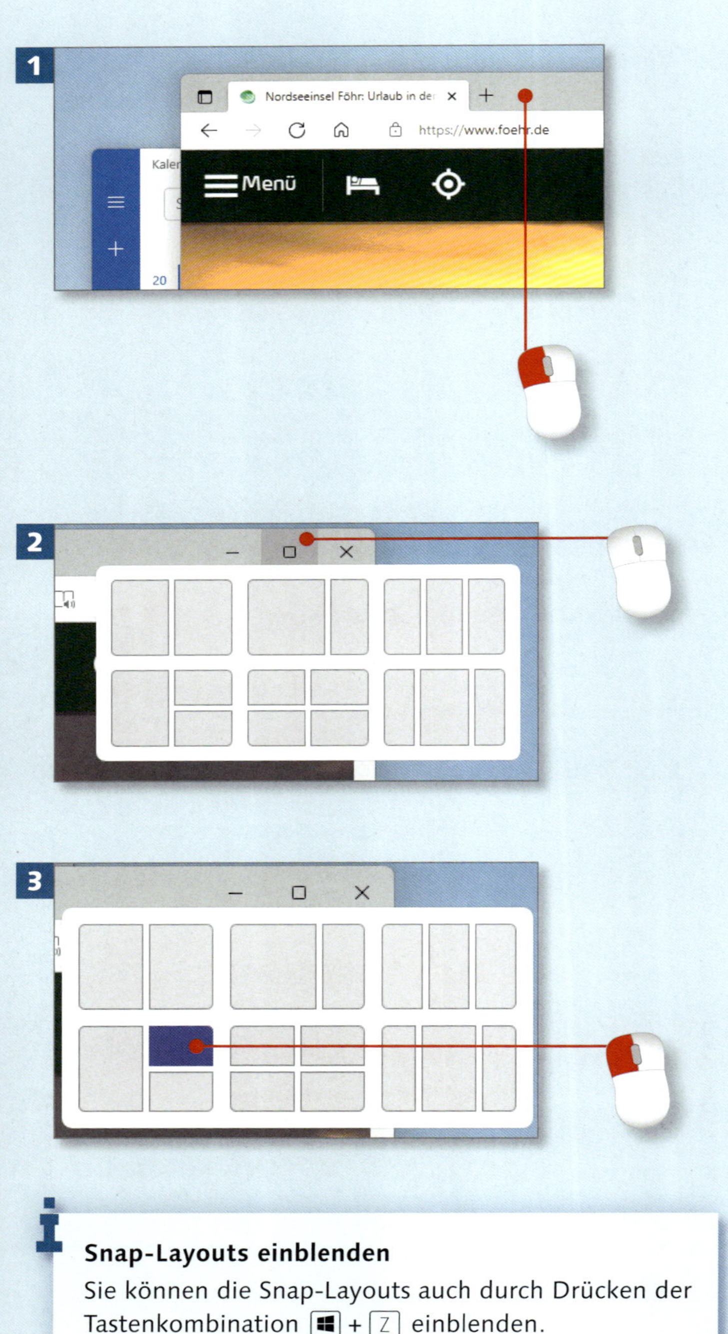

Um beispielsweise Dokumente miteinander zu vergleichen oder Daten zwischen zwei Programmen auszutauschen, können Sie unter Windows 11 mithilfe der neuen Snap-Layouts sehr einfach Fenster nebeneinander anordnen.

Schritt 1

Klicken Sie in die Titelleiste oder auf einen freien Bereich des ersten Fensters, das Sie anordnen möchten, um es in den Vordergrund zu holen.

Schritt 2

Bewegen Sie den Mauszeiger auf das **Maximieren**- bzw. **Verkleinern**-Symbol in der rechten oberen Ecke des Programmfensters. Daraufhin klappt ein Dialog mit insgesamt sechs Layouts auf.

Schritt 3

Überlegen Sie, welches Layout Sie zur Anordnung wählen möchten. Positionieren Sie den Mauszeiger auf dem gewünschten Layout. Legen Sie die Position des Programmfensters auf dem Bildschirm fest: Bewegen Sie den Mauszeiger auf das gewünschte Layoutelement. Sobald es farbig hervorgehoben wird, drücken Sie die linke Maustaste.

Snap-Layouts einblenden
Sie können die Snap-Layouts auch durch Drücken der Tastenkombination [Windows] + [Z] einblenden.

Schritt 4

Das Fenster wird im ausgewählten Fensterabschnitt positioniert ❶. Auf dem Bildschirm sind außerdem transparente Flächen zu sehen, die die weiteren Bildbereiche des ausgewählten Layouts kennzeichnen ❷. In einem dieser Bereiche sind die restlichen bereits geöffneten Fenster zu sehen. Wählen Sie das gewünschte Fenster für diese Position per Mausklick aus.

Schritt 5

Wiederholen Sie Schritt 4 mit den weiteren Programmfenstern, falls Sie ein Layout für mehr als zwei Fenster gewählt haben.

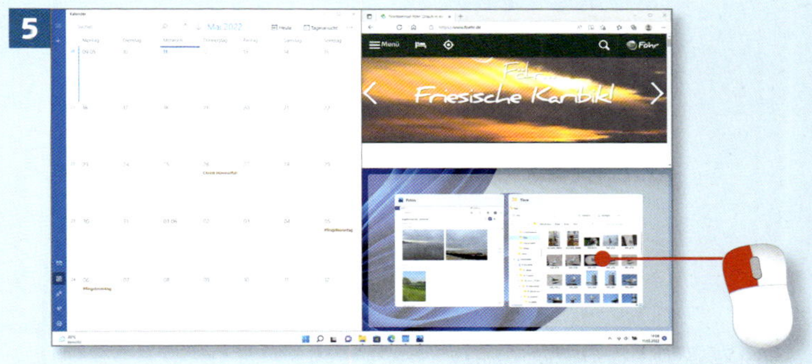

Schritt 6

Falls Sie ein Programmfenster wieder z. B. mittig auf dem Bildschirm anzeigen möchten, positionieren Sie den Mauszeiger auf der Titelleiste des Fensters. Ziehen Sie die Leiste dann mit gedrückter linker Maustaste Richtung Bildschirmmitte. An der gewünschten Position lassen Sie die Taste los.

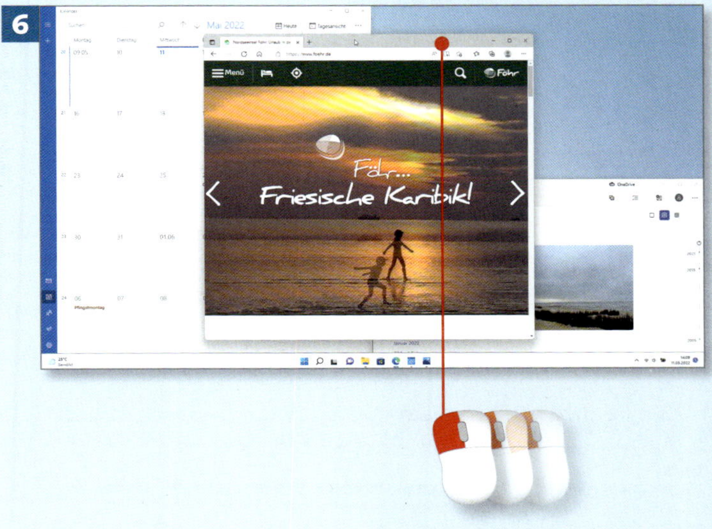

Kapitel 4
Internet und Netzwerk einrichten

Einkaufen, Reisen buchen, Eintrittskarten bestellen – es scheint fast nichts mehr zu geben, was man nicht über das Internet erledigen kann. Bringen Sie Ihren Computer per WLAN ins Netz, und schützen Sie dabei stets Ihre Privatsphäre. Sichern Sie Ihren Computer gegen uneingeladene Gäste.

Mit Windows 11 per WLAN ins Internet

Vorbei sind die Zeiten, als ein Computer orts- und kabelgebunden nur in einem Raum genutzt werden konnte. Verbinden Sie Ihren Rechner mit dem WLAN ❶, und surfen Sie auf der Terrasse, im Garten oder in jedem anderen Raum in Ihrer Wohnung bequem im Internet.

Mit dem Browser Edge im Internet unterwegs

Windows 11 geht mit dem Browser *Edge Chromium* (kurz *Edge* genannt) an den Start. Er basiert auf dem auch von Google Chrome genutzten Open-Source-Projekt *Chromium*. Edge wartet mit vielen pfiffigen Funktionen ❷ auf, bei denen auch die Themen Sicherheit und Datenschutz nicht zu kurz kommen.

Die Windows-Firewall

Schützen Sie Ihren Rechner vor dem Zugriff durch unbefugte Personen oder Schadprogramme. Halten Sie Ihr Betriebssystem stets auf dem neuesten Stand, nutzen Sie den Windows Defender oder eine andere Schutzsoftware, und kontrollieren Sie die Einstellungen der Windows-Firewall ❸.

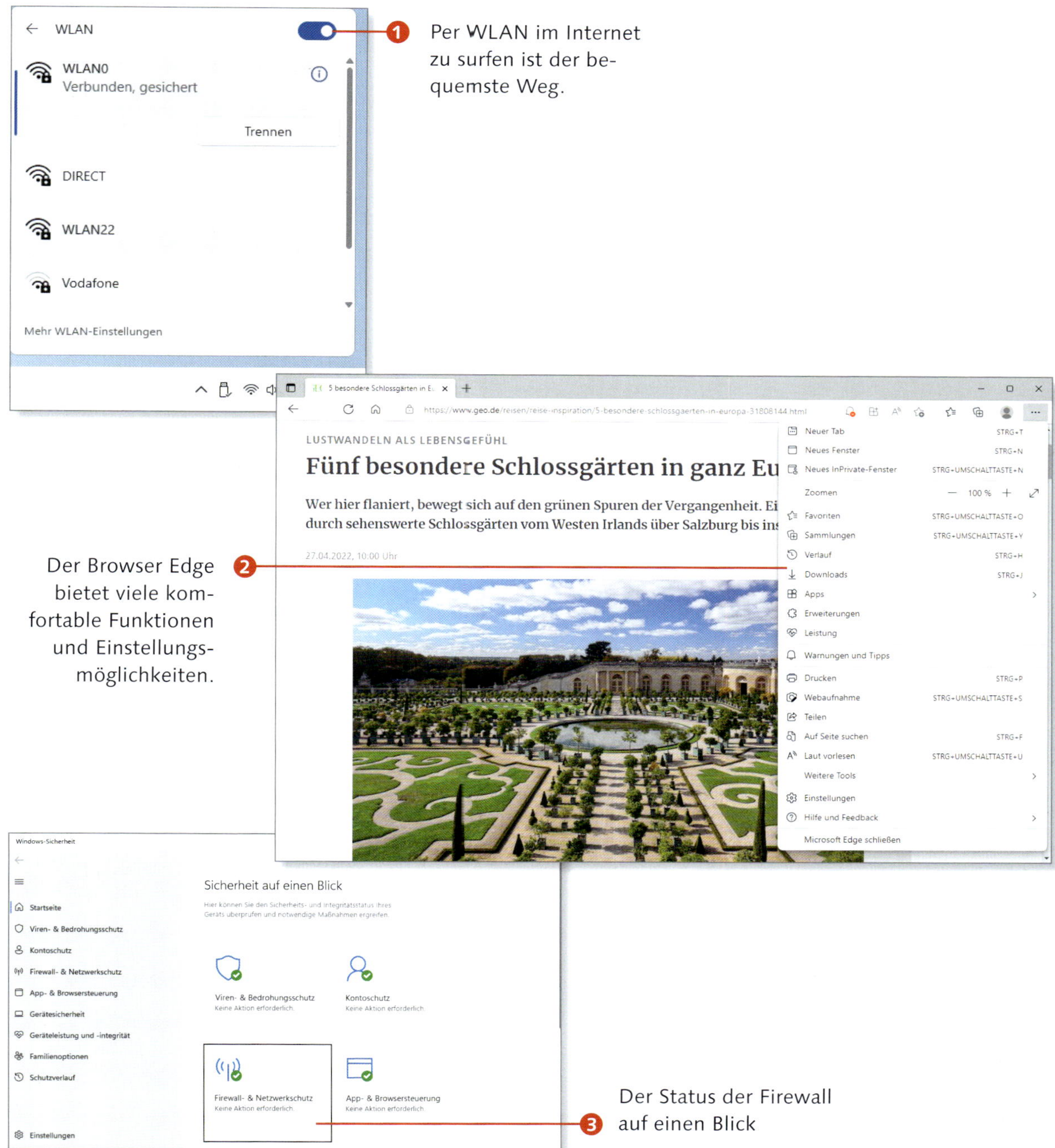

1 Per WLAN im Internet zu surfen ist der bequemste Weg.

2 Der Browser Edge bietet viele komfortable Funktionen und Einstellungsmöglichkeiten.

3 Der Status der Firewall auf einen Blick

Mit einem WLAN verbinden

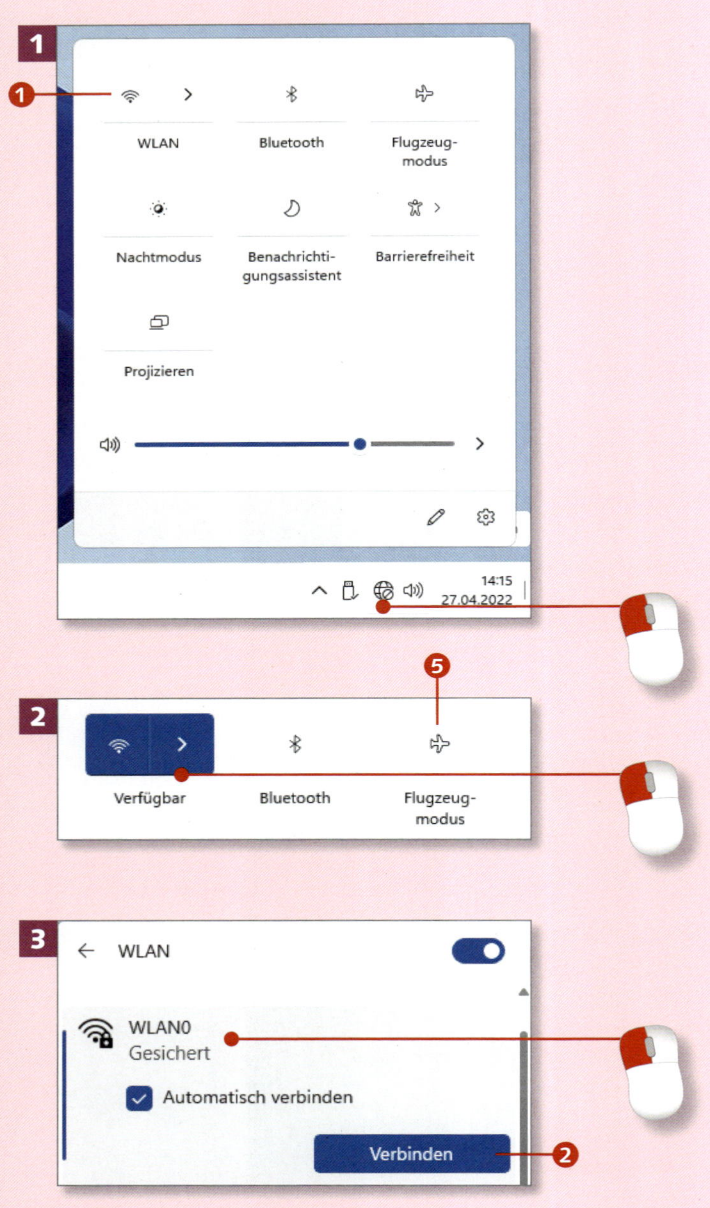

Auf dem Balkon oder im Garten sitzen und nebenher mit dem Laptop ins Internet gehen zu können – das hat schon was. Unter Windows 11 ist die Verbindung mit einem WLAN zum Glück sehr einfach.

Schritt 1

Klicken Sie in der Taskleiste rechts unten auf das Netzwerksymbol. Bei manchen Laptops muss die WLAN-Funktion erst eingeschaltet werden! Kontrollieren Sie in den Schnelleinstellungen, ob die Option **WLAN** aktiv ist. Sollte die Schaltfläche grau dargestellt sein, klicken Sie auf sie, um die Option zu aktivieren ❶.

Schritt 2

Klicken Sie auf den Pfeil rechts von **WLAN**, um sich alle Drahtlosnetzwerke in Ihrer Nähe anzeigen zu lassen.

Schritt 3

Wählen Sie Ihr WLAN mit einem Mausklick aus. Aktivieren Sie die Option **Automatisch verbinden**, wenn Sie sich nicht bei jedem Windows-Start manuell anmelden möchten. Klicken Sie dann auf **Verbinden** ❷.

Schritt 4

Geben Sie zur Authentifizierung Ihren **Netzwerksicherheitsschlüssel** ein. Dieses Kennwort wurde bei der Einrichtung der WLAN-Verbindung im Router eingetragen.

Schritt 5

Überprüfen Sie Ihre Eingabe per Klick auf das Augensymbol am rechten Rand des Feldes. Ist der Netzwerkschlüssel korrekt, bestätigen Sie mit **Weiter** ❸.

Schritt 6

Klicken Sie erneut auf das Netzwerksymbol in der Taskleiste, um zu prüfen, ob der Verbindungsaufbau geklappt hat. Unter Ihrer WLAN-Bezeichnung sollte der Hinweis **Verbunden** ❹ stehen. Um die Verbindung zu trennen, klicken Sie Ihr WLAN an und klicken anschließend auf **Trennen**.

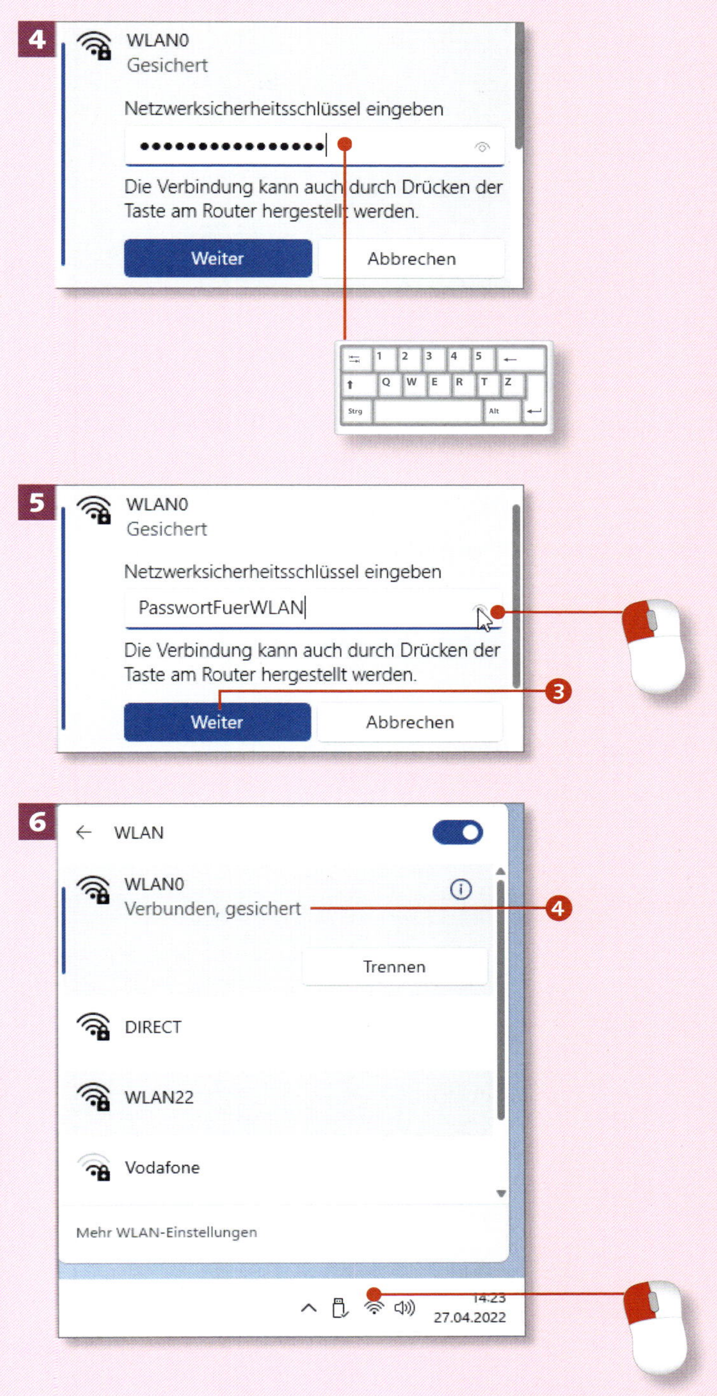

Flugzeugmodus aktivieren

Wenn Sie mit dem Flugzeug reisen, werden Sie vor dem Start und der Landung aufgefordert, den Flugzeugmodus Ihrer Mobilgeräte zu aktivieren. Hierzu reicht unter Windows 11 ein Klick auf das Netzwerksymbol und dann auf **Flugzeugmodus** ❺. Ein erneuter Klick deaktiviert die Funktion.

Ein WLAN sicher verschlüsseln

Viele WLAN-Verbindungen sind nicht ausreichend abgesichert. So kontrollieren Sie Ihre Einstellungen und sichern sich ab.

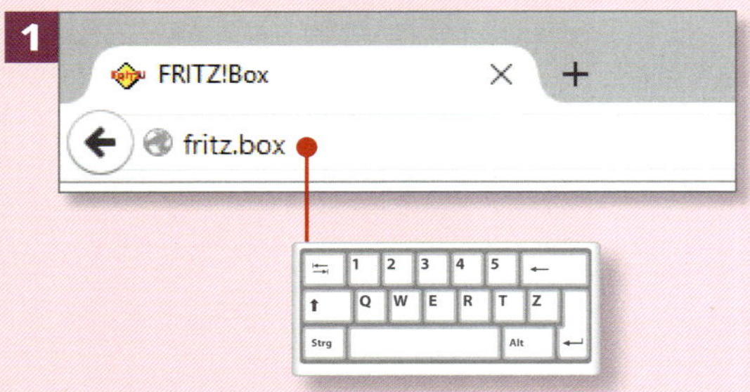

Schritt 1

Starten Sie Ihren Browser, und geben Sie die Adresse zum Konfigurationsmenü Ihres Routers ein. Sie finden sie im Handbuch. Bei einer FRITZ!Box lautet sie z. B. *fritz.box*.

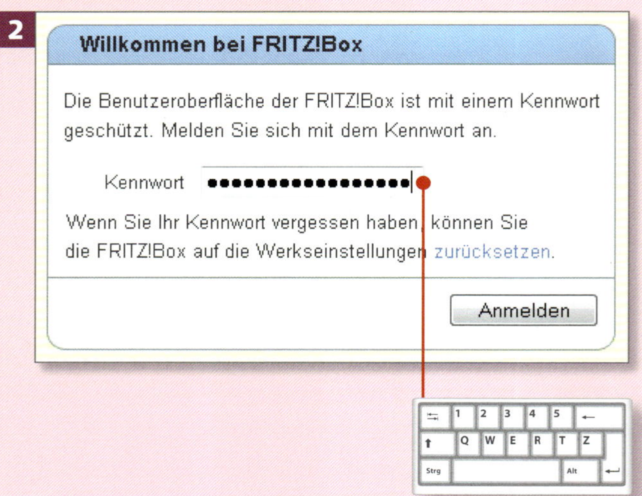

Schritt 2

Der Zugang ist mit einem Kennwort oder einem zusätzlichen Benutzernamen geschützt. Geben Sie die korrekten Daten aus Ihrem Handbuch ein.

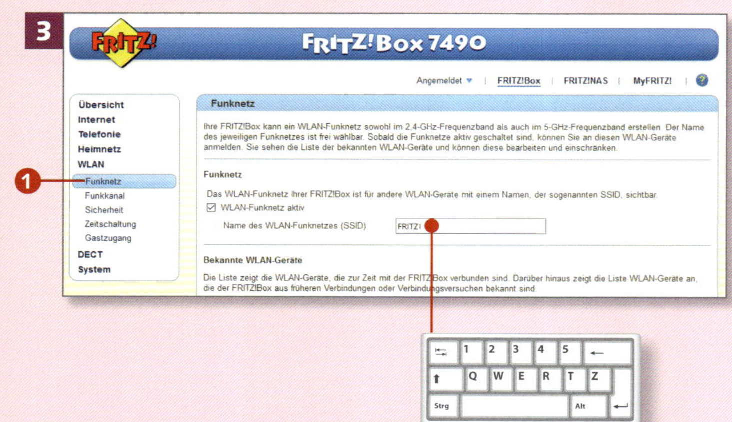

Schritt 3

Damit Unbefugte nicht wissen, welches Router-Modell Sie verwenden, sollten Sie die Kennung des Routers ändern. Bei einer FRITZ!Box finden Sie diese Möglichkeit unter **WLAN ▸ Funknetz** ❶.

Zugang zum Router

Gelangt ein Angreifer auf Ihren Router, kann er über Ihren Anschluss im Internet surfen. Begeht er im Netz eine Straftat, tragen Sie nach aktueller Rechtsprechung eine Mitschuld!

Schritt 4

Prüfen Sie nun das eingestellte Verschlüsselungsverfahren. Öffnen Sie dazu, abhängig von Ihrem Router-Modell, den Punkt **WLAN ▸ Sicherheit**, **Einstellungen** oder **Konfiguration**.

Schritt 5

Die derzeit sicherste Verschlüsselungstechnik lautet **WPA/WPA2**. Wählen Sie diese Option aus. Unterstützt Ihr Router nur das veraltete WEP-Verfahren, sollten Sie einen Austausch Ihres Routers in Erwägung ziehen.

Schritt 6

Auch der verwendete Netzwerkschlüssel muss sicher sein. Wählen Sie eine nicht zu erratende Kombination aus Buchstaben, Ziffern und Sonderzeichen, und klicken Sie anschließend auf **Übernehmen**.

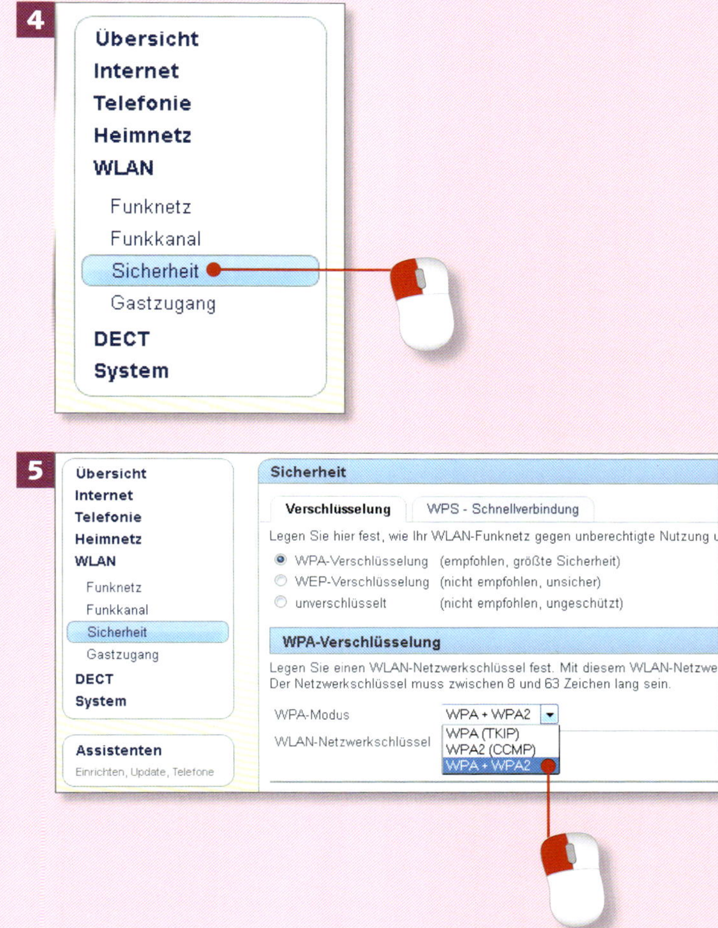

i Menübezeichnungen

Die Menübezeichnungen unterscheiden sich je nach Hersteller und Gerät und können von den hier genannten abweichen.

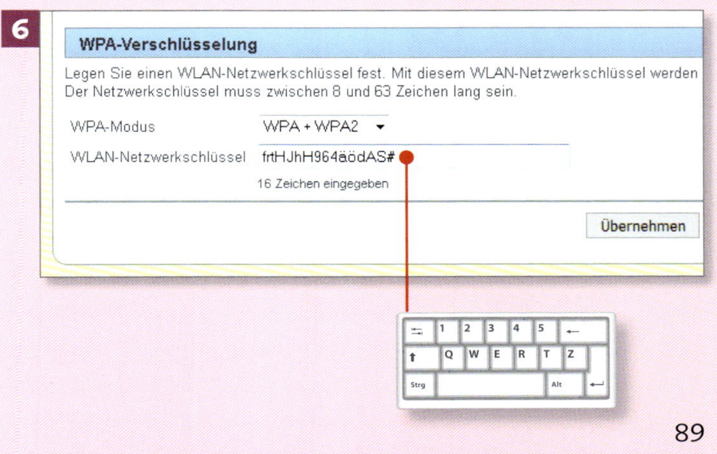

Den WLAN-Schlüssel auslesen

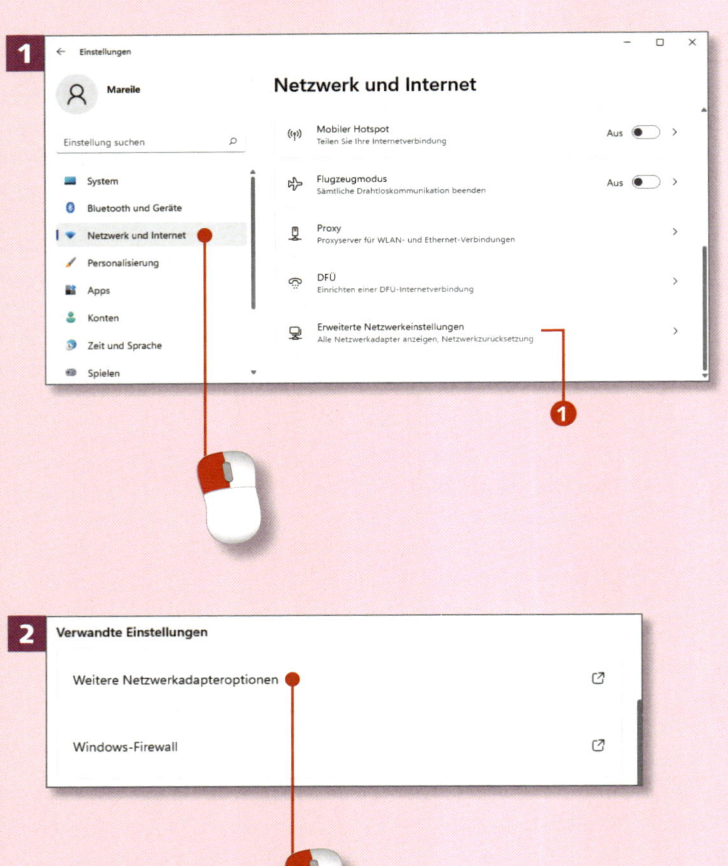

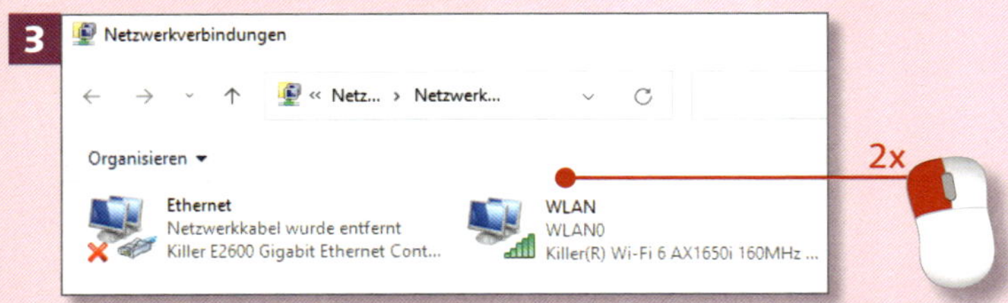

Sie möchten einen neuen Laptop über Ihre vorhandene WLAN-Verbindung ins Netz bringen, haben aber den dazu benötigten Netzwerkschlüssel gerade nicht zur Hand? Lesen Sie den Schlüssel einfach an einem bereits angeschlossenen System aus.

Schritt 1

Öffnen Sie die Einstellungen-App, z. B. über die Tastenkombination ⊞ + I. Markieren Sie links die Kategorie **Netzwerk und Internet**, und klicken Sie dann rechts auf **Erweiterte Netzwerkeinstellungen** ❶.

Schritt 2

Im Abschnitt **Verwandte Einstellungen** finden Sie den Link **Weitere Netzwerkadapteroptionen**, den Sie nun anklicken.

Schritt 3

Führen Sie als Nächstes einen Doppelklick auf Ihre WLAN-Verbindung aus.

Schritt 4

Nun öffnet sich das Statusfenster für Ihre Netzwerkverbindung. Hier können Sie die Dauer ❷ sowie die Signalqualität ❸ Ihrer Verbindung ablesen. Klicken Sie auf die Schaltfläche **Drahtloseigenschaften**. Dort finden Sie den Sicherheitsschlüssel.

Schritt 5

Wechseln Sie in das Register **Sicherheit** ❹. Aus Sicherheitsgründen wird der Schlüssel nur in Form von Punkten angezeigt. Markieren Sie das kleine Kästchen vor dem Eintrag **Zeichen anzeigen**.

Schritt 6

Der Schlüssel wird nun im Klartext angezeigt, und Sie können ihn notieren. Entfernen Sie das Häkchen bei **Zeichen anzeigen** wieder, und schließen Sie das Fenster über die Schaltfläche **OK**.

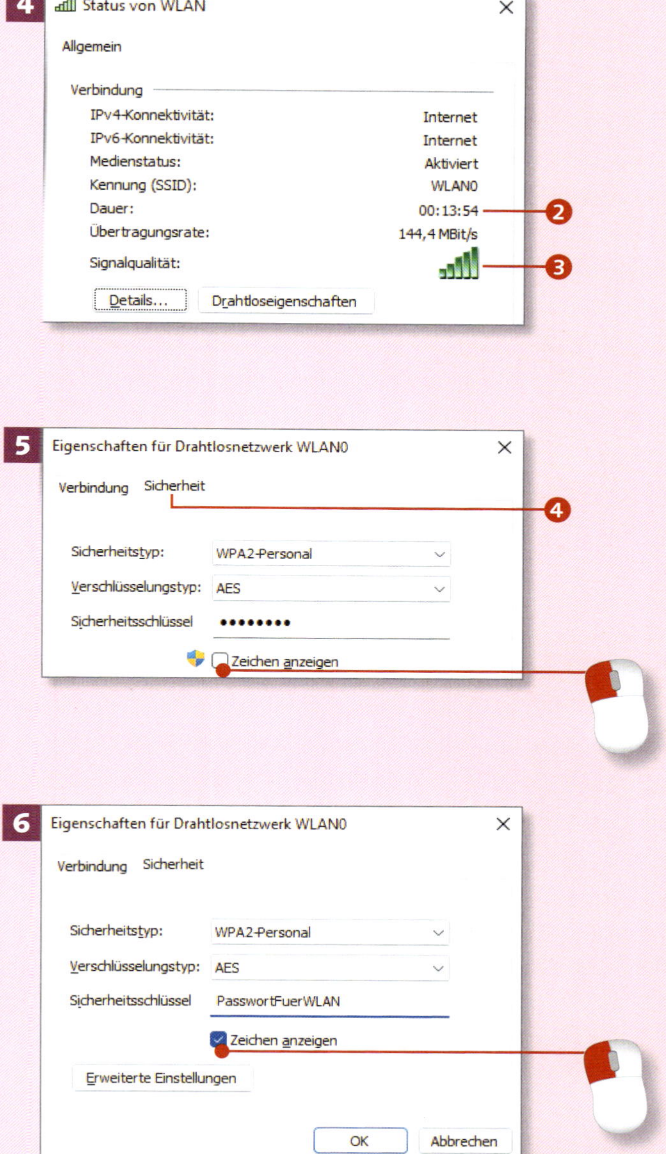

!

Auch hier gilt: Vorsicht!
Sie sollten den notierten Schlüssel wie auch alle anderen Passwörter nicht einfach so herumliegen lassen. Wenn Sie sie notieren müssen, sammeln Sie alle wichtigen Kennwörter und Notizen an einem sicheren Ort.

So ändern Sie den Funkkanal Ihres Routers

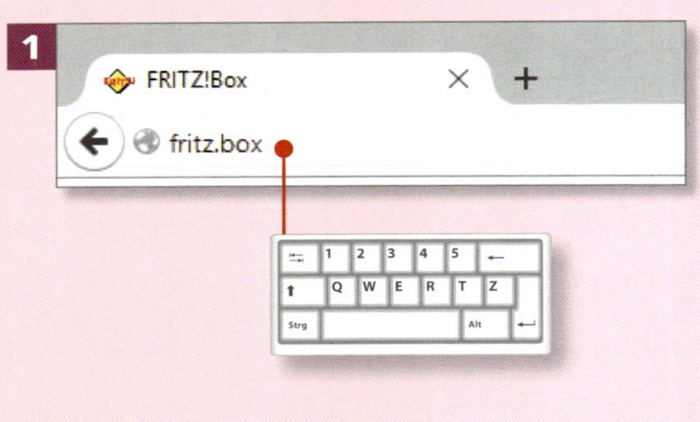

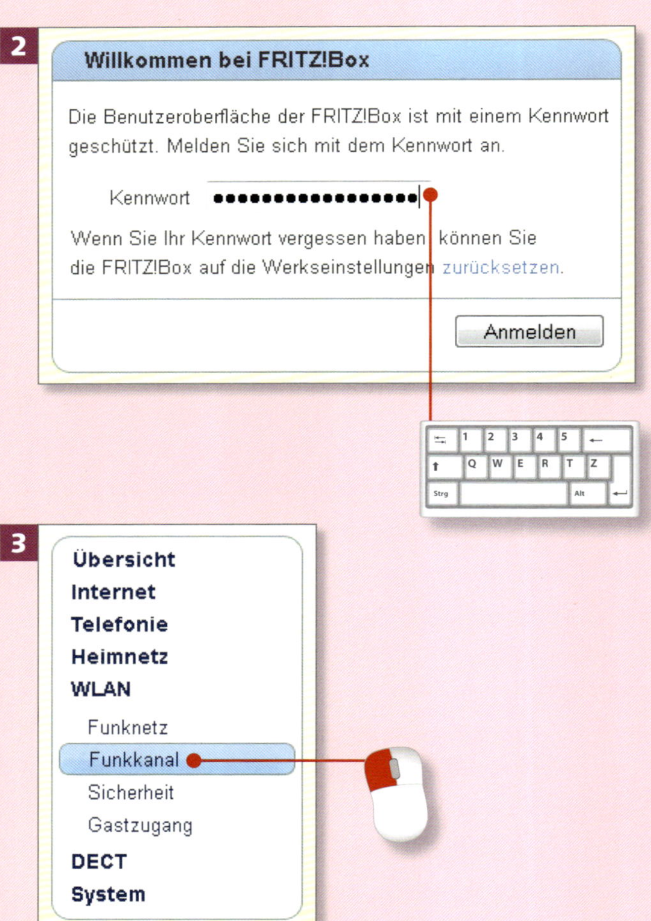

Wenn zu viele WLANs aus der Nachbarschaft über den gleichen Funkkanal betrieben werden, kann dies den Betrieb massiv stören. Häufige Verbindungsabbrüche können die Folge sein.

Schritt 1

Den Funkkanal können Sie in Ihrem Router ändern. Starten Sie Ihren Browser, und geben Sie die Adresse zum Konfigurationsmenü Ihres Routers ein, z. B. *fritz.box*.

Schritt 2

Tragen Sie die benötigten Zugangsdaten ein, und klicken Sie auf **Anmelden**. Erst dann öffnet sich das Konfigurationsmenü.

Schritt 3

Öffnen Sie den Menüpunkt **Wireless ▸ Channel** oder **WLAN ▸ Funkkanal**. Die genaue Bezeichnung hängt auch hier vom Router ab.

Signal verstärken
Verbindungsabbrüche können auch die Folge einer zu schwachen Funkleistung sein. Mit einem im Fachhandel erhältlichen *Repeater* können Sie die Signalstärke erhöhen.

Schritt 4

Häufig ist Kanal 9 voreingestellt. Wählen Sie, soweit vorhanden, den Eintrag **Autokanal**. Der Router sucht sich dann selbst den am besten geeigneten Kanal. Steht dieser Punkt nicht zur Verfügung, wählen Sie z. B. **Kanal 6**.

Schritt 5

Speichern Sie die Einstellung mit **Übernehmen** ab. Je nach Modell müssen Sie den Router kurz aus- und wieder einschalten, damit eine neue Verbindung mit dem neu eingestellten Kanal aufgebaut werden kann.

Schritt 6

Brachte der Kanalwechsel keinen Erfolg, wiederholen Sie die ersten Schritte und wählen eine höhere Nummer, z. B. **Kanal 12**.

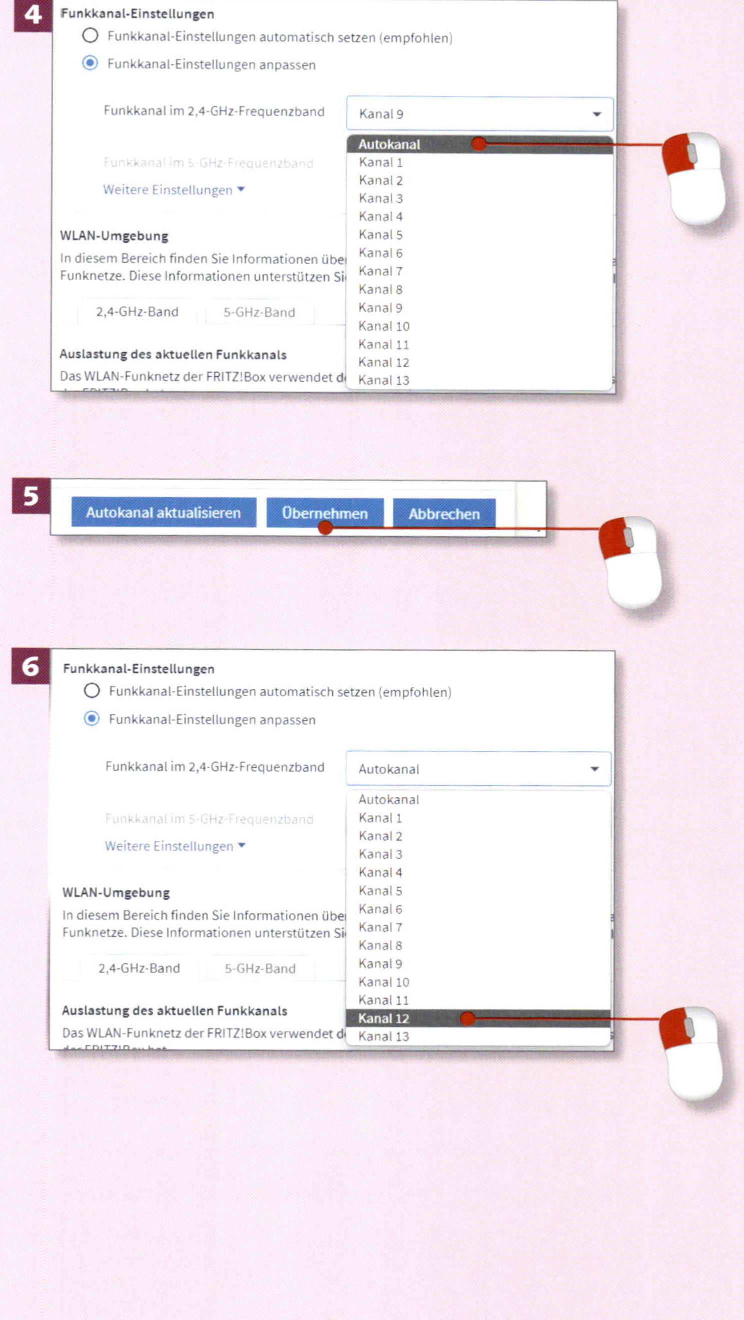

Kanalwahl und Frequenz

Auch Netze auf benachbarten Kanälen können stören. Ändern Sie daher den Kanal jeweils um mindestens zwei bis drei Kanalnummern ab. Verfügt Ihr Router auch über die Möglichkeit eines Frequenzwechsels, ändern Sie die Frequenz von 2,4 GHz auf 5 GHz. Das mindert die Störwahrscheinlichkeit.

Microsoft Edge: InPrivate-Browsen aktivieren

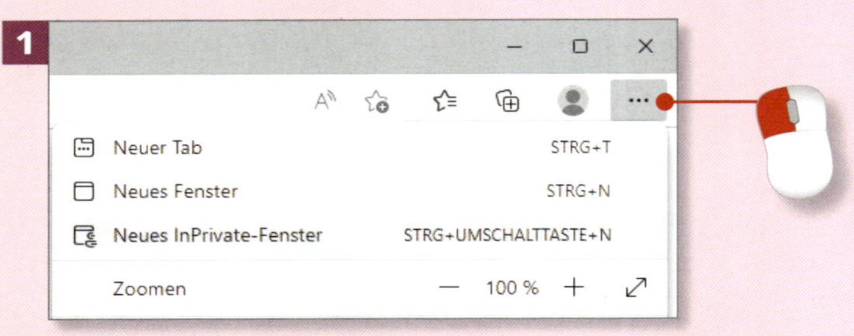

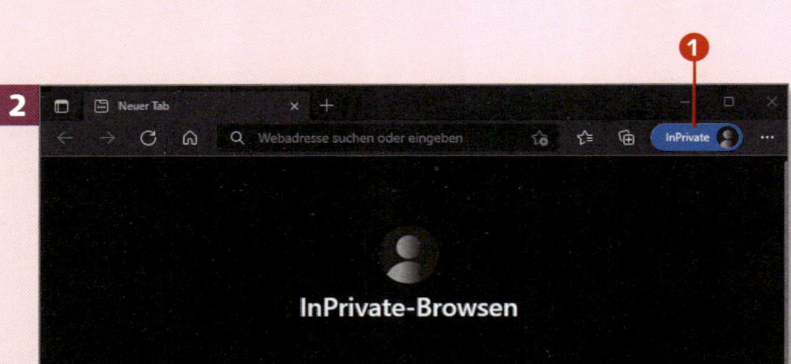

In manchen Situationen möchte man gerne im Internet surfen, ohne dabei verräterische Spuren auf dem Computer zu hinterlassen. Der Browser Microsoft Edge bietet hierfür die Option »InPrivate-Browsen«.

Schritt 1

Starten Sie den Browser, klicken Sie rechts oben auf die Schaltfläche mit den drei Punkten, und wählen Sie den Menüeintrag **Neues InPrivate-Fenster**. Alternativ können Sie den Modus auch mit den Tasten [Strg] + [⇧] + [N] aufrufen.

Schritt 2

Jetzt öffnet sich ein neues Fenster, das Ihnen Informationen zum InPrivate-Browsen anzeigt. Solange rechts oben das blaue **InPrivate**-Symbol (1) zu sehen ist, surfen Sie, ohne Spuren auf dem PC zu hinterlassen.

Schritt 3

Steuern Sie die gewünschten Seiten im Internet wie gewohnt an. Der InPrivate-Browsen-Modus ist nur für die aktuelle Sitzung aktiv; nach dem Schließen wird der Modus beendet.

Die Darstellung von Microsoft Edge ändern

Per Standardeinstellung wird der Browser in einem hellen Design dargestellt, d. h., der Hintergrund aller Menüs ist hell und die Schrift schwarz. Viele Anwender finden eine umgekehrte Darstellung angenehmer.

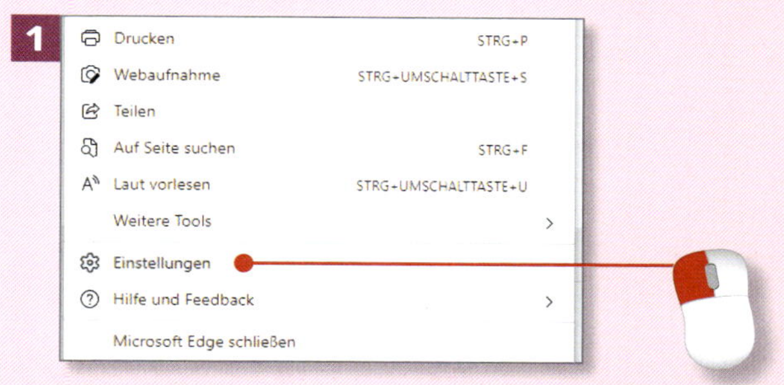

Schritt 1

Öffnen Sie den Browser, klicken Sie ganz rechts in der Symbolleiste auf das Symbol mit den drei Punkten ···, und wählen Sie die **Einstellungen**.

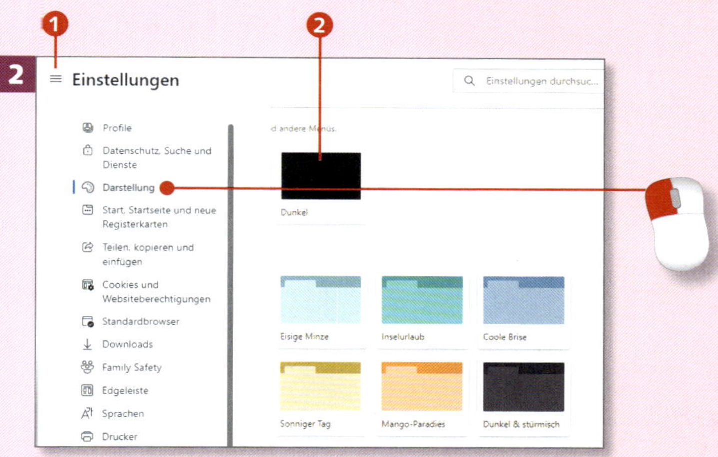

Schritt 2

Klicken Sie in der linken Spalte auf **Darstellung**. Falls der Text nicht sichtbar ist, müssen Sie auf das Symbol ≡ ❶ klicken. Wählen Sie dann rechts die gewünschte Gesamtdarstellung per Mausklick aus ❷.

Schritt 3

Ihre Auswahl wird sofort aktiviert. Die Titelleiste, die Menüleiste und alle Menüs werden mit dem dunklen Hintergrund angezeigt, während die Schrift weiß ist.

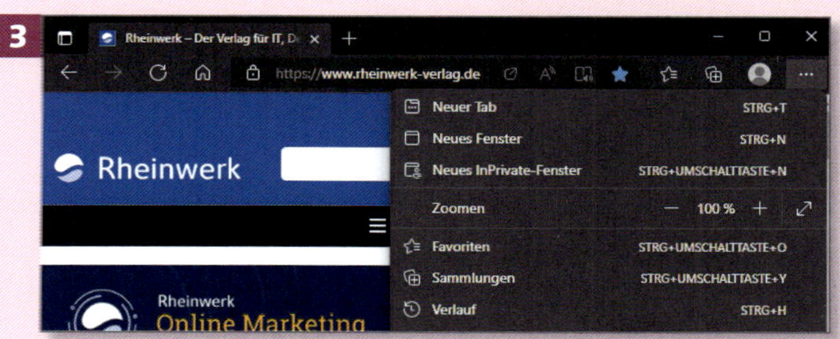

Schon gewusst?
Auch die Hintergründe der Musik-App, der Mail-App und des Kalenders können über deren Einstellungen von Hell auf Dunkel gestellt werden.

Die Leseansicht in Microsoft Edge

1

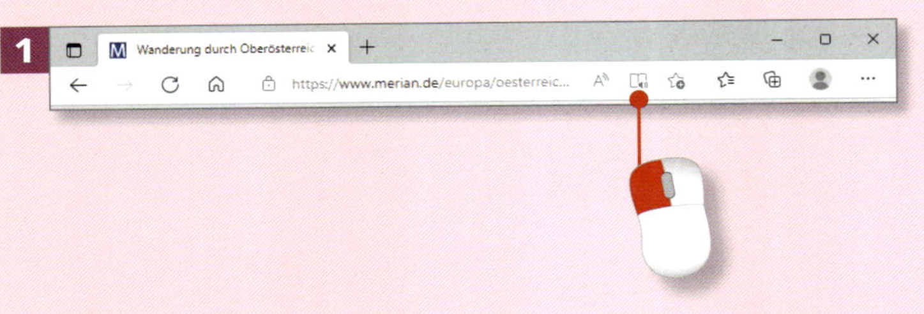

Die Leseansicht reduziert die Ansicht einer Internetseite auf das Wesentliche, nämlich auf den Text und die dazugehörigen Bilder. Dies erleichtert das Lesen erheblich.

Schritt 1

Der Lesemodus kann leider nicht auf jeder Seite angewandt werden. Ob der Modus aktiviert werden kann, erkennen Sie am Symbol für die Leseansicht am rechten Rand der Adressleiste. Wird es in einem satten Schwarz angezeigt, ist die Ansicht verfügbar. Klicken Sie auf das Symbol, um die Leseansicht zu aktivieren.

2

Endlose Wanderlust: Die schönsten Wege durch Oberösterreich

Bergpanoramen, spiegelnde Seen, ein üppiges Flussufer: in Oberösterreich finden Wanderfreunde ihr Glück. Dem Reiz der Region kann kaum jemand widerstehen.

Eine Wanderung durch Oberösterreich bleibt meist unvergessen. Entlang

Schritt 2

Die im Browser geladene Seite wird nun auf einem lesefreundlichen Hintergrund angezeigt. Sie können den Text damit ohne Navigationsleisten oder Werbeflächen lesen.

3

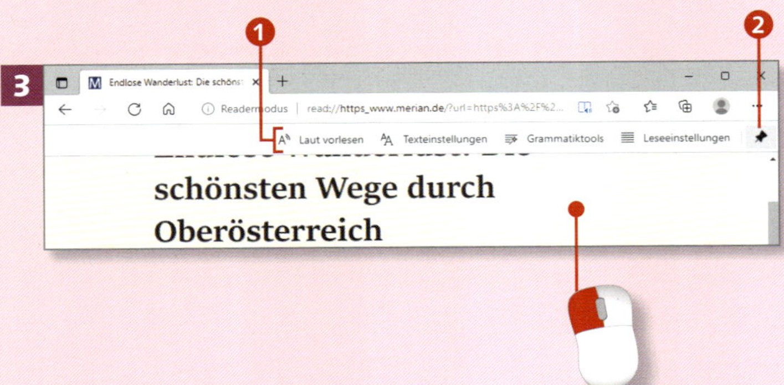

Schritt 3

Die Einstellungen für die Schriftgröße und den Stil der Ansicht erreichen Sie nach einem Klick auf die Seite. Im Seitenkopf wird nun eine Menüleiste eingeblendet ❶. Per Klick auf das Pinnnadelsymbol können Sie die Leiste fest anheften ❷.

Schritt 4

Klicken Sie auf die Schaltfläche **Texteinstellungen**. Im aufklappenden Menü können Sie nun über den Schieberegler die Textgröße anpassen ❸. Setzen Sie den Regler **Textabstand** nach rechts ❹, wird der Zeilenabstand vergrößert, was ebenfalls die Lesbarkeit erleichtert.

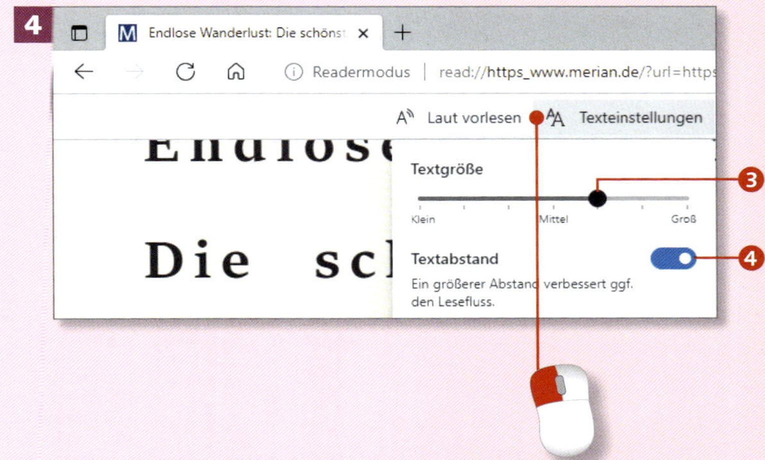

Schritt 5

Am unteren Rand des Menüs **Texteinstellungen** finden Sie diverse Seitendesigns. Per Mausklick lässt sich so die Hintergrundfarbe der Seite ändern.

Schritt 6

Möchten Sie den sog. *Readermodus* schließlich wieder verlassen, klicken Sie erneut auf das Symbol der Leseansicht [Symbol].

Den Lesemodus zum Drucken nutzen

Der Lesemodus eignet sich sehr gut zum Ausdrucken einer Seite, da nur das Wesentliche angezeigt wird. Den Druckdialog erreichen Sie, indem Sie auf das Symbol [...] klicken und dann den Befehl **Drucken** wählen. Alternativ drücken Sie die Tastenkombination [Strg] + [P].

Text auf einer Webseite durchsuchen

Manchmal sucht man auf einer Webseite nach einem bestimmten Begriff. Um nicht den ganzen Text durchlesen zu müssen, bietet Edge eine praktische Suchfunktion an. In anderen Browsern funktioniert die Suche ähnlich.

Schritt 1

Öffnen Sie die betreffende Webseite. Starten Sie die Suchfunktion mit der Tastenkombination [Strg] + [F], und tippen Sie den Suchbegriff in das Feld am oberen Seitenrand ein.

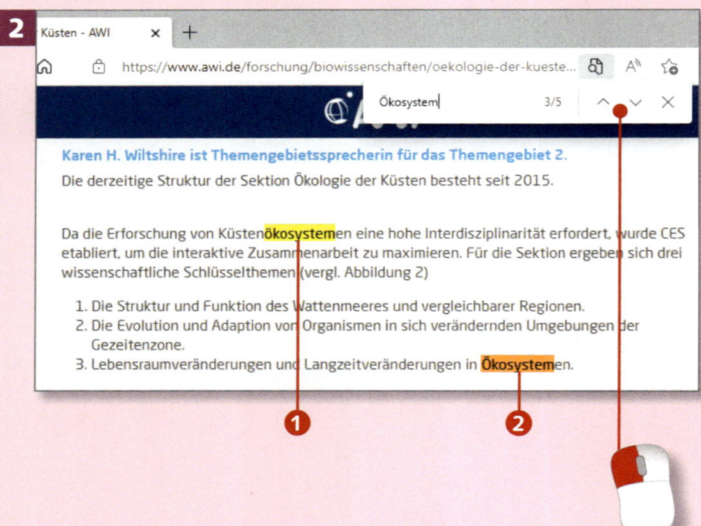

Schritt 2

Alle Treffer werden farbig hervorgehoben ❶. Mit den Pfeilschaltflächen springen Sie jeweils zur nächsten bzw. vorherigen Fundstelle im Text. Der aktuell markierte Treffer ist orange gefärbt ❷.

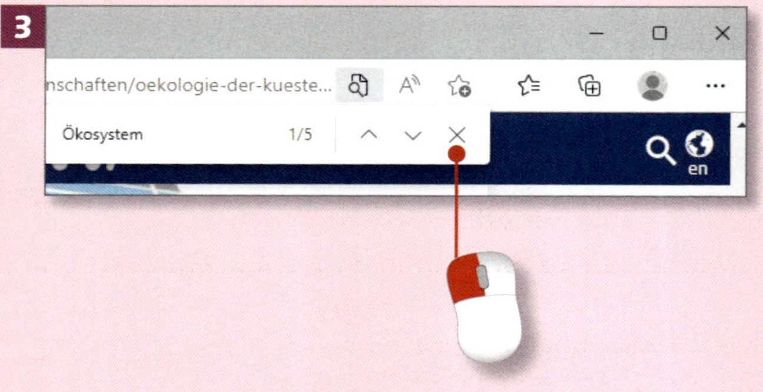

Schritt 3

Benötigen Sie das Suchfeld nicht mehr, können Sie es per Klick auf das Kreuzsymbol wieder ausblenden.

Suchfunktion über das Menü aufrufen

Die Suchfunktion lässt sich auch per Klick auf das Symbol [···] und dann durch Auswahl des Befehls **Auf Seite suchen** aufrufen.

Favoriten in Microsoft Edge importieren

Der Internet Explorer gehört mit Windows 11 endgültig der Vergangenheit an. Stattdessen steht Ihnen nun Microsoft Edge als Browser zur Verfügung. Wenn Sie von einem anderen Browser umsteigen, müssen Sie nicht auf Ihre dort gespeicherten Favoriten verzichten: Importieren Sie sie bequem in Edge.

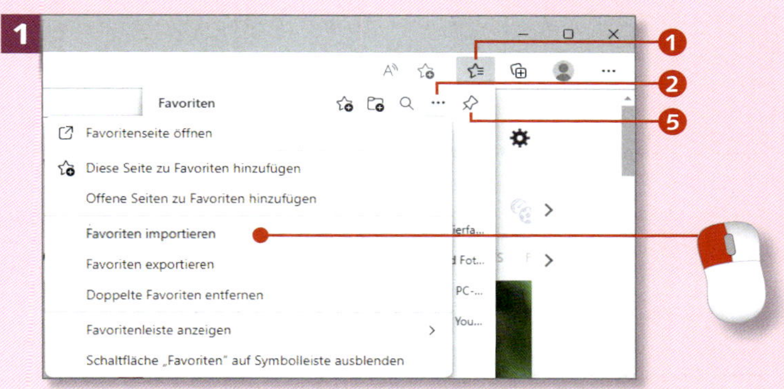

Schritt 1

Klicken Sie in der Symbolleiste des Browsers auf das Symbol ❶ und im aufklappenden Menü dann auf das Symbol ··· ❷. Im nächsten Menü wählen Sie den Befehl **Favoriten importieren**.

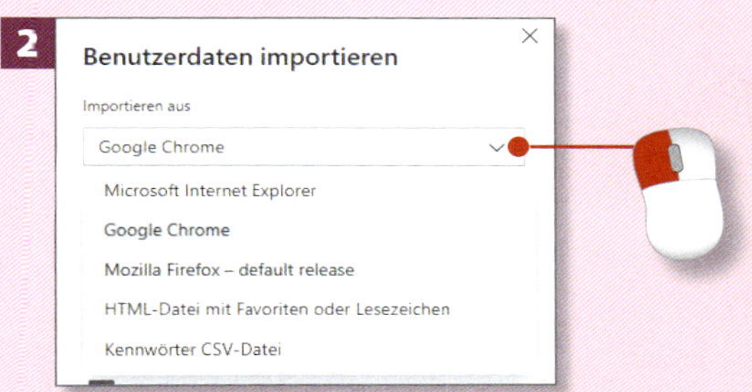

Schritt 2

Im Dialog **Benutzerdaten importieren** wählen Sie im Feld **Importieren aus** nun den Browser, aus dem Sie die Favoriten importieren möchten, z. B. **Mozilla Firefox**.

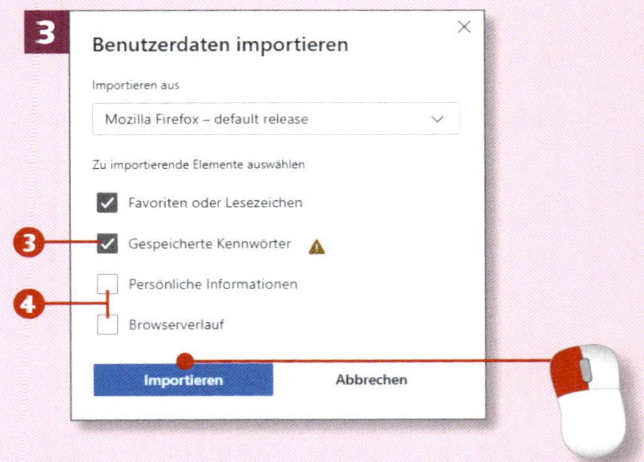

Schritt 3

Legen Sie dann fest, welche Daten importiert werden sollen (z. B. Kennwörter ❸ oder Lesezeichen). Entfernen Sie das Häkchen vor den Daten, die nicht übernommen werden sollen ❹. Mit **Importieren** starten Sie den Importvorgang.

Favoriten schneller öffnen

Einen schnelleren Zugriff auf Ihre Favoriten erhalten Sie, wenn Sie nach einem Klick auf das Symbol die Favoritenleiste über das Pinnnadelsymbol ❺ fest als Spalte an das Browserfenster heften.

Sammlungen erstellen

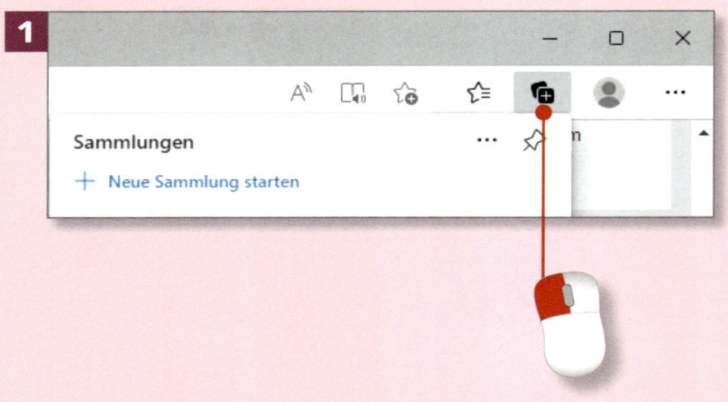

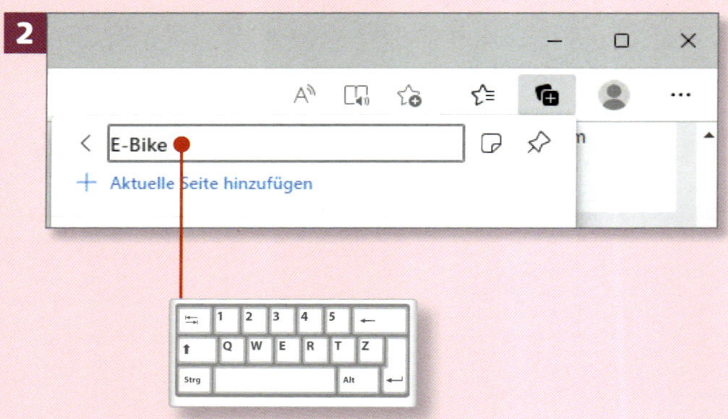

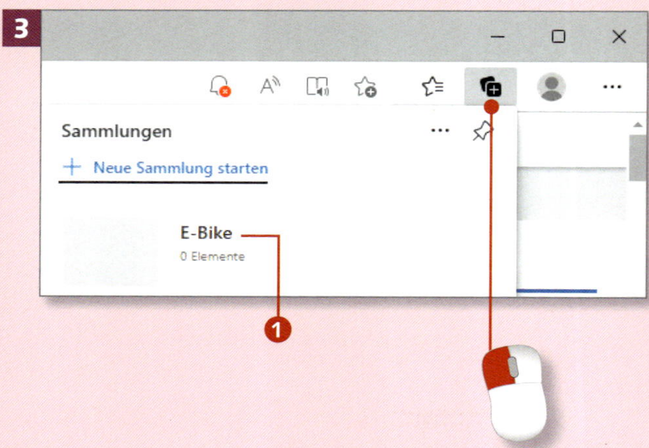

Sie recherchieren viel im Internet? Mithilfe der sog. Sammlungen können Sie interessante Links sowie einzelne Textpassagen oder Bilder zu einem Thema zusammenfassen. Sogar eigene Notizen lassen sich hinzufügen.

Schritt 1

Um eine Sammlung zu erstellen, klicken Sie in der Symbolleiste von Edge auf das Symbol . Alternativ hierzu können Sie auch die Tastenkombination Strg + ⇧ + Y drücken. Im aufklappenden Menü klicken Sie auf **Neue Sammlung starten**.

Schritt 2

Geben Sie im Textfeld einen Titel für die Sammlung an, etwa *E-Bike*. Schließen Sie die Eingabe durch Drücken der Taste ↵ ab.

Schritt 3

Stoßen Sie während Ihrer Recherche auf eine interessante Webadresse, können Sie sie schnell der Sammlung hinzufügen. Klicken Sie hierzu auf das Symbol . Ist die gewünschte Sammlung noch nicht ausgewählt (d. h., der Sammlungstitel erscheint nicht zu Beginn der Spalte), markieren Sie sie per Mausklick 1.

Schritt 4

Ein Klick auf **Aktuelle Seite hinzufügen** reicht, und schon wird die aktuelle Webadresse in die Sammlung aufgenommen ❷. Um diese Seite später erneut aufzurufen, wiederholen Sie Schritt 3 und klicken die gewünschte Adresse in der Sammlung an.

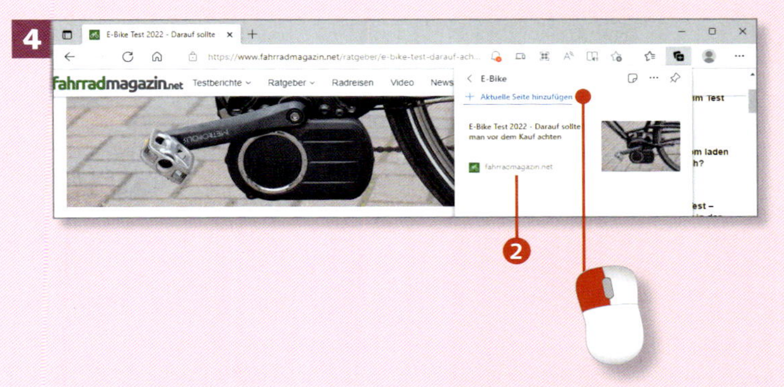

Schritt 5

Auf einer Webseite ist nur eine Textpassage oder ein Bild für Sie von Interesse? Dann markieren Sie den Text bzw. das Bild mit gedrückter linker Maustaste. Klicken Sie das markierte Element nun mit der rechten Maustaste an, wählen Sie im Kontextmenü **Zu Sammlungen hinzufügen** und dann die gewünschte Sammlung ❸.

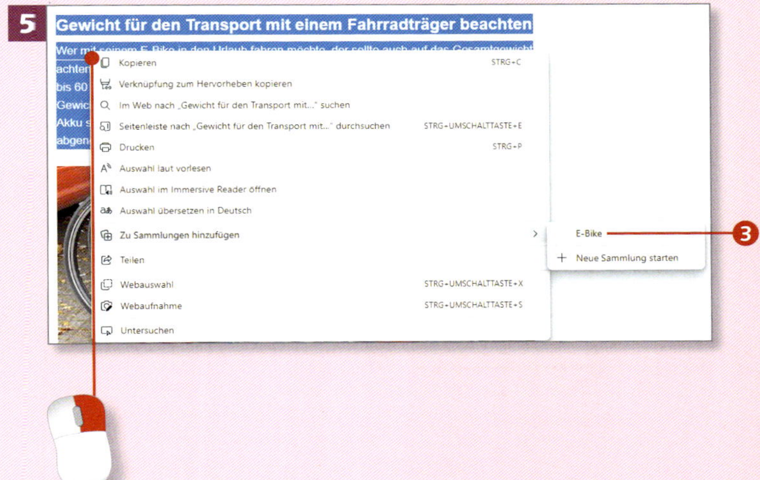

Schritt 6

Möchten Sie sich während der Recherche eine Notiz machen, führen Sie zunächst Schritt 3 aus. Klicken Sie dann auf das Symbol 🗨. Nun können Sie im Textfeld Ihre Gedächtnisstütze eingeben und mit einem Klick auf das Häkchen bestätigen ❹.

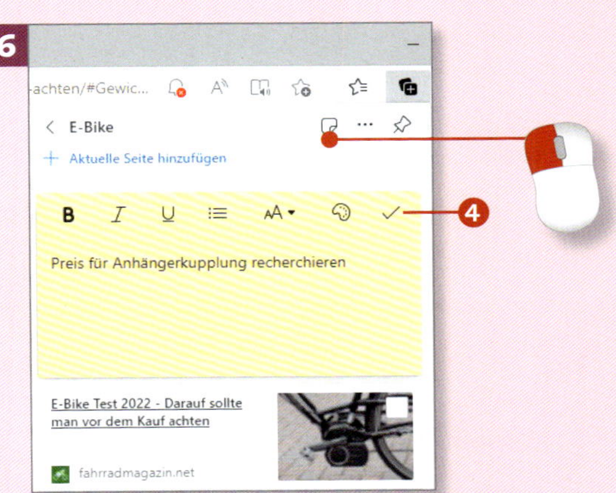

Eine Internetseite an das Startmenü heften

Interessante und häufig besuchte Internetseiten legt man sich meist als Favoriteneintrag ab und setzt dafür ein Lesezeichen. Für einen noch schnelleren Zugriff können Sie Ihre Lieblingsseite aber auch direkt im Startmenü ablegen.

1

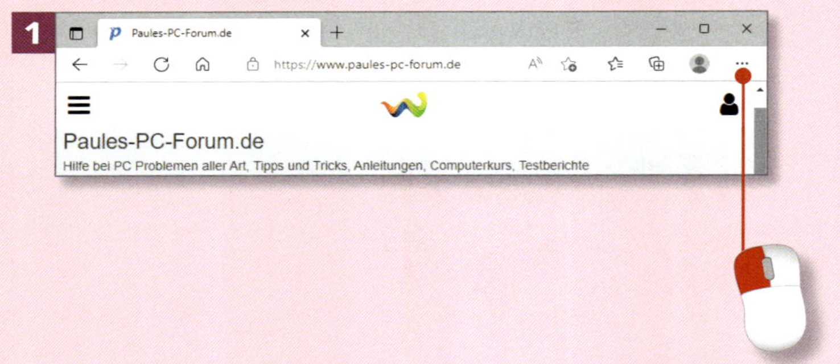

Schritt 1

Rufen Sie zunächst mit Microsoft Edge die Seite auf, die Sie in das Startmenü integrieren möchten, und klicken Sie dann ganz rechts in der Symbolleiste auf das Symbol 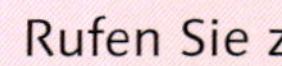.

2

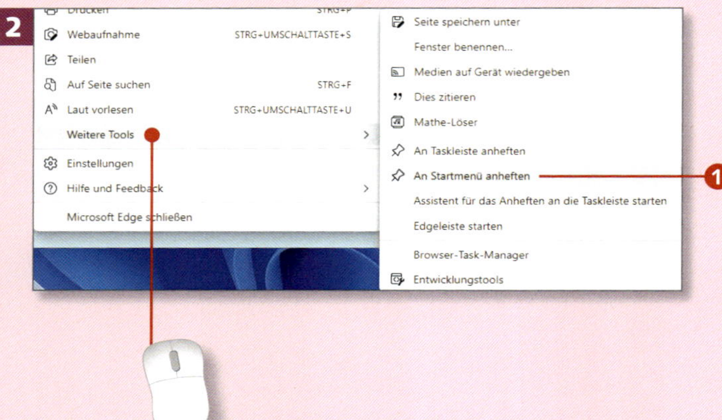

Schritt 2

Im aufklappenden Menü finden Sie recht weit unten den Befehl **Weitere Tools**. Sobald Sie den Mauszeiger auf ihm positionieren, können Sie im Untermenü den Befehl **An Startmenü anheften** auswählen ❶. Bestätigen Sie die Frage, ob Sie die Kachel an das Startmenü anheften möchten, mit **Ja**.

3

Suchbegriff hier eingeben

❷ Angepinnt — Alle Apps ›

Instagram, Facebook, OneNote, Rechner, Uhr, Editor, Paint, Explorer, Filme & TV, Tipps, Media Player, Paules-PC-Forum.de

Schritt 3

Öffnen Sie das Startmenü, und blättern Sie mithilfe der zwei Punkte am rechten Rand des Bereichs **Angepinnt** ❷ zur zweiten Seite. Dort sehen Sie ein Symbol mit dem Piktogramm und dem Namen der Seite.

Mehrere Tabs als Startseite festlegen

Sie haben mehrere Lieblingsseiten, die Sie beim Start des Browsers sofort öffnen? Diese Aufgabe können Sie auch dem Browser selbst überlassen.

Schritt 1

Öffnen Sie zunächst alle Seiten, die Sie als Startseiten festlegen möchten. Klicken Sie in der Symbolleiste von Edge auf das Symbol ···, und wählen Sie die **Einstellungen**.

Schritt 2

Markieren Sie in der linken Spalte die Rubrik **Start, Startseite und neue Registerkarten**.

Schritt 3

Klicken Sie dann rechts auf **Alle geöffneten Tabs verwenden**. Die Webadressen der geöffneten Seiten werden anschließend oberhalb der Schaltfläche aufgeführt ①.

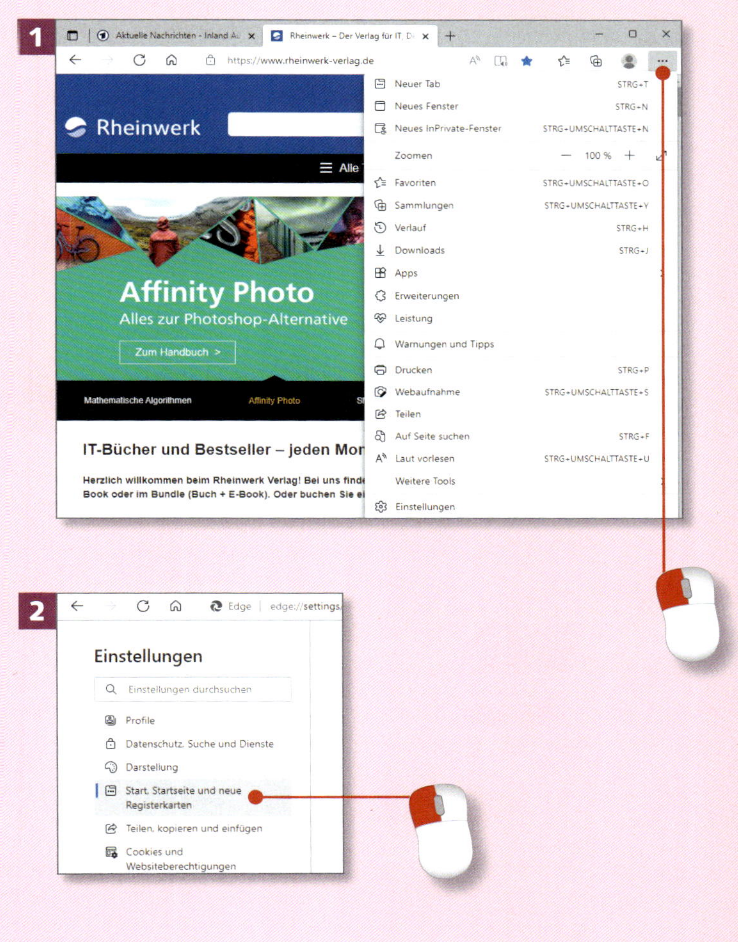

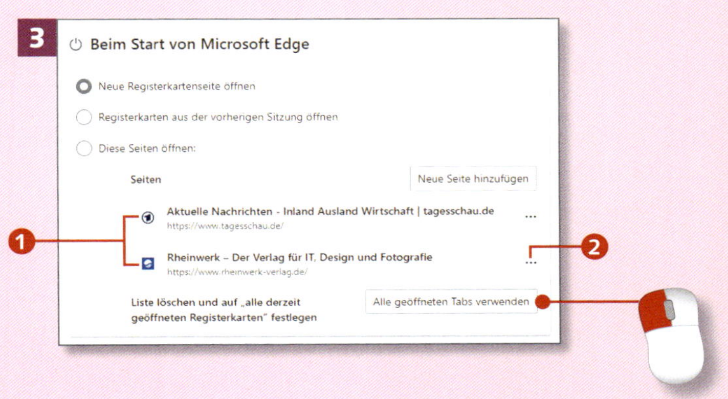

Seite wieder löschen
Möchten Sie eine Seite wieder entfernen, klicken Sie einfach rechts von der Webadresse auf das Symbol mit den drei Punkten ②, und wählen dann den Befehl **Löschen**.

Suchmaschine ändern

Suchanfragen, die über die Adresszeile des Browsers Edge gestartet werden, werden automatisch mit Microsofts Suchmaschine Bing durchgeführt. Das gefällt nicht jedem. Mit wenigen Mausklicks können Sie aber eine andere Suchmaschine festlegen.

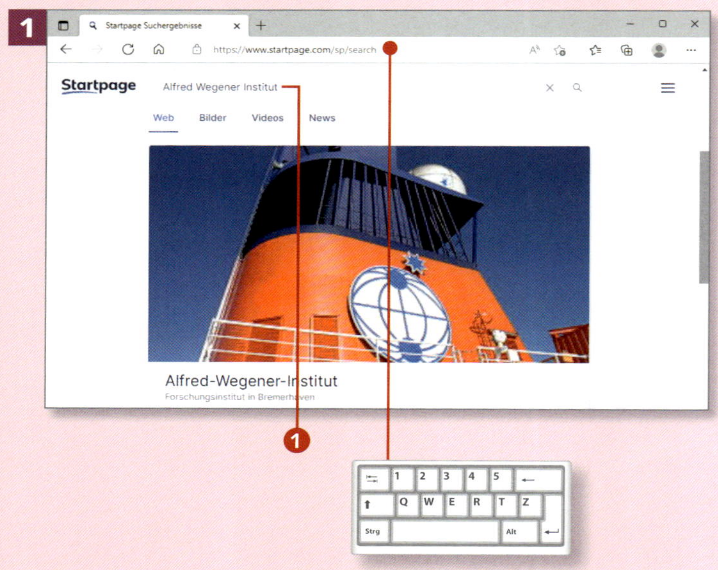

Schritt 1

Starten Sie den Browser Edge, und rufen Sie die Webseite Ihrer Lieblingssuchmaschine auf, etwa *Startpage* (*www.startpage.com*). Führen Sie eine Suchanfrage durch ❶.

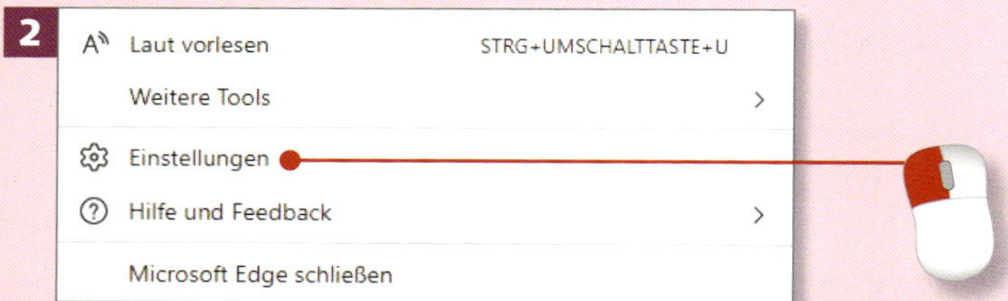

Schritt 2

Klicken Sie am rechten Rand der Symbolleiste auf das Symbol ···. Im aufklappenden Menü wählen Sie dann die **Einstellungen**.

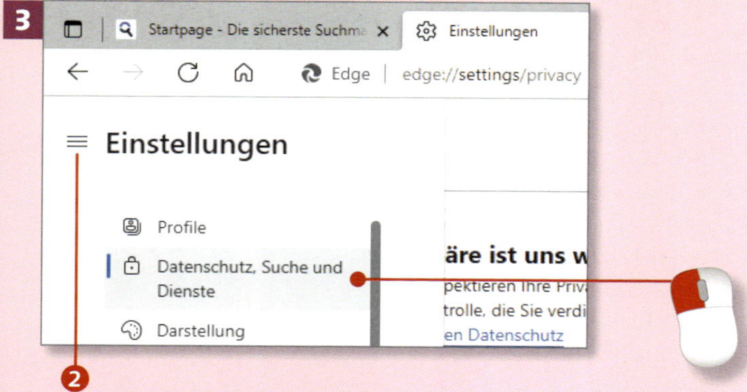

Schritt 3

Markieren Sie in der linken Spalte die Rubrik **Datenschutz, Suche und Dienste**. Ist die Größe des Programmfensters zu klein, müssen Sie zu Beginn der Spalte auf das sog. Hamburger-Menü ❷ klicken, damit die Beschriftungen der Rubriken eingeblendet werden.

Schritt 4

Blättern Sie in der rechten Fensterhälfte nun ganz nach unten bis zum Abschnitt **Dienste**. Klicken Sie hier auf **Adressleiste und Suche** ❸.

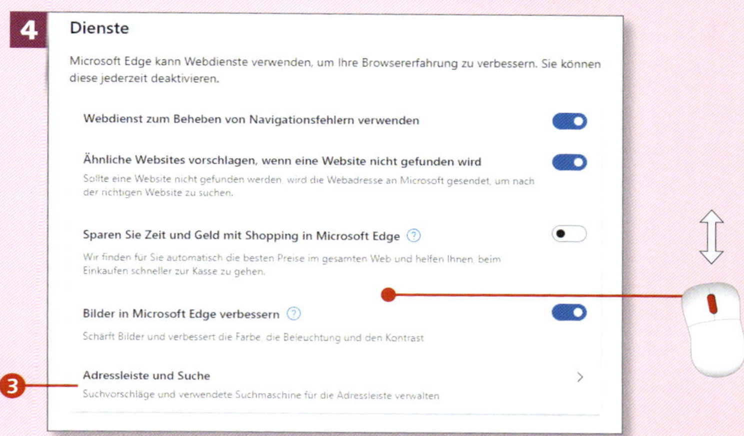

Schritt 5

Klicken Sie in das Feld rechts von **In Adressleiste verwendete Suchmaschine**. Die gewünschte Suchmaschine sollte hier bereits aufgeführt werden, sodass Sie sie nur noch per Mausklick auswählen müssen ❹.

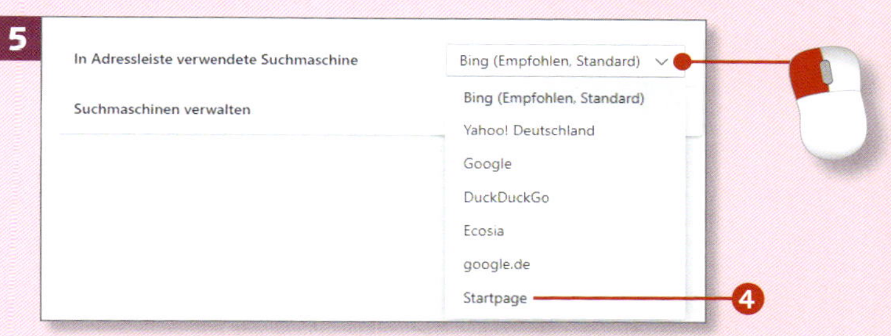

Schritt 6

Starten Sie in Zukunft eine Suchanfrage direkt über die Adressleiste des Browsers Edge, kommt automatisch die von Ihnen festgelegte Suchmaschine zum Einsatz, in unserem Beispiel *Startpage*.

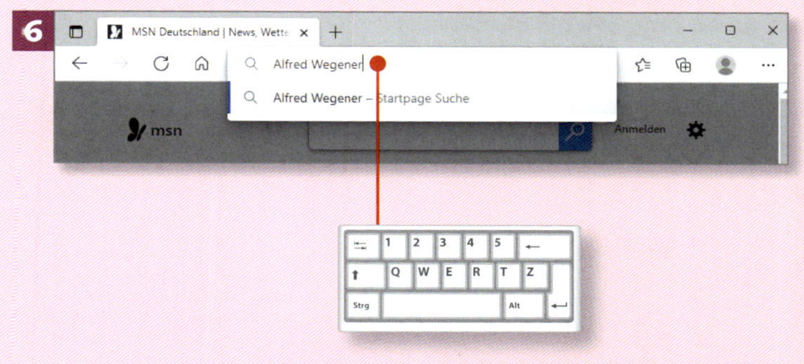

Weitere wichtige Einstellungen
In der Rubrik **Datenschutz, Suche und Dienste** finden Sie zahlreiche wichtige Sicherheitsfunktionen, wie etwa den *Microsoft Defender SmartScreen*, der Sie vor schädlichen Websites und Downloads schützt.

PDFs mit Edge lesen und kommentieren

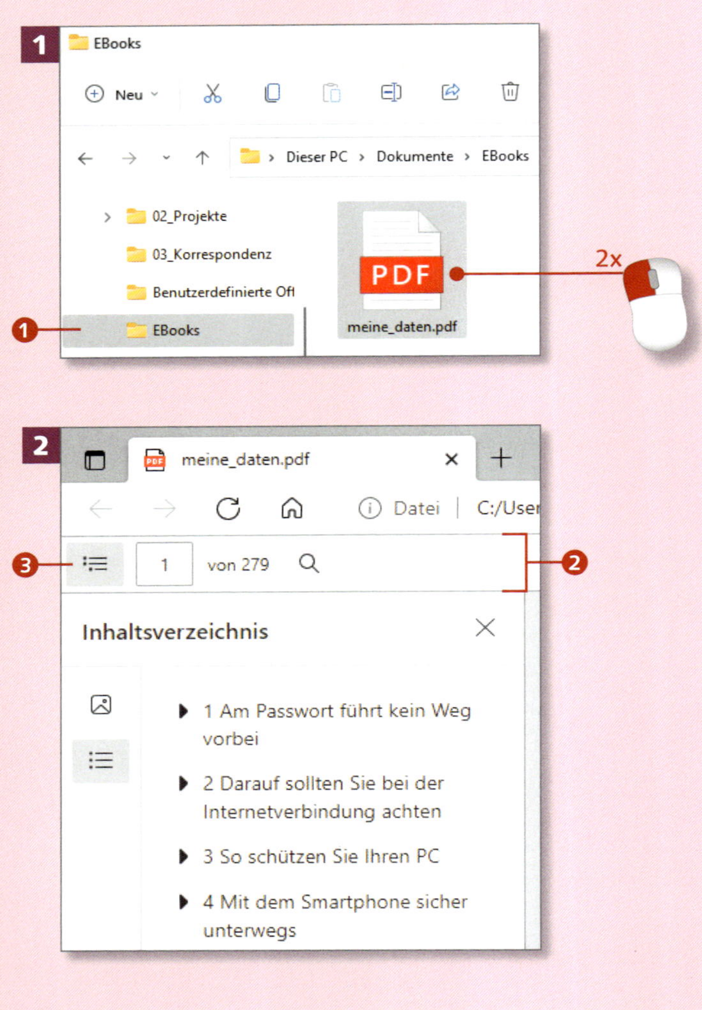

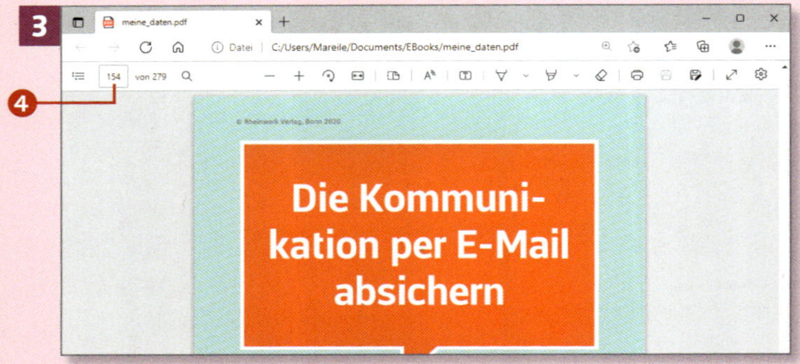

Ob E-Book oder Formular: Mit dem Browser Edge können Sie bequem Dateien im PDF-Format öffnen. Die zwingend notwendige Installation eines zusätzlichen Programms (z. B. des Adobe Reader) gehört damit der Vergangenheit an.

Schritt 1

Ist die PDF-Datei auf Ihrem Computer gespeichert, öffnen Sie den Explorer z. B. über die Tastenkombination [Win] + [E]. Navigieren Sie zu dem Ordner, in dem sich die Datei befindet ❶, und klicken Sie sie zum Öffnen doppelt an.

Schritt 2

Für die PDF-Datei wird in Edge eine neue Registerkarte mit einer eigenen Symbolleiste ❷ geöffnet. Über das Symbol ganz links lässt sich das Inhaltsverzeichnis des Dokuments ein- bzw. ausblenden ❸.

Schritt 3

Falls Sie zu einer bestimmten Seite navigieren möchten, geben Sie die Seitenzahl in diesem Feld ein ❹. Sobald Sie die Taste [↵] drücken, wird die gewünschte Seite eingeblendet.

Schritt 4

Interessante Textpassagen lassen sich blitzschnell markieren: Mit einem Klick auf das Symbol aktivieren Sie das Werkzeug. Falls Sie den Farbton ändern möchten, wählen Sie den Pfeil rechts vom Symbol ❺ und klicken dann die gewünschte Farbe an ❻. Nun können Sie mit gedrückter linker Maustaste den Text markieren ❼.

Schritt 5

Das Markieren ist misslungen? Dann radieren Sie die Farbe einfach wieder weg: Per Mausklick den Radierer aktivieren, dann mit gedrückter linker Maustaste über die Markierung fahren, und schon ist die farbige Hervorhebung weg. Ein erneuter Klick auf das Symbol deaktiviert den Radierer wieder.

Schritt 6

Damit die Markierungen beim Schließen des Dokuments nicht verloren gehen, müssen Sie die Datei per Klick auf das Symbol speichern. Geben Sie einen neuen Dateinamen ein ❽, und bestätigen Sie mit **Speichern** ❾.

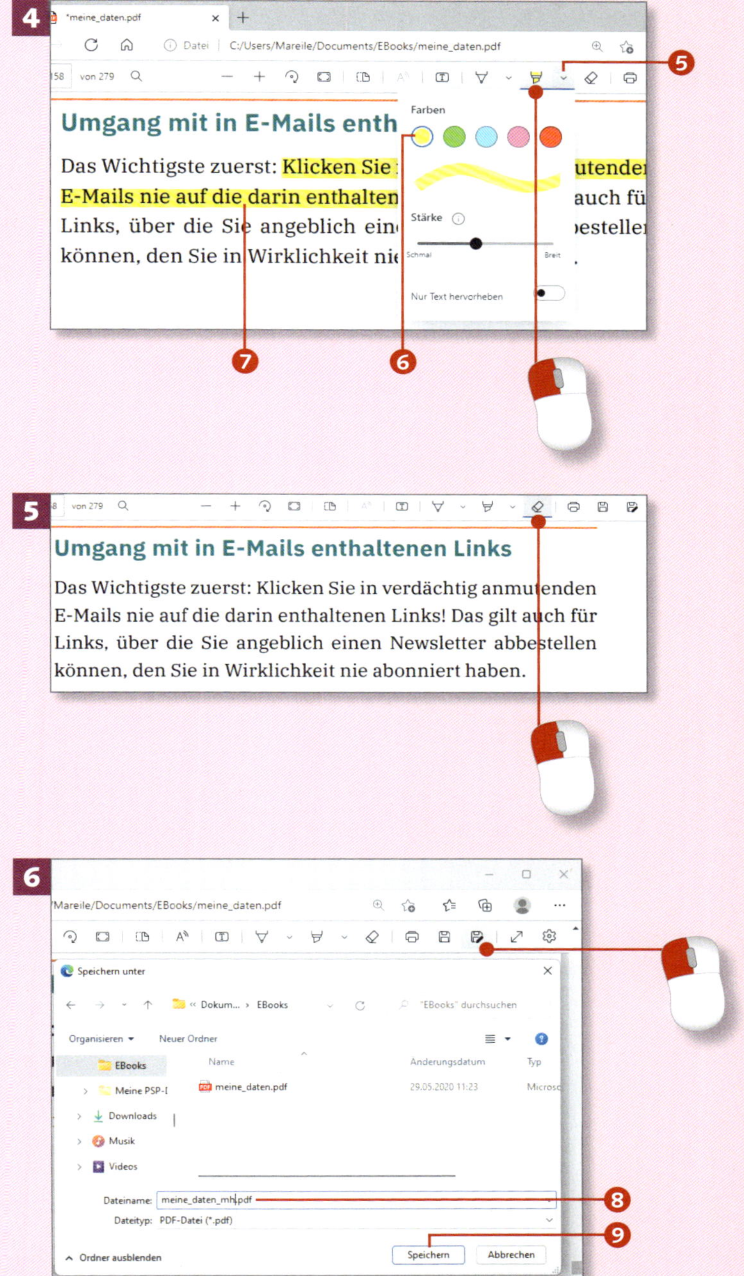

Einen Standardbrowser festlegen

Zwar ist Microsoft Edge bereits auf Ihrem System vorinstalliert, Sie können aber auch einen anderen Browser verwenden, z. B. Firefox oder Chrome, und diesen parallel zu Edge nutzen. Einen Browser müssen Sie dann aber als Standardbrowser definieren.

1

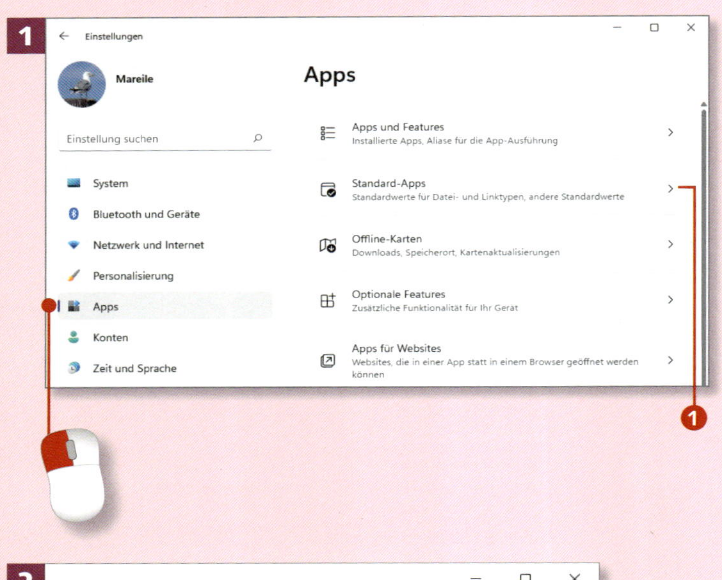

2

3

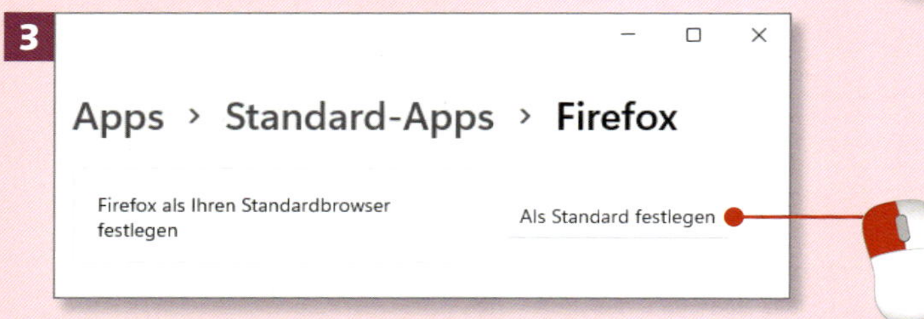

Schritt 1

Öffnen Sie zunächst die Einstellungen-App, z. B. über die Tastenkombination [Windows] + [I]. Markieren Sie in der linken Spalte die Kategorie **Apps** und dann rechts die Unterkategorie **Standard-Apps** 1.

Schritt 2

Blättern Sie in der rechten Spalte nun bis zu der App, die Sie als Standardbrowser wählen möchten, im Beispiel **Firefox**. Klicken Sie auf den Programmnamen.

Schritt 3

Mit einem Klick auf **Als Standard festlegen** wird Firefox nun zum Standardbrowser.

Kennwörter mit einem Hauptpasswort schützen

Firefox speichert Kennwörter und stellt sie bei Bedarf wieder bereit. Eine dritte Person könnte sich nun aber auch unter Ihrem Namen an Ihrem PC anmelden. Schützen Sie daher Ihre Zugänge.

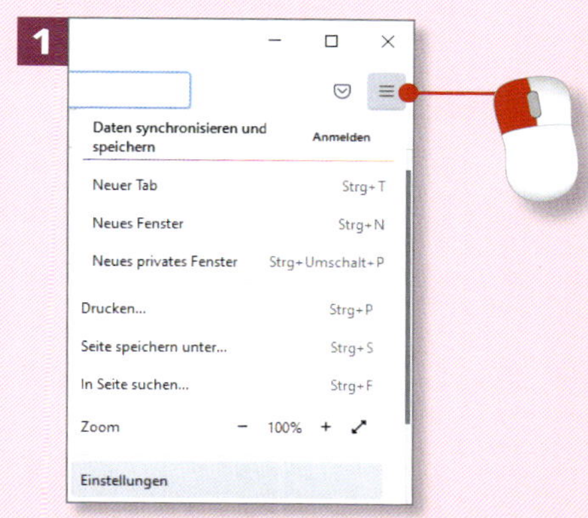

Schritt 1

Klicken Sie im Programmfenster von Firefox oben rechts auf das Symbol ≡. Im aufklappenden Menü wählen Sie dann die **Einstellungen**.

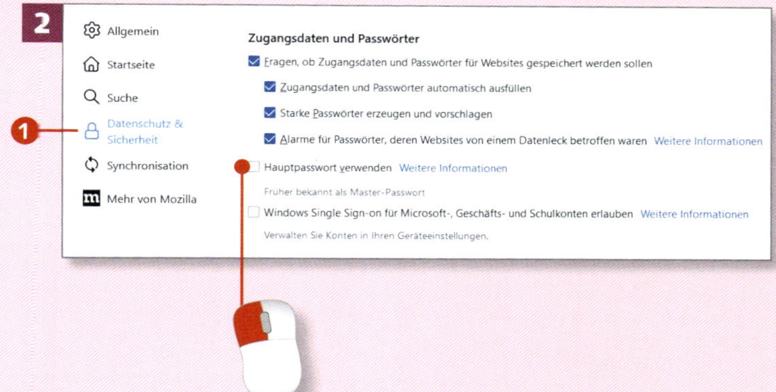

Schritt 2

Markieren Sie links die Rubrik **Datenschutz & Sicherheit** 1, und aktivieren Sie das Kontrollkästchen vor der Option **Hauptpasswort verwenden**.

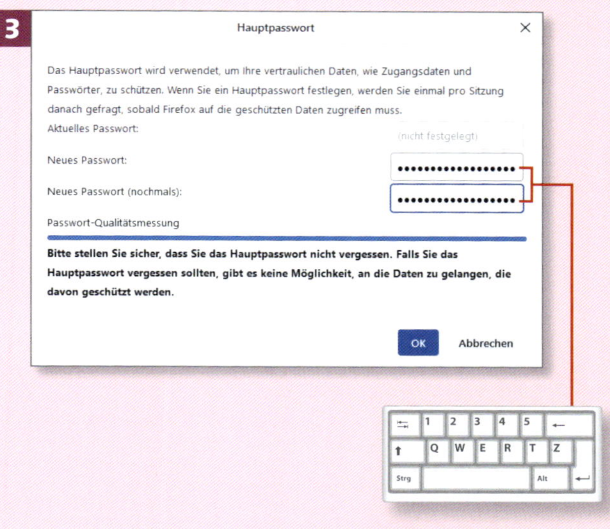

Schritt 3

Tragen Sie ein möglichst sicheres Passwort ein, bestätigen Sie es durch eine erneute Eingabe, und klicken Sie zweimal auf **OK**, um den Vorgang abzuschließen.

So funktioniert es

Wenn Sie eine Seite aufrufen, auf der gespeicherte Daten zur Anmeldung benötigt werden, öffnet sich die Sicherheitsfrage, und Sie müssen zuerst Ihr Hauptpasswort eingeben.

Nützliche Internetseiten

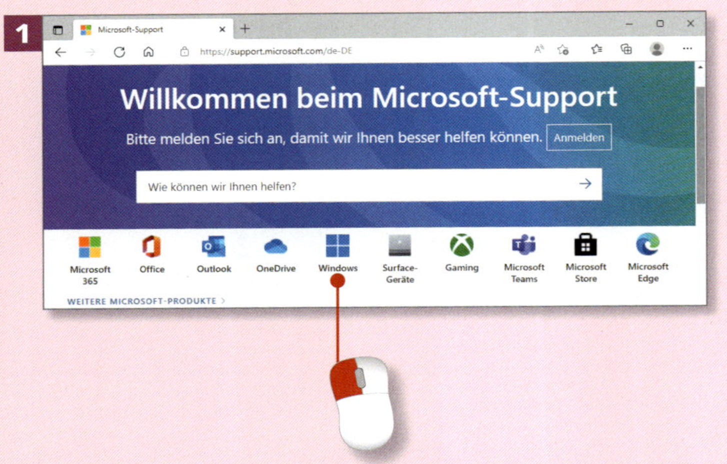

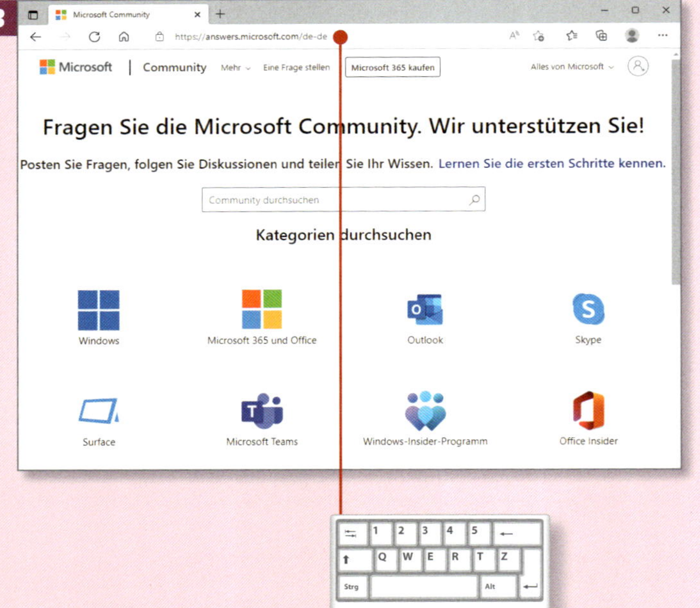

Internetseiten zum Thema Computer gibt es viele; damit Sie den Überblick nicht verlieren, folgen an dieser Stelle nützliche Surf-Tipps.

Schritt 1

Die offizielle Hilfe und Support-Seite von Microsoft finden Sie unter der Adresse *support.microsoft.com*. Klicken Sie auf einen Bereich, zu dem Sie Informationen suchen, z. B. auf **Windows**.

Schritt 2

Die Hilfe-Themen der Seite sind in verschiedene Kategorien eingeteilt, z. B. **Installation und Updates**, **Treiber und Geräte** oder **Sicherheit und Datenschutz**. Wählen Sie die Kategorie aus, zu der Sie Informationen suchen, oder nutzen Sie das Suchfeld, um Ihre individuellen Fragen zu stellen.

Schritt 3

Unter der Adresse *http://answers.microsoft.com/de-de* erreichen Sie die Foren der *Microsoft Community*. Bevor Sie in diesen Foren allerdings eine Frage stellen können, müssen Sie sich mit einem Microsoft-Konto auf der Seite anmelden.

Schritt 4

Unter *www.paules-pc-forum.de* erreichen Sie die Hilfeseite von Jörg Hähnle. Hier finden Sie zahlreiche Tipps und Anleitungen. Im Forum können Sie ohne vorherige Registrierung Fragen zu PC-Problemen aller Art stellen.

Schritt 5

Windows 11 selbst hat eine eigene Hilfe-App an Bord. Rufen Sie das Startmenü auf, und geben Sie im Suchfeld »Hilfe anfordern« ein. Wird die gleichnamige App in den Suchergebnisse aufgelistet, wählen Sie sie per Mausklick aus.

Schritt 6

Geben Sie im Suchfeld der App nun Ihren Suchbegriff oder auch eine Frage ein, etwa »Positionsdienst einschalten«. Nach Drücken der Taste ↵ zeigt Ihnen die App Lösungsvorschläge an. Über den Link **Artikel lesen** ❶ gelangen Sie zu den ausführlichen Informationen.

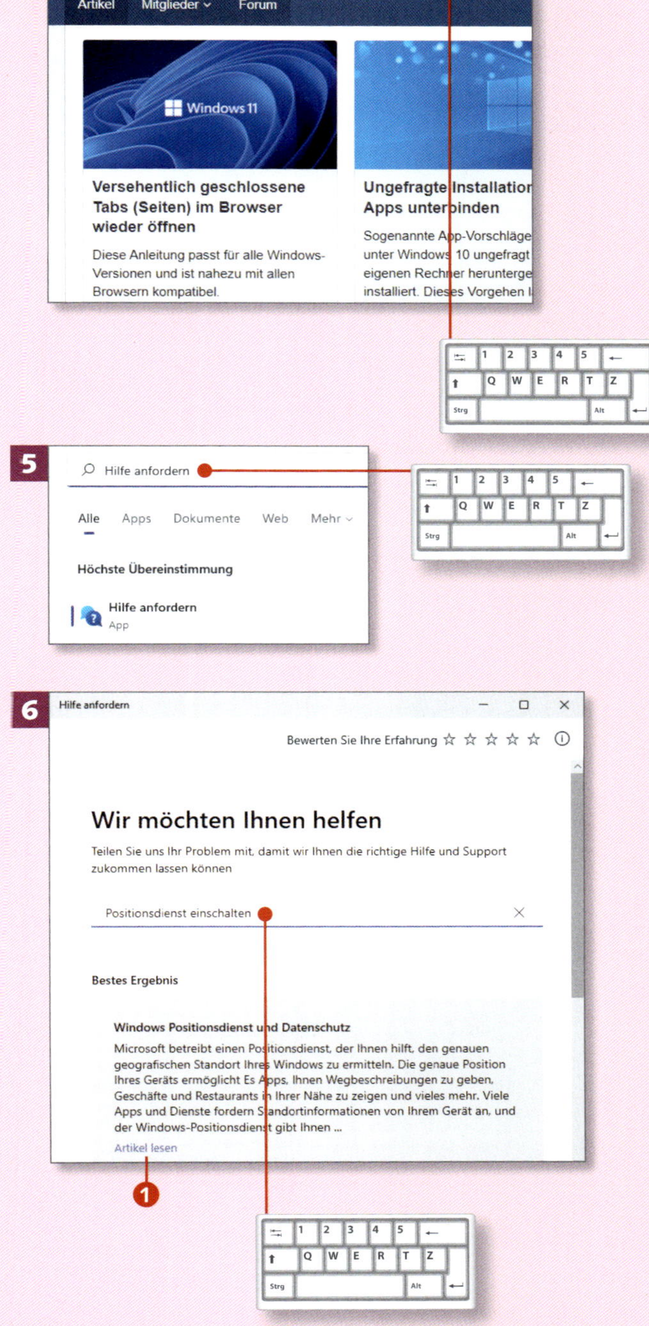

Microsoft-Tipps

Im Store finden Sie die kostenlose App *Microsoft-Tipps*. Unterteilt in verschiedene Themengebiete, bietet sie einige Anleitungen und Hilfestellungen für Windows 11.

Die Windows-Firewall richtig konfigurieren

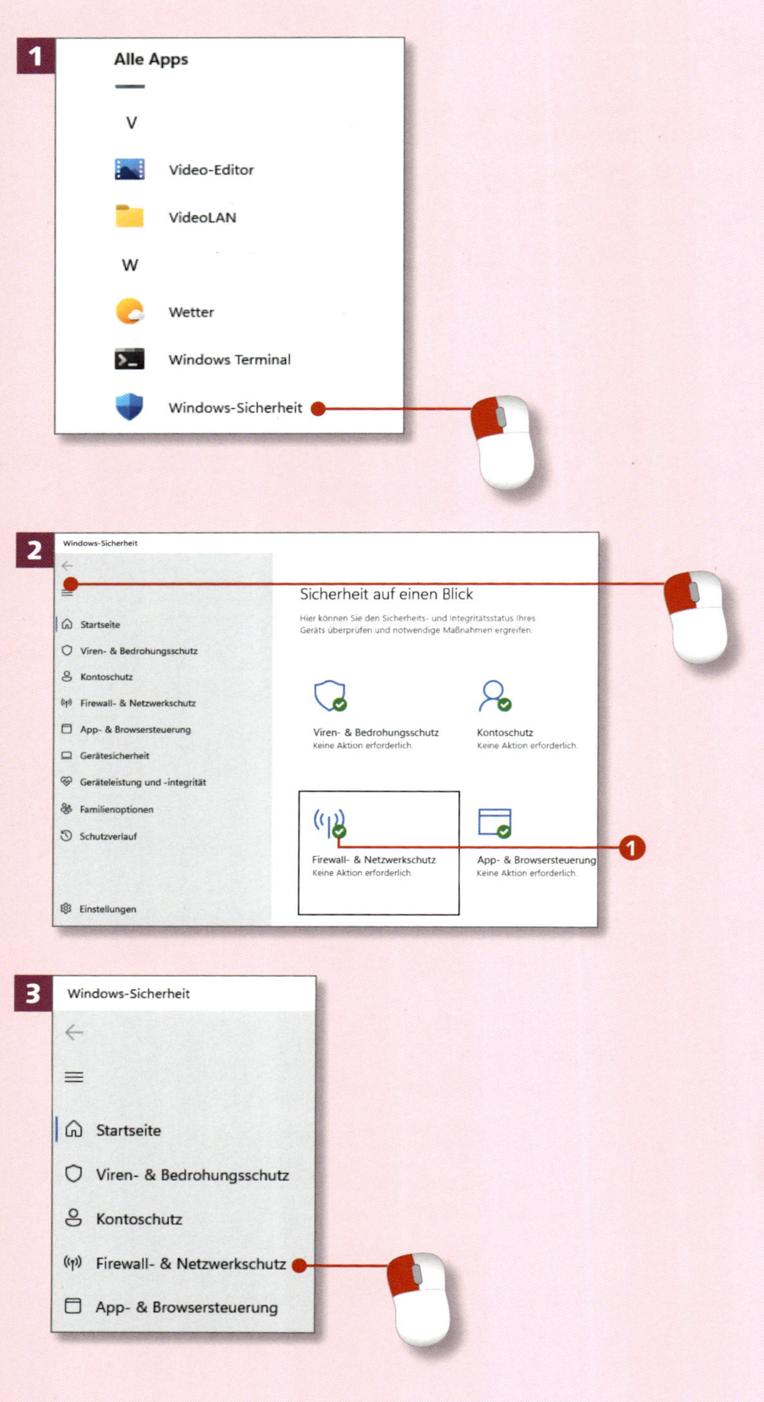

Microsoft liefert in Windows 11 gleich eine Firewall mit. Sie schützt Ihren PC vor Angriffen aus dem Internet und sollte immer aktiviert sein, sofern Sie keine andere Firewall nutzen.

Schritt 1

Die Einstellungen für die Firewall erreichen Sie über das Windows-Sicherheitscenter. Rufen Sie im Startmenü **Alle Apps** auf, und klicken Sie in der Liste auf den Eintrag **Windows-Sicherheit**, um es zu öffnen.

Schritt 2

Falls die Menübezeichnungen links nicht eingeblendet werden, klicken Sie links oben auf die Schaltfläche. Das grüne Häckchen ❶ zeigt an, dass die Firewall aktiv ist.

Schritt 3

Zum Öffnen der Einstellungsoptionen klicken Sie links auf **Firewall- & Netzwerkschutz**.

Was ist eine Firewall?

Eine Firewall schützt Ihren PC wie eine Mauer vor Angriffen aus dem Internet. Die Software überwacht, was aus dem Internet auf Ihren Rechner zugreifen möchte und umgekehrt, und blockiert solche Prozesse, falls es nötig ist.

Schritt 4

Befinden Sie sich mit Ihrem Laptop an einem öffentlichen Platz, sollten Sie im öffentlichen Netzwerk alle eingehenden Verbindungen blockieren. Klicken Sie zur Konfiguration auf den Menüpunkt **Öffentliches Netzwerk**.

Schritt 5

Versehen Sie nun im Abschnitt **Eingehende Verbindungen** das Kontrollkästchen **Blockiert alle eingehenden Verbindungen, einschließlich der in der Liste zugelassener Apps** mit einem Häkchen. Die anschließende Frage der Benutzersteuerung beantworten Sie mit **Ja**.

Schritt 6

Möchten Sie die Firewall ausschalten, setzen Sie den Regler unterhalb von **Microsoft Defender-Firewall** nach links auf **Aus**. Die Deaktivierung sollten Sie wirklich nur dann vornehmen, wenn Sie eine andere Firewall installiert haben!

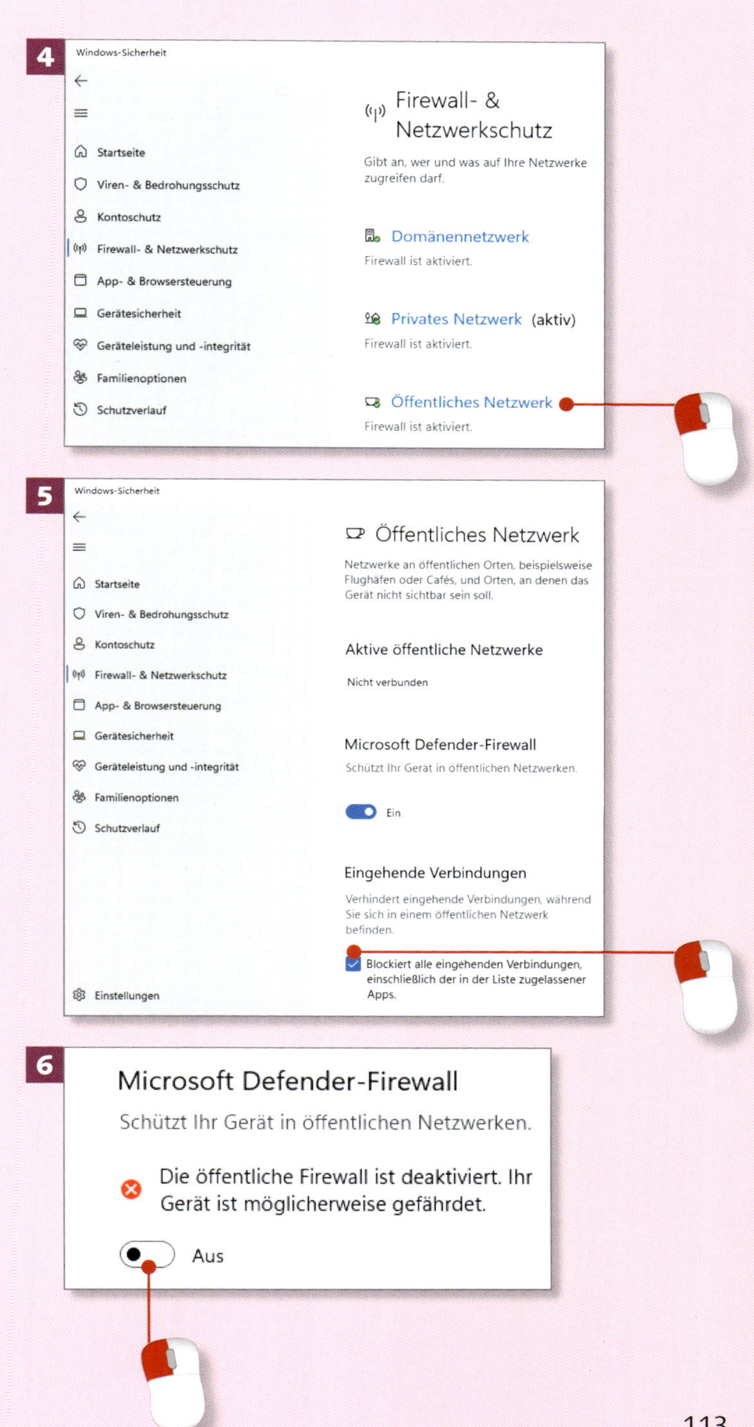

Der Windows Defender

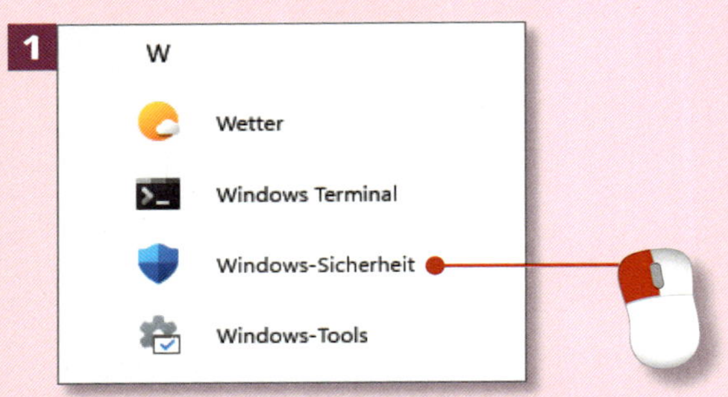

Der Windows Defender wurde über die Jahre stetig verbessert und hat sich unter Windows 11 zu einem vollwertigen Antiviren-Programm gemausert. Prüfen Sie jedoch die Einstellungen der Schutzsoftware.

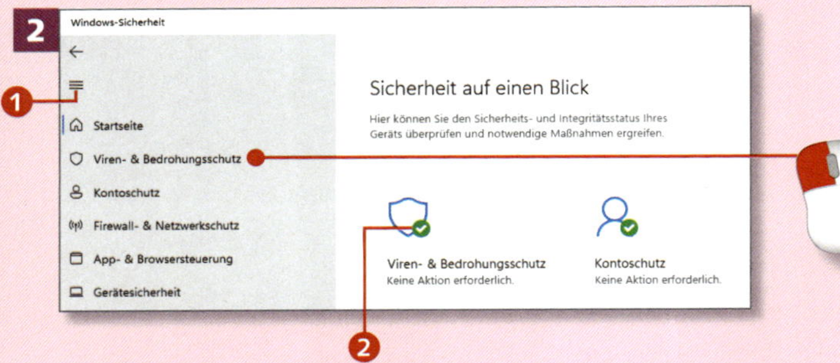

Schritt 1

Starten Sie das Windows-Sicherheitscenter über den Eintrag **Windows-Sicherheit** im Startmenü.

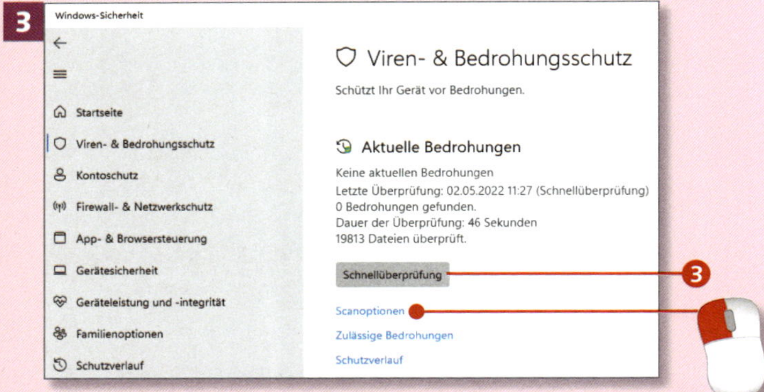

Schritt 2

Blenden Sie gegebenenfalls mit einem Klick auf das Hamburger-Menü die Menübezeichnungen ein ❶. Ist der Viren- und Bedrohungsschutz aktiv, wird dies mit einem grünen Häkchen angezeigt ❷. Klicken Sie links auf **Viren- & Bedrohungsschutz**, um zu den Einstellungen zu gelangen.

Schritt 3

Der Windows Defender überprüft Ihr System regelmäßig. Sie können Ihren PC aber auch manuell auf Schadsoftware hin überprüfen. Für eine Schnellprüfung klicken Sie auf die graue Schaltfläche ❸. Zu den Optionen gelangen Sie über den Link **Scanoptionen**.

Das kann dauern …
Bei der vollständigen Prüfung Ihres Systems werden alle Dateien auf der Festplatte und alle laufenden Programme geprüft, was je nach Datenmenge leicht 1,5 Stunden oder länger dauern kann.

Schritt 4

Wählen Sie zwischen den Optionen **Vollständige Überprüfung**, **Benutzerdefinierte Überprüfung** und **Überprüfung mit Microsoft Defender Offline**. Die Offline-Methode ist bei Schädlingen effektiv, die bei den normalen Prüfungen nicht entfernt werden konnten. Mit **Jetzt überprüfen** starten Sie den Vorgang.

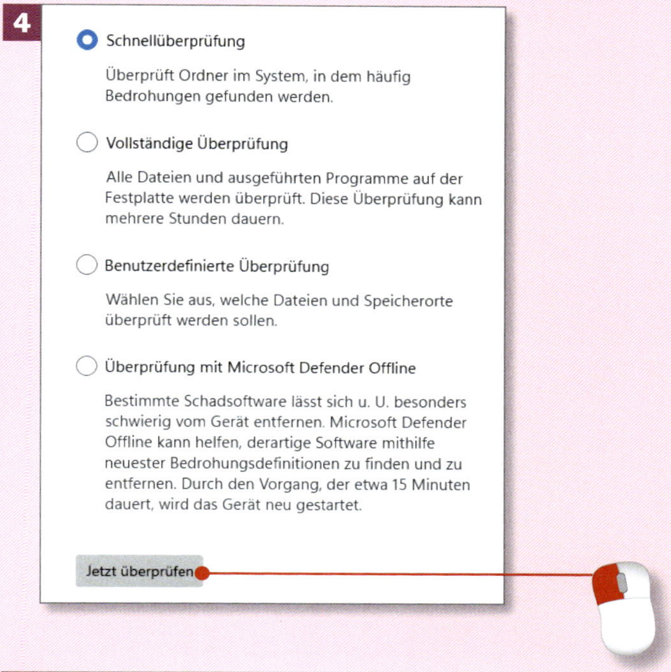

4

Schnellüberprüfung

Überprüft Ordner im System, in dem häufig Bedrohungen gefunden werden.

Vollständige Überprüfung

Alle Dateien und ausgeführten Programme auf der Festplatte werden überprüft. Diese Überprüfung kann mehrere Stunden dauern.

Benutzerdefinierte Überprüfung

Wählen Sie aus, welche Dateien und Speicherorte überprüft werden sollen.

Überprüfung mit Microsoft Defender Offline

Bestimmte Schadsoftware lässt sich u. U. besonders schwierig vom Gerät entfernen. Microsoft Defender Offline kann helfen, derartige Software mithilfe neuester Bedrohungsdefinitionen zu finden und zu entfernen. Durch den Vorgang, der etwa 15 Minuten dauert, wird das Gerät neu gestartet.

Jetzt überprüfen

Schritt 5

Mit einem Klick auf **Viren- & Bedrohungsschutz** kehren Sie zur Startseite zurück. Hier gelangen Sie über den Link **Einstellungen verwalten** 4 zu weiteren Konfigurationsmöglichkeiten.

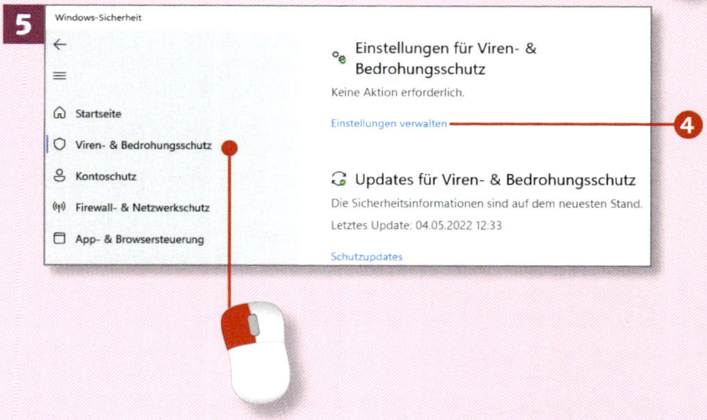

5

Windows-Sicherheit

Startseite
Viren- & Bedrohungsschutz
Kontoschutz
Firewall- & Netzwerkschutz
App- & Browsersteuerung

Einstellungen für Viren- & Bedrohungsschutz

Keine Aktion erforderlich.

Einstellungen verwalten

4

Updates für Viren- & Bedrohungsschutz

Die Sicherheitsinformationen sind auf dem neuesten Stand.

Letztes Update: 04.05.2022 12:33

Schutzupdates

Schritt 6

Die **Automatische Übermittlung von Beispielen** ist nicht unkritisch, da diese Dateien auch persönliche Informationen enthalten könnten. Falls Sie das nicht möchten, deaktivieren Sie diese Option.

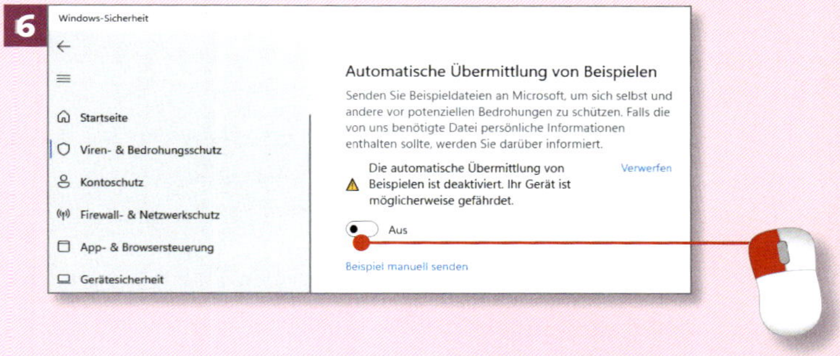

6

Windows-Sicherheit

Startseite
Viren- & Bedrohungsschutz
Kontoschutz
Firewall- & Netzwerkschutz
App- & Browsersteuerung
Gerätesicherheit

Automatische Übermittlung von Beispielen

Senden Sie Beispieldateien an Microsoft, um sich selbst und andere vor potenziellen Bedrohungen zu schützen. Falls die von uns benötigte Datei persönliche Informationen enthalten sollte, werden Sie darüber informiert.

Die automatische Übermittlung von Beispielen ist deaktiviert. Ihr Gerät ist möglicherweise gefährdet. Verwerfen

Aus

Beispiel manuell senden

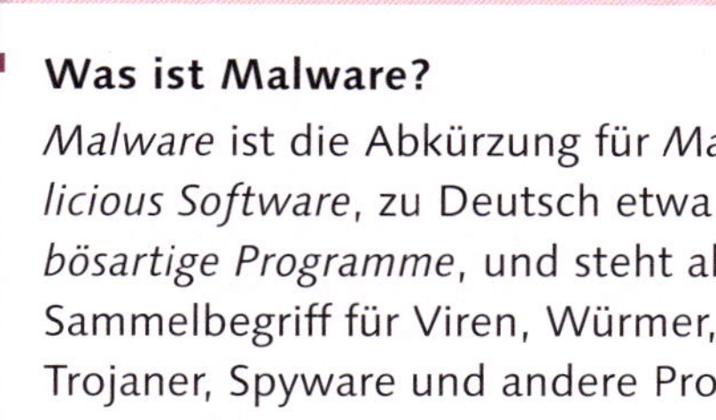

Was ist Malware?

Malware ist die Abkürzung für *Malicious Software*, zu Deutsch etwa *bösartige Programme*, und steht als Sammelbegriff für Viren, Würmer, Trojaner, Spyware und andere Programme, die schädliche Aktionen auf Ihrem Computer ausführen.

Kapitel 5
Tipps für E-Mails und OneDrive

E-Mails zählen in der heutigen Zeit zu den wichtigsten Kommunikationsmitteln. Mit der App »Mail« bietet Windows 11 zwar schon ein recht solides und kostenloses E-Mail-Programm, doch sind die Möglichkeiten der App begrenzt. Neben dem professionellen E-Mail-Programm »Microsoft Outlook«, das Sie im Rahmen des kostenpflichtigen Abos der »Microsoft 365«-Suite oder als Bestandteil von »Microsoft Office 2021« nutzen können, gibt es aber auch sehr gute Alternativen.

Mozilla Thunderbird und Outlook.com

Mit Thunderbird bietet Mozilla ein kostenloses und sehr leistungsstarkes Mail-Programm an. Vorhandene E-Mail-Konten, beispielsweise von GMX oder WEB.DE, lassen sich problemlos integrieren. Oder möchten Sie Ihre Mails lieber über einen *Webmailer* verwalten? Dann nutzen Sie die zahlreichen Möglichkeiten des kostenlosen Dienstes *Outlook.com* ❶.

OneDrive – die Onlinefestplatte in der Datenwolke

Volle 5 GB Speicherplatz bietet der kostenlose Dienst *OneDrive* ❷, der früher *SkyDrive* hieß. Laden Sie Dateien und Fotos auf Ihre Onlinefestplatte, und greifen Sie von jedem internetfähigen Computer auf Ihre Daten zu. Erteilen Sie zudem Freunden und Bekannten die Berechtigung, auf bestimmte Ordner und Dateien zuzugreifen.

Office-Dokumente online erstellen

Auch wenn Sie auf Ihrem Rechner Microsoft Office nicht installiert haben, können Sie über OneDrive PowerPoint-Präsentationen sowie Word-, Excel- oder OneNote-Dokumente erstellen ❸. Erteilen Sie Freigaben für diese Dateien, und arbeiten Sie im Team zeitgleich an Ihren Projekten.

Mit *Outlook.com* haben Sie Ihre E-Mails voll im Griff: zu jeder Zeit an jedem Ort. **1**

2 *OneDrive* bietet reichlich Speicherplatz im Internet für Ihre Fotos, Videos und andere Dokumente.

Sie können mit One-Drive online Word-, Excel- oder Power-Point-Dokumente erstellen, auch wenn Sie Microsoft Office nicht installiert haben. **3**

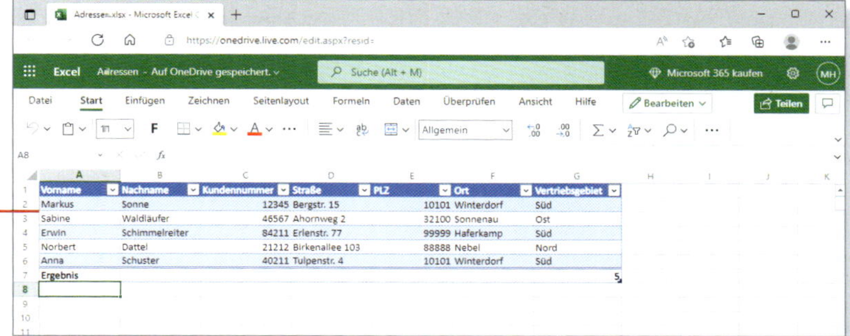

Thunderbird installieren

1

Das kostenlose E-Mail-Programm »Thunderbird« bietet alles, was Sie zur bequemen Verwaltung Ihrer elektronischen Korrespondenz benötigen. In diesem Abschnitt zeigen wir Ihnen alle Schritte, die zur Installation nötig sind.

Schritt 1

Öffnen Sie mit Ihrem Browser die Seite von Mozilla Thunderbird unter *www.thunderbird.net/de*, und klicken Sie dort auf die Schaltfläche **Kostenloser Download**.

2

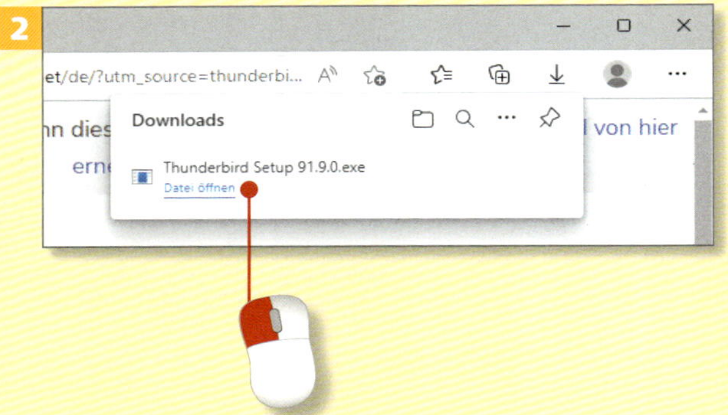

Schritt 2

Der Download wird durchgeführt. Nutzen Sie als Browser z. B. *Edge*, erscheint nach dem erfolgreichen Herunterladen ein entsprechender Hinweis. Um die Installationsdatei zu öffnen, klicken Sie auf **Datei öffnen**. Bei anderen Browsern kann der Befehl auch anders heißen.

3

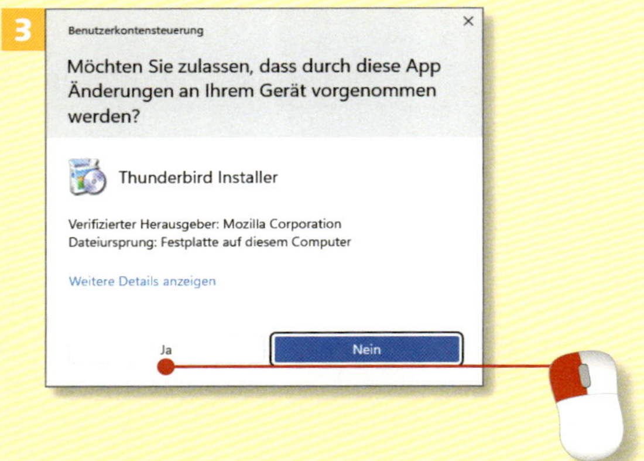

Schritt 3

Die Benutzerkontensteuerung meldet sich mit einer Sicherheitsabfrage. Bestätigen Sie das Vorgehen mit einem Klick auf die Schaltfläche **Ja**.

Schritt 4

Der Assistent, der Sie durch die Installation begleitet, wird gestartet. Klicken Sie auf die Schaltfläche **Weiter**, um den Vorgang fortzusetzen.

Schritt 5

Lassen Sie im folgenden Dialog die Option **Standard** ❶ aktiviert, um Thunderbird mit den am häufigsten verwendeten Programmteilen zu installieren. Klicken Sie anschließend auf **Weiter**.

Schritt 6

Achten Sie darauf, dass die Option **Thunderbird als Standard-Programm für E-Mails festlegen** ❷ aktiviert ist. Starten Sie nun die Installation über die Schaltfläche **Installieren**.

Installationspfad selbst auswählen

In der **Standard**-Einstellung wird Thunderbird auf die Festplatte *C:* in das Verzeichnis *Programme* installiert. Möchten Sie einen anderen Ort festlegen, wählen Sie in Schritt 5 die benutzerdefinierte Installation aus.

Thunderbird installieren (Forts.)

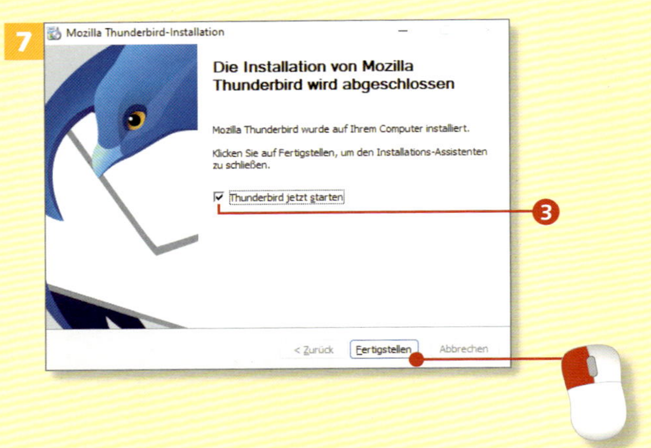

Schritt 7

Ein Dialogfenster weist auf den Abschluss der Installation hin. Möchten Sie das Programm gleich starten, lassen Sie die Option **Thunderbird jetzt starten** ❸ aktiv und klicken dann auf **Fertigstellen**. Für einen späteren Programmstart deaktivieren Sie die Option.

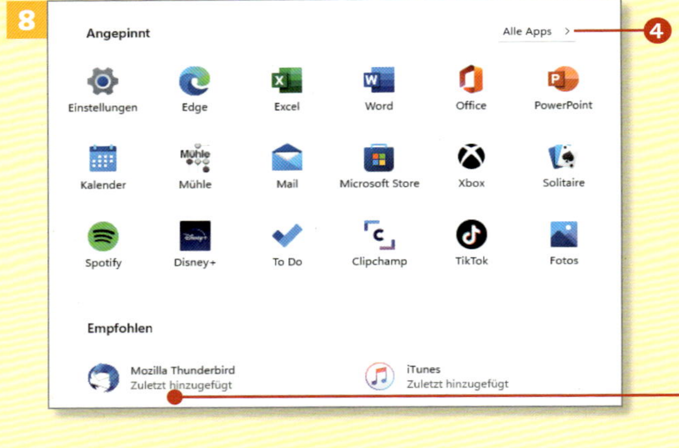

Schritt 8

Drücken Sie nun die [Windows]-Taste, um das Startmenü zu öffnen. Das neue Programm wird Ihnen im Abschnitt **Empfohlen** angezeigt. Sollte dies nicht der Fall sein, finden Sie es nach einem Klick auf **Alle Apps** ❹ in der Liste unter **M** für **Mozilla Thunderbird**.

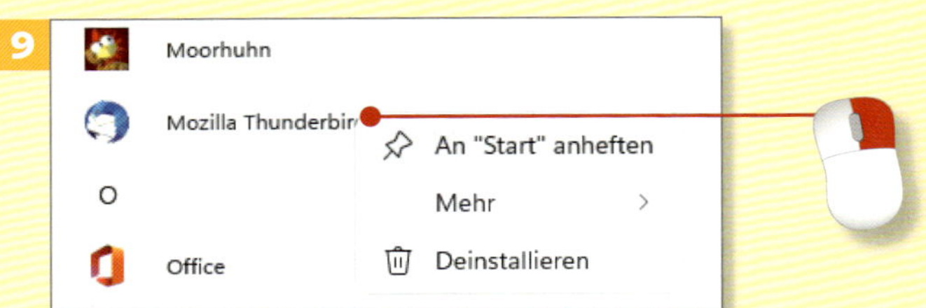

Schritt 9

Um das Programm künftig einfacher starten zu können, fügen Sie es dem Startmenü hinzu. Klicken Sie dazu mit der rechten Maustaste auf den Eintrag **Mozilla Thunderbird**, und wählen Sie aus dem Kontextmenü die Option **An "Start" anheften**.

Nur aus sicherer Quelle!

Laden Sie das E-Mail-Programm nur aus der in Schritt 1 genannten Quelle herunter. Nur dann können Sie sicher sein, dass die Software virenfrei ist.

Schritt 10

Das E-Mail-Programm wird meist im Startmenü automatisch auf der zweiten Seite ❺ des Bereichs **Angepinnt** einsortiert. Sie können das Programmsymbol beliebig verschieben und anordnen.

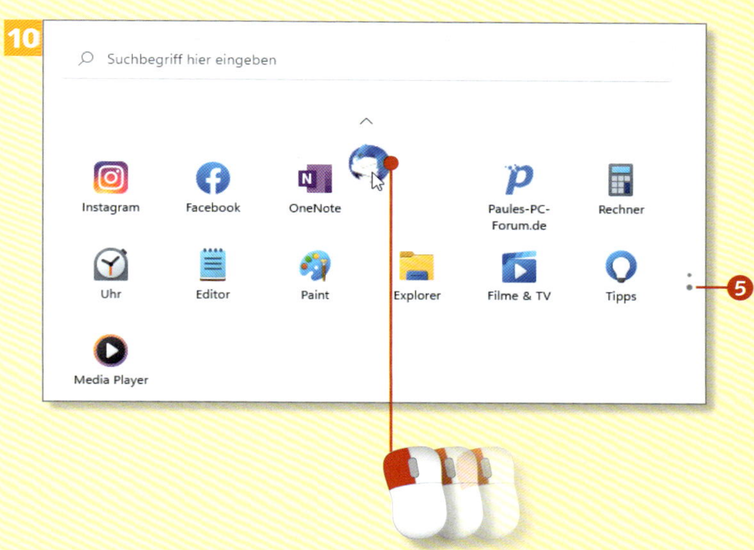

Schritt 11

Möchten Sie das Programm zusätzlich an die Taskleiste anheften, genügen ein Rechtsklick auf das Programmsymbol und die Auswahl des Befehls **An Taskleiste anheften**.

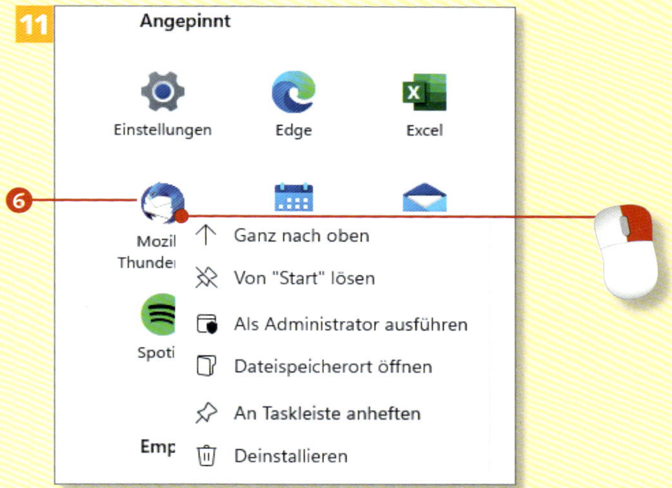

Schritt 12

Fortan genügt ein Klick auf das entsprechende Programmsymbol im Startmenü ❻ oder in der Taskleiste, um das Programm zu starten. Natürlich können Sie die Anwendung jederzeit auch wieder aus dem Startmenü oder der Taskleiste entfernen.

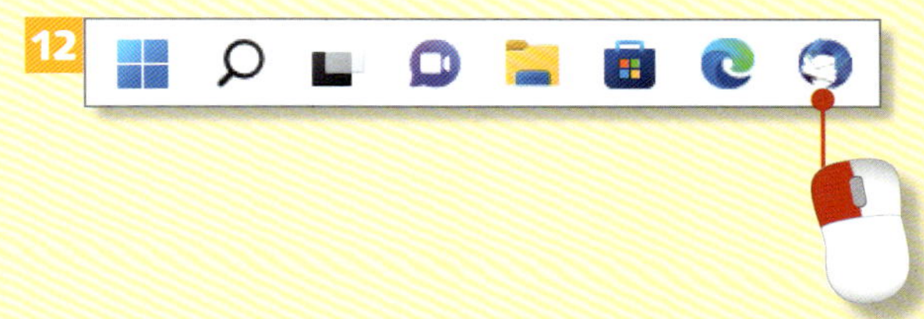

Erweiterungen für Thunderbird

Sie können Thunderbird mithilfe kostenloser Add-ons um zusätzliche Funktionen erweitern und über sogenannte Themes sogar das Aussehen der Anwendung verändern. Sie finden diese Erweiterungen unter *https://addons.thunderbird.net/de/thunderbird*.

Thunderbird starten und konfigurieren

Zwar ist unter Windows 11 eine E-Mail-App vorinstalliert, die App ist jedoch eher für den Einsatz auf mobilen Geräten konzipiert und recht spartanisch ausgestattet. Mit deutlich mehr Funktionen versehen ist das kostenlose Programm Thunderbird, das wir im Folgenden vorstellen.

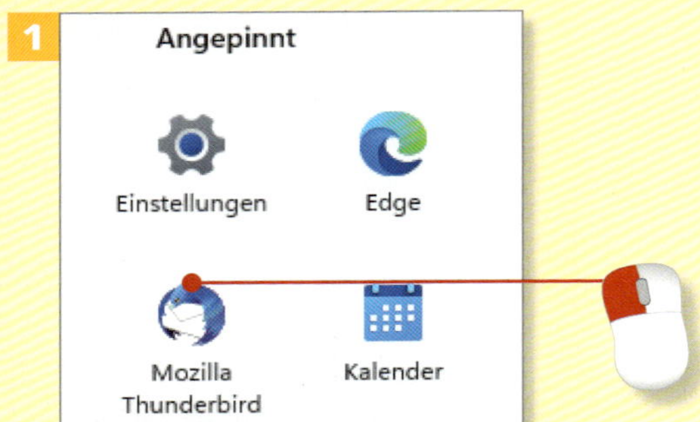

Schritt 1

Starten Sie **Thunderbird** über den Eintrag im Startmenü.

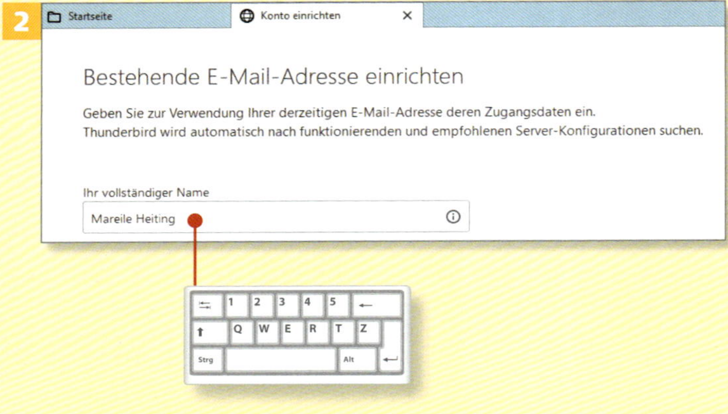

Schritt 3

Wenn Sie das Programm zum ersten Mal aufrufen, werden Sie aufgefordert, eine bestehende E-Mail-Adresse einzurichten. Geben Sie zunächst im entsprechenden Feld Ihren vollständigen Namen an. Dieser wird den Empfängern Ihrer E-Mails als Absender angezeigt.

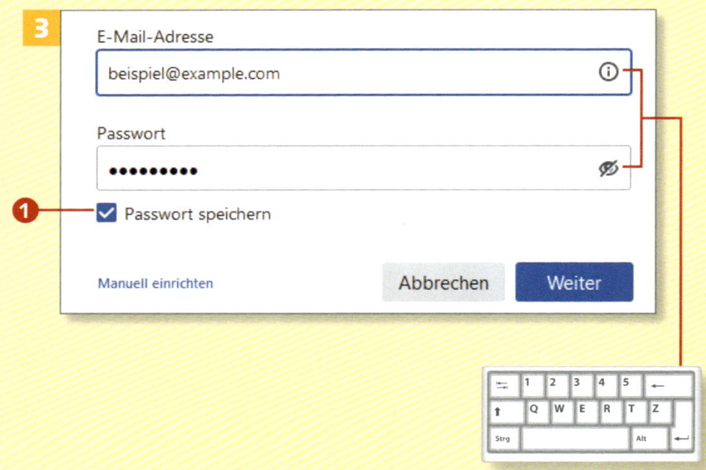

Schritt 3

Tippen Sie Ihre E-Mail-Adresse und darunter das dazugehörige Kennwort ein. Lassen Sie das Kontrollkästchen **Passwort speichern** aktiviert ❶. Bestätigen Sie die Angaben mit **Weiter**. Thunderbird sucht nun nach den Servereinstellungen Ihres Mail-Anbieters ❷.

Schritt 4

Abhängig von Ihrem Mail-Anbieter können Sie nun zwischen den Übertragungsprotokollen **IMAP** oder **POP3** ❸ wählen. Klicken Sie anschließend auf **Fertig**.

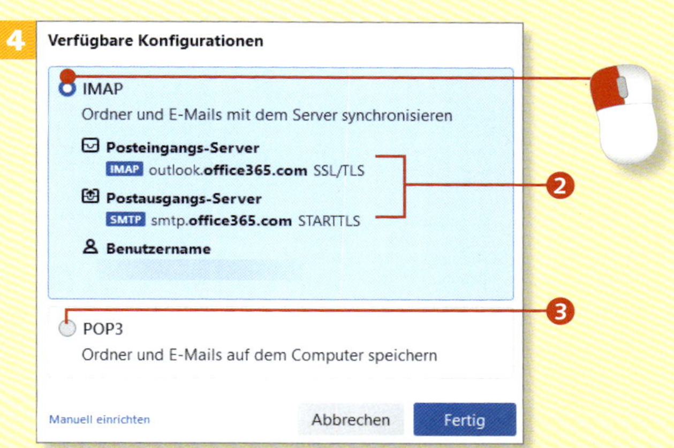

Schritt 5

Haben Sie alle Daten korrekt eingegeben, erhalten Sie die Erfolgsmeldung **Konto erfolgreich hinzugefügt**. Um weitere Einstellungen vorzunehmen, klicken Sie auf **Konteneinstellungen**.

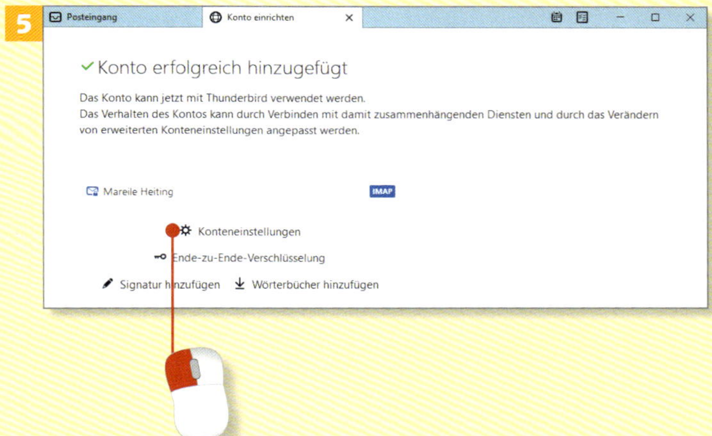

Schritt 6

Wenn Sie möchten, dass Thunderbird bei jedem Start automatisch nach neuen Mails sucht, aktivieren Sie in der linken Spalte **Server-Einstellungen**. Stellen Sie sicher, dass rechts die Option **Beim Starten auf neue Nachrichten prüfen** mit einem Häkchen versehen ist.

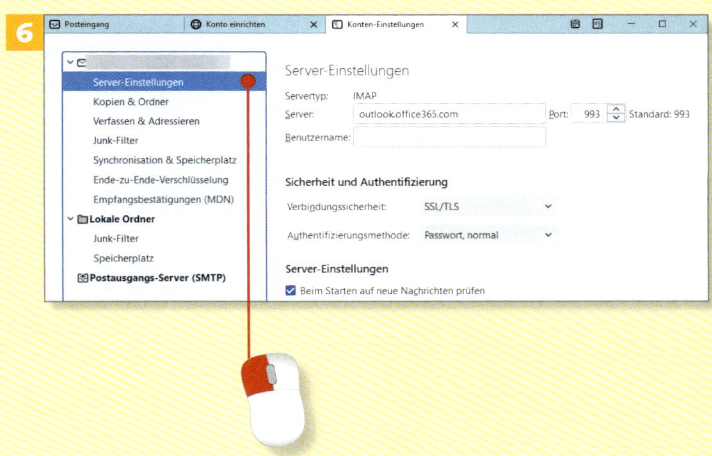

IMAP oder POP3

Beim POP3-Protokoll werden die Mails in Kopie vom Server auf den PC übertragen. Eine Synchronisation mit anderen Geräten wie einem Smartphone oder Tablet findet nicht statt. IMAP synchronisiert das E-Mail-Konto geräteübergreifend, und bereits gelesene Mails werden bei der Verwendung eines weiteren Geräts nicht nochmals abgerufen.

Thunderbird starten und konfigurieren (Forts.)

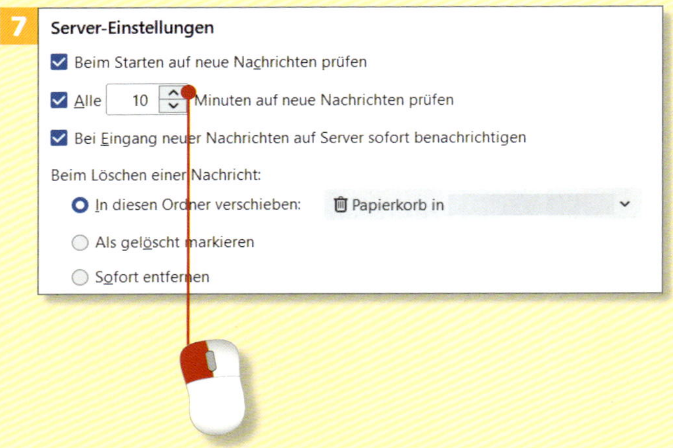

Schritt 7

Über das kleine Menü darunter können Sie zusätzlich angeben, in welchem zeitlichen Abstand automatisch nach neuen Mails gesucht werden soll, z. B. alle 10 Minuten.

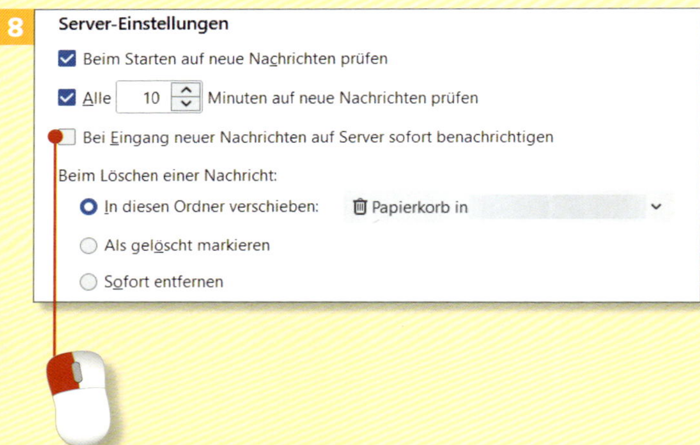

Schritt 8

Möchten Sie, dass Thunderbird Sie mit einem Hinweisfenster über neu eingetroffene Nachrichten informiert? Falls nicht, deaktivieren Sie die Option **Bei Eingang neuer Nachrichten auf Server sofort benachrichtigen**.

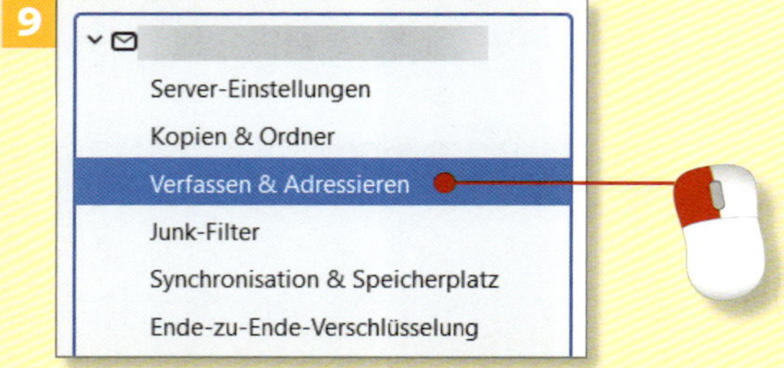

Schritt 9

Markieren Sie nun in der linken Spalte die Kategorie **Verfassen & Adressieren**.

Server-Einstellungen

Thunderbird kennt die Server-Einstellungen der gängigsten Mail-Anbieter. Sollten Sie einen Anbieter verwenden, dessen Einstellungen nicht bekannt sind, müssen Sie die Daten der Posteingangs- und Postausgangsserver manuell eintragen.

Schritt 10

Hier haben Sie nun die Möglichkeit, einzustellen, ob Nachrichten bei einer direkten Antwort zitiert werden sollen ④ und, wenn ja, ob Ihre Antwort über oder unter dem Zitat beginnen soll. Wählen Sie über das Dropdown-Menü das gewünschte Verhalten aus.

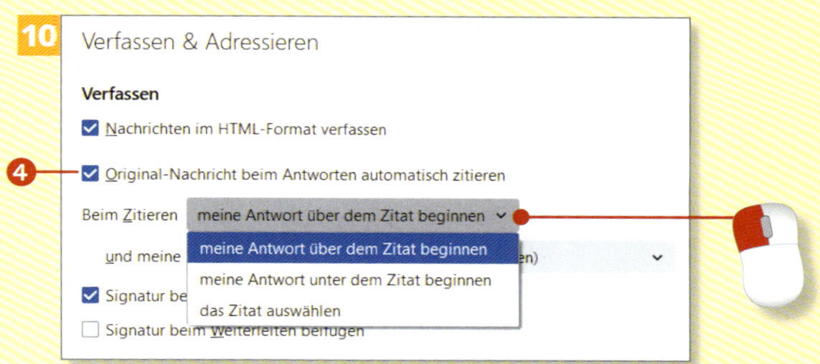

Schritt 11

Haben Sie alle wichtigen Einstellungen vorgenommen, können Sie die Register **Konten-Einstellungen** sowie **Konto einrichten** per Klick auf die kleinen Kreuzsymbole in der jeweiligen Registerlasche schließen.

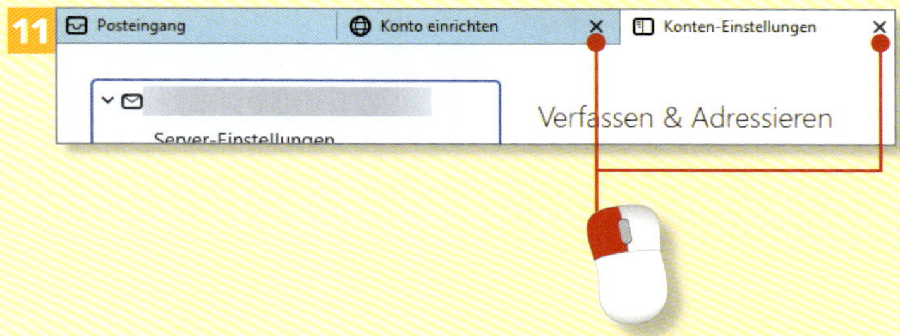

Schritt 12

Nun ist nur noch das Register **Posteingang** geöffnet ⑤. Dies wird zukünftig auch bei jedem Neustart des Programms angezeigt. Haben Sie neue Nachrichten erhalten, wird ihre Anzahl in Klammern hinter dem Ordner **Posteingang** aufgeführt ⑥.

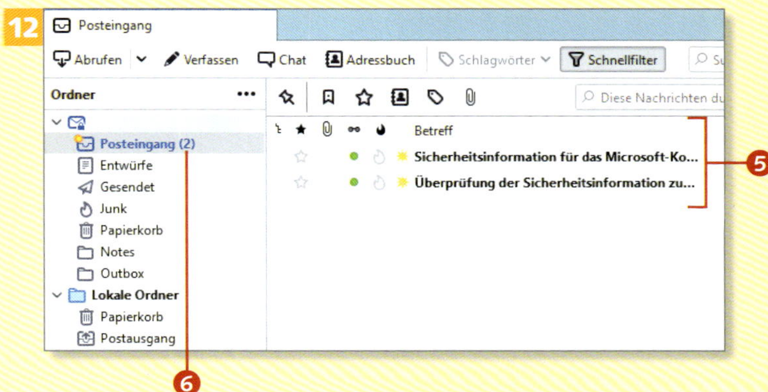

Weitere E-Mail-Konten einrichten

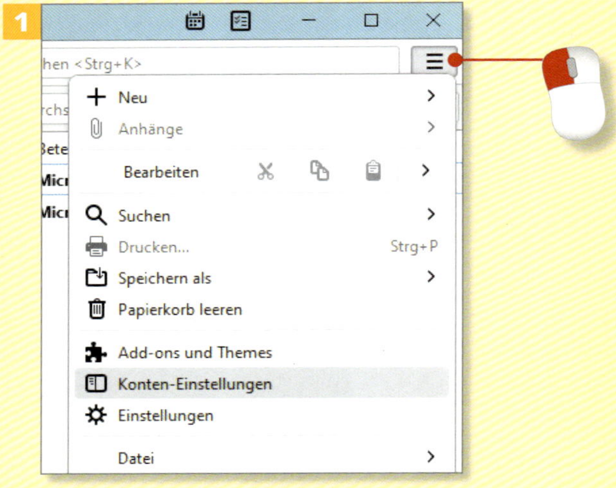

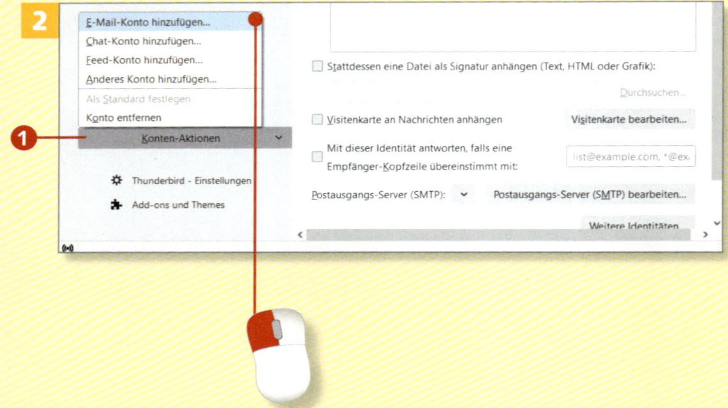

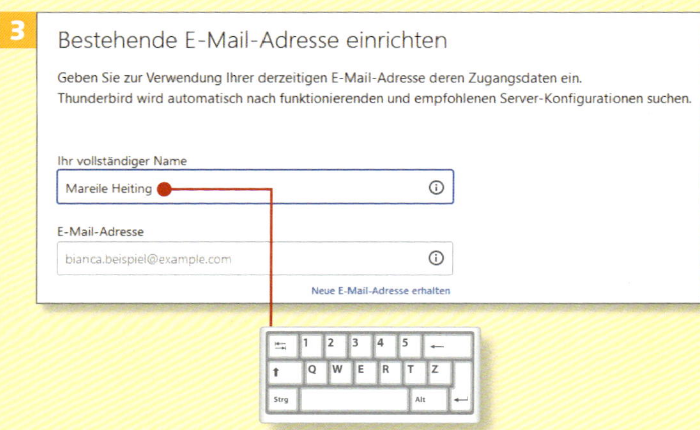

Sie haben mehrere E-Mail-Konten? Selbstverständlich können Sie in Thunderbird auch weitere Mail-Konten einfügen und so alle Konten bequem mit nur einem Programm verwalten.

Schritt 1

Öffnen Sie Thunderbird, klicken Sie rechts oben auf die Schaltfläche mit den drei horizontalen Linien. Im aufklappenden Menü wählen Sie den Eintrag **Konten-Einstellungen**. Das gleichnamige Register wird geöffnet.

Schritt 2

Klicken Sie am unteren Rand der linken Spalte auf die Schaltfläche **Konten-Aktionen** ❶, und wählen Sie aus dem sich öffnenden Menü den Eintrag **E-Mail-Konto hinzufügen** aus.

Schritt 3

Tragen Sie nun in das Feld **Ihr vollständiger Name** Ihren Absendernamen ein, der den Empfängern Ihrer Nachrichten angezeigt wird. Mit der Taste [Tab] springen Sie jeweils in das nächste Eingabefeld.

Schritt 4

Tragen Sie die E-Mail-Adresse und das dazugehörige Kennwort ein. Wenn Sie das Kennwort nicht bei jeder Nutzung des Mail-Kontos eingeben möchten, aktivieren Sie die Option **Passwort speichern** ❷. Klicken Sie dann auf **Weiter**.

Schritt 5

Legen Sie nun das gewünschte Übertragungsprotokoll **IMAP** oder **POP3** ❸ fest, und schließen Sie die Einrichtung mit einem Klick auf die Schaltfläche **Fertig** ab.

Schritt 6

War das Hinzufügen des Kontos erfolgreich, können Sie das Register **Konto einrichten** über das Kreuzsymbol in der Registerlasche schließen. Gleiches gilt für das Register **Konten-Einstellungen** ❹. Im Register **Posteingang** wird das neue Konto in der linken Spalte mit seiner Mail-Adresse aufgeführt ❺ und ist nun einsatzbereit.

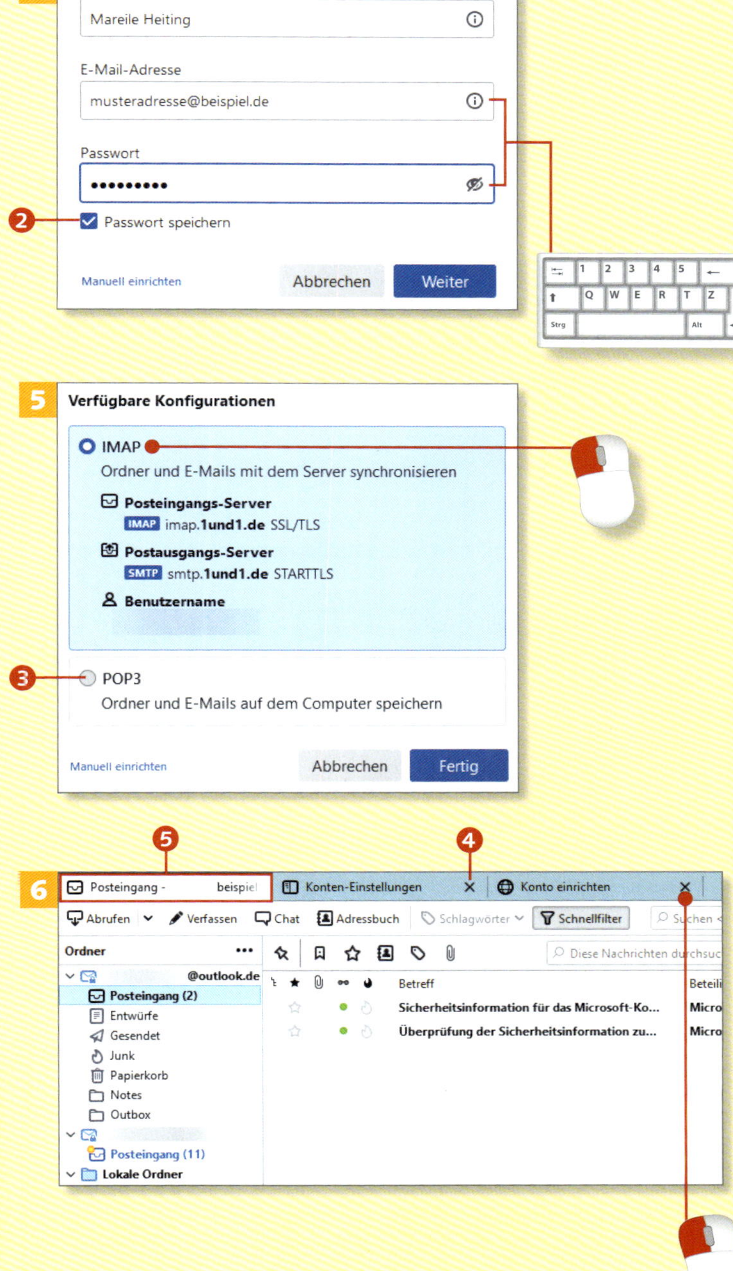

Junk-Filter aktivieren

Wählen Sie in den **Konto-Einstellungen** den Menüpunkt **Junk-Filter**, und aktivieren Sie den Filter für Ihr Mail-Konto. Über **Junk-Kopfzeilen dieses externen Filters vertrauen** können Sie zusätzlich einen Filter auswählen.

E-Mails schreiben und versenden

Thunderbird ist eingerichtet. Nun wird es Zeit, dass Sie eine E-Mail schreiben und verschicken.

1

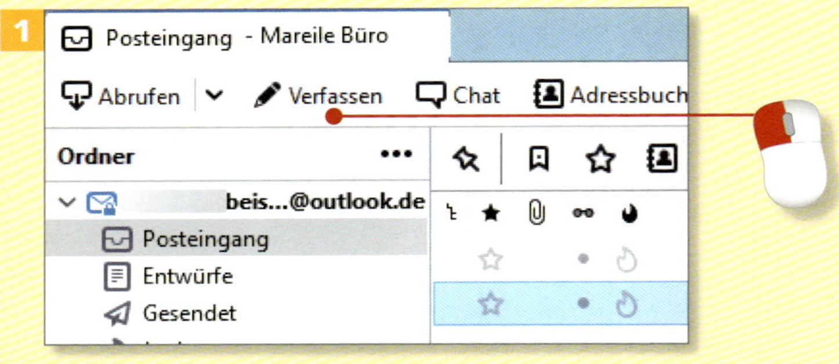

Schritt 1

Um eine neue E-Mail zu verfassen, klicken Sie links oben in Thunderbird auf die Menüschaltfläche **Verfassen** oder nutzen die Tastenkombination [Strg] + [N].

2

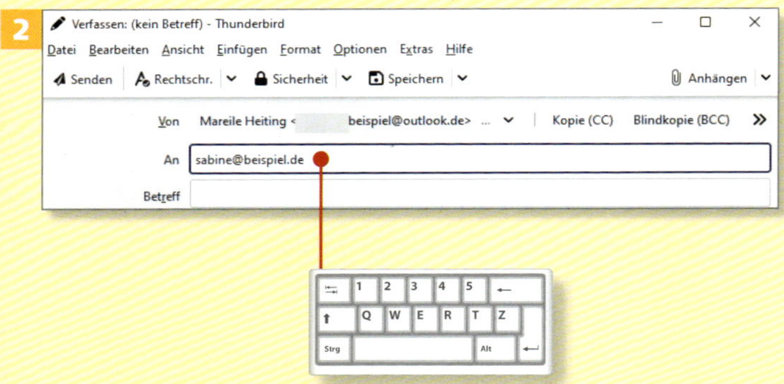

Schritt 2

Nun öffnet sich ein Nachrichtenfenster. Klicken Sie mit der Maus in die Zeile **An**, und tippen Sie die E-Mail-Adresse des Empfängers ein.

3

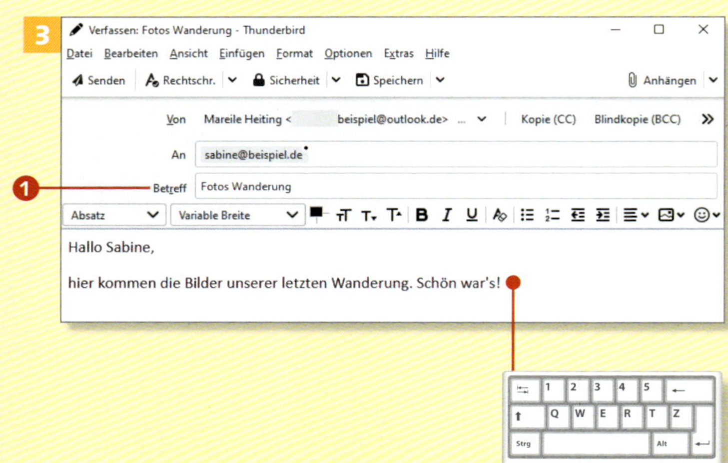

Schritt 3

Drücken Sie die [↹]-Taste, um in die Zeile **Betreff** ❶ zu gelangen, und geben Sie einen passenden Betreff ein. Erneut mit [↹] gelangen Sie in den Textbereich, in dem Sie nun Ihre Nachricht verfassen können.

Betreff nicht vergessen!
Wenn Sie vergessen, einen Betreff einzutragen, weist das Programm Sie auf diesen Umstand hin, und Sie können den Betreff nachtragen. Ohne Betreff sollten Sie eine Mail nicht abschicken.

Schritt 4

Sicher möchten Sie auch einmal eine Anlage mitschicken, z. B. ein Dokument oder ein Foto. Auch das ist schnell erledigt: Klicken Sie dazu auf den linken Teil des Menüpunkts **Anhängen**.

Schritt 5

Wählen Sie im folgenden Dialog per Mausklick die gewünschte Datei ❷ aus, und fügen Sie sie mit einem Klick auf **Öffnen** der E-Mail an.

Schritt 6

Die angehängte Datei wird links unten im Nachrichtenfenster aufgelistet ❸. Kontrollieren Sie vor dem Absenden noch einmal die Empfängeradresse. Ist alles in Ordnung? Über die Schaltfläche **Senden** schicken Sie die E-Mail auf die Reise.

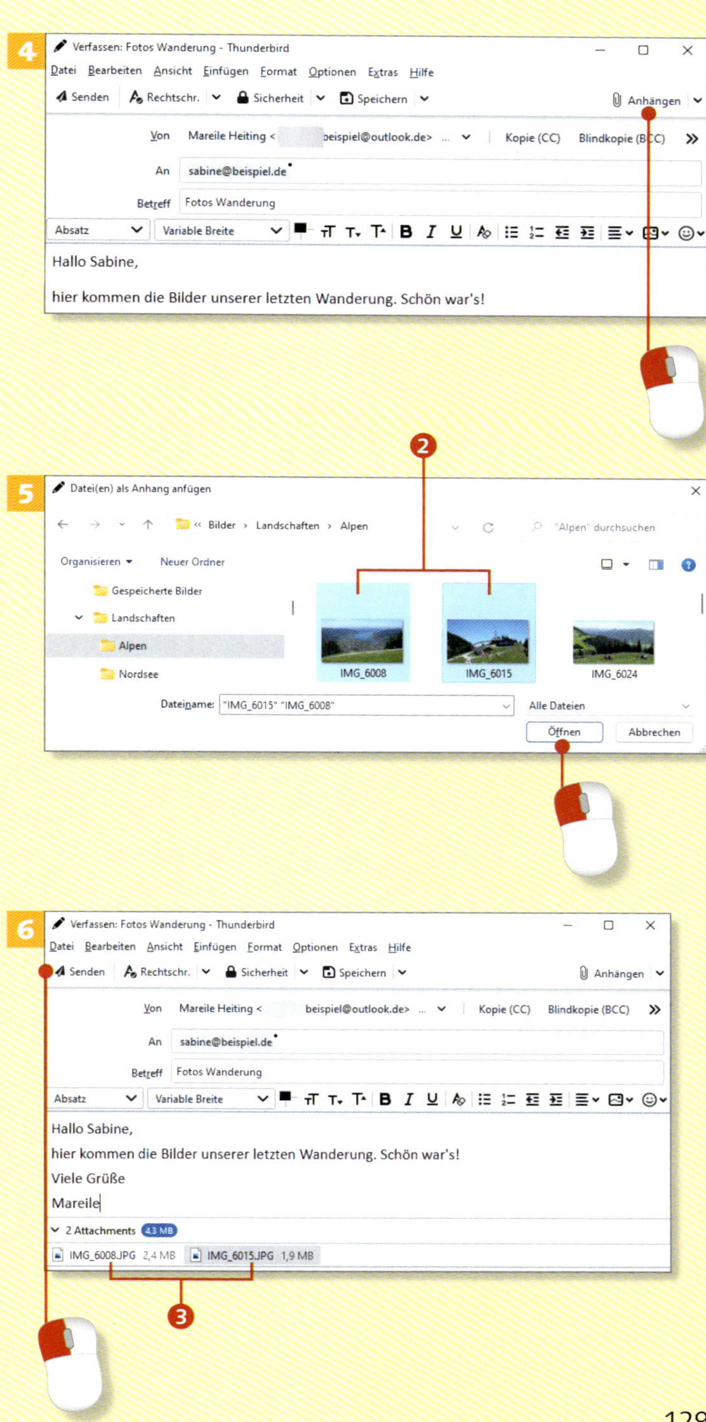

Größenbeschränkung beachten

Manche Mail-Provider weisen E-Mails ab 5 MB zurück. Teilen Sie große E-Mails mit Dateianhängen daher lieber in mehrere kleinere Nachrichten auf oder nutzen Sie zum Datenaustausch den Onlinespeicher OneDrive.

Neue E-Mails abrufen

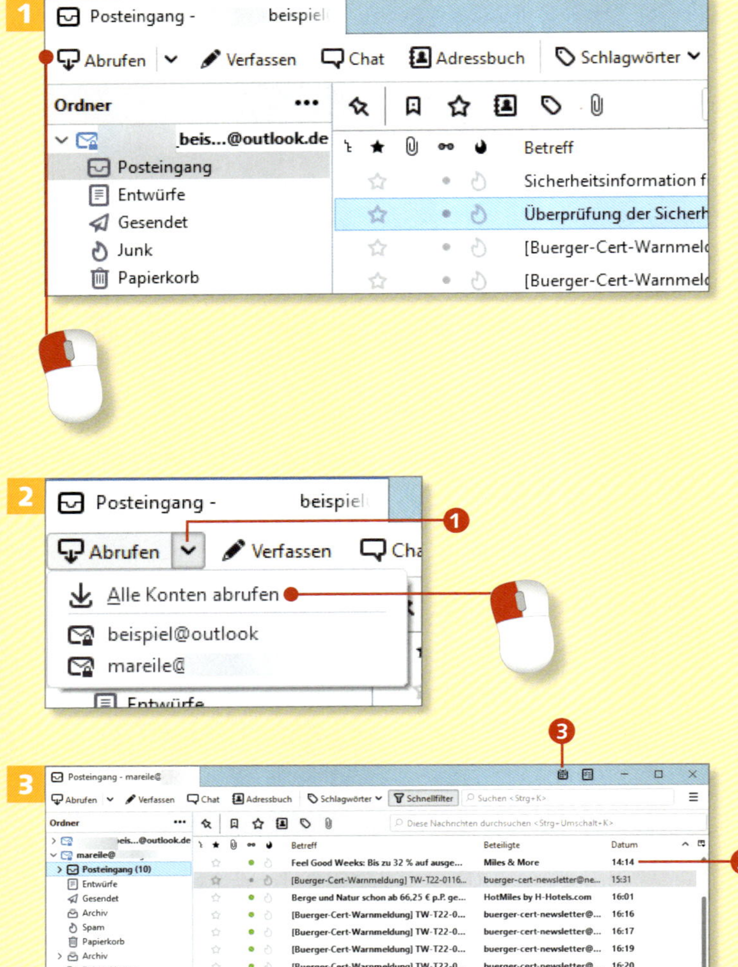

Kalender einblenden

Thunderbird verfügt auch über einen Kalender. Zum Einblenden klicken Sie in der Titelleiste oben rechts auf das Kalender-Symbol ❸.

Die ersten E-Mails sind geschrieben. Schauen Sie nach, ob vielleicht auch schon Antworten eingegangen sind. Die ersten drei Schritte brauchen Sie nur einmalig auszuführen.

Schritt 1

In der Standardeinstellung prüft Thunderbird direkt nach dem Start, ob neue E-Mails vorhanden sind. Um Nachrichten manuell abzurufen, klicken Sie links oben auf die Schaltfläche **Abrufen**.

Schritt 2

Verfügen Sie über mehrere Konten, klicken Sie zum Abruf auf den kleinen Pfeil ❶ in der Schaltfläche und wählen dann entweder die Option **Alle Konten abrufen** oder ein einzelnes Konto aus.

Schritt 3

Das Programmfenster ist in zwei Bereiche unterteilt: Links ist der Navigationsbereich, in dem Ihre Mail-Konten zu finden sind, und rechts der Nachrichtenbereich. Neue und ungelesene Nachrichten werden im Nachrichtenbereich in Fettschrift ❷ dargestellt.

Schritt 4

Um eine Nachricht zu lesen, klicken Sie diese einfach mit der Maus an. Der Inhalt der Nachricht wird dann unterhalb der Nachrichtenliste angezeigt ❹. Nutzen Sie gegebenenfalls die Bildlaufleiste ❺, um den ganzen Text einsehen zu können.

Schritt 5

Sollte Ihnen der Lesebereich zu klein sein, können Sie eine Mail auch per Doppelklick öffnen. Die Nachricht wird dann in einem eigenen Register ❻ angezeigt und ist besser zu lesen.

Schritt 6

Zurück in den Posteingang gelangen Sie, indem Sie oben auf das Register **Posteingang** klicken ❼. Möchten Sie ein Nachrichtenfenster wieder schließen, klicken Sie im Tab auf das kleine Kreuzsymbol.

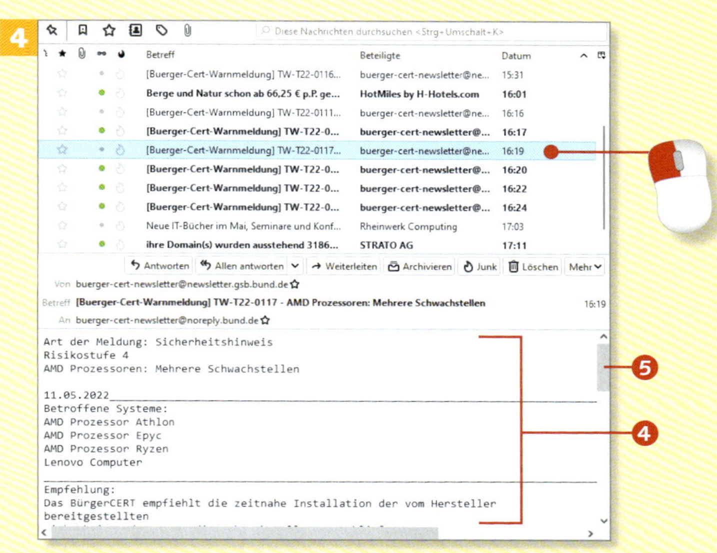

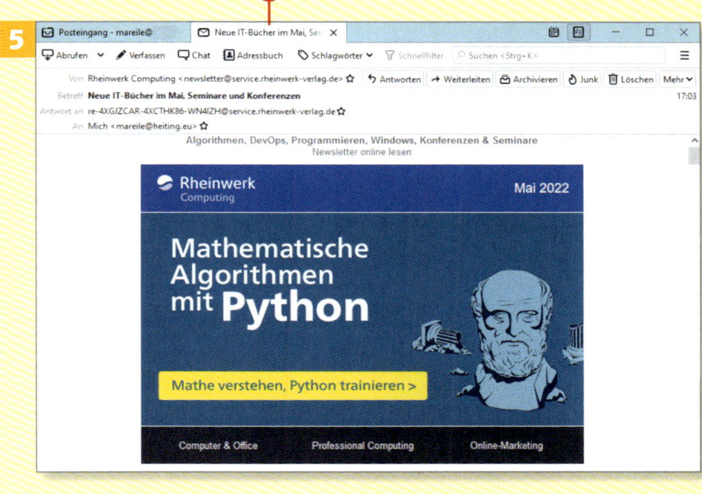

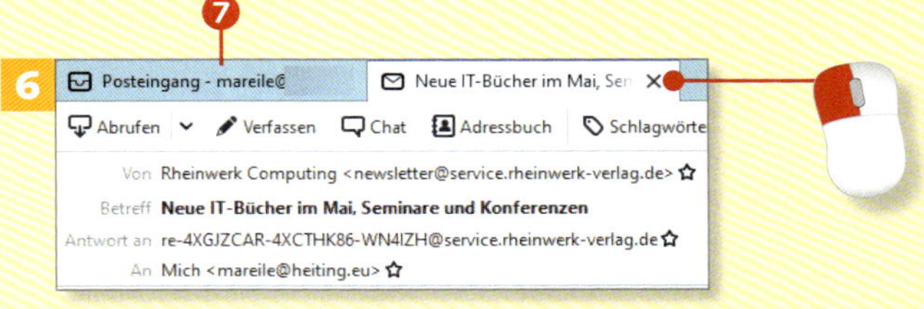

Nachrichten mit Schlagwörtern versehen
Sie können E-Mails mit individuellen Schlagwörtern versehen, z. B. **Wichtig** oder **Persönlich**. Klicken Sie dazu eine Nachricht mit der rechten Maustaste an, und wählen Sie aus dem Kontextmenü den Eintrag **Schlagwörter** aus.

Neue Nachrichten-Ordner anlegen

Um den Überblick zu behalten, können Sie in Thunderbird neue Nachrichten-Ordner anlegen und so Ihre Mails optimal verwalten und organisieren.

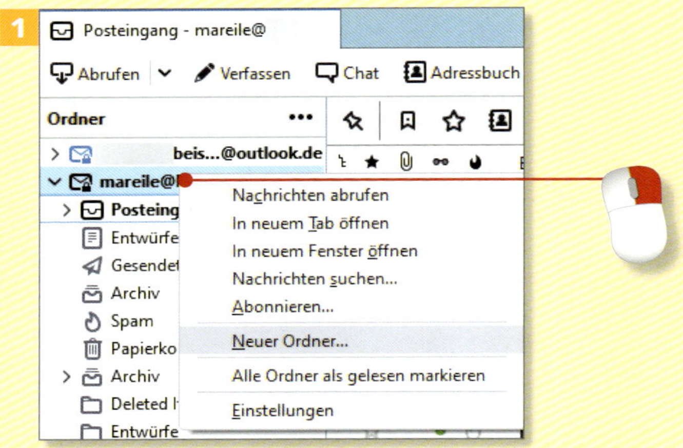

Schritt 1

Klicken Sie mit der rechten Maustaste auf das Mail-Konto, dem Sie einen neuen Ordner hinzufügen möchten, und wählen Sie dann aus dem Kontextmenü, das sich nun öffnet, den Befehl **Neuer Ordner** aus.

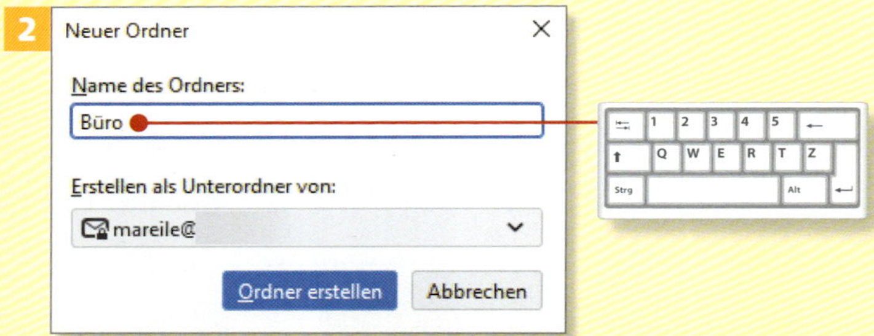

Schritt 2

Tippen Sie in das Textfeld einen Namen für den neuen Ordner ein, z. B. **Büro**, und schließen Sie die Eingabe mit einem Klick auf die Schaltfläche **Ordner erstellen** ab.

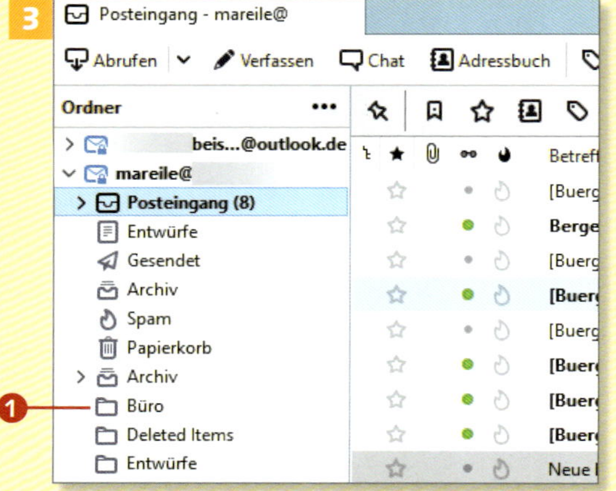

Schritt 3

Der neue Nachrichten-Ordner wird in der linken Spalte angezeigt ❶. Die Anzeige erfolgt in alphabetischer Reihenfolge. Eine individuelle Sortierung ist nicht möglich.

> **Ordner löschen**
>
> Möchten Sie einen Ordner löschen, wählen Sie den gleichnamigen Menüpunkt aus seinem Kontextmenü. Beachten Sie, dass hierbei alle Mails innerhalb des Ordners gelöscht werden.

Schritt 4

Um Ihre Korrespondenz noch besser organisieren zu können, ist auch die Erstellung von Unterordnern möglich. Führen Sie dazu einen Rechtsklick auf den Hauptordner aus, und wählen Sie den Menüpunkt **Neuer Unterordner**.

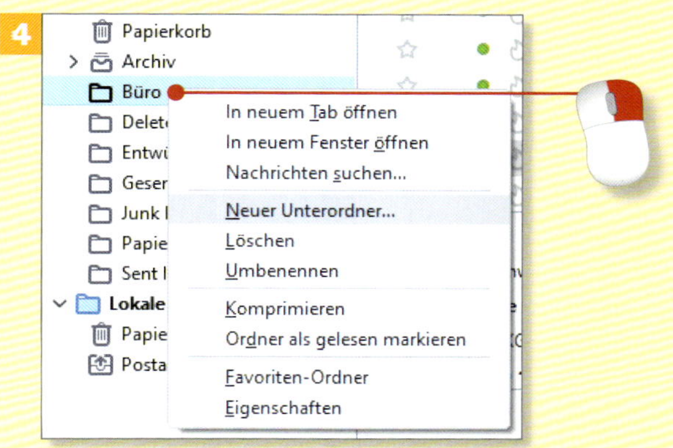

Schritt 5

Vergeben Sie nun einen Namen für den Unterordner (in diesem Beispiel ist es der Name »Firma Mair«), und klicken Sie auf **Ordner erstellen**, um den Vorgang abzuschließen.

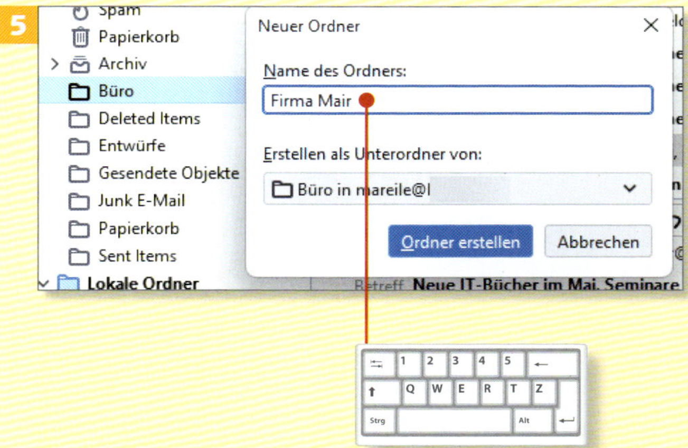

Schritt 6

Führen Sie einen Doppelklick auf den Hauptordner aus, um die darin enthaltenen Unterordner aufzulisten. Bei Bedarf können Sie in einem Unterordner auch einen weiteren Unterordner erstellen.

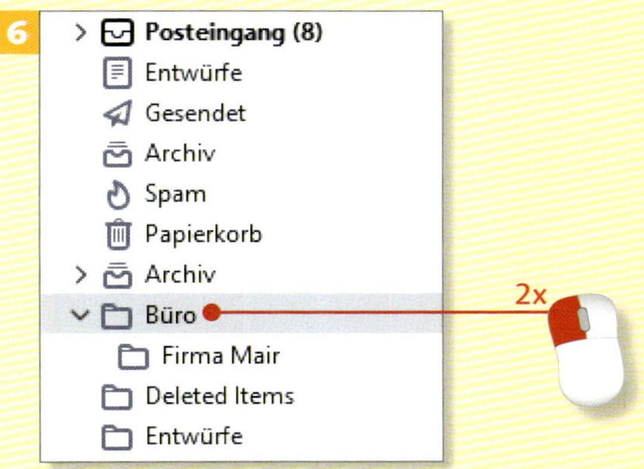

Vorsicht vor Phishing-Mails!
Seien Sie misstrauisch bei E-Mails, die angeblich von Ihrer Hausbank kommen und in denen Sie aufgefordert werden, TANs oder Kennwörter anzugeben. Reagieren Sie keinesfalls per E-Mail, Telefon oder SMS auf die in der Nachricht angegebenen Kontaktdaten. Klicken Sie auch auf keine der in der Mail enthaltenen Links.

E-Mails online senden und empfangen

1

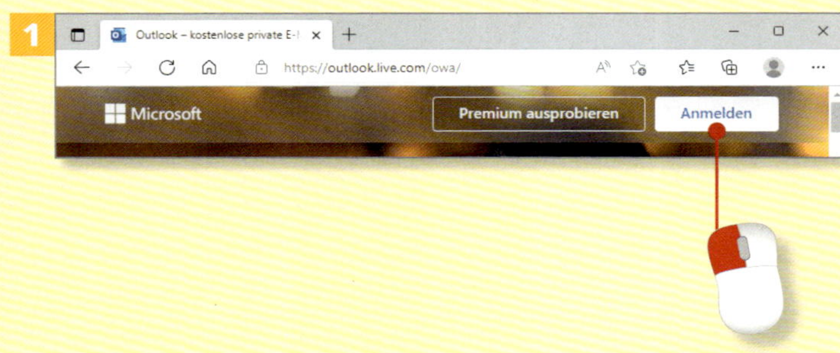

»Outlook.com« ist ein sogenannter Webmailer, der weltweit von jedem PC mit Internetanschluss erreichbar ist. So haben Sie immer und überall Zugriff auf Ihre E-Mails.

Schritt 1

Öffnen Sie in Ihrem Browser die Seite *www.outlook.com*. Klicken Sie auf **Anmelden**, und geben Sie die Zugangsdaten Ihres Microsoft-Kontos ein. Sollten Sie noch kein Microsoft-Konto haben, lesen Sie die Anleitung »Ein neues Microsoft-Konto erstellen« auf Seite 206.

2

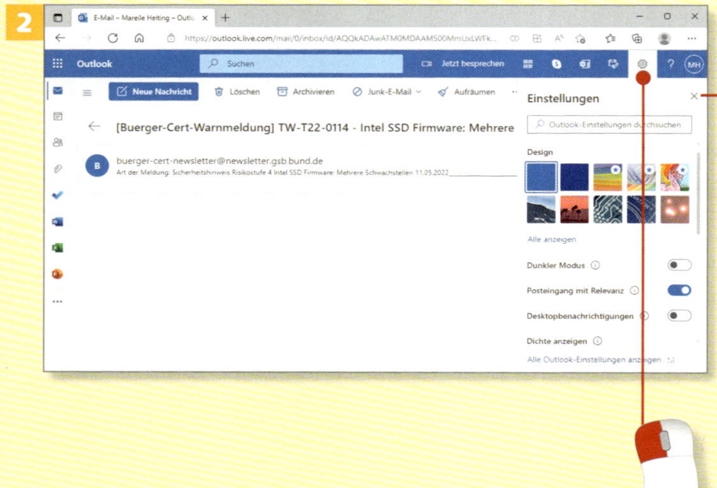

Schritt 2

Der Aufbau der Seite ist einfach gehalten, was eine schnelle Einarbeitung in die Programmoberfläche verspricht. Über das Zahnradsymbol rechts oben können Sie der Oberfläche einen neuen Farbanstrich verpassen oder den Lesebereich neu festlegen. Über das Kreuzsymbol **1** blenden Sie die Einstellungen aus.

3

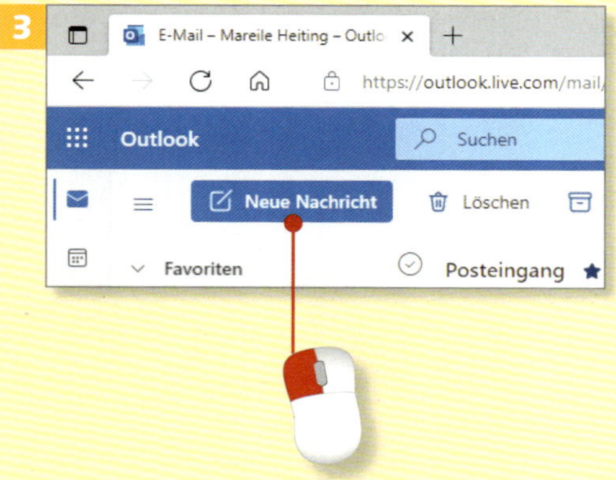

Schritt 3

Zum Verfassen einer neuen Nachricht klicken Sie in der Menüleiste der Anwendung auf die Schaltfläche **Neue Nachricht** oder verwenden die Tastenkombination `Strg` + `N`.

Schritt 4

Die neue Nachricht wird im gleichen Fenster geöffnet. Tragen Sie zuerst die Empfängeradresse in das Feld **An** ❷ ein. Mit der [⇆]-Taste springen Sie in das **Betreff**-Feld, in das Sie eine Überschrift für Ihre Nachricht eingeben sollten.

Schritt 5

Drücken Sie ein weiteres Mal [⇆], gelangen Sie in das Textfeld der Mail. Verfassen Sie hier nun Ihre Nachricht. Die darunter liegende Menüleiste gibt Ihnen die Möglichkeit, Ihren Text zu formatieren ❸.

Schritt 6

Zum Versenden der Nachricht klicken Sie schließlich auf die Schaltfläche **Senden**, die Sie sowohl oberhalb ❹ als auch unterhalb des Nachrichtenfeldes finden. Wollen Sie die Mail abbrechen, klicken Sie auf **Verwerfen** ❺. Die Nachricht wird daraufhin gelöscht.

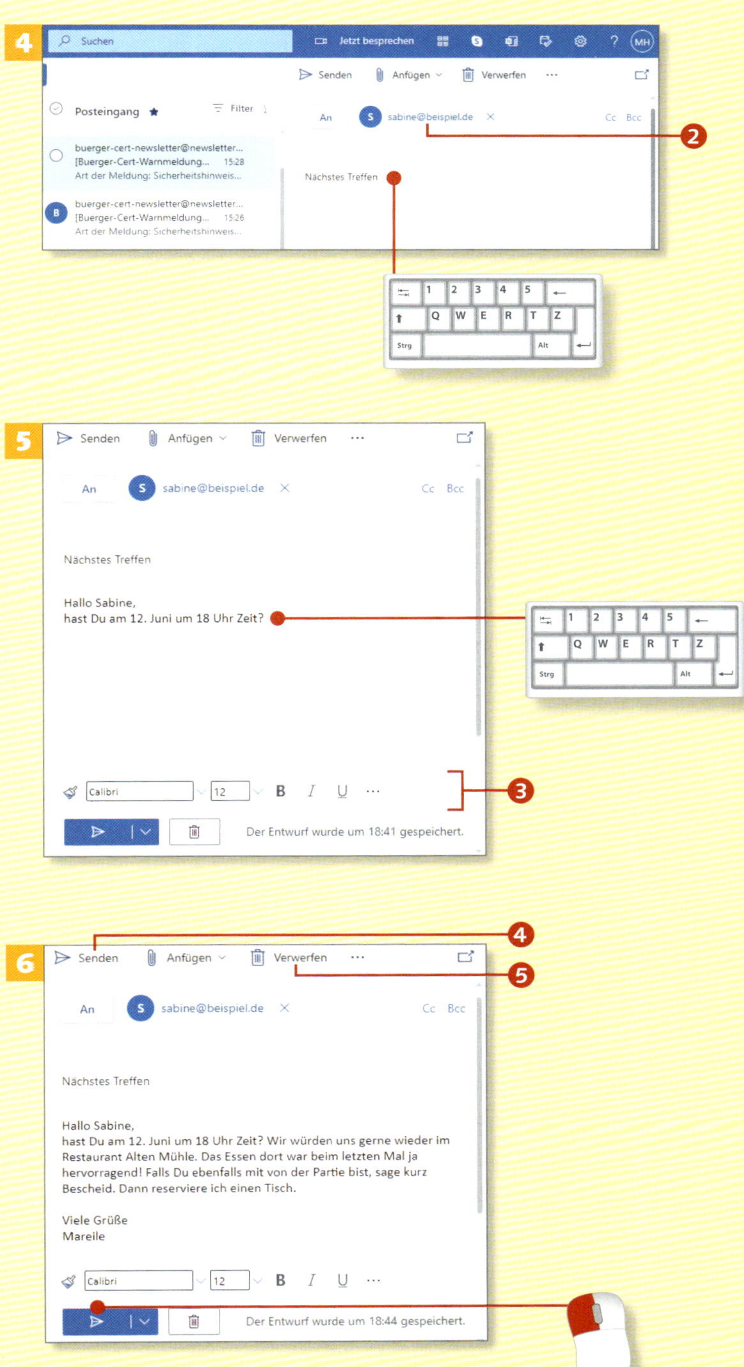

Betreff nicht vergessen

Denken Sie daran, dass der Betreff das Einzige ist, das Ihr Empfänger zunächst von Ihrer Mail sieht. Der Betreff sollte daher immer aussagekräftig sein.

E-Mails online senden und empfangen (Forts.)

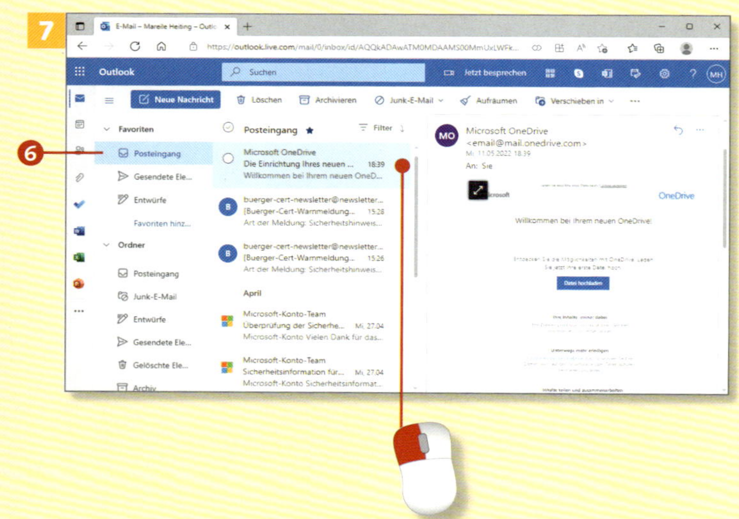

Schritt 7

Eingegangene Mails werden im Ordner **Posteingang** ❻ angezeigt. Zum Öffnen einer Nachricht klicken Sie sie einfach mit der Maus an.

Schritt 8

Die E-Mail öffnet sich im gleichen Browserfenster, und Sie können sie lesen. Möchten Sie auf eine Nachricht direkt antworten, klicken Sie auf die Schaltfläche **Antworten** und verfassen Ihren Antworttext.

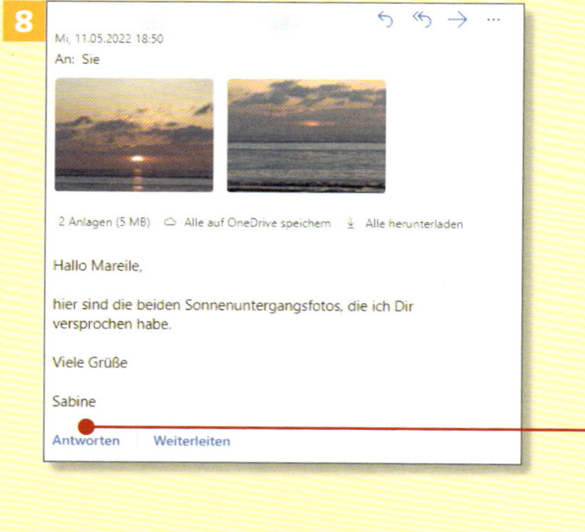

Schritt 9

Nicht mehr benötigte Mails löschen Sie, indem Sie die betreffenden Nachrichten zunächst markieren. Positionieren Sie den Mauszeiger hierzu auf der zu löschenden Mail ❼, und klicken Sie dann auf das nun sichtbare Papierkorbsymbol.

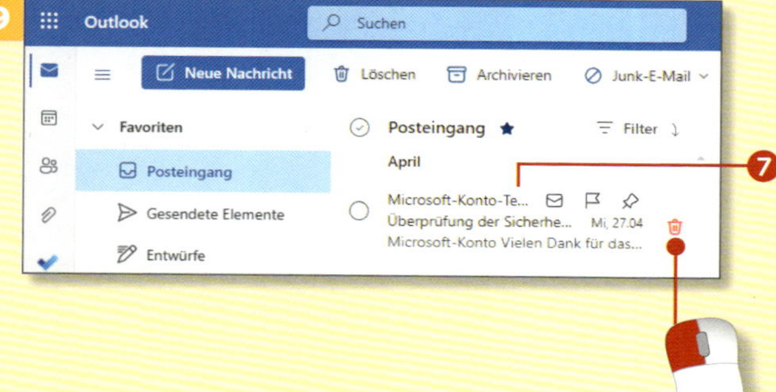

Automatische Synchronisation
Verwenden Sie ein Outlook.com-Konto auch in Thunderbird Mail als IMAP-Konto, werden alle Inhalte automatisch miteinander synchronisiert. Im Netz und im lokalen Mail-Programm auf Ihrem PC sind alle E-Mails und Ordner somit immer auf dem gleichen Stand.

Schritt 10

Die gelöschten Mails wurden nicht wirklich gelöscht, sondern lediglich in den Ordner **Gelöschte Elemente** verschoben. Wechseln Sie mit einem Mausklick in diesen Ordner.

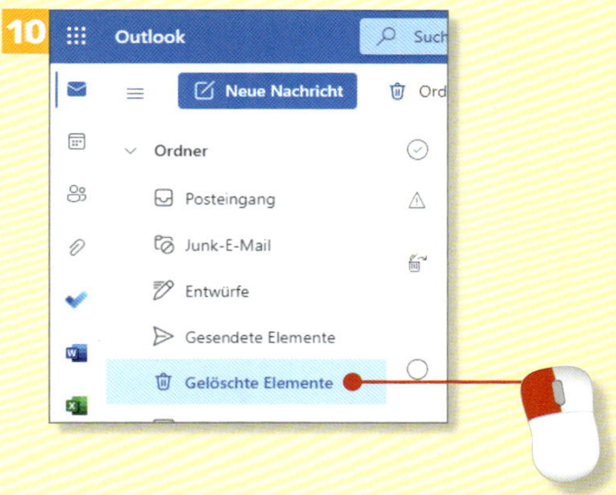

Schritt 11

Um die E-Mails endgültig zu löschen, können Sie sie einzeln wie in Schritt 9 gezeigt löschen ❽, oder Sie klicken oben in der Menüleiste auf **Ordner leeren**, um den ganzen Ordner zu leeren und alle darin befindlichen Mails zu entfernen.

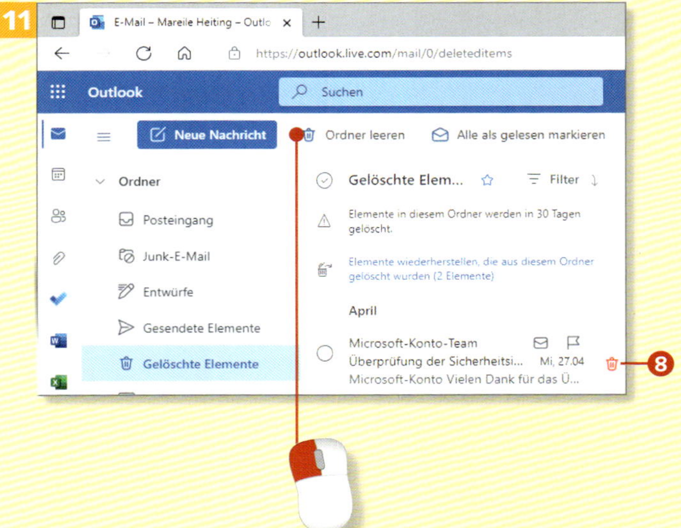

Schritt 12

Bestätigen Sie den Hinweis darauf, dass die E-Mails nun gelöscht werden, mit **Alle löschen**. Damit sind die Nachrichten unwiderruflich gelöscht. Sollten Ihnen Zweifel kommen, ob Sie die E-Mails wirklich löschen möchten, klicken Sie einfach auf **Abbrechen**.

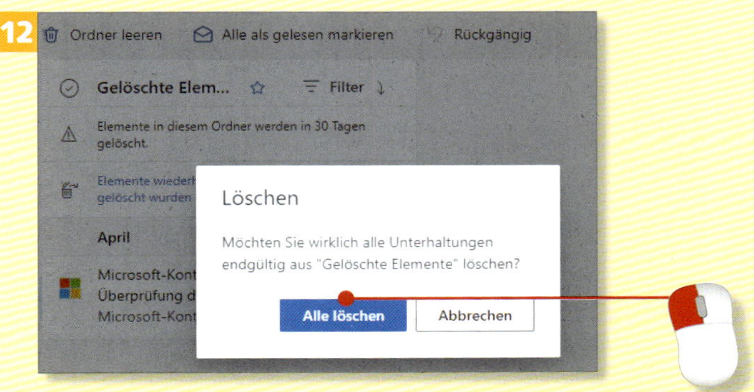

Automatische Löschung

Falls Sie die Elemente im Ordner **Gelöschte Elemente** nicht selbst löschen, übernimmt Outlook dies nach 30 Tagen automatisch.

OneDrive: einen Onlineordner erstellen

1

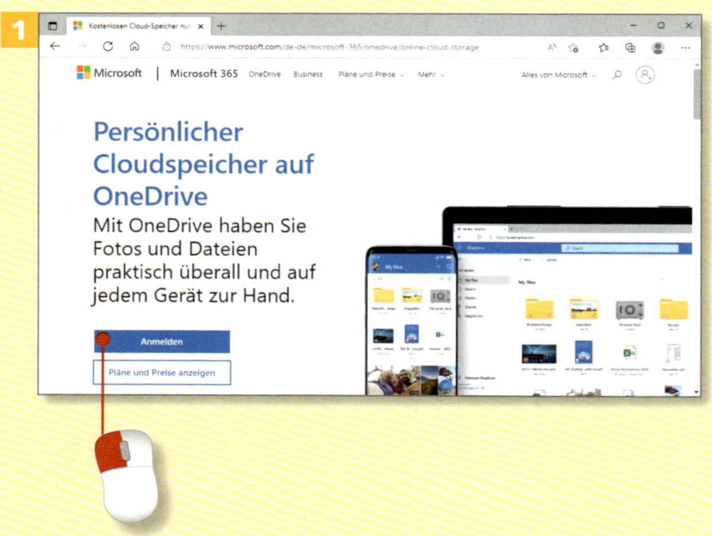

2

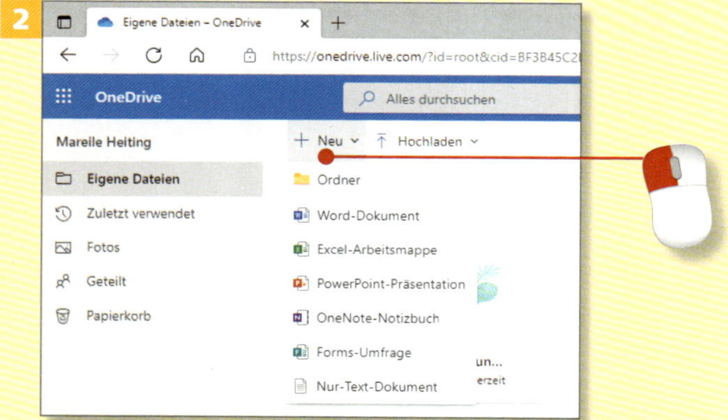

3

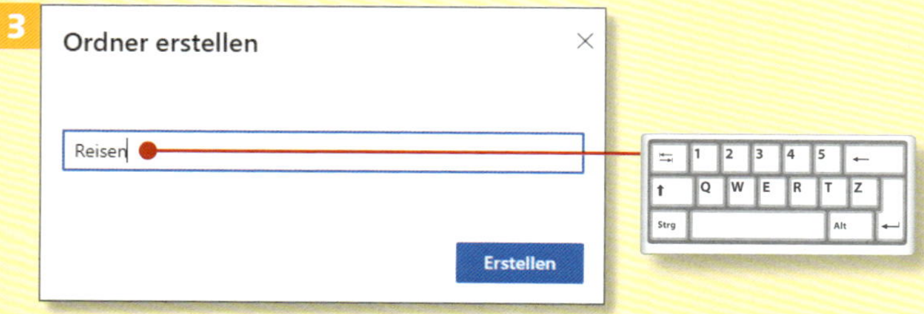

OneDrive bietet Ihnen die Möglichkeit, Daten online abzulegen. Von jedem PC mit Internetzugang können Sie auf Ihre in der »Datenwolke« (Cloud) abgespeicherten Dateien zugreifen.

Schritt 1

Geben Sie in die Adresszeile Ihres Browsers *https://onedrive.live.com* ein. Beim ersten Mal müssen Sie sich mit Ihrem Microsoft-Konto anmelden. Klicken Sie dazu auf den Link **Anmelden**.

Schritt 2

Zum Erstellen eines neuen Ordners klicken Sie in der Menüleiste auf **Neu** und anschließend auf **Ordner**.

Schritt 3

Vergeben Sie einen Namen für den neuen Ordner, und schließen Sie den Vorgang mit der ↵-Taste ab, oder klicken Sie auf **Erstellen**. Der neu hinzugefügte Ordner steht sogleich zur Verfügung.

Schritt 4

Um anderen Personen den Zugriff auf diesen Ordner zu gestatten, klicken Sie ihn mit rechts an und wählen den Eintrag **Teilen** aus. Soll der Ordner nur für Sie selbst nutzbar sein, brauchen Sie die Schritte 4 bis 6 nicht auszuführen. Neue Ordner sind standardmäßig privat, also nur für Sie selbst zugänglich.

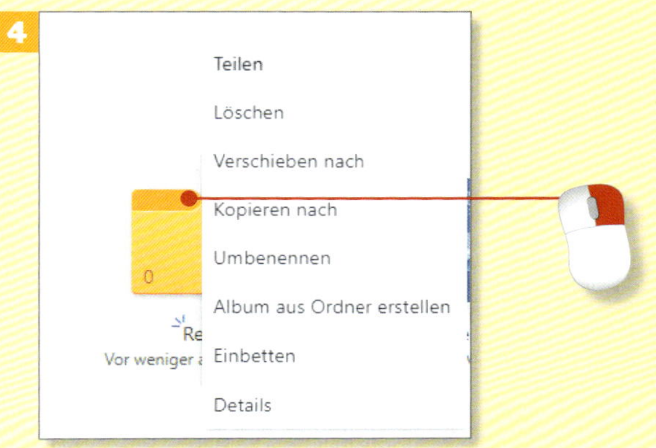

Schritt 5

Geben Sie nun die E-Mail-Adresse(n) der berechtigten Person(en) ein ❶. Mit [Tab] springen Sie in das nächste Feld und können hier eine persönliche Nachricht an alle Empfänger verfassen. Klicken Sie auf den Link **Jeder mit diesem Link kann bearbeiten** ❷.

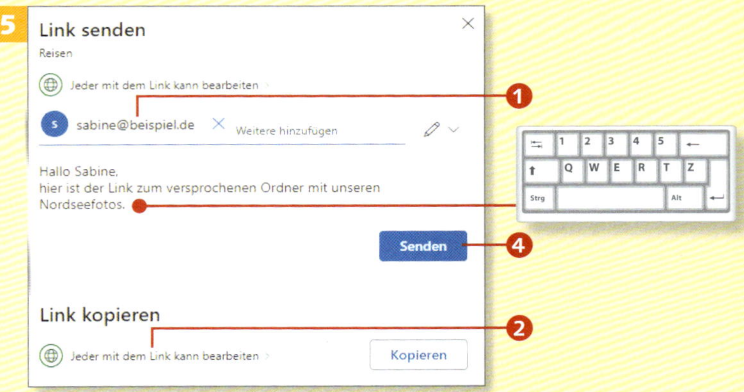

Schritt 6

Sollen die Personen nur zur Ansicht der enthaltenen Elemente berechtigt werden, entfernen Sie das Häkchen vor **Bearbeitung zulassen** ❸. Haben Sie Ihre Wahl getroffen, klicken Sie auf die Schaltfläche **Übernehmen**. Mit **Senden** ❹ verlassen Sie den Dialog wieder, und die E-Mail wird verschickt.

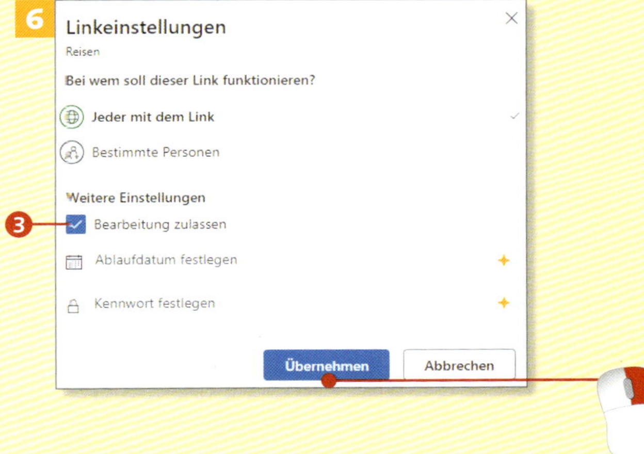

Dateien online stellen

Laden Sie mit wenigen Mausklicks Dateien auf Ihre Onlinefestplatte OneDrive, und teilen Sie sie mit Freunden und Bekannten.

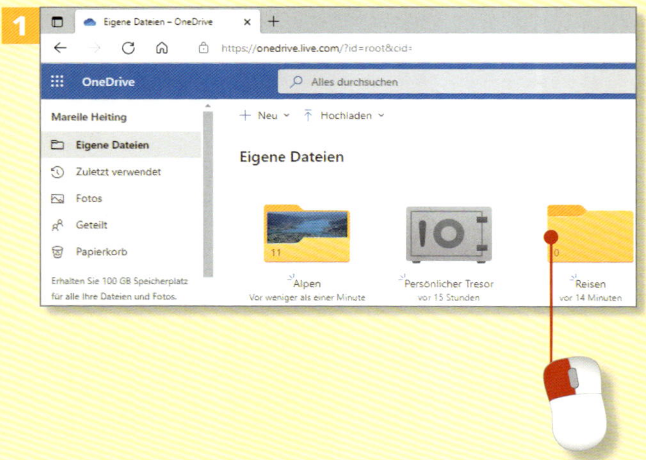

Schritt 1

Wählen Sie zunächst den Ordner aus, in den Sie Dateien hochladen möchten, und öffnen Sie ihn mit einem Mausklick.

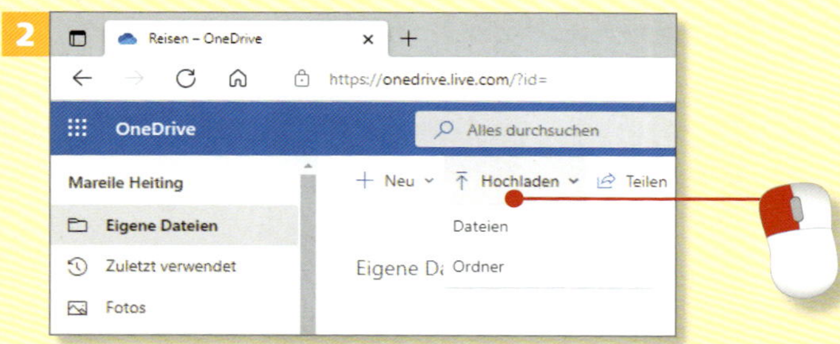

Schritt 2

Klicken Sie als Nächstes oben in der Menüleiste auf den Eintrag **Hochladen** und dann **Dateien**.

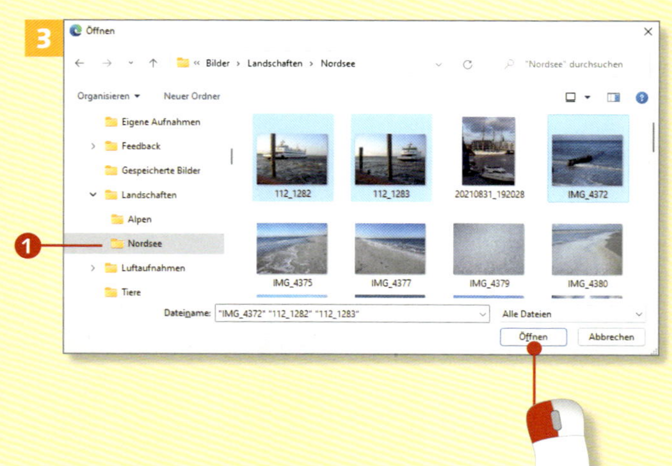

Schritt 3

Nun öffnet sich ein neues Fenster. Wählen Sie einen Ordner aus **1**, markieren Sie die Datei, die Sie online stellen möchten, und klicken Sie auf **Öffnen**. Wollen Sie mehrere Dateien markieren, halten Sie die Taste `Strg` gedrückt und klicken einzeln auf alle Dateien.

Datensicherheit

Private Daten sollten Sie aus Sicherheitsgründen nicht bei OneDrive oder anderen Diensten dieser Art hochladen. Eine 100%ige Datensicherheit kann niemand gewährleisten.

Schritt 4

Wenn Sie eine hochgeladene Datei mit der rechten Maustaste anklicken, können Sie im Kontextmenü verschiedene Optionen auswählen. Sie können die Datei z. B. umbenennen, verschieben oder auch löschen.

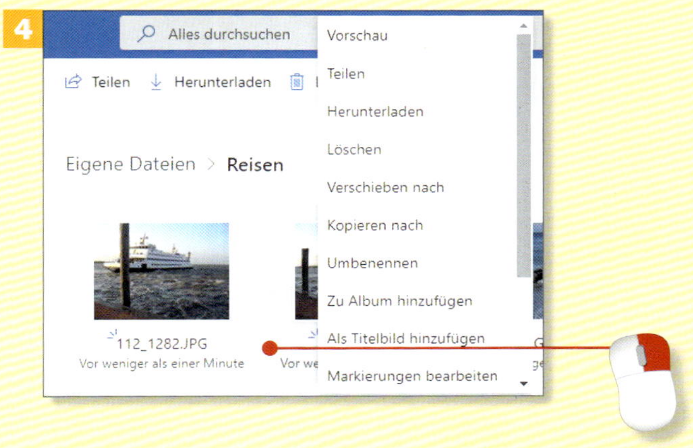

Schritt 5

Wie die Webanwendung reagiert, wenn Sie eine Datei mit der linken Maustaste anklicken, hängt vom Dateityp ab. Klicken Sie z. B. eine Bilddatei an, wird diese großflächig angezeigt. Klicken Sie auf das Symbol mit den drei kleinen Punkten, werden einige Funktionen aufgeführt. Über **Diashow wiedergeben** ❷ können Sie dann sogar eine Diashow starten.

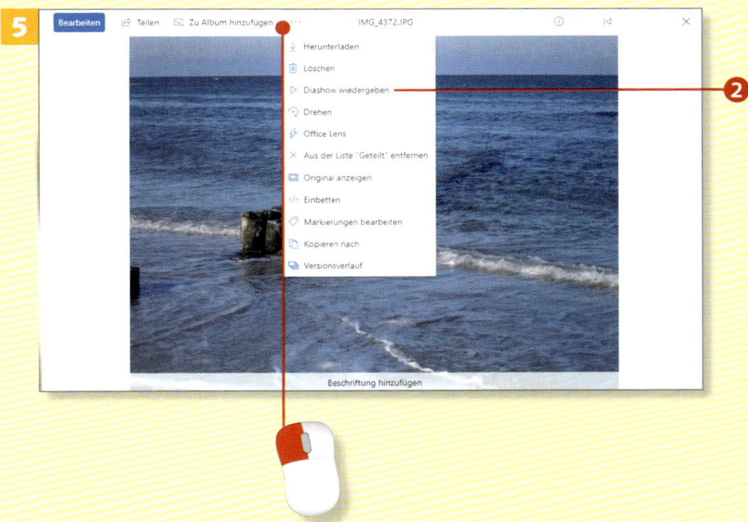

Schritt 6

Haben Sie ein Office-Dokument ausgewählt, z. B. eine Word- oder Excel-Datei, wird diese im Browser geöffnet und Sie können sie fast im gleichen Umfang bearbeiten wie auf Ihrem Computer mit Word oder Excel.

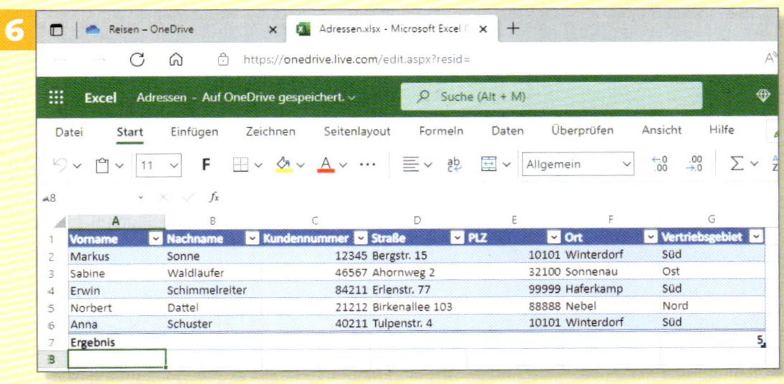

Berechtigungen

Die Rechtevergabe für einzelne Dateien funktioniert nach dem gleichen Prinzip wie die Rechtevergabe für Ordner (siehe vorheriger Abschnitt).

Office-Dokumente erstellen

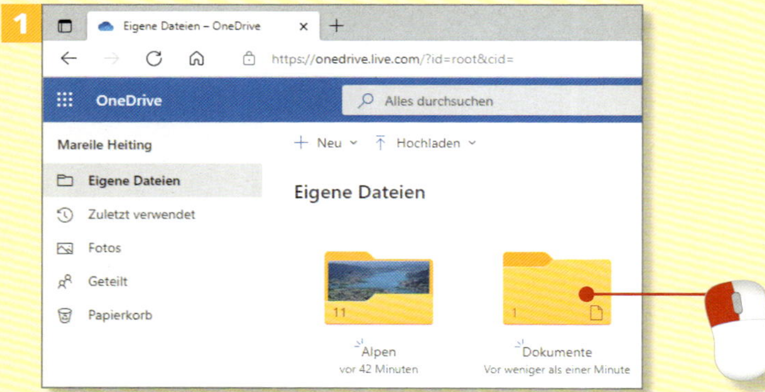

Erstellen Sie Office-Dokumente online, und teilen Sie sie bei Bedarf mit Freunden oder Arbeitskollegen. Probieren Sie es einmal aus. Sie werden sehen, dass das eine ungemein praktische Sache ist.

Schritt 1

Öffnen Sie in OneDrive zuerst per Mausklick einen beliebigen Ordner, in dem Sie gleich Ihr Office-Dokument erstellen möchten.

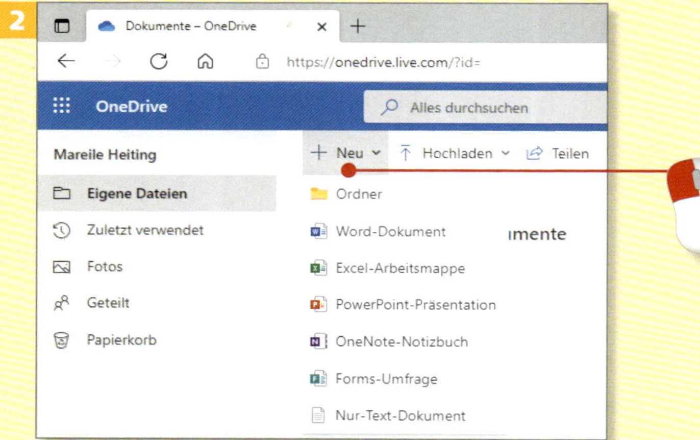

Schritt 2

Klicken Sie oben in der Menüleiste auf den Befehl **Neu**, um das Menü zu öffnen. So können Sie nun verschiedene Office-Dokumente erstellen, beispielsweise ein Word-Dokument, eine Excel-Arbeitsmappe oder ein neues OneNote-Notizbuch. Klicken Sie für dieses Beispiel auf **Excel-Arbeitsmappe**.

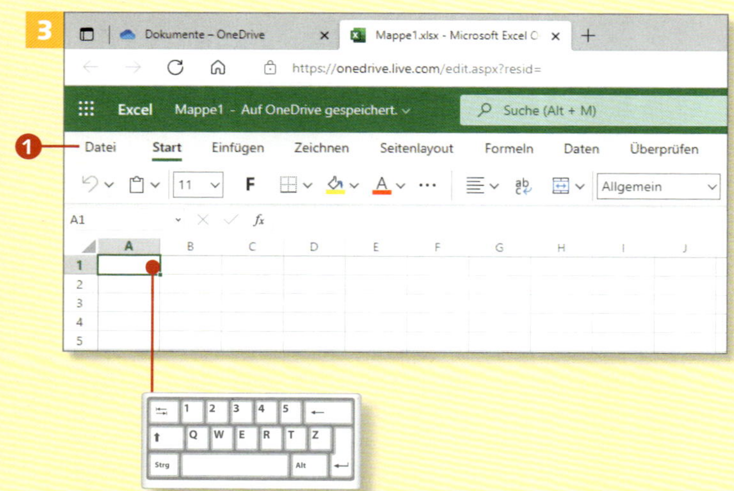

Schritt 3

In einem neuen Tab Ihres Browsers öffnet sich nun eine Excel-Arbeitsmappe, und Sie können sogleich mit der Bearbeitung des Dokuments beginnen.

Schritt 4

Klicken Sie oben in der Menüleiste der Webanwendung auf **Mappe1**, und geben Sie dann den gewünschten Dateinamen ein. Mit der [↵]-Taste wird der Name übernommen und abgespeichert.

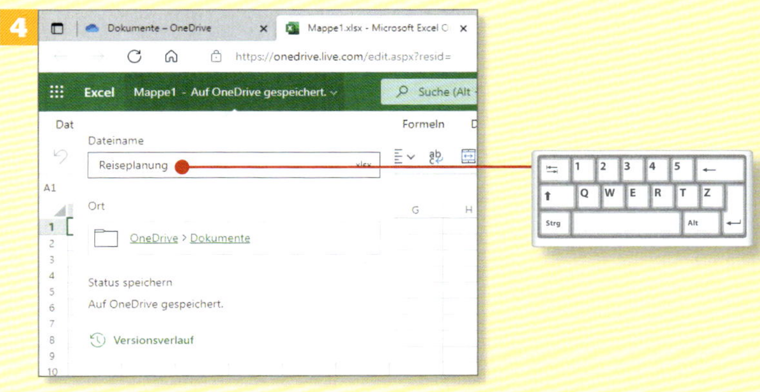

Schritt 5

Um eine Kopie des Dokuments auf Ihrem Rechner zu speichern, klicken Sie auf **Datei** ❶. Klicken Sie in der linken Spalte auf das Symbol mit den drei kleinen Punkten. Wählen Sie den Befehl **Speichern unter** ❷ und dann **Eine Kopie herunterladen** ❸.

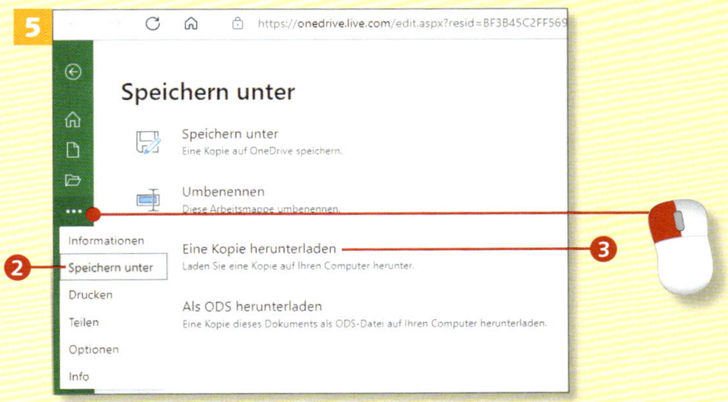

Schritt 6

Möchten Sie die Bearbeitung beenden, reicht es aus, einfach das Register per Klick auf das Kreuzsymbol zu schließen ❹ oder in der Titelleiste des Browsers das Register mit dem Namen Ihres Ordners (hier **Dokumente**) anzuklicken. Letzteres führt Sie zurück zu OneDrive. Ein separates Abspeichern des Dokuments ist nicht erforderlich, da es permanent im Hintergrund gesichert wird.

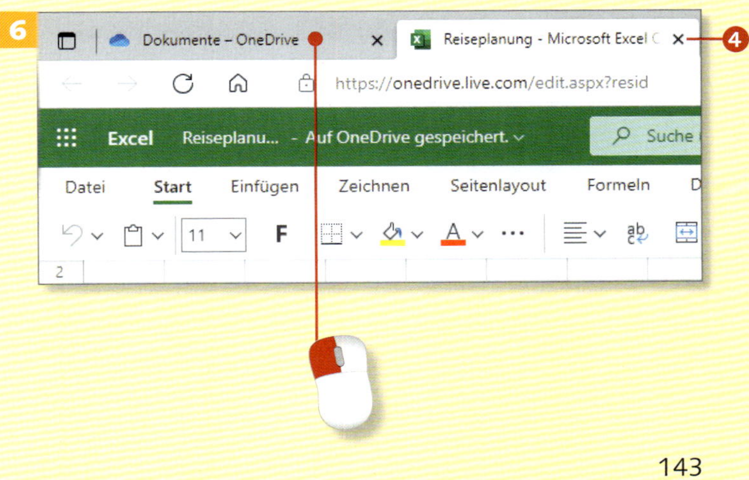

Kein Microsoft Office nötig
Um Office-Dokumente über OneDrive zu erstellen, benötigen Sie keine Office-Installation auf Ihrem PC.

Kapitel 6
Mehr Freude an Fotos

Die neue Fotos-App von Windows bietet Ihnen viele Möglichkeiten. Übertragen Sie Fotos direkt von Ihrer Kamera auf Ihren PC, und verwalten Sie Ihre Fotos übersichtlich und komfortabel. Darüber hinaus enthält das kostenlose Programm zahlreiche Funktionen zur Bildbearbeitung.

Fotos von der Digitalkamera übertragen

Die Speicherkarte Ihrer Digitalkamera oder Ihres Smartphones ist prall gefüllt mit vielen schönen Fotos aus dem letzten Urlaub. Jetzt müssen die Bilder nur noch auf den PC übertragen werden, um sie zu organisieren und sie bei Bedarf mithilfe der Bildbearbeitungsfunktionen zu verbessern. Schließen Sie das Gerät an den Computer an, und importieren Sie die Bilder mit wenigen Mausklicks ❶.

Legen Sie virtuelle Fotoalben an

Behalten Sie mit der neuen Fotos-App den Überblick, und verwalten Sie Ihre Fotosammlung bequem und komfortabel. Legen Sie thematisch sortierte Fotoalben an ❷, und füllen Sie diese mit Ihren Bildern und Videos.

Bearbeiten, verschönern, zuschneiden und drehen

Ist ein Foto vielleicht zu hell oder zu dunkel geraten? Fehlt ein wenig Farbe, oder möchten Sie vielleicht den Bildausschnitt korrigieren oder zur Abwechslung einen Filter auswählen und beeindruckende Bildeffekte erzielen? Die Fotos-App bietet Ihnen zahlreiche Möglichkeiten zur Bildbearbeitung. Probieren Sie sie aus ❸.

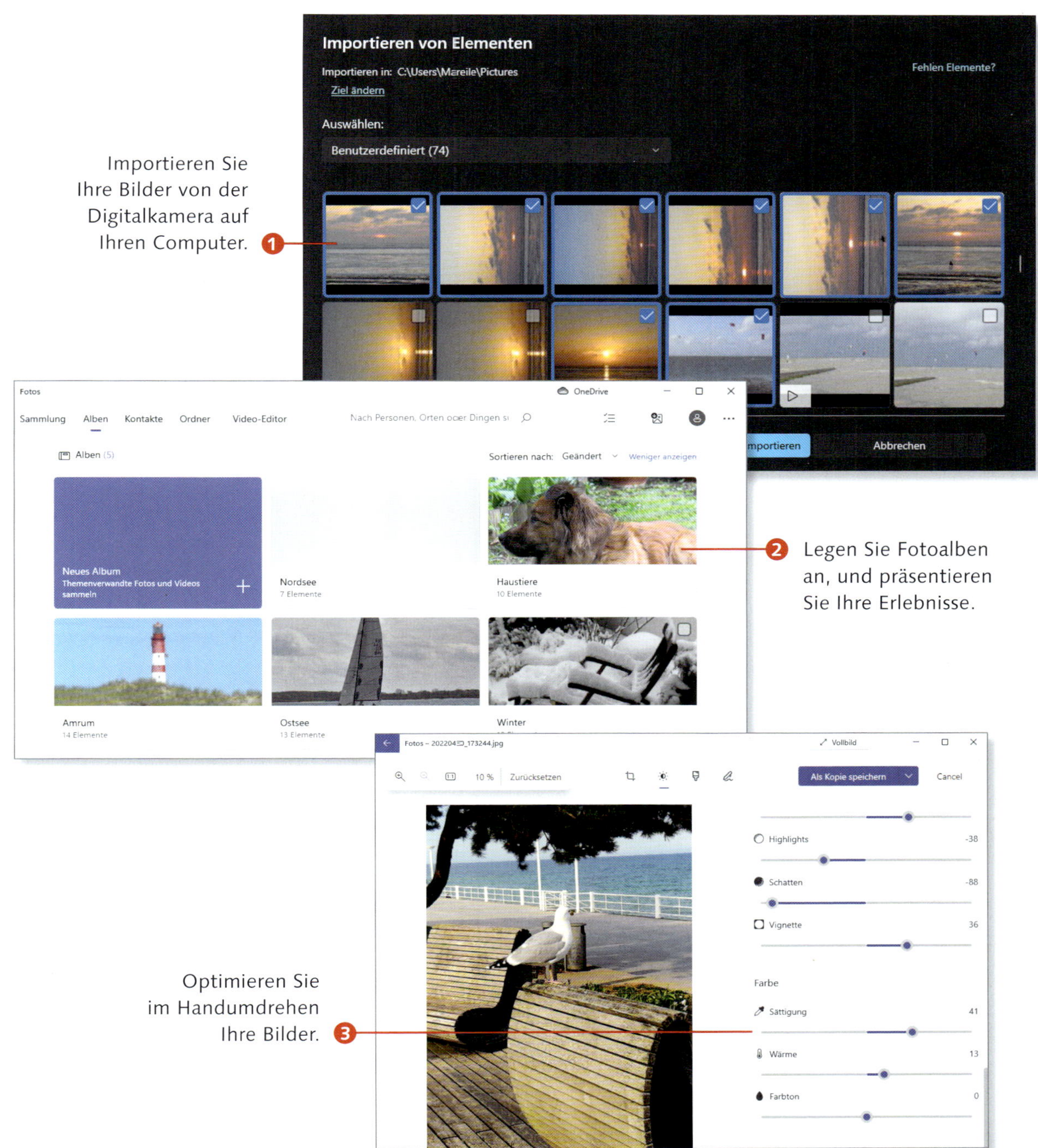

Importieren Sie Ihre Bilder von der Digitalkamera auf Ihren Computer. ❶

❷ Legen Sie Fotoalben an, und präsentieren Sie Ihre Erlebnisse.

Optimieren Sie im Handumdrehen Ihre Bilder. ❸

Bilder von einer Digitalkamera übertragen

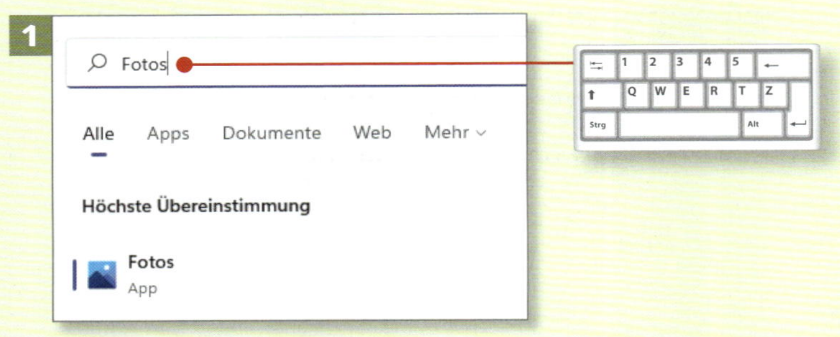

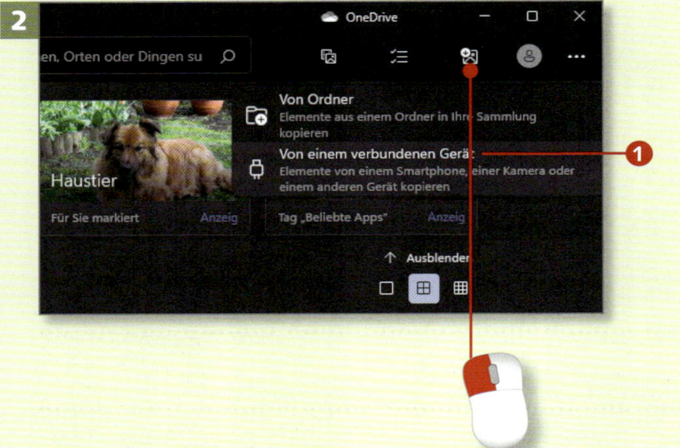

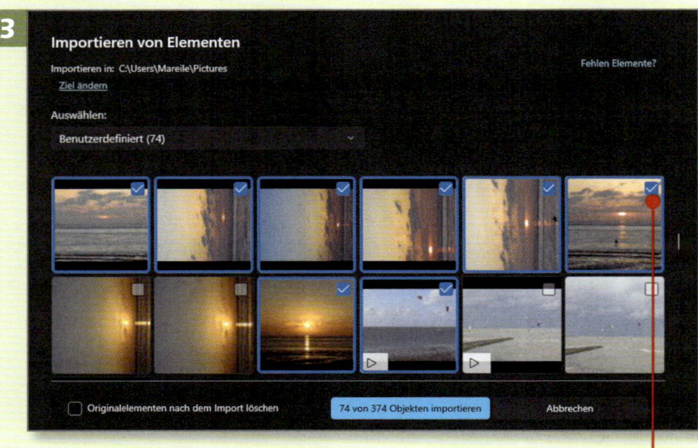

Mit der Fotos-App verwalten und ordnen Sie Ihre Fotos. Aber zuerst müssen Sie die Bilder aus Ihrer Kamera oder Ihrem Smartphone importieren. So wird's gemacht.

Schritt 1

Öffnen Sie das Startmenü, z. B. durch Drücken der Taste [Windows], geben Sie im Suchfeld »Fotos« ein, und starten Sie die Fotos-App per Klick auf den gleichnamigen Treffer.

Schritt 2

Schließen Sie die Digitalkamera oder das Smartphone mit dem mitgelieferten Kabel an den Computer an, und schalten Sie das Gerät ein. Klicken Sie dann rechts oben in der App auf das Symbol **Importieren**. Im aufklappenden Menü wählen Sie **Von einem verbundenen Gerät** 1.

Schritt 3

Die Fotos-App zeigt nun alle Bilder an, die sie auf der Speicherkarte des Geräts findet. Versehen Sie die Fotos, die Sie importieren möchten, mit einem Häkchen.

Schritt 4

Standardmäßig werden die Fotos in den Ordner *Bilder* importiert. Möchten Sie ein anderes Ziel auswählen, klicken Sie auf **Ziel ändern** und wählen einen anderen Ordner aus.

Schritt 5

Schließlich können Sie noch festlegen, ob die importierten Fotos anschließend von der Kamera gelöscht werden sollen. Aktivieren Sie dazu die Option **Originalelemente nach dem Import löschen**. Klicken Sie auf **...importieren**, um den Vorgang zu starten.

Schritt 6

Nun werden die Bilder auf den Rechner übertragen und anschließend, nach ihrem Aufnahmedatum sortiert, angezeigt.

Verbindungsprobleme?
Ist die Kamera eingeschaltet? Wird sie dennoch nicht erkannt, hilft es oft, den USB-Stecker der Kamera am PC kurz zu entfernen und wieder neu zu verbinden. Bei einem Smartphone müssen Sie auf dem Gerät eventuell erst den Zugriff genehmigen.

Ein neues Fotoalbum erstellen

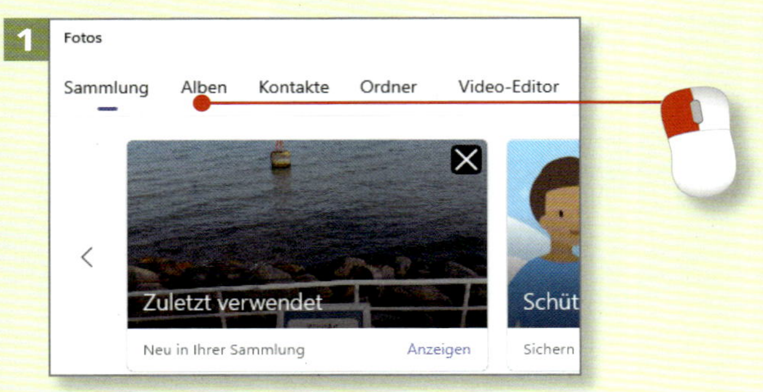

Um Ihre Fotos besser zu organisieren, können Sie Fotoalben erstellen und diese mit Ihren Urlaubsfotos oder mit Bildern der letzten Familienfeier füllen. Sie können jederzeit Fotos hinzufügen oder wieder löschen und die Alben bequem mit Freunden teilen.

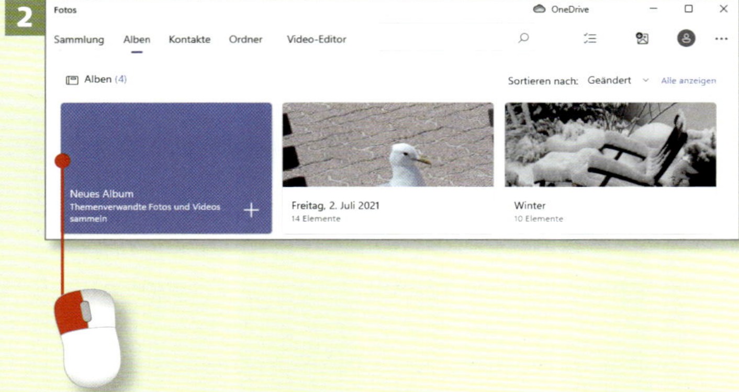

Schritt 1

Starten Sie im ersten Schritt die Fotos-App, und klicken Sie dann oben in der Menüleiste der Anwendung auf **Alben**.

Schritt 2

Alle eventuell bereits vorhandenen Alben werden Ihnen nun angezeigt. Um ein neues Fotoalbum zu erstellen, klicken Sie rechts oben auf den Menüpunkt **Neues Album**

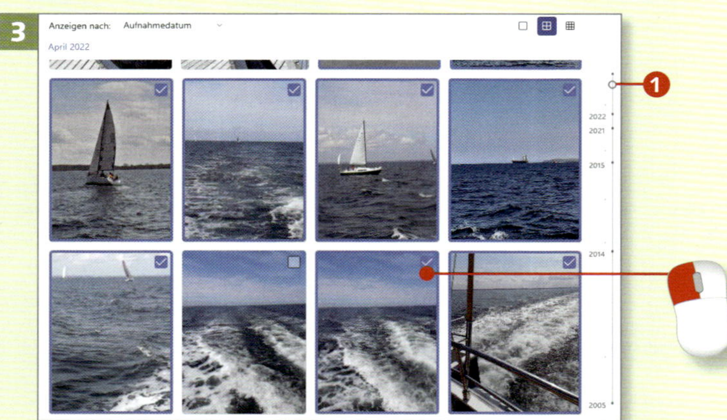

Schritt 3

Wählen Sie jene Bilder aus, die in das neue Album übernommen werden sollen. Nutzen Sie zur Navigation die Bildlaufleiste **1**, und versehen Sie die gewünschten Bilder per Mausklick mit einem Häkchen.

Alben löschen

Wenn Sie ein Album löschen, wird nur das Album selbst gelöscht, die darin enthaltenen Bilder bleiben in Ihrer Fotosammlung erhalten.

Schritt 4

Haben Sie Ihre Auswahl abgeschlossen, klicken Sie oben rechts auf **Erstellen**, um die Fotos in das neue Album zu übernehmen.

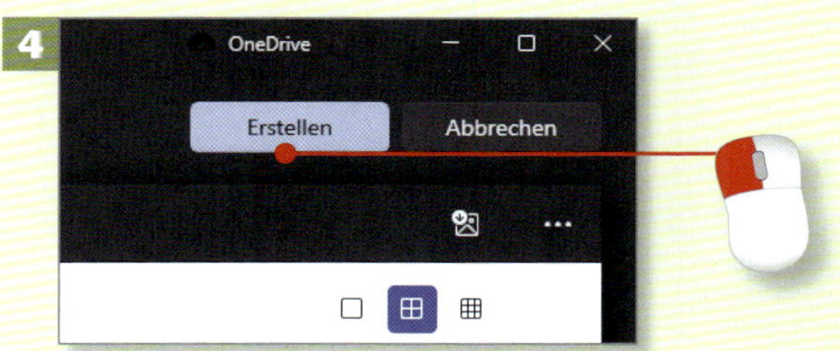

Schritt 5

Vergeben Sie einen Namen für das Album, z. B. »Ostsee«. Nach einem rechten Mausklick auf die Vorschau und Auswahl des Befehls **Deckblattfoto ändern** 2 können Sie ein Foto aus dem Album als Titelbild festlegen. Schließen Sie den Vorgang mit einem Klick auf das Häkchen 3 oben rechts ab. Über den Pfeil oben links 4 kehren Sie zur Albenübersicht zurück.

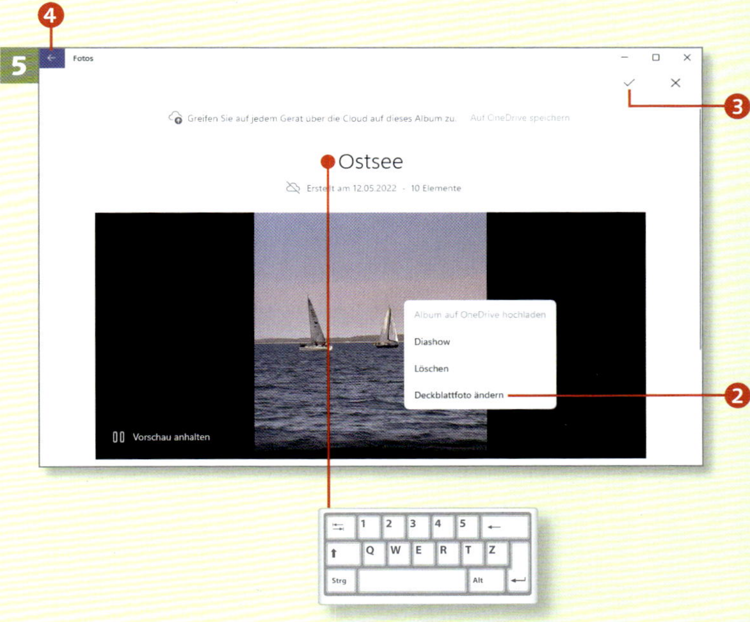

Schritt 6

Ihr Fotoalbum ist nun erstellt. Um das Album zu betrachten, klicken Sie in der Übersicht auf das jeweilige Titelbild.

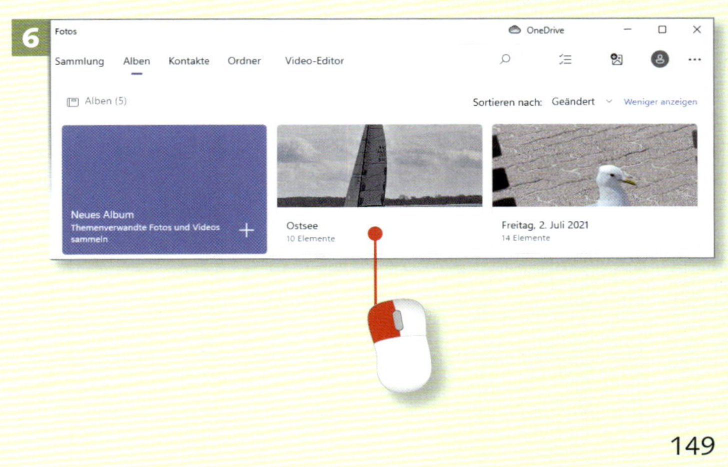

Alben mit Freunden teilen

Über den Menüpunkt **Album teilen** können Sie ein Album auf OneDrive hochladen. Sie erhalten dann einen Link zum Album, den Sie an Ihre Freunde weitergeben können.

Weitere Fotos einem Album hinzufügen

Ein Fotoalbum ist erstellt, aber wie fügt man eigentlich einem Album weitere Bilder hinzu? Nur wenige Mausklicks sind hierfür nötig.

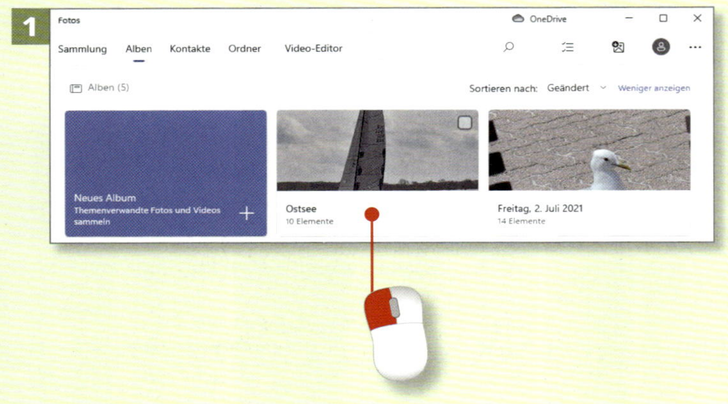

Schritt 1

Starten Sie die Fotos-App, und öffnen Sie zunächst das Album, dem Sie weitere Bilder hinzufügen möchten.

Schritt 2

Im folgenden Dialog klicken Sie in der Symbolleiste oben rechts auf das Plussymbol.

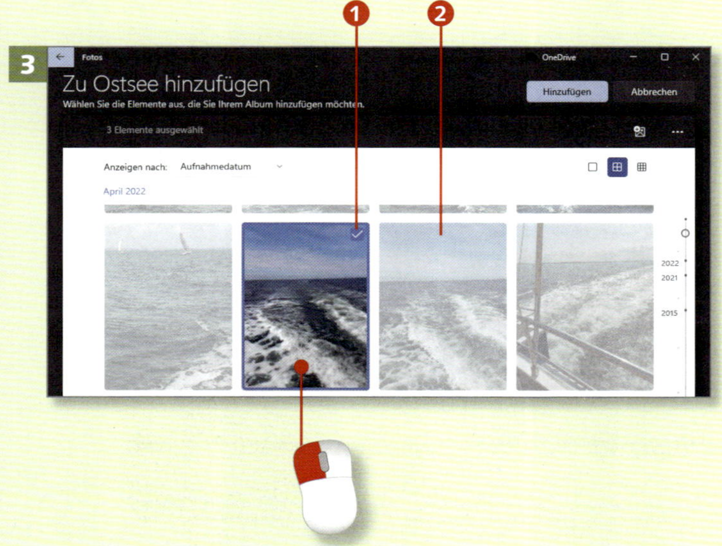

Schritt 3

Wählen Sie alle Bilder, die Sie hinzufügen möchten, indem Sie auf sie klicken. Ein Häkchen rechts oben im Bild zeigt an, dass dieses Foto ausgewählt wurde ❶. Milchig dargestellte Fotos sind bereits im Album enthalten ❷. Haben Sie die Auswahl abgeschlossen, klicken Sie oben rechts auf **Hinzufügen**.

Ein einzelnes Foto hinzufügen

Klicken Sie das Bild in Ihrer Sammlung mit der rechten Maustaste an, und wählen Sie den Befehl **Hinzufügen zu** aus. Anschließend können Sie das Zielalbum auswählen.

Fotos als Hintergrundbild festlegen

Der Standardhintergrund von Windows 11 wirkt auf Dauer doch ein wenig eintönig. Die Fotos-App bietet Ihnen eine einfache Möglichkeit, Ihr Lieblingsfoto als Hintergrund für Ihren Arbeitsplatz festzulegen.

Schritt 1

Starten Sie die Fotos-App, und wählen Sie aus Ihrer Sammlung jenes Bild mit einem Mausklick aus, das Sie als Hintergrundbild nutzen möchten.

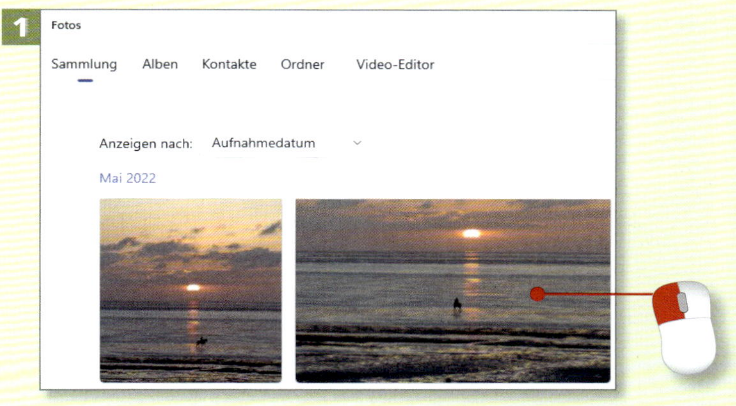

Schritt 2

Das Foto wird nun im Großformat angezeigt. Klicken Sie mit der rechten Maustaste auf das Bild, und wählen Sie aus dem Kontextmenü die Option **Festlegen als ▸ Hintergrund**.

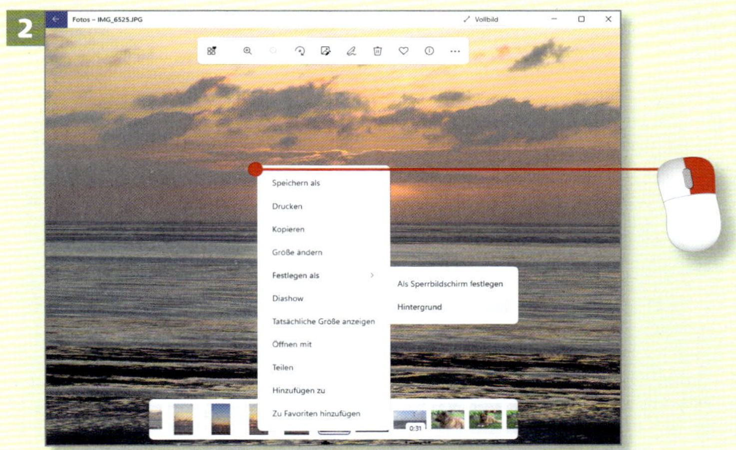

Schritt 3

Das ausgewählte Foto wird nun ohne weitere Rückfrage als Hintergrundbild für Ihren Desktop eingerichtet. Sind Sie mit der Darstellung zufrieden? Falls nicht, legen Sie einfach ein neues Hintergrundbild fest.

Fotos bearbeiten und verschönern

Die Fotos-App verfügt über einige sehr leistungsstarke Optimierungswerkzeuge sowie über vordefinierte Filter. Verschönern Sie Ihre Bilder, und fügen Sie interessante Bildeffekte hinzu.

Schritt 1

Öffnen Sie das zu bearbeitende Bild in der Fotos-App, und klicken Sie dann oben in der Leiste auf das Symbol **Bild bearbeiten**.

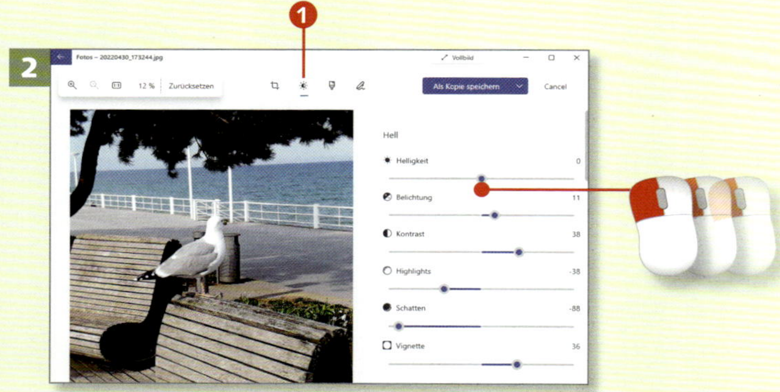

Schritt 2

Klicken Sie in der Symbolleiste auf das Sonnensymbol **1**. Über die Schieberegler im Bereich **Hell** können Sie das Foto u.a. in Helligkeit und Kontrast verändern. Schieben Sie den Regler mit gedrückter Maustaste nach links oder rechts.

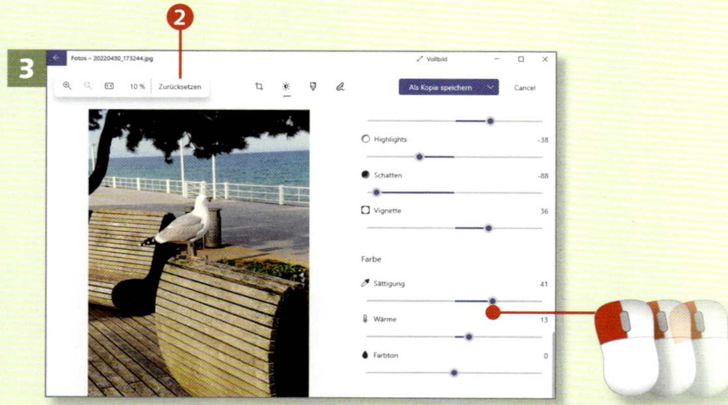

Schritt 3

Blättern Sie nach unten bis zum Abschnitt **Farbe**. Hier können Sie nun über die Schieberegler die Sättigung, Wärme und den Farbton anpassen.

Änderungen rückgängig machen

Mit einem Klick auf **Zurücksetzen** **2** lassen sich Änderungen übrigens wieder verwerfen.

Schritt 4

Die Fotos-App bietet Ihnen vordefinierte Filter an, die Sie per Klick auf den stilisierten Pinsel einblenden. Sobald Sie einen Filter per Mausklick ausgewählt haben ❸, können Sie über den Schieberegler die Intensität des Effekts festlegen.

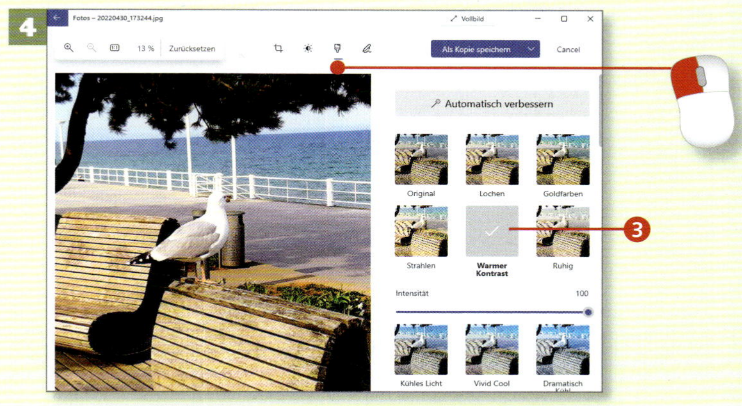

Schritt 5

Gefällt Ihnen keiner der Filter, markieren Sie am oberen Rand der Filterübersicht das **Original**.

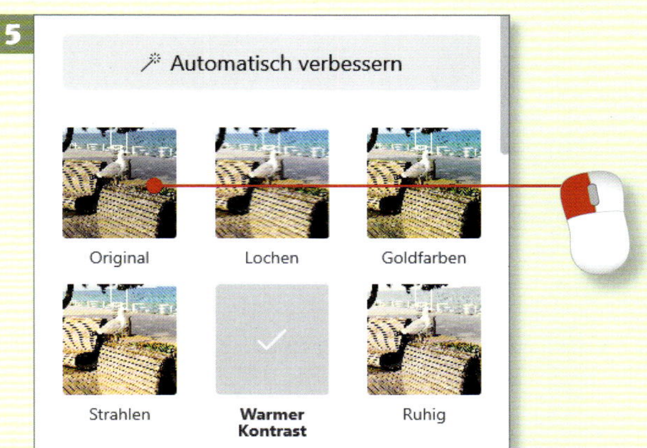

Schritt 6

Sind alle Optimierungen abgeschlossen, muss das Foto neu gespeichert werden. Am besten wählen Sie hierzu **Als Kopie speichern**, denn so bleibt das Original erhalten. Soll das Originalfoto hingegen mit Ihren Änderungen überschrieben werden, klicken Sie auf den Pfeil rechts von **Als Kopie speichern** ❹ und wählen die Option **Speichern** ❺.

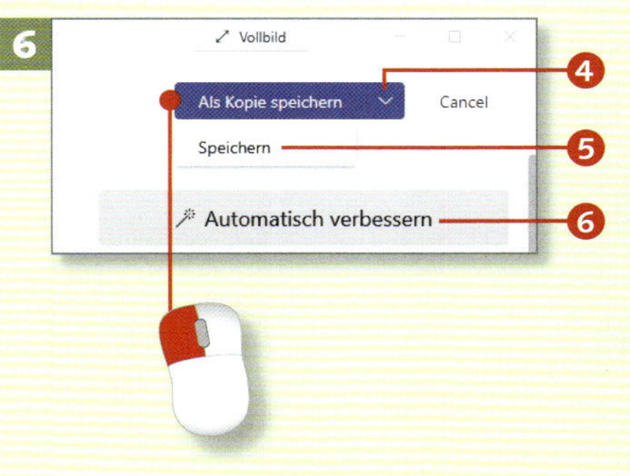

Automatisch verbessern
Falls Sie sich nicht die Mühe machen möchten, die diversen Korrekturmöglichkeiten auszuprobieren, können Sie dies auch der Fotos-App mit einem Klick auf **Automatisch verbessern** ❻ überlassen.

Fotos zuschneiden und drehen

Nicht immer erwischt man den perfekten Bildausschnitt, und manchmal stören auch Objekte, z. B. Autos oder Personen, die ins Bild gelaufen sind, den Gesamteindruck. Bringen Sie Ihre Bilder mit der Fotos-App in Form.

Schritt 1

Öffnen Sie das Bild, und klicken Sie zur weiteren Bearbeitung oben in der Symbolleiste auf das Symbol **Bild bearbeiten**.

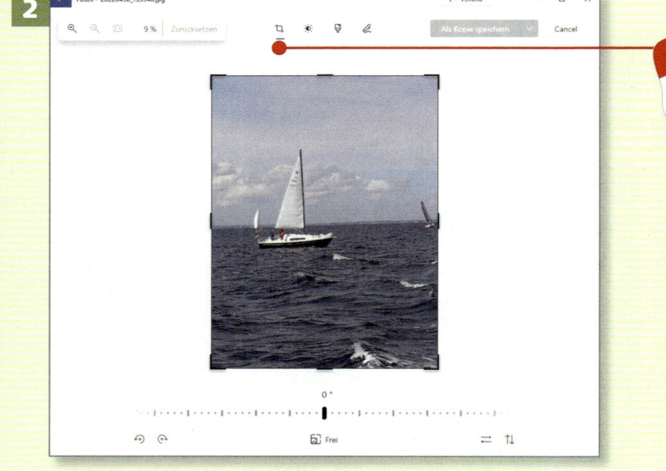

Schritt 2

Das Bild wird nun in der Fenstermitte anzeigt. Stellen Sie sicher, dass in der Symbolleiste oben das Zuschneiden-Werkzeug ausgewählt ist.

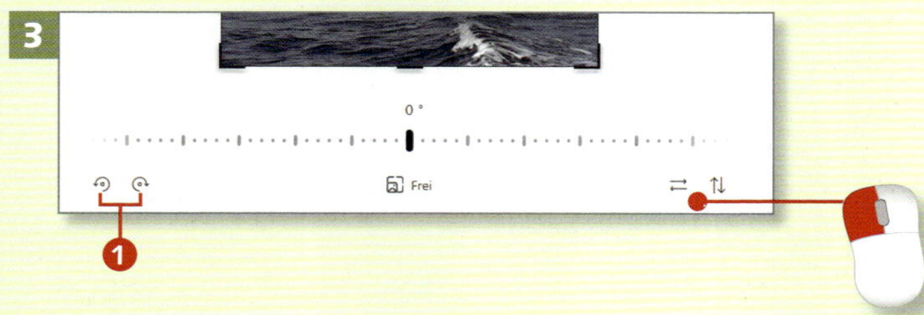

Schritt 3

Über die beiden Pfeilsymbole rechts unterhalb des Fotos können Sie dieses vertikal bzw. horizontal spiegeln. Um das Bild um jeweils 90 Grad zu drehen, nutzen Sie die beiden Symbole links unterhalb des Fotos 1.

Schritt 4

Unterhalb des Bildes ist eine Skala zu sehen. Klicken Sie den schwarzen Strich an, können Sie ihn bei weiterhin gedrückter Maustaste verschieben und so das Bild individuell drehen. Der Wert ❷ gibt an, um wie viel Grad das Bild gedreht wurde. Die Funktion eignet sich hervorragend, um einen schiefen Horizont geradezurücken.

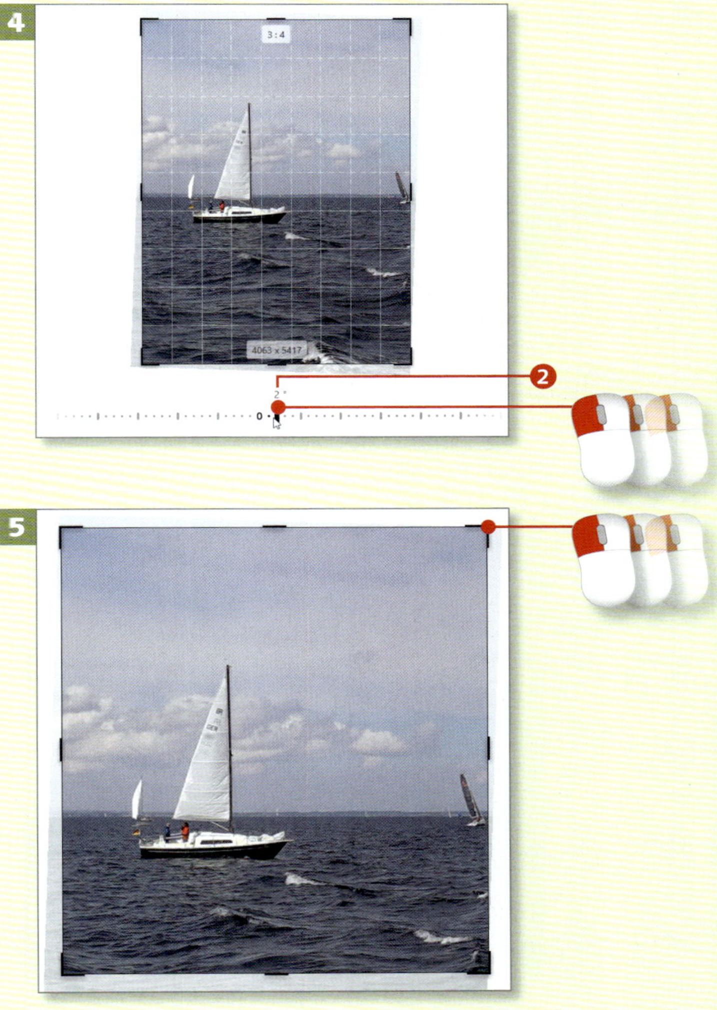

Schritt 5

Über die vier Eckpunkte und die vier Markierungen an den Bildrändern können Sie den Bildausschnitt neu festlegen. Ziehen Sie die Punkte mit gedrückter Maustaste in die gewünschte Richtung. Den Bildausschnitt verschieben Sie, indem Sie den Mauszeiger in der Bildmitte positionieren, und dann das Bild mit gedrückter linker Maustaste verschieben.

Schritt 6

Nun muss das bearbeitete Bild gespeichert werden. Über **Als Kopie speichern** wird eine Kopie angelegt, während der Befehl **Speichern** ❸ das Originalbild überschreibt. Letzterer wird eingeblendet, wenn Sie auf den Pfeil ❹ rechts von **Als Kopie speichern** klicken.

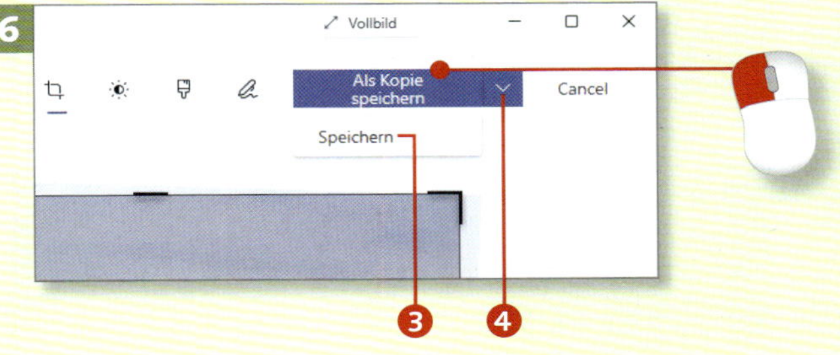

Fotos markieren und beschriften

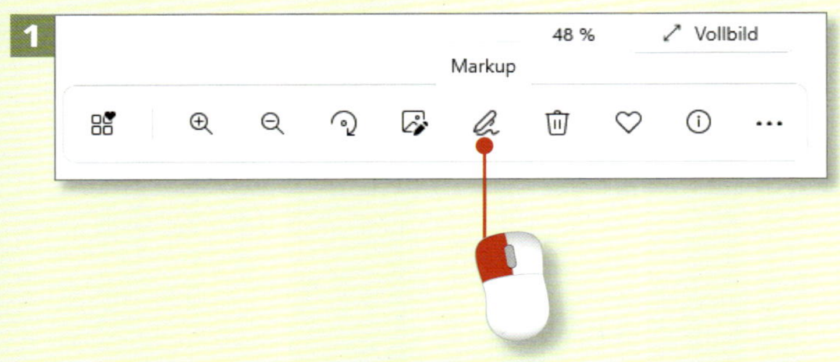

Die Fotos-App bieten Ihnen die Möglichkeit, Elemente in Ihre Fotos einzuzeichnen oder diese zu beschriften. Markieren Sie Besonderheiten, oder fügen Sie eine Anmerkung hinzu.

Schritt 1

Starten Sie die Fotogalerie, öffnen Sie das Bild, das Sie nun bearbeiten möchten, und klicken Sie auf das Symbol **Markup**.

Schritt 2

Gegenwärtig stehen drei verschiedene Stiftarten zur Auswahl: ein Kugelschreiber, ein Farbstift und ein Markierer. Wählen Sie in der Leiste unterhalb des Bildes einen Stift aus.

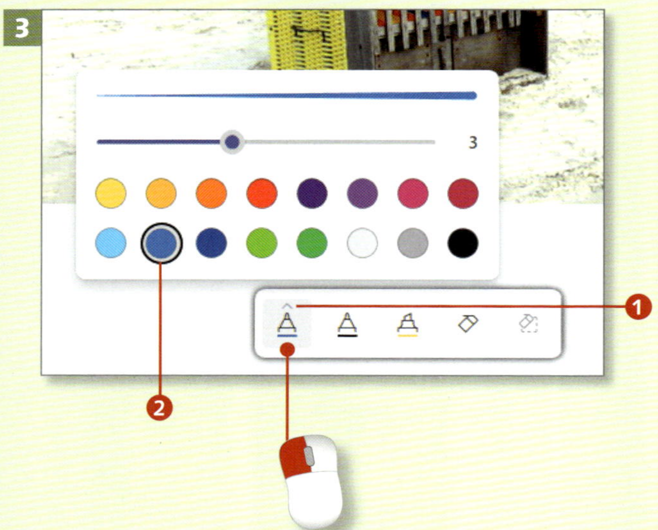

Schritt 3

Sobald Sie einen Stift ausgewählt haben, wird oberhalb des Symbols ein kleiner Pfeil eingeblendet ❶. Klicken Sie erneut auf das Symbol, öffnet sich ein Menü zur Auswahl der Farbe und der Strichbreite. Klicken Sie die gewünschte Farbe an ❷, und stellen Sie mithilfe des Schiebereglers die Breite ein.

Schritt 4

Nun können Sie Ihrer Kreativität freien Lauf lassen und Markierungen oder eine Beschriftung einfügen. Nutzen Sie einen Tablet-PC, ist die Eingabe mit dem Finger oder einem Eingabestift natürlich bequemer als mit der Maus.

Schritt 5

Mithilfe des **Radiergummis** können Sie falsche Zeichnungselemente wieder löschen, indem Sie zunächst den Radierer anklicken und dann mit gedrückter Maustaste über die zu löschenden Linien fahren.

Schritt 6

Sind alle Änderungen abgeschlossen, klicken Sie auf **Als Kopie speichern**. Das Originalbild bleibt hierbei erhalten. Falls Sie alle Änderungen verwerfen möchten, klicken Sie auf **Cancel** ❸, um die Bearbeitung abzubrechen.

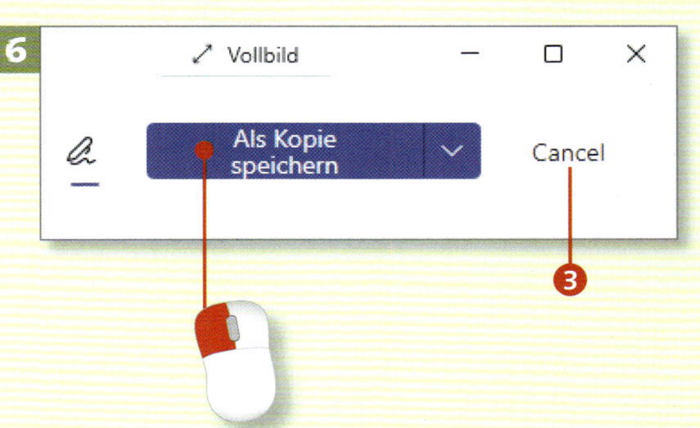

Nachträgliche Korrekturen
Aus einem bereits gespeicherten Foto können Markierungen nicht mehr entfernt werden. Das Hinzufügen weiterer Zeichnungen ist hingegen möglich.

Die Urlaubsbilder als Diashow betrachten

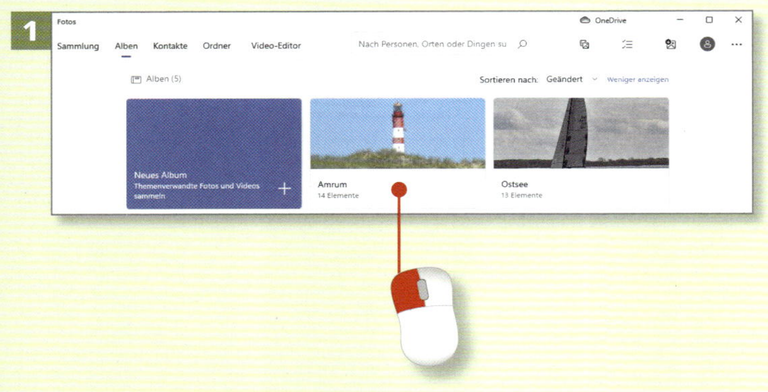

Natürlich möchte man seine Fotos auch mal zeigen und Erlebnisse mit Freunden teilen. Zur Präsentation Ihrer Urlaubsfotos bietet die Fotos-App eine einfache Diashow-Funktion.

Schritt 1

Öffnen Sie das Fotoalbum, das Sie präsentieren möchten. Sollten Sie noch kein Album angelegt haben, beachten Sie den Abschnitt »Ein neues Fotoalbum erstellen« ab Seite 148.

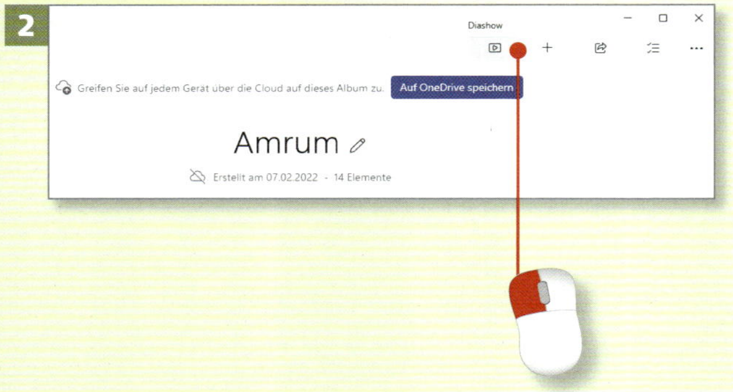

Schritt 2

Um die Bildschirmpräsentation zu starten, klicken Sie in der Symbolleiste der Anwendung auf das Symbol **Diashow**.

Schritt 3

Während die Diashow läuft, können Sie mit den Pfeil-Tasten [←] und [→] ein Bild vor- bzw. zurückspringen und mit der Leertaste die Präsentation pausieren und fortsetzen. Drücken Sie [Esc], um die Diashow zu beenden.

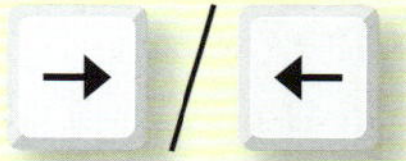

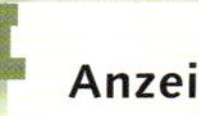

Anzeigedauer

Die Bilder werden jeweils für etwa vier Sekunden angezeigt. Die Anzeigedauer lässt sich leider nicht verändern.

Weitere Bilderordner hinzufügen

Die Fotos-App zeigt alle Bilder aus der Bibliothek »Bilder« an. Es lassen sich weitere Ordner hinzufügen.

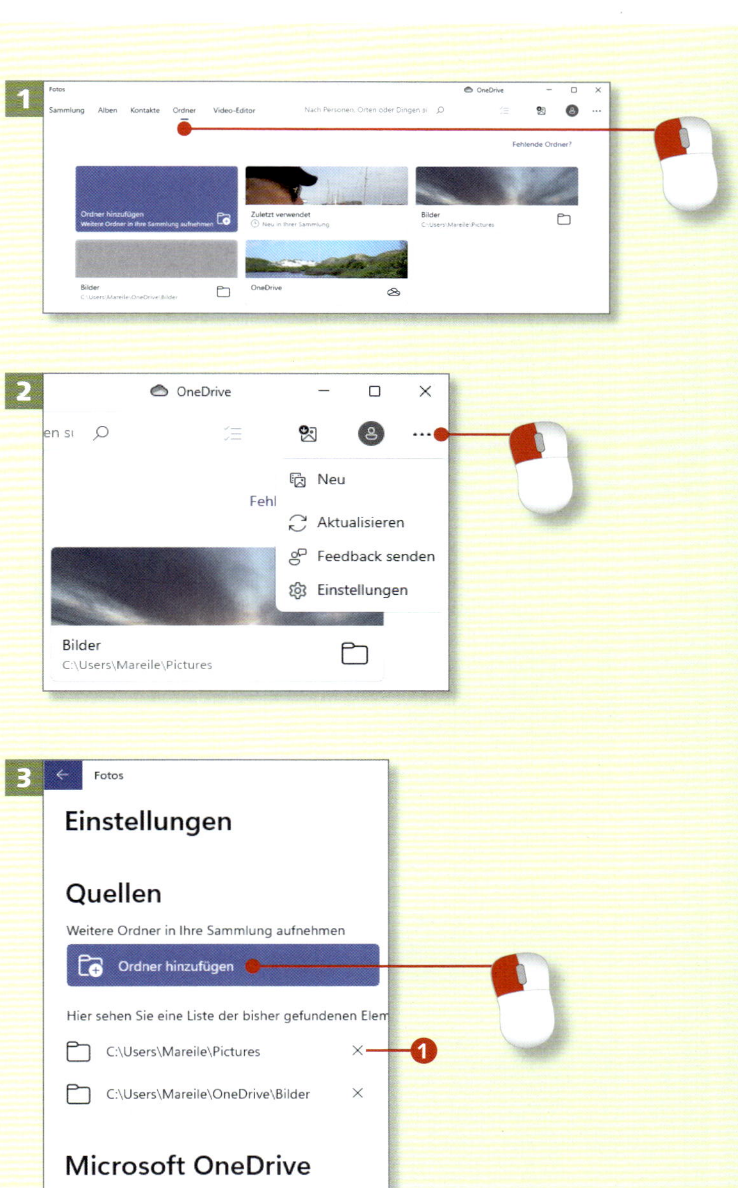

Schritt 1

Starten Sie die Fotos-App, und klicken Sie auf **Ordner**. Es werden nun alle Ordner aufgelistet, in denen die App nach Ihren Fotos sucht.

Schritt 2

Um Ordner hinzuzufügen oder vorhandene zu entfernen, klicken Sie auf das Symbol mit den drei kleinen Punkten und markieren im aufklappenden Menü die **Einstellungen**.

Schritt 3

Um eine vorhandene Quelle zu entfernen, klicken Sie auf das **X** hinter dem Dateipfad ❶. Über den Menüpunkt **Ordner hinzufügen** können Sie eine neue Quelle auswählen. Sollen auch Bilder auf OneDrive angezeigt werden ❷? Über das Dropdown-Menü ❸ können Sie auch hier angeben, welche Ordner berücksichtigt werden sollen.

Bilder werden nicht gelöscht
Wenn Sie einen Ordner als Bildquelle entfernen, werden keine Bilder gelöscht.

Dateiinformationen abrufen

Jedes Foto enthält ein paar technische Informationen: Wann und mit welcher Kamera wurde das Foto aufgenommen, und welche Verschlusszeit bzw. Brennweite wurde gewählt? Die Fotos-App hält alle Informationen bereit.

Schritt 1

Öffnen Sie zunächst über die Fotos-App das Bild, zu dem Sie Informationen abrufen möchten.

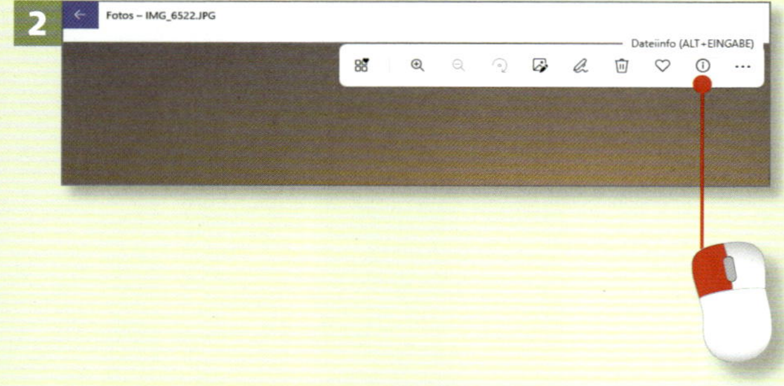

Schritt 2

Klicken Sie in der Symbolleiste auf das Symbol **Dateiinfo**. Falls die Symbolleiste nicht angezeigt wird, reicht ein Klick auf eine beliebige Stelle auf dem Foto, um sie einzublenden.

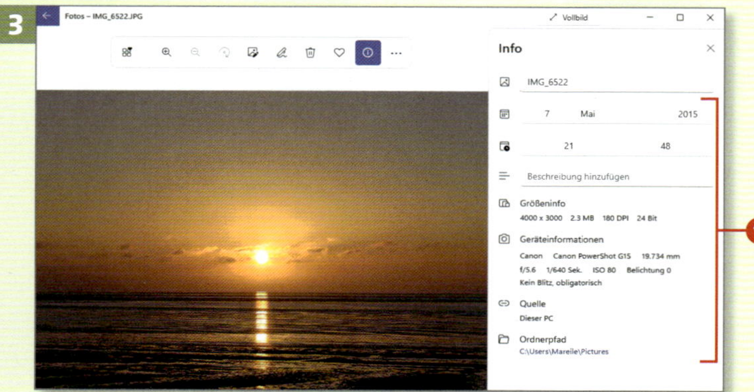

Schritt 3

In der rechten Fensterhälfte werden Daten zu Ihrem Foto aufgeführt (1): das Aufnahmedatum, die Verschlusszeit, Blende und Brennweite sowie die Filmempfindlichkeit (ISO), die verwendete Kamera und der Speicherort. Nutzen Sie gegebenenfalls die Bildlaufleiste, um alle Daten einzusehen.

Die Fotos-App zeigt auch Videos an, die Sie z. B. mit Ihrem Smartphone aufgenommen haben. Zu lang geratene Filme können Sie bequem kürzen.

Schritt 1

Suchen Sie sich in Ihrer Sammlung ein Video aus, öffnen Sie es über die Fotos-App, und klicken Sie zur Bearbeitung auf **Videokürzung**. Sollte der Menüpunkt nicht zu sehen sein, klicken Sie in das Video, um die Menüleiste einzublenden.

Schritt 2

Der Anfang und das Ende des Videos werden in der Zeitleiste durch ein weißes Rechteck markiert. Klicken Sie eine Markierung an, und verschieben Sie diese mit gedrückter Maustaste an die gewünschte Position.

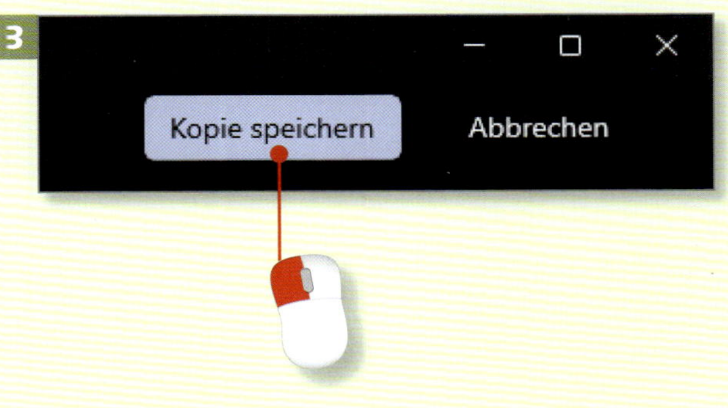

Schritt 3

Klicken Sie abschließend auf **Kopie speichern**. Das gekürzte Video wird nun in Kopie abgespeichert.

Eigene Videos per Video-Editor
Mithilfe des in der Fotos-App integrierten Video-Editors können Sie aus Ihren Fotos eigene Videos mit Untertiteln und Hintergrundmusik erzeugen.

Kapitel 7
Musik und Filme abspielen

Musik-CDs hören, Lieder kopieren, sammeln und archivieren, das alles ist mit Windows 11 kein Problem. Erstellen Sie im Handumdrehen eigene Wiedergabelisten, und brennen Sie eigene Musik-CDs. Oder möchten Sie sich mal wieder einen guten Film anschauen?

Musik-CDs kopieren und eigene CDs erstellen
Nutzen Sie Ihren Windows-Rechner doch einfach mal als moderne Jukebox. Kopieren Sie Ihre Musik-CDs mit wenigen Mausklicks auf die Festplatte, erstellen Sie für jeden Anlass eine passende Wiedergabeliste, oder brennen Sie sich gleich eine neue Musik-CD mit Ihren Lieblingstiteln ❶.

Großes Kino – Filme schauen am Computer
Knabbersachen und kühle Getränke für den Filmeabend stehen bereit? Dann kann es ja losgehen! Unter Windows 11 ist allerdings noch ein wenig Vorarbeit nötig, denn das neue Betriebssystem bietet zunächst keine Möglichkeit mehr, eine DVD wiederzugeben. Das *Windows Media Center* wurde schon in Windows 10 entfernt und kann auch nicht mehr nachgerüstet werden. Im *Windows Media Player* wurde zudem die DVD-Wiedergabe bereits unter Windows 8 gestrichen. Aber es gibt Alternativen: Rüsten Sie Ihr System einfach mit dem kostenlosen *VLC Media Player* ❷ nach.

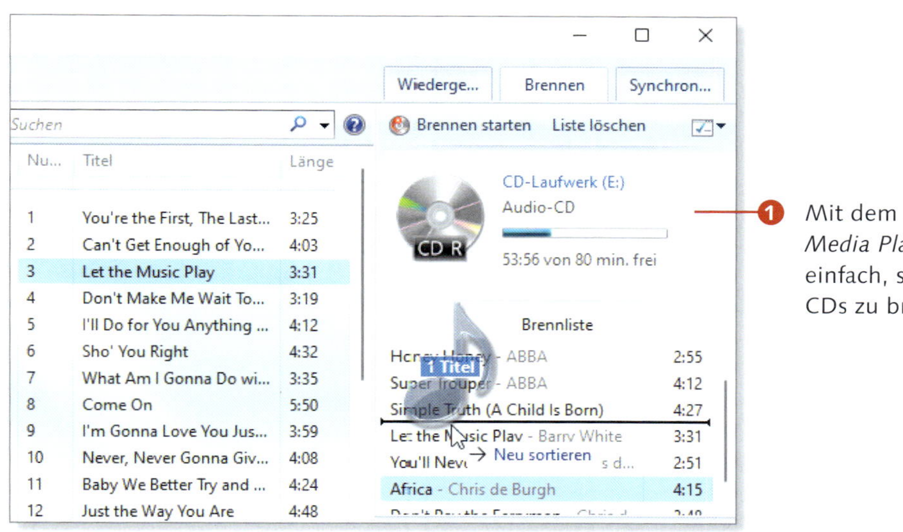

❶ Mit dem *Windows Media Player* ist es sehr einfach, selbst Musik-CDs zu brennen.

❷ Mit dem kostenlosen *VLC Media Player* können Sie Spielfilme auf DVD schauen. Die Software beherrscht darüber hinaus zahlreiche Video- und Audioformate.

Eine Musik-CD abspielen

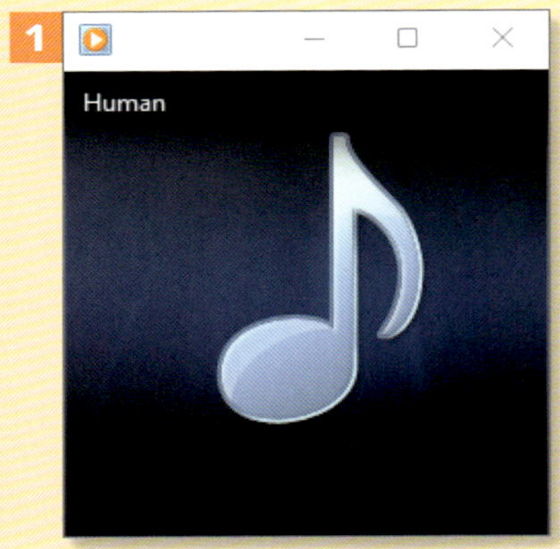

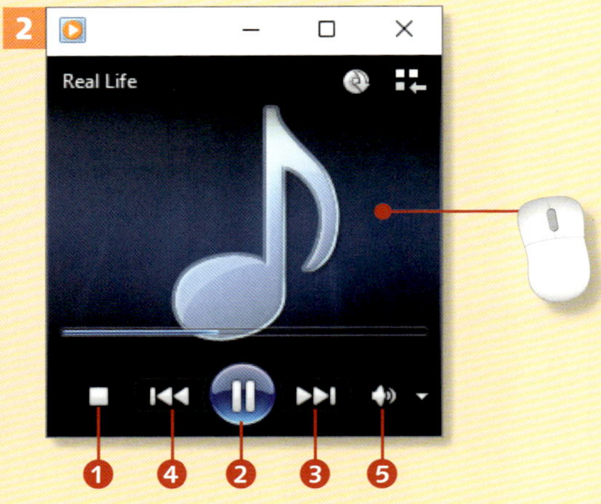

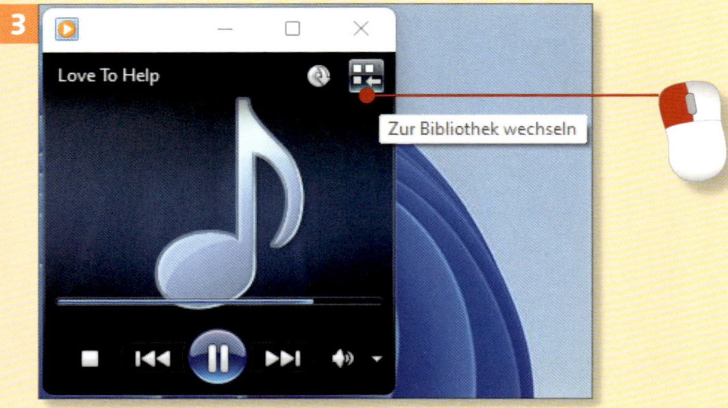

Mit Musik geht alles besser. Warum also nicht mal am Computer ein paar schöne Musikstücke anhören? CD einlegen, Lautsprecher einschalten, und los geht's!

Schritt 1

Legen Sie die Musik-CD in das CD-Laufwerk des Rechners ein. Nach wenigen Sekunden startet Windows 11 automatisch den *Windows Media Player*.

Schritt 2

Nach dem Start spielt der Windows Media Player sogleich das erste Lied ab. Sobald Sie mit der Maus über das Programmfenster fahren, werden die Bedienelemente eingeblendet. Darüber können Sie unter anderem die CD stoppen ❶, wieder starten/pausieren ❷, vor- ❸ und zurückspulen ❹ sowie die Lautstärke ❺ regeln.

Schritt 3

Ändern Sie nun die Ansicht des Players. Führen Sie die Maus auf das Programmfenster, um die Bedienelemente einzublenden, und klicken Sie dann rechts oben auf das Symbol **Zur Bibliothek wechseln**.

Schritt 4

Der Windows Media Player listet in der Bibliotheksansicht den Namen der CD sowie alle darauf verfügbaren Titel auf. Der aktuell wiedergegebene Titel wird blau hervorgehoben ❻.

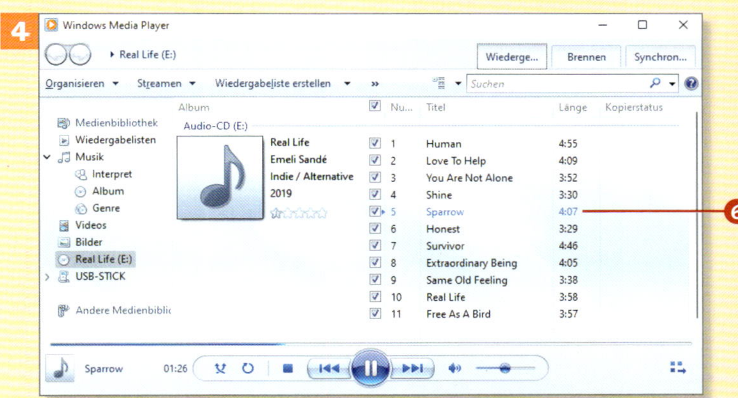

Schritt 5

Falls Sie sich ein anderes Stück anhören möchten, führen Sie einen Doppelklick auf dem gewünschten Titel aus.

Schritt 6

Nicht immer kann der Windows Media Player die Namen der einzelnen Titel anzeigen. Klicken Sie einen Eintrag mit rechts an, können Sie über den Befehl **Bearbeiten** eine Bezeichnung eintippen und die Eingabe mit ↵ abschließen. Sie können analog vorgehen, wenn Sie den Albumtitel, den Interpreten oder auch das Genre ändern möchten.

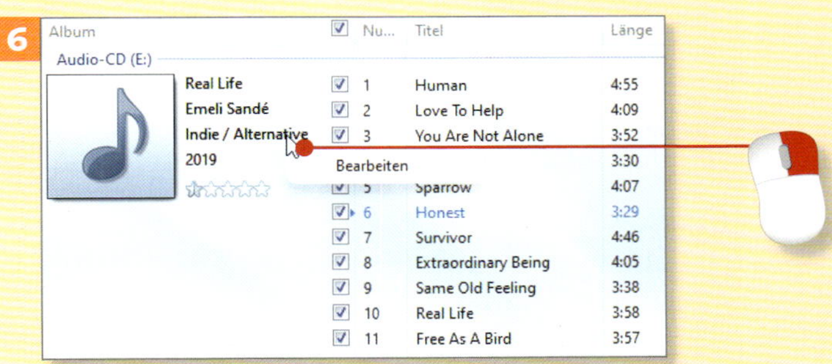

Selbst gebrannte CDs

Gerade bei selbst zusammengestellten CDs fehlen oft die Informationen für die Anzeige der Titelbezeichnungen. In diesen Fällen müssen Sie die Titel manuell festlegen.

Eigene Wiedergabelisten erstellen

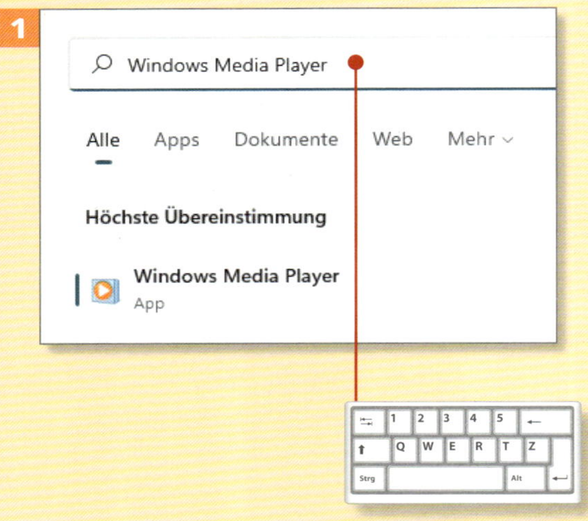

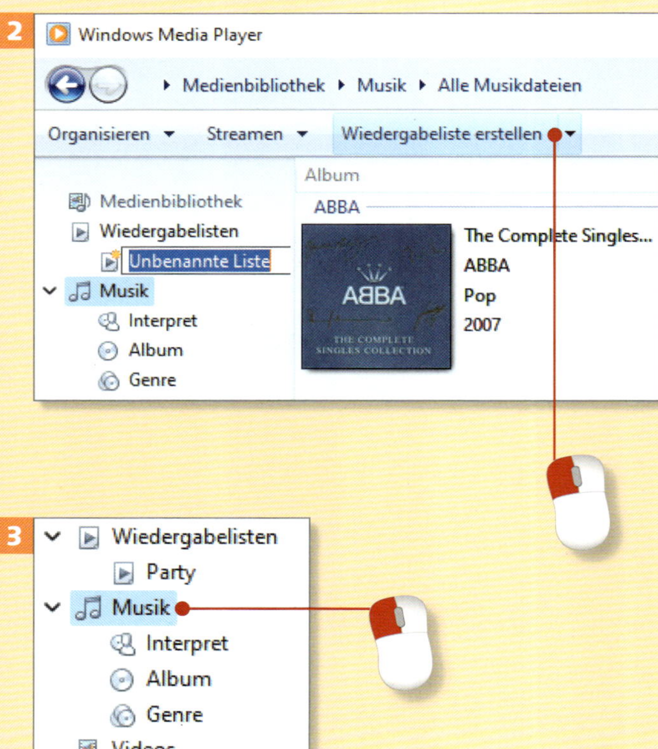

Mithilfe von Wiedergabelisten behalten Sie den Überblick über Ihre Musiksammlungen. Legen Sie je nach Genre, Stimmung oder Einsatzzweck verschiedene Listen an, und weisen Sie diesen einzelne Musikstücke oder gleich ganze CDs zu.

Schritt 1

Starten Sie den *Windows Media Player*. Öffnen Sie hierzu z. B. das Startmenü, und geben Sie den Programmnamen im Suchfeld ein. Wählen Sie die App in den Suchergebnissen per Mausklick aus.

Schritt 2

Klicken Sie in der Bibliotheksansicht oben auf **Wiedergabeliste erstellen**. Links wird nun eine neue Liste angelegt. Überschreiben Sie den bereits markierten Namen **Unbenannte Liste** mit einer neuen Bezeichnung, z. B. »Party«, und schließen Sie die Eingabe mit [↵] ab.

Schritt 3

Markieren Sie in der linken Spalte **Musik**, um sich alle Alben und Titel anzeigen zu lassen, die in Ihrer Medienbibliothek vorhanden sind. Die Titel können nach Interpret, Album oder Genre sortiert werden.

Schritt 4

Befinden sich die gewünschten Titel noch nicht in der Bibliothek, führen Sie in der linken Fensterhälfte einen Rechtsklick auf das CD-Laufwerk mit eingelegter CD aus und wählen den Befehl **CD in Bibliothek kopieren**.

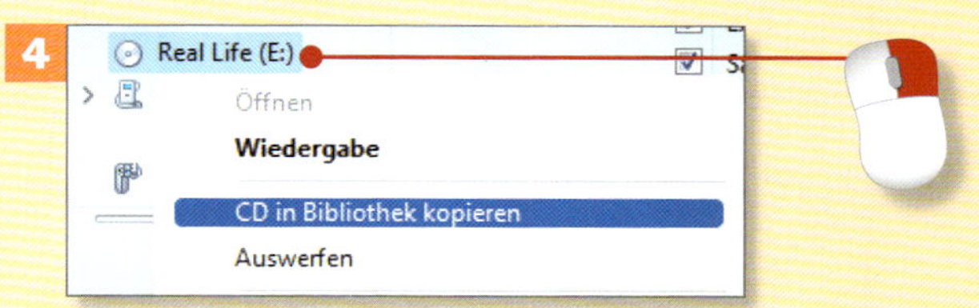

Schritt 5

Markieren Sie nun einen oder mehrere Titel mit Strg + Mausklick, und ziehen Sie sie mit gedrückter Maustaste nach links auf die gewünschte Wiedergabeliste. Dort lassen Sie die Taste wieder los. Diesen Vorgang wiederholen Sie bei jedem Lied, das Sie der Wiedergabeliste hinzufügen möchten. Die Titel werden dabei nicht wirklich kopiert; Sie können sie also aus der Liste auch wieder entfernen, ohne dass sie dabei von der Festplatte gelöscht werden.

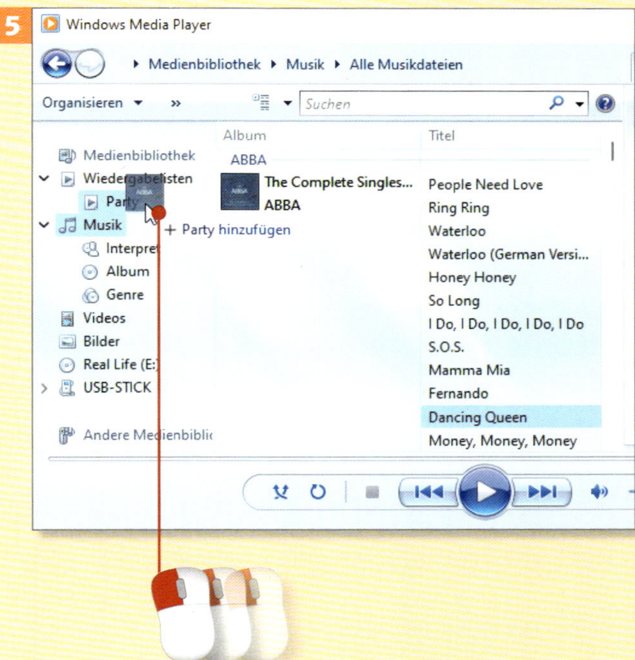

Schritt 6

Zum Sortieren klicken Sie einen Titel in der Wiedergabeliste an und verschieben ihn mit gedrückter Maustaste an die neue Position. Sobald Sie die Taste loslassen, wird der Titel dort einsortiert.

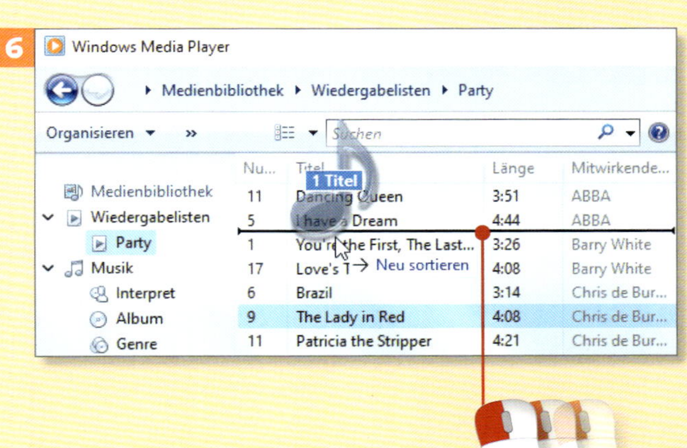

Titel von einer Musik-CD kopieren

Kopieren Sie Musik-CDs einfach auf Ihre Festplatte, und übertragen Sie sie auf portable Geräte wie Smartphone oder MP3-Player.

1

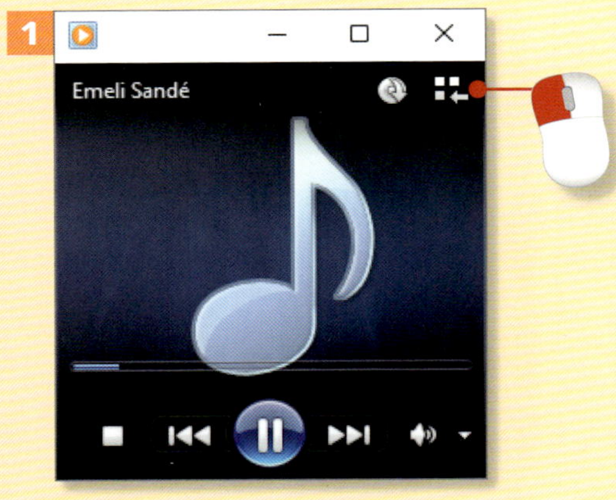

Schritt 1

Legen Sie eine Audio-CD ein, warten Sie einen Moment, bis der *Windows Media Player* gestartet ist, und rufen Sie dann über den Menüpunkt **Zur Bibliothek wechseln** die Bibliotheksansicht auf. Sollte das Programm nicht von selbst starten, öffnen Sie es über das Startmenü.

2

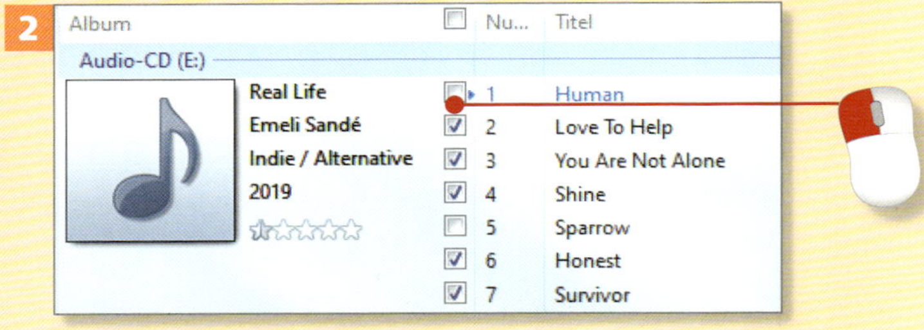

Schritt 2

Entfernen Sie nun die Häkchen vor allen Titeln, die Sie nicht kopieren möchten. Klicken Sie dazu einfach in die Kästchen vor den entsprechenden Einträgen.

3

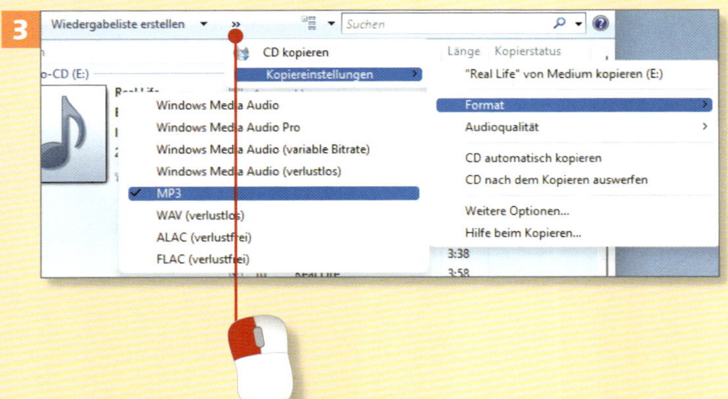

Schritt 3

Die Kopiereinstellungen sind etwas versteckt. Um sie zu erreichen, klicken Sie in der Menüleiste auf den kleinen Doppelpfeil, zeigen auf **Kopiereinstellungen ▸ Format** und wählen das gewünschte Format aus.

Schritt 4

Wählen Sie bei Bedarf auf dem gleichen Weg die Audioqualität aus. Zeigen Sie erneut auf **Kopiereinstellungen**, dann auf **Audioqualität**, und wählen Sie aus der Auswahlliste die benötigte Qualität aus.

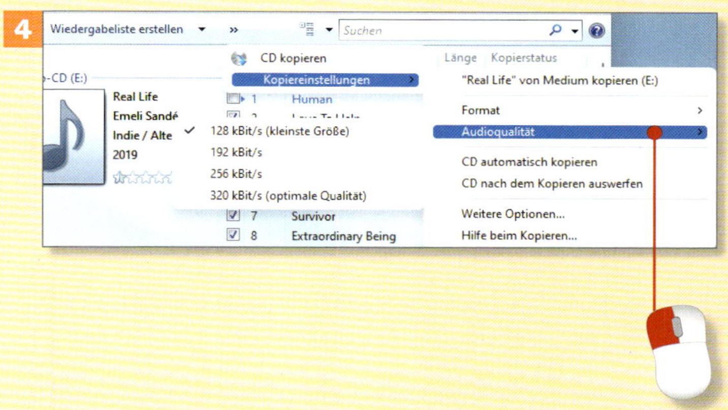

Schritt 5

Haben Sie alle Einstellungen vorgenommen, starten Sie den Kopiervorgang. Klicken Sie dazu erneut auf den kleinen Doppelpfeil, und wählen Sie den Befehl **CD kopieren**.

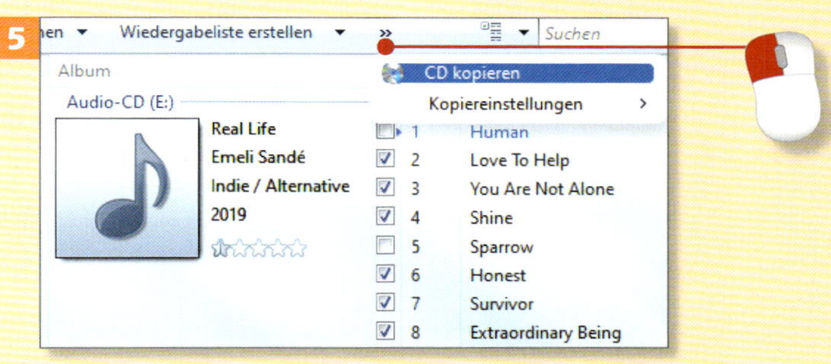

Schritt 6

Die Musikstücke werden auf die Festplatte kopiert und sind dort z. B. über den Explorer in der Standardbibliothek **Musik** ❶ zu erreichen.

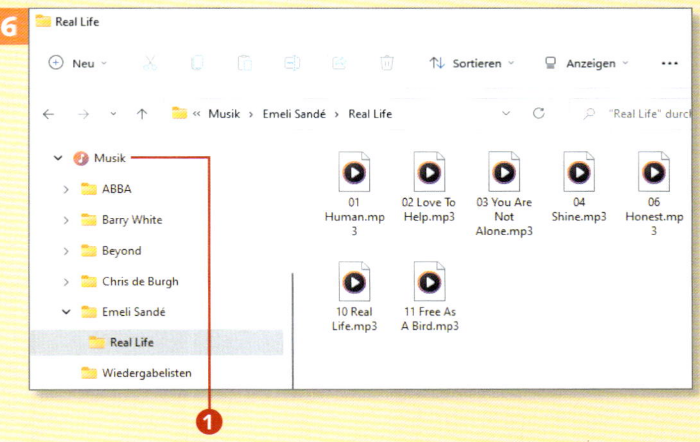

Tragbare Geräte

Nicht jedes Gerät kann jedes Format abspielen. MP3s werden allerdings von jedem Gerät interpretiert. Prüfen Sie auf jeden Fall vor dem Kopieren der CD, welches Dateiformat Ihr tragbares Gerät abspielen kann, und wählen Sie dieses entsprechend aus. Sonst ärgern Sie sich unterwegs.

Eine eigene Musik-CD brennen

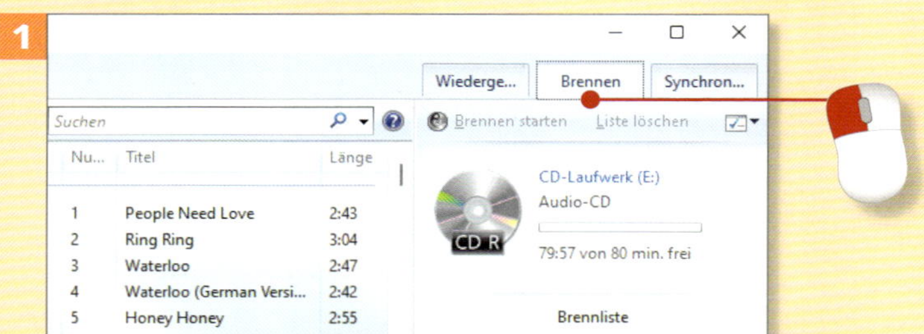

Viele Computer verfügen über einen eingebauten CD/DVD-Brenner. Warum also nicht die schönsten Lieder auf eine eigene CD brennen? Auch hier hilft der Windows Media Player weiter.

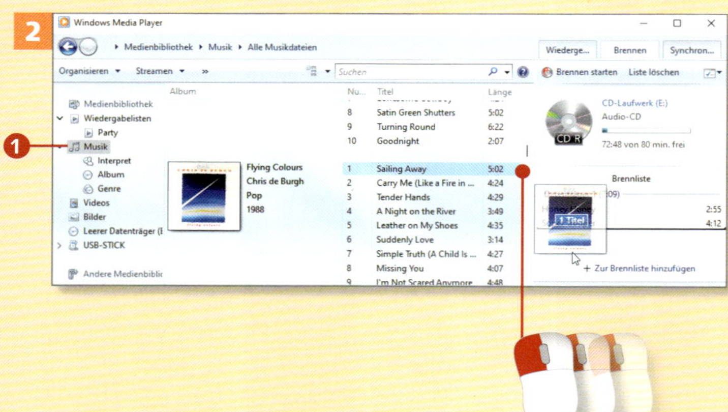

Schritt 1

Legen Sie zunächst eine leere CD in das CD-Laufwerk ein, und klicken Sie dann in der Bibliotheksansicht des *Windows Media Players* auf das Register **Brennen**.

Schritt 2

Nun gilt es, die Inhalte der CD zusammenzustellen. Klicken Sie auf den Eintrag **Musik** ❶, und ziehen Sie per Drag & Drop nach und nach alle gewünschten Titel aus der mittleren Spalte nach rechts in die Brennliste.

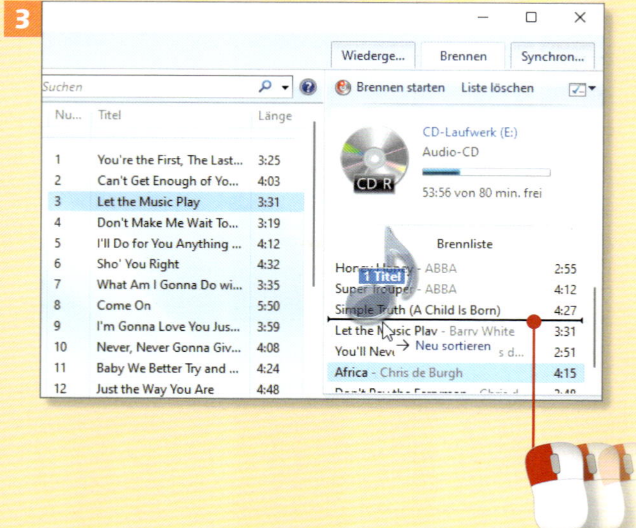

Schritt 3

Die Reihenfolge der Lieder in der Brennliste können Sie verändern. Klicken Sie einen Titel an, und verschieben Sie ihn mit gedrückter Maustaste. Lassen Sie die Taste an der gewünschten Position wieder los.

Schritt 4

Klicken Sie auf das Symbol **Brennoptionen**, und markieren Sie im Menü den Eintrag **Audio-CD**; eine Daten-CD wäre nämlich nur auf dem Computer und nicht auf einem normalen CD-Player abspielbar.

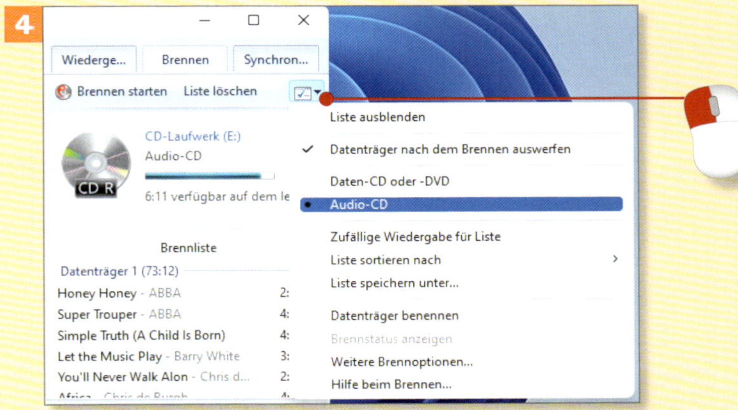

Schritt 5

Klicken Sie auf die Bezeichnung **Brennliste**, und tragen Sie eine passende Bezeichnung für die CD ein, z. B. »Favoriten«. Schließen Sie die Eingabe wie gewohnt mit [↵] ab.

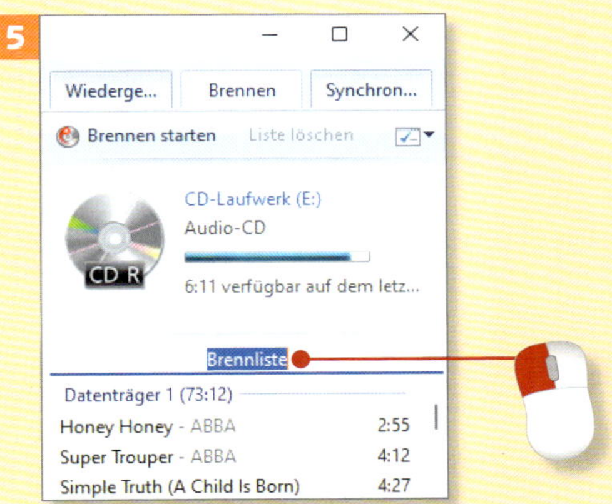

Schritt 6

Nun geht's los! Alle Einstellungen sind getroffen, alle Titel in die Brennliste gezogen. Starten Sie den Kopiervorgang mit einem Klick auf die Schaltfläche **Brennen starten**.

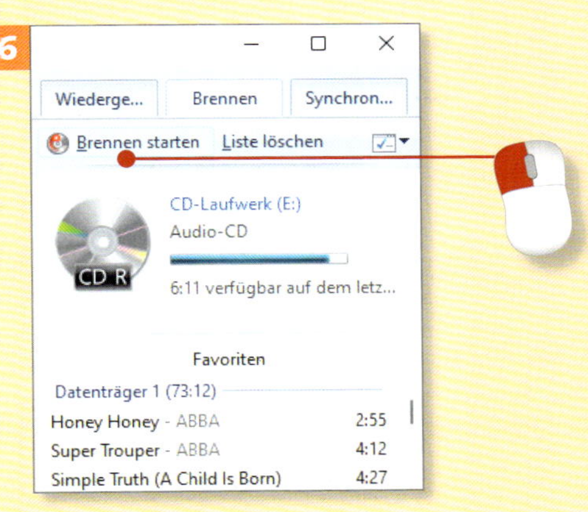

Die CD läuft nicht

Manche alten CD-Player haben bisweilen Schwierigkeiten mit selbst gebrannten CDs. Sollte das bei Ihrem Gerät der Fall sein, prüfen Sie zunächst, ob die CD auch als Audio-CD gebrannt wurde, und versuchen Sie als zweiten Schritt vielleicht einmal, einen anderen Rohling zu benutzen.

Eine DVD am Computer anschauen

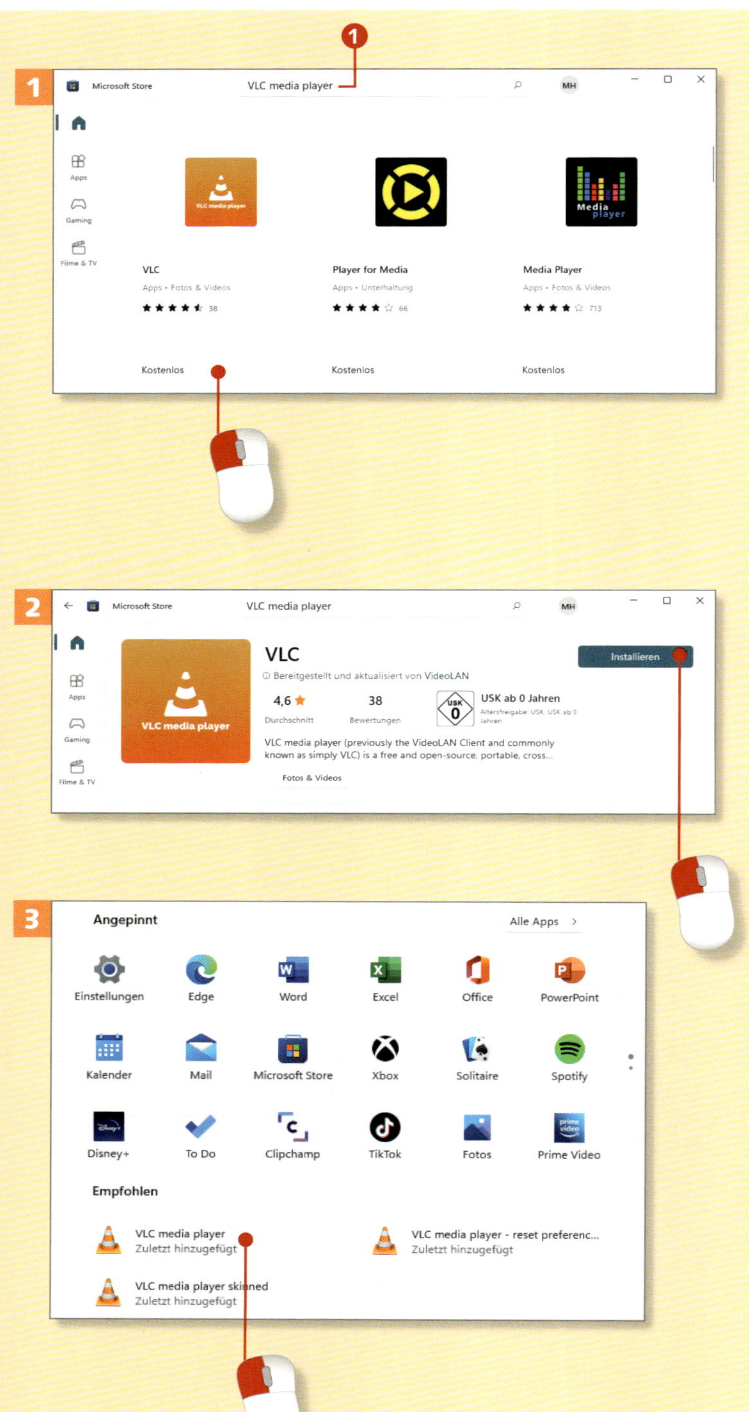

Der Windows Media Player kann keine DVDs wiedergeben, und das Windows Media Center ist bereits seit Windows 10 nicht mehr verfügbar. Kein Problem, denn mit dem kostenlosen VLC Media Player können Sie fortan wieder DVDs anschauen.

Schritt 1

Installieren Sie den *VLC Media Player* (VLC) über den Microsoft Store. Geben Sie hierzu den Namen der App in das Suchfeld des Stores ein ❶. Wählen Sie die App **VLC** dann per Mausklick in der Trefferliste aus.

Schritt 2

Starten Sie die Installation mit einem Klick auf **Installieren**. Bestätigen Sie anschließend die Benutzerkontensteuerung mit **Ja**.

Schritt 3

Nach erfolgter Installation finden Sie das Programm im Startmenü unter **Empfohlen** oder in der Liste aller Apps unter **VideoLan ▸ VLC Media Player**. Starten Sie den VLC Media Player mit einem Klick auf das Programmsymbol.

Schritt 4

Um einen Film zu starten, legen Sie zunächst die DVD in Ihr Laufwerk ein und klicken dann im Menü **Medien** auf den Befehl **Medium öffnen**.

Schritt 5

Im Register **Medium** 2 sollte die Medienauswahl bereits auf **DVD** 3 eingestellt sein. Wählen Sie das Laufwerk 4 aus, das die abzuspielende DVD enthält, und klicken Sie schließlich unten im Programmfenster auf **Wiedergabe**, um den Film zu starten.

Schritt 6

Über die Bedienelemente am unteren Bildrand 5 können Sie unter anderem die Wiedergabe pausieren, vor- und zurückspulen oder anhalten. Auch die Umschaltung in den Vollbildmodus ist möglich. Den Vollbildmodus können Sie mit der Esc-Taste wieder verlassen.

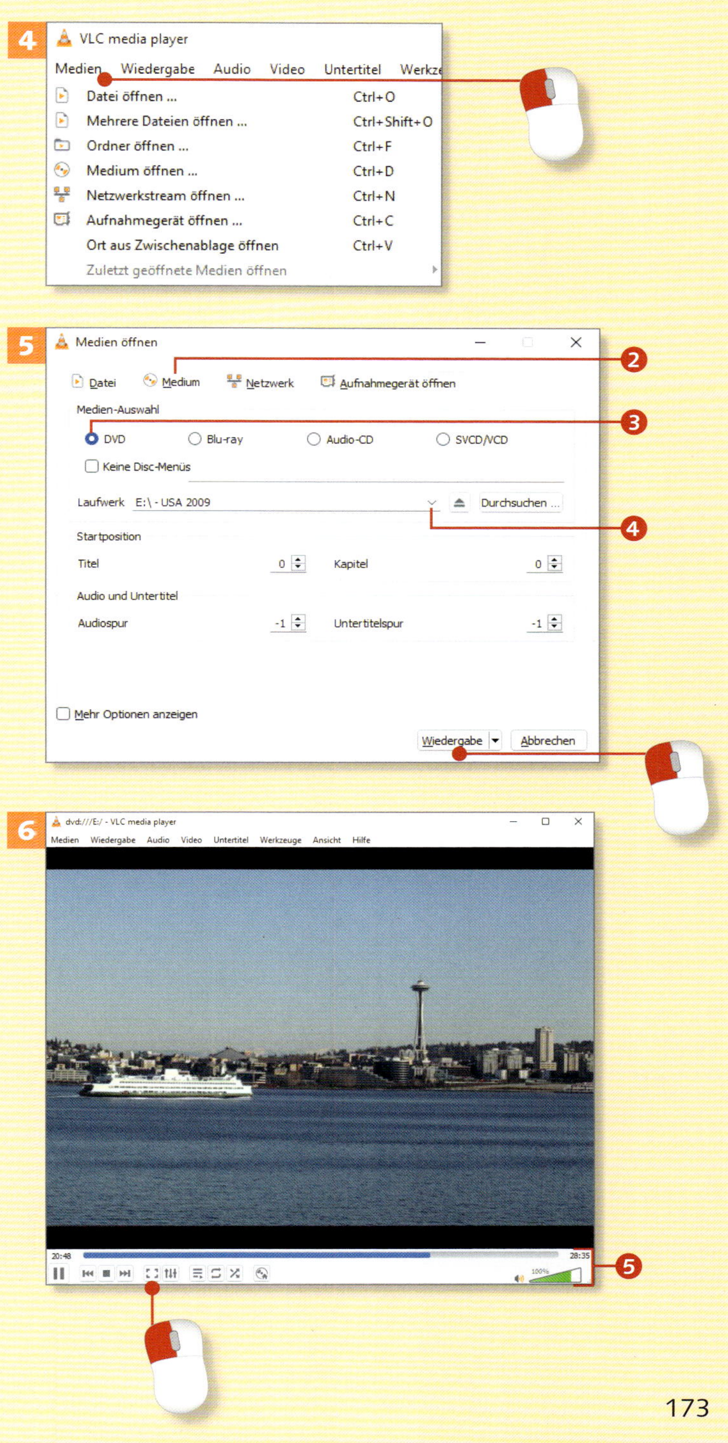

Alternativen für das Windows Media Center

Neben dem kostenpflichtigen Programm *DVB Viewer* sind die beiden kostenlosen Anwendungen *Kodi* und *Media Portal* sicherlich zwei Alternativen.

Kapitel 8
Programme besser im Griff

Wie lassen sich ältere Programme, die nicht für Windows 11 geschrieben wurden, dennoch unter dem neuen Betriebssystem nutzen? Lassen sich Programme auch über die Tastatur starten? Und wie entfernen Sie nicht mehr benötigte Programme sauber und ohne Rückstände aus dem System?

Der Kompatibilitätsmodus
Viele Programme aus früheren Windows-Tagen laufen auch unter Windows 11 problemlos. Wie aber lassen sich ältere Programme nutzen, deren Installation bereits scheitert, deren Funktionsumfang stark eingeschränkt ist oder die immer wieder abstürzen? Bei diesen Problemen hilft der Kompatibilitätsmodus ❶.

So deinstallieren Sie Programme richtig
Bei jeder Installation werden zahlreiche Daten in das Windows-Verzeichnis sowie in die Registry geschrieben. Damit beim Entfernen einer Anwendung auch wirklich alle Daten gelöscht werden und kein Datenmüll zurückbleibt, müssen Programme sauber über die Einstellungen deinstalliert werden ❷.

So arbeiten Sie mit dem Task-Manager
Mit dem Task-Manager haben Sie Zugriff auf wichtige Bereiche Ihres Systems ❸. Sie können sehen, welche Programme am häufigsten verwendet werden oder die meisten Ressourcen beanspruchen, inaktive Programme beenden und sich die Auslastung Ihres Rechners grafisch anzeigen lassen. Lernen Sie den Task-Manager kennen, und nutzen Sie seine Möglichkeiten.

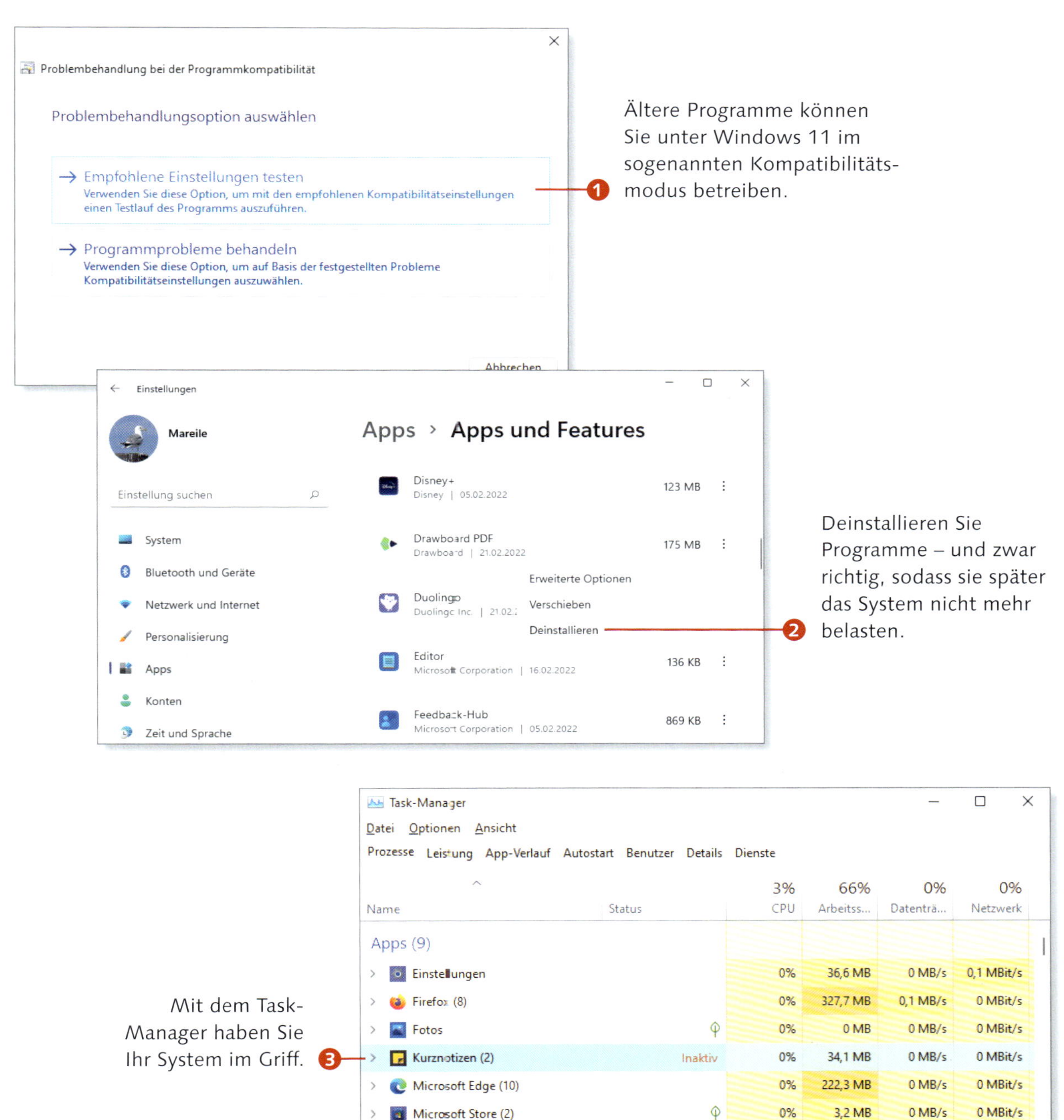

1 Ältere Programme können Sie unter Windows 11 im sogenannten Kompatibilitätsmodus betreiben.

2 Deinstallieren Sie Programme – und zwar richtig, sodass sie später das System nicht mehr belasten.

3 Mit dem Task-Manager haben Sie Ihr System im Griff.

Ältere Programme unter Windows 11 verwenden

Manchmal laufen ältere Programme nicht unter Windows 11. Hier hilft der Kompatibilitätsmodus.

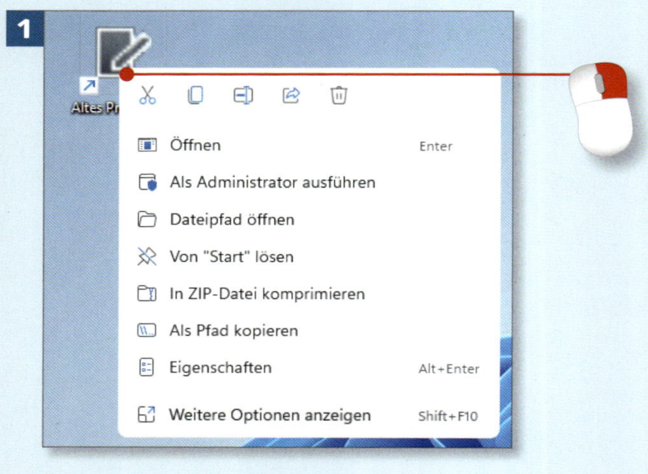

Schritt 1

Klicken Sie das Programmsymbol auf dem Desktop oder im Explorer mit der rechten Maustaste an, und klicken Sie dann auf **Weitere Optionen anzeigen**.

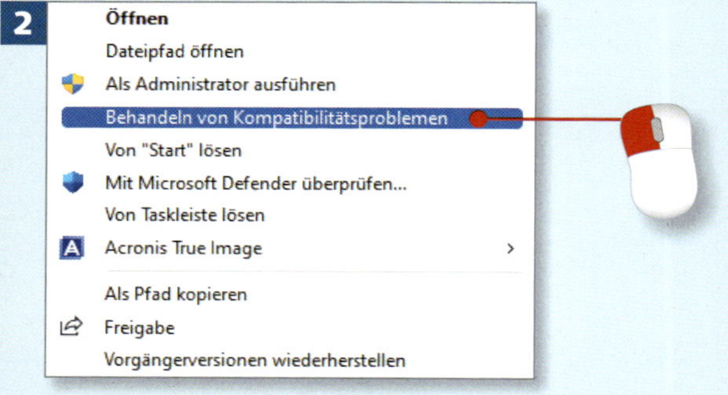

Schritt 2

Nun wird das erweiterte Kontextmenü angezeigt. Hier wählen Sie den Befehl **Behandeln von Kompatibilitätsproblemen** aus.

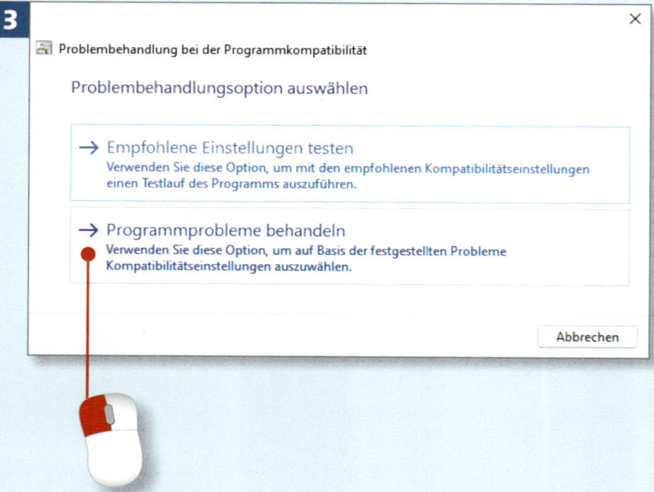

Schritt 3

Windows versucht nun, das Problem zu ermitteln. Dieser Vorgang dauert einen Moment. Wählen Sie anschließend die untere der beiden Optionen, **Programmprobleme behandeln**.

Wichtige Ausnahmen
Verwenden Sie den Kompatibilitätsmodus nicht in Verbindung mit alten Antiviren-Programmen oder anderen Systemprogrammen!

Schritt 4

In einem ersten Dialog werden Sie nun gefragt, welche Probleme Ihnen aufgefallen sind. Markieren Sie eine oder mehrere der zur Verfügung stehenden Fehlerbeschreibungen, und klicken Sie danach auf **Weiter**.

Schritt 5

In Abhängigkeit von der getroffenen Auswahl wird Ihnen gegebenenfalls ein weiterer Dialog angezeigt, oder es werden gleich die ermittelten Einstellungen aufgelistet. Klicken Sie auf **Programm testen**.

Schritt 6

Das Programm wird nun gestartet. Testen Sie in Ruhe alle Funktionen der Anwendung, und klicken Sie erst danach auf **Weiter**. War die Problembehandlung erfolgreich? Klicken Sie auf **Ja**, wenn alles geklappt hat, oder auf **Nein**, falls weiterhin Probleme auftreten. Wiederholen Sie in diesem Fall den Vorgang mit anderen Einstellungen.

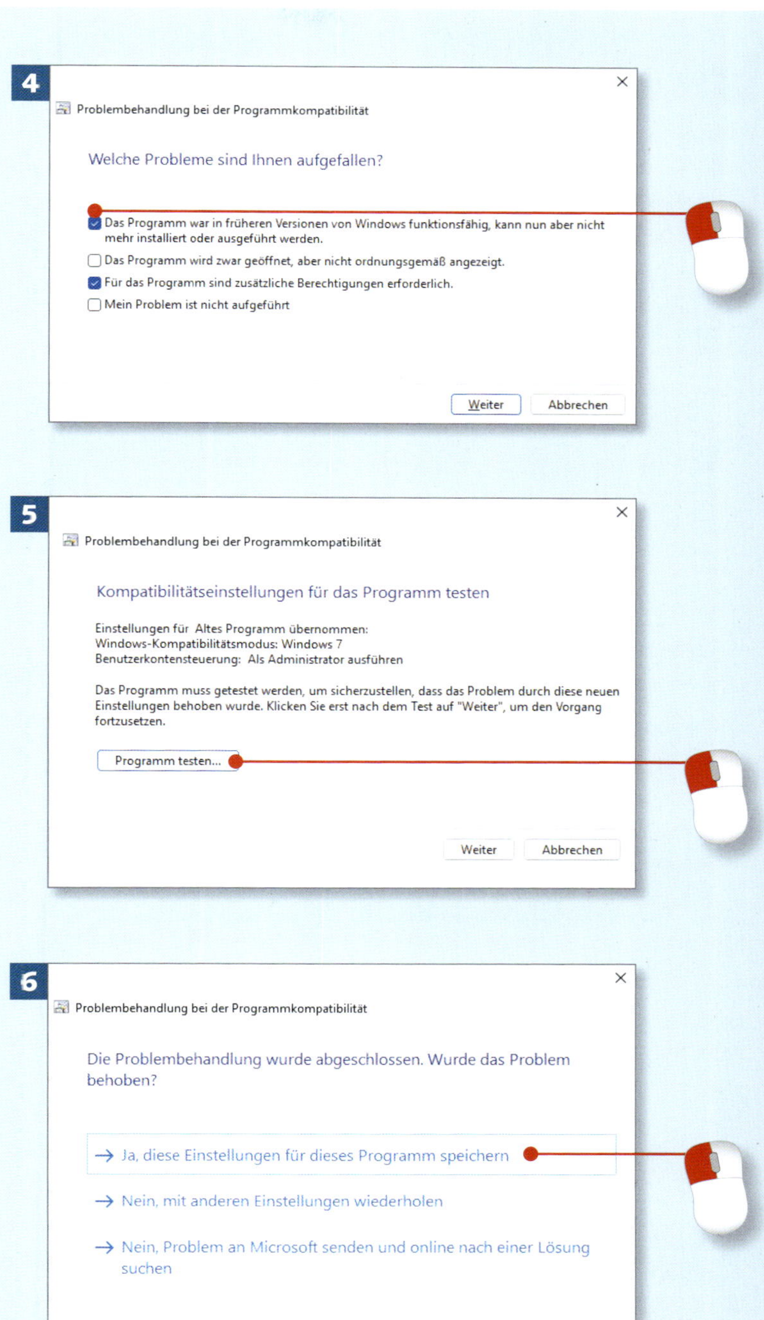

Software aktualisieren

Sollten die Kompatibilitätseinstellungen bei der Ausführung einer älteren Anwendung nicht helfen, besuchen Sie die Website des Herstellers. Eventuell finden Sie dort ein Update für Ihr Programm.

Ordner schneller starten

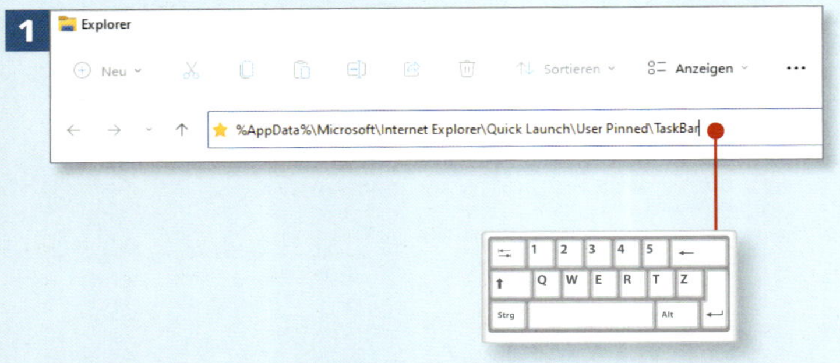

Microsoft hat die Schnellstartleiste bereits unter Windows 7 deaktiviert. An die neue Taskleiste können Sie Ordner oder Dateien nur mit einem kleinen Trick anheften.

Schritt 1

Starten Sie den Explorer über die Tastenkombination ⊞ + E. Klicken Sie auf einen freien Bereich innerhalb der Adressleiste. Überschreiben Sie den nun blau markierten Pfad mit der folgenden Pfadangabe: *%AppData%\Microsoft\Internet Explorer\Quick Launch\User Pinned\TaskBar*. Bestätigen Sie die Eingabe durch Drücken der Taste ↵.

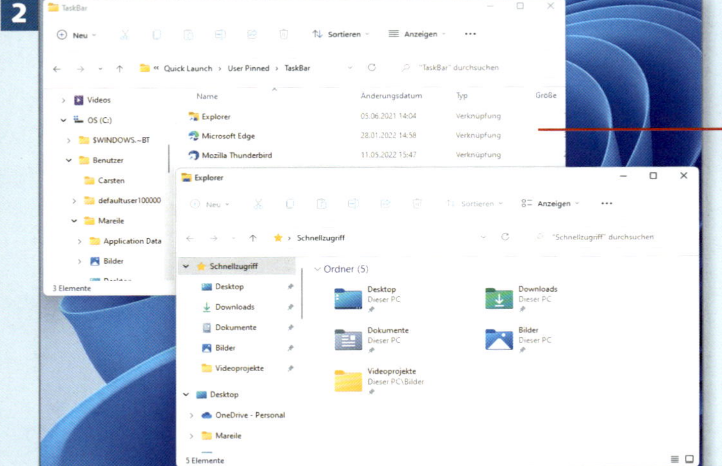

Schritt 2

Im Inhaltsbereich des Explorers werden die Programme aufgeführt, die bereits an die Taskleiste angeheftet wurden **1**. Durch Drücken der Tastenkombination ⊞ + E öffnen Sie ein weiteres Explorer-Fenster.

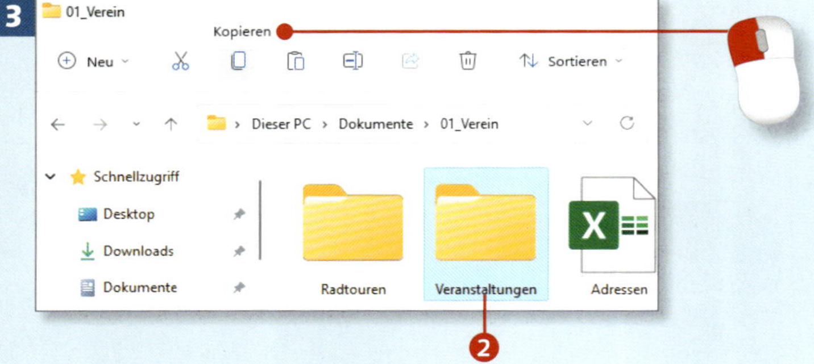

Schritt 3

Navigieren Sie in dem zuletzt geöffneten Explorer-Fenster zu dem Ordner, den Sie an die Taskleiste heften möchten. Markieren Sie den Ordner **2**, und klicken Sie in der Symbolleiste auf das Symbol **Kopieren**.

Schritt 4

Kehren Sie zu dem Explorer-Fenster zurück, das Sie in Schritt 1 geöffnet haben. Es ist gut anhand der Bezeichnung **TaskBar** in der Titelleiste zu erkennen ❸. Klicken Sie mit der rechten Maustaste auf einen freien Bereich im Inhaltsbereich, also der rechten Fensterhälfte. Wählen Sie im Kontextmenü den Befehl **Weitere Optionen anzeigen**.

Schritt 5

Klicken Sie im erweiterten Kontextmenü auf den Befehl **Verknüpfung einfügen**.

Schritt 6

Im Inhaltsbereich wird nun die Verknüpfung auf den ausgewählten Ordner eingefügt. Klicken Sie sie mit der rechten Maustaste an, und wählen Sie den Befehl **Eigenschaften**.

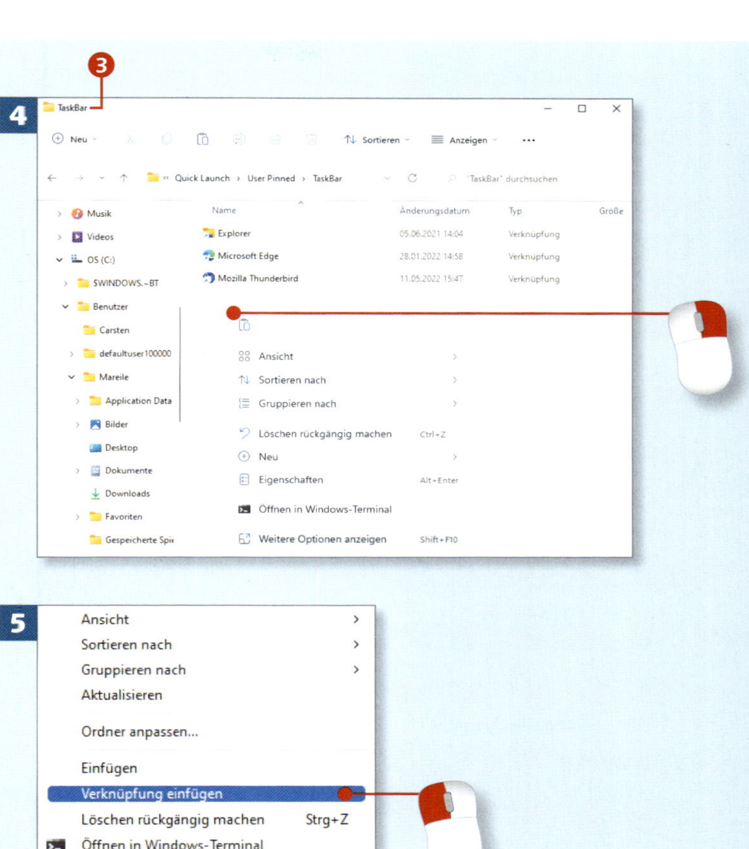

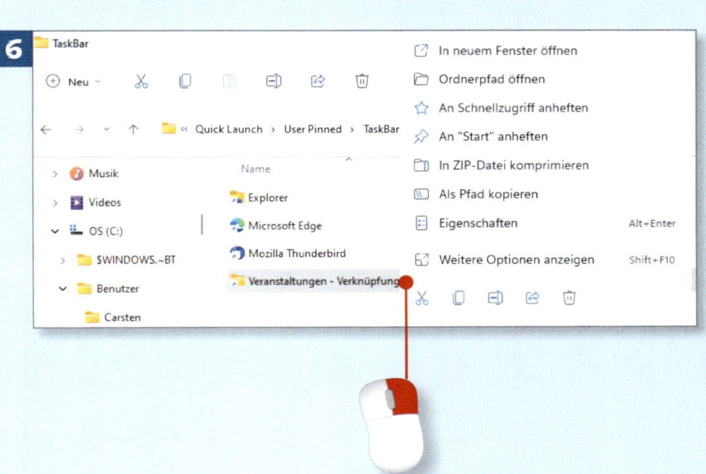

Pfadangabe
Achten Sie bei der Angabe des Pfades in Schritt 1 auf die korrekte Schreibweise, inklusive der angegebenen Leerzeichen. Sollte etwas nicht so funktionieren wie hier beschrieben, liegt es vermutlich an einem Tippfehler.

Ordner schneller starten (Forts.)

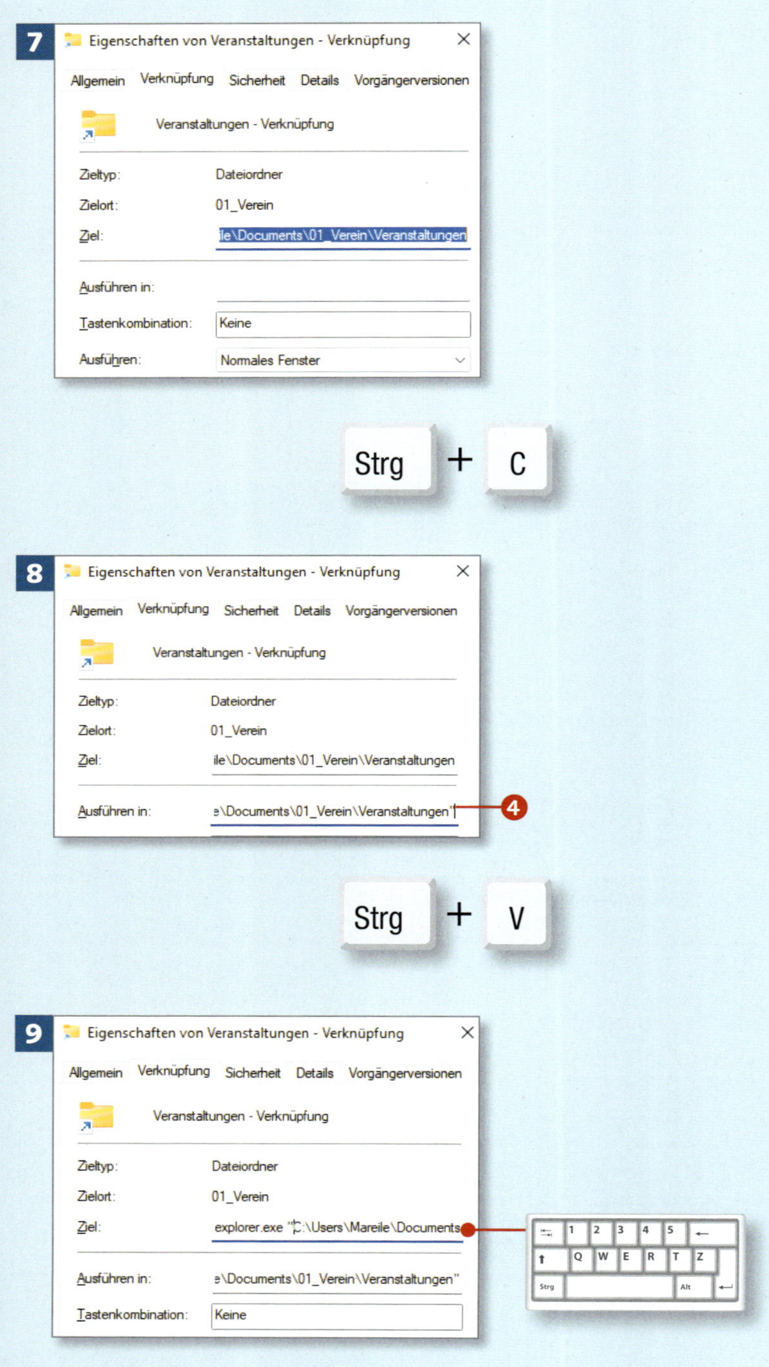

Schritt 7

Nun wird es etwas trickreich. Im Register **Verknüpfung** des Eigenschaftendialogs ist der Pfad im Feld **Ziel** bereits blau markiert. Um die Pfadangabe zu kopieren, drücken Sie die Tastenkombination [Strg] + [C].

Schritt 8

Klicken Sie nun in das Feld **Ausführen in**. Tippen Sie in das Feld ein Anführungszeichen („) ein. Anschließend drücken Sie die Tastenkombination [Strg] + [V], um den zuvor kopierten Pfad im Feld einzufügen. Tippen Sie erneut ein Anführungszeichen (") ein ❹. Der Pfad ist also von zwei Anführungszeichen umschlossen.

Schritt 9

Klicken Sie in das Feld **Ziel**. Navigieren Sie mithilfe der Taste [←] bis zum Anfang der Pfadangabe. Tippen Sie hier »explorer.exe« ein, gefolgt von einem Anführungszeichen, also *explorer.exe* ". Rechts vom Anführungszeichen beginnt die Pfadangabe.

Schritt 10

Drücken Sie nun so häufig die Taste [→], bis Sie am Ende der Pfadangabe im Feld **Ziel** angelangt sind. Tippen Sie erneut ein Anführungszeichen („) ein. Schließen Sie den Eigenschaftendialog mit einem Klick auf **Übernehmen** 5 und dann auf **OK** 6.

Schritt 11

Belassen Sie die Verknüpfung zum Ordner weiterhin markiert 7, und drücken Sie die Tastenkombination [⇧] + [F10], um das erweiterte Kontextmenü einzublenden. In diesem wählen Sie den Befehl **An Taskleiste heften**.

Schritt 12

Nun erscheint in der Taskleiste das Ordnersymbol. Durch einen Klick auf es öffnet sich der Explorer mit genau diesem Ordner. Nach dem Anheften der Verknüpfung an die Taskleiste wird die Verknüpfung im Inhaltsbereich des Explorers übrigens doppelt aufgeführt 8. Dies irritiert zwar, ist aber absolut korrekt.

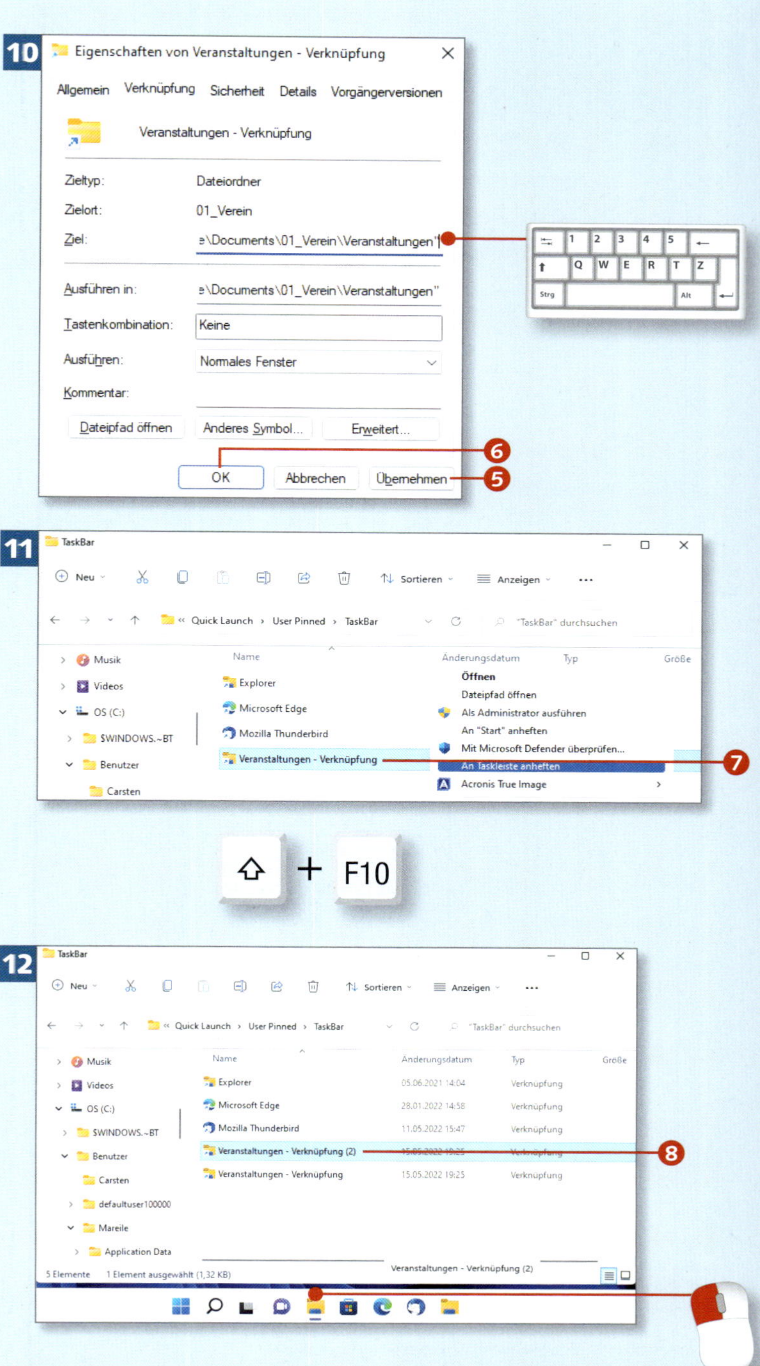

Programme per Tastenkombination starten

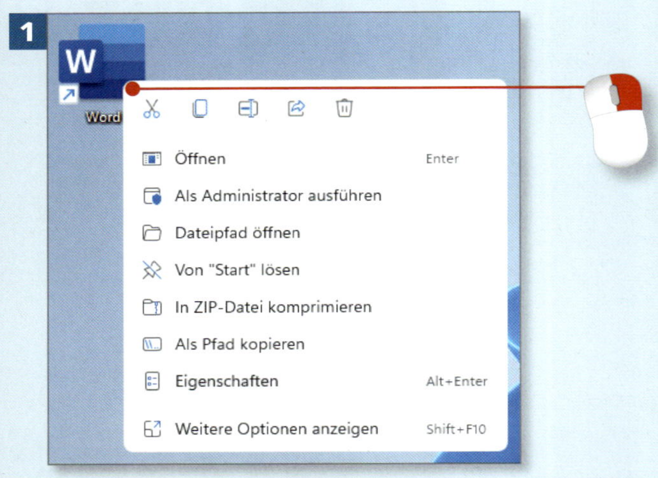

Programme, die Sie auf dem Desktop als Verknüpfung abgelegt haben, können Sie bequem mit einer selbst definierten Tastenkombination starten. Das geht meist erheblich schneller, als ein Programm per Doppelklick zu starten.

Schritt 1

Führen Sie auf dem Desktop einen Rechtsklick auf eine Programmverknüpfung aus, und wählen Sie den Eintrag **Eigenschaften**.

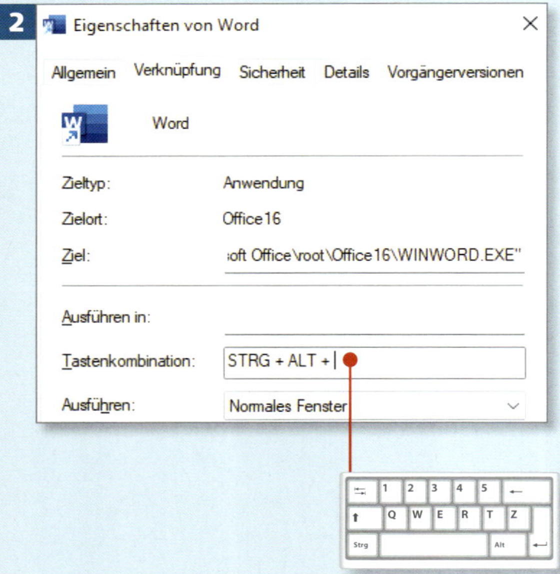

Schritt 2

Klicken Sie in das Feld **Tastenkombination**, und drücken Sie dann eine Taste, die Sie zum Öffnen verwenden möchten, z. B. [F].

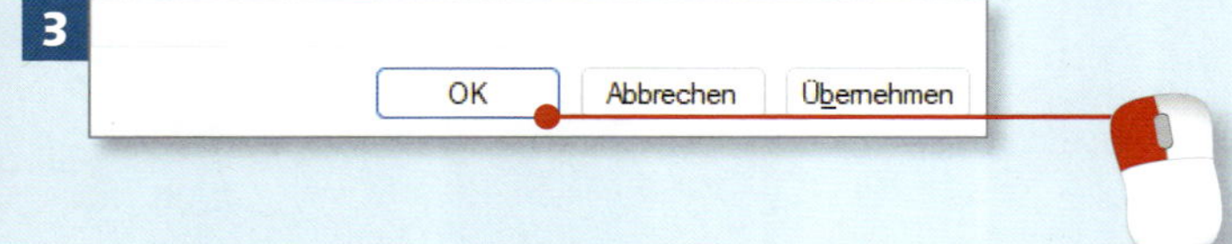

Schritt 3

Windows ergänzt automatisch die Tasten [Strg] und [Alt]. Die vollständige Kombination lautet also [Strg] + [Alt] + [F]. Übernehmen Sie die Einstellung mit einem Klick auf **OK**. Ab sofort können Sie das ausgewählte Programm mit dieser Tastenkombination starten.

Ordner per Tastatur öffnen

Auch Verknüpfungen zu Ordnern können Sie auf diese Weise mit einer Tastenkombination versehen.

Den Speicherbedarf Ihrer Programme ermitteln

Man verliert irgendwann nicht nur den Überblick, sondern auch der Speicherplatz geht zur Neige. Schauen Sie nach, welche Programme den meisten Platz beanspruchen.

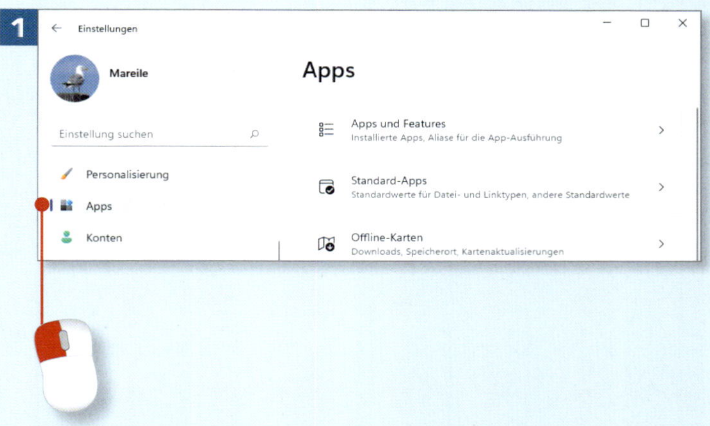

Schritt 1

Öffnen Sie die Einstellungen-App über die Tastenkombination [Windows] + [I]. Markieren Sie links die Kategorie **Apps** und dann rechts die Unterkategorie **Apps und Features**.

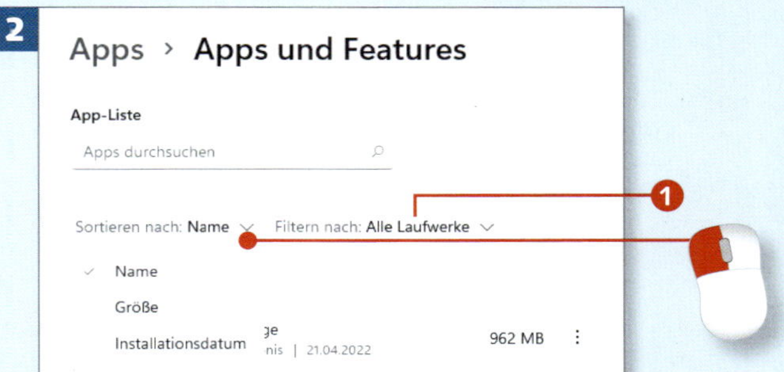

Schritt 2

Blättern Sie nach unten bis zum Abschnitt **App-Liste**. Stellen Sie über die Dropdown-Menüs die Optionen **Sortieren nach** auf **Größe** und **Filtern nach** auf **Alle Laufwerke** ❶.

Schritt 3

Windows berechnet nun den Platzbedarf Ihrer Anwendungen und listet sie auf. Oben in der Liste sind die Anwendungen aufgeführt, die den meisten Speicherplatz auf der Festplatte in Anspruch nehmen ❷.

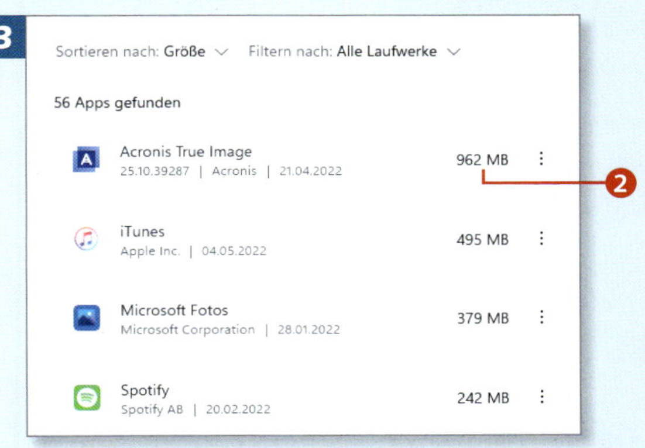

Programme deinstallieren
Wie Sie eine Anwendung entfernen, lesen Sie in der folgenden Anleitung »Programme sauber deinstallieren« auf Seite 184.

Programme sauber deinstallieren

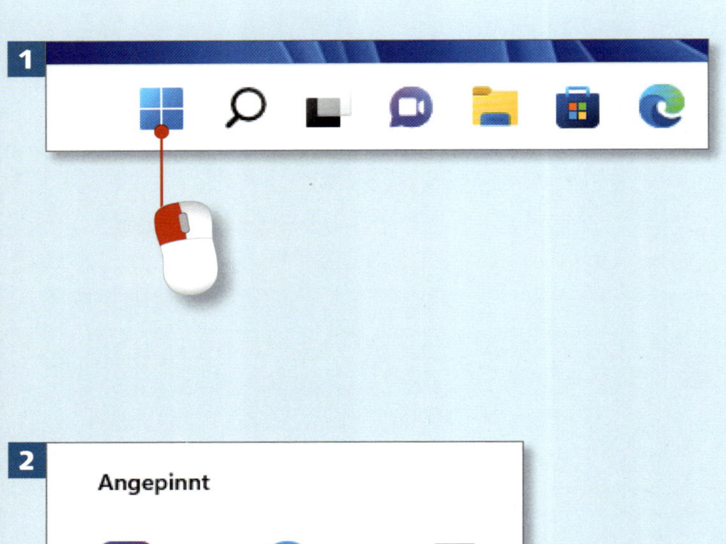

Um ein Programm wieder zu entfernen, reicht es nicht aus, nur die Programmdatei und gegebenenfalls das Verzeichnis zu löschen. Nutzen Sie stets den Weg über die Einstellungen.

Schritt 1

Haben Sie die App ans Startmenü geheftet, können Sie die Deinstallation auch direkt über das Startmenü beginnen. Öffnen Sie hierzu das Startmenü per Klick auf die **Start**-Schaltfläche in der Taskleiste oder indem Sie die [⊞]-Taste drücken.

Schritt 2

Klicken Sie das Programmsymbol der zu entfernenden App mit der rechten Maustaste an. Im Kontextmenü wählen Sie den Befehl **Deinstallieren** aus.

Schritt 3

Es erscheint die Nachfrage, ob die App wirklich entfernt werden soll. Bestätigen Sie sie mit einem Klick auf **Deinstallieren**. Die Anwendung wird nun vom System entfernt.

Schritt 4

Alternativ zum Weg über das Startmenü können Sie Programme auch direkt über die Einstellungen-App deinstallieren. Rufen Sie die App über die Tastenkombination [Windows] + [I] auf. Markieren Sie links die Kategorie **Apps** und dann rechts die Unterkategorie **Apps und Features**.

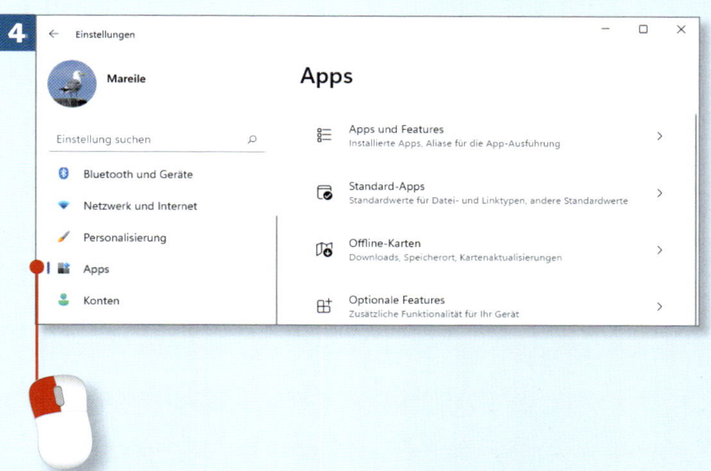

Schritt 5

Windows ermittelt daraufhin alle auf dem Rechner installierten Programme und führt sie in einer langen Liste auf. Über das Dropdown-Menü **Sortieren nach:** können Sie die Programmliste in aufsteigender alphabetischer Reihenfolge nach Namen, nach Größe oder nach dem Installationsdatum sortieren.

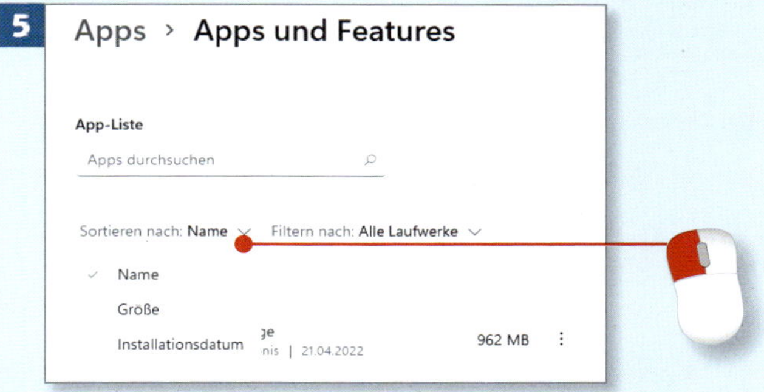

Schritt 6

Suchen Sie nun das zu deinstallierende Programm, und klicken Sie auf das Symbol mit den drei kleinen Punkten rechts vom entsprechenden Programmeintrag.

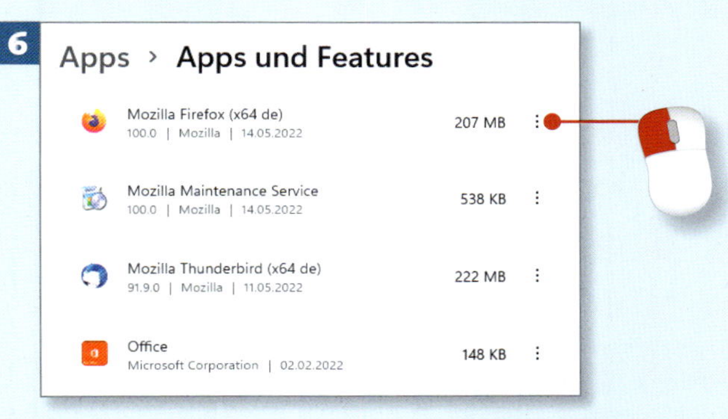

Deinstallationsprogramme

Es gibt zahlreiche Deinstallations-Tools, die eine saubere und mühelose Deinstallation versprechen. Auf diese Programme können Sie gut verzichten. Windows selbst erfüllt die Aufgabe absolut ausreichend.

Programme sauber deinstallieren (Forts.)

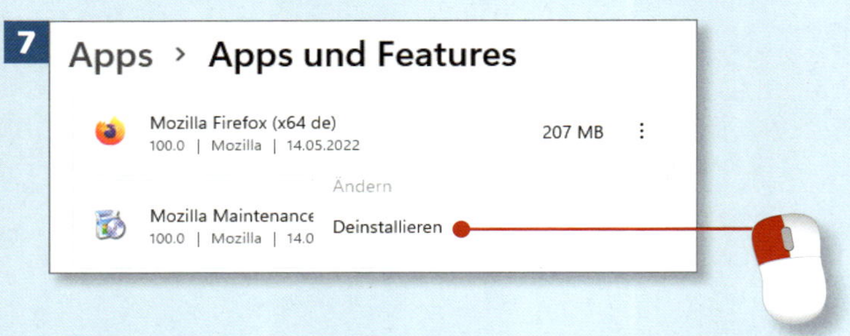

Schritt 7

Die Schaltfläche **Deinstallieren** wird eingeblendet. Klicken Sie darauf, um den Vorgang fortzusetzen.

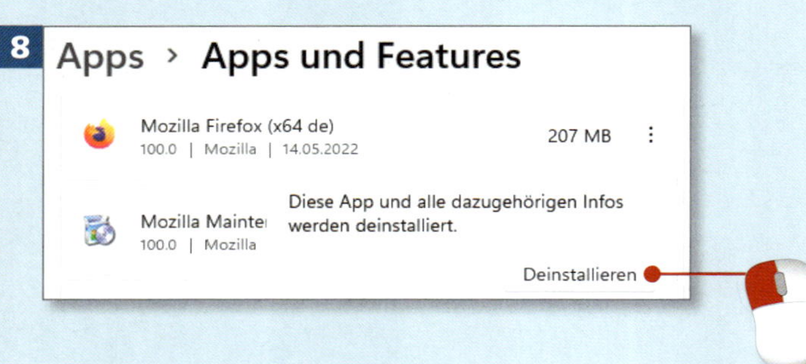

Schritt 8

Nun folgt ein Hinweis, dass das Programm und alle zugehörigen Informationen entfernt werden. Bestätigen Sie diese Abfrage mit einem erneuten Klick auf **Deinstallieren**.

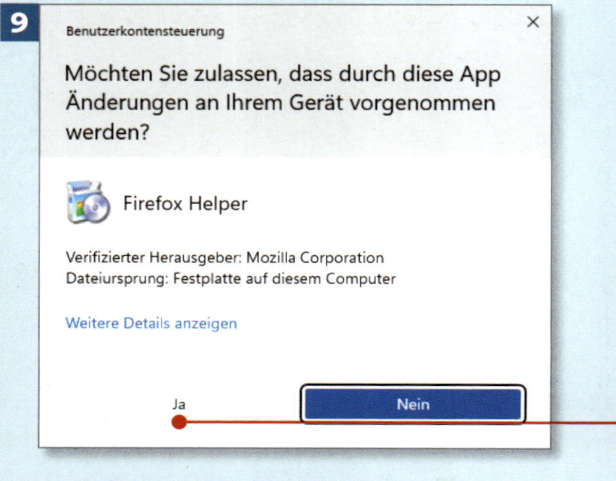

Schritt 9

Wenn es sich bei dem Programm um eine App handelt, wird diese nun ohne weitere Abfrage vollständig deinstalliert. Handelt es sich um eine herkömmliche Desktop-Anwendung, müssen Sie zunächst die Sicherheitsabfrage der Benutzerkontensteuerung mit **Ja** bestätigen.

App oder Programm?

Wenn Sie einen Eintrag in der Programmliste auswählen und neben der Schaltfläche **Deinstallieren** noch die Option **Verschieben** eingeblendet wird, handelt es sich um eine Windows-App, anderenfalls um eine herkömmliche Desktop-Anwendung.

Schritt 10

Ein weiteres Dialogfenster öffnet sich. Bestätigen Sie die erneute Nachfrage. Die anzuklickende Schaltfläche variiert von Programm zu Programm und kann z. B. **Weiter** oder auch **Ja** lauten.

Schritt 11

Im Falle unseres Beispielprogramms Mozilla Firefox ist eine erneute Bestätigung der Deinstallation mit einem Klick auf **Deinstallieren** nötig. Die Deinstallation wird nun gestartet. Sie kann wenige Sekunden, manchmal aber auch mehrere Minuten dauern.

Schritt 12

Am Ende informiert Sie ein neuerlicher Dialog über die erfolgreiche Durchführung. Klicken Sie auf **Fertigstellen** (bei manchen Programmen auch **OK**), um den Vorgang abzuschließen. Kontrollieren Sie im letzten Schritt noch einmal die Programmliste. Das soeben deinstallierte Programm sollte nun nicht mehr aufgeführt sein. Möchten Sie weitere Programme deinstallieren, wiederholen Sie einfach die Schritte 6 bis 12.

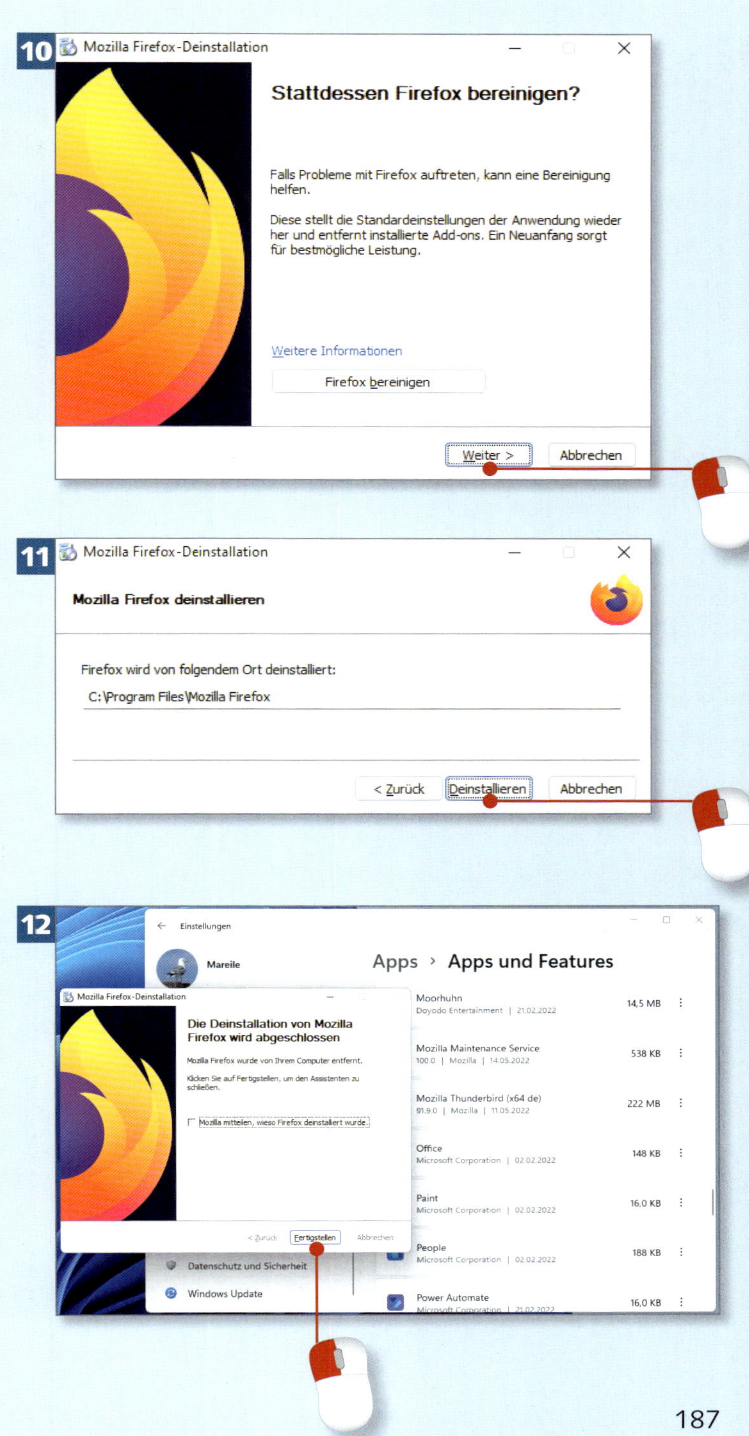

Mit dem Task-Manager arbeiten

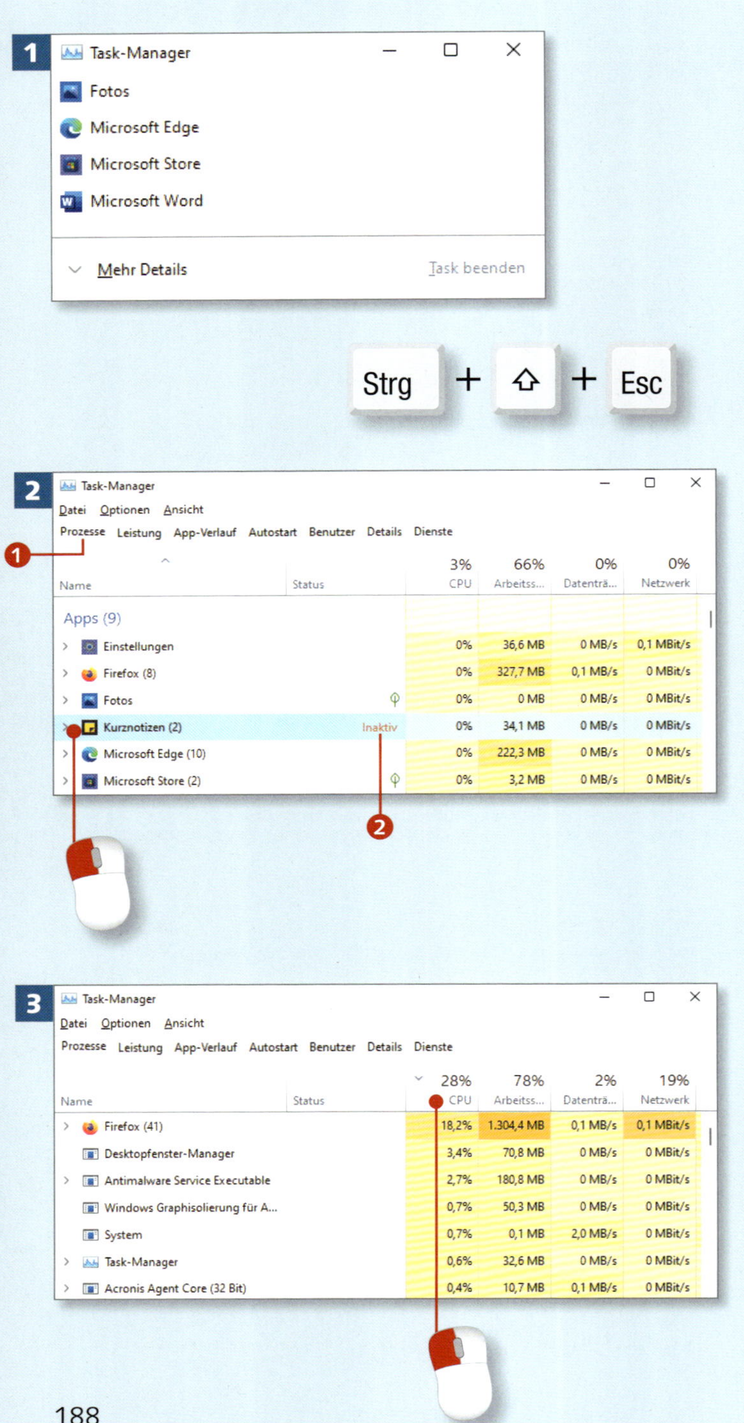

Über den Task-Manager können Sie sehen, welche Programme und Dienste gerade auf Ihrem PC ausgeführt werden.

Schritt 1

Starten Sie den Task-Manager mit Strg + ⇧ + Esc, und klicken Sie auf **Mehr Details**, um weitere Informationen einzublenden.

Schritt 2

Unter dem Register **Prozesse** ❶ werden alle Programme und Prozesse gelistet, die auf Ihrem PC ausgeführt werden. Abgestürzte Programme **(Inaktiv)** ❷ können Sie markieren und mit **Task beenden** schließen.

Schritt 3

Die Spalte **CPU** zeigt die gesamte Prozessorauslastung Ihres Systems. Klicken Sie auf den Spaltenkopf, um die Liste sortiert auszugeben.

Dienste deaktivieren

Kommen Sie den Empfehlungen im Internet zur Deaktivierung unnötiger Dienste lieber nicht nach. Wenn Sie die falschen Dienste deaktivieren, kann dies im System zu massiven Störungen und Fehlern führen.

Schritt 4

Mit einem Klick auf **Arbeitsspeicher** können Sie sehen, welcher Prozess am meisten Speicherplatz verbraucht. Der Wert im Spaltenkopf gibt die Gesamtbelegung des Arbeitsspeichers an.

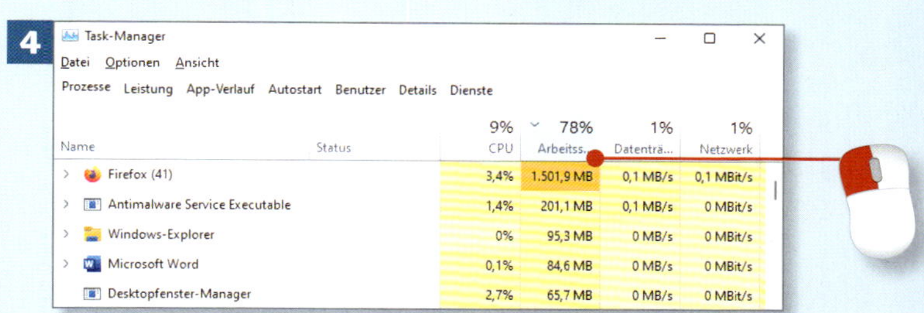

Schritt 5

Dem Register **Leistung** können Sie die wichtigsten Leistungsdaten Ihres Rechners entnehmen. Sie sehen auf einen Blick u. a. die Auslastung des Prozessors ❸, des Arbeitsspeichers ❹, den aktuellen Datentransfer Ihres Netzwerks ❺ sowie die Betriebszeit ❻ seit dem letzten vollständigen Neustart. Klicken Sie auf die Bereiche links, sehen Sie Details.

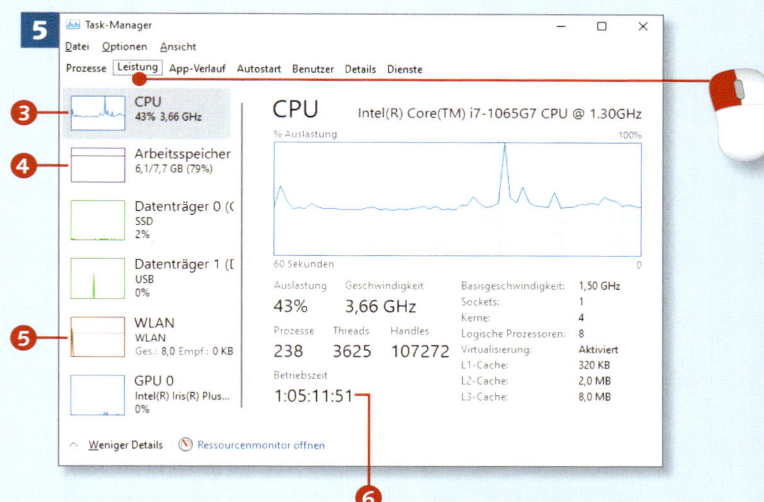

Schritt 6

Das Register **Dienste** ❼ listet alle verfügbaren Dienste auf. Führen Sie einen Rechtsklick auf einen Dienst aus, können Sie ihn manuell anhalten oder neu starten.

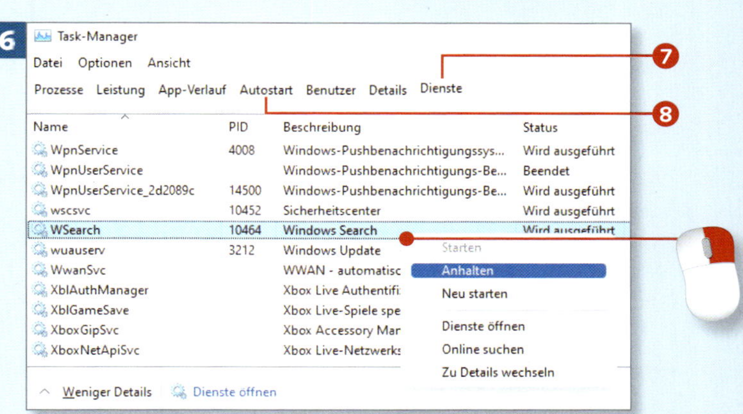

Autostart entrümpeln

Über das Register **Autostart** ❽ können Sie den Start unnötiger Programme deaktivieren und so den Systemstart mitunter erheblich beschleunigen (siehe die Anleitung »Windows schneller starten« auf Seite 226).

Standardprogramme festlegen

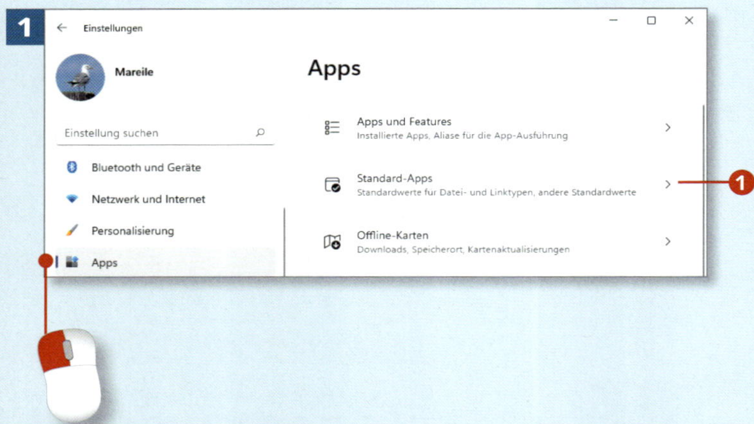

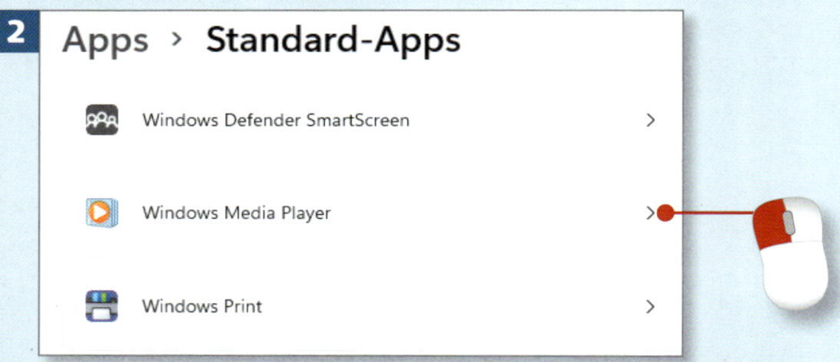

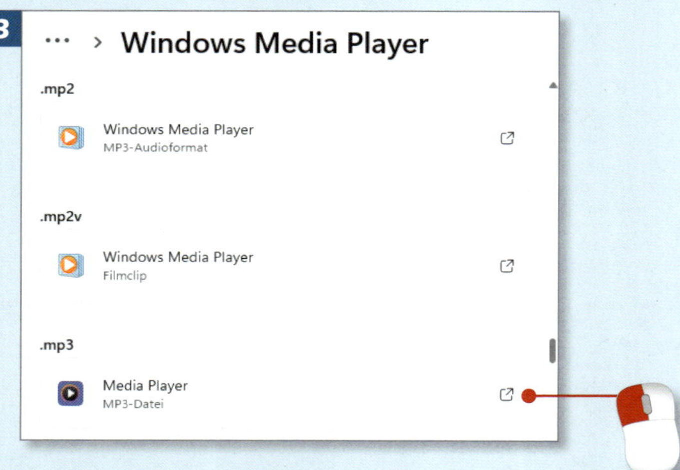

Unter Windows 11 ist jedem Dateityp ein bestimmtes Programm zugewiesen. Doppelklicken Sie im Explorer auf eine Datei, wird automatisch dieses sogenannte Standardprogramm geöffnet. Um selbst das gewünschte Programm festlegen, sind ein paar Schritte notwendig.

Schritt 1

Starten Sie die Einstellungen-App über die Tastenkombination ⊞ + I. Markieren Sie links die Kategorie **Apps**, und wählen Sie rechts **Standard-Apps** 1 aus.

Schritt 2

Rechts werden unterhalb von **Standards für Anwendungen festlegen** alle installierten Anwendungen aufgelistet. Falls Sie zum Anhören Ihrer Musik z. B. lieber den *Windows Media Player* als den neuen *Media Player* verwenden, blättern Sie in der Liste bis zum Eintrag **Windows Media Player** und klicken Sie ihn an.

Schritt 3

Sie sehen eine Übersicht über alle Dateitypen, die sich mit dem Programm öffnen lassen. Blättern Sie in der Liste bis zum Eintrag **.mp3**, und markieren Sie ihn per Mausklick.

Schritt 4

Im folgenden Dialog werden Sie aufgefordert, ein Programm auszuwählen, das Sie zukünftig zum Öffnen des Dateityps verwenden möchten. Wird das gewünschte Programm nicht angezeigt, klicken Sie auf **Weitere Apps**.

Schritt 5

Markieren Sie das gewünschte Programm. Im Beispiel handelt es sich dabei um den **Windows Media Player**. Bestätigen Sie Ihre Auswahl mit **OK**.

Schritt 6

In der Einstellungen-App wird für das *.mp3*-Format nun der Windows Media Player als Standardprogramm aufgeführt. Wiederholen Sie die Schritte 3 bis 6 für alle weiteren Dateitypen, für die Sie das ausgewählte Programm als Standardprogramm festlegen möchten.

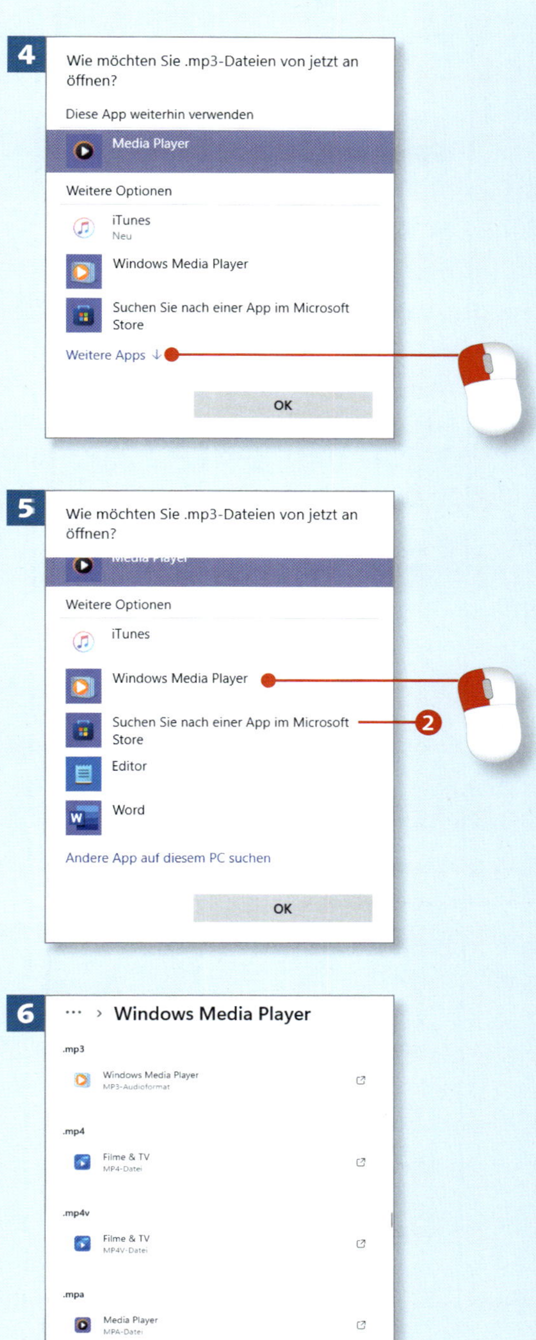

Apps aus dem Microsoft Store
Falls das gewünschte Programm nicht in der Liste enthalten ist, können Sie über **Suchen Sie nach einer App im Microsoft Store** ❷ einen Blick in den Store werfen.

Kapitel 9
Apps effizienter nutzen

Neben den herkömmlichen Desktop-Anwendungen spielen moderne Apps auch unter Windows 11 eine immer größere Rolle. Einige Apps, z. B. Media Player, Fotos, Mail, Filme & TV oder Uhr, sind bereits vorinstalliert; unzählige weitere Apps können Sie über den Store nachrüsten. In diesem Kapitel erfahren Sie, wie Sie Apps effizienter nutzen können, und lernen interessante Konfigurationsmöglichkeiten kennen.

So behalten Sie mit dem App-Verlauf den Überblick

Welche Apps verwenden Sie sehr häufig und welche so gut wie nie? Mit dem App-Verlauf behalten Sie den Überblick und können genau sehen, wie lange Sie einzelne Apps in den letzten 30 Tagen genutzt haben ❶. So können Sie u. a. ermitteln, welche Apps Sie bedenkenlos deinstallieren können, um wertvollen Speicherplatz auf der Festplatte freizugeben.

Standardspeicherorte festlegen

Diese Funktion kennen Sie vielleicht von Ihrem Smartphone. Unter Windows 11 können Sie festlegen, wo z. B. Dokumente, Bilder oder Videos standardmäßig gespeichert werden sollen ❷. Dasselbe funktioniert mit Apps. Wird der Speicherplatz auf einer Festplatte knapp, legen Sie neue Apps einfach auf einer anderen Festplatte ab.

Was ist eigentlich ein Hamburger-Menü?

Unter Windows 11 finden Sie innerhalb von Apps das sog. *Hamburger-Menü* ❸. Was hat es damit auf sich? Wo findet man diese neue Menüform, und wie bedient man sie richtig?

Der App-Verlauf zeigt Ihnen die Nutzungszeiten Ihrer Apps im Detail.

Legen Sie selbst fest, wohin Windows Apps, Videos oder Bilder speichert.

Das *Hamburger-Menü* findet sich in fast jeder App.

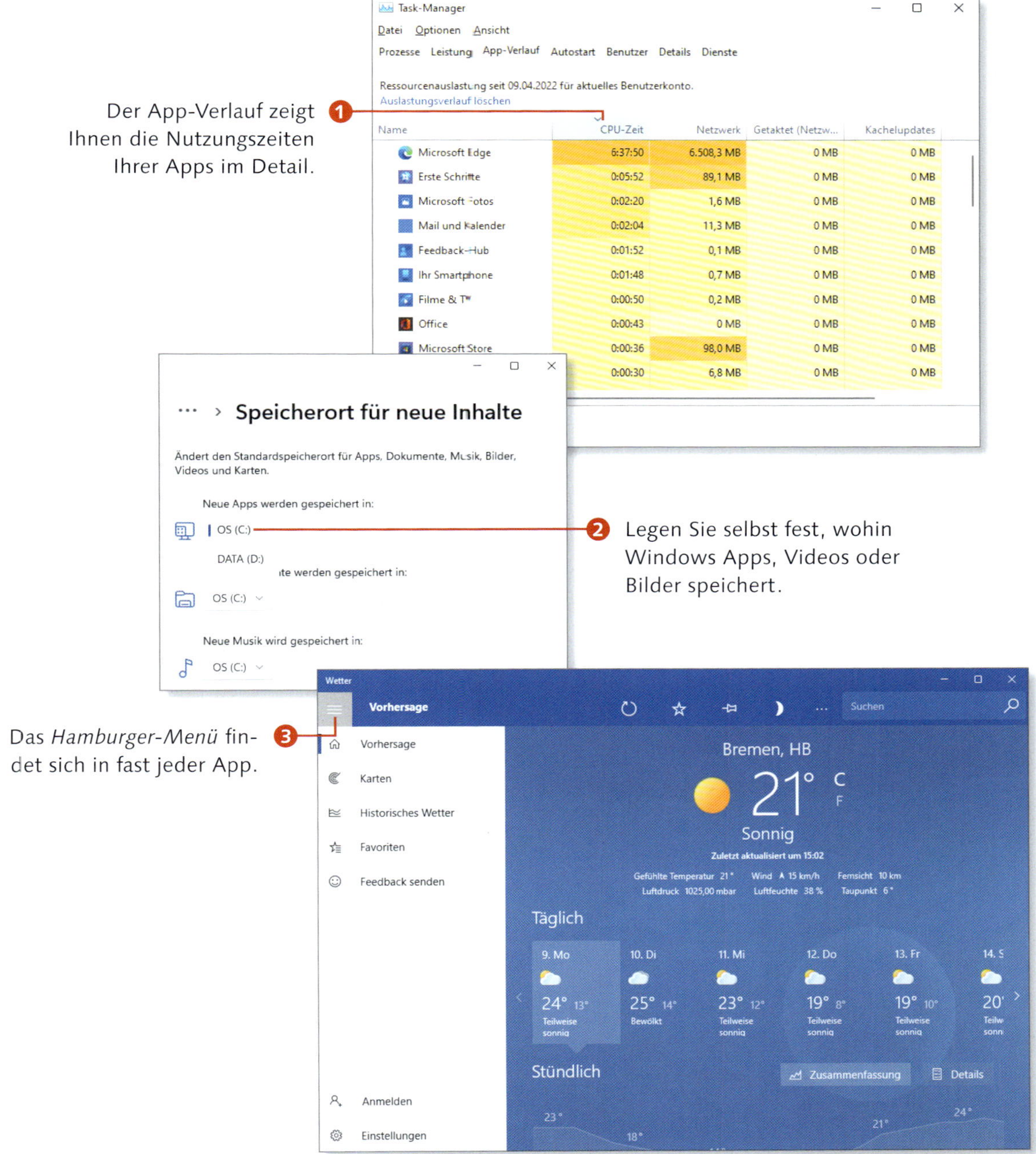

Apps auf dem Desktop ablegen

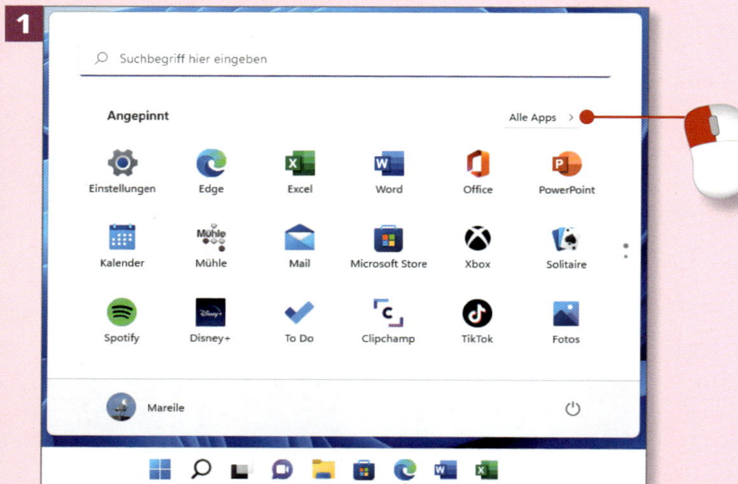

Eine App können Sie problemlos an die Taskleiste anheften, aber der Platz ist begrenzt, und manchmal wäre es einfacher, wenn man eine Verknüpfung auf dem Desktop hätte. Aber wie legt man sie an?

Schritt 1

Öffnen Sie das Startmenü mithilfe der [Windows]-Taste. Im Startmenü selbst klicken Sie auf die Schaltfläche **Alle Apps**.

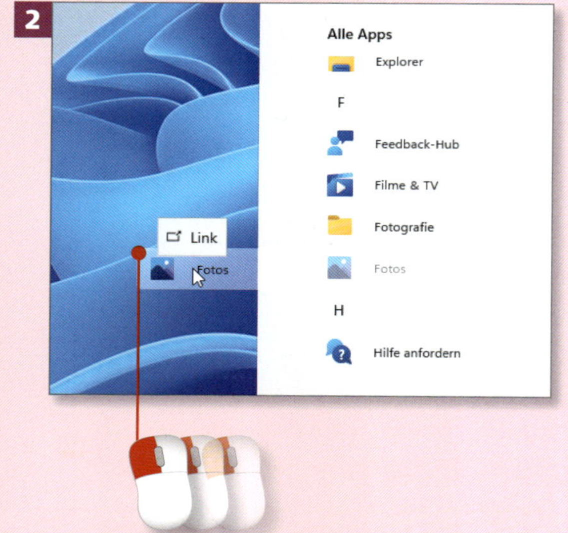

Schritt 2

Blättern Sie in der Liste bis zu der App, für die Sie eine Verknüpfung anlegen möchten. Positionieren Sie den Mauszeiger auf dieser App. Halten Sie die Maustaste gedrückt. Verschieben Sie nun das Programmsymbol mit gedrückter Maustaste aus der App-Liste heraus auf den Desktop, und lassen Sie erst hier die Maustaste wieder los.

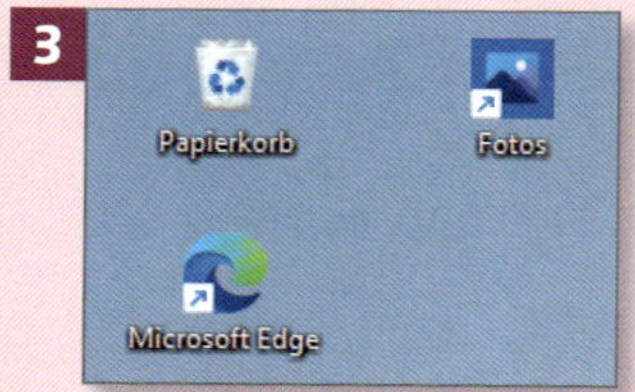

Schritt 3

Windows legt nun eine Verknüpfung zur App auf dem Desktop an. Sie können das Programmsymbol frei auf Ihrem Arbeitsplatz platzieren.

Mit dem App-Verlauf den Überblick behalten

Mit dem App-Verlauf haben Sie stets im Blick, wie oft Sie Ihre Apps verwenden.

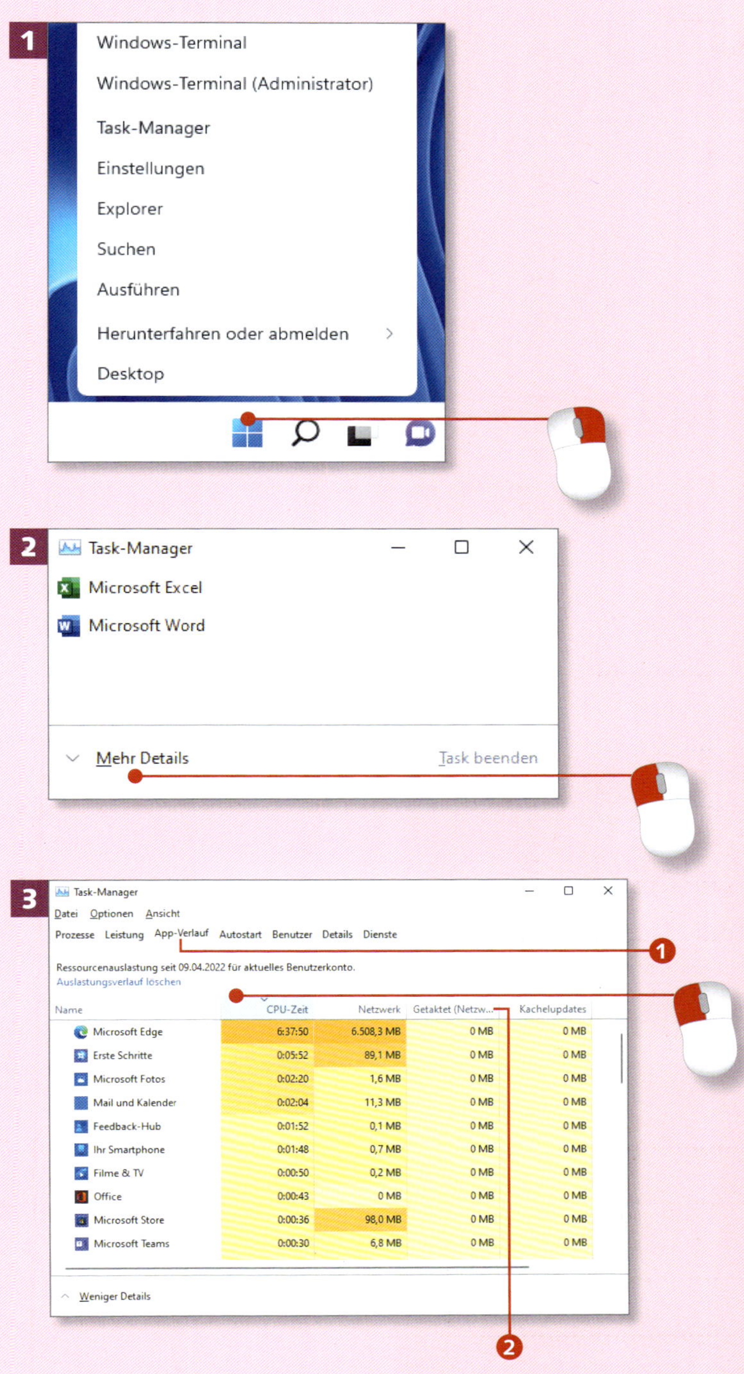

Schritt 1

Um den App-Verlauf aufzurufen, öffnen Sie zunächst den Task-Manager mit einem Rechtsklick auf das Start-Symbol und durch Auswahl der Option **Task-Manager**.

Schritt 2

Klicken Sie gegebenenfalls links unten auf die Option **Mehr Details**, um weitere Einstellungsmöglichkeiten zu erhalten.

Schritt 3

Wechseln Sie in das Register **App-Verlauf** ①. Der Spalte **CPU-Zeit** können Sie nun entnehmen, wie lange jede App im Laufe des letzten Monats verwendet wurde. Klicken Sie auf den Spaltenkopf, um eine Sortierung vorzunehmen.

i

Datentransfer

In der Spalte **Getaktet (Netzwerk)** ② können Sie ablesen, wie umfangreich der Datentransfer einer App ist, und so mögliche Zusatzkosten im Auge behalten.

Hamburger-Menüs richtig erkennen

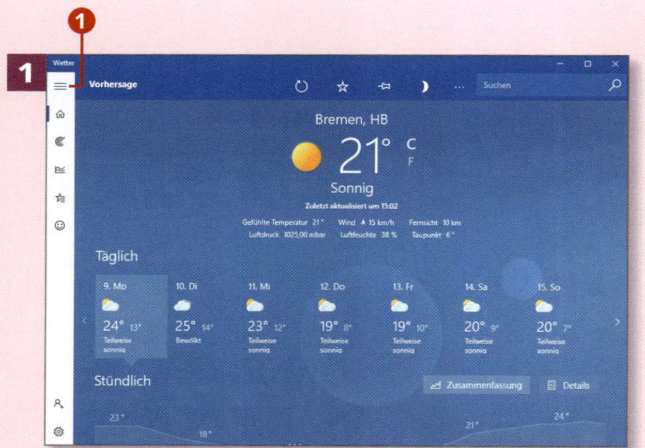

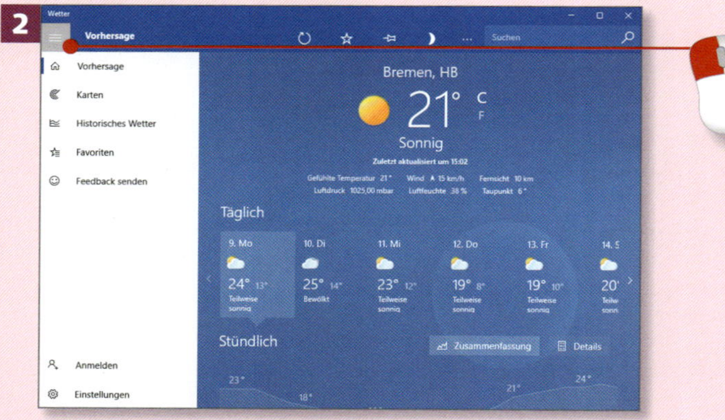

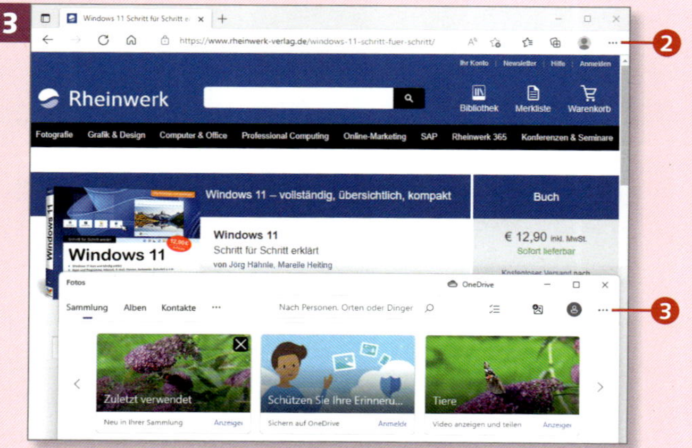

Smartphone-Nutzer kennen das sog. Hamburger-Menü, das seinen Namen wegen seiner Darstellungsform trägt: drei übereinanderliegende Linien, die an die Schichten eines Hamburgers erinnern. In Windows 11 findet man dieses Menü in unterschiedlicher Form in allen Apps.

Schritt 1

Rufen Sie die Wetter-App über die Liste **Alle Apps** des Startmenüs auf. Links oben im Programmfenster sehen Sie drei unscheinbar wirkende Linien 1: das *App-Menü*, umgangssprachlich eben *Hamburger-Menü* genannt.

Schritt 2

Wenn Sie darauf tippen oder klicken, öffnet sich seitlich eine Leiste mit verschiedenen Optionen. Welche Menüpunkte zum Vorschein kommen, hängt von der App ab. Ein erneuter Klick auf die Schaltfläche schließt das Menü wieder.

Schritt 3

Bei der Browser-App Edge kennzeichnen nicht drei Striche, sondern drei Punkte das App-Menü. Sie sind oben rechts 2 zu finden. Dies trifft auch bei der Fotos-App zu 3.

Automatische Updates für Ihre Apps konfigurieren

Windows 11 aktualisiert Ihre Apps im Hintergrund. Um zu prüfen, ob diese Funktion aktiviert ist, oder falls Sie das automatische Update lieber abschalten möchten, werfen Sie einen Blick in die Einstellungen.

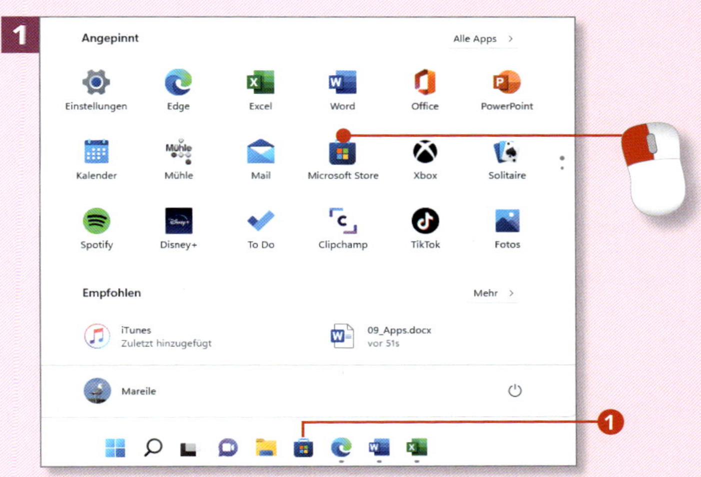

Schritt 1

Öffnen Sie den Windows Store durch einen Mausklick auf die Kachel **Store** im Startmenü oder über das Symbol ❶ in der Taskleiste.

Schritt 2

Klicken Sie im Store auf Ihr Profilbild, und wählen Sie die Option **App-Einstellungen** aus dem Menü.

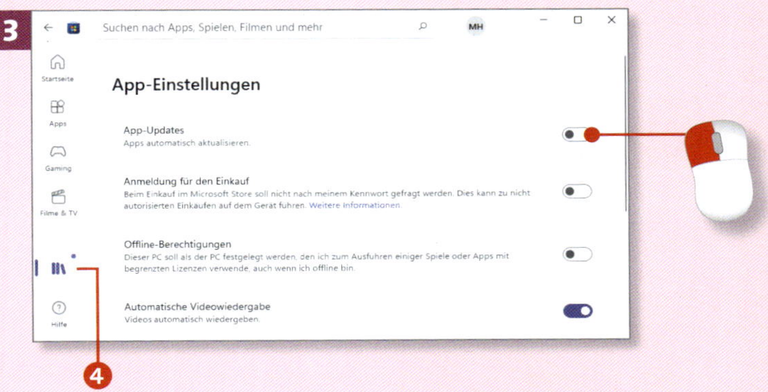

Schritt 3

Standardmäßig ist die Option **App-Updates – Apps automatisch aktualisieren** eingeschaltet. Um das automatische Update zu deaktivieren, stellen Sie den Schieberegler auf **Aus**.

Manuell nach Updates suchen

Ist die Funktion zur automatischen Aktualisierung deaktiviert, können Sie selbst nach Updates suchen. Klicken Sie im Store unten links auf das Bibliothekssymbol ❹. Im folgenden Dialog klicken Sie auf die Schaltfläche **Updates abrufen**.

Den Windows-Taschenrechner voll ausnutzen

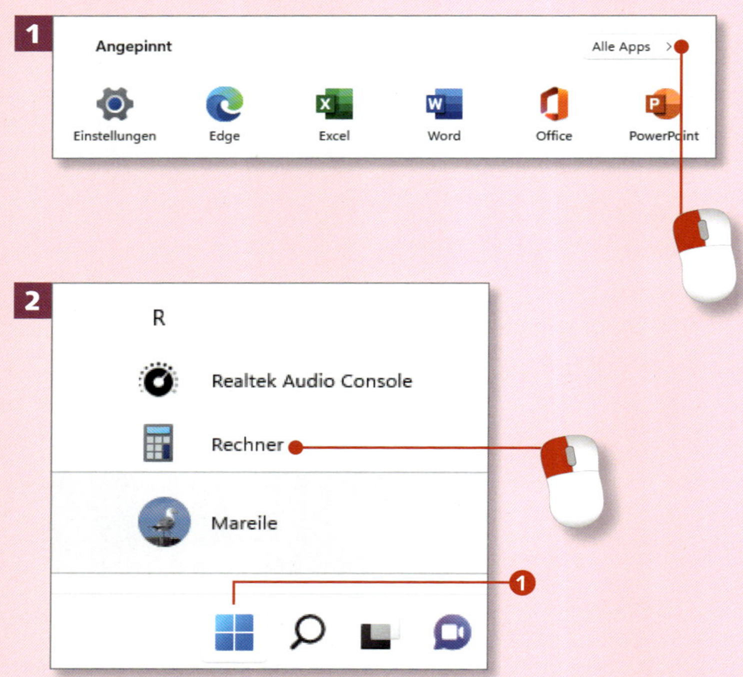

Der Windows-Taschenrechner scheint zunächst nicht spektakulär zu sein, er kann aber weit mehr, als man ihm ansieht.

Schritt 1

Um den Taschenrechner aufzurufen, klicken Sie auf die **Start**-Schaltfläche ❶ oder drücken die ⊞-Taste. Per Klick auf **Alle Apps** blenden Sie dann die App-Liste ein.

Schritt 2

Blättern Sie mithilfe der Bildlaufleiste hinunter bis zum Buchstaben R, und klicken Sie dort auf den Eintrag **Rechner**, um diesen zu starten.

Schritt 3

Bedienen Sie den Rechner über die Tastatur, oder klicken bzw. tippen Sie einfach auf die Schaltflächen. Probieren Sie einfach aus, welche Eingabemethode für Sie am bequemsten ist.

Was habe ich bisher gerechnet?

Der Rechner speichert alle Rechenoperationen innerhalb einer Sitzung. Über den Menüpunkt **Verlauf** ❷ können Sie den kompletten Verlauf einsehen. Beim Beenden des Rechners wird der Verlauf gelöscht.

Schritt 4

Um von einem normalen Rechner zu einem wissenschaftlichen Rechner zu wechseln, klicken Sie oben links auf das Hamburger-Menü und anschließend auf **Wissenschaftlich**. Wieder zur Normalansicht geht es über den Menüpunkt **Standard** 3.

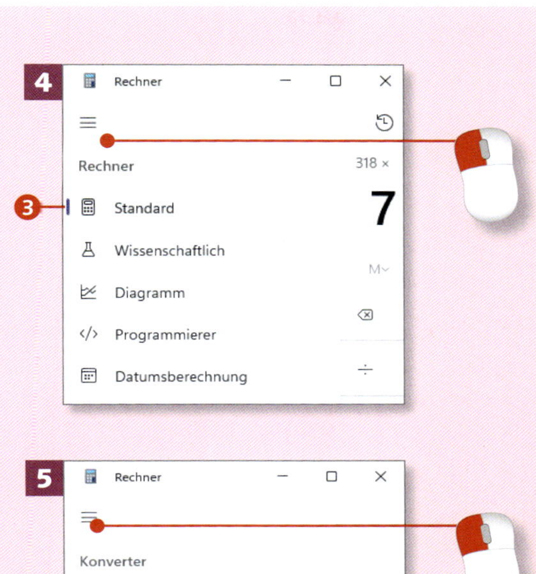

Schritt 5

Die praktische Einheitenumrechnung aktivieren Sie durch einen Klick auf das Hamburger-Menü. Wählen Sie dann die gewünschte Option im Bereich **Konverter** (**Währung**).

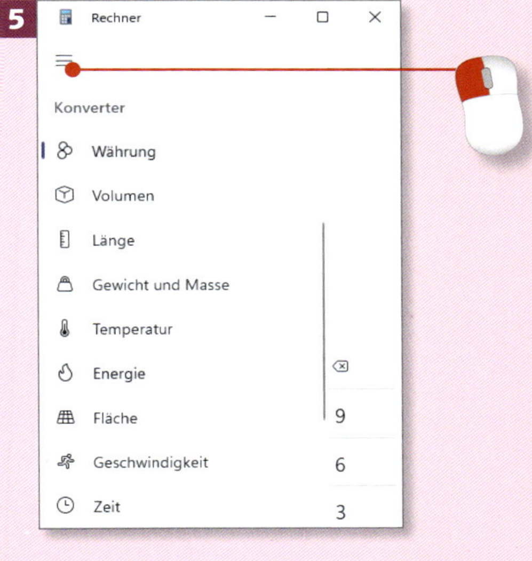

Schritt 6

Die Standardeinstellung sieht eine Berechnung von Dollar 4 in Euro 5 vor. Klicken Sie auf den Pfeil 6 rechts von der Währungsangabe, lässt sich eine andere Währung wählen. Den umzurechnenden Wert geben Sie über die Tastatur ein. Das Ergebnis der Umrechnung wird angezeigt 7.

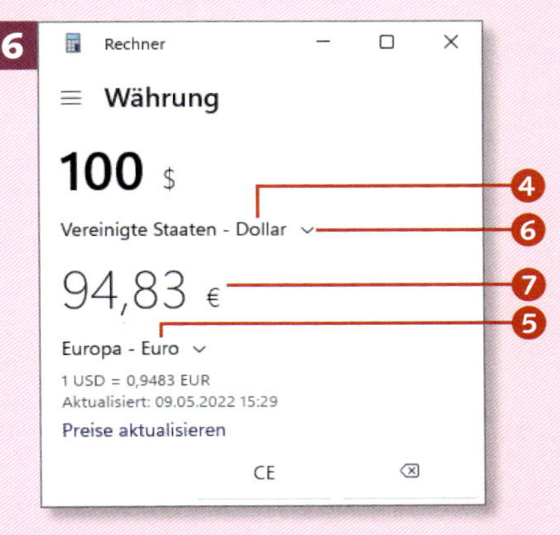

Datumsberechnung

Im Modus **Datumsberechnung** können Sie schnell und einfach die Differenz zwischen zwei Daten ermitteln und so z. B. errechnen, wie viele Tage es noch bis zum ersehnten Urlaub sind.

Screenshots aufnehmen mit dem Snipping Tool

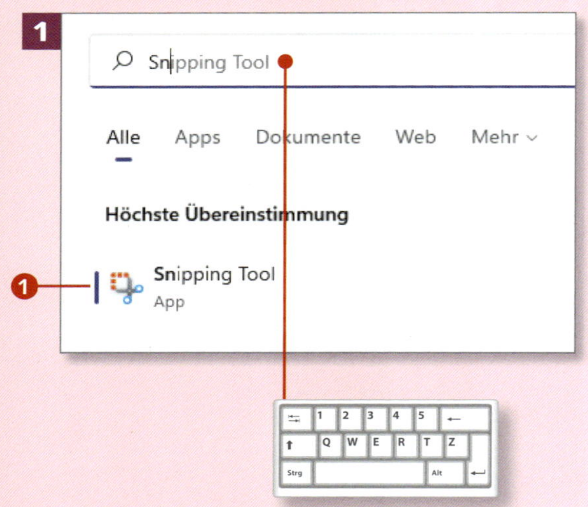

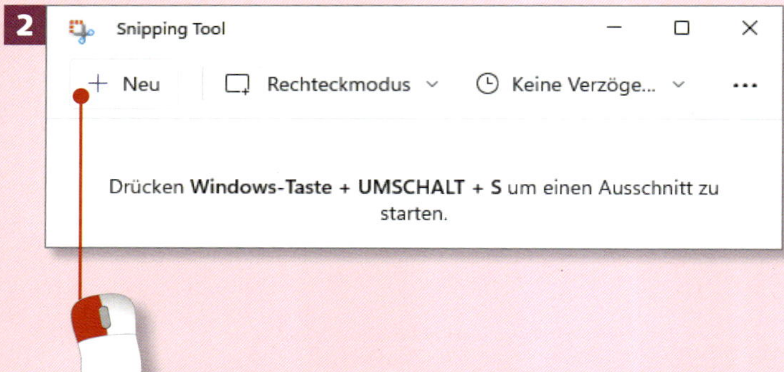

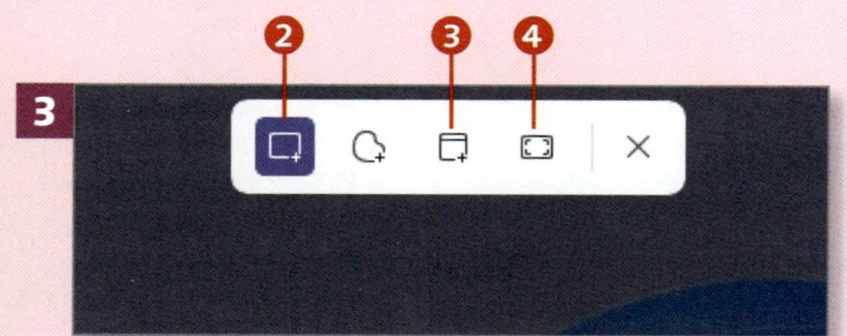

Sie möchten einen Screenshot von einer Fehlermeldung oder einem anderen interessanten Bildschirmelement aufnehmen? Das Snipping Tool bietet hierfür einige komfortable Funktionen.

Schritt 1

Rufen Sie über die Taste [Windows] das Startmenü auf, und geben Sie im Suchfeld »Snipping Tool« ein. Meist reichen wenige Buchstaben, und schon wird die gleichnamige App aufgeführt. Wählen Sie sie per Mausklick (1) aus.

Schritt 2

Ein minimiertes Programmfenster des Tools wird geöffnet. Klicken Sie hier auf die Schaltfläche **Neu**.

Schritt 3

Der komplette Bildschirm wird nun hinter eine milchige Scheibe gelegt. Am oberen Seitenrand wird eine kleine Symbolleiste eingeblendet. Falls Sie einen Bildschirmausschnitt rechteckig ausschneiden möchten, lassen Sie das linke Symbol (2) aktiviert.

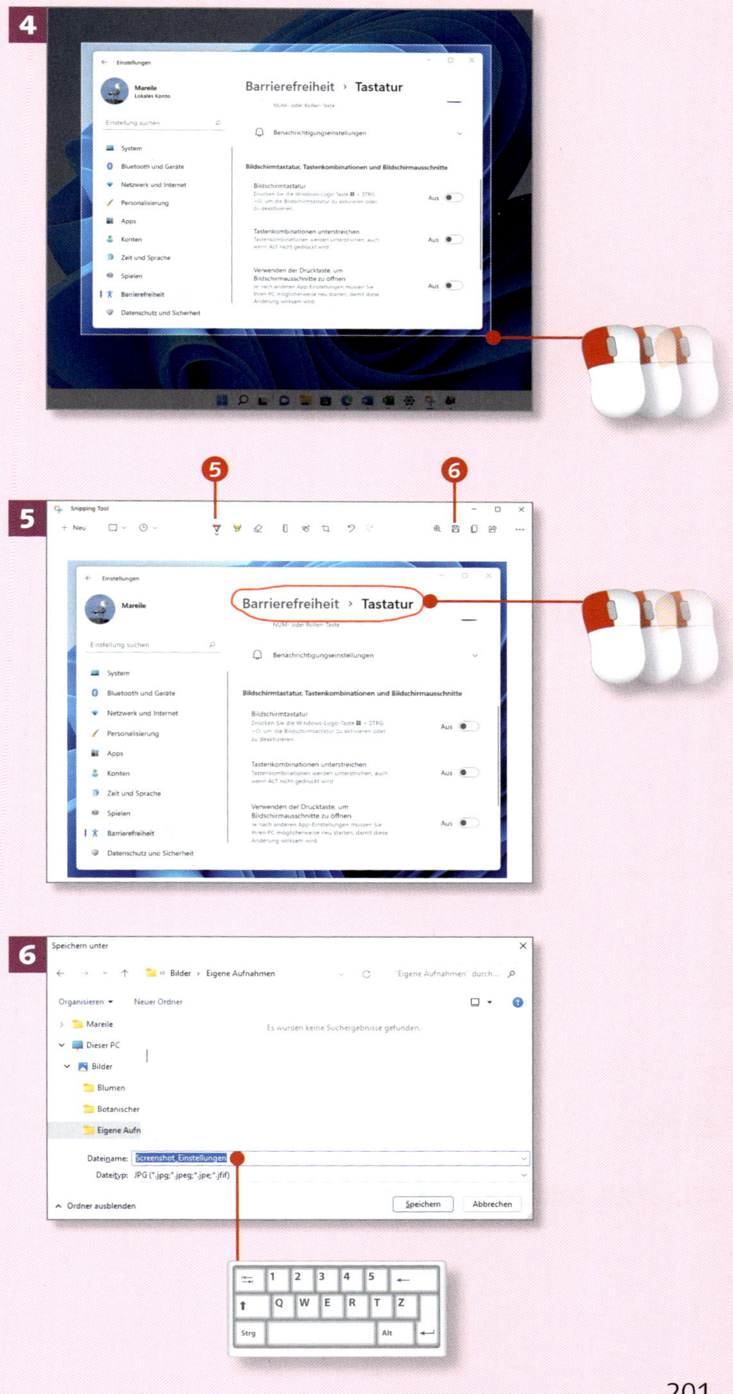

Schritt 4

Ziehen Sie nun mit gedrückter linker Maustaste einen Rahmen rund um den Bildbereich auf, den Sie als Screenshot festhalten möchten. Lassen Sie dann die Maustaste los.

Schritt 5

Der Screenshot wird nun im Programmfenster des Snipping-Tools angezeigt. Wenn Sie möchten, können Sie noch Bildbereiche markieren. Aktivieren Sie hierzu z. B. per Mausklick den Kugelschreiber 5, und umfahren Sie dann den Bildausschnitt.

Schritt 6

Den fertigen Screenshot sollten Sie anschließend noch speichern. Klicken Sie hierzu oben rechts auf das Speichern-Symbol 6 Wählen Sie den Speicherort aus, geben Sie einen Dateinamen ein, und bestätigen Sie mit **Speichern**.

Fenster ausschneiden

Falls Sie ein Fenster, das bereits geöffnet ist, abfotografieren möchten, klicken Sie auf das Symbol **Fenster ausschneiden** 3. Nun reicht ein Mausklick auf das gewünschte Fenster, und schon nimmt das Tool den Screenshot auf. Über das Symbol **Vollbild ausschneiden** 4 wird ein Screenshot des gesamten Bildschirms erstellt.

Standardspeicherorte festlegen

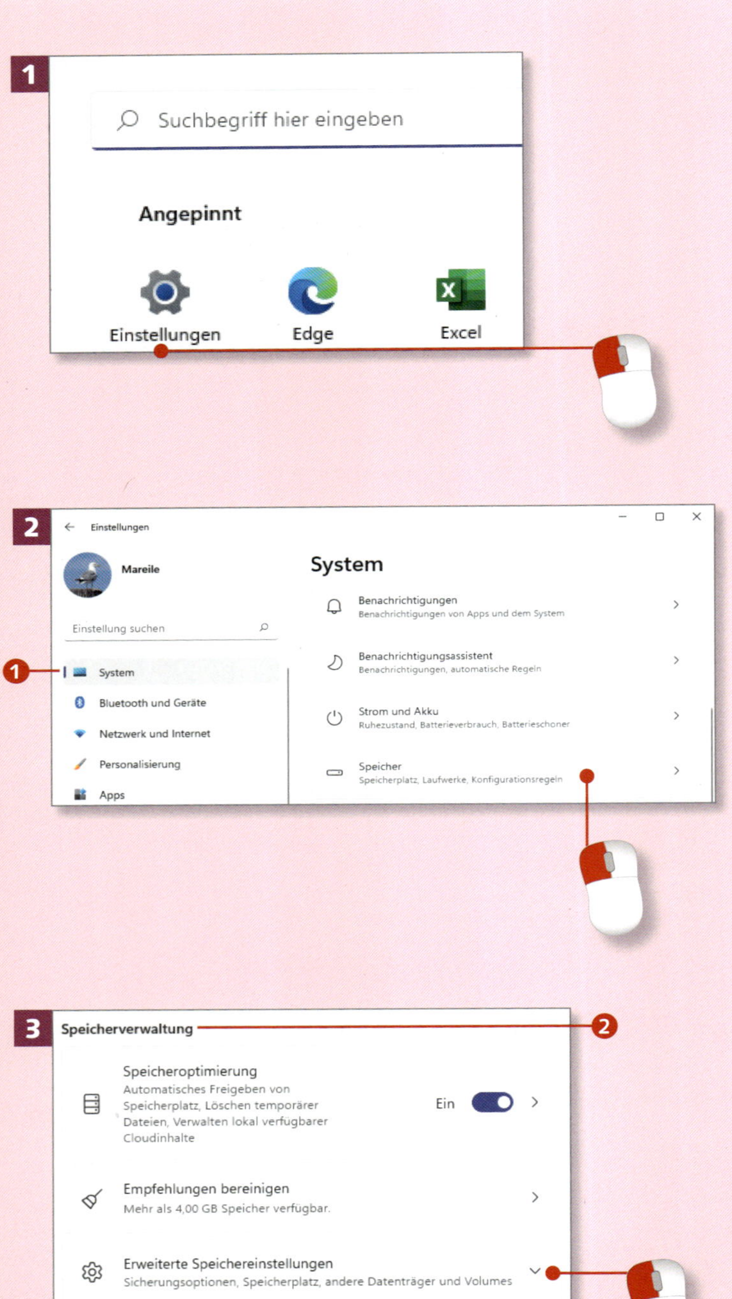

Standardmäßig werden Apps, Dokumente, Musik, Bilder und Videos unter Windows 11 auf dem Systemlaufwerk C:\ gespeichert. Sie haben aber die Möglichkeit, diese Standardspeicherorte zu verlegen.

Schritt 1

Drücken Sie die [Windows]-Taste, um das Startmenü zu öffnen, und wählen Sie den Menüeintrag **Einstellungen** aus. Alternativ drücken Sie die Tastenkombination [Windows] + [I].

Schritt 2

In der Kategorie **System** sind Einstellungsmöglichkeiten u.a. für den Bildschirm, Benachrichtigungen, zum Energiesparen und auch für die Festlegung der Speicherorte zu finden. Stellen Sie sicher, dass diese Kategorie in der linken Spalte ausgewählt ist (1). Markieren Sie dann rechts die Unterkategorie **Speicher**.

Schritt 3

Blättern Sie in der rechten Fensterhälfte nach unten bis zum Abschnitt **Speicherverwaltung** (2). Klicken Sie hier auf **Erweiterte Speichereinstellungen**, um weitere Optionen einzublenden.

Schritt 4

In der aufklappenden Liste wählen Sie per Mausklick **Speicherort für neue Inhalte** aus.

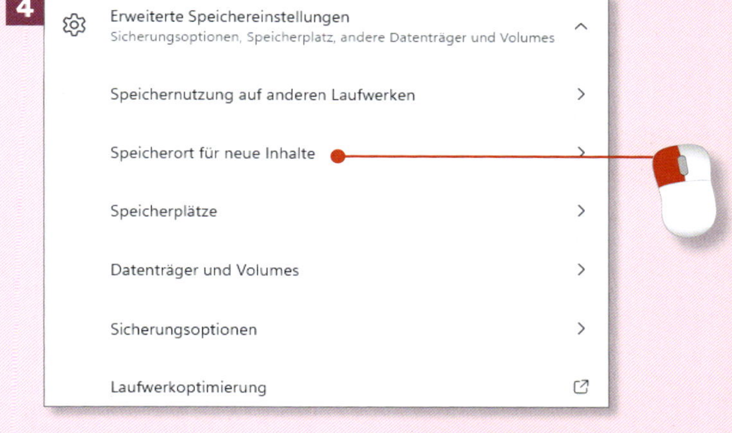

Schritt 5

Um einen Speicherort zu ändern, z. B. den für Apps, klicken Sie auf das entsprechende Dropdown-Menü und wählen einen Speicherort aus. Dabei ist es nicht möglich, ein spezielles Verzeichnis anzugeben, immerhin aber eine andere Festplatte bzw. Partition.

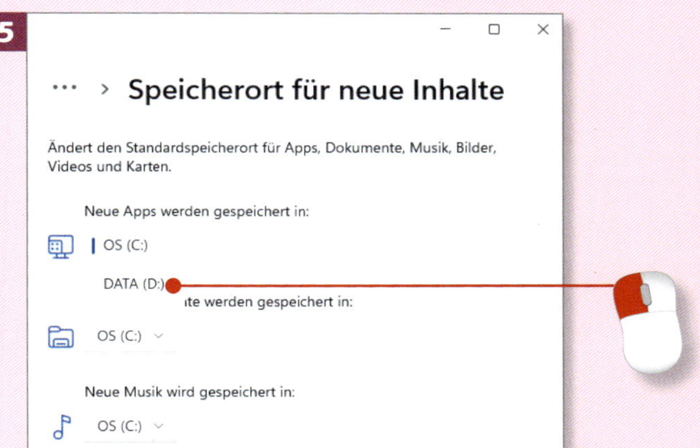

Schritt 6

Sobald Sie einen anderen Speicherort ausgewählt haben, erscheint neben Ihrer Auswahl eine neue Schaltfläche mit der Bezeichnung **Anwenden**. Klicken Sie darauf, um die Einstellungen zu speichern.

Keine Auswahl möglich?
Der Speicherort kann nur verändert werden, wenn mindestens zwei Festplatten bzw. Partitionen vorhanden sind. Eine weitere Aufteilung Ihrer Festplatte können Sie nach Drücken der Tastenkombination [Win] + [X] und Auswahl der **Datenträgerverwaltung** durchführen.

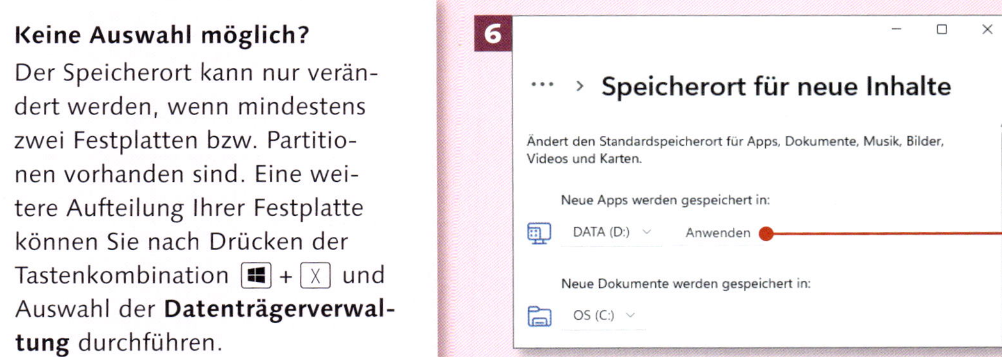

Kapitel 10
Windows für mehrere Benutzer einrichten

Wird Ihr Computer von mehreren Personen benutzt? Richten Sie für jeden ein eigenes Benutzerkonto ein, so kann jeder Nutzer seine eigenen Einstellungen vornehmen, und persönliche Dateien bleiben vor den Blicken der anderen geschützt. Lesen Sie in diesem Kapitel, wie Sie ein neues Microsoft-Konto erstellen, wie Sie ein lokales Konto in ein Microsoft-Konto umwandeln und wie Sie für administrative Zwecke das versteckte Administratorkonto aktivieren.

Neue Benutzer anlegen
Das Anlegen neuer Benutzerprofile ❶ ist unter Windows 11 zum Glück sehr einfach. Dabei haben Sie die Möglichkeit, ein lokales Benutzerkonto anzulegen oder Ihr Konto mit einem Microsoft-Konto zu verknüpfen.

Der echte Administrator
Neben dem Standardbenutzerkonto gibt es das normale Administratorkonto, das unter Windows 11 aber lediglich ein Konto mit eingeschränkten Administratorrechten ist. Das echte Administratorkonto ist deaktiviert; Sie können es aber problemlos wieder aktivieren und nutzen ❷.

So erstellen Sie ein Microsoft-Konto
Viele Funktionen unter Windows 11 können Sie nur in vollem Umfang nutzen, wenn Sie über ein Microsoft-Konto verfügen – sei es die Installation neuer Apps aus dem Windows Store, die Synchronisation Ihrer Computereinstellungen auf weiteren Rechnern oder die Verwendung von OneDrive als zusätzlichem Speicherplatz. Die Registrierung eines Microsoft-Kontos ❸ ist in wenigen Minuten abgeschlossen, und gratis dazu erhalten Sie ein E-Mail-Konto auf *Outlook.com*. Sollten Sie bereits über ein Microsoft-Konto verfügen, erfahren Sie in diesem Kapitel auch, wie Sie Ihr lokales Benutzerkonto in ein Microsoft-Konto umwandeln können.

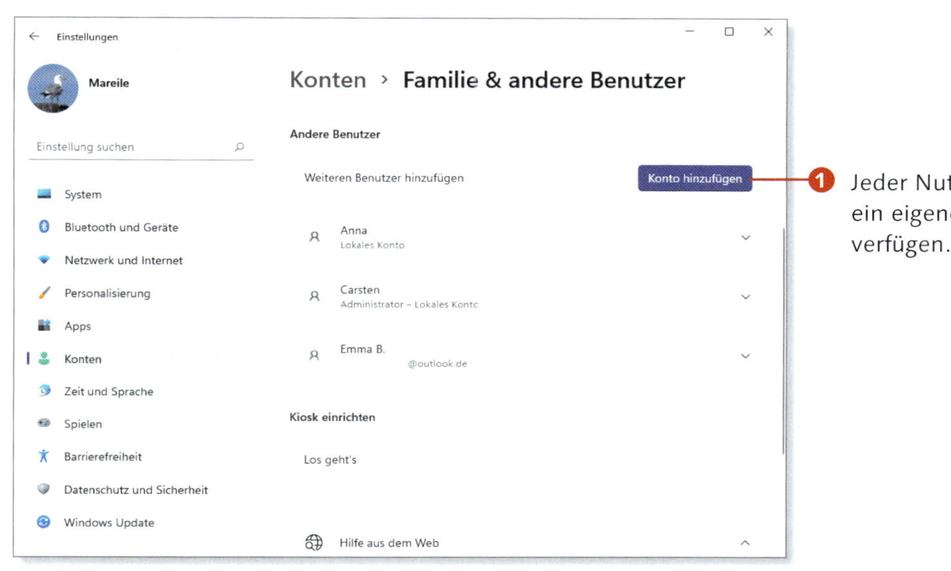

1 Jeder Nutzer sollte über ein eigenes Benutzerkonto verfügen.

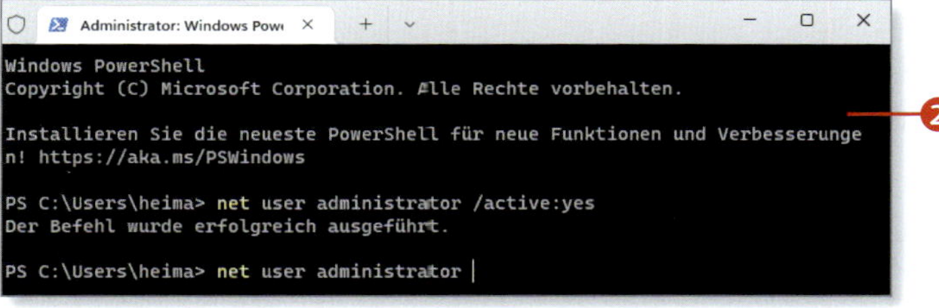

2 Aktivieren Sie bei Bedarf das eigentliche Administratorkonto.

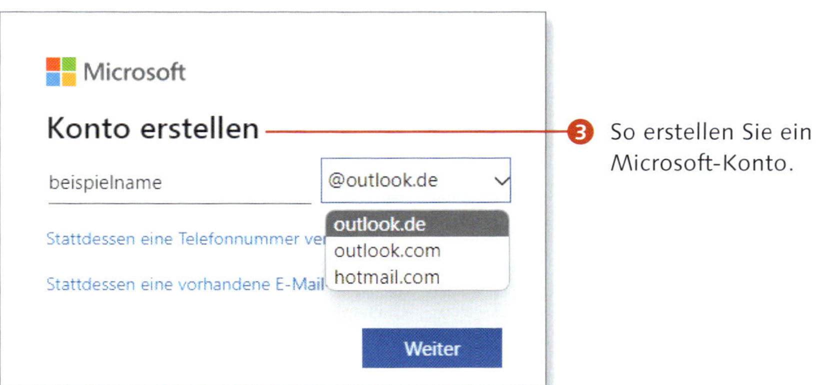

3 So erstellen Sie ein Microsoft-Konto.

Ein neues Microsoft-Konto erstellen

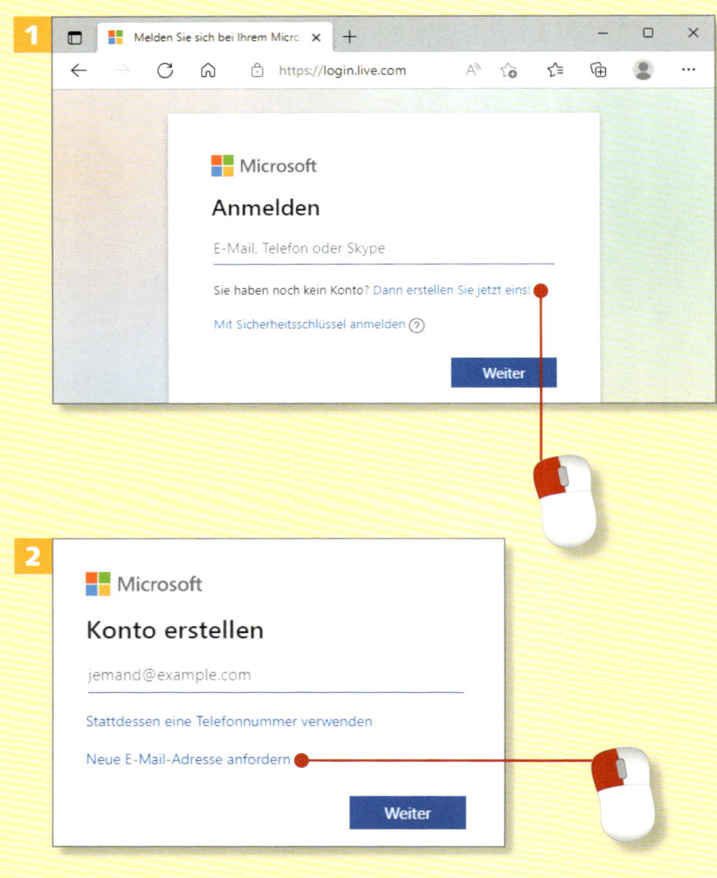

Für die Nutzung einiger Funktionen, z. B. des Online-Speichers OneDrive, benötigen Sie ein Microsoft-Konto. Installieren Sie Windows 11 neu, ist für die erste Anmeldung ebenfalls ein Microsoft-Konto Voraussetzung. So richten Sie es ein.

Schritt 1

Öffnen Sie in Ihrem Browser die Anmeldeseite *https://login.live.com*. Um ein neues Microsoft-Konto zu erstellen, klicken Sie dort auf den Link **Dann erstellen Sie jetzt eins!**.

Schritt 2

Microsoft bietet Ihnen an, eine bereits vorhandene E-Mail-Adresse oder eine Telefonnummer für das Microsoft-Konto zu verwenden. Für eine neue Adresse klicken Sie auf **Neue E-Mail-Adresse anfordern**.

Schritt 3

Den ersten Teil der E-Mail-Adresse legen Sie selbst fest, indem Sie den gewünschten Namen eingeben. Bei der Endung haben Sie die Auswahl zwischen **outlook.de**, **outlook.com** oder **hotmail.com** ❶. Klicken Sie auf **Weiter**. Ist die gewünschte Adresse bereits vergeben, erhalten Sie einen Hinweis.

Schritt 4

Verwenden Sie ein starkes Kennwort! Acht Zeichen muss es mindestens lang sein. Nutzen Sie Groß- und Kleinbuchstaben, Ziffern und Sonderzeichen. Namen und Geburtsdaten sollten Sie nicht verwenden, da diese häufig einfach nachzuvollziehen sind. Fahren Sie mit einem Klick auf **Weiter** fort.

Schritt 5

Sie werden nun aufgefordert, Ihren Vor- und Nachnamen anzugeben. Bestätigen Sie die Eingabe mit einem Klick auf **Weiter**.

Schritt 6

Die folgende Angabe Ihres Geburtstages ist ebenfalls Pflicht. Auch diesen Dialog bestätigen Sie mit einem Klick auf **Weiter**.

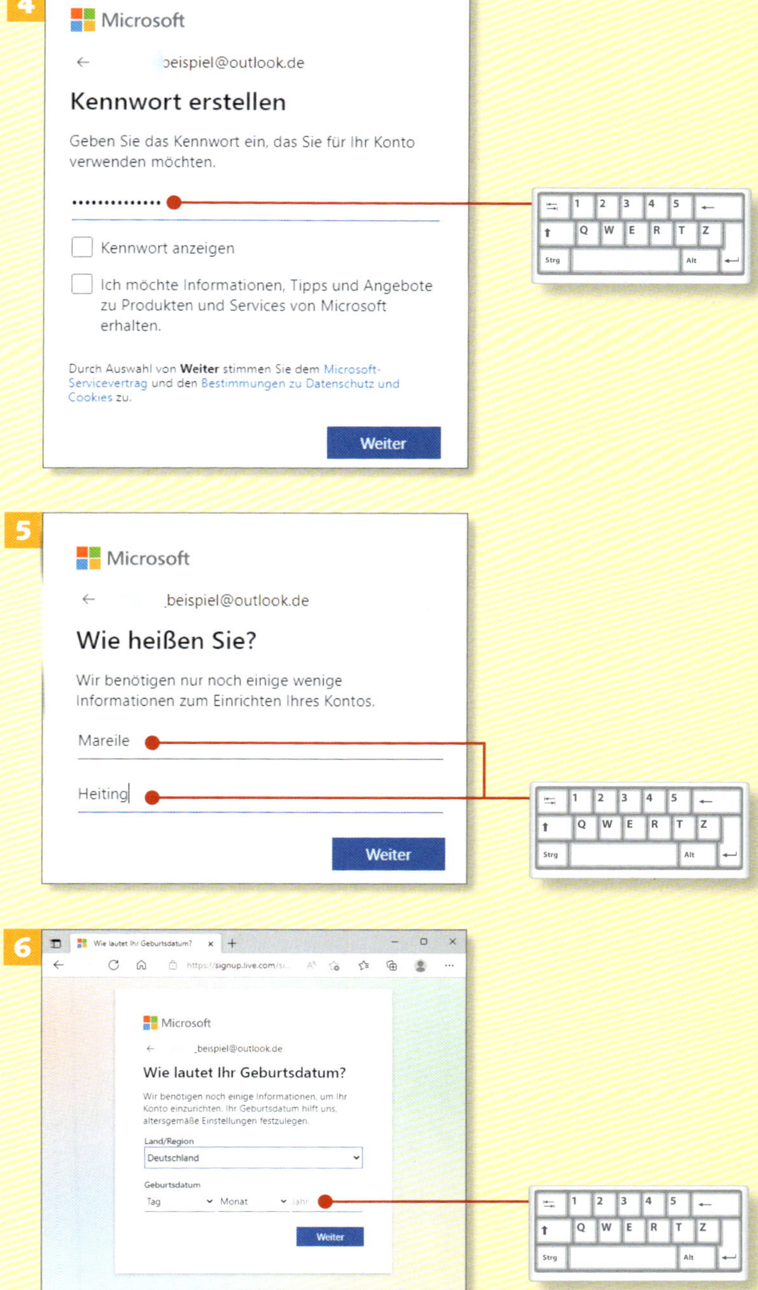

Ein neues Microsoft-Konto erstellen (Forts.)

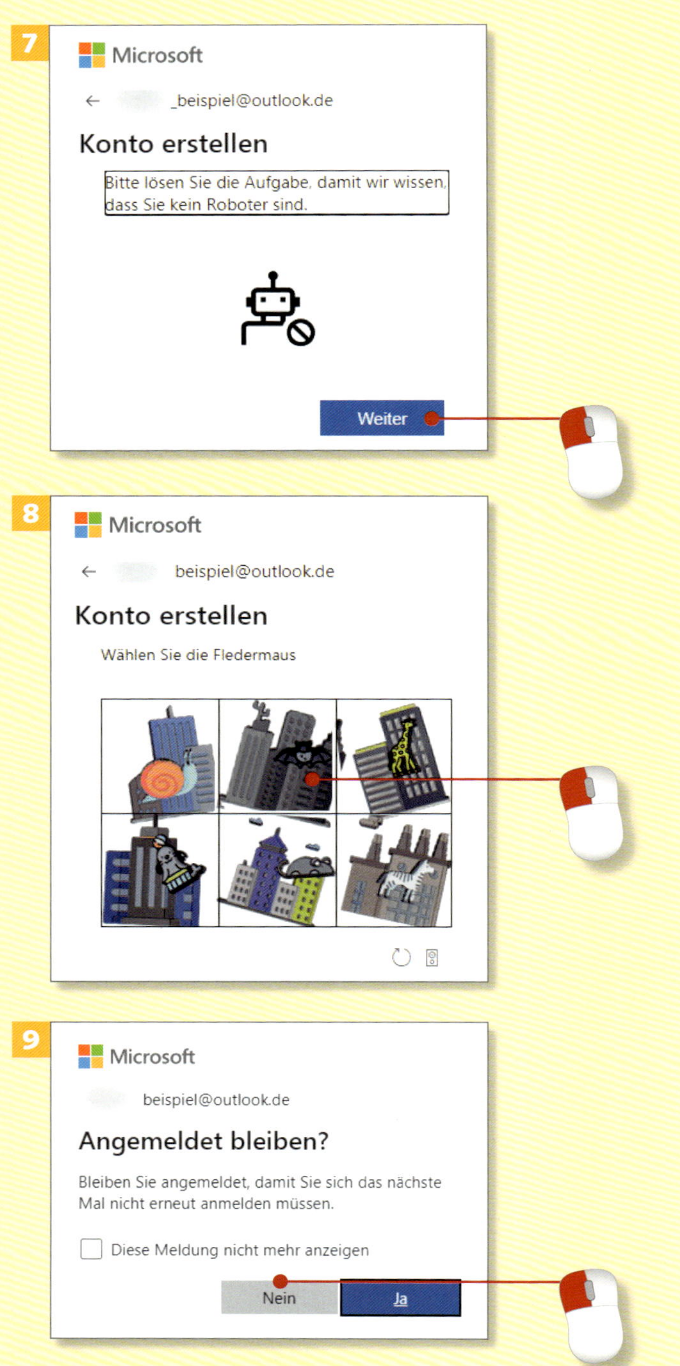

Schritt 7

Um sicherzustellen, dass die neue E-Mail-Adresse nicht von einem Roboter erzeugt wird, müssen Sie als Nächstes eine Aufgabe lösen. Zuvor ist aber erst noch ein Klick auf **Weiter** nötig.

Schritt 8

Microsoft bietet immer wieder andere Aufgaben an. Im Beispiel rechts muss das Bild angeklickt werden, auf dem eine Fledermaus zu sehen ist.

Schritt 9

Haben Sie die Aufgabe korrekt gelöst, wird nun das Microsoft-Konto erstellt. Sie können sich anschließend von der Website abmelden, indem Sie auf **Nein** klicken.

Ein Microsoft-Konto löschen
Falls Sie Ihr Konto bei Microsoft nicht mehr benötigen und es löschen möchten, besuchen Sie erneut die Anmeldeseite unter *https://login.live.com* und klicken in der Kategorie **Sicherheit** auf **Weitere Sicherheitseinstellungen ▸ Eigenes Konto schließen**.

Ein Microsoft-Konto hinzufügen

Legen Sie für jeden Benutzer Ihres PCs ein eigenes Benutzerkonto an. So kann sich jeder seine persönliche Arbeitsumgebung einrichten. Die Sicherheit wird hierdurch ebenfalls erhöht.

Schritt 1

Sie müssen als Administrator am System angemeldet sein, um ein neues Benutzerkonto hinzuzufügen. Rufen Sie die Einstellungen-App über [Windows] + [I] auf. Markieren Sie links die Kategorie **Konten**, und klicken Sie dann rechts auf **Familie & andere Benutzer** ①.

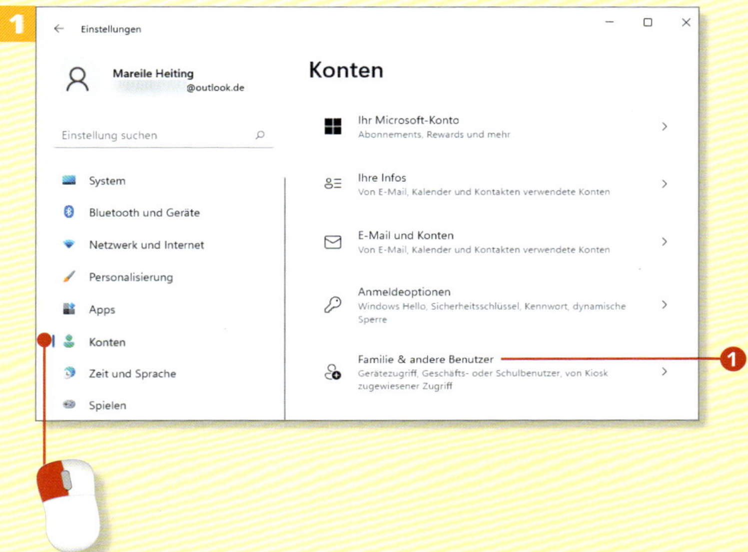

Schritt 2

Blättern Sie in der rechten Fensterhälfte nach unten bis zum Bereich **Andere Benutzer**. Klicken Sie hier auf **Konto hinzufügen**.

Schritt 3

Geben Sie die E-Mail-Adresse des Microsoft-Kontos der Person ein, für die Sie ein Benutzerkonto hinzufügen möchten. Bestätigen Sie mit einem Klick auf **Weiter** und anschließend mit **Fertig stellen**.

Ein neues lokales Konto erstellen

Unter Windows 11 lässt sich weiterhin auch ein lokales Benutzerkonto einrichten. Hierzu sind die folgenden Schritte notwendig.

1

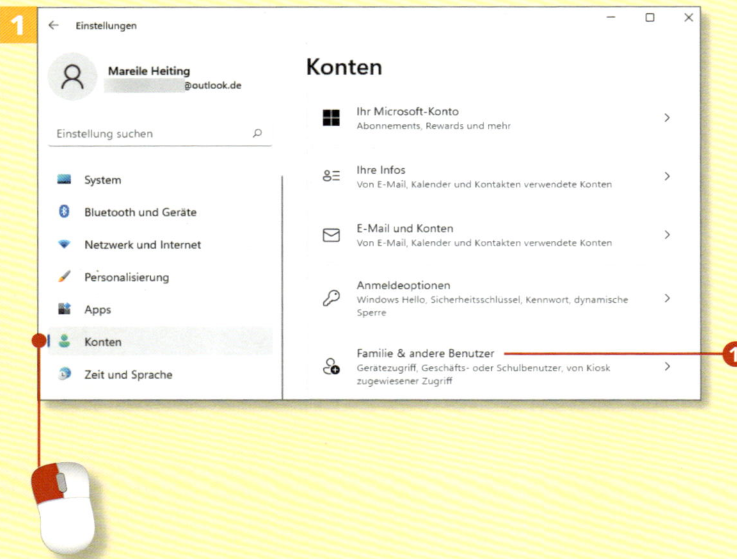

Schritt 1

Sie müssen als Administrator am System angemeldet sein, um ein neues Benutzerkonto anzulegen. Öffnen Sie mit der Tastenkombination [Win] + [I] die Einstellungen-App. Markieren Sie links die Kategorie **Konten**, und klicken Sie dann rechts auf **Familie & andere Benutzer** 1.

2

Schritt 2

Klicken Sie in der rechten Fensterhälfte im Bereich **Andere Benutzer** auf **Konto hinzufügen**.

3

Schritt 3

Um ein lokales Konto einzurichten, klicken Sie auf den Link **Ich kenne die Anmeldeinformationen für diese Person nicht**.

Schritt 4

Da wir weiterhin ein lokales Benutzerkonto erstellen möchten, klicken Sie nun auf den Link **Benutzer ohne Microsoft-Konto hinzufügen**.

Schritt 5

Tragen Sie den gewünschten Benutzernamen ❷ sowie ein Kennwort ❸ ein. Das Kennwort müssen Sie erneut eingeben.

Schritt 6

Blättern Sie mithilfe der Bildlaufleiste nach unten. Sie müssen nun drei Sicherheitsfragen beantworten. Nachdem Sie die gewünschte Frage ausgewählt haben ❹, geben Sie im Feld darunter die Antwort ein ❺. Haben Sie alle drei Fragen beantwortet, klicken Sie auf **Weiter** ❻. Das neu erstellte Konto wird anschließend im Bereich **Andere Benutzer** aufgelistet.

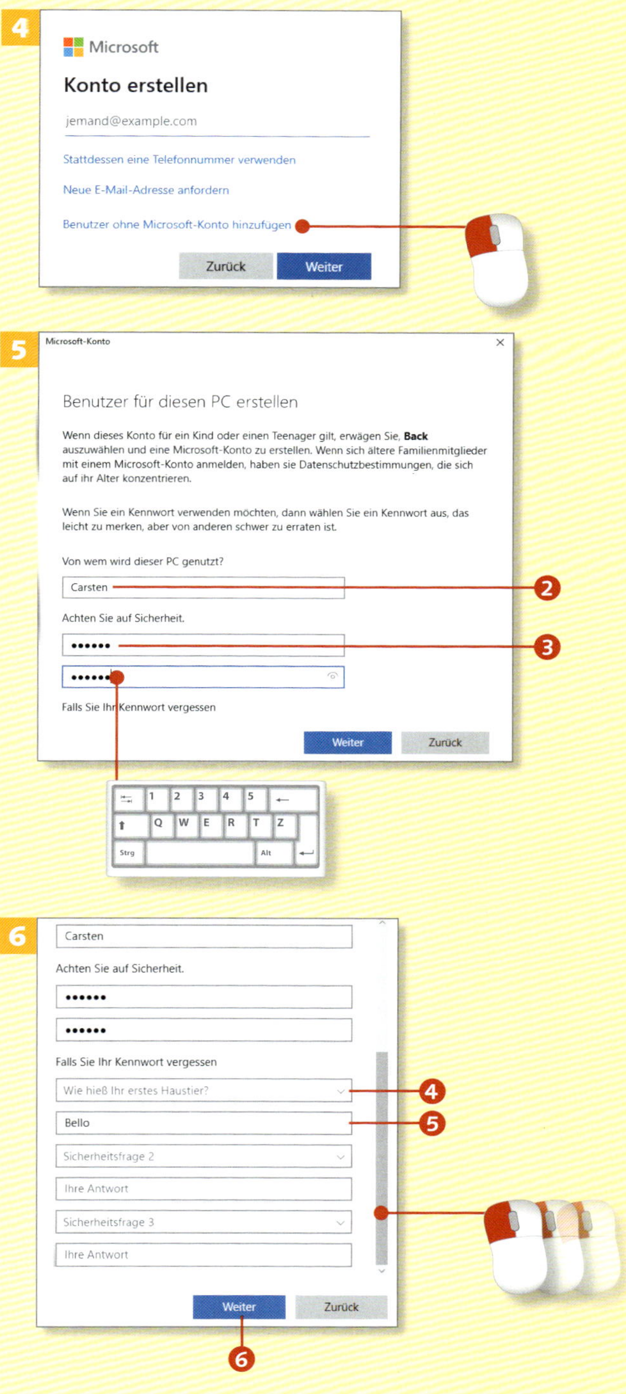

Konten für Familienmitglieder

In der Kategorie **Familie & andere Benutzer** gibt es mit **Familienmitglieder hinzufügen** die Möglichkeit, Konten für die Familie einzurichten. Beim Konto eines Kindes können Sie Jugendschutzoptionen aktivieren. Konten für Familienmitglieder können nur in Verbindung mit einem Microsoft-Konto erstellt werden.

Die Benutzerkontensteuerung konfigurieren

Nervt die Benutzerkontensteuerung mit zu vielen Nachfragen? Stellen Sie die Benachrichtigungsebene nach Ihren Anforderungen ein.

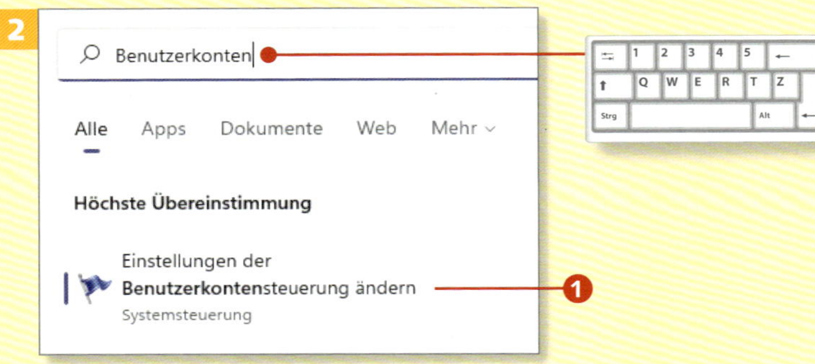

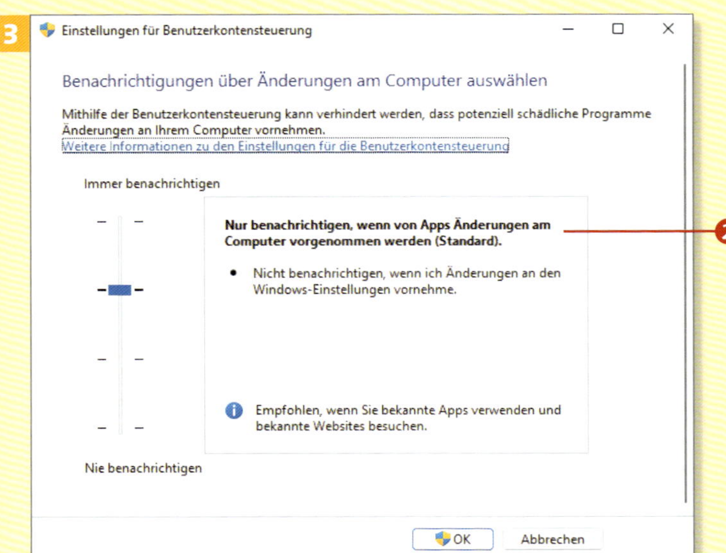

Schritt 1

Klicken Sie in der Taskleiste auf das Lupensymbol, um das Suchmenü einzublenden.

Schritt 2

In das Suchfeld des Suchmenüs tippen Sie nun das Wort »Benutzerkonten« ein. Wählen Sie aus der Liste der Suchergebnisse den ersten Eintrag, **Einstellungen der Benutzerkontensteuerung ändern (Systemsteuerung)** ❶, mit einem Klick aus.

Schritt 3

Jetzt können Sie die Benachrichtigungsebene einstellen. Standardmäßig werden Sie benachrichtigt, sobald Programme Änderungen am System vornehmen möchten ❷.

User Account Control (UAC)

Die Benutzerkontensteuerung wird in vielen Tipps zu Windows auch mit ihrer englischen Abkürzung *UAC* bezeichnet.

Schritt 4

Klicken Sie den Schieberegler an, und ziehen Sie ihn mit gedrückter Maustaste eine Stufe nach unten. Diese ist mit der **Standard**-Stufe identisch – mit der Ausnahme, dass hier der Desktop nicht abgedunkelt wird.

Schritt 5

Wenn Sie den Regler ganz nach unten schieben, deaktivieren Sie die Benutzerkontensteuerung. Sie erhalten keine Benachrichtigungen mehr.

Schritt 6

Führen Sie den Regler hingegen ganz nach oben, werden Sie auch dann benachrichtigt, wenn Sie selbst eine Änderung am System durchführen. Dies ist die sicherste Einstellung. Vergessen Sie nicht, Ihre Änderungen mit **OK** zu übernehmen ❸.

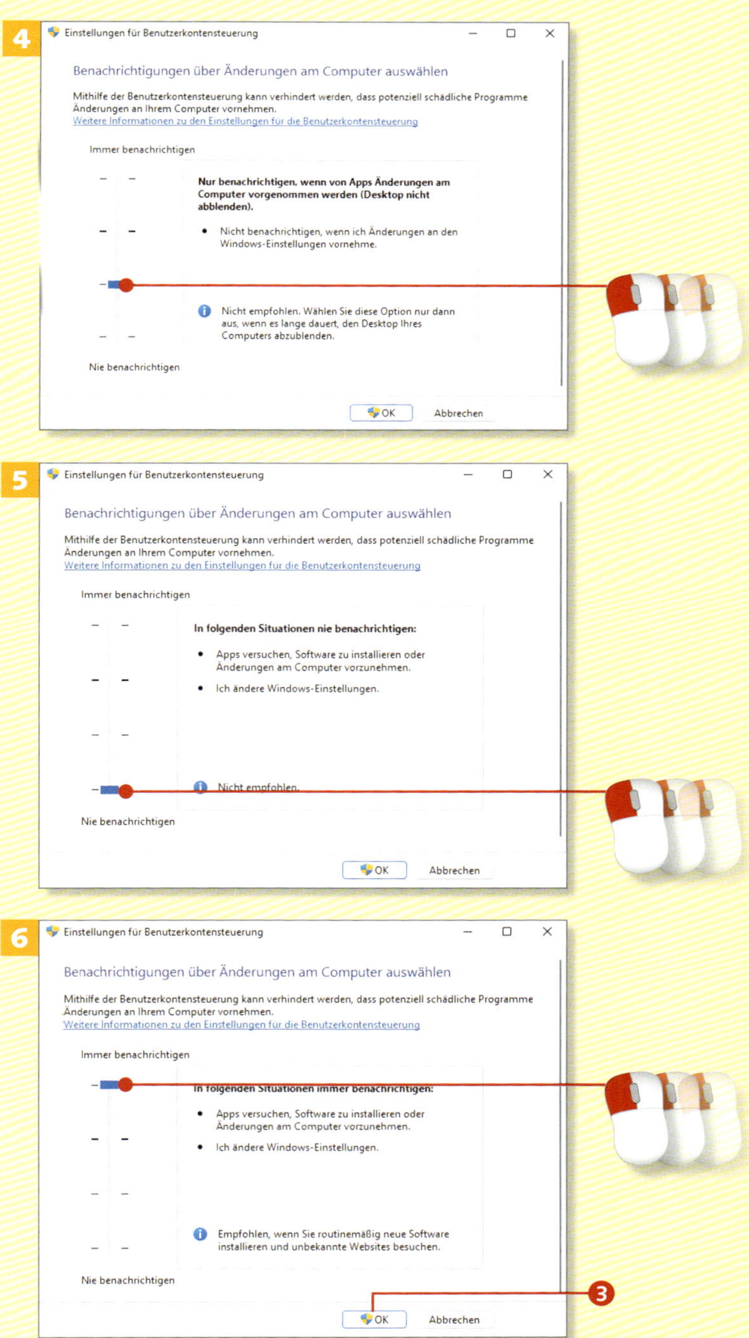

Nicht ausschalten!
Auch wenn die Abfragen etwas lästig sein können, sollten Sie die Benutzerkontensteuerung nicht deaktivieren: Sie würden Ihr System einem unnötigen Sicherheitsrisiko aussetzen.

Das geheime Administratorkonto aktivieren

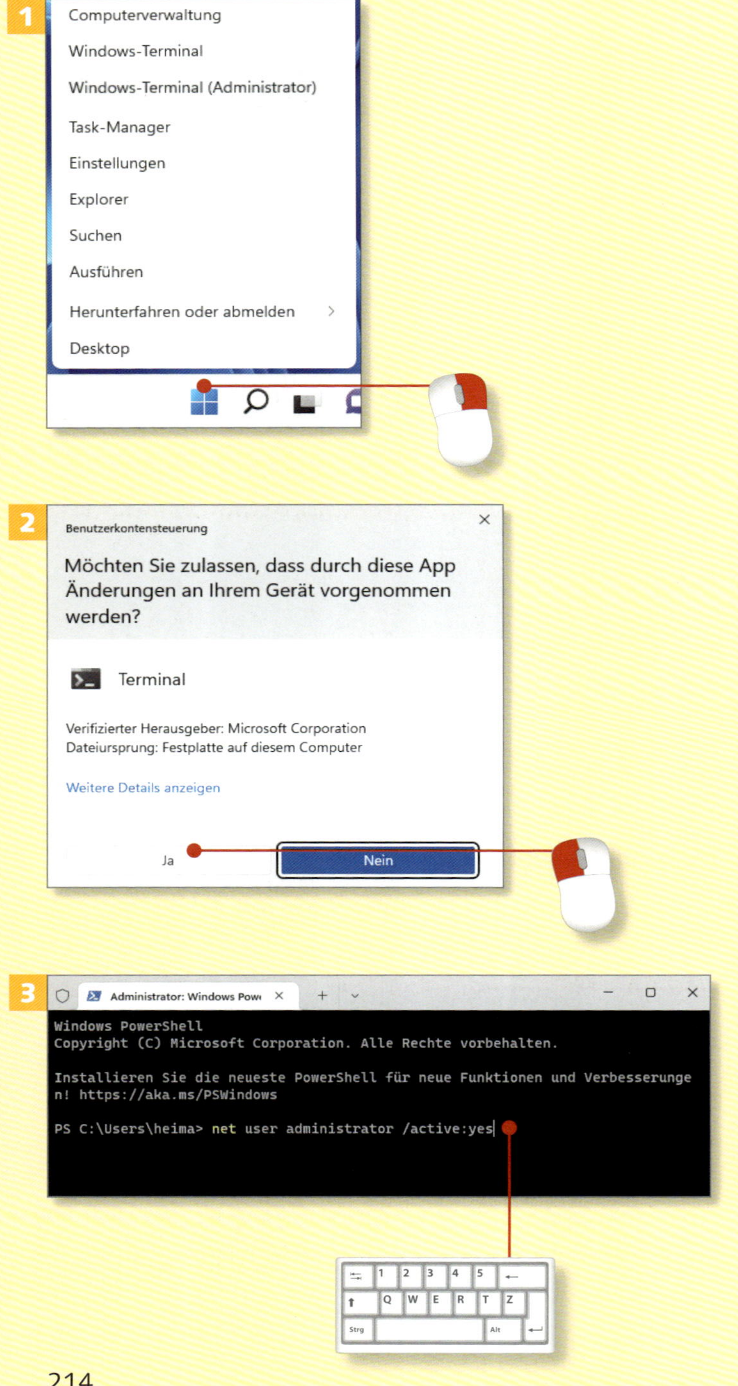

Das Haupt-Administratorkonto ist standardmäßig unter Windows 11 deaktiviert. Aktivieren Sie es in wenigen Schritten.

Schritt 1

Blenden Sie das Schnellstartmenü über die Tastenkombination [Win] + [X] oder alternativ mit einem Rechtsklick auf die **Start**-Schaltfläche ein. Im Menü wählen Sie den Eintrag **Windows-Terminal (Administrator)** aus.

Schritt 2

Bestätigen Sie die Abfrage der Benutzerkontensteuerung mit **Ja**, damit das Windows-Terminal gestartet werden kann.

Schritt 3

Tippen Sie den folgenden Befehl ein, und schließen Sie die Eingabe mit [Enter] ab. Achten Sie auf die korrekte Schreibweise inklusive Leerzeichen: *net user administrator /active:yes*.

Konto wieder deaktivieren

Um das Administratorkonto wieder zu deaktivieren, geben Sie in der Eingabeaufforderung den Befehl *net user administrator /active:no* ein.

Schritt 4

Haben Sie den Befehl richtig eingegeben, erhalten Sie die Meldung *Der Befehl wurde erfolgreich ausgeführt* ❶. Falls nicht, wiederholen Sie die Eingabe einfach.

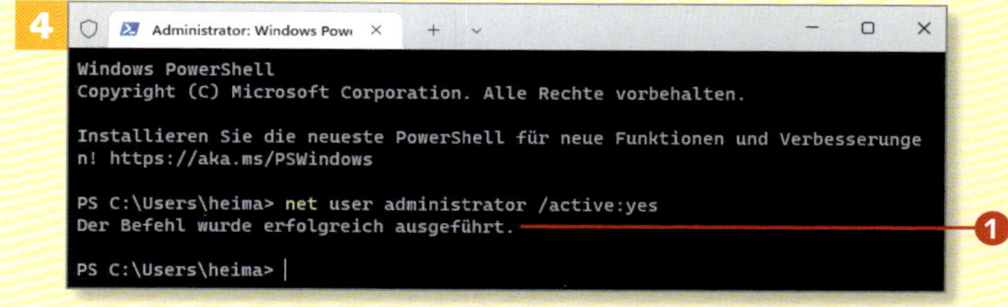

Schritt 5

Dem Administratorkonto ist noch kein Kennwort zugewiesen. Geben Sie folgenden Befehl ein, um ein Kennwort zu vergeben: *net user administrator Kennwort*. Ersetzen Sie dabei das Wort *Kennwort* durch das Passwort, das Sie für das Konto festlegen möchten, und schließen Sie auch dies mit der ↵-Taste ab.

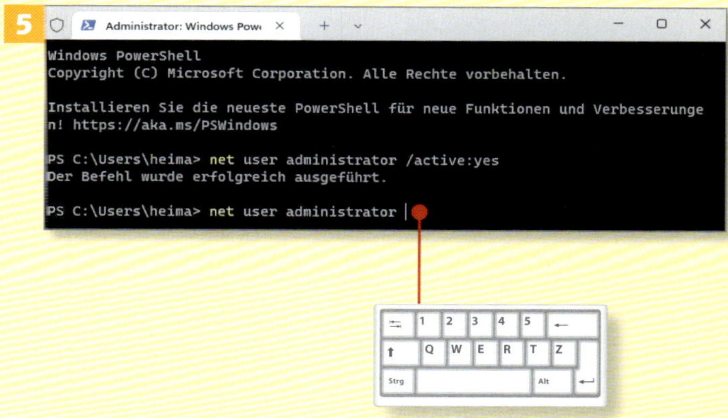

Schritt 6

Wurden alle Befehle erfolgreich ausgeführt, steht das neue Administratorkonto bei der nächsten Anmeldung am System zur Verfügung ❷.

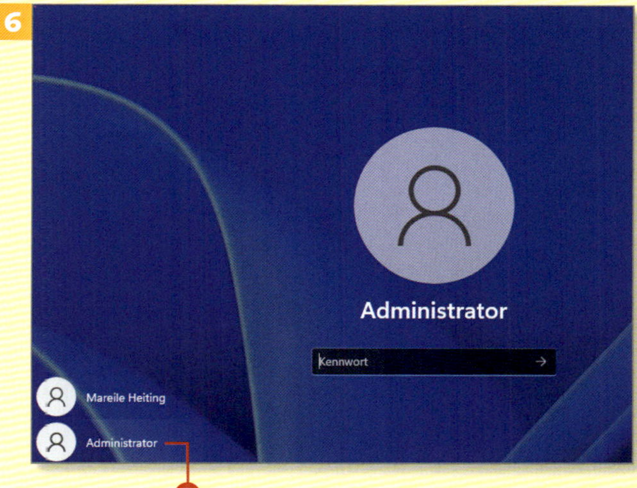

Vorübergehende Nutzung

Verwenden Sie das Hauptadministratorkonto möglichst nur kurzfristig, beispielsweise für Wartungsaufgaben. Für die tägliche Arbeit reicht ein normales Administratorkonto oder ein Standardbenutzerkonto meist vollkommen aus.

Kennworteingabe nach Reaktivierung abschalten

Wenn Sie Ihren Rechner aus dem Stand-by-Modus aufwecken oder nachdem der Bildschirmschoner angesprungen ist, müssen Sie sich für gewöhnlich wieder am System anmelden. Diese erneute Abfrage können Sie deaktivieren.

1
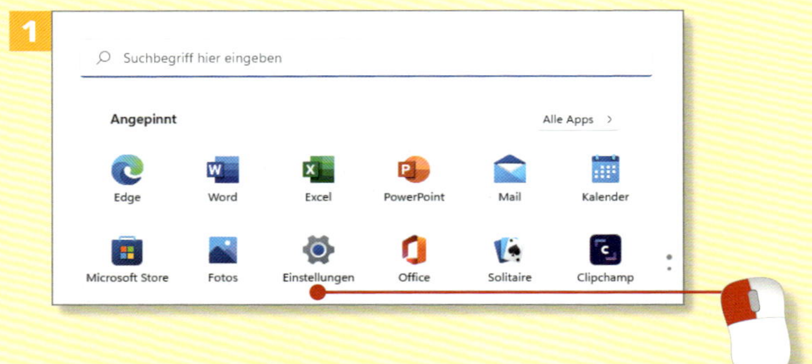

Schritt 1

Öffnen Sie zunächst die Einstellungen-App, indem Sie im Startmenü z. B. auf das Zahnradsymbol klicken oder alternativ die Tastenkombination ⊞ + I drücken.

2
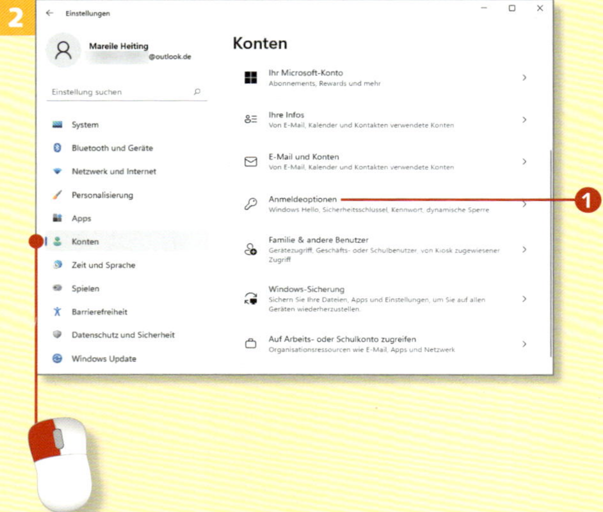

Schritt 2

Markieren Sie links die Kategorie **Konten**. Die Einstellungen zur Deaktivierung der Kennwortabfrage finden Sie in den **Anmeldeoptionen** ❶.

3
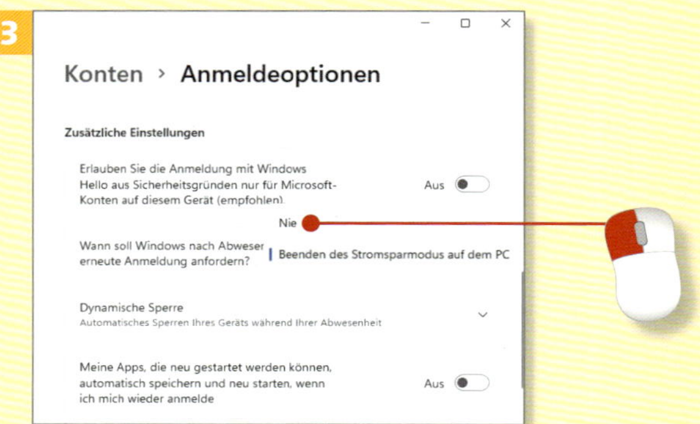

Schritt 3

Blättern Sie nach unten bis zum Bereich **Zusätzliche Einstellungen**. Wählen Sie aus dem Dropdown-Menü **Wann soll Windows nach Abwesenheit eine erneute Anmeldung anfordern** die Option **Nie**, um künftig eine erneute Authentifizierung nach Beendigung des Stand-by-Modus zu vermeiden.

Schritt 4

Die Einstellungen für den Bildschirmschoner sind gut versteckt. Tippen Sie links oben in das Suchfeld der Einstellungen-App das Wort »Sperr« ein, und wählen Sie aus den angezeigten Ergebnissen die Option **Einstellungen für den Sperrbildschirm**.

Schritt 5

Nutzen Sie die Bildlaufleiste am rechten Bildrand, um an das Ende der Seite zu gelangen. Klicken Sie dort auf den Link **Bildschirmschoner**.

Schritt 6

Entfernen Sie nun gegebenenfalls das Häkchen vor der Option **Anmeldeseite bei Reaktivierung**, und schließen Sie den Vorgang mit **OK** ab.

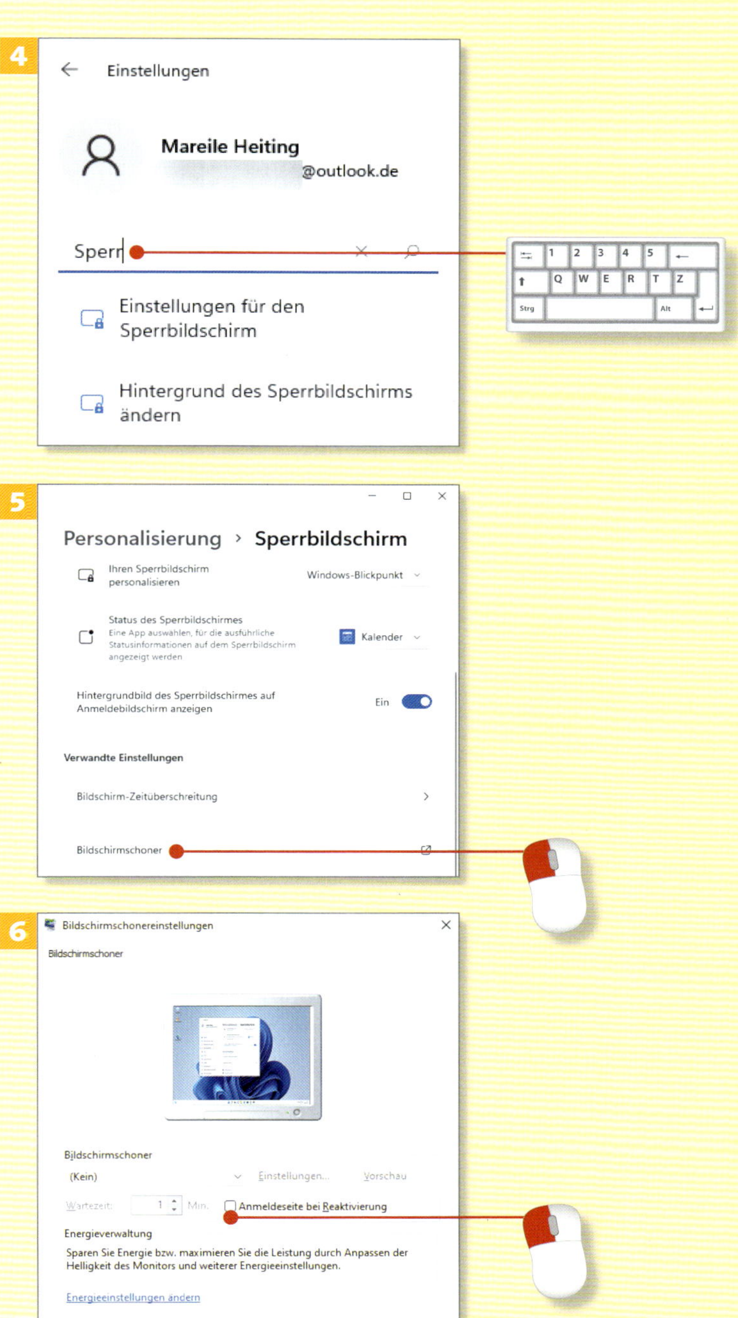

Gehen Sie auf Nummer sicher

Deaktivieren Sie die Eingabe der Kennwörter nur, wenn es sich um einen privaten Rechner handelt, auf den kein Außenstehender Zugriff hat. In Büros sollten Sie aus Sicherheitsgründen auf die Deaktivierung verzichten, damit Unbefugte während Ihrer Abwesenheit nicht auf den PC zugreifen können.

Ein lokales Konto in ein Microsoft-Konto umwandeln

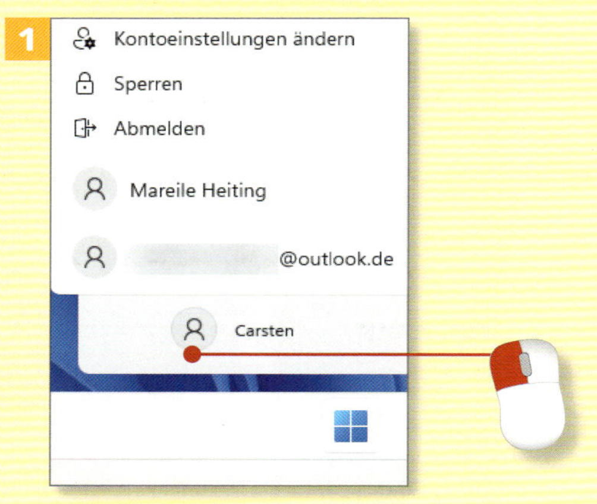

Ein lokales Benutzerkonto können Sie jederzeit in ein Microsoft-Konto umwandeln, beispielsweise wenn Sie Ihre Computereinstellungen auf einem anderen PC synchronisieren oder von dort auf die installierten Apps Ihres Hauptrechners zugreifen möchten.

Schritt 1

Öffnen Sie das Startmenü, klicken Sie links auf Ihr Profilbild, und wählen Sie den Menüpunkt **Kontoeinstellungen ändern** aus. Diese Option führt Sie direkt zu den benötigten Kontoeinstellungen.

Schritt 2

In der rechten Fensterhälfte wird unterhalb Ihres Benutzernamens der aktuelle Kontotyp angezeigt, in diesem Fall ein **Lokales Konto** ❶. Klicken Sie im Bereich **Kontoeinstellungen** auf **Stattdessen mit einem Microsoft-Konto anmelden**.

Schritt 3

Geben Sie die E-Mail-Adresse und das Kennwort Ihres Microsoft-Kontos ein. Sollten Sie noch nicht über ein Microsoft-Konto verfügen, lesen Sie die Anleitung »Ein neues Microsoft-Konto erstellen« ab Seite 206.

Schritt 4

Sie werden nun aufgefordert, das Kennwort des Microsoft-Kontos einzutragen. Bestätigen Sie mit einem Klick auf **Anmelden**.

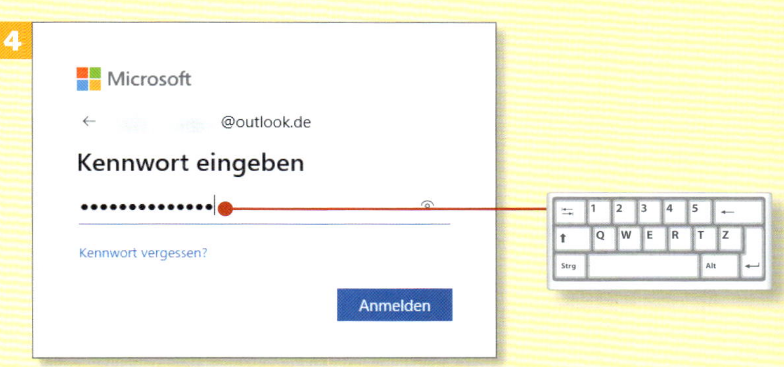

Schritt 5

Bevor die Umwandlung des lokalen Kontos in ein Microsoft-Konto abgeschlossen werden kann, müssen Sie noch einmal das Kennwort des lokalen Kontos eintippen. Fahren Sie dann mit einem Klick auf **Weiter** fort.

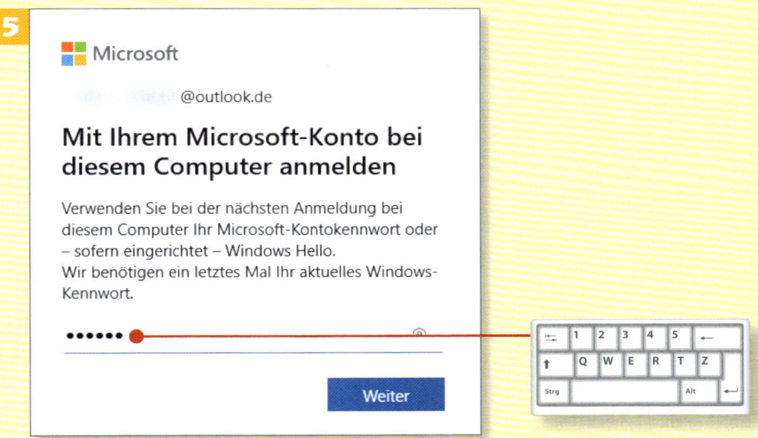

Schritt 6

Um sich zukünftig nicht mit einem komplizierten Kennwort anmelden zu müssen, bietet Ihnen Microsoft nun die Möglichkeit, eine PIN einzurichten. Nachdem Sie den Dialog **PIN erstellen** mit **Weiter** bestätigt haben, erscheint der rechts gezeigte Dialog. Tragen Sie eine PIN ein, wiederholen Sie diese, und bestätigen Sie mit **OK**.

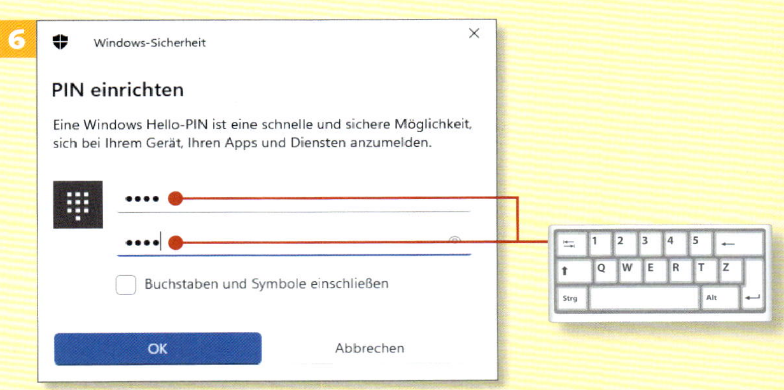

Anmeldung per PIN

Sie können die Anmeldung per PIN-Code jederzeit festlegen (siehe dazu die Anleitung »Schnelle Anmeldung mithilfe eines PIN-Codes« auf Seite 232).

Kapitel 11
Windows schneller machen

Machen Sie Windows schneller! Optimieren und vereinfachen Sie tägliche Aufgaben, und sparen Sie wertvolle Arbeitszeit. Möglichkeiten dazu bietet Windows reichlich. So können Sie z. B. die Anmeldung am System mithilfe eines PIN-Codes deutlich verkürzen oder den Windows-Start beschleunigen, indem Sie unnötige Autostart-Programme deaktivieren.

Frühjahrsputz für die Festplatte

Temporäre Internetdateien, Speicherabbilddateien, Daten im Papierkorb, Fehlerberichterstattungsdateien, Miniaturansichten – alles Daten, die sich Tag für Tag ansammeln, die eigentlich aber gar nicht unbedingt benötigt werden. Schaffen Sie Platz auf Ihrer Festplatte, und löschen Sie unnötigen Datenmüll aus Ihrem System. Mithilfe der Speicheroptimierung übernimmt Windows 11 diese Aufgabe sogar automatisch ❶.

Beschleunigen Sie den Systemstart

Viele Programme, die Sie auf Ihrem Computer installieren, schreiben sich ungewollt in den Autostart. Bei jedem Windows-Start werden diese Programme automatisch gestartet. Der Systemstart wird dadurch zusehends beeinträchtigt, und das Hochfahren benötigt immer mehr Zeit. Beschleunigen Sie den Start wieder, indem Sie unnötige Programmstarts über den Task-Manager ❷ deaktivieren.

Windows-Anmeldung mithilfe eines PIN-Codes statt eines langen Kennworts

Ein starkes Kennwort sollte mindestens acht Zeichen lang sein und aus Groß- und Kleinbuchstaben, Ziffern und Sonderzeichen bestehen. Wenn Sie sich aber mit solch einem Kennwort täglich an Windows anmelden müssen, kann dies schnell zur Geduldsprobe werden. Legen Sie stattdessen doch einfach einen PIN-Code ❸ für die schnelle Windows-Anmeldung an.

1 Datenmüll entsorgen: Ab und zu sollten Sie Ihre Festplatte »putzen« und nicht mehr benötigte Daten entfernen.

2 Unnötige Programme sollten Sie aus dem Autostart entfernen, um beim Hochfahren des Rechners Zeit zu sparen.

3 Mithilfe eines PIN-Codes statt eines langen Kennworts ist die schnelle und trotzdem sichere Anmeldung am System möglich.

Datenmüll entsorgen

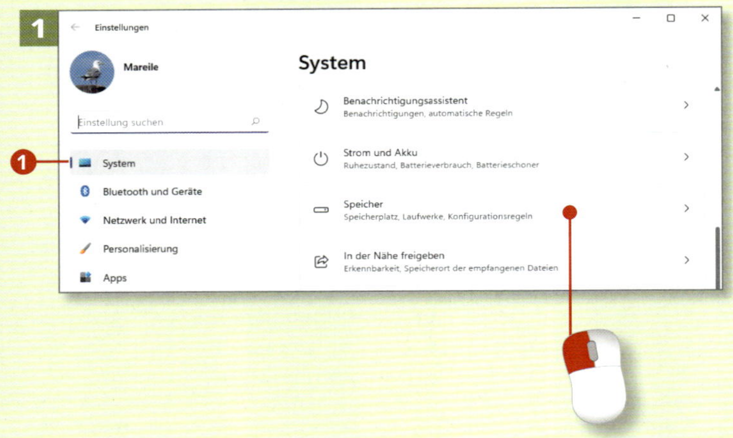

Mit der Zeit sammeln sich auf jedem Computer Daten an, die nicht mehr benötigt werden. Zeit für einen Frühjahrsputz!

Schritt 1

Öffnen Sie zunächst die Einstellungen-App mit den Tasten ⊞ + I. Markieren Sie links die Kategorie **System** ❶ und rechts die Unterkategorie **Speicher**.

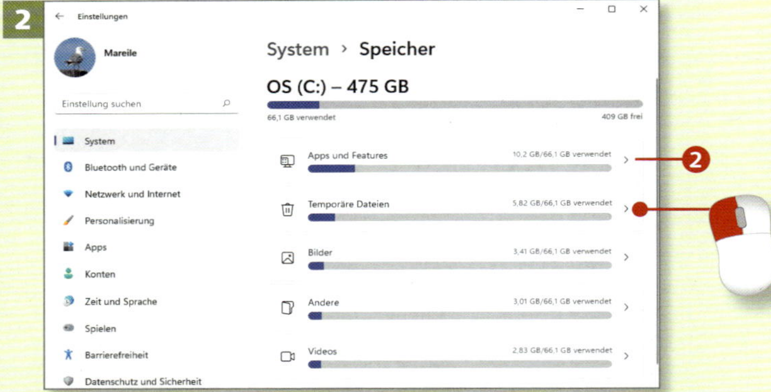

Schritt 2

Windows 11 berechnet nun, wie viel Speicherplatz verwendet wird. Im oberen Abschnitt der rechten Fensterhälfte erfahren Sie, wie viel Speicherplatz Apps & Features, Bilder oder auch temporäre Dateien in Anspruch nehmen. Um überflüssige Elemente zu löschen, klicken Sie auf **Temporäte Dateien**.

Schritt 3

Blättern Sie auf der folgenden Seite mithilfe der Bildlaufleiste in der Liste, um sich einen Überblick über die zu löschenden Daten zu verschaffen. Zu jedem Eintrag erhalten Sie eine Kurzbeschreibung und erfahren, wie viel Speicherplatz freigegeben werden könnte.

Schritt 4

Versehen Sie die Daten, die gelöscht werden sollen, jeweils mit einem Häkchen. Nach dem Aktivieren bzw. Deaktivieren eines Eintrags wird sofort die Gesamtauswahl zu Beginn der Seite auf den neuesten Stand gebracht.

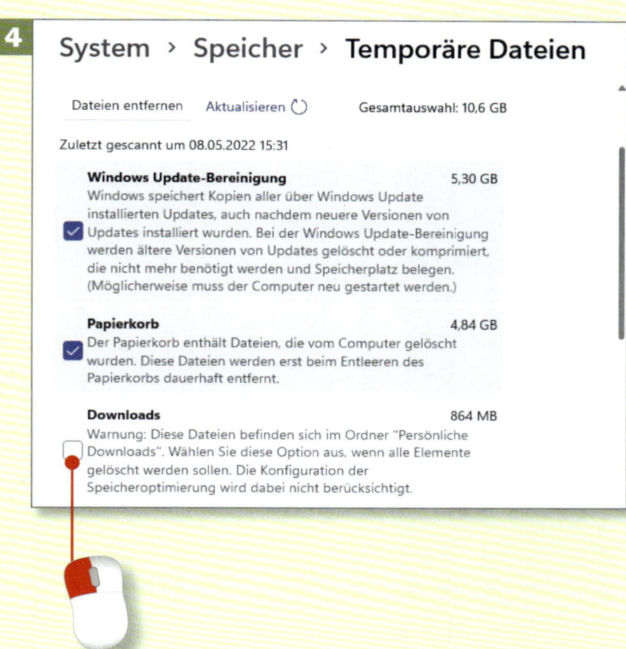

Schritt 5

Wenn Sie die Auswahl getroffen haben, starten Sie das Löschen der ausgewählten Daten über die Schaltfläche **Dateien entfernen**.

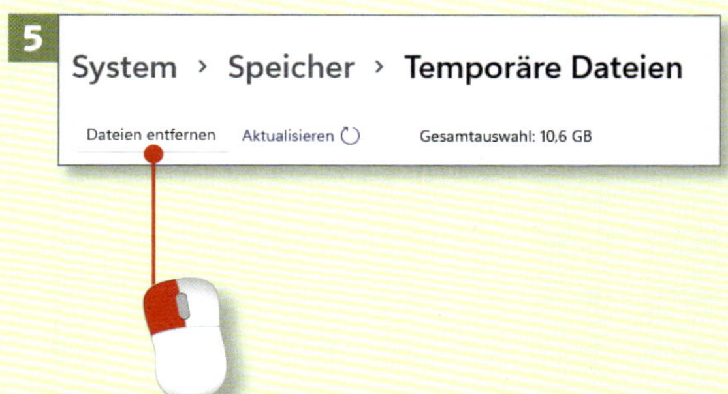

Schritt 6

Möchten Sie die ausgewählten Dateien wirklich dauerhaft löschen? Bestätigen Sie in diesem Fall die Abfrage mit **Weiter**. Das Entfernen kann nun einige Minuten dauern.

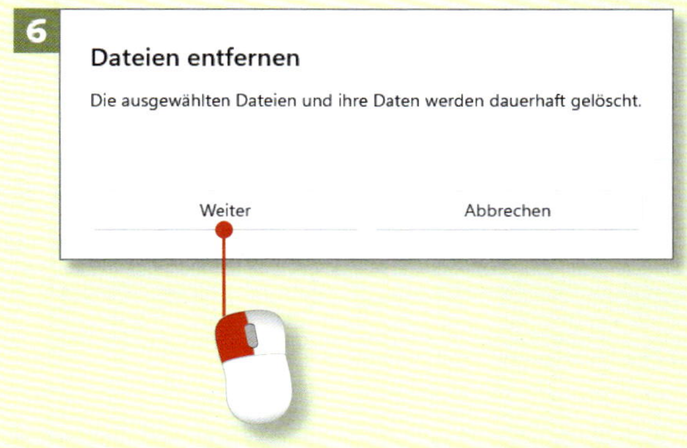

Den Speicherbedarf von Apps ermitteln

Interessiert es Sie, wie viel Speicherplatz eine bestimmte App benötigt? Dann klicken Sie in der Unterkategorie **Speicher** auf **Apps & Features** ❷.

Die automatische Speicheroptimierung

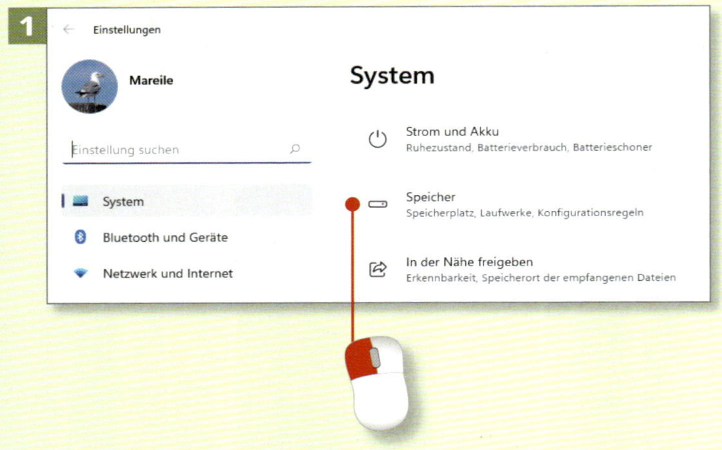

Das manuelle Löschen der Daten ist Ihnen zu umständlich? Dann überlassen Sie doch Windows 11 die Arbeit. Die automatische Speicheroptimierung ist schnell aktiviert.

Schritt 1

Rufen Sie über die Tastenkombination [Windows] + [I] die Einstellungen-App auf. Markieren Sie links die Kategorie **System** und rechts die Unterkategorie **Speicher**.

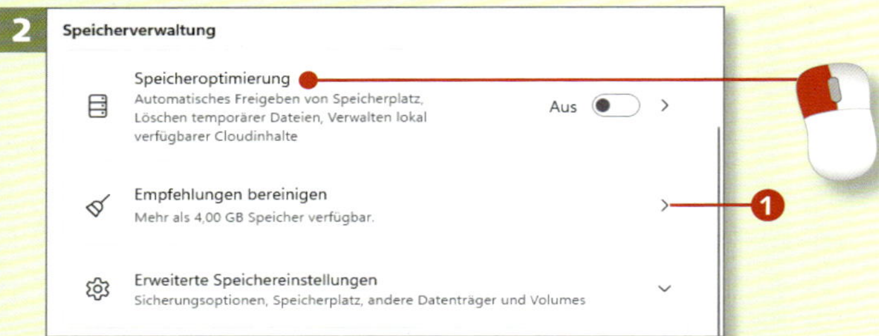

Schritt 2

Blättern Sie in der rechten Spalte nach unten bis zum Abschnitt **Speicherverwaltung**. Klicken Sie hier direkt auf **Speicheroptimierung**.

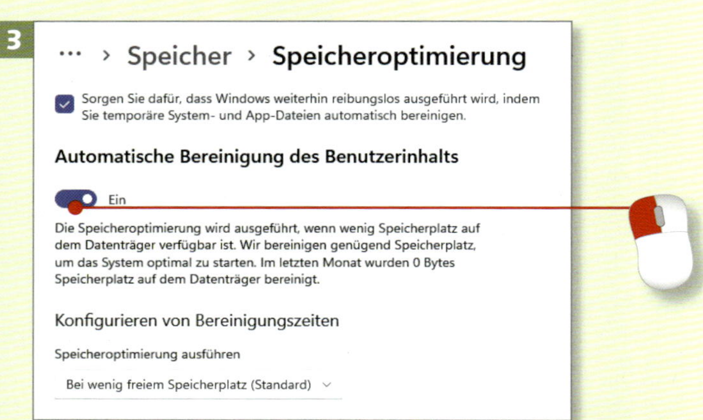

Schritt 3

Setzen Sie den Regler unterhalb von **Automatische Bereinigung des Benutzerinhalts** auf **Ein**.

Empfehlungen bereinigen
Windows 11 überprüft Ihren PC automatisch auf besonders große oder auch nicht genutzte Dateien. Welche dies sind, erfahren Sie nach einem Klick auf **Empfehlungen bereinigen** 1. Benötigen Sie die Dateien nicht, sollten Sie sie entweder auf eine externe Festplatte verschieben oder sogar ganz löschen.

Schritt 4

Legen Sie nun im Feld **Speicheroptimierung ausführen** fest, wie häufig Windows 11 die Speicheroptimierung vornehmen soll. Mit der Voreinstellung **Bei wenig freiem Speicherplatz (Standard)** wird das Tool nur dann aktiv, wenn der Speicherplatz knapp wird. Sie können aber auch eine tägliche, wöchentliche oder monatliche Ausführung veranlassen.

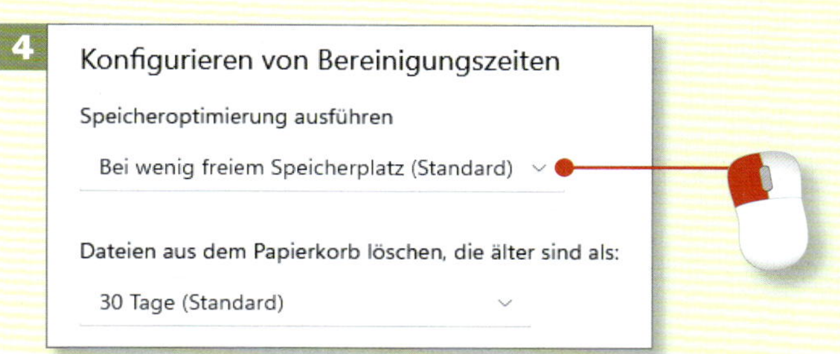

Schritt 5

Speziell im Papierkorb sammelt sich viel Datenmüll. Per Standardeinstellung löscht die Speicheroptimierung alle Daten, die älter sind als 30 Tage. Wer rigoroser vorgehen möchte, kann hier auch **1 Tag** oder **14 Tage** wählen. Vorsichtigere Menschen entscheiden sich für **60 Tage**. Mit der Einstellung **Nie** wird der Papierkorb gar nicht automatisch geleert.

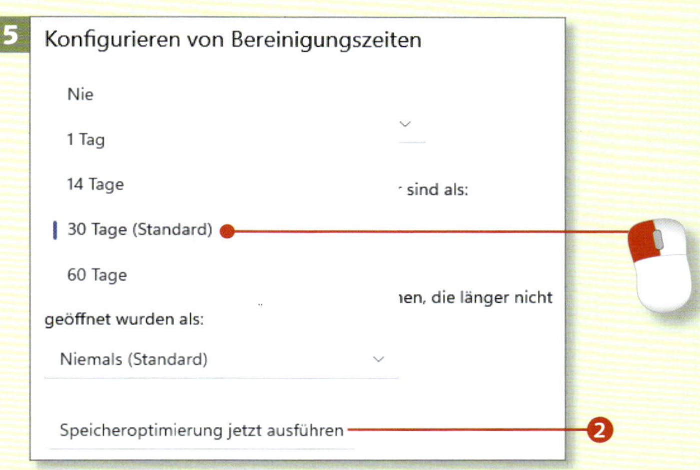

Schritt 6

Analog bestimmen Sie, welche Dateien im Ordner **Downloads** gelöscht werden dürfen. Als Kriterium gilt hier der Zeitrahmen, in dem die Dateien nicht geöffnet wurden. Mit **Speicheroptimierung jetzt ausführen** ❷ starten Sie das Tool sofort.

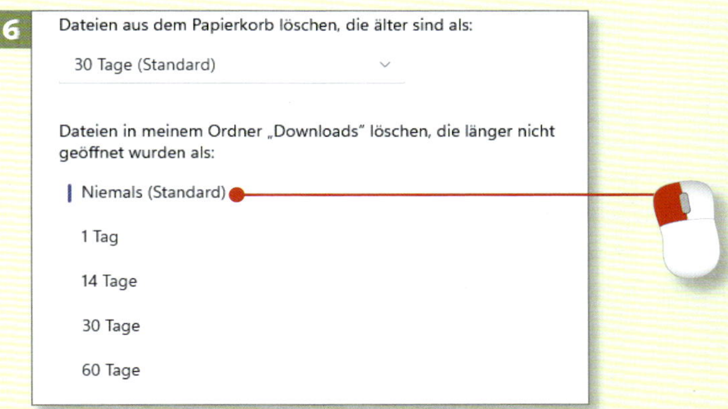

Windows schneller starten

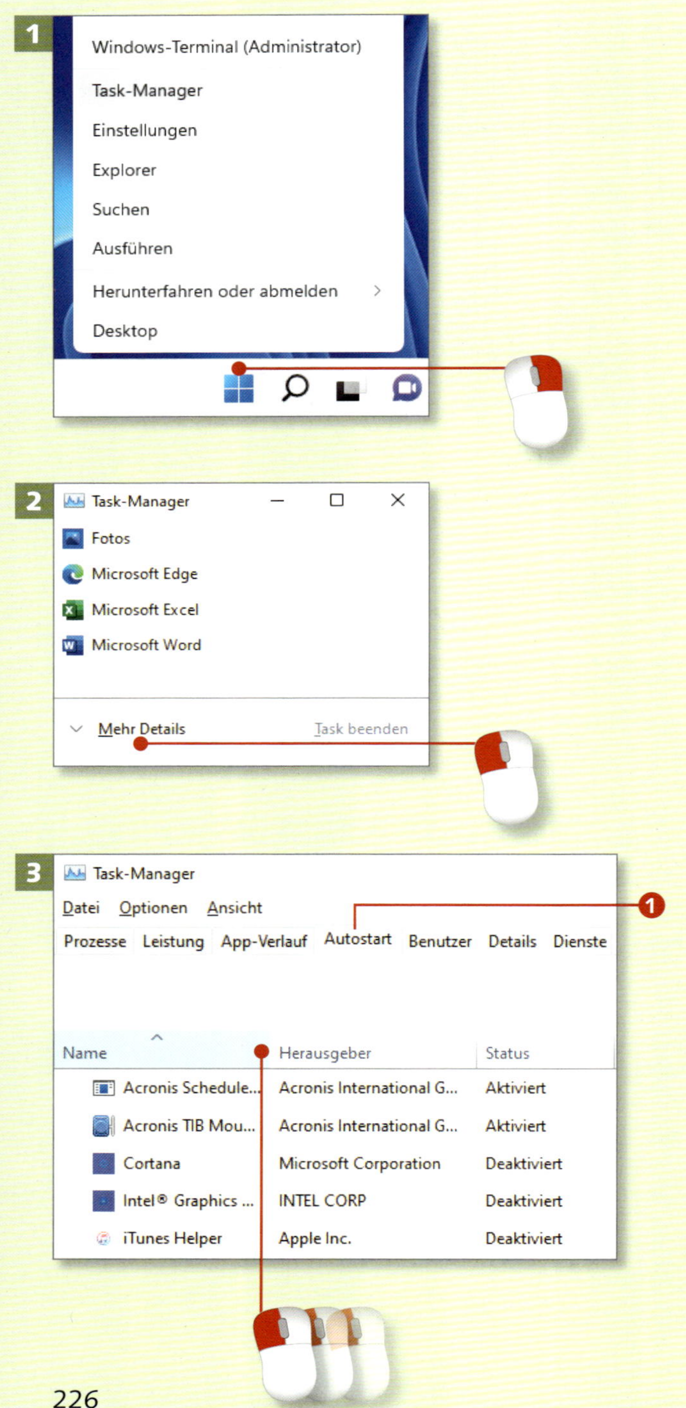

Lassen Sie Windows fast so schnell starten wie am ersten Tag. Misten Sie aus, und deaktivieren Sie unnötige Programme, die bei jedem Systemstart mitgeladen werden und das Hochfahren verlangsamen.

Schritt 1

Starten Sie den Task-Manager mithilfe der Tastenkombination [Strg] + [⇧] + [Esc], oder führen Sie einen Rechtsklick auf dem Start-Symbol aus, und wählen Sie daraus den Befehl **Task-Manager**.

Schritt 2

Klicken Sie links unten im Task-Manager auf **Mehr Details**, um weitere Informationen einzublenden.

Schritt 3

Wechseln Sie in das Register **Autostart** 1. Zeigen Sie dann mit der Maus auf die Begrenzungslinie zwischen den ersten beiden Spalten. Sobald sich der Mauszeiger in einen Doppelpfeil verwandelt, können Sie die Spalte mit gedrückter Maustaste nach rechts erweitern, um die Einträge besser lesen zu können.

Schritt 4

Lesen Sie sich die Einträge durch. Der letzten Spalte **Startauswirkungen** können Sie entnehmen, wie sehr ein Programm den Start beeinflusst. Ein Klick auf den Spaltenkopf sortiert die Einträge entsprechend ihrer Startauswirkung.

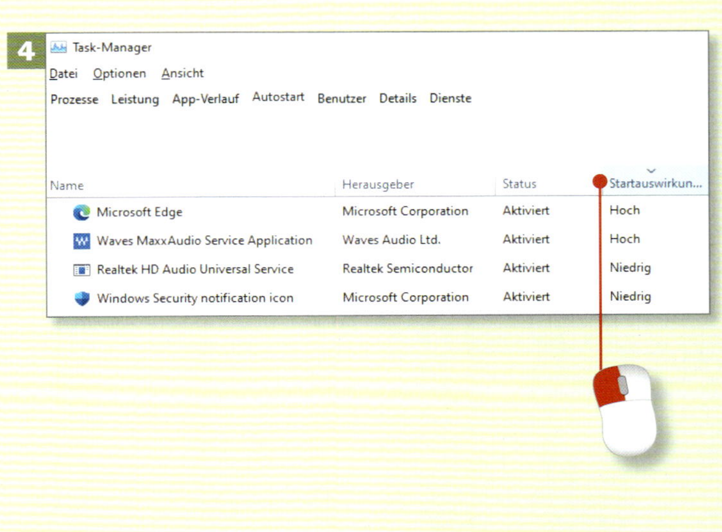

Schritt 5

Anwendungen, die mit dem Status **Hoch** gekennzeichnet sind, sollten Sie gegebenenfalls deaktivieren, da diese den Start des Systems verlangsamen. Klicken Sie dazu den Eintrag mit der rechten Maustaste an, und wählen Sie die Option **Deaktivieren** aus dem Kontextmenü.

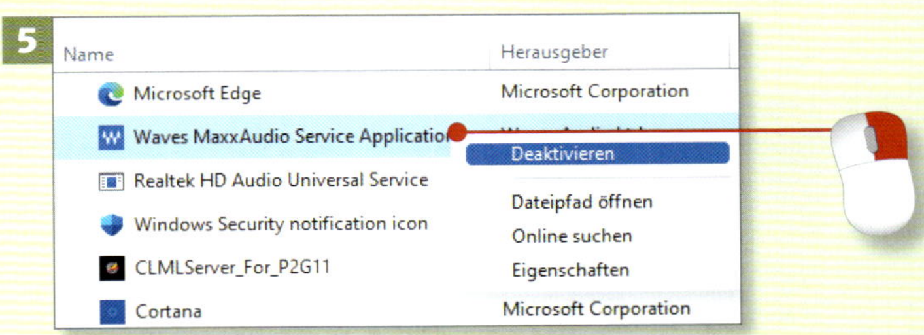

Schritt 6

Deaktivieren Sie möglichst immer nur eine Anwendung. Starten Sie den Rechner dann zunächst neu, und überprüfen Sie die Auswirkungen auf das System. Sollten Probleme auftreten, aktivieren Sie das Programm wieder.

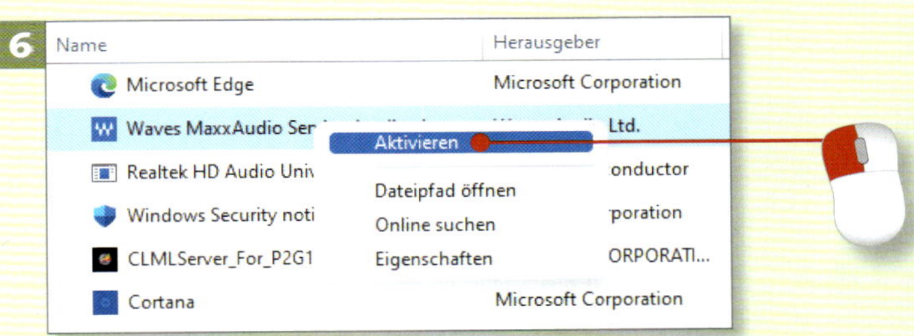

Unklare Bezeichnungen

Wenn Sie nicht wissen, um was für ein Programm es sich handelt, fragen Sie einfach in Computer-Foren nach, z. B. unter *www.paules-pc-forum.de*.

Windows schneller herunterfahren

Anstatt umständlich über das Startmenü vorzugehen, fahren Sie Ihren Rechner doch einfach mit einem Doppelklick herunter, oder starten Sie ihn per Doppelklick neu. Dafür können Sie Verknüpfungen einrichten. Wie das geht, lesen Sie hier.

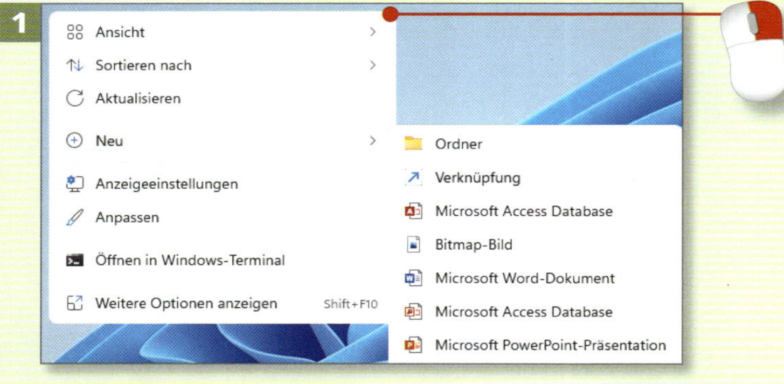

Schritt 1

Führen Sie einen Rechtsklick auf eine freie Stelle Ihres Arbeitsplatzes aus, zeigen Sie auf **Neu**, und wählen Sie dann den Menüpunkt **Verknüpfung** aus.

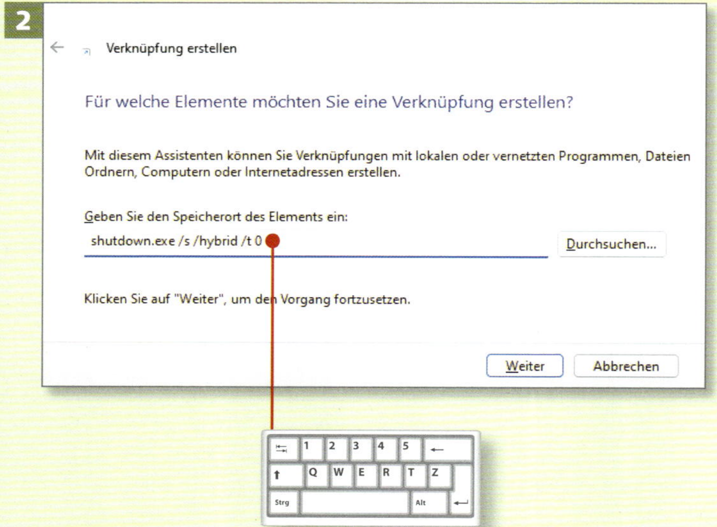

Schritt 2

Tragen Sie nun in die Textzeile des nächsten Fensters den Befehl *shutdown.exe /s /hybrid /t 0* ein (Schreibung und Leerzeichen beachten!), und klicken Sie anschließend auf **Weiter**, um den Vorgang fortzusetzen.

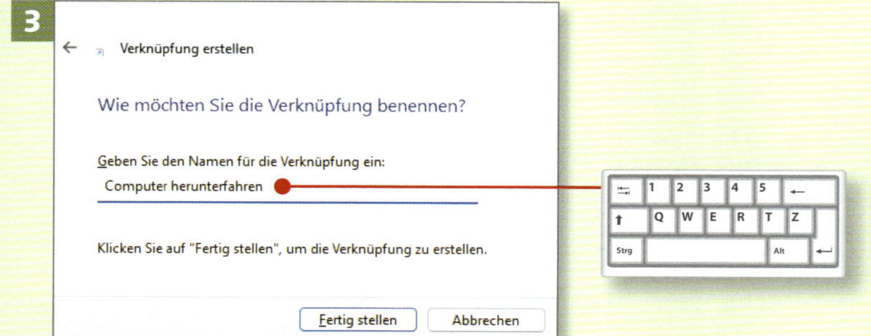

Schritt 3

Vergeben Sie schließlich einen Namen für Ihre neu erstellte Verknüpfung, beispielsweise *Computer herunterfahren*, und klicken Sie danach auf **Fertig stellen**.

Schritt 4

Nun folgt die zweite Verknüpfung. Wiederholen Sie zunächst Schritt 1, und geben Sie dann in die Textzeile den Befehl *shutdown.exe /r /t 0* ein. Klicken Sie auch hier wieder auf **Weiter**.

Schritt 5

Mit dieser Verknüpfung können Sie Ihren PC neu starten. Geben Sie ihr einen aussagekräftigen Namen, z. B. *Computer neu starten*, und schließen Sie den Vorgang mit einem Klick auf **Fertig stellen** ab.

Schritt 6

Fortan haben Sie zwei neue Verknüpfungen auf Ihrem Desktop. Mit einem Doppelklick auf **Computer herunterfahren** beenden Sie Windows, und über **Computer neu starten** führen Sie einen Neustart durch.

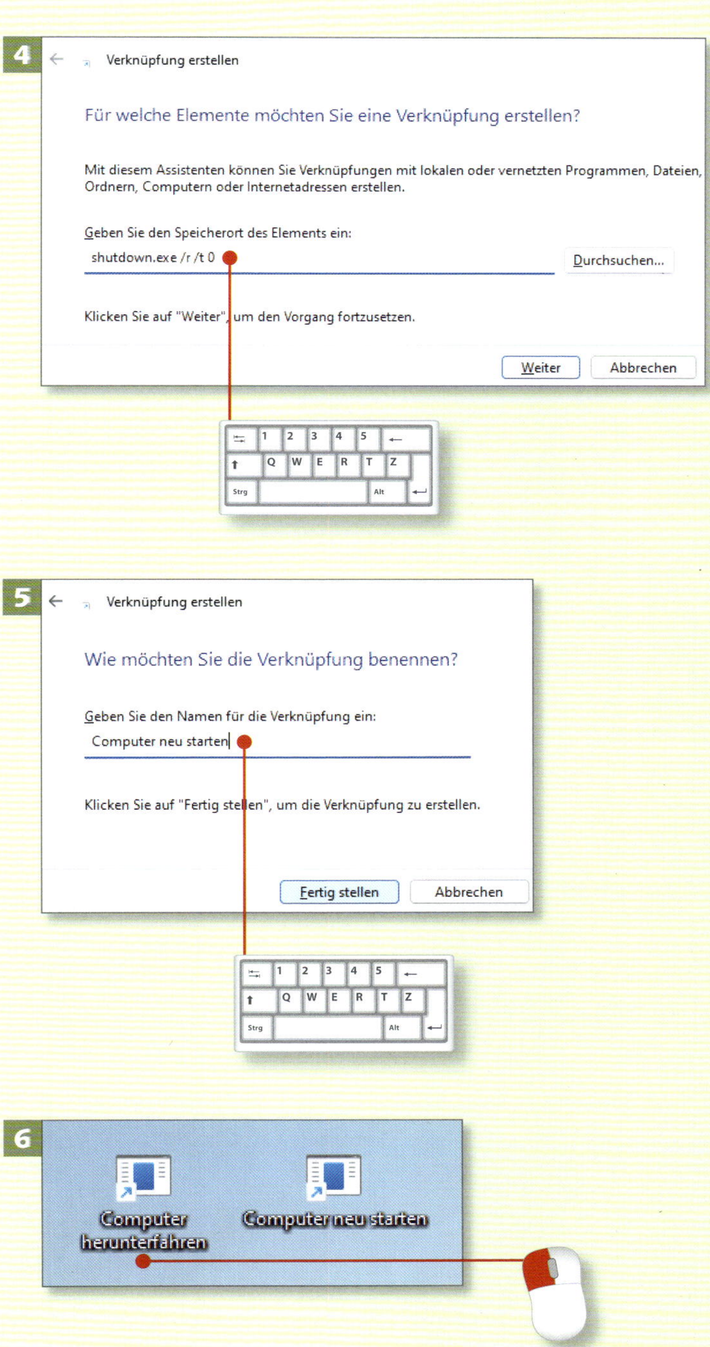

Neue Symbole zuordnen

Weisen Sie Ihren Verknüpfungen eindeutige Symbole zu. Führen Sie einen Rechtsklick auf eine Verknüpfung aus, und wählen Sie den Befehl **Eigenschaften**. Über den Menüpunkt **Anderes Symbol** können Sie dann ein neues Symbol zuweisen.

Die Festplatte defragmentieren

Erhöhen Sie die Systemleistung durch regelmäßige Defragmentierung, und kontrollieren Sie Ihre Einstellungen.

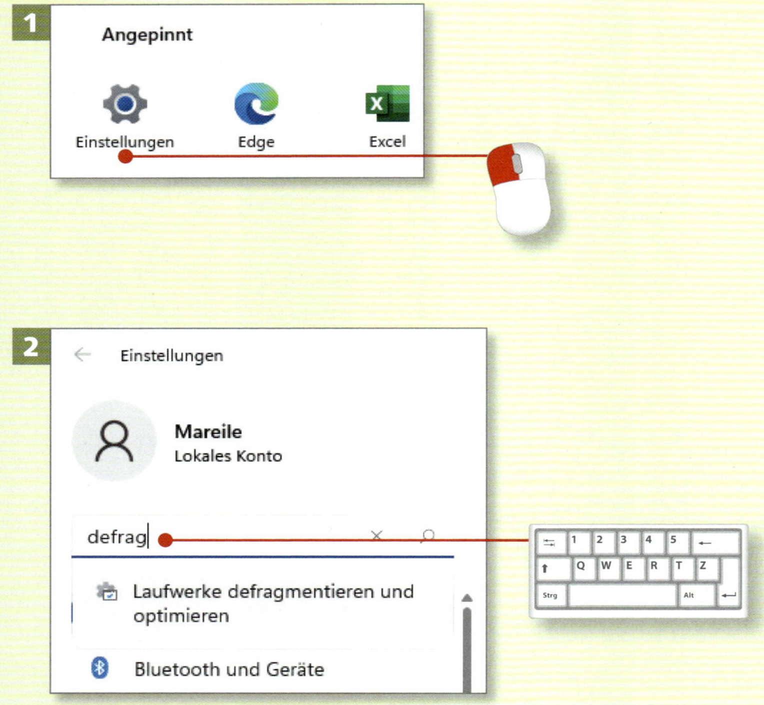

Schritt 1

Öffnen Sie die Einstellungen-App über das Zahnradsymbol im Startmenü oder mithilfe der Tastenkombination [Win] + [I].

Schritt 2

Geben Sie oben in das Suchfeld der Windows-Einstellungen den Begriff *defrag* ein, und klicken Sie auf das einzig angezeigte Suchergebnis **Laufwerke defragmentieren und optimieren**.

3 Laufwerke optimieren

Durch die Optimierung der Laufwerke können Sie eine effizientere Ausführung des Computers erreichen. Sie können die Laufwerke auch analysieren, um festzustellen, ob sie optimiert werden müssen. Es werden nur Laufwerke auf dem Computer bzw. die damit verbundenen Laufwerke angezeigt.

Status

Laufwerk	Medientyp	Zuletzt analysiert o...	Aktueller Status
OS (C:)	Solid-State-Laufwerk	06.05.2022 14:39	OK (2 Tage seit letzter erneuter Optimieru...
❶ DATA (D:)	Festplatte	06.05.2022 14:39	OK (0% fragmentiert)

Erweitere Ansicht — Analysieren — Optimieren ❷

Schritt 3

Über die Schaltfläche **Analysieren** können Sie die zuvor ausgewählte Festplatte ❶ einer Prüfung unterziehen. Ab einer Fragmentierung von etwa 10 % sollten Sie eine Defragmentierung über die Schaltfläche **Optimieren** ❷ starten.

Nicht die SSD-Festplatten!
SSD-Festplatten sollten von der Defragmentierung ausgeschlossen werden, da sie ihre Lebensdauer verkürzt!

Schritt 4

Es empfiehlt sich, die Defragmentierung aller Festplatten nach einem festen Zeitplan durchzuführen. Klicken Sie dazu auf **Einstellungen ändern**.

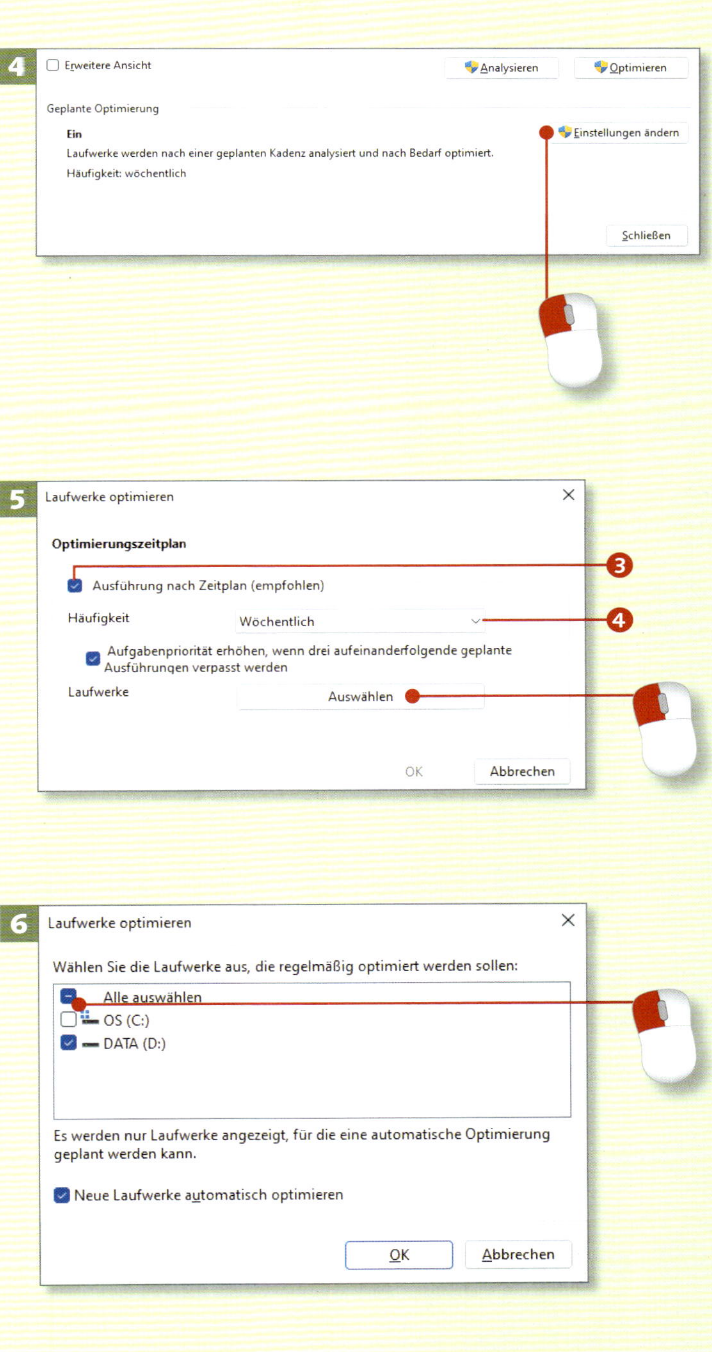

Schritt 5

Der Zeitplan ist aktiv, wenn vor dem Eintrag **Ausführung nach Zeitplan** ❸ ein Häkchen gesetzt ist. Über das Dropdown-Menü können Sie die Häufigkeit der Optimierung festlegen ❹. Kontrollieren Sie zusätzlich mit einem Klick auf **Auswählen**, welche Laufwerke eingebunden sind.

Schritt 6

Damit keine Festplatte vergessen wird, aktivieren Sie am besten die Option **Alle auswählen** (siehe dazu aber den Kasten auf Seite 230!). Mit **OK** speichern Sie die Einstellungen und schließen das Fenster.

Einstellungssache

Damit sich der Fragmentierungsgrad stets in Grenzen hält, wird eine wöchentliche Optimierung aller Laufwerke empfohlen.

Schnelle Anmeldung mithilfe eines PIN-Codes

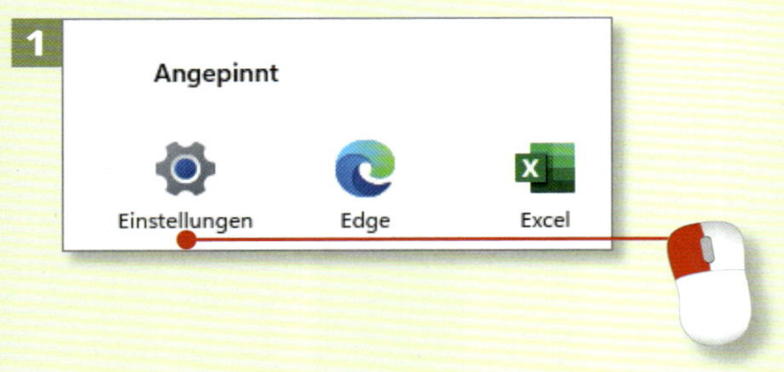

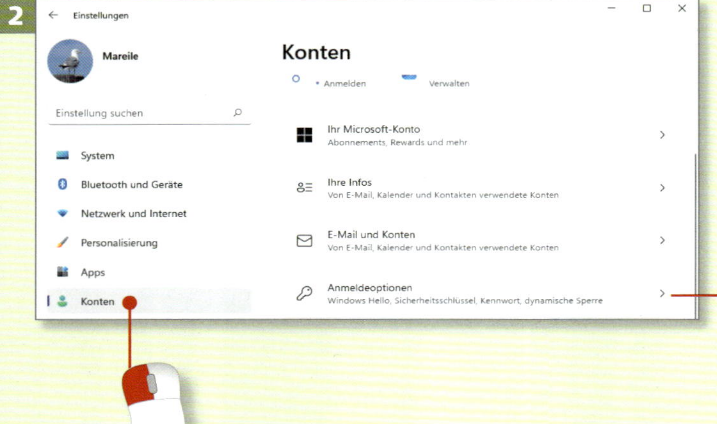

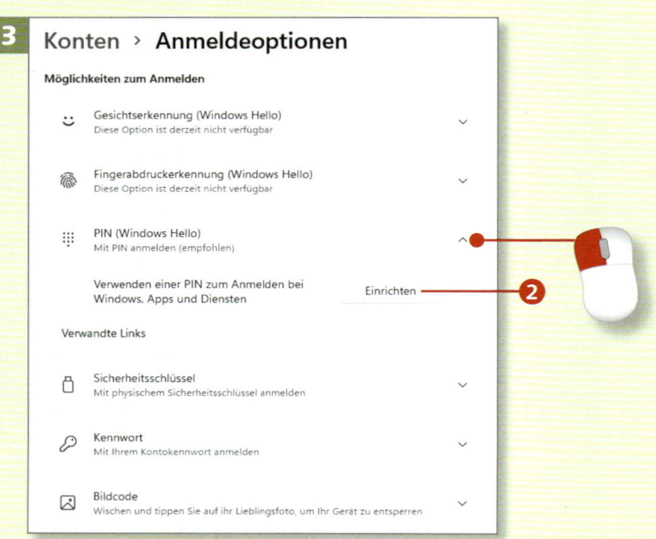

Die Anmeldung am System kann bei einem komplizierten Kennwort etwas lästig werden. Schneller und einfacher geht die Anmeldung mit einem vierstelligen PIN-Code. Bei der Einrichtung eines Microsoft-Kontos wird sie bereits angeboten. Sie lässt sich aber auch für ein lokales Konto nutzen.

Schritt 1

Rufen Sie die Einstellungen-App über den gleichnamigen Eintrag im Startmenü auf oder über die Tastenkombination [Windows] + [I].

Schritt 2

Die Hauptkategorien der Einstellungen werden nun aufgelistet. Die gesuchten Kontoeinstellungen finden Sie in der Kategorie **Konten**. Klicken Sie darauf. Wählen Sie dann rechts die Unterkategorie **Anmeldeoptionen** (1) aus.

Schritt 3

In der rechten Fensterhälfte werden nun alle Anmeldeoptionen aufgeführt, die Windows 11 anbietet. Klicken Sie auf **PIN**, um die Schaltfläche **Einrichten** anzuklicken. Wählen Sie dann auch diese per Mausklick aus (2).

Schritt 4

Sie werden nun aufgefordert, Ihr aktuelles Kennwort zur Authentifizierung einzugeben. Tippen Sie das Kennwort ein, und bestätigen Sie es mit einem Klick auf **OK**.

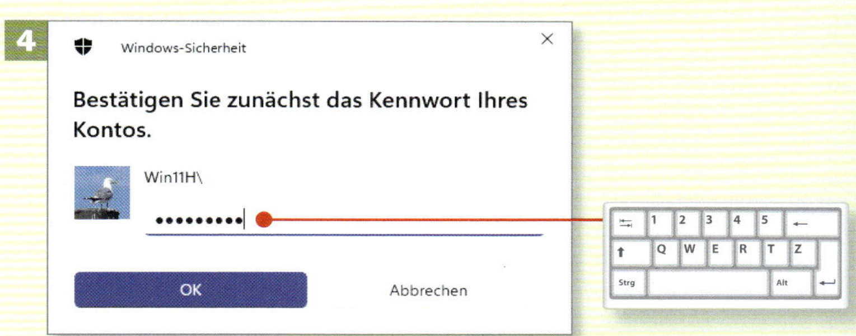

Schritt 5

Geben Sie nun einen PIN-Code ein. Um Fehler auszuschließen, müssen Sie den Code zur Bestätigung erneut eingeben. Mit einem Klick auf **OK** schließen Sie den Vorgang ab.

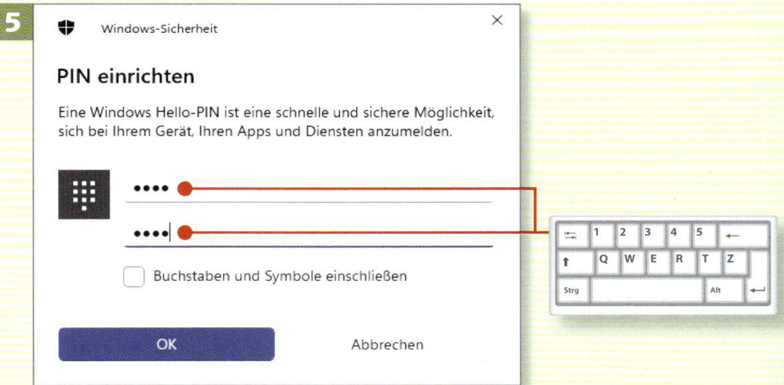

Schritt 6

Bei der nächsten Anmeldung am System müssen Sie den neuen Code anstelle des Kennworts eingeben. Unter **Anmeldeoptionen** können Sie wählen, auf welche Weise Sie die Anmeldung vornehmen möchten: per PIN ❸ oder per Kennworteingabe ❹. Klicken Sie einfach auf die entsprechende Schaltfläche.

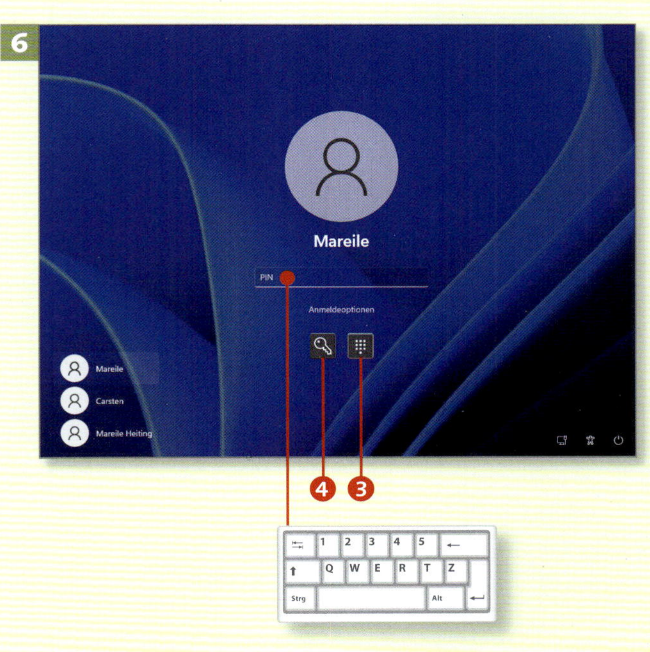

Anmeldung via Bildcode
Klicken Sie in Schritt 3 auf **Bildcode** und dann auf **Hinzufügen**, um diese Form der Anmeldung zu nutzen (siehe auch den Kasten auf Seite 234).

Automatische Anmeldung ohne Kennworteingabe

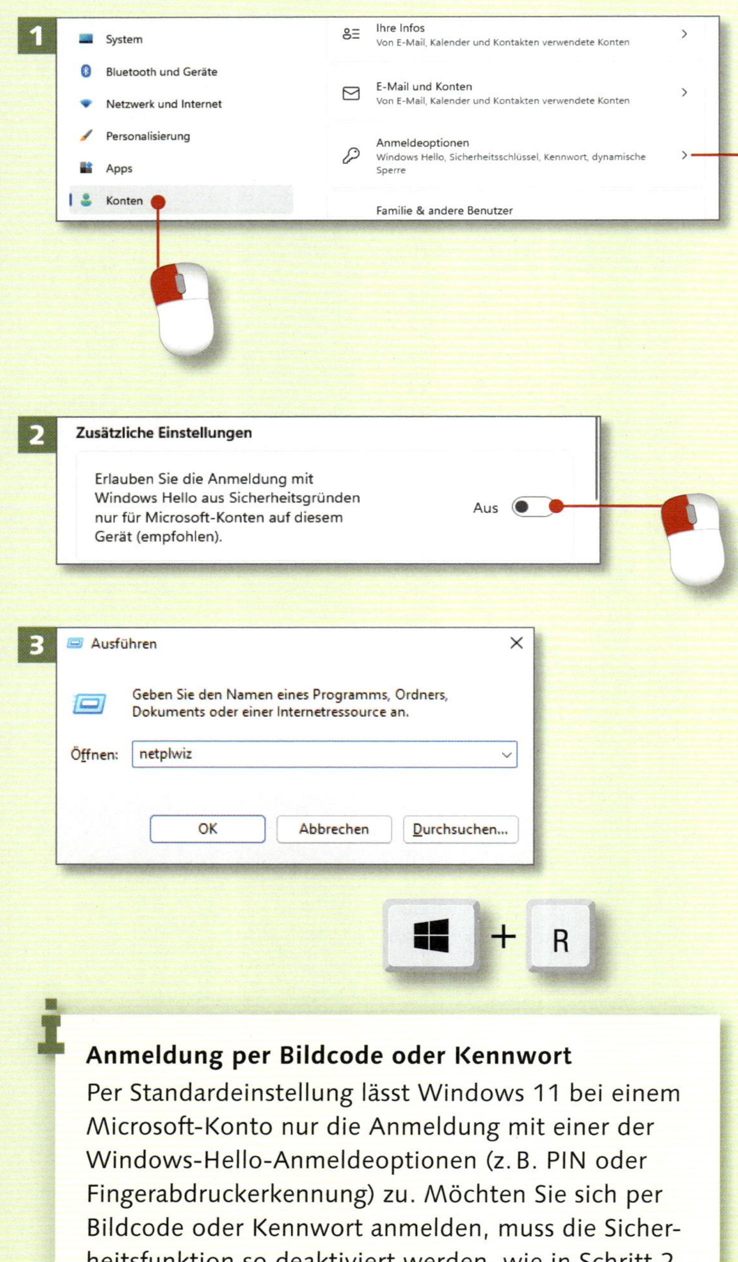

Windows 11 kann Ihr Benutzerkennwort speichern und Sie automatisch anmelden. Diese Einstellung sollten Sie aber nur nutzen, wenn Sie der einzige Benutzer Ihres Computers sind.

Schritt 1

Bevor Sie die automatische Anmeldung veranlassen können, müssen Sie in Windows 11 etwas Vorarbeit leisten. Hierfür müssen Sie mit einem Microsoft-Konto am System angemeldet sein. Rufen Sie die Einstellungen-App über ⊞ + I auf, und markieren Sie links die Kategorie **Konten**. Klicken Sie dann rechts auf **Anmeldeoptionen** ❶.

Schritt 2

Blättern Sie in der rechten Spalte nach unten bis zum Abschnitt **Zusätzliche Einstellungen**. Setzen Sie den Regler **Erlauben Sie die Anmeldung mit Windows Hello ...** auf **Aus**.

Schritt 3

Drücken Sie die Tasten ⊞ + R, um das Fenster **Ausführen** zu öffnen. Geben Sie *netplwiz* ein, und schließen Sie die Eingabe mit einem Klick auf **OK** ab.

Anmeldung per Bildcode oder Kennwort

Per Standardeinstellung lässt Windows 11 bei einem Microsoft-Konto nur die Anmeldung mit einer der Windows-Hello-Anmeldeoptionen (z. B. PIN oder Fingerabdruckerkennung) zu. Möchten Sie sich per Bildcode oder Kennwort anmelden, muss die Sicherheitsfunktion so deaktiviert werden, wie in Schritt 2 gezeigt.

Schritt 4

Markieren Sie im nächsten Fenster das Benutzerkonto ❷, das automatisch, also ohne Eingabe eines Kennworts, angemeldet werden soll. Entfernen Sie dann das Häkchen vor der Option **Benutzer müssen Benutzernamen und Kennwort eingeben**. Bestätigen Sie Ihre Änderung mit einem Klick auf **OK**.

Schritt 5

Geben Sie Ihr Kennwort zweimal ein. Schließen Sie den Dialog **Automatische Anmeldung** mit einem Klick auf **OK**. Nach einem Neustart des Systems erfolgt die Anmeldung automatisch ohne Kennworteingabe.

Schritt 6

Falls Sie die Kennworteingabe doch wieder aktivieren möchten, wiederholen Sie die Schritte 3 und 4. In diesem Fall versehen Sie allerdings das Kästchen **Benutzer müssen Benutzernamen und Kennwort eingeben** mit einem Häkchen. Starten Sie das System neu, wird wieder das Kennwort abgefragt.

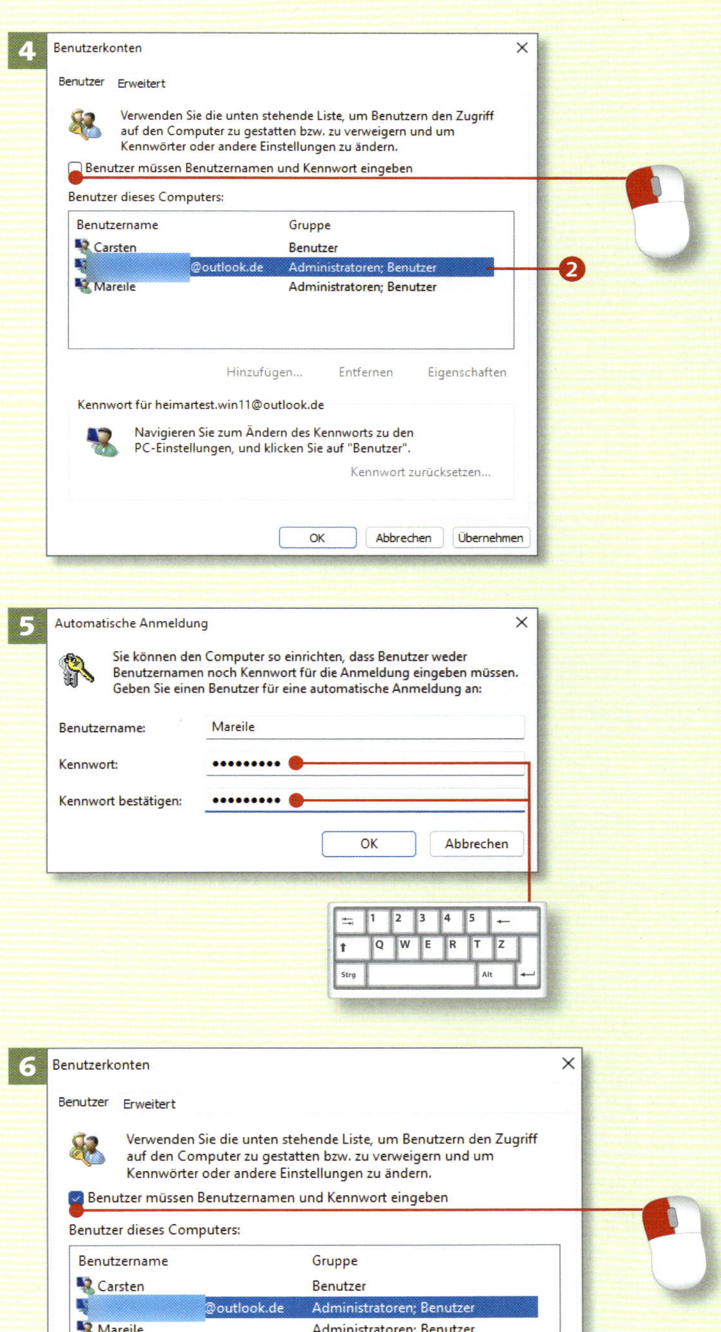

So ändern Sie Ihr Profilbild

Anstatt des mausgrauen und schmucklosen Platzhalters, der die einfache Silhouette einer Person zeigt, können Sie Ihrem Benutzerkonto mit wenigen Mausklicks auch ein individuelles Profilbild zuordnen.

Schritt 1

Öffnen Sie das Startmenü mithilfe der [Windows]-Taste, klicken Sie dann links unten auf den Namen Ihres Benutzerkontos, und wählen Sie aus dem zugehörigen Menü die Option **Kontoeinstellungen ändern** aus.

Schritt 2

Sie haben nun die Wahl, ein Foto mit der Kamera aufzunehmen (siehe Schritt 4) oder ein bereits vorhandenes auszuwählen. Entscheiden Sie sich für Letzteres, klicken Sie in der rechten Fensterhälfte im Abschnitt **Foto anpassen** auf **Dateien durchsuchen**.

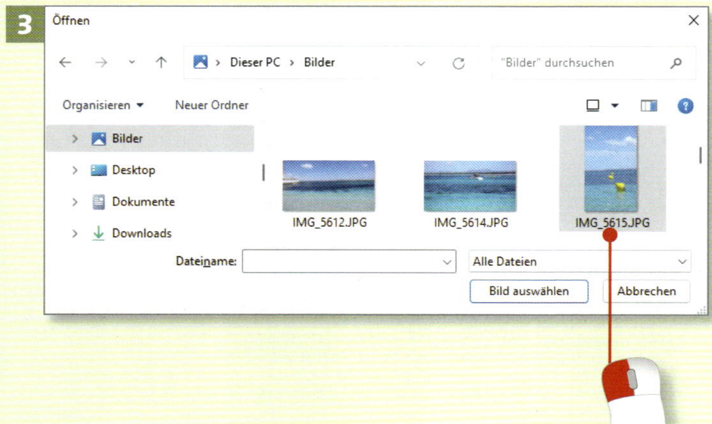

Schritt 3

Durchsuchen Sie nun Ihre Festplatte nach einem geeigneten Bild. Haben Sie eines gefunden, markieren Sie es mit einem Mausklick und klicken Sie dann auf **Bild auswählen**, um es als Profilbild zu übernehmen.

Schritt 4

Verfügt Ihr Computer über eine Webcam, können Sie auch ein Foto direkt mit der Kamera-App aufnehmen. Klicken Sie hierzu auf **Kamera öffnen**.

Schritt 5

Richten Sie die Kamera auf das gewünschte Motiv aus. Mit einem Klick auf das Kamerasymbol nehmen Sie das Foto auf.

Schritt 6

Gefällt Ihnen der Bildausschnitt noch nicht, passen Sie ihn über die vier Markierungspunkte an. Mit einem Klick auf **Fertig** ❶ übernehmen Sie die Aufnahme. Falls Sie einen neuen Versuch starten möchten, können Sie den Dialog aber auch mit **Abbrechen** beenden ❷ und anschließend ein neues Foto aufnehmen.

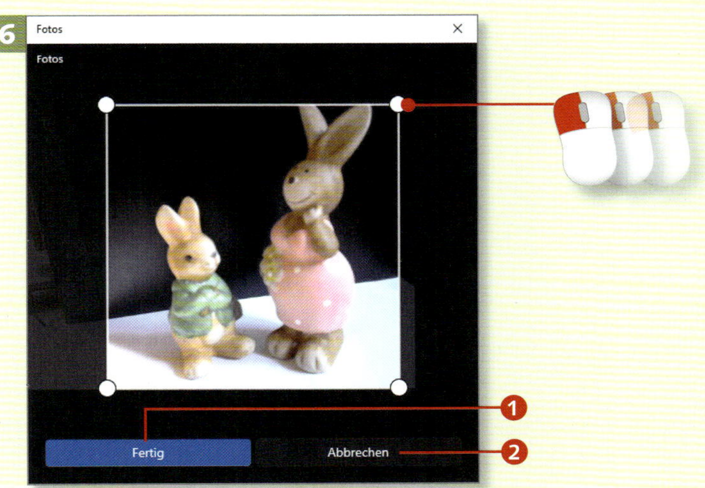

Kapitel 12
Unter der Haube: die Registry

Die Registrierungsdatenbank, oft auch einfach nur Registry genannt, ist das Herz von Windows. Hier laufen alle Fäden zusammen, hier werden alle computer- und hardwarespezifischen Einstellungen gespeichert. Bevor Sie Änderungen an der Datenbank vornehmen, sollten Sie diese daher immer sichern.

Der Aufbau der Registrierungsdatenbank
Was ist alles in der Datenbank gespeichert und vor allem wo? Was hat es mit den verschiedenen Schlüsseln und Unterschlüsseln auf sich, und was sind Datentypen und Werte? Zunächst klingt alles recht kompliziert, und optisch ansprechend wirkt die Datenbank auf den ersten Blick auch nicht gerade; sehr schnell stellen sich aber die ersten Erfolge beim Umgang mit der Windows-Registrierung ❶ ein.

Das beliebte Ribbon-Menü des Explorers zurückholen
Wenn es um die Verwaltung von Dateien und Ordnern geht, führt kaum ein Weg am Explorer vorbei. Unter Windows 11 erscheint er im neuen Gewand. Anstelle des Menübandes mit seinen Registern bietet der Explorer nun eine Symbolleiste mit einer sehr überschaubaren Anzahl an Funktionen. Wer auf das altbekannte Ribbon-Menü nicht verzichten möchte, kann es sich mit einer kleinen Änderung an der Registry wieder zurückholen ❷.

Ohne Sperrbildschirm direkt zum Anmeldebildschirm
Nach dem Start des Computers sehen Sie zunächst den Sperrbildschirm. Die einen lieben das Foto, andere möchten lieber direkt zum Anmeldebildschirm springen. Mithilfe eines kleinen Eingriffs in die Registry lässt sich dies schnell bewerkstelligen ❸.

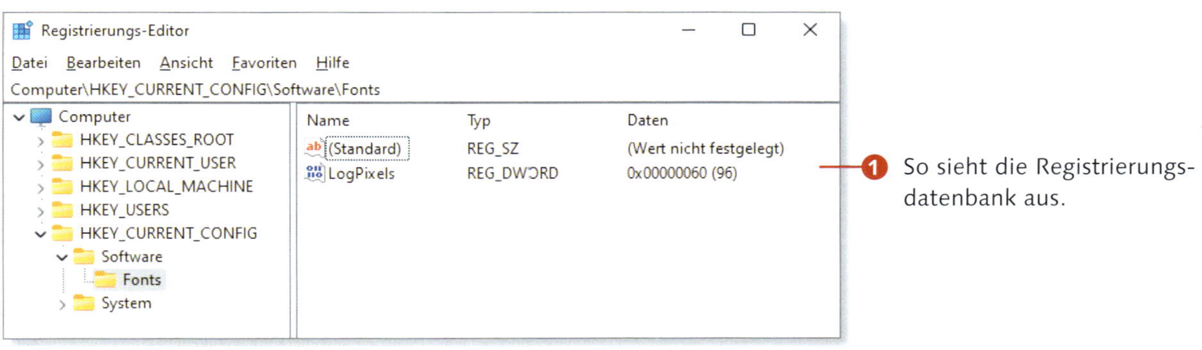

1 So sieht die Registrierungsdatenbank aus.

2 Mit einem kleinen Trick reaktivieren Sie das beliebte Ribbon-Menü des Explorers.

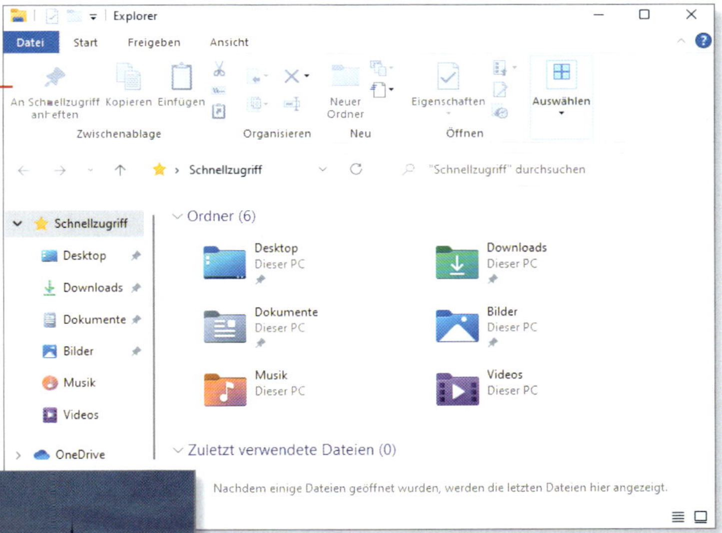

3 Mithilfe einer Änderung an der Registry gelangen Sie nach dem Start des Computers direkt zum Anmeldebildschirm.

Den Registrierungs-Editor aufrufen

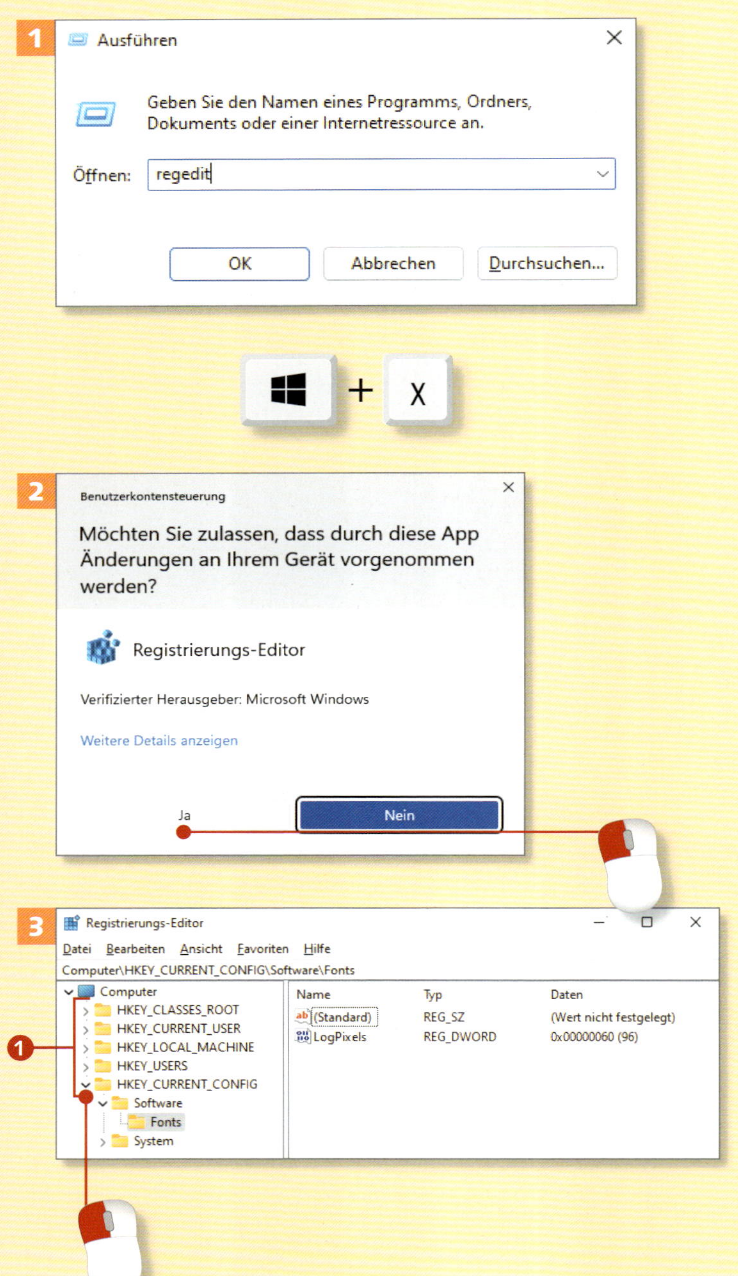

Mit dem Registrierungs-Editor führen Sie alle Änderungen an der Windows-Registrierung durch. Das Programm ist aber nicht über die Systemsteuerung zu erreichen und erscheint auch nicht auf der Übersichtsseite aller Apps.

Schritt 1

Zum Aufruf des Registrierungs-Editors öffnen Sie den **Ausführen**-Dialog mit den Tasten [Windows] + [R] und geben den Befehl *regedit* in das Textfeld ein, gefolgt von [↵].

Schritt 2

Die Benutzerkontensteuerung verlangt von Ihnen die Erlaubnis, das Programm zu starten. Bestätigen Sie die Abfrage mit **Ja**.

Schritt 3

Auf der linken Seite sehen Sie die fünf Hauptschlüssel ❶. Wenn Sie auf den kleinen Pfeil vor einem Eintrag klicken, öffnen sich die Teilschlüssel. Rechts werden Einträge und Werte des ausgewählten Schlüssels aufgeführt.

Schritt 4

Schlüssel, die Sie bearbeiten, können Sie als Favoriten speichern, um sie später bei Bedarf schneller wiederzufinden. Markieren Sie dazu den Schlüssel ❷, und klicken Sie dann auf **Favoriten ▸ Zu Favoriten hinzufügen**.

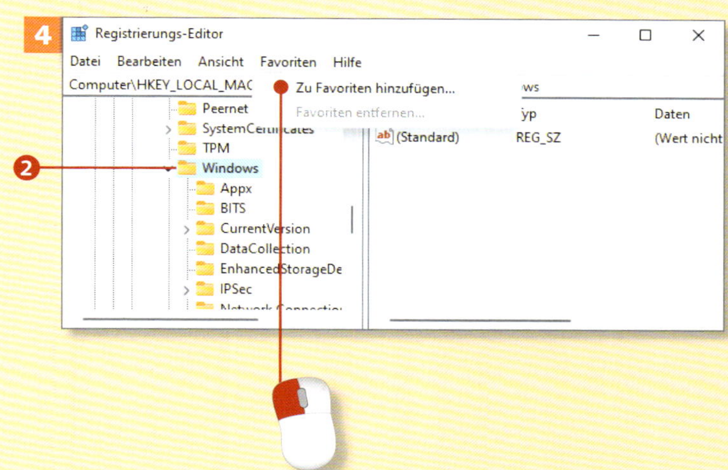

Schritt 5

Ein kleines Dialogfenster öffnet sich, in dem Sie eine Bezeichnung für Ihren Favoriteneintrag eingeben oder den vorgeschlagenen Namen übernehmen können. Mit **OK** schließen Sie das Fenster wieder.

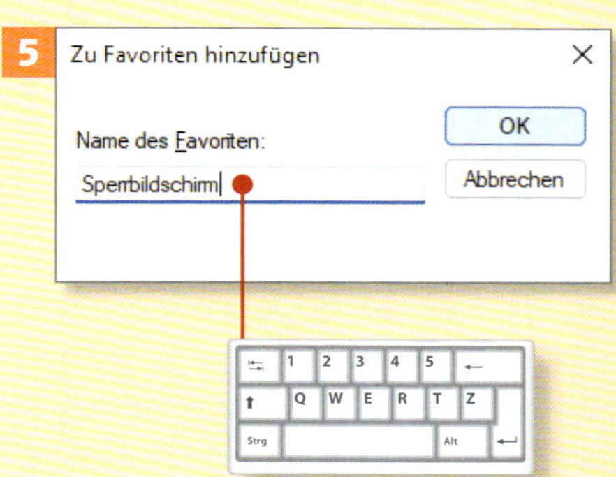

Schritt 6

Möchten Sie zu einem späteren Zeitpunkt einen Favoriteneintrag öffnen, klicken Sie auf **Favoriten** und wählen den gewünschten Eintrag aus dem Menü aus.

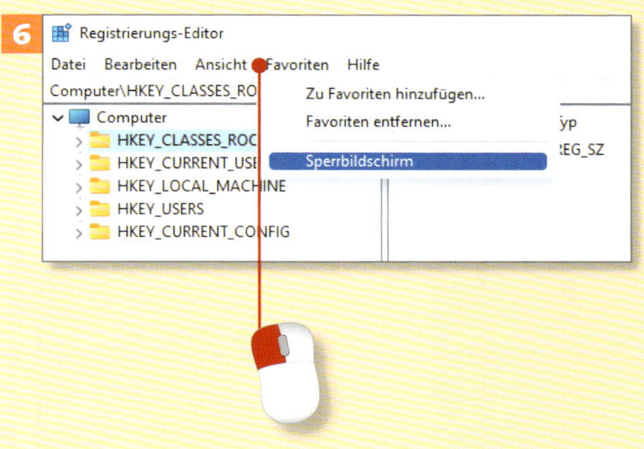

Navigation

Mit den Pfeiltasten können Sie in der Registrierung hervorragend navigieren. [→] öffnet einen Zweig, [←] schließt ihn wieder, und mit [↑] und [↓] springen Sie von Zweig zu Zweig.

Aufbau der Registry

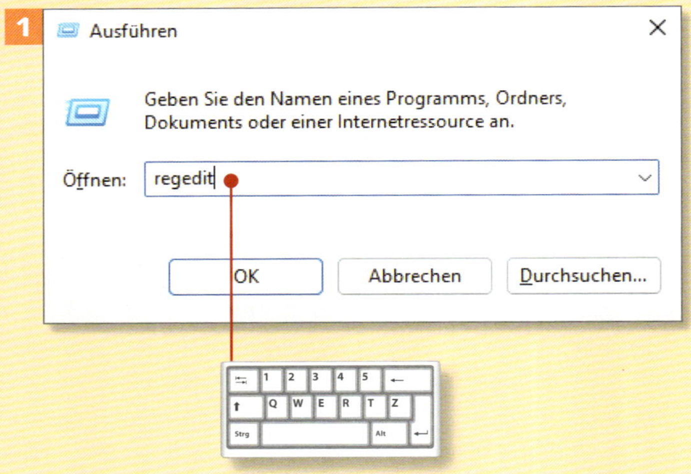

Die Windows-Registrierung ist eine hierarchisch aufgebaute Datenbank, in der Informationen zu Windows sowie zur verwendeten Software und Hardware abgespeichert sind.

Schritt 1

Öffnen Sie den Registrierungs-Editor, indem Sie [Win] + [R] drücken, den Befehl *regedit* in das Textfeld des Dialogs eintragen und dann mit [↵] abschließen. Bestätigen Sie die Benutzerkontensteuerung mit **Ja**.

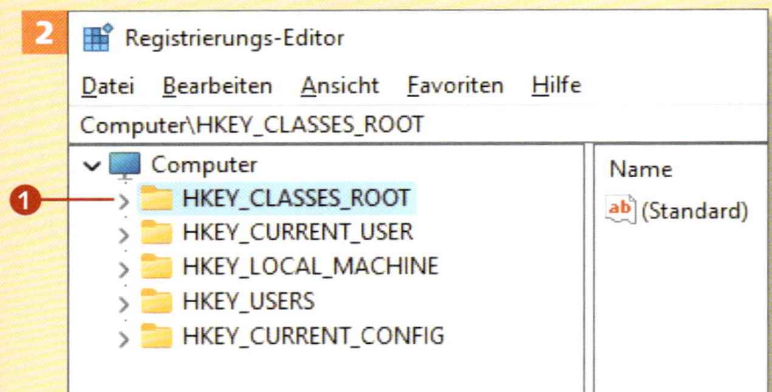

Schritt 2

Der Schlüssel **HKEY_CLASSES_ROOT** ❶ enthält Informationen zu allen registrierten Dateiendungen im System sowie zu COM- und OLE-Funktionen.

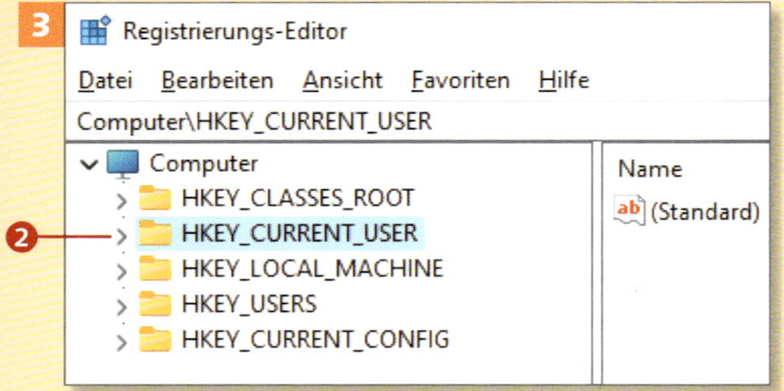

Schritt 3

Im Zweig **HKEY_CURRENT_USER** ❷ wird das Benutzerprofil des aktuell am System angemeldeten Benutzers gespeichert. Er verweist auf den Zweig **HKEY_USERS**, in dem alle Benutzerprofile abgelegt sind (siehe Schritt 5).

Im Bienenstock

Die Abkürzung **HKEY_** steht für *Hive Key*. »Hive« bedeutet wörtlich übersetzt »Bienenstock«.

Schritt 4

Sämtliche Informationen zu computerspezifischen Soft- und Hardwareeinstellungen werden im Zweig **HKEY_LOCAL_MACHINE** ❸ gespeichert.

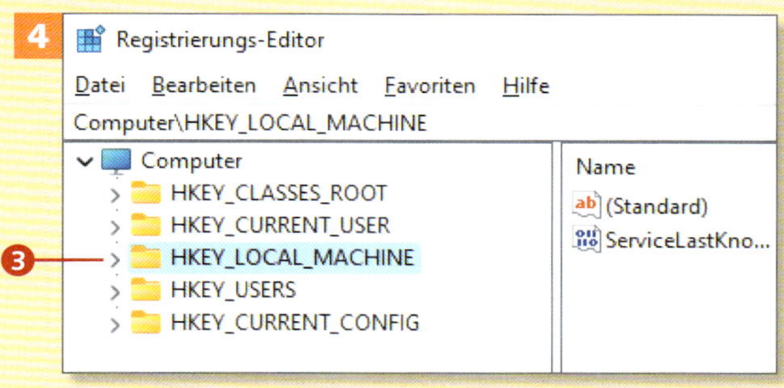

Schritt 5

Das Standardprofil sowie alle anderen Benutzerprofile werden im Schlüssel **HKEY_USERS** ❹ abgelegt.

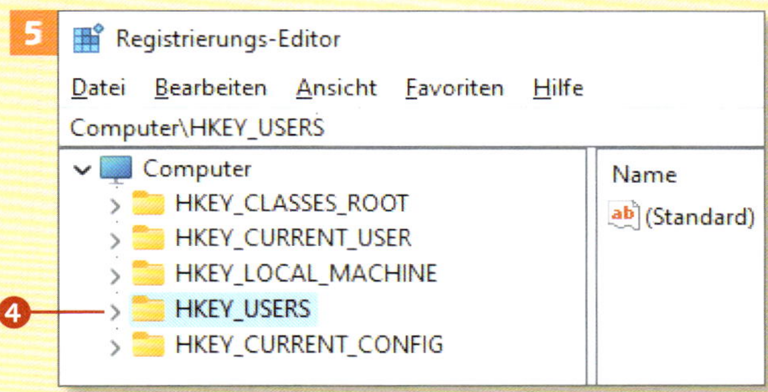

Schritt 6

Der fünfte Hauptschlüssel, **HKEY_CURRENT_CONFIG** ❺, verweist auf einen Teilschlüssel in **HKEY_LOCAL_MACHINE** und enthält Informationen zu aktuell verwendeten Hardwarekomponenten.

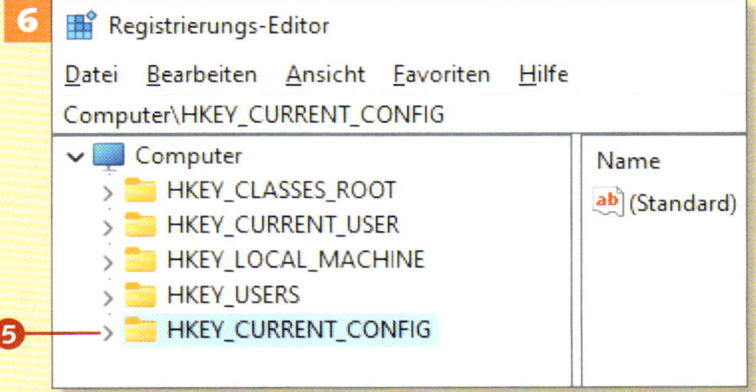

Vorsicht!

Fehlerhafte Einträge in der Registrierung können zu schweren Systemfehlern führen. Erstellen Sie daher vor jedem Eingriff eine Sicherung mithilfe der Systemwiederherstellung.

Datentypen und Werte

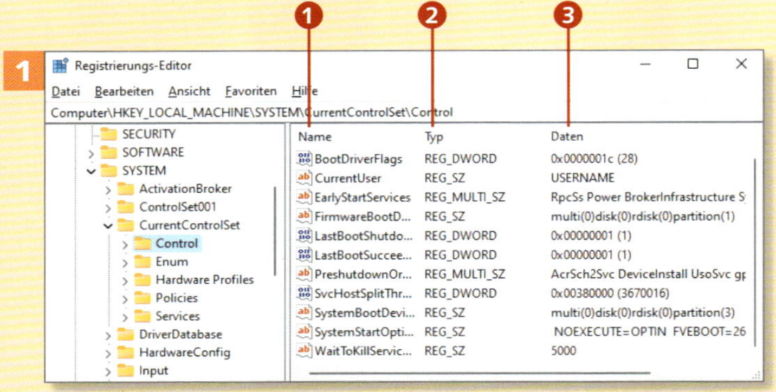

Jedem Eintrag in der Registrierungsdatenbank sind ein Datentyp und ein Wert zugeordnet.

Schritt 1

Die fünf Hauptschlüssel in der linken Fensterhälfte kennen Sie bereits. Rechts sind die Einträge und Werte zu sehen. In der ersten Spalte wird der Name aufgeführt ❶, daneben der Datentyp ❷ und rechts der Wert ❸.

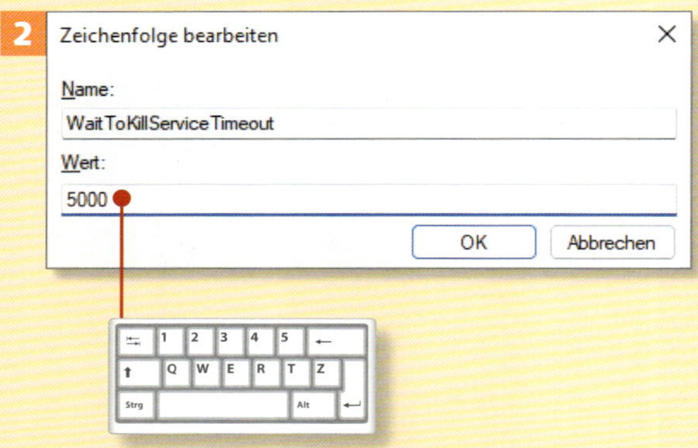

Schritt 2

Um einen Wert zu ändern, klicken Sie doppelt auf den Namen und ändern den Wert entsprechend der Vorgabe ab, meist um damit eine Funktion zu aktivieren bzw. zu deaktivieren oder z. B. um einen Zeitwert zu ändern. Klicken Sie dann auf **OK**.

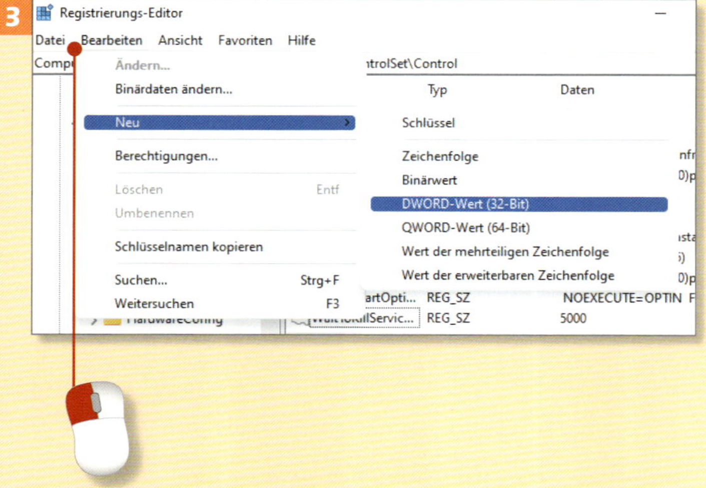

Schritt 3

Wenn ein neuer Eintrag angelegt werden soll, markieren Sie zunächst den angegebenen Schlüssel, klicken dann im Menü **Bearbeiten** auf **Neu** und wählen den geforderten Datentyp aus der Liste aus.

Abkürzungen

Die fünf Hauptschlüssel werden vielfach auch mit den Bezeichnungen *HKCR*, *HKCU*, *HKLM*, *HKU* und *HKCC* abgekürzt.

Den Registrierungs-Editor schneller starten

Erstellen Sie eine Verknüpfung zum Registrierungs-Editor, und starten Sie das Programm künftig einfach per Doppelklick.

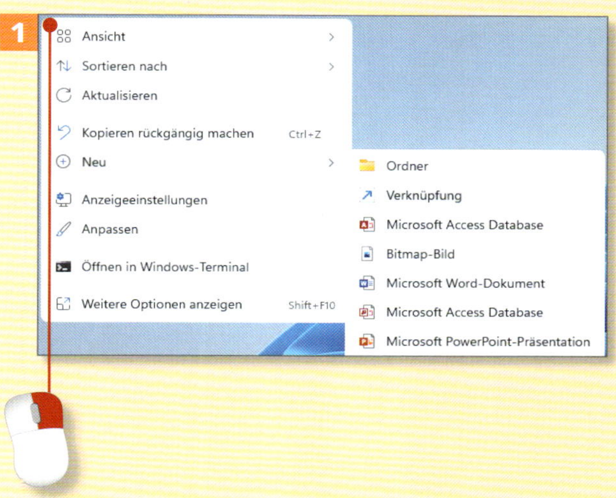

Schritt 1

Klicken Sie mit der rechten Maustaste auf eine freie Stelle Ihres Windows-Arbeitsplatzes, und klicken Sie im Kontextmenü auf **Neu ▸ Verknüpfung**.

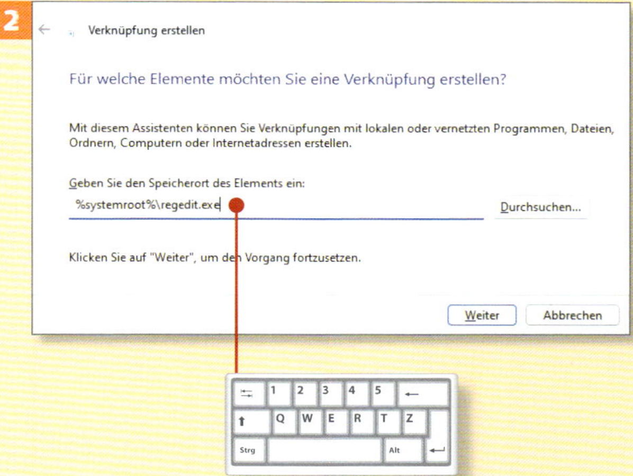

Schritt 2

Tragen Sie nun den Pfad zum Registrierungs-Editor ein: *%systemroot%\regedit.exe*. Danach klicken Sie auf die Schaltfläche **Weiter**.

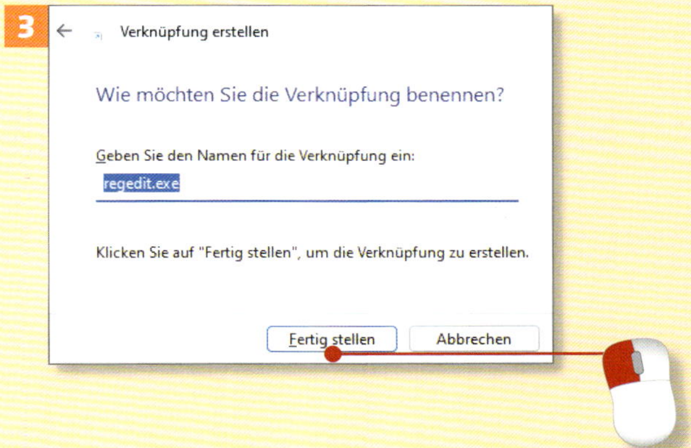

Schritt 3

Vergeben Sie einen Namen für die Verknüpfung, beispielsweise *Registrierungs-Editor*, und beenden Sie den Vorgang mit einem Klick auf **Fertig stellen**.

An Taskleiste anheften

Falls Sie die Verknüpfung lieber in die Taskleiste integrieren möchten, klicken Sie sie mit der rechten Maustaste an und wählen nacheinander **Weitere Optionen anzeigen ▸ An Taskleiste anheften** aus.

Eine Registrierungsdatei erstellen und einspielen

Einzelne Schlüssel können Sie als Registrierungsdateien exportieren und auf andere Windows-11-PCs übertragen oder als Teilsicherung wieder in die Registrierung einspielen.

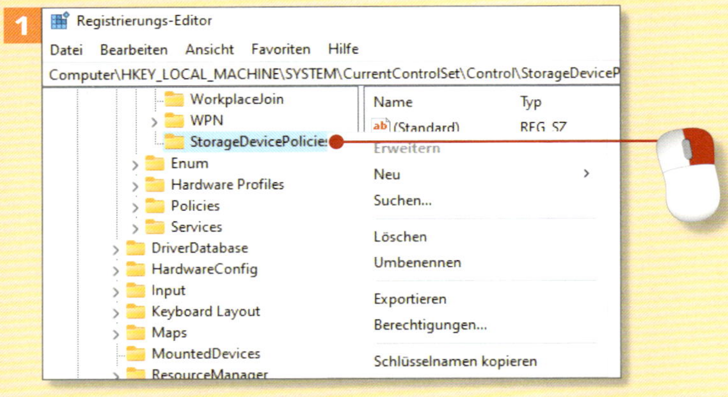

Schritt 1

Klicken Sie den zu sichernden Teilschlüssel mit der rechten Maustaste an, und wählen Sie **Exportieren** aus dem Kontextmenü.

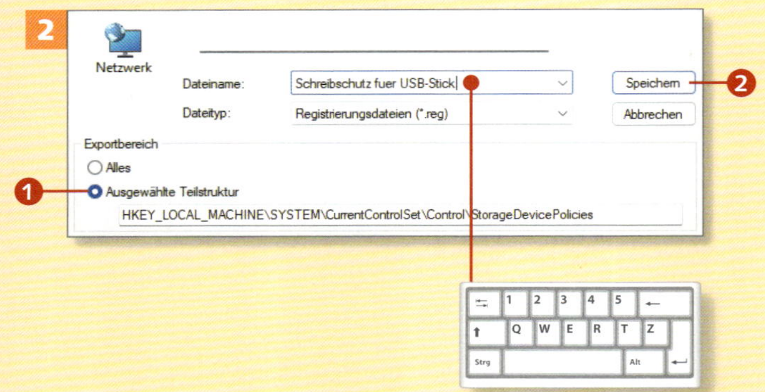

Schritt 2

Im nächsten Dialog vergeben Sie einen aussagekräftigen Namen. Die Option **Ausgewählte Teilstruktur** ❶ bleibt aktiviert. Hier können Sie auch nochmals den Pfad des Zweiges sehen, der gesichert wird. Mit einem Klick auf **Speichern** ❷ verlassen Sie den Dialog.

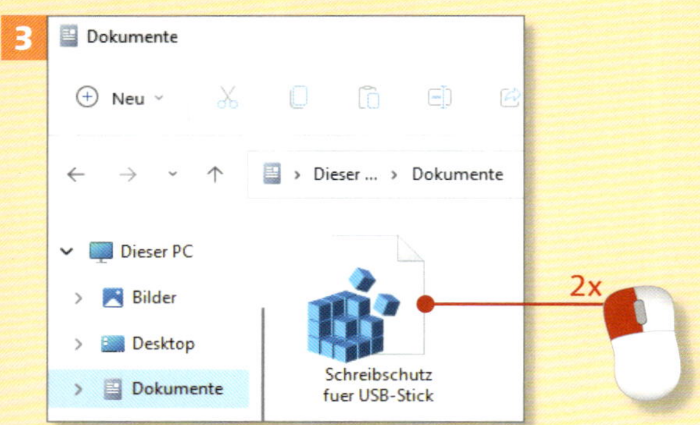

Schritt 3

Die Registrierungsdatei wurde erstellt. Möchten Sie sie wieder einspielen, führen Sie im Explorer einen Doppelklick auf die Datei aus.

Komplettsicherung

Registrierungsdateien sind für eine Komplettsicherung der Registrierung nur bedingt geeignet. Nutzen Sie dazu besser die Systemwiederherstellung.

Schritt 4

Windows fragt Sie nun, ob Sie den Zugriff zulassen möchten. Bestätigen Sie die Abfrage der Benutzerkontensteuerung mit **Ja**.

Schritt 5

Sollen die Informationen der Registrierung hinzugefügt werden? Bestätigen Sie auch diese Abfrage mit einem Klick auf **Ja**.

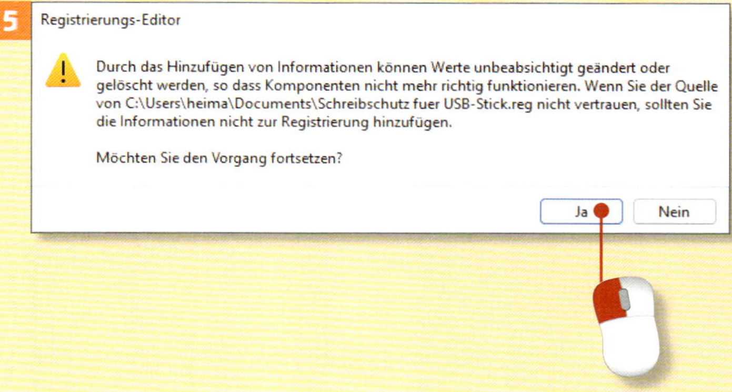

Schritt 6

Die Schlüssel und Werte wurden erfolgreich in die Registrierung eingetragen. Schließen Sie den Dialog mit **OK**.

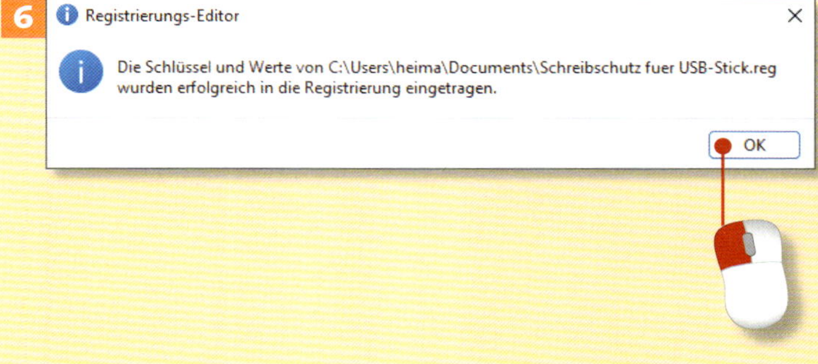

Besonderheit

Beim Wiedereinspielen einer Registrierungsdatei werden nur die Daten ersetzt, die zum Zeitpunkt der Sicherung vorhanden waren. Inzwischen neu hinzugekommene oder umbenannte Einträge bleiben bestehen.

Die Registry individuell anpassen

Falls Ihnen die Orientierung im Registrierungs-Editor aufgrund einer zu kleinen Schriftgröße schwerfällt, passen Sie ihn einfach an. Sowohl Schriftart, Schriftschnitt als auch Größe lassen sich individuell festlegen.

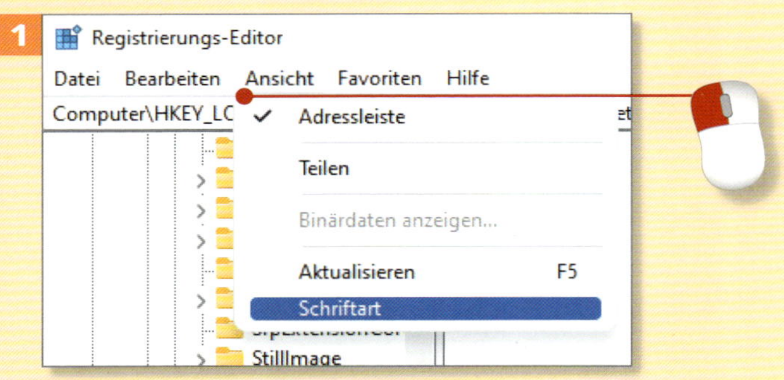

Schritt 1

Öffnen Sie den Registrierungs-Editor, und klicken Sie oben in der Menüleiste auf **Ansicht** und anschließend auf den Eintrag **Schriftart**.

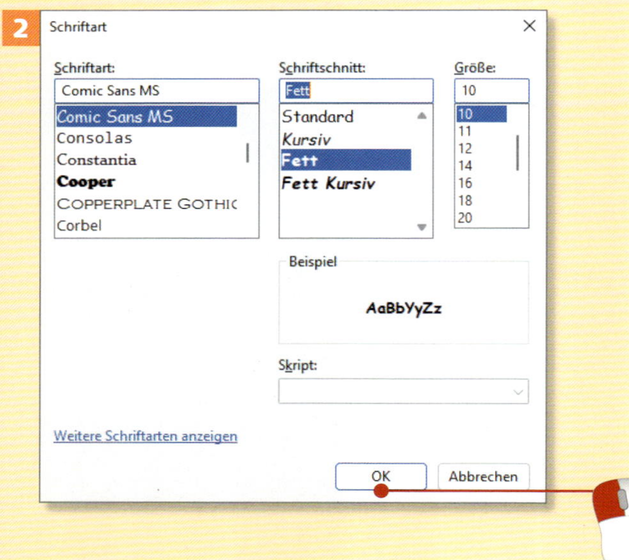

Schritt 2

Alle auf Ihrem Rechner installierten Schriften werden aufgelistet. Wählen Sie eine **Schriftart**, den gewünschten **Schriftschnitt** und die **Größe** aus, indem Sie die entsprechenden Einträge anklicken. Mit **OK** werden die Einstellungen übernommen.

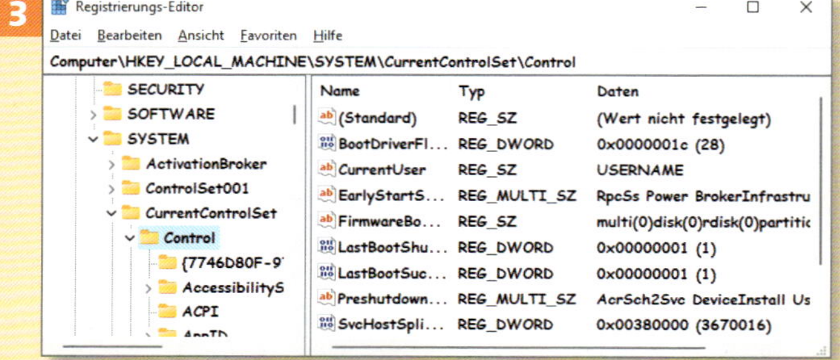

Schritt 3

Die Änderungen werden sofort übernommen. Sollte Ihnen die Darstellung noch nicht gefallen, experimentieren Sie ein wenig mit den Schriftarten und -größen.

Schrift nicht zu groß wählen

Die Adressleiste im Registrierungs-Editor hat eine feste Höhe. Wählen Sie die Schrift zu groß, ist der Pfad nicht mehr lesbar.

Schnelles Auffinden verschachtelter Pfade

Microsoft hat den Registrierungs-Editor mit einer nützlichen Adressleiste ausgestattet. Sie können den kompletten Pfad eintippen oder aus der Zwischenablage einfügen und gelangen so schneller ans Ziel.

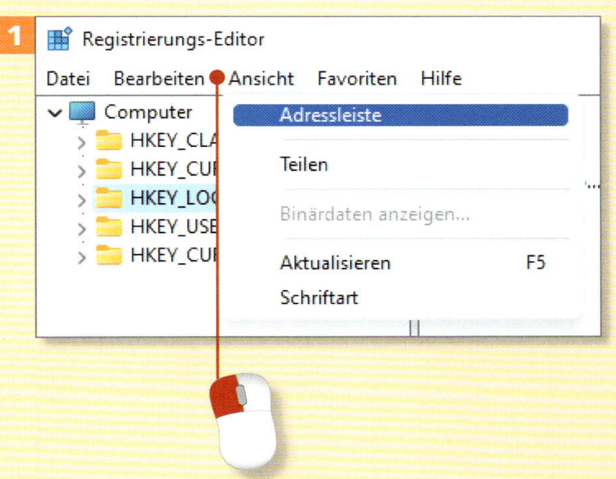

Schritt 1

Öffnen Sie den Registrierungs-Editor. Sollte die Adressleiste unterhalb der Menüleiste nicht zu sehen sein, klicken Sie auf **Ansicht** und anschließend auf **Adressleiste**.

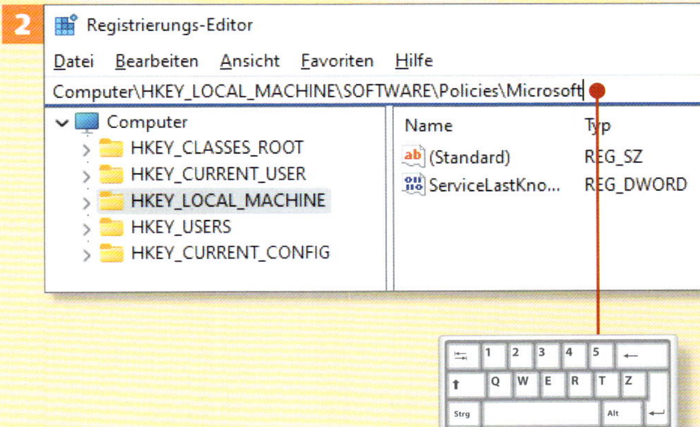

Schritt 2

Wenn Sie nun auf einer Internetseite einen Registry-Tipp finden, können Sie den dort angegebenen Pfad kopieren und mit Strg + V in die Adresszeile einfügen oder ihn dort einfach eintippen.

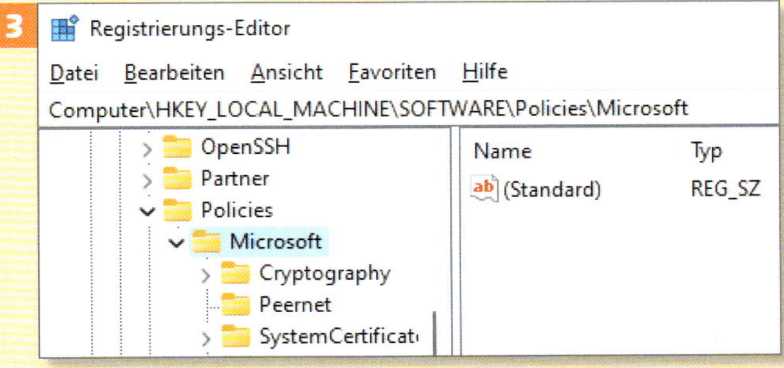

Schritt 3

Schließen Sie die Eingabe mit der ↵-Taste ab, springt der Registrierungs-Editor zu der Adresse und Sie können die Änderungen vornehmen.

Die Registry durchsuchen

Drücken Sie im Registrierungs-Editor die Taste F3, um den Suchdialog zu öffnen. Hier können Sie gezielt nach Schlüsseln, Werten oder Daten suchen.

Schreibschutz für USB-Sticks einrichten

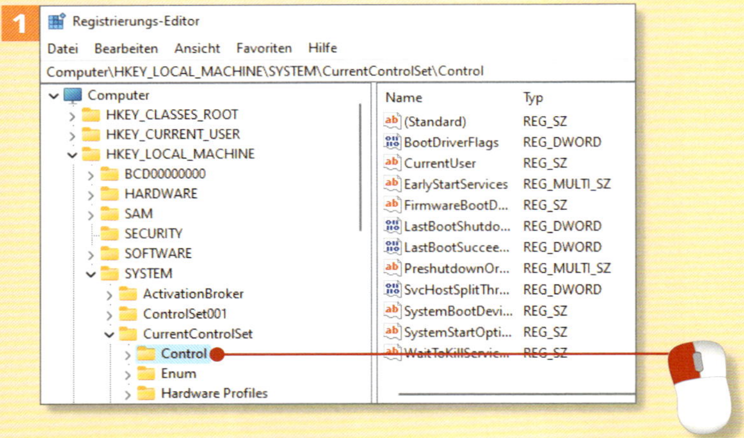

Möchten Sie das Speichern von Daten auf USB-Sticks verhindern? Richten Sie über die Registrierung einen Schreibschutz ein.

Schritt 1

Starten Sie den Registrierungs-Editor, und öffnen Sie den Schlüssel **HKEY_LOCAL_MACHINE ▸ SYSTEM ▸ CurrentControlSet ▸ Control**.

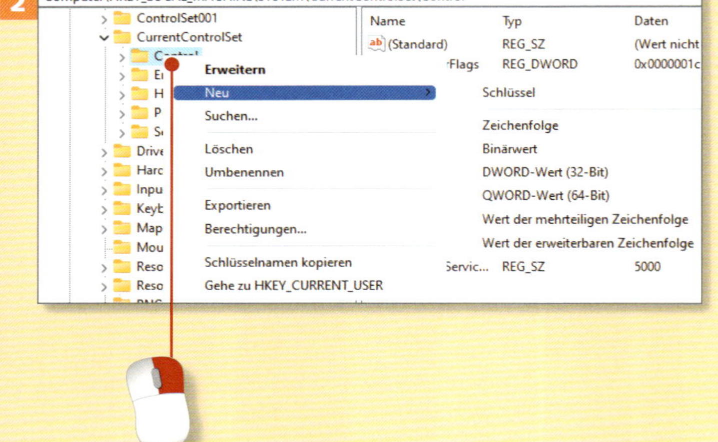

Schritt 2

Klicken Sie mit der rechten Maustaste auf den Teilschlüssel **Control**, und wählen Sie **Neu ▸ Schlüssel** im Kontextmenü, um einen neuen Teilschlüssel anzulegen.

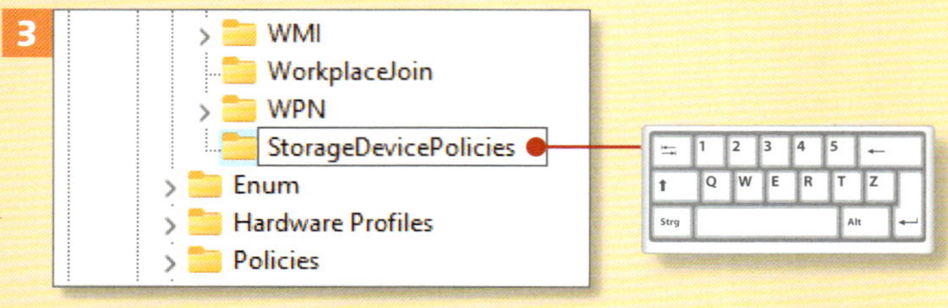

Schritt 3

Vergeben Sie für den neuen Teilschlüssel die Bezeichnung *StorageDevicePolicies*, und schließen Sie die Eingabe mit der [↵]-Taste ab.

Wirksamkeit

Der Schreibschutz greift erst, wenn der USB-Stick neu angeschlossen wurde.

Schritt 4

Nun muss ein neuer Eintrag erstellt werden. Klicken Sie mit der rechten Maustaste auf eine freie Stelle in der rechten Fensterhälfte des neuen Schlüssels, und wählen Sie den Befehl **Neu ▸ DWORD-Wert (32-Bit)**.

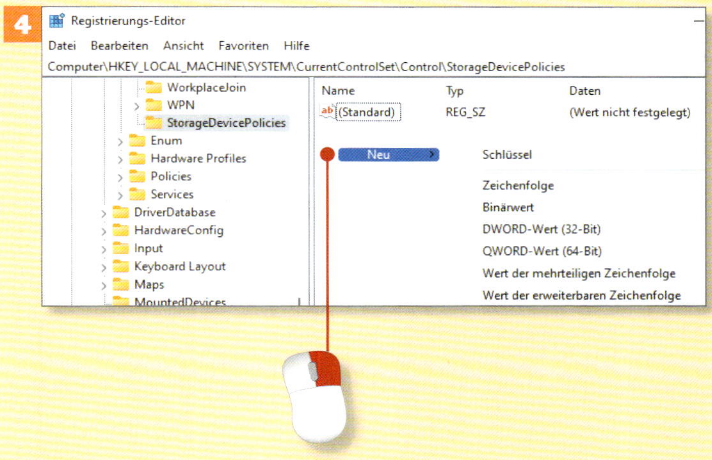

Schritt 5

Vergeben Sie die Bezeichnung *WriteProtect* für den neuen Eintrag, und schließen Sie auch diese Eingabe mit [↵] ab.

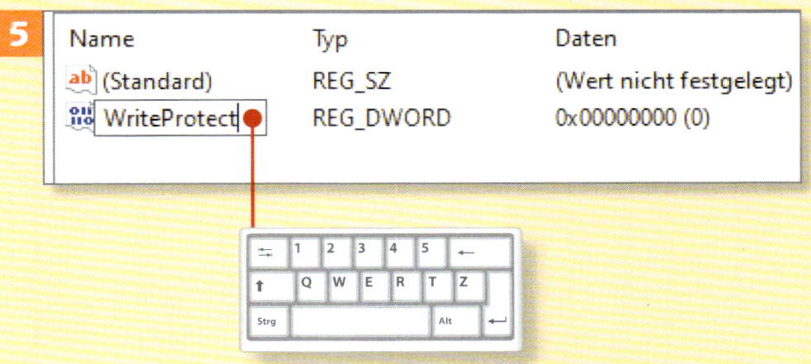

Schritt 6

Doppelklicken Sie auf den Eintrag **WriteProtect**, und weisen Sie ihm im Dialog den Wert *1* zu. Mit **OK** wird der Vorgang abgeschlossen, und das Speichern von Daten auf USB-Sticks ist nicht mehr möglich.

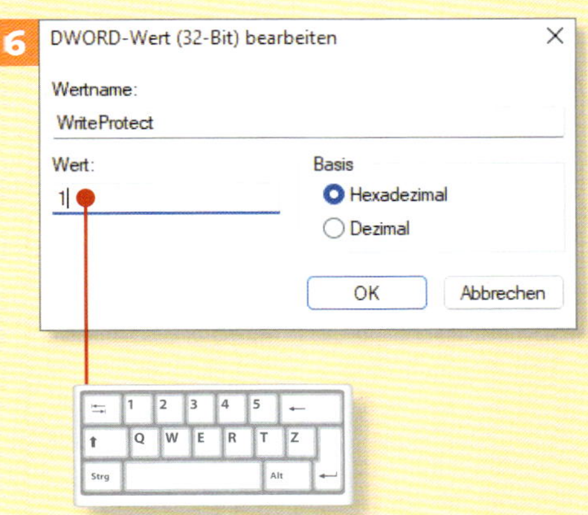

Schreibschutz deaktivieren

Um den Schreibschutz wieder aufzuheben, weisen Sie dem Eintrag **WriteProtect** den Wert *0* zu.

Miniaturvorschau in der Taskleiste beschleunigen

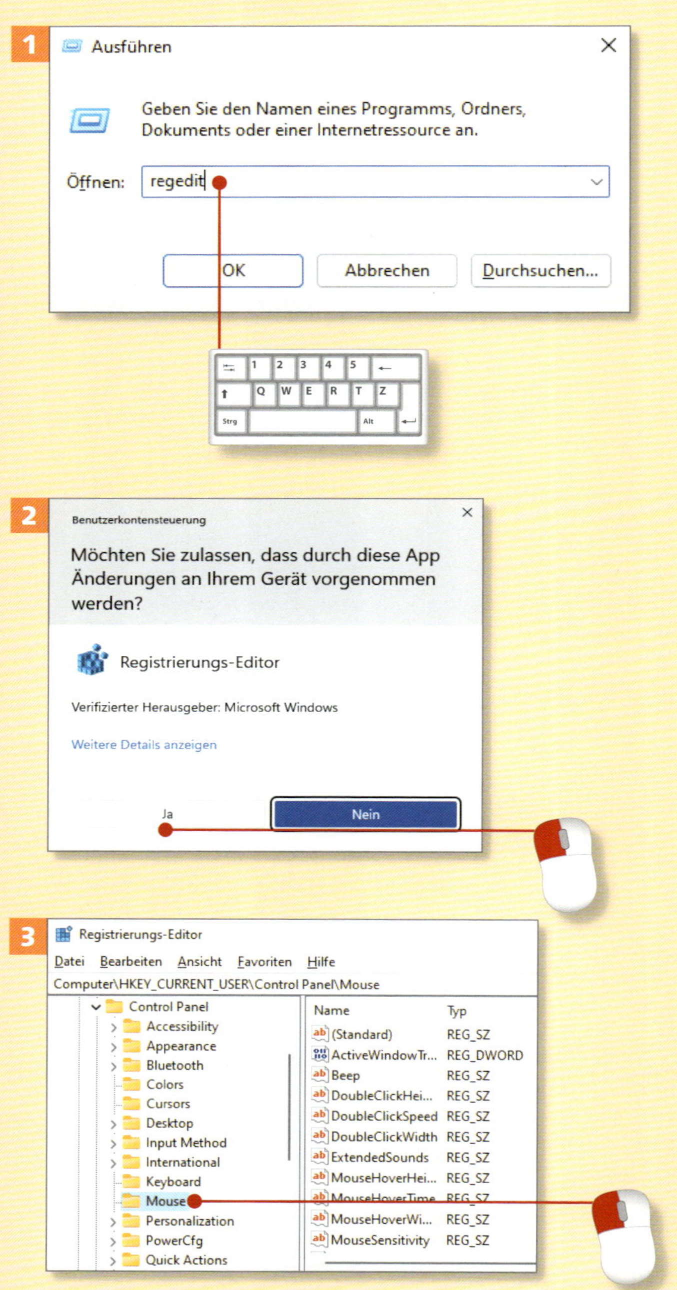

Wenn Sie mit der Maus auf ein Programmsymbol in der Taskleiste zeigen, wird dieses nach kurzer Verzögerung in einem kleinen Vorschaufenster angezeigt. Diese Verzögerung können Sie verringern.

Schritt 1

Drücken Sie die Tastenkombination [Win] + [R], und geben Sie im **Ausführen**-Dialog den Befehl *regedit* ein, gefolgt von [↵].

Schritt 2

Bestätigen Sie die darauffolgende Sicherheitsabfrage der Benutzerkontensteuerung mit **Ja**.

Schritt 3

Sie befinden sich nun in der Registrierungsdatenbank. Navigieren Sie durch die Einträge, wie in den vorangegangenen Anleitungen beschrieben, und öffnen Sie den Zweig **HKEY_CURRENT_USER ▸ Control Panel ▸ Mouse**.

Schritt 4

Führen Sie im Teilschlüssel **Mouse** in der rechten Fensterhälfte einen Doppelklick auf den Eintrag **MouseHoverTime** aus.

Schritt 5

Im Feld **Wert** sehen Sie die Zeit, die Windows vorgesehen hat, bis die Vorschau erscheint. Standardmäßig ist hier eine Wartezeit von 400 Millisekunden angegeben. Reduzieren Sie den Wert auf *10*. Durch einen Klick auf **OK** speichern Sie den neuen Wert.

Schritt 6

Schließen Sie den Registrierungs-Editor, und starten Sie den Rechner neu. Nach dem Neustart werden die Vorschaufenster in der Taskleiste deutlich schneller als zuvor angezeigt, sobald Sie mit der Maus auf das Symbol eines geöffneten Programms zeigen.

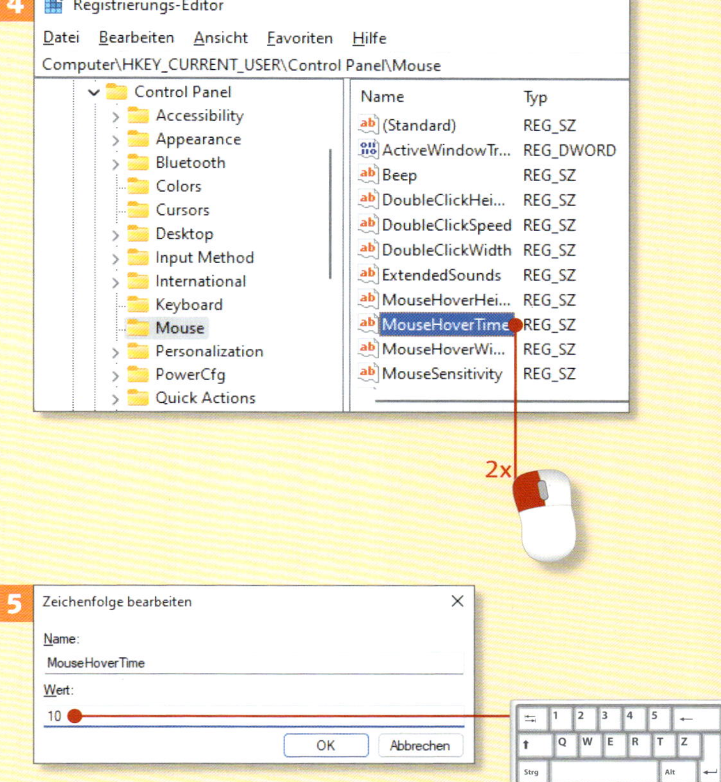

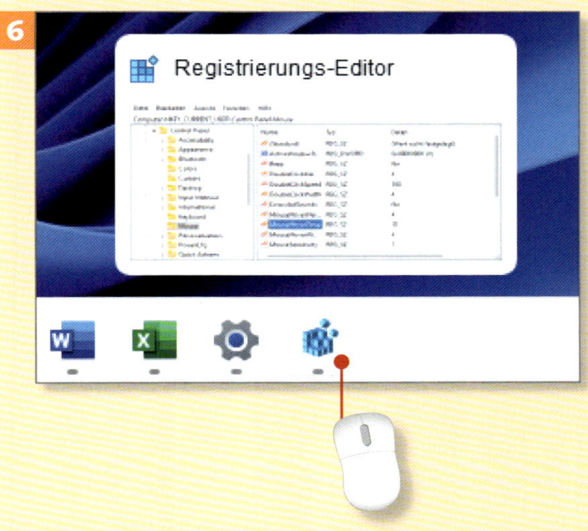

Das Ribbon-Menü im Explorer zurückholen

1 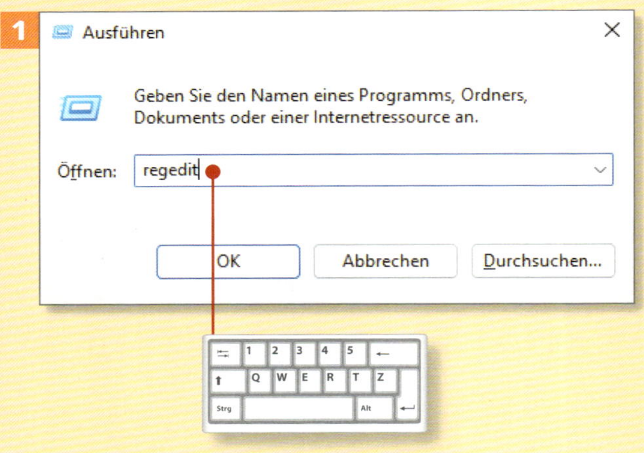

Die sehr übersichtliche Symbolleiste des Explorers gefällt nicht jedem. Mit einem kleinen Eingriff in der Registrierungsdatenbank lässt sich das von Windows 10 gewohnte Ribbon-Menü mit seinen Registern zurückholen.

Schritt 1

Öffnen Sie den Editor zur Bearbeitung der Registrierungsdatenbank mit [Windows] + [R] und indem Sie den Befehl *regedit* in das Textfeld des Dialogs eintragen. Schließen Sie die Eingabe mit [↵] ab.

2 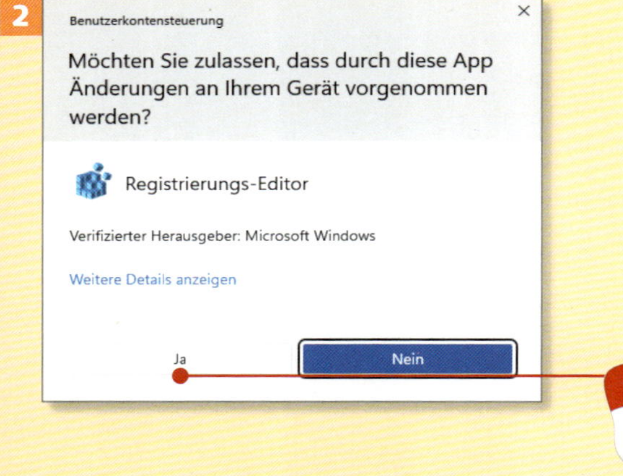

Schritt 2

Es folgt die bekannte Abfrage der Benutzerkontensteuerung, die Sie mit **Ja** bestätigen müssen. Anschließend haben Sie Administrator-Zugriffsrechte und dürfen in der Registrierungsdatenbank arbeiten.

3 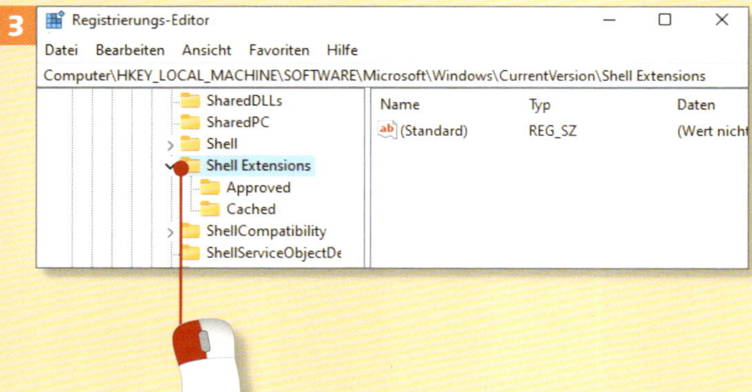

Schritt 3

Klicken Sie sich nun zum Schlüssel **HKEY_LOCAL_MACHINE ▸ SOFTWARE ▸ Microsoft ▸ Windows ▸ CurrentVersion ▸ Shell Extensions** durch.

Schritt 4

Hier muss nun ein neuer Schlüssel angelegt werden. Markieren Sie den Schlüssel **Shell Extensions** ❶, und klicken Sie im Menü **Bearbeiten** auf **Neu ▸ Schlüssel**.

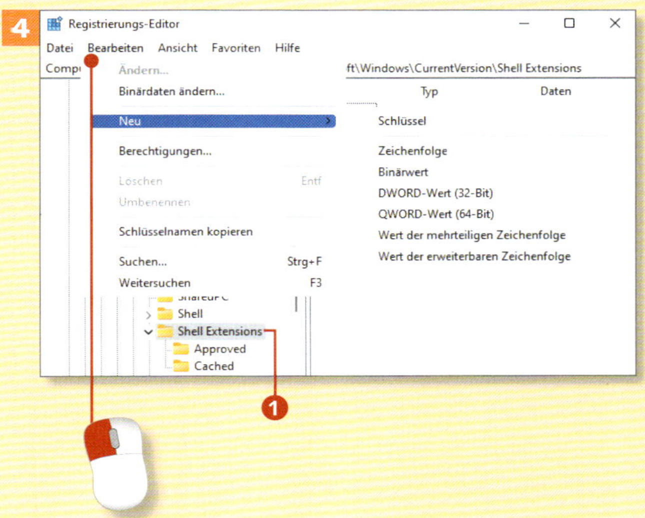

Schritt 5

Dem neuen Schlüssel geben Sie den Namen »Blocked«. Schließen Sie die Eingabe durch Drücken der Taste ↵ ab.

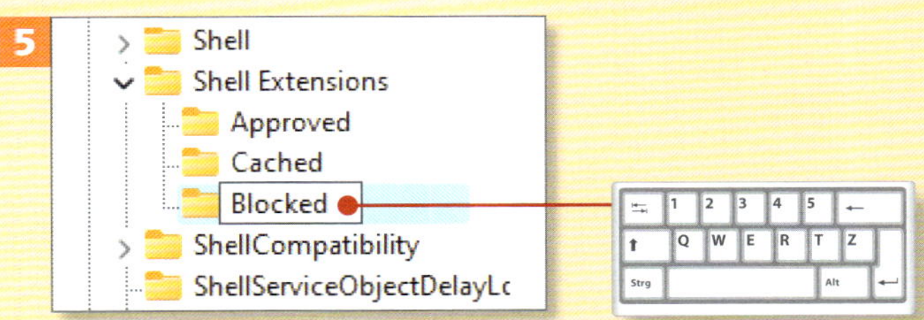

Schritt 6

Nun erstellen Sie einen neuen Eintrag: Klicken Sie mit der rechten Maustaste auf eine freie Stelle in der rechten Fensterhälfte des neuen Schlüssels, und wählen Sie den Befehl **Neu ▸ Zeichenfolge**.

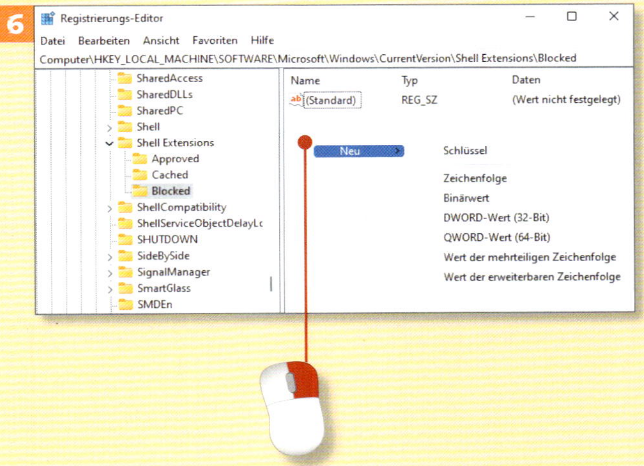

Das Ribbon-Menü im Explorer zurückholen (Forts.)

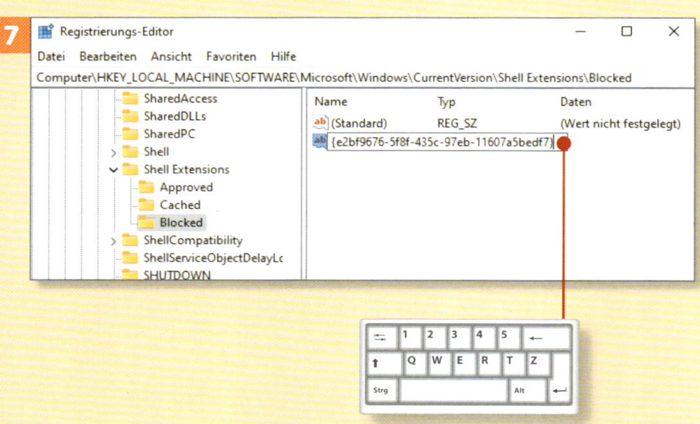

Schritt 7

Der Zeichenfolge geben Sie den Namen *{e2bf9676-5f8f-435c-97eb-11607a5bedf7}*. Schließen Sie die Eingabe durch Drücken der Taste ↵ ab.

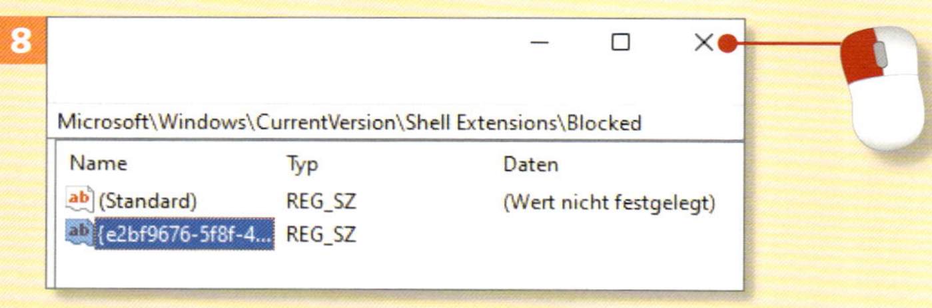

Schritt 8

Schließen Sie den Registrierungseditor per Klick auf das Schließen-Symbol oben rechts.

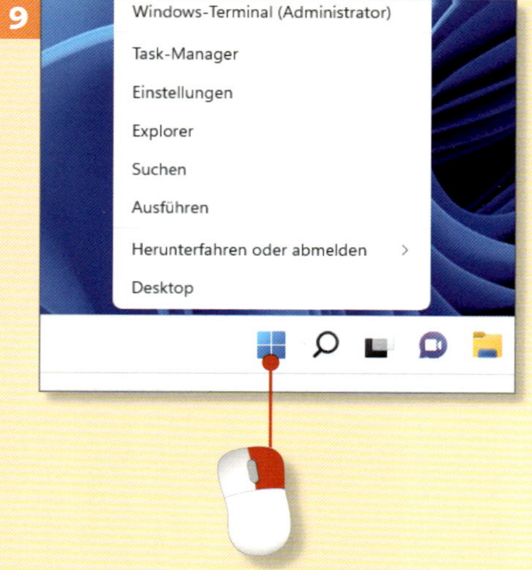

Schritt 9

Drücken Sie die Tastenkombination ⊞ + X, um das Schnellstartmenü zu öffnen. Alternativ können Sie auch einen rechten Mausklick auf dem Start-Symbol ausführen. Wählen Sie dann den **Task-Manager**.

Registry sichern

Es empfiehlt sich immer, eine Sicherung der Registrierungsdatenbank zu erstellen. In der Anleitung »Eine Registrierungsdatei erstellen und einspielen« auf Seite 246 erfahren Sie, wie das geht.

Schritt 10

Falls der Task-Manager in der minimierten Darstellung startet, klicken Sie unten links auf **Mehr Details**.

Schritt 11

Stellen Sie sicher, dass das Register **Prozesse** 2 ausgewählt ist. Blättern Sie in der Liste ganz nach unten. Im Bereich **Windows-Prozesse** finden Sie den **Windows-Explorer**. Markieren Sie den Eintrag 3, und klicken Sie dann auf die Schaltfläche **Neustart**.

Schritt 12

Der Bildschirm wird für einen kurzen Moment schwarz. Starten Sie anschließend den Explorer, z. B. über die Tastenkombination [Win] + [E]. Der Explorer zeigt sich nun wieder mit dem altbekannten Ribbon-Menü.

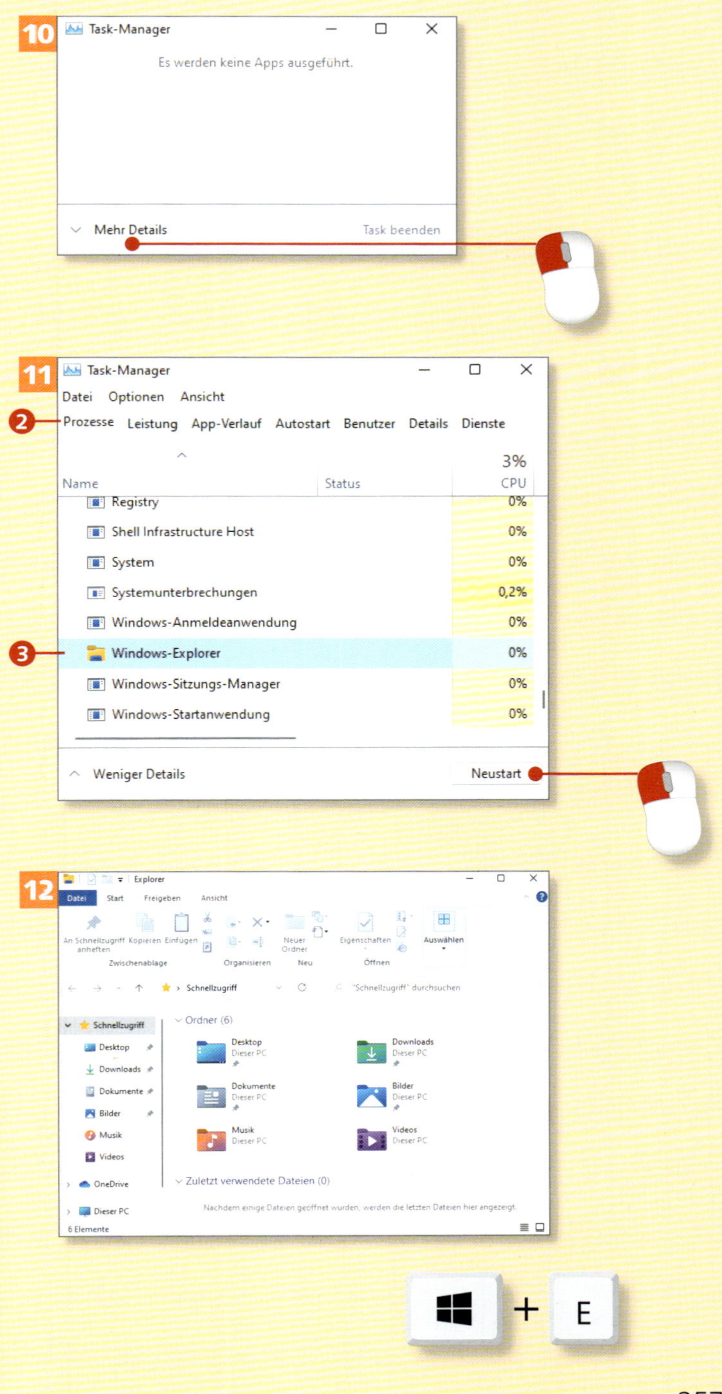

Zurück zur Symbolleiste

Falls Sie den Explorer doch lieber mit der in Windows 11 üblichen Symbolleiste verwenden möchten, löschen Sie einfach den in Schritt 5 erzeugten Schlüssel **Blocked**.

Kopieren und verschieben im erweiterten Kontextmenü

Verschieben und kopieren Sie Dateien bequem über das erweiterte Kontextmenü. Eine kleine Änderung in der Registry macht's möglich.

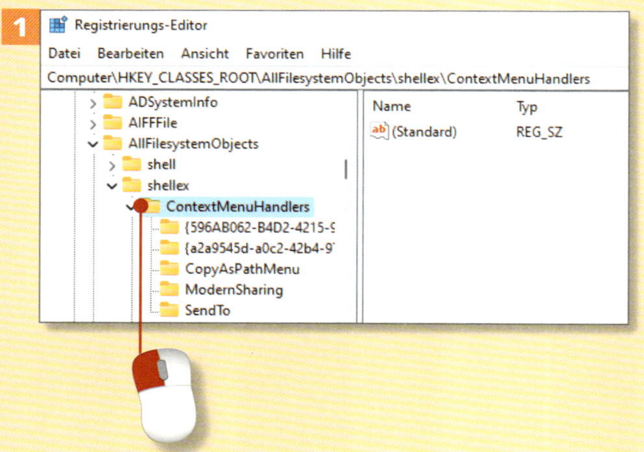

Schritt 1

Öffnen Sie den Registrierungs-Editor, und navigieren Sie zum Zweig **HKEY_CLASSES_ROOT ▸ AllFilesystemObjects ▸ shellex ▸ ContextMenuHandlers**.

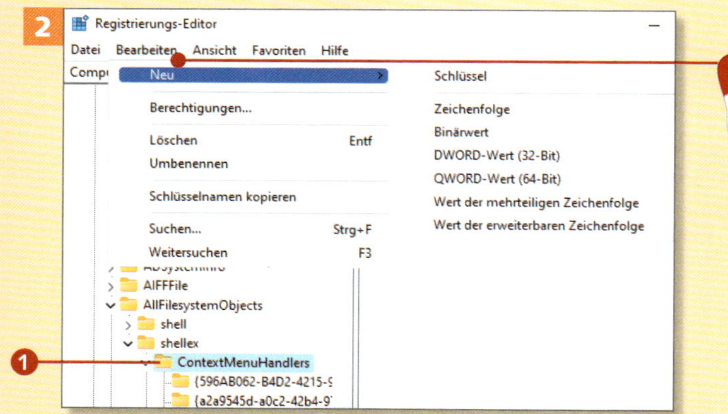

Schritt 2

Erstellen Sie im Schlüssel **ContextMenuHandlers** ❶ einen neuen Teilschlüssel. Klicken Sie dazu in der Menüleiste auf **Bearbeiten**, und wählen Sie dann den Befehl **Neu** und anschließend **Schlüssel**.

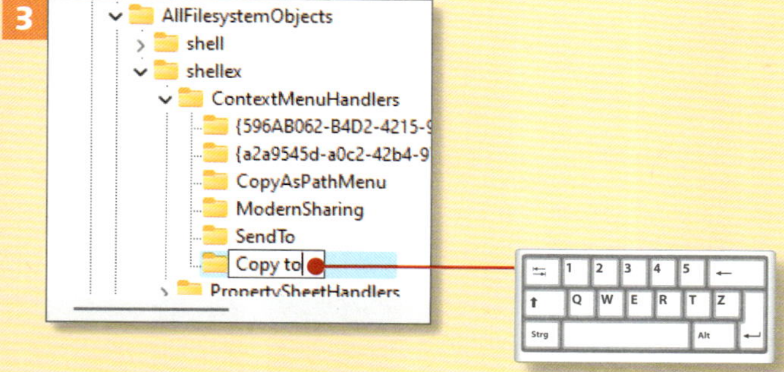

Schritt 3

Der neue Eintrag erscheint in der linken Spalte. Vergeben Sie für den Schlüssel den Namen *Copy to*, und schließen Sie Ihre Eingabe mit der ↵-Taste ab.

Das erweiterte Kontextmenü

Das Kontextmenü eines Ordners bzw. einer Datei, das Sie mit einem rechten Mausklick öffnen, zeigt nur wenige Befehle. Klicken Sie in diesem Kontextmenü auf **Weitere Optionen anzeigen**, gelangen Sie zum erweiterten Kontextmenü.

Schritt 4

Öffnen Sie nun den gerade neu erstellten Schlüssel **Copy to** ❷, und klicken Sie rechts doppelt auf den Eintrag **Standard**, um dessen Bearbeitungsfenster zu öffnen.

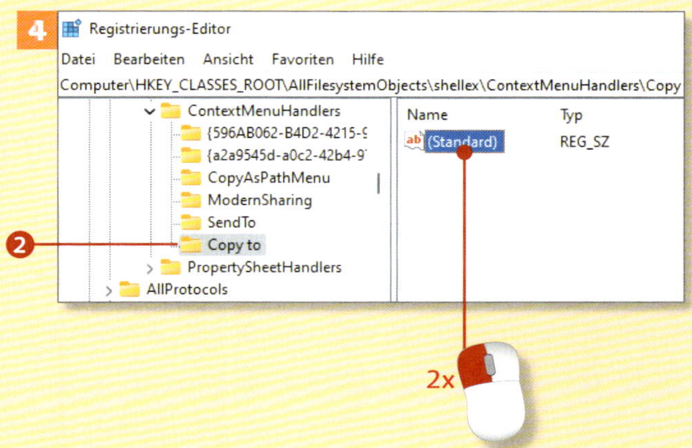

Schritt 5

Weisen Sie dem Standardeintrag den Wert *{C2FBB630-2971-11D1-A18C-00C04FD75D13}* zu, und bestätigen Sie die Eingabe mit **OK**.

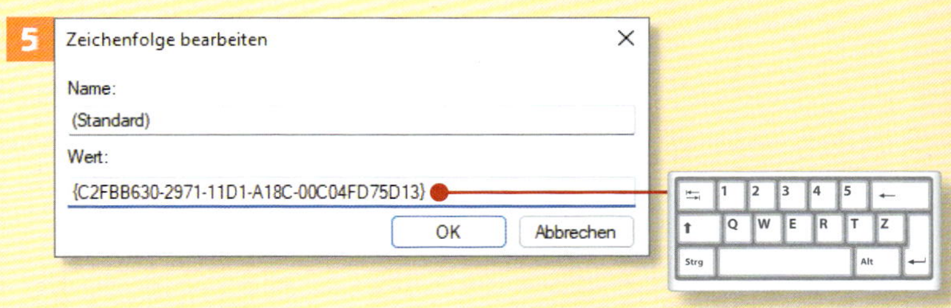

Schritt 6

Markieren Sie im Explorer eine Datei, und drücken Sie die Tastenkombination ⇧ + F10, um das erweiterte Kontextmenü zu öffnen. Hier erscheint nun der neue Befehl **In Ordner kopieren**. Wählen Sie ihn aus, können Sie anschließend den Zielordner bestimmen.

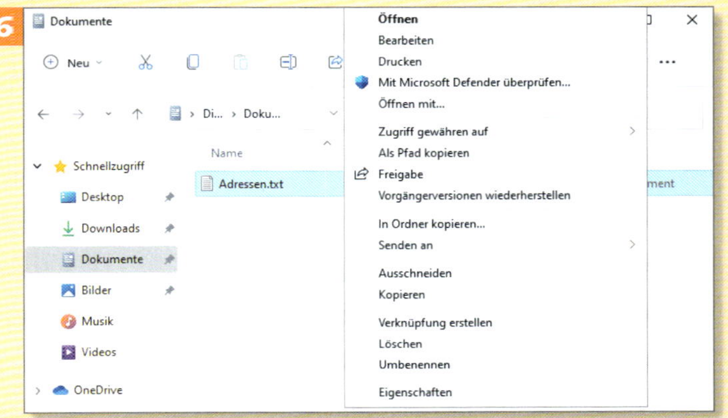

Den Befehl »In Ordner verschieben« integrieren

Möchten Sie zusätzlich den Befehl **In Ordner verschieben** in das Kontextmenü integrieren, wiederholen Sie die Anleitung und fügen in Schritt 3 nun den Schlüssel *Move to* hinzu. Klicken Sie dann den Standardeintrag des neuen Schlüssels doppelt an, und weisen Sie ihm den fast identischen Wert *{C2FBB631-2971-11D1-A18C-00C04FD75D13}* zu.

Den Sperrbildschirm deaktivieren

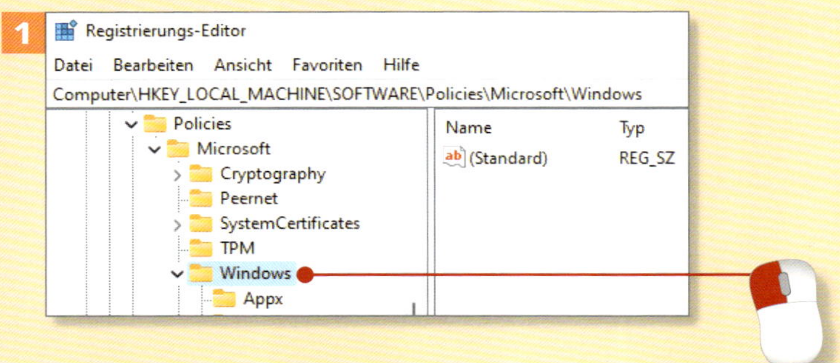

Nach dem Start des Computers wird zunächst der Sperrbildschirm eingeblendet. Wenn Sie lieber direkt den Anmeldebildschirm sehen möchten, nehmen Sie dazu eine kleine Änderung in der Registry vor.

Schritt 1

Starten Sie den Registrierungs-Editor, und navigieren Sie zum Zweig **HKEY_LOCAL_MACHINE ▸ SOFTWARE ▸ Policies ▸ Microsoft ▸ Windows**.

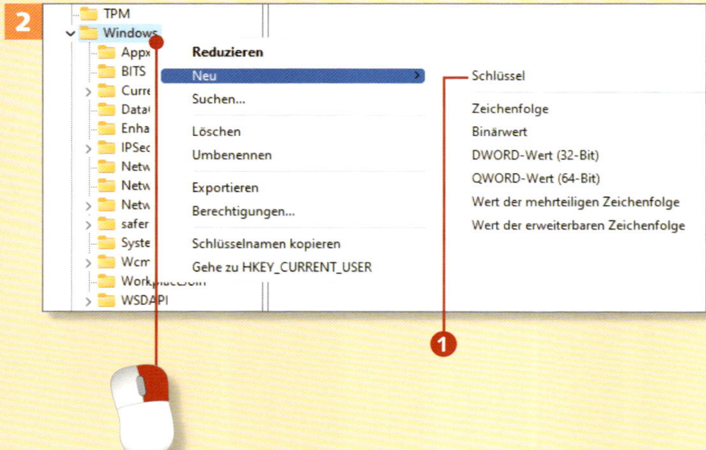

Schritt 2

Falls Sie hier bereits den Schlüssel **Personalization** finden, können Sie direkt zu Schritt 4 springen. Falls der Schlüssel noch nicht vorhanden ist, müssen Sie ihn nun erstellen. Hierzu klicken Sie mit der rechten Maustaste auf **Windows** und wählen dann **Neu ▸ Schlüssel** (1).

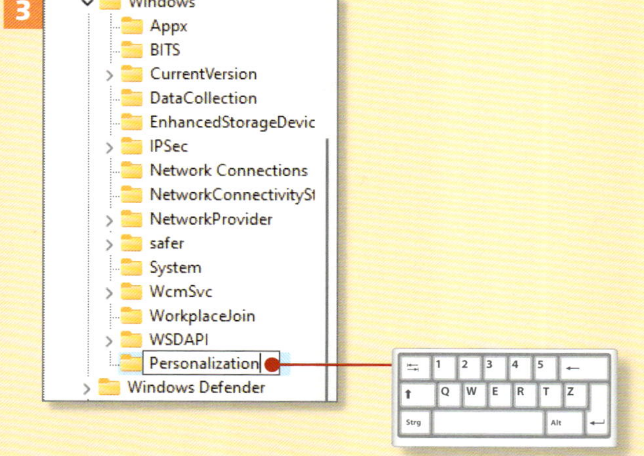

Schritt 3

Geben Sie dem neuen Schlüssel den Namen *Personalization*, und schließen Sie die Eingabe durch Drücken der Taste [↵] ab.

Schritt 4

Klicken Sie mit der rechten Maustaste auf **Personalization**. Im Kontextmenü wählen Sie nacheinander **Neu ▸ DWORD-Wert (32-Bit)** ❷.

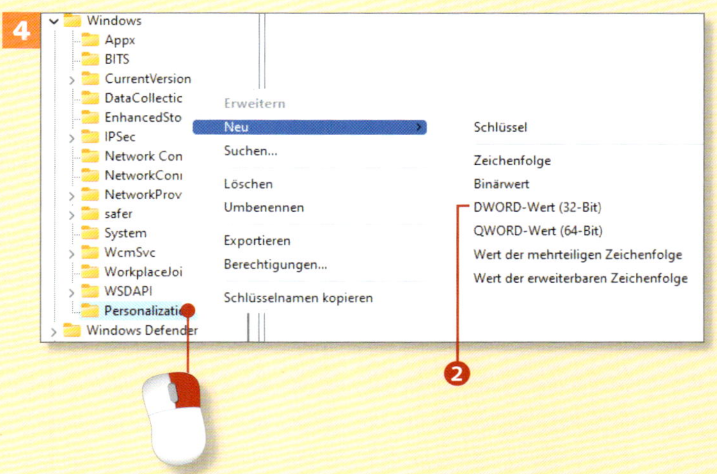

Schritt 5

Geben Sie dem Wert nun den Namen *NoLockScreen*. Auch hier schließen Sie die Eingabe wieder durch Drücken der Taste [↵].

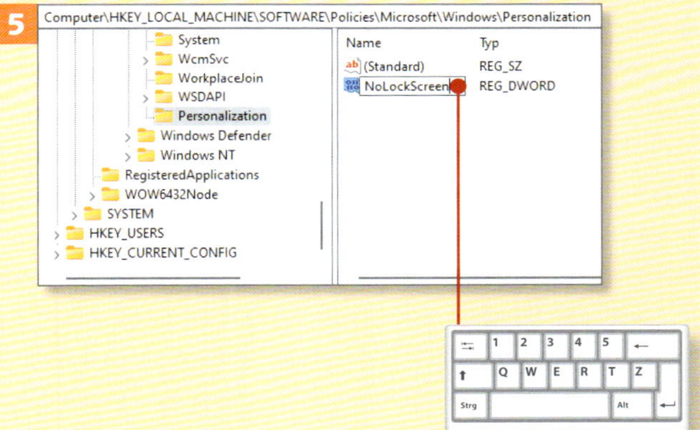

Schritt 6

Doppelklicken Sie auf den soeben erstellten Wert **NoLockScreen**. Überschreiben Sie den Wert *0* mit *1* ❸, und bestätigen Sie mit **OK** ❹. Wenn Sie anschließend den Computer neu starten, bekommen Sie statt des Sperrbildschirms direkt den Anmeldebildschirm zu sehen.

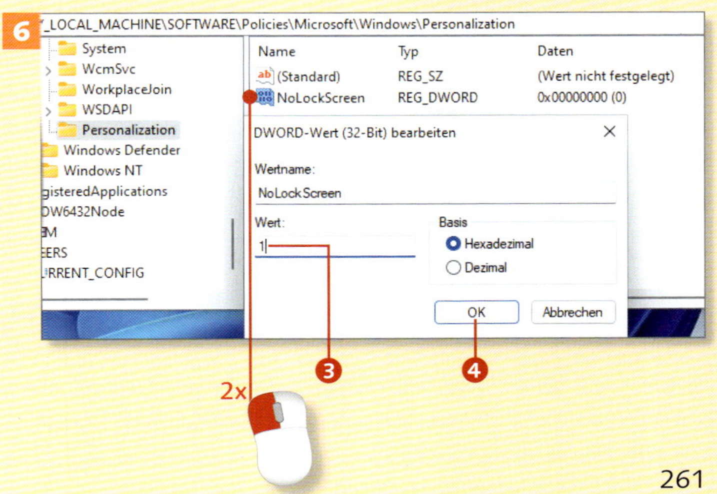

Den Sperrbildschirm wieder aktivieren

Falls Sie den Sperrbildschirm später doch gerne wieder zurückholen möchten, löschen Sie einfach den Wert **NoLockScreen**. Hierzu klicken Sie ihn mit der rechten Maustaste an und wählen im Kontextmenü den Befehl **Löschen**.

Kapitel 13
Windows warten und pflegen

Ihr Windows-Computer braucht regelmäßige Pflege und Wartung. Dazu gehören unter anderem die Prüfung des Dateisystems sowie der Festplatte auf Fehler, aber auch die Installation verfügbarer Updates und Patches. Bei der Systemwartung optimieren Sie den Energieverbrauch und kommen Stromverschwendern auf die Spur.

Das Windows-Sicherheitscenter

Das Sicherheitscenter fasst alle sicherheitsrelevanten Einstellungen an einem zentralen Ort zusammen ❶. Prüfen Sie den Status Ihres Virenschutz-Programms und die Konfiguration der Firewall. Die integrierte App- und Browsersteuerung sorgt für einen besseren Schutz vor Computerschädlingen, und im Bereich **Geräteleistung und -integrität** überwacht Windows Ihr System und gibt nützliche Tipps bei erkannten Problemen. Für Kinder und Jugendliche stehen Ihnen zahlreiche Jugendschutzoptionen zur Verfügung, mit denen Sie z. B. die Nutzungszeit des Computers für Ihre Kinder festlegen können.

Das Windows-Update – bleiben Sie auf dem neuesten Stand!

Microsoft bietet in regelmäßigen Abständen kleine Verbesserungen und Erweiterungen für Windows und andere Microsoft-Produkte an, beispielsweise für Microsoft Office. Unter Windows 11 werden diese Updates automatisch installiert; der Anwender kann aber u. a. festlegen ❷, wie diese heruntergeladen werden sollen. Hier gibt es interessante Einstellungen, die Sie kennen und kontrollieren sollten.

Den Energieverbrauch optimieren

Je weniger Energie Ihr Tablet oder Ihr Laptop verbraucht, desto länger können Sie das Gerät im Akkubetrieb nutzen. Windows 11 hilft Ihnen, den Apps auf die Spur zu kommen ❸, die am meisten Strom verbrauchen. Mit den passenden Einstellungen lässt sich zusätzlich Energie sparen.

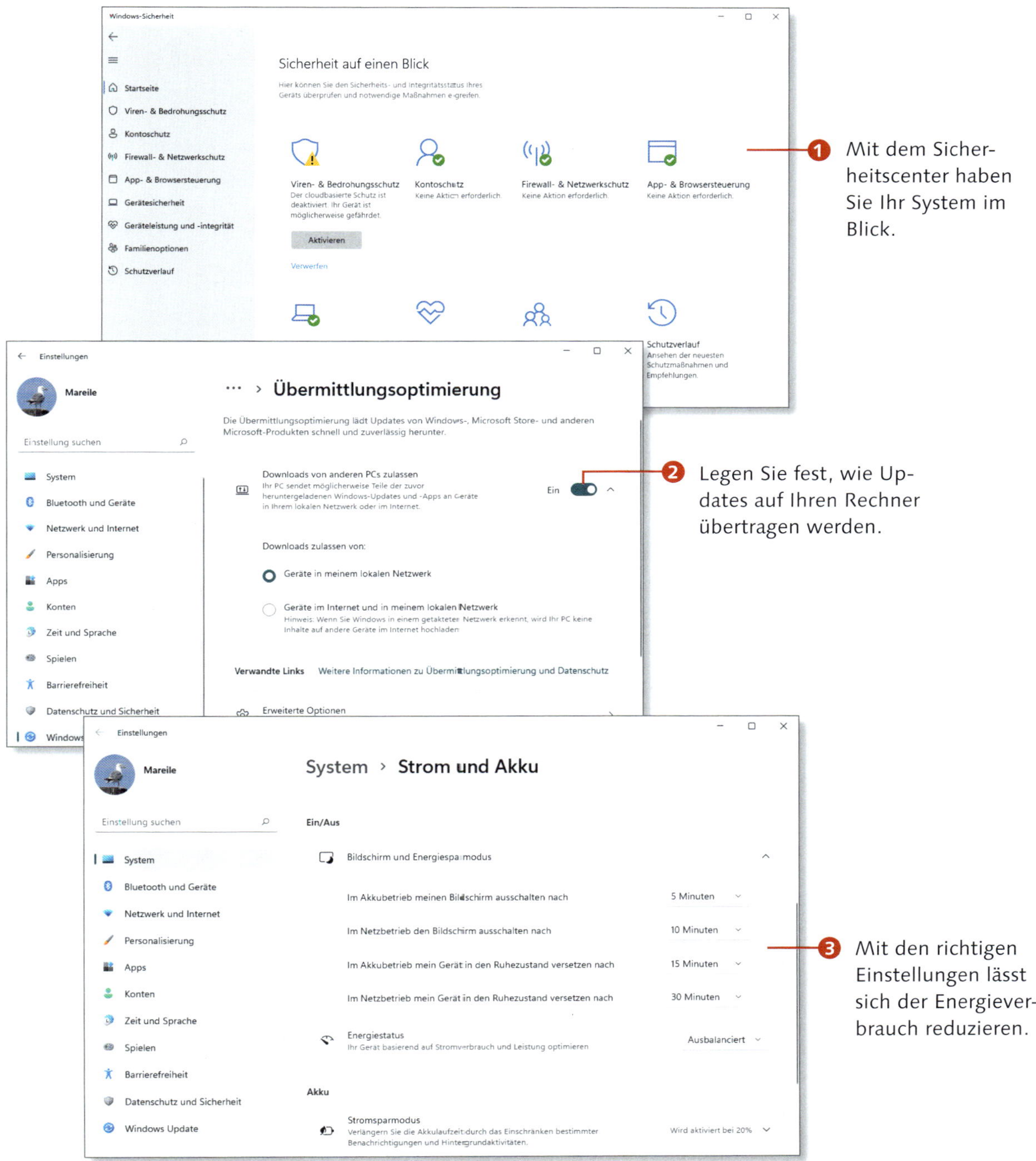

1 Mit dem Sicherheitscenter haben Sie Ihr System im Blick.

2 Legen Sie fest, wie Updates auf Ihren Rechner übertragen werden.

3 Mit den richtigen Einstellungen lässt sich der Energieverbrauch reduzieren.

Das Windows-Sicherheitscenter im Überblick

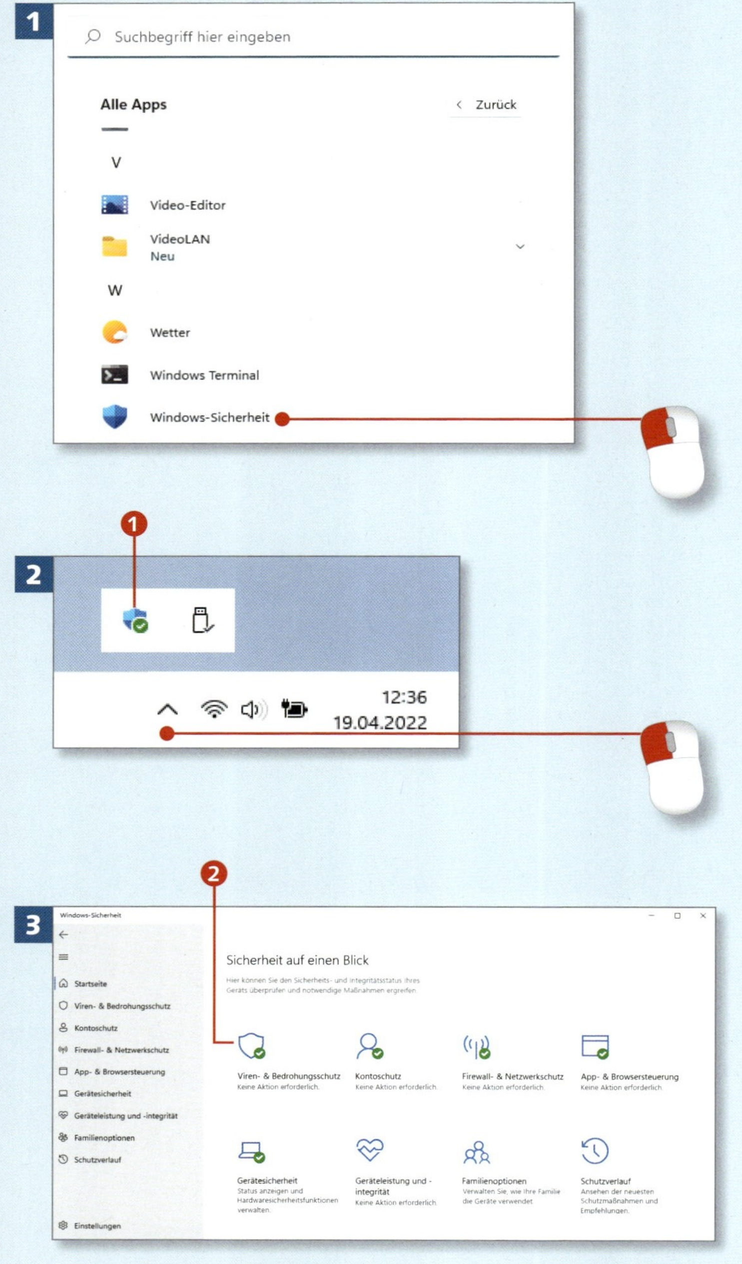

Microsoft hat alle sicherheitsrelevanten Einstellungen im Windows-Sicherheitscenter zusammengefasst. Sie haben hier den Status Ihres Rechners im Blick und erhalten Lösungsvorschläge bei entdeckten Problemen.

Schritt 1

Öffnen Sie das Sicherheitscenter über das Startmenü, indem Sie die Liste **Alle Apps** einblenden und hier auf den Eintrag **Windows-Sicherheit** klicken.

Schritt 2

Alternativ zu Schritt 1 können Sie das Windows-Sicherheitscenter auch über den Infobereich der Taskleiste öffnen. Wird das Symbol des Sicherheitscenters (1) nicht direkt angezeigt, klicken Sie auf den Pfeil **Ausgeblendete Symbole einblenden**.

Schritt 3

Das Sicherheitscenter ist in acht Bereiche unterteilt. Hier können Sie bereits mit einem Blick prüfen, ob die Sicherheit Ihres Systems bedroht ist. Grüne Häkchen (2) zeigen, dass keine Maßnahmen erforderlich sind.

Schritt 4

In der Kategorie **Viren- & Bedrohungsschutz** können Sie Ihren PC auf Computerviren untersuchen und wichtige Einstellungen für den Windows Defender vornehmen.

Schritt 5

Über die Kategorie **Kontoschutz** lassen sich erweiterte Sicherheitseinstellungen einrichten, wie etwa die dynamische Sperre. Voraussetzung hierfür ist, dass Sie mit einem Microsoft-Konto am System angemeldet sind.

Schritt 6

Firewall & Netzwerkschutz lautet die Überschrift der dritten Kategorie. Sie enthält Einstellungsmöglichkeiten für die Firewall. Siehe dazu auch die Anleitung »Die Windows-Firewall richtig konfigurieren« ab Seite 112.)

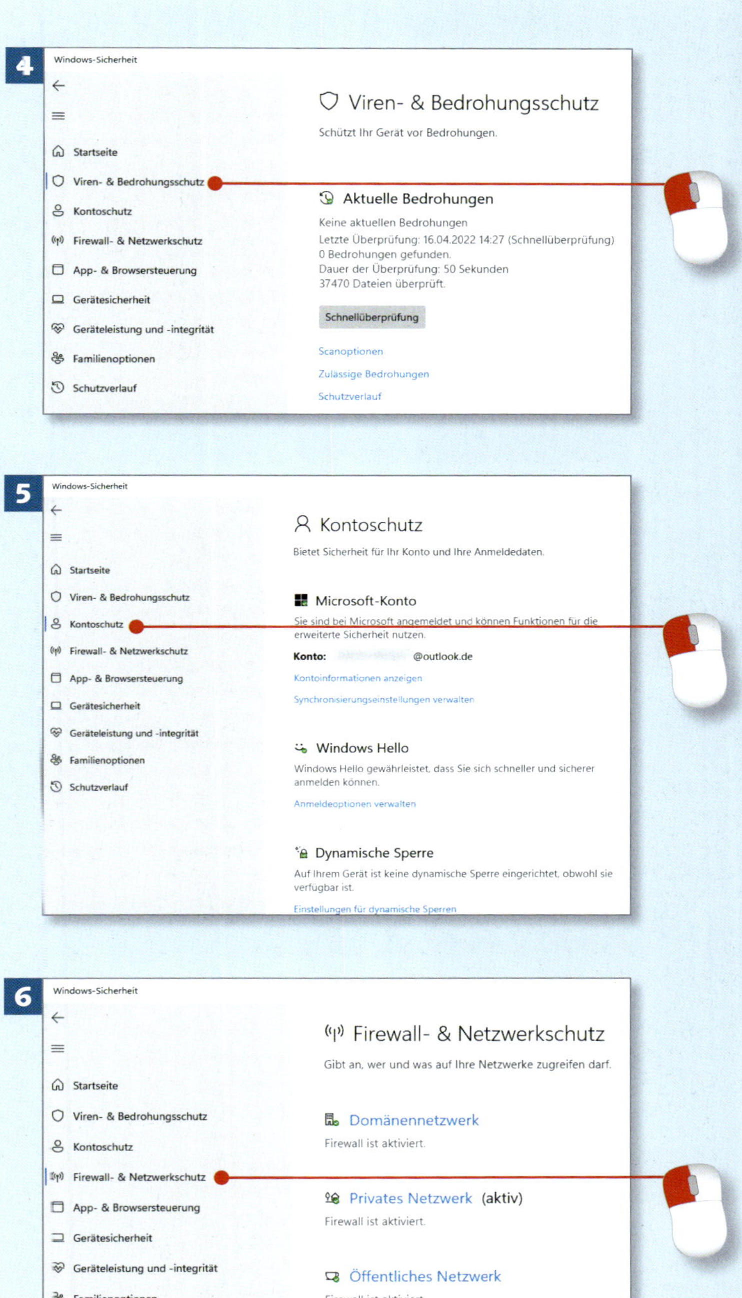

Das Windows-Sicherheitscenter im Überblick (Forts.)

Schritt 7

Die Funktion **SmartScreen** schützt Ihren Rechner vor schädlichen Downloads und Websites. Die Konfigurationsmöglichkeiten hierzu finden Sie im Bereich **App- & Browsersteuerung** unter **Zuverlässigkeitsbasierter Schutz**.

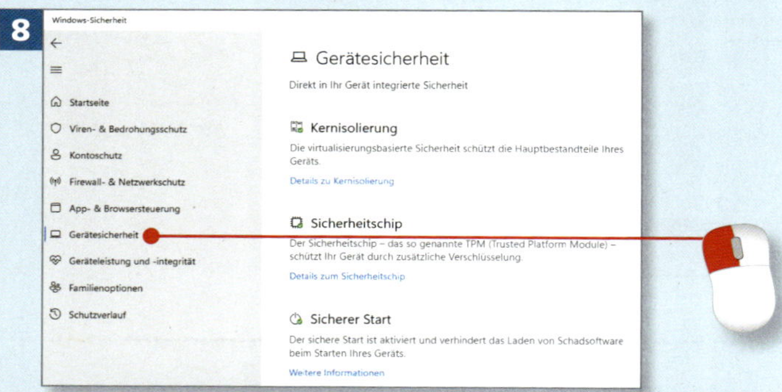

Schritt 8

In der Kategorie **Gerätesicherheit** geht es in die Tiefe Ihres Systems, genauer gesagt zum Betriebssystemkern (dem sog. *Kernel*). Wichtig ist hier u. a. der **Sichere Start**, der verhindert, dass schädliche Software, sog. *Rootkits*, beim Start des Systems geladen werden.

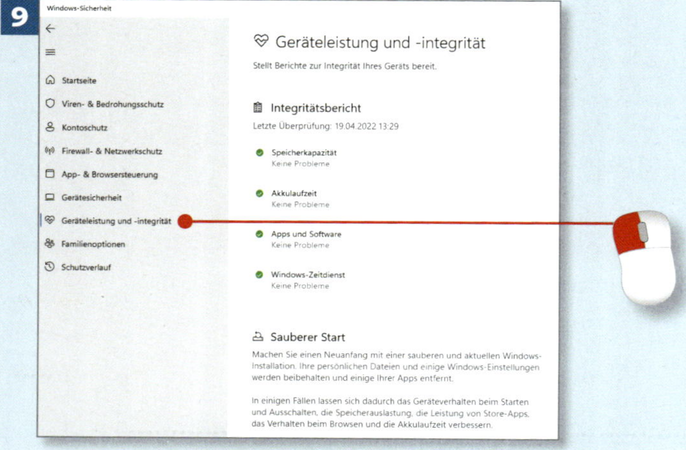

Schritt 9

Im Bereich **Geräteleistung und -integrität** finden Sie Informationen zur Akkulaufzeit, zu Gerätetreibern, zur verfügbaren Speicherkapazität, zum aktuellen Stand der Windows-Updates sowie Optionen für eine Wiederherstellung Ihres Systems.

Schritt 10

In den **Familienoptionen** finden Sie zahlreiche Kinder- und Jugendschutzeinstellungen und können z. B. festlegen, welche Internetseiten von Kindern besucht werden dürfen oder wie lange der Computer am Tag genutzt werden darf.

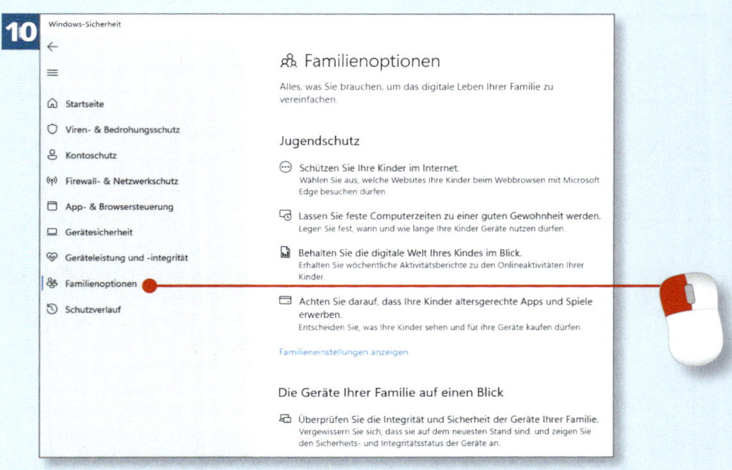

Schritt 11

Die Kategorie **Schutzverlauf** zeigt eine Zusammenstellung aller Sicherheitseinstellungen an, die Sie auf Empfehlung von Microsoft vornehmen sollten.

Schritt 12

Windows 11 informiert Sie umgehend, sobald die Sicherheit Ihres Systems bedroht ist oder Aktionen erforderlich sind. Welche Benachrichtigungen Sie erhalten, können Sie selbst bestimmen. Hierzu klicken Sie im Windows-Sicherheitscenter unten links auf das Zahnradsymbol und dann rechts auf **Benachrichtigungen verwalten**.

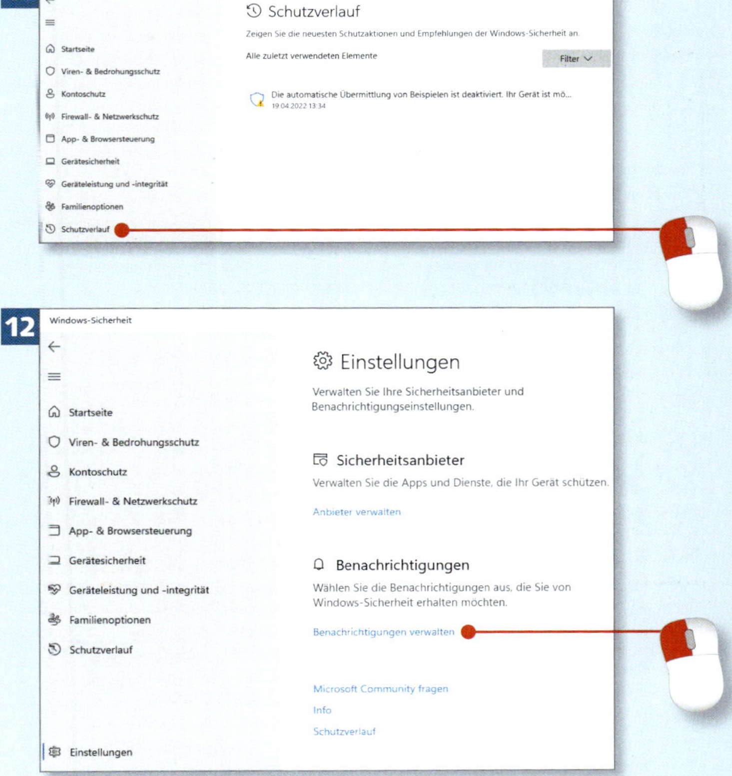

Die Festplatte auf Fehler prüfen

Die Festplatte ist jeden Tag im Einsatz. Von Zeit zu Zeit sollten Sie sie einer Prüfung unterziehen und das Dateisystem auf mögliche Fehler untersuchen lassen. Droht ein Ausfall der Festplatte, sollten Sie sie umgehend austauschen.

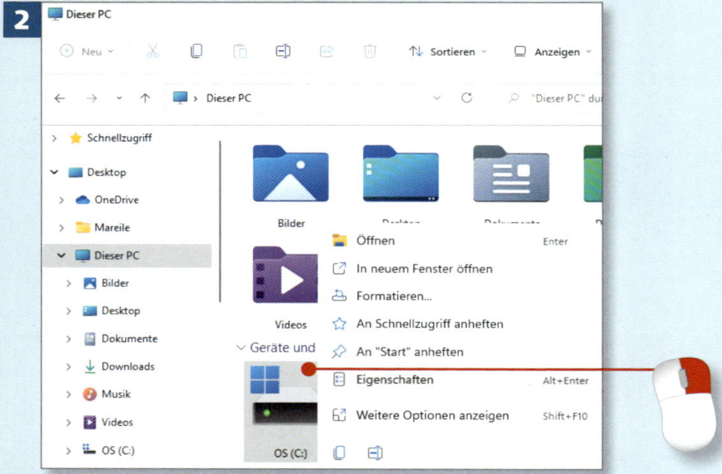

Schritt 1

Starten Sie den Explorer über das Ordnersymbol in der Taskleiste oder über die Tastenkombination [Windows] + [E].

Schritt 2

Markieren Sie in der linken Spalte **Dieser PC**. Rechts sehen Sie nun alle Ihre Laufwerke in der Übersicht. Führen Sie einen Rechtsklick auf der Festplatte aus, die Sie überprüfen möchten. Im Kontextmenü wählen Sie die Option **Eigenschaften** aus.

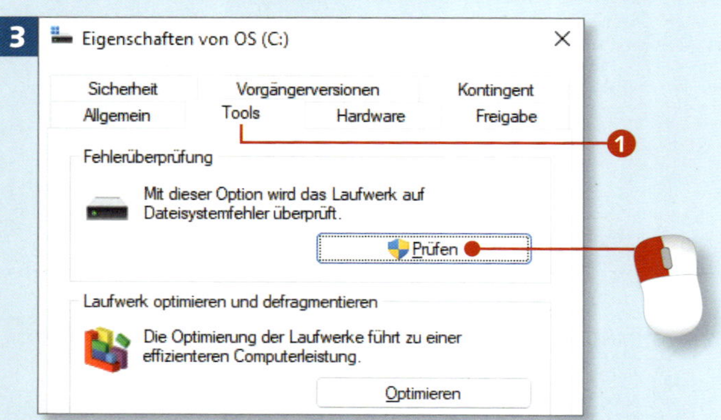

Schritt 3

Die Eigenschaften des Laufwerks werden geöffnet. Wechseln Sie in das Register **Tools** (1), und klicken Sie dort auf die Schaltfläche **Prüfen**, um den Vorgang zu starten.

Schritt 4

Das Fehlerprotokoll der Festplatte wird nun überprüft, und Fehler werden angezeigt. Wurden keine Fehler gefunden, scheint eine weitere Überprüfung nicht erforderlich. Klicken Sie dennoch auf die Schaltfläche **Laufwerk scannen**, um eine erneute Überprüfung durchzuführen.

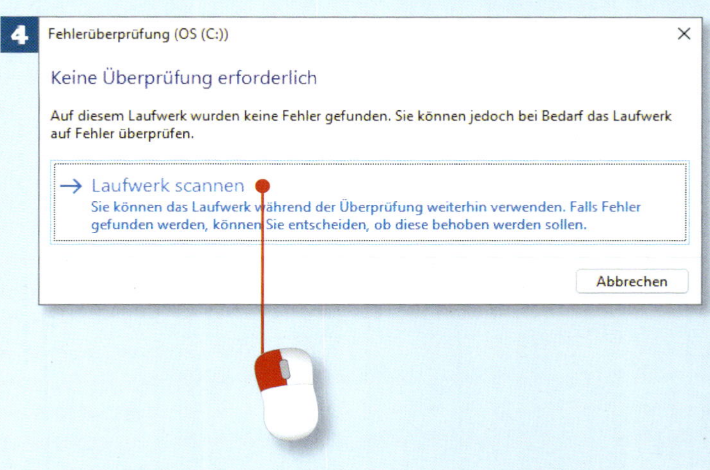

Schritt 5

Die Prüfung auf Dateisystemfehler dauert einige Minuten; die ungefähr verbleibende Laufzeit wird dabei angezeigt. Sie können den Computer während der Überprüfung weiterverwenden.

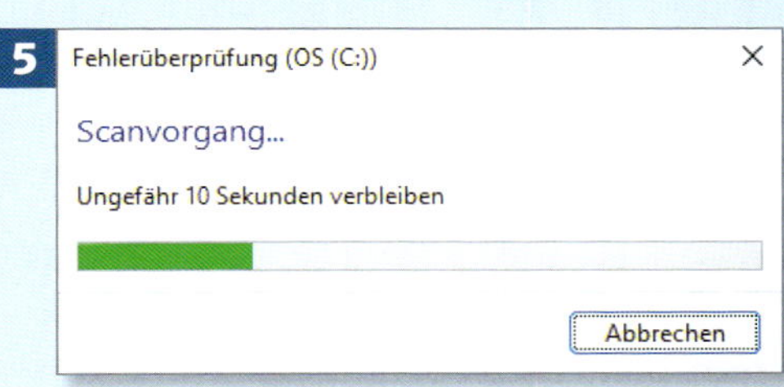

Schritt 6

Nach Abschluss der Prüfung wird das Ergebnis angezeigt. Im Idealfall wurden keine Fehler gefunden. Ein Klick auf **Details anzeigen** öffnet die Ereignisanzeige, die Informationen – auch zu etwaigen Fehlern – auflistet.

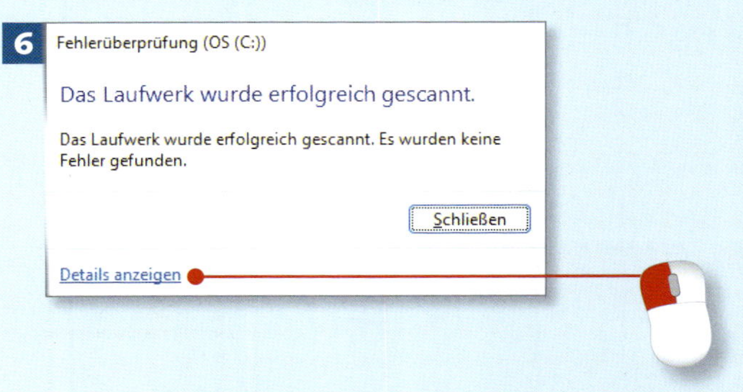

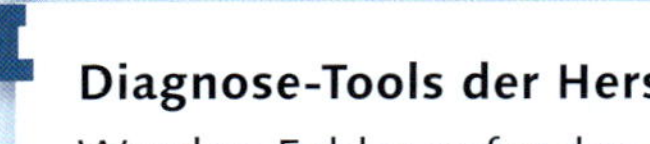

Diagnose-Tools der Hersteller
Wurden Fehler gefunden, sollten Sie die Internetseite des Festplattenherstellers aufrufen, dort nach einem Festplattendiagnoseprogramm suchen und es auf Ihrem Rechner ausführen. Findet auch dieses Programm Fehler, folgen Sie den Empfehlungen des Herstellers.

Den Energieverbrauch optimieren

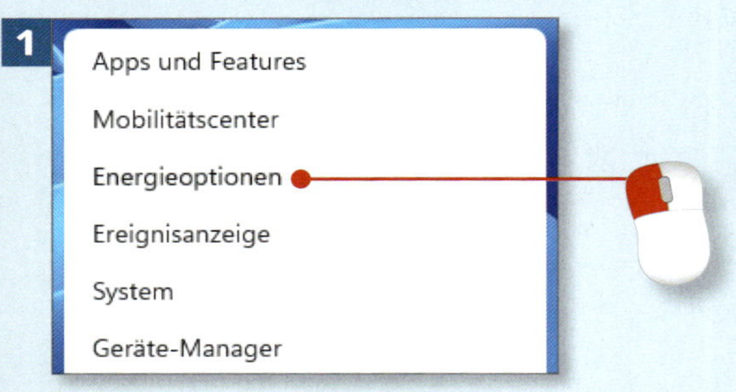

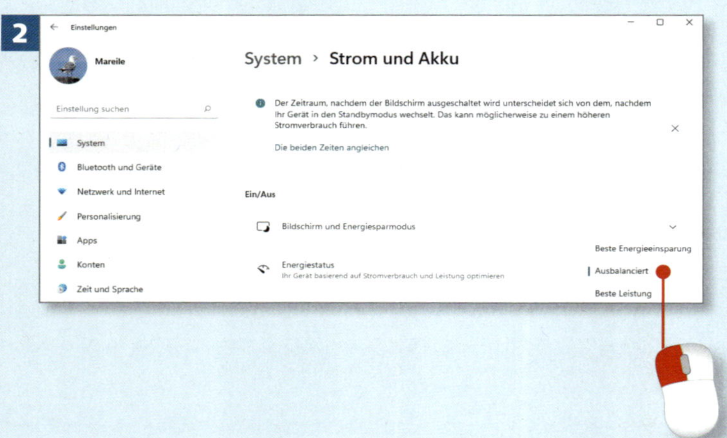

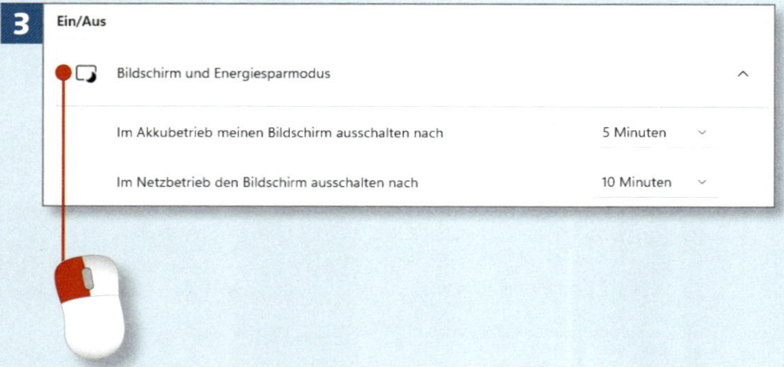

Mit den richtigen Einstellungen sparen Sie Energie und können so beispielsweise die Laufzeit Ihres Akkus verlängern.

Schritt 1

Öffnen Sie das Schnellstartmenü über einen Rechtsklick auf die **Start**-Schaltfläche oder mit den Tasten [Windows] + [X], und wählen Sie aus dem Menü den Eintrag **Energieoptionen**.

Schritt 2

Dadurch wird die Einstellungen-App mit der Unterkategorie **Strom und Akku** in der Kategorie **System** geöffnet. Im Feld rechts von **Energiestatus** können Sie einen Energiesparplan auswählen. Zur Auswahl stehen **Beste Energieeinsparung**, **Ausbalanciert** und **Beste Leistung**.

Schritt 3

Klicken Sie anschließend auf **Bildschirm und Energiesparmodus**, um weitere Einstellmöglichkeiten einzublenden. Legen Sie im ersten Feld fest, nach wie vielen Minuten der Bildschirm bei Inaktivität des Rechners im Akkubetrieb ausgeschaltet werden soll.

Schritt 4

Bestimmen Sie außerdem, nach welcher Zeit das Gerät in den Ruhezustand versetzt wird. Im Akkubetrieb sollten Sie kurze Zeitspannen wählen, um Energie einzusparen.

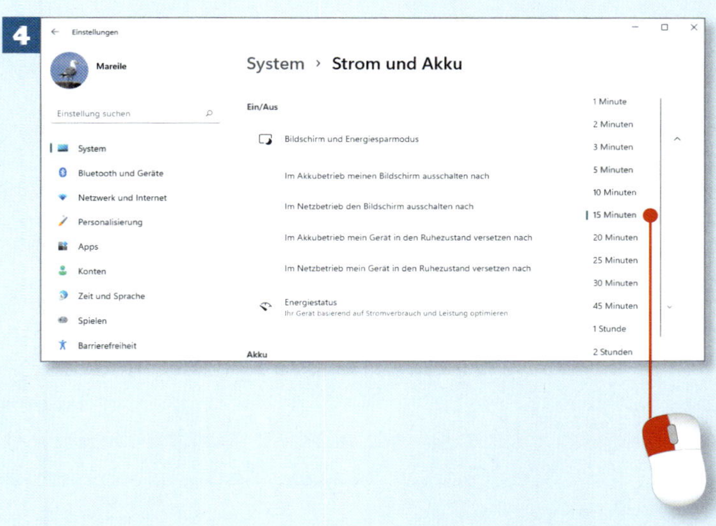

Schritt 5

Blättern Sie auf der Seite nach unten bis zum Abschnitt **Akku**. Klicken Sie auf **Stromsparmodus**, um weitere Einstellungen einzublenden.

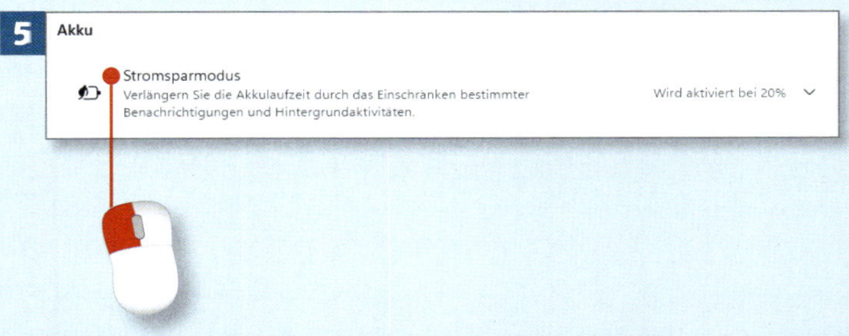

Schritt 6

Sie können festlegen, wann der Stromsparmodus aktiviert werden soll. Sinkt der Akkustatus unter die ausgewählten Prozent, werden z. B. Hintergrundaktivitäten eingeschränkt. Eine wichtige Regel zum Energiesparen: Je dunkler der Bildschirm ist, desto weniger Energie wird benötigt und entsprechend länger hält der Akku. Stellen Sie daher sicher, dass der Regler **Bildschirmhelligkeit …** eingeschaltet ist ❶.

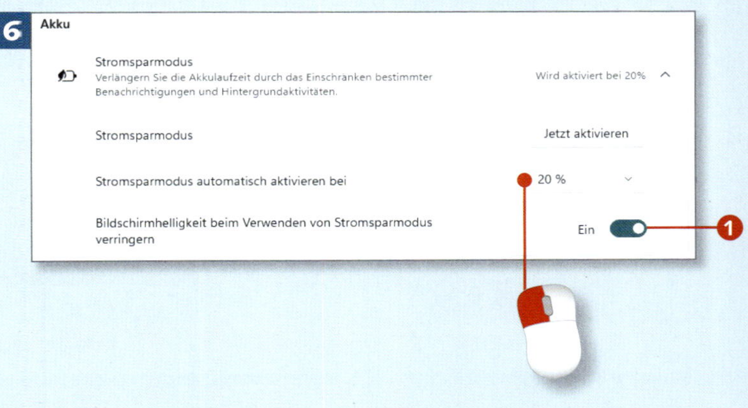

Unterschiede zwischen Laptop und Desktop-PC

Arbeiten Sie mit einem Desktop-PC, werden Sie nach Schritt 1 zur Unterkategorie **Ein/Aus** geführt. Die Einstellungen, die Sie hier vornehmen können, gelten nur für den Netzbetrieb.

Stromverschwender ermitteln

Wissen Sie, welche der von Ihnen genutzten Apps die Akkuleistung am intensivsten in Anspruch nimmt? Unter Windows 11 lassen sich die Stromfresser ganz einfach in Erfahrung bringen.

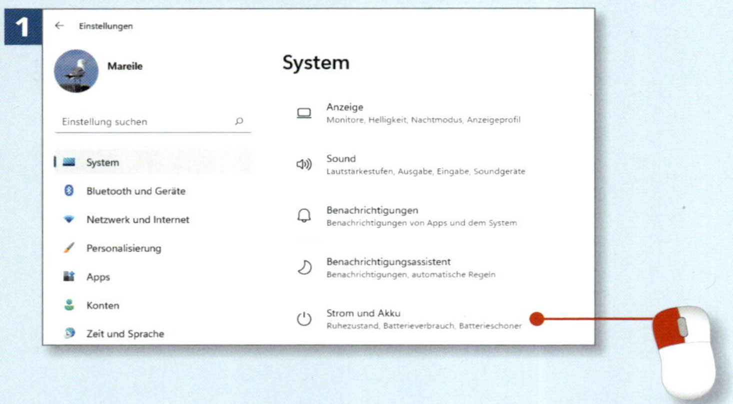

Schritt 1

Starten Sie die Einstellungen-App, z. B. über die Tastenkombination [Windows] + [I]. Rufen Sie in der Kategorie **System** die Unterkategorie **Strom und Akku** auf. Sie ist nur auf Mobilgeräten verfügbar.

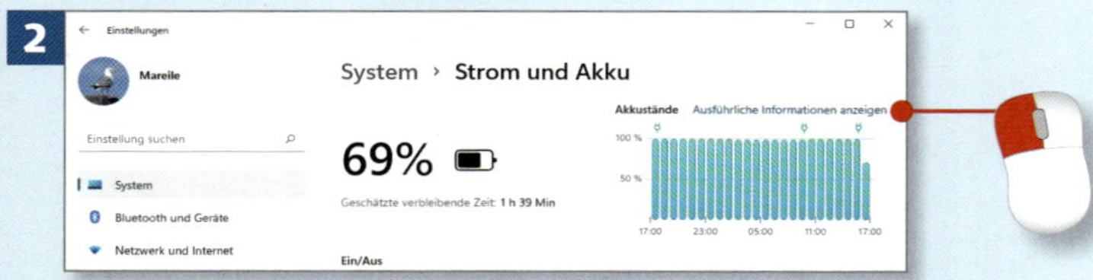

Schritt 2

Rechts wird Ihnen der Akkustatus mit der noch verbleibenden Zeit angezeigt. Klicken Sie auf **Ausführliche Informationen anzeigen**.

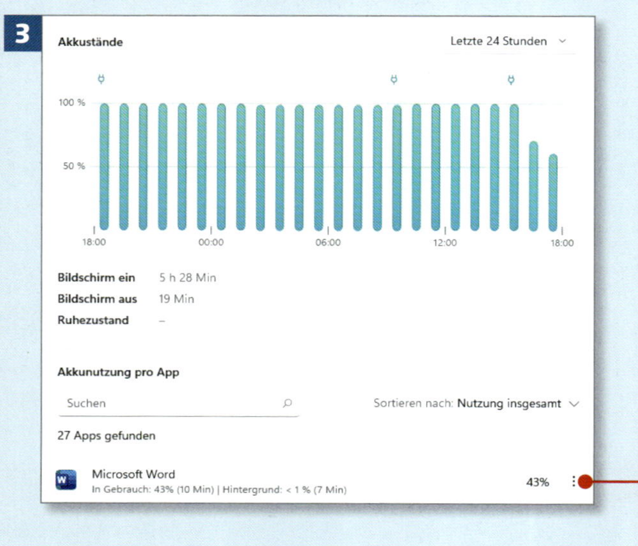

Schritt 3

Sie werden auf der gleichen Seite zum Abschnitt **Akkustände** geführt, in dem Sie nochmals die Statistik finden. Scrollen Sie etwas weiter nach unten zum Bereich **Akkunutzung pro App**. Hier erfahren Sie, welches Programm wie viel Prozent der Akkuleistung in Anspruch genommen hat. Die Liste wird von dem Programm mit dem höchsten Verbrauch angeführt.

Schritt 4

Einige Apps werden automatisch im Hintergrund ausgeführt. Dabei wird natürlich ebenso Energie verbraucht. Benötigen Sie die App nicht, klicken Sie rechts von ihrem Namen auf das Symbol mit den drei Punkten und wählen **Hintergrundaktivitäten verwalten**.

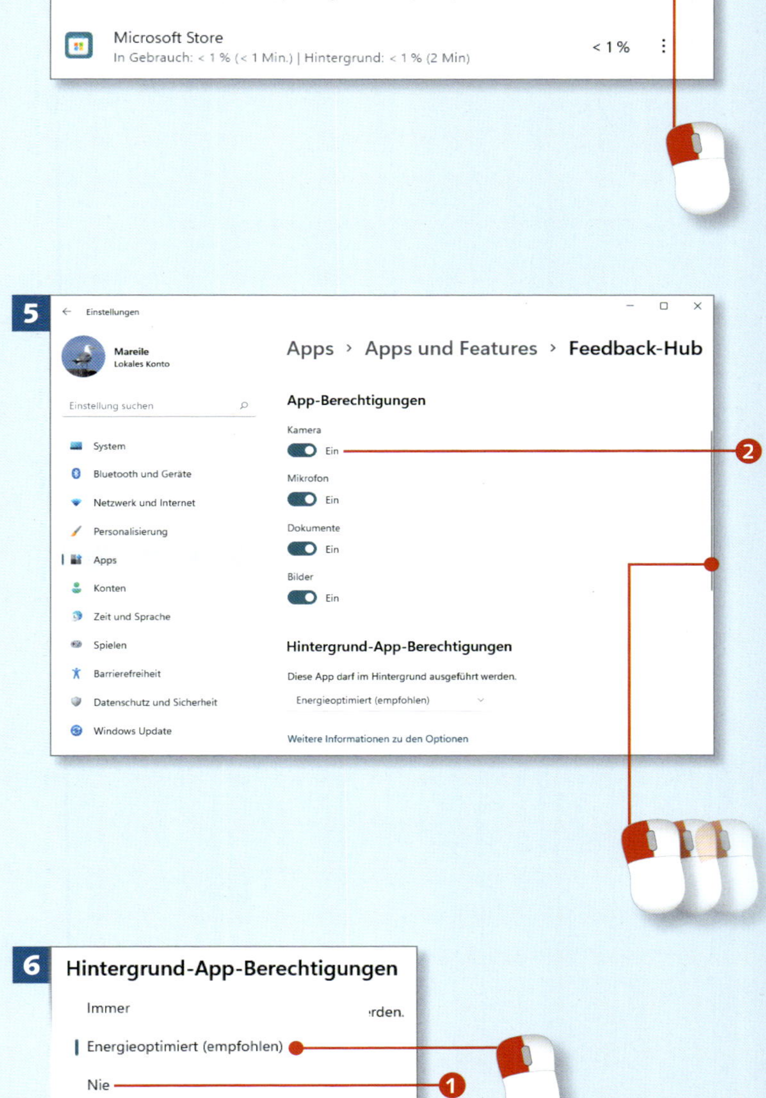

Schritt 5

Sie werden nun automatisch zu den erweiterten Optionen der ausgewählten App (im Beispiel **Feedback-Hub**) in der Kategorie **Apps ▸ Apps und Features** innerhalb der Einstellungen-App geführt. Blättern Sie nach unten bis zum Abschnitt **Hintergrund-App-Berechtigungen**.

Schritt 6

In den meisten Fällen ist **Energieoptimiert (empfohlen)** voreingestellt. In diesem Fall wird die App nur dann im Hintergrund ausgeführt, wenn ausreichend Akkuleistung zur Verfügung steht. Falls Sie auch das nicht wünschen, stellen Sie im Feld **Nie** (1) ein.

App-Berechtigungen festlegen

In den erweiterten Optionen einer App legen Sie auch fest, welche Funktionen (z. B. die **Kamera** (2)) eine App nutzen darf.

Das Windows Update optimal nutzen

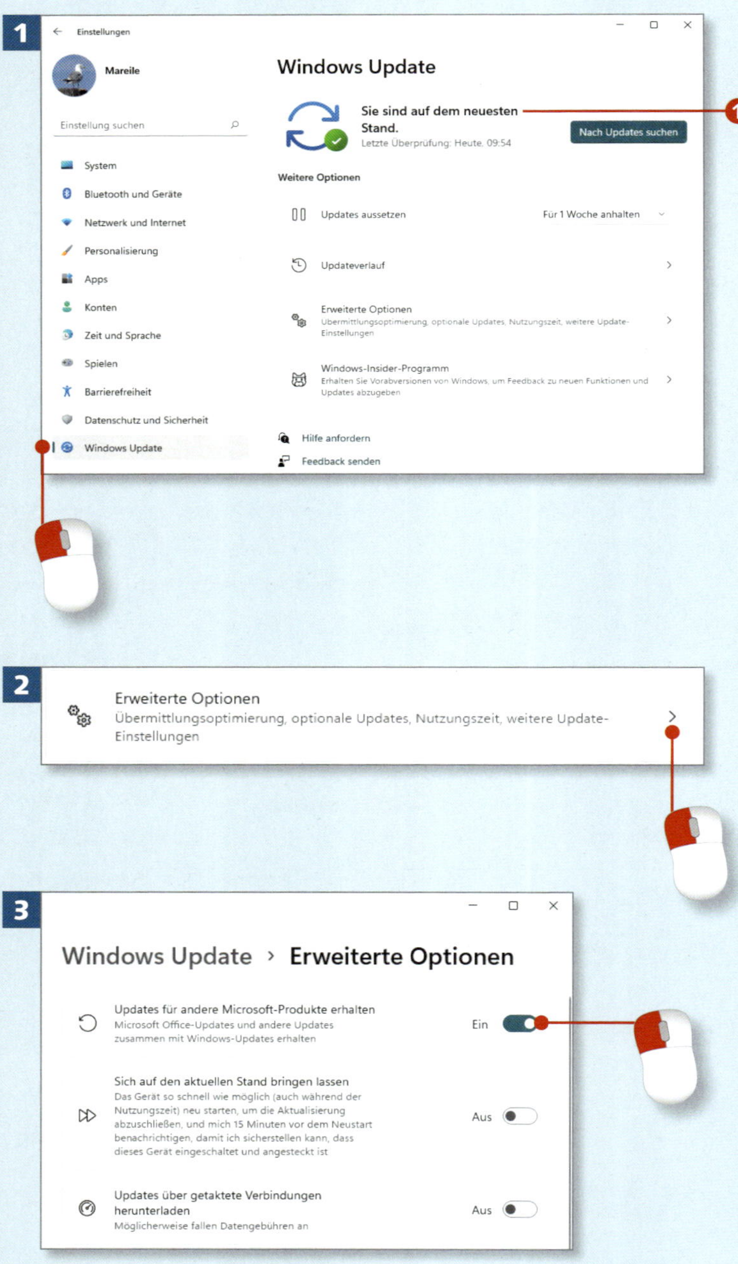

Halten Sie Ihr Windows-System stets auf dem neuesten Stand. Damit dies klappt, muss das Windows Update korrekt eingestellt sein.

Schritt 1

Rufen Sie die Einstellungen-App mithilfe der Tastenkombination [Windows] + [I] auf, und wählen Sie in der linken Spalte die Kategorie **Windows Update** aus. In der rechten Fensterhälfte können Sie mit einem Blick die Aktualität Ihres Systems prüfen. In diesem Beispiel ist das Gerät auf dem neuesten Stand 1. Über **Nach Updates suchen** können Sie nach neuen Updates Ausschau halten.

Schritt 2

Klicken Sie in der rechten Fensterhälfte auf **Erweiterte Optionen**, um weitere Einstellungen für das Windows Update vorzunehmen.

Schritt 3

Verwenden Sie Microsoft-Software, beispielsweise das Office-Paket, sollten Sie die Option **Updates für andere Microsoft-Produkte erhalten** aktivieren.

Schritt 4

Scrollen Sie mithilfe der Bildlaufleiste 2 nach unten bis zum Abschnitt **Weitere Optionen**. Klicken Sie hier auf **Übermittlungsoptimierung**.

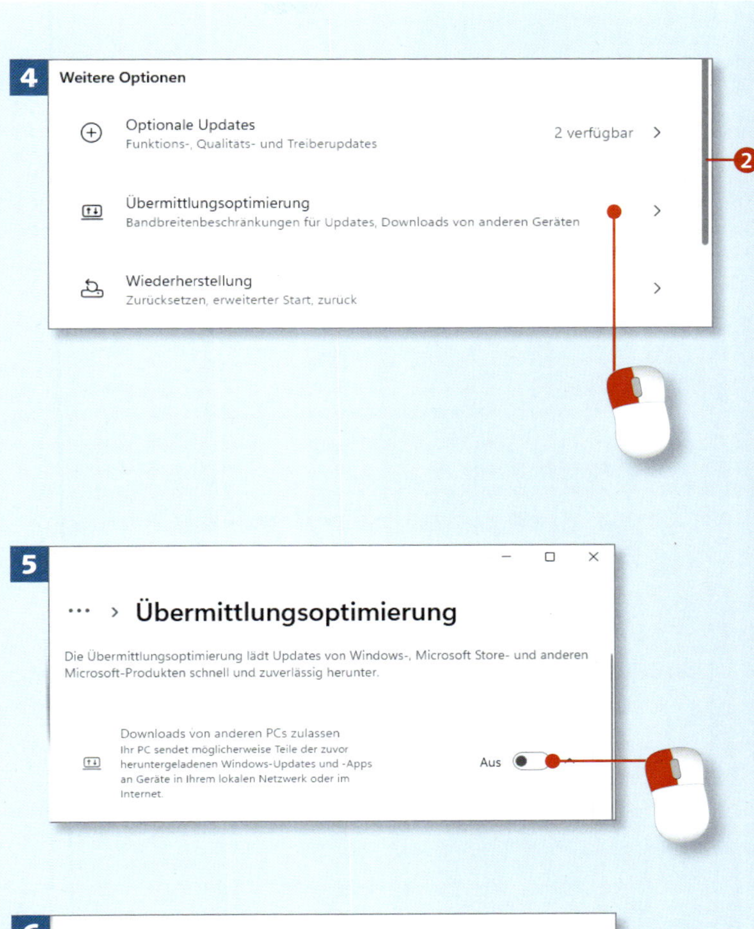

Schritt 5

Neue Updates liefert Microsoft per Standardeinstellung über eigene Server, aber auch mithilfe anderer mit dem Internet verbundener Rechner aus. Wenn Sie nicht möchten, dass Ihr Computer Updates für andere Anwender über das Internet bereitstellt oder selbst von anderen Rechnern Updates empfängt, setzen Sie den Regler **Downloads von anderen PCs zulassen** auf **Aus**.

Schritt 6

An sich ist der Bezug von Updates über andere Rechner keine schlechte Idee. Wenn Ihr PC Teil eines lokalen Netzwerks ist, können Sie die Option auch aktiviert lassen und zusätzlich **Geräte in meinem lokalen Netzwerk** auswählen. Dann wird der Austausch der Daten auf die im Netzwerk verbundenen PCs beschränkt.

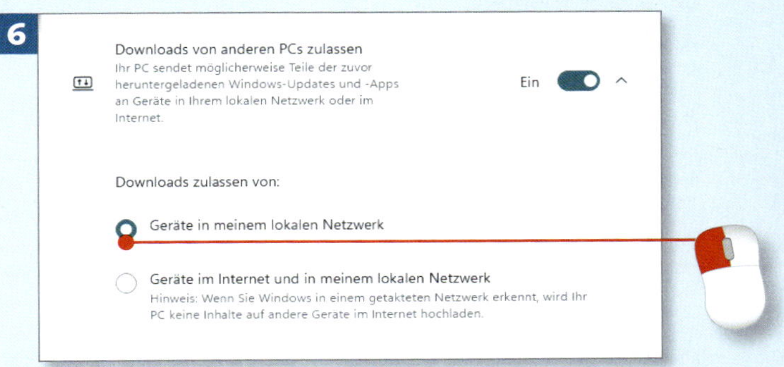

Windows Updates aussetzen

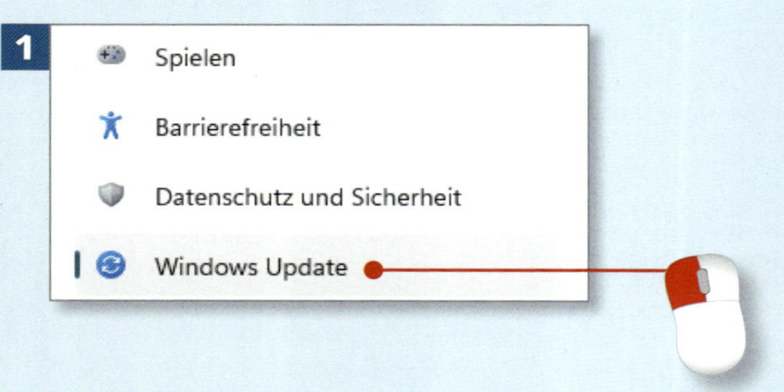

Sie sollten Ihr System immer auf dem neuesten Stand halten. In Ausnahmefällen ist es jedoch nützlich, die Updates auszusetzen, z. B. wenn Probleme mit einem Update bekannt wurden und Sie auf Korrekturen warten möchten.

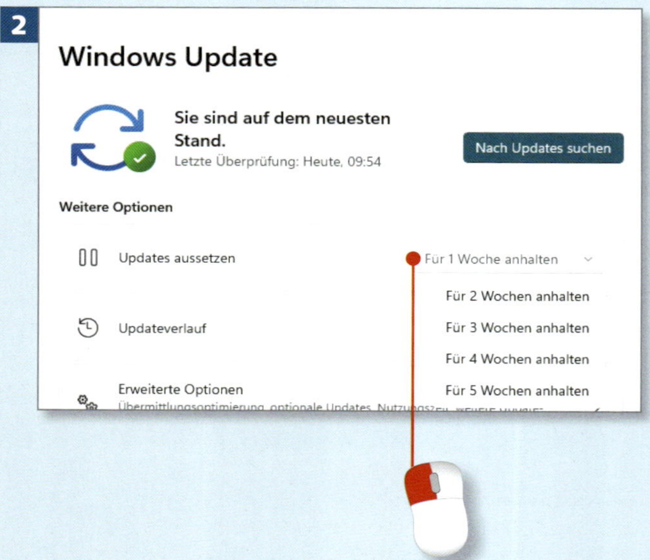

Schritt 1

Rufen Sie die Einstellungen-App über [Win] + [I] auf, und wechseln Sie in die Kategorie **Windows Update**.

Schritt 2

Klicken Sie in das Feld rechts von **Updates aussetzen**. Wählen Sie die gewünschte Dauer für die Update-Pause aus. Falls Sie die Update-Sperre aufheben möchten, klicken Sie auf **Updates fortsetzen** ❶.

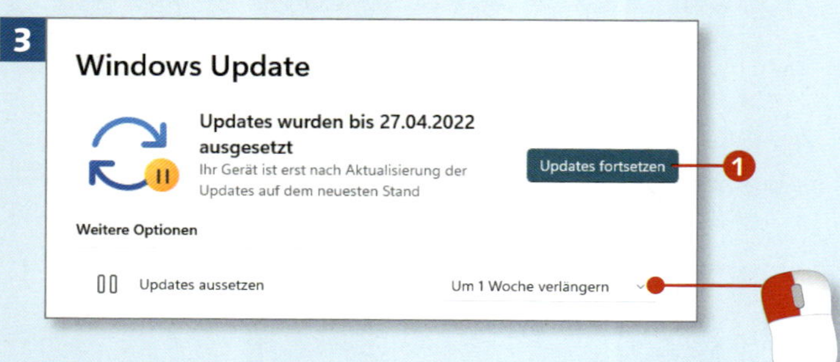

Schritt 3

Updates lassen sich für maximal fünf Wochen anhalten. Falls Sie in Schritt 2 einen geringeren Wert ausgewählt haben, lässt sich die Pause entsprechend verlängern. Nach Ablauf der fünf Wochen müssen Sie Ihr System auf den neuesten Stand bringen, bevor Sie den Bezug neuer Updates erneut aussetzen können.

Optionale Updates installieren

Manche Updates, wie etwa Treiberaktualisierungen, führt Windows nicht automatisch aus. Sie müssen manuell angestoßen werden.

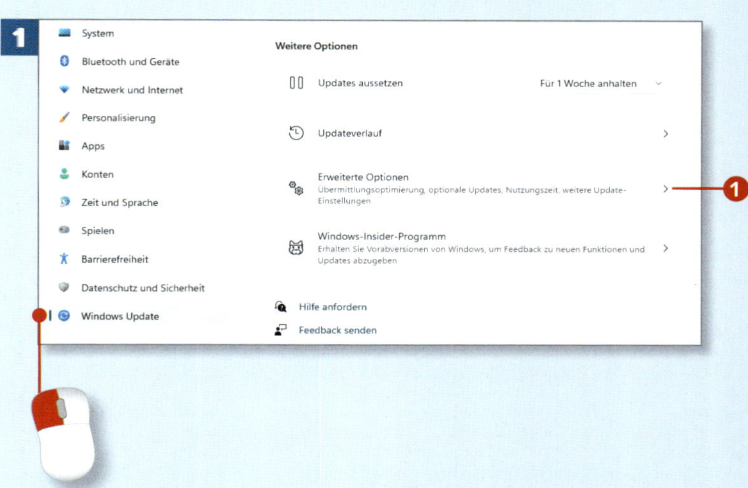

Schritt 1

Rufen Sie die Einstellungen-App über die Tastenkombination [Win] + [I] auf, und wechseln Sie in die Kategorie **Windows Update**. Klicken Sie in der rechten Fensterhälfte auf **Erweiterte Optionen** (1).

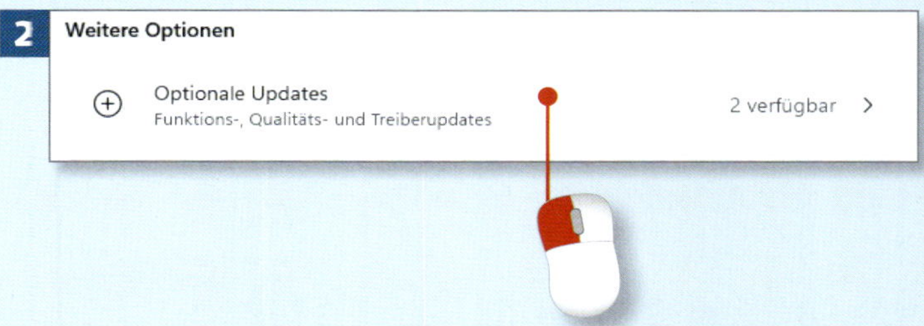

Schritt 2

Klicken Sie im Abschnitt **Weitere Optionen** auf **Optionale Updates**.

Schritt 3

Nun werden alle verfügbaren optionalen Updates aufgelistet. Gegebenenfalls müssen Sie die Details mit einem Klick auf eine Kategorie einblenden, im Beispiel etwa **Treiberupdates**. Versehen Sie die Updates, die Sie installieren möchten, mit einem Häkchen (2). Mit **Herunterladen und installieren** starten Sie die Aktualisierung (3).

Neustart nach Update

Manche Updates erfordern nach der Installation einen Neustart des Systems.

Kapitel 14
Daten sichern und wiederherstellen

Hand aufs Herz – wann haben Sie zuletzt Ihre Daten gesichert? Letzte Woche, im letzten Monat oder vielleicht noch nie? Solange alles läuft und das System keine Probleme macht, macht man sich meist keine Gedanken über eine Sicherung; sollte dann aber der Problemfall eintreten und Sie beispielsweise aufgrund eines Festplattenfehlers nicht mehr an Ihre Fotos kommen, ist guter Rat teuer und der Ärger groß. Lassen Sie es nicht so weit kommen, und sichern Sie Ihre Daten.

Die Systemwiederherstellung

Die Systemwiederherstellung ❶ speichert in *Wiederherstellungspunkten* die Systemdateien Ihres Computers. Tritt ein Fehler auf, können Sie Ihr Windows auf einen Status zurücksetzen, der vor dem ersten Auftreten des Problems liegt. Dabei gehen keine persönlichen Daten verloren, nur das eine oder andere Programm müssen Sie gegebenenfalls anschließend neu aufspielen.

Das ganze System als Image sichern

Ein Systemabbild ❷ ist die exakte Kopie eines Laufwerks. Sichern Sie Ihr komplettes System inklusive aller Festplatten in eine Image-Datei. Dabei können Sie das Systemabbild auf einen neuen Rechner übertragen oder es als Sicherung für den Notfall verwenden und damit das System vollständig auf den Stand der Sicherung zurücksetzen.

Automatische Datensicherung

Ein falscher Klick, und schon ist eine Datei oder gleich ein ganzer Ordner gelöscht. Oder aber Windows lässt sich nicht mehr starten, vielleicht aufgrund eines Systemfehlers, eines fiesen Computervirus oder weil die Hardware streikt. Ein beruhigendes Gefühl, wenn Sie in solch einer Situation wissen, dass Sie eine Sicherung Ihrer wichtigsten Daten erstellt haben. Nutzen Sie für diese Aufgabe externe Programme, wie z. B. *Acronis True Image* ❸.

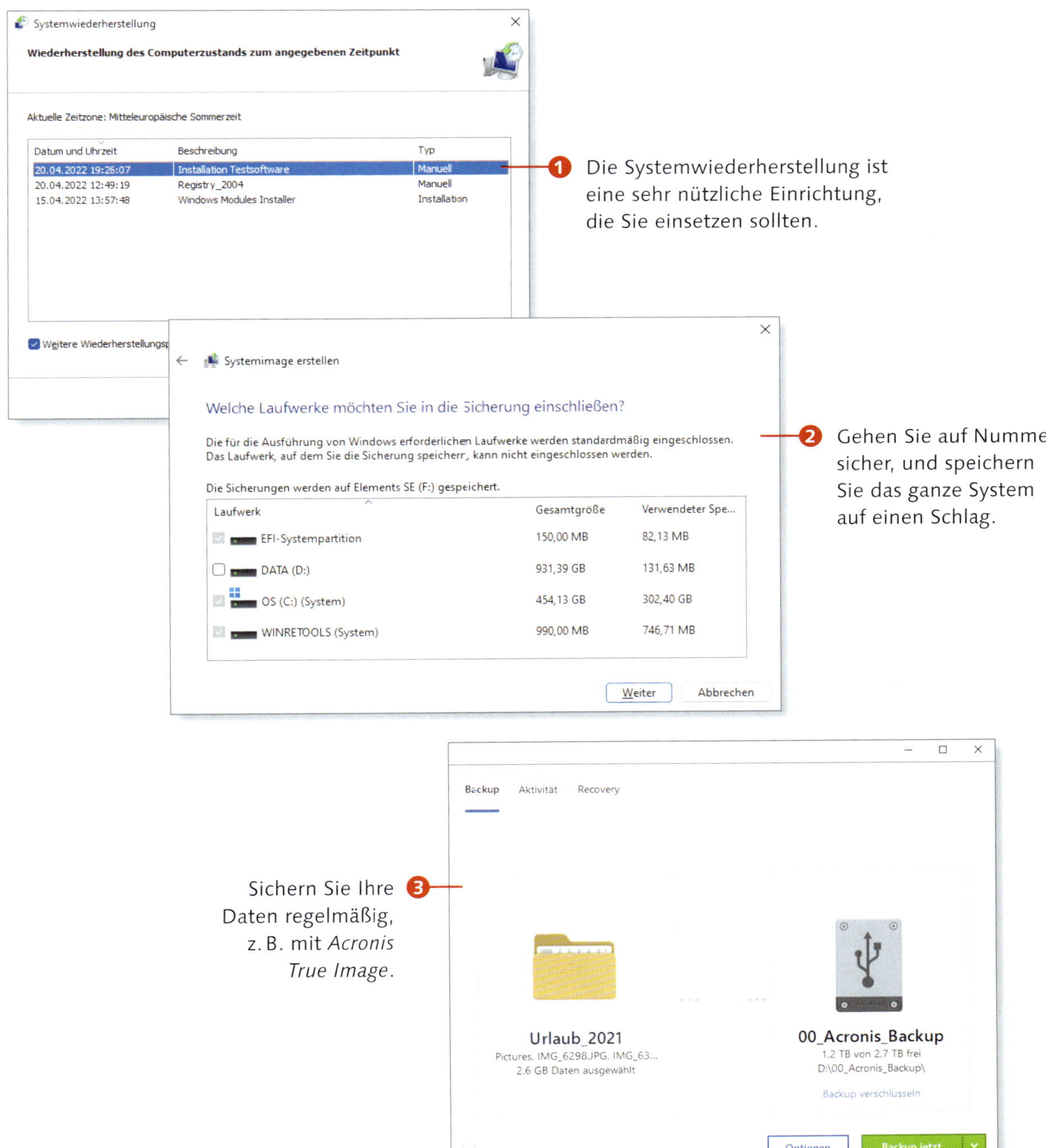

1 Die Systemwiederherstellung ist eine sehr nützliche Einrichtung, die Sie einsetzen sollten.

2 Gehen Sie auf Nummer sicher, und speichern Sie das ganze System auf einen Schlag.

3 Sichern Sie Ihre Daten regelmäßig, z. B. mit *Acronis True Image*.

Die Systemwiederherstellung einrichten

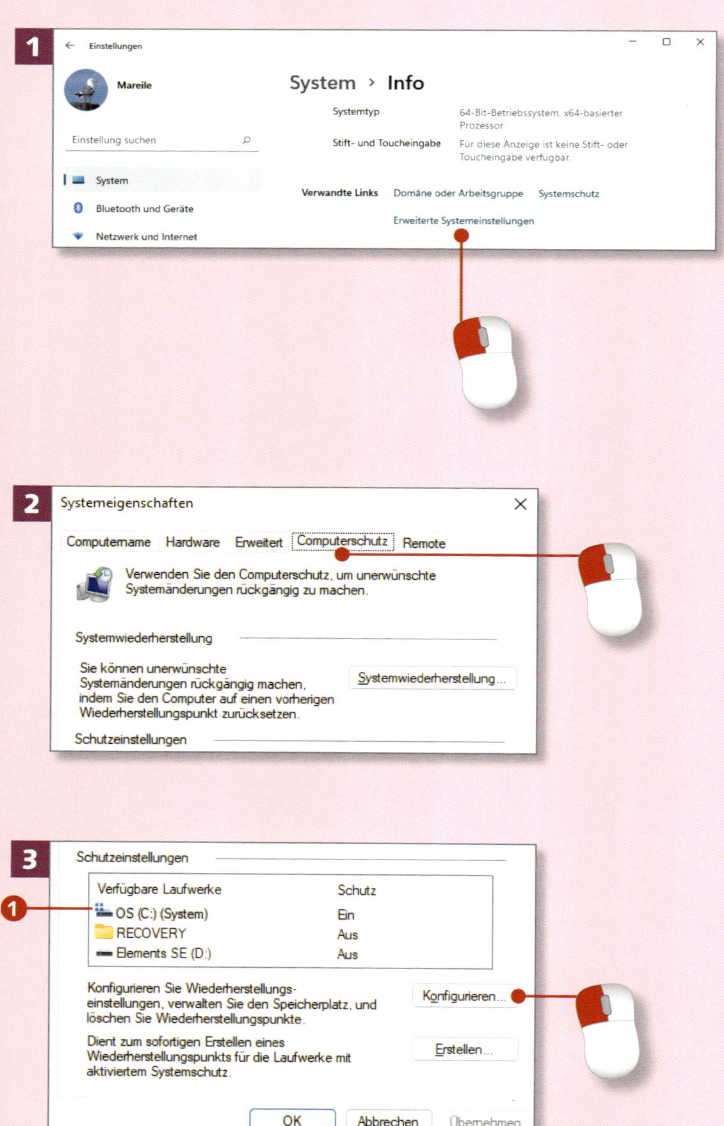

Mithilfe der Systemwiederherstellung können Sie Ihren Rechner im Problemfall auf einen fehlerfreien Stand zurücksetzen. Es ist in jedem Fall sinnvoll, die Systemwiederherstellung zu nutzen. Sollte es zu Problemen kommen, werden Sie für sie dankbar sein.

Schritt 1

Rufen Sie in der Einstellungen-App die Kategorie **System** auf, wechseln Sie dann in die Unterkategorie **Info**, und klicken Sie hier schließlich auf **Erweiterte Systemeinstellungen**.

Schritt 2

Der Dialog **Systemeigenschaften** öffnet sich. Wechseln Sie in das Register **Computerschutz**.

Schritt 3

Markieren Sie im Abschnitt **Schutzeinstellungen** Ihr Systemlaufwerk ❶ (meist ist das *C:*), und klicken Sie danach auf die Schaltfläche **Konfigurieren**.

Schritt 4

Kontrollieren Sie nun die Einstellung für Ihr Systemlaufwerk. Die Systemwiederherstellung ist eingeschaltet, wenn die Option **Computerschutz aktivieren** ausgewählt ist. Falls dies bei Ihnen nicht der Fall sein sollte, aktivieren Sie den Computerschutz entsprechend.

Schritt 5

Möchten Sie die Systemwiederherstellung abschalten, wählen Sie die Option **Computerschutz deaktivieren**. Diese Einstellung ist allerdings nicht empfehlenswert!

Schritt 6

Über den Schieberegler können Sie den Speicherplatz festlegen, der für die Systemwiederherstellung verwendet werden darf. Die prozentuale Angabe bezieht sich auf die Gesamtgröße Ihrer Festplatte. Wie viel Speicherplatz bereits verwendet wird, entnehmen Sie dem Wert **Derzeitige Belegung** ②. Die Einstellungen speichern Sie mit **OK**.

Speicherplatzbelegung

Für die Systemwiederherstellung reichen etwa 5 bis 8 GB für gewöhnlich aus. Ist das Limit erreicht, werden ältere Wiederherstellungspunkte automatisch gelöscht.

So erstellen Sie einen Wiederherstellungspunkt

Windows erstellt automatisch wöchentlich und bei größeren Änderungen am System einen Wiederherstellungspunkt. Sie können aber auch selbst Wiederherstellungspunkte erstellen, z. B. um vor einem geplanten Eingriff die Windows-Registrierung zu sichern.

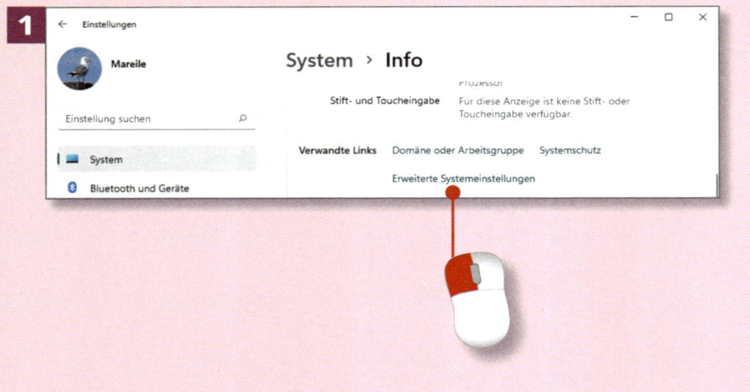

Schritt 1

Wählen Sie in der Einstellungen-App in der Kategorie **System** die Unterkategorie **Infos**, und klicken Sie dort auf den Link **Erweiterte Systemeinstellungen**.

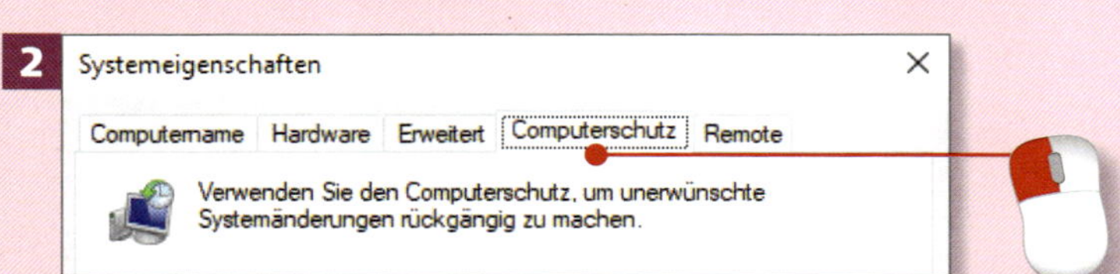

Schritt 2

Im Dialog **Systemeigenschaften** wechseln Sie in das Register **Computerschutz**.

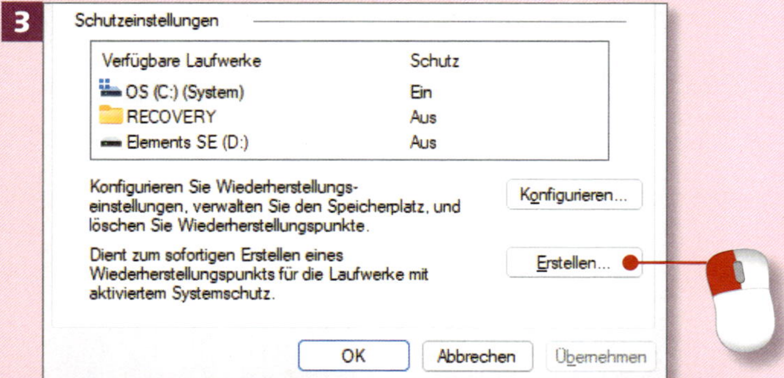

Schritt 3

Um einen Wiederherstellungspunkt zu erstellen, klicken Sie im unteren Bereich des Dialogs auf die Schaltfläche **Erstellen**.

Schritt 4

Geben Sie eine Beschreibung für den Wiederherstellungspunkt ein, beispielsweise den Grund der Sicherung, und klicken Sie dann auf **Erstellen**.

Schritt 5

Der Wiederherstellungspunkt wird angelegt, was einige Minuten Zeit in Anspruch nehmen kann. Brechen Sie den Vorgang nicht ab!

Schritt 6

Fertig! Windows informiert Sie über die erfolgreiche Erstellung des Wiederherstellungspunkts. Mit einem Klick auf die Schaltfläche **Schließen** wird der Vorgang beendet.

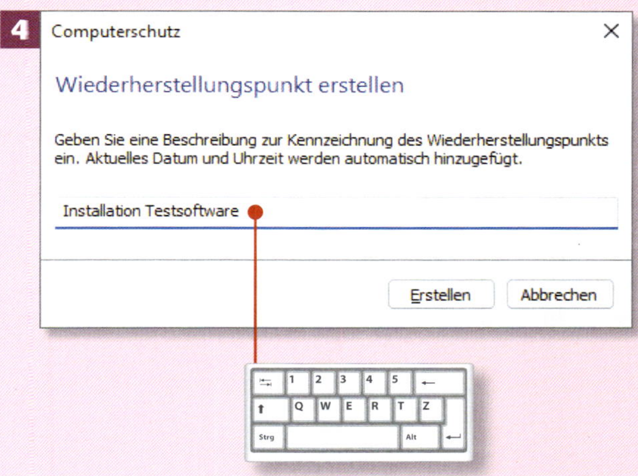

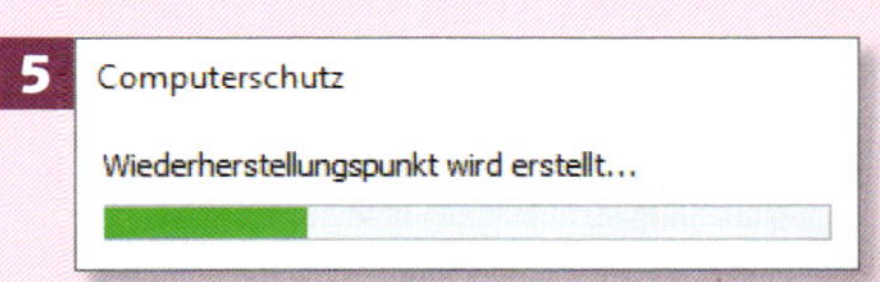

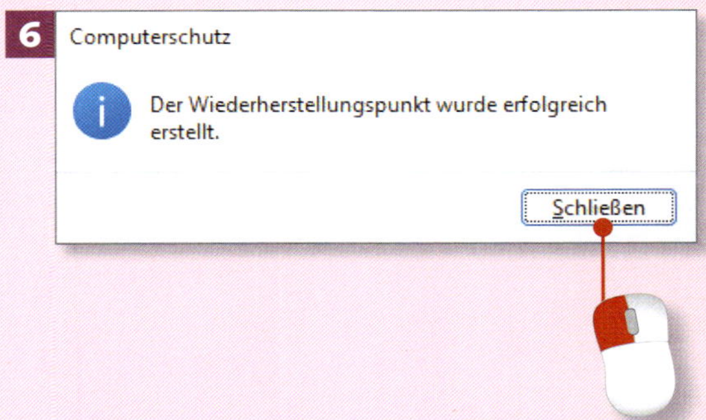

Komplettsicherung
Durch die Erstellung eines Wiederherstellungspunkts sichern Sie gleichzeitig auch die komplette Registry. Wenn Sie also Änderungen an der Registrierung vornehmen möchten, erstellen Sie zuvor am besten einen Wiederherstellungspunkt, wie es in diesem Abschnitt beschrieben wird.

Windows wiederherstellen

Der Computer läuft nicht mehr rund, und es kommt immer wieder zu Systemfehlern und Programmabstürzen? Nun kommen Ihnen zuvor erstellte Wiederherstellungspunkte zu Hilfe. Mit ihnen setzen Sie das System einfach auf einen früheren, fehlerfreien Status zurück.

1

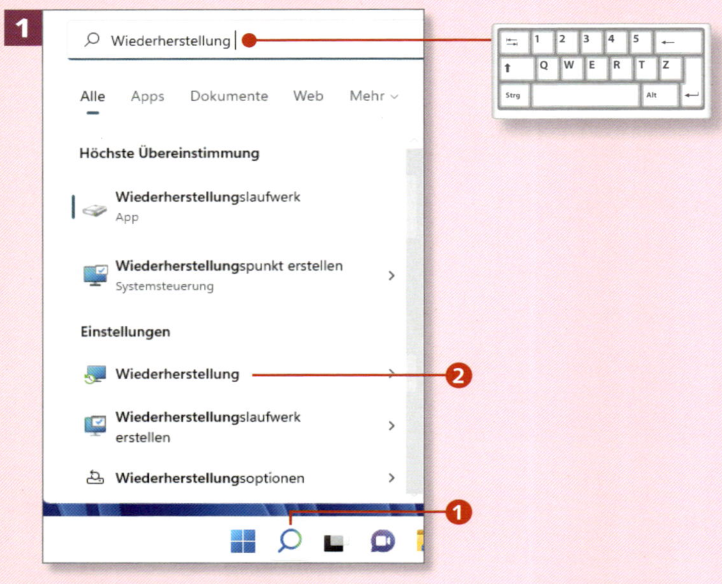

Schritt 1

Klicken Sie in der Taskleiste auf das Lupensymbol **1**, und tippen Sie »Wiederherstellung« in das Suchfeld ein. Wählen Sie aus den angezeigten Übereinstimmungen den Eintrag **Wiederherstellung** per Mausklick aus **2**.

2

Erweiterte Wiederherstellungstools

Wiederherstellungslaufwerk erstellen
Erstellen Sie ein Wiederherstellungslaufwerk zur Problembehandlung, wenn der PC nicht gestartet werden kann.

Systemwiederherstellung öffnen
Hiermit können Sie kürzlich vorgenommene Systemänderungen rückgängig machen, ohne dabei jedoch Dateien wie Dokumente, Bilder und Musik zu ändern.

Systemwiederherstellung konfigurieren
Sie können Wiederherstellungseinstellungen ändern, Speicherplatz verwalten und Wiederherstellungspunkte erstellen oder löschen.

Falls Sie Probleme mit Ihrem PC haben, wechseln Sie zu "Einstellungen", und versuchen Sie, ihn zurückzusetzen.

Schritt 2

Rufen Sie die Systemwiederherstellung über den Link **Systemwiederherstellung öffnen** auf.

3

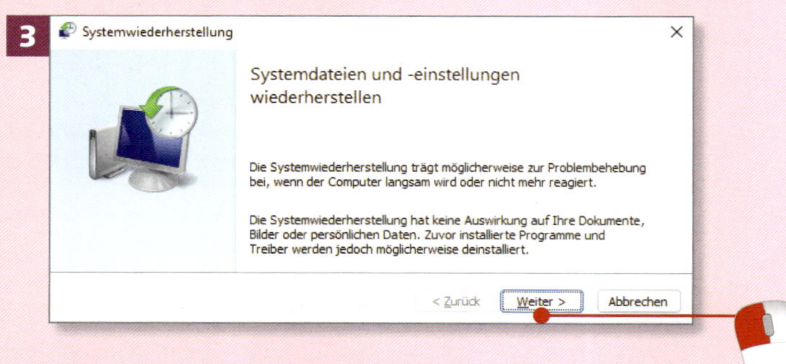

Schritt 3

Die Wiederherstellung löscht keinerlei persönliche Daten wie Dokumente oder Bilder. Windows weist Sie in einem Dialogfenster auf diesen Umstand hin. Lesen Sie sich den Hinweis durch, und setzen Sie den Vorgang mit **Weiter** fort.

Schritt 4

Sie sehen nun eine Liste verschiedener Wiederherstellungspunkte. Setzen Sie das Häkchen vor dem Eintrag **Weitere Wiederherstellungspunkte anzeigen**, um sich weiter zurückliegende Punkte anzeigen zu lassen.

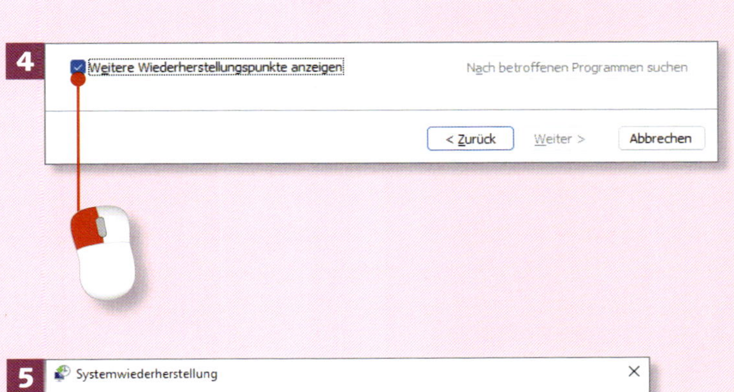

Schritt 5

Wählen Sie einen geeigneten Wiederherstellungspunkt aus der Liste aus. Über die Schaltfläche **Nach betroffenen Programmen suchen** können Sie alle Programme auflisten lassen, die von der Wiederherstellung betroffen sind und die Sie nach dem Vorgang neu installieren müssen. Klicken Sie nach erfolgter Auswahl auf **Weiter**.

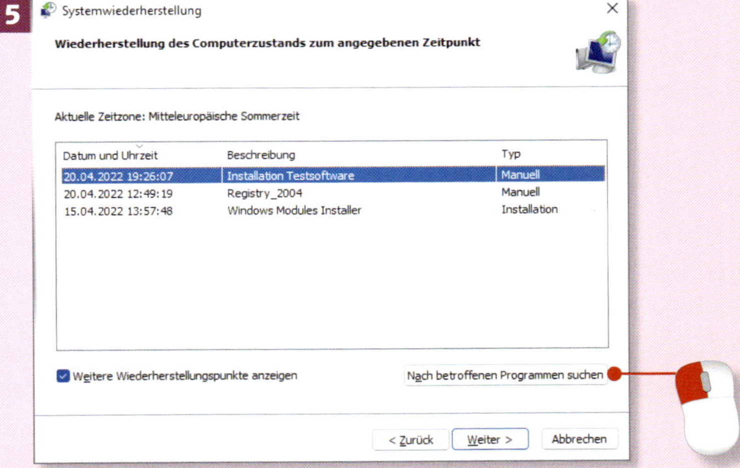

Schritt 6

Schließen Sie alle Programme, und speichern Sie offene Dateien ab. Der Computer wird während der Wiederherstellung neu gestartet. Über **Fertig stellen** starten Sie die Wiederherstellung Ihres Systems.

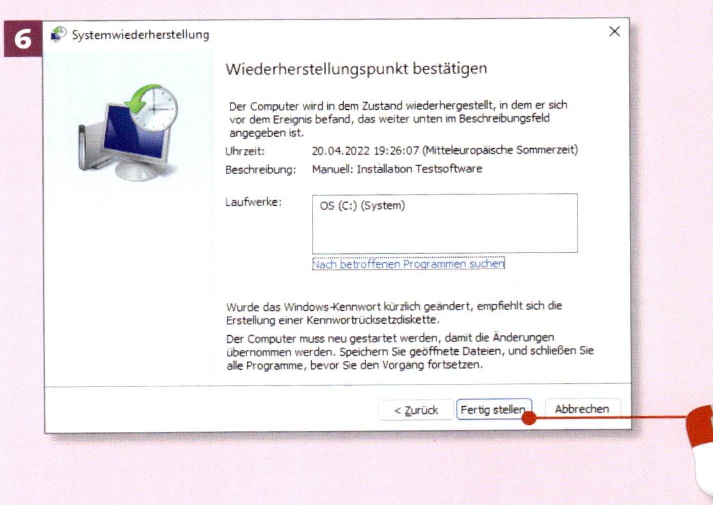

Wiederherstellung

Programme, die seit dem letzten Wiederherstellungspunkt hinzugefügt wurden, werden gelöscht. Zwischenzeitlich deinstallierte Programme werden wiederhergestellt.

Einen Windows-Notfall-USB-Stick erstellen

Sollte Windows nicht mehr starten, benötigen Sie zur Reparatur einen Reparaturdatenträger. Erstellen Sie sich Ihren Notfall-USB-Stick bereits jetzt, damit Sie ihn im Problemfall zur Hand haben.

1

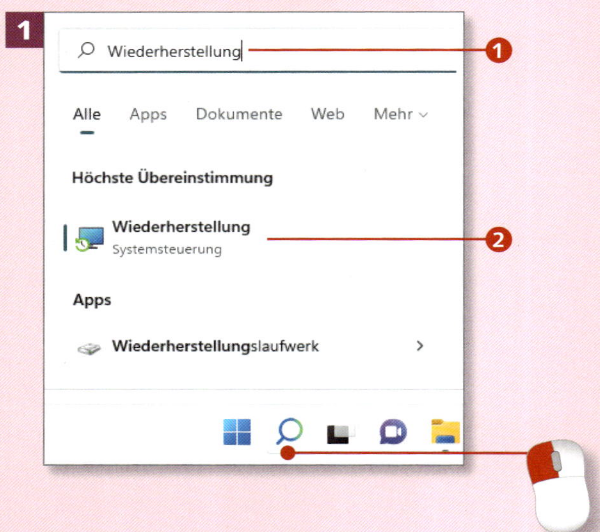

Schritt 1

Verbinden Sie einen USB-Stick mit Ihrem Computer. Klicken Sie in der Taskleiste auf das Lupensymbol, geben Sie im Suchfeld »Wiederherstellung« ein ❶, und wählen Sie den angezeigten Treffer **Wiederherstellung** aus ❷.

2

Erweiterte Wiederherstellungstools

Wiederherstellungslaufwerk erstellen
Erstellen Sie ein Wiederherstellungslaufwerk zur Problembehandlung, wenn der PC nicht gestartet werden kann.

Systemwiederherstellung öffnen
Hiermit können Sie kürzlich vorgenommene Systemänderungen rückgängig machen, ohne dabei jedoch Dateien wie Dokumente, Bilder und Musik zu ändern.

Systemwiederherstellung konfigurieren
Sie können Wiederherstellungseinstellungen ändern, Speicherplatz verwalten und Wiederherstellungspunkte erstellen oder löschen.

Falls Sie Probleme mit Ihrem PC haben, wechseln Sie zu "Einstellungen", und versuchen Sie, ihn zurückzusetzen.

Schritt 2

Das Programmfenster der Wiederherstellung wird geöffnet und listet verschiedene Optionen auf. Klicken Sie auf den ersten Link mit der Bezeichnung **Wiederherstellungslaufwerk erstellen**.

3

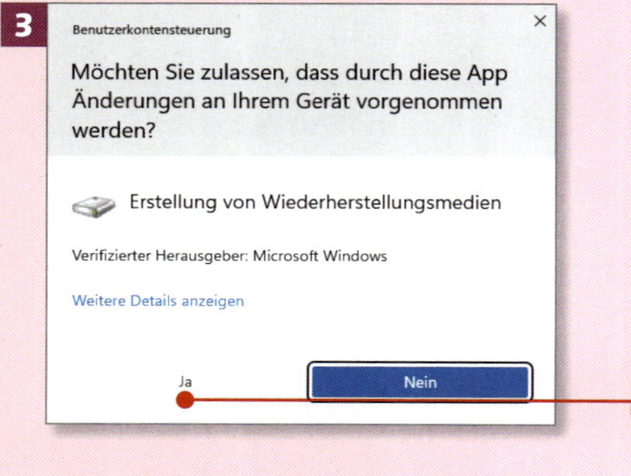

Schritt 3

Auch wenn Sie als Administrator am System angemeldet sind, meldet sich nun die Benutzerkontensteuerung mit einer Sicherheitsabfrage. Bestätigen Sie den Vorgang mit einem Klick auf **Ja**.

Schritt 4

Aktivieren Sie im nächsten Dialog die Option **Sichert die Systemdateien auf dem Wiederherstellungslaufwerk**. Werden die Systemdateien mitgesichert, können Sie den Notfall-USB-Stick gegebenenfalls auch für eine Neuinstallation von Windows verwenden. Mit **Weiter** geht es zum nächsten Schritt.

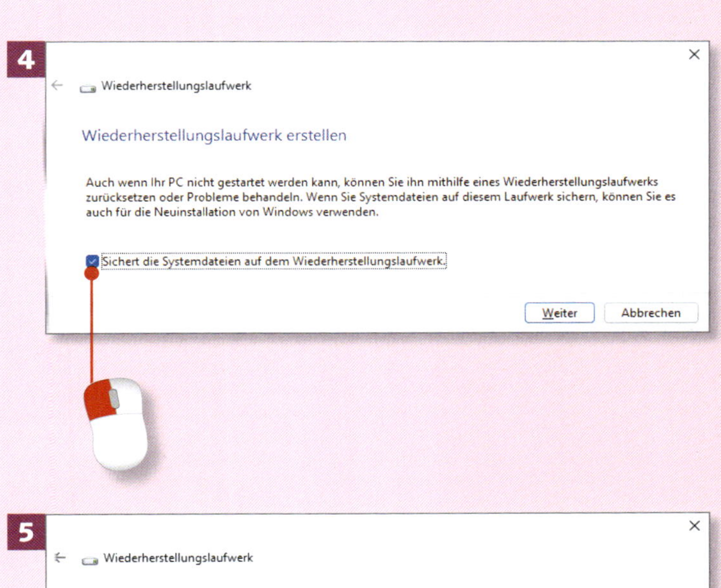

Schritt 5

Nun erfolgt die Auswahl des Datenträgers. Beachten Sie dabei die Angabe zum benötigten Speicherplatz ❸. Markieren Sie Ihren USB-Stick in der Liste ❹, und klicken Sie danach auf **Weiter**.

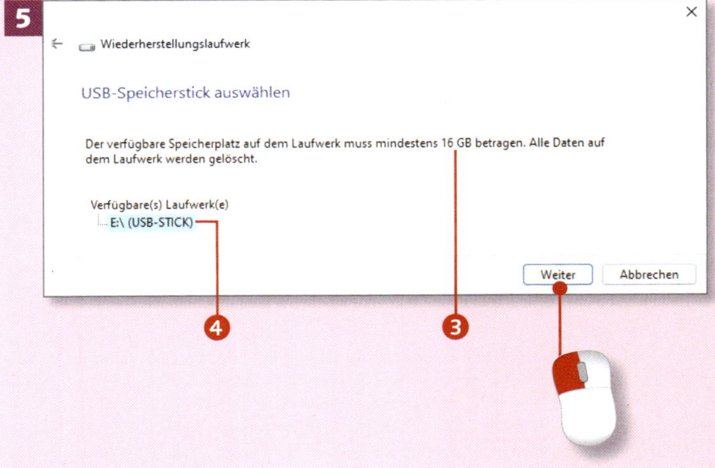

Schritt 6

Es folgt der Hinweis, dass alle vorhandenen Daten auf dem USB-Stick gelöscht werden. Sollten Sie auf ihm noch wichtige Dateien haben, sichern Sie diese erst schnell, oder verwenden Sie einen anderen USB-Stick. Mit **Erstellen** wird der Wiederherstellungsdatenträger schließlich erstellt.

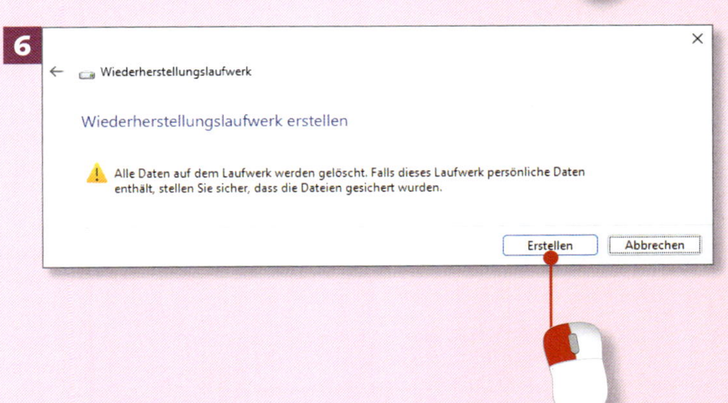

Das gesamte System sichern

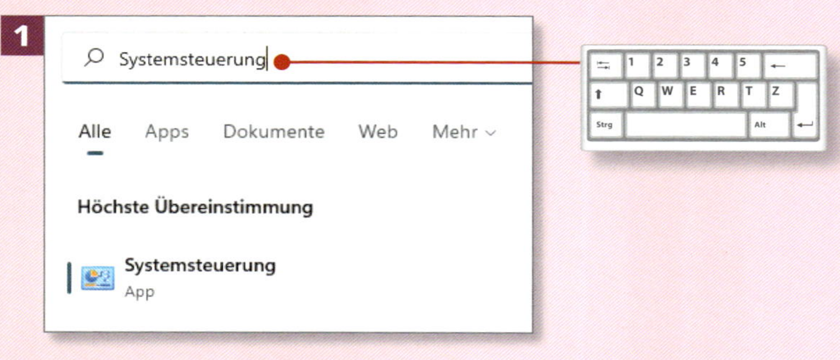

Ein Systemabbild ist die exakte Kopie einer Festplatte. Damit können Sie Ihr komplettes System inklusive aller Dateien und Programme sichern.

Schritt 1

Geben Sie im Suchfeld des Startmenüs »Systemsteuerung« ein, und wählen Sie den gleichnamigen Treffer aus.

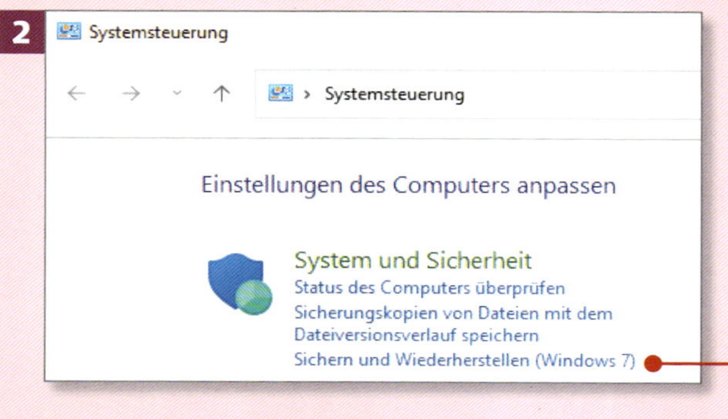

Schritt 2

Klicken Sie im Dialog **Systemsteuerung** auf **Sichern und Wiederherstellen (Windows 7)**.

Schritt 3

Im Dialog **Sichern und Wiederherstellen (Windows 7)** klicken Sie links auf **Systemabbild erstellen**.

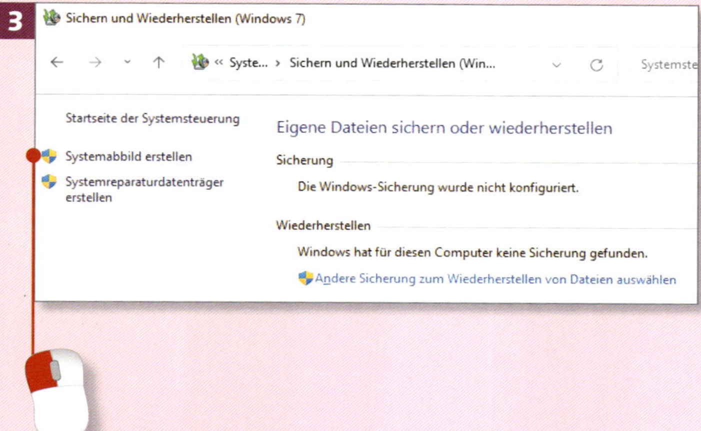

Weitere Backup-Anwendungen

Sie können auch Programme wie *Paragon Backup & Recovery* oder *Acronis True Image* nutzen. Mit ihnen können Sie auch einzelne Dateien aus der Sicherung wiederherstellen.

Schritt 4

Das System sucht nach verfügbaren Sicherungsgeräten. Wählen Sie ein Laufwerk aus (bevorzugt eine externe Festplatte). Klicken Sie auf **Weiter**.

Schritt 5

Haben Sie mehrere Festplatten, wählen Sie nun aus, welche mitgesichert werden sollen. Laufwerke, die für die Ausführung von Windows erforderlich sind, werden automatisch mit einbezogen. Klicken Sie auf **Weiter**.

Schritt 6

Kontrollieren Sie die Einstellungen, und bestätigen Sie sie mit einem Klick auf **Sicherung starten**. Je nach Datenmenge kann die Sicherung eine Stunde oder auch länger dauern. Den Hinweis auf die erfolgreich abgeschlossene Sicherung können Sie dann schließen.

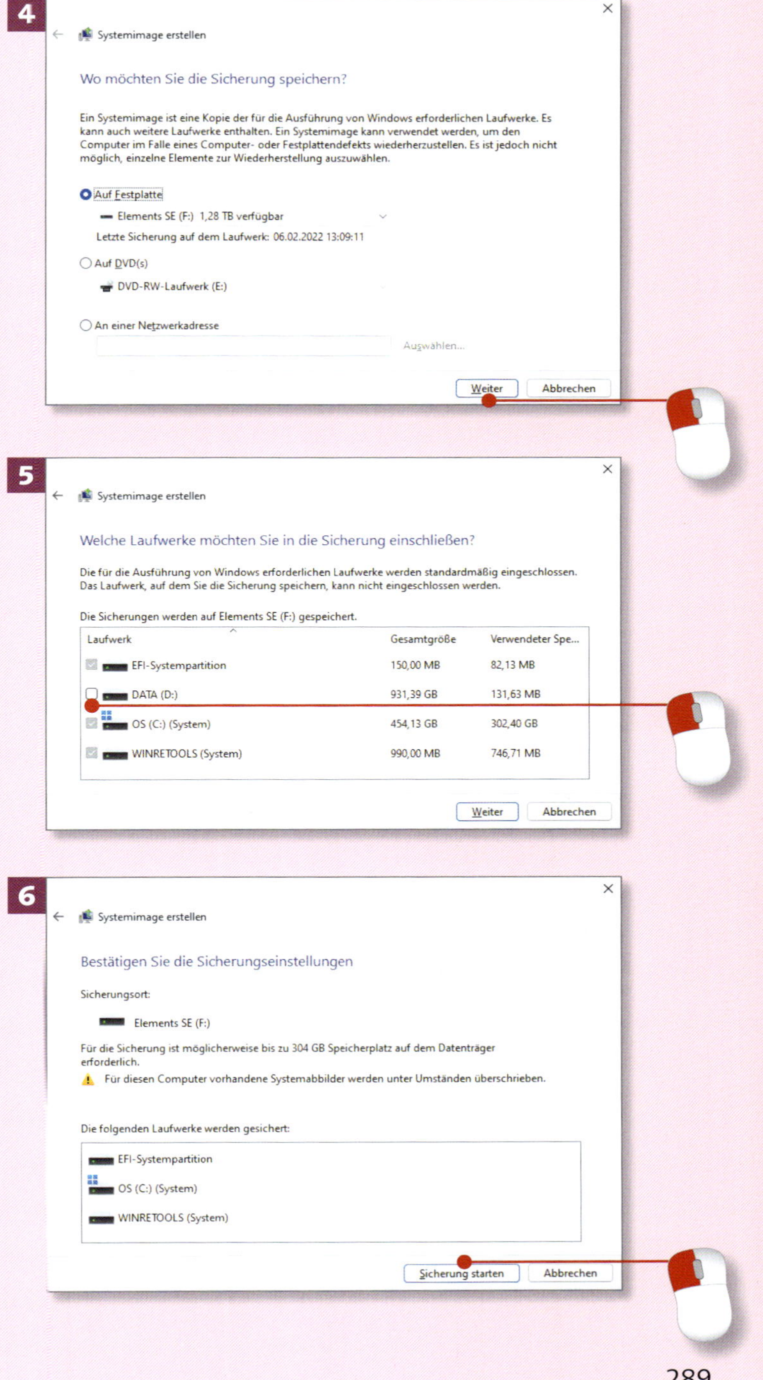

Systemreparaturdatenträger

Sobald Sie das Systemabbild angelegt haben, erhalten Sie den Vorschlag, einen *Systemreparaturdatenträger* zu erstellen. Diesen Hinweis können Sie ignorieren. Erstellen Sie stattdessen einen *Wiederherstellungsdatenträger*, wie in der Anleitung »Einen Windows-Notfall-USB-Stick erstellen« auf Seite 286 beschrieben.

Ein Systemabbild wieder einspielen

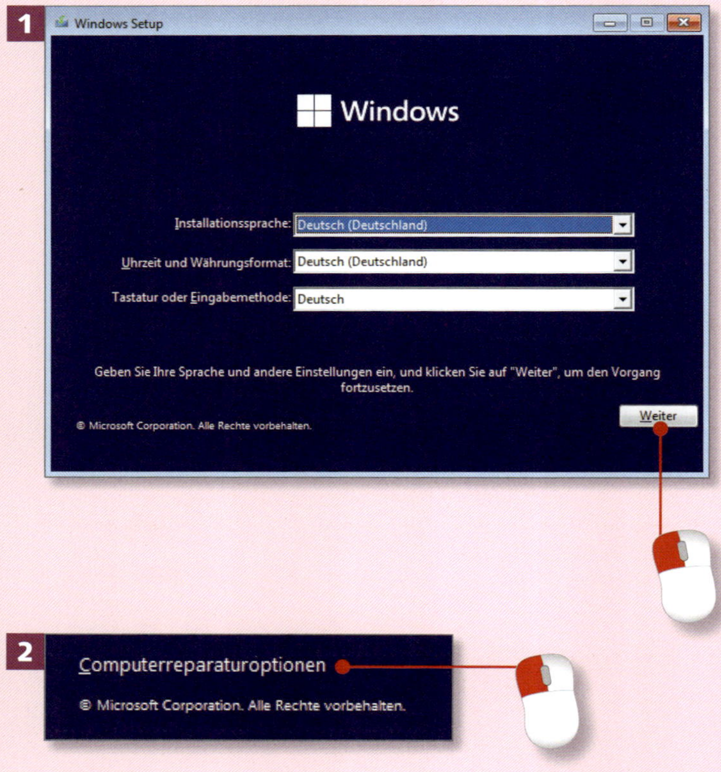

3
Starteinstellungen
Windows-Startverhalten ändern
Systemimage-Wiederherstellung
Windows mit einer bestimmten Systemimagedatei wiederherstellen

Sie möchten eine Kopie Ihrer Festplatte wieder einspielen und das System komplett auf den Stand der Sicherung zurücksetzen? So geht's!

Schritt 1

Starten Sie den Rechner mit eingelegter Windows-DVD. Das Windows-Setup startet automatisch. Lassen Sie im ersten Dialog die voreingestellten Werte stehen, und klicken Sie auf **Weiter**. Wenn Sie zum Start einen Notfall-USB-Stick verwenden, entfallen die ersten beiden Schritte.

Schritt 2

Eine Neuinstallation ist nicht das Ziel, daher klicken Sie im folgenden Fenster links unten auf den Link **Computerreparaturoptionen**.

Schritt 3

Wählen Sie nun nacheinander die drei Punkte **Problembehandlung ▸ Erweiterte Optionen ▸ Systemimage-Wiederherstellung** aus.

Reparaturdatenträger erstellen

Wie Sie einen Reparaturdatenträger erstellen, lesen Sie in der Anleitung »Einen Windows-Notfall-USB-Stick erstellen« auf Seite 286.

Schritt 4

Falls das Abbild auf einer externen Festplatte liegt, vergessen Sie nicht, diese einzuschalten. Nach der Auswahl des wiederherzustellenden Betriebssystems sucht Windows nach vorhandenen Sicherungen und zeigt sogleich das aktuell verfügbare Abbild an ❶. Markieren Sie die Option **Systemabbild auswählen** ❷, wenn Sie ein älteres Abbild verwenden möchten. Klicken Sie auf **Weiter**.

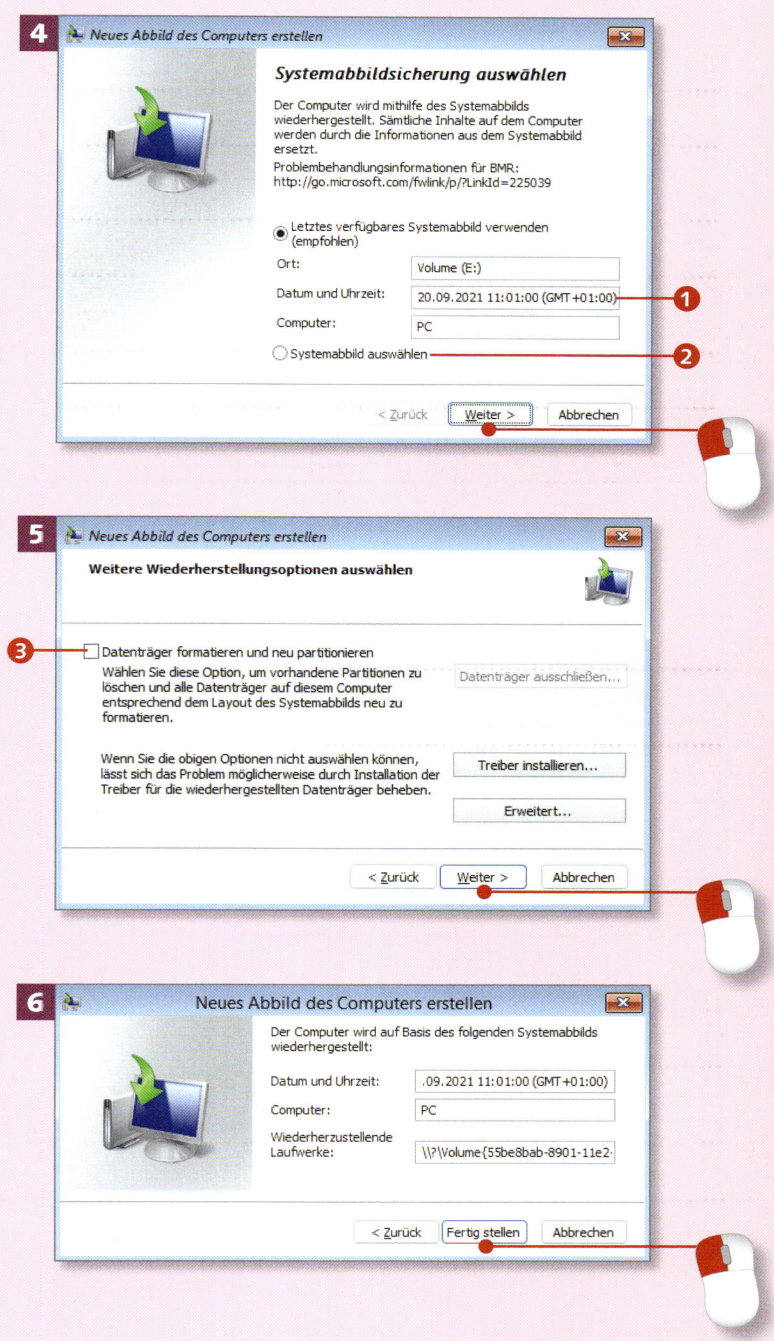

Schritt 5

Falls Sie das Systemabbild auf einen anderen Computer übertragen möchten, wählen Sie die Option **Datenträger formatieren und neu partitionieren** ❸. Wenn nicht, klicken Sie auf **Weiter**, um zum nächsten Schritt zu gelangen.

Schritt 6

Noch einmal wird das ausgewählte Systemabbild angezeigt. Starten Sie die Wiederherstellung über die Schaltfläche **Fertig stellen**.

Datensicherung mit Acronis True Image

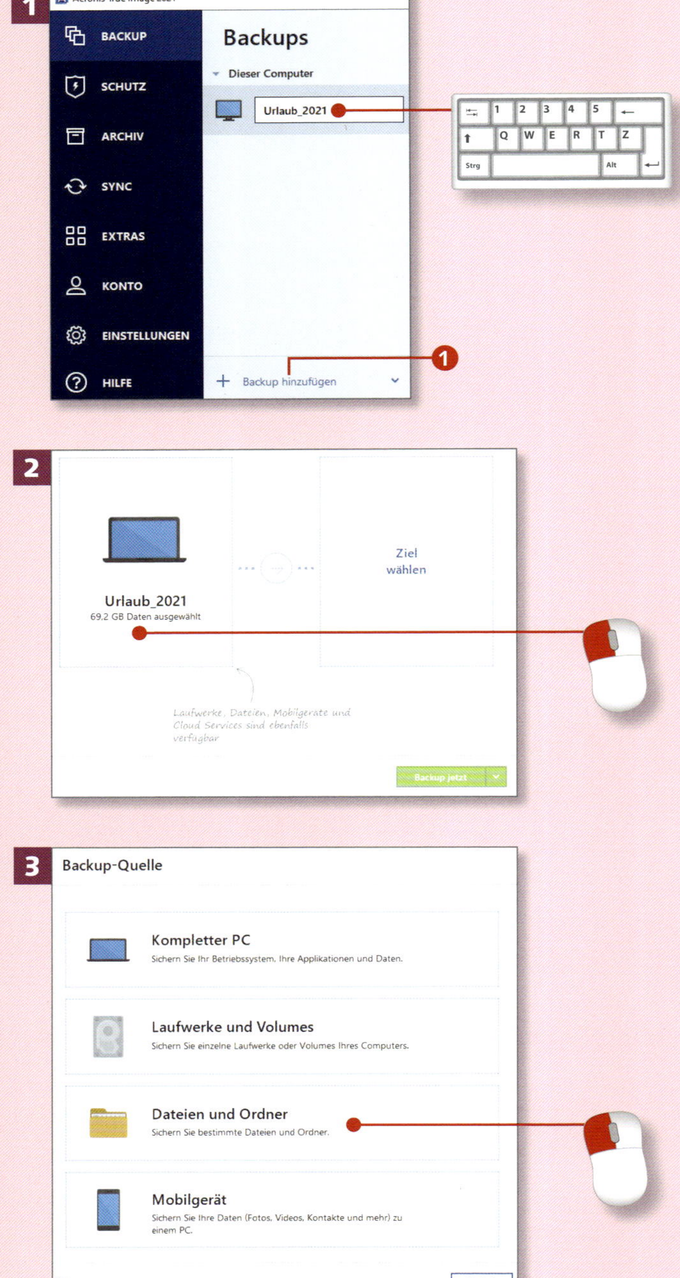

Auf eine regelmäßige Sicherung sollten Sie nicht verzichten. Sicherungsprogramme von Drittanbietern bieten deutlich mehr Möglichkeiten als Windows selbst. Dieser Abschnitt beschreibt die Datensicherung mit der Software Acronis True Image.

Schritt 1

Klicken Sie nach dem Start des Programms in der Kategorie **Backup** auf den Menüpunkt **Backup hinzufügen** (1), und geben Sie eine Bezeichnung für Ihre Sicherung ein. Drücken Sie zum Abschluss die [↵]-Taste.

Schritt 2

Klicken Sie in der rechten Fensterhälfte auf die zuvor eingegebene Bezeichnung des Backups, im Beispiel **Urlaub_2021**.

Schritt 3

Wählen Sie nun die Quelle Ihrer Sicherung aus. Sie können mit **Kompletter PC** ein vollständiges Abbild Ihres Systems erstellen oder einzelne Laufwerke und Volumes (Partitionen) bzw. Dateien und Ordner sichern. Wählen Sie für dieses Beispiel die dritte Option.

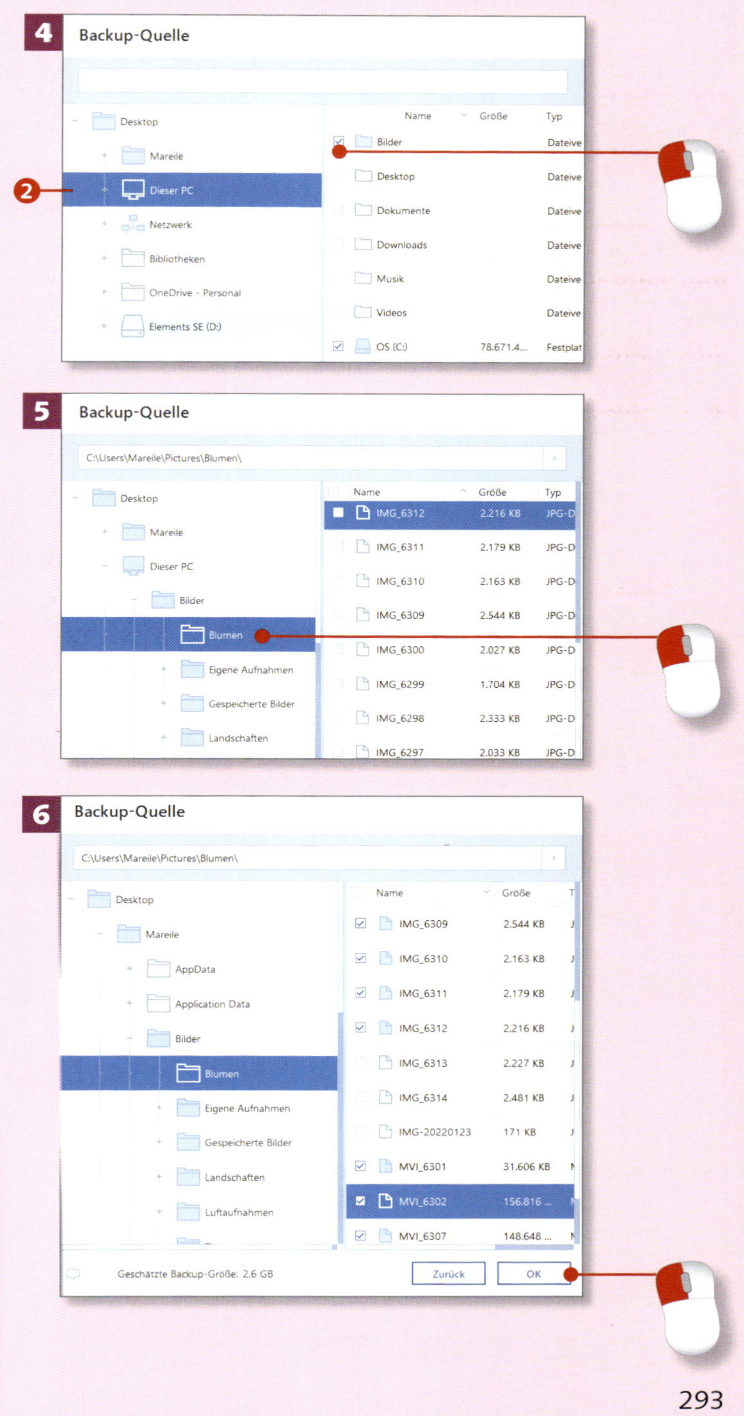

Schritt 4

Das Fenster für die Datensicherung wird geöffnet. Es erinnert in der Darstellung an den Explorer. Ist der Eintrag **Dieser PC** 2 ausgewählt, können Sie in der rechten Fensterhälfte auch komplette Laufwerke sichern, indem Sie das jeweilige Kontrollkästchen anklicken.

Schritt 5

Um einzelne Dateien oder Ordner zu sichern, öffnen Sie in der linken Spalte das entsprechende Laufwerk und markieren den Ordner, der die zu sichernden Dateien enthält. Der Inhalt des auswählten Ordners wird dann rechts aufgelistet.

Schritt 6

Wählen Sie alle Dateien und Verzeichnisse aus, die Sie sichern möchten, indem Sie jeweils das Kontrollkästchen aktivieren. Dann klicken Sie auf **OK**, um zum nächsten Schritt zu gelangen.

Externe Sicherung

Mit *Acronis True Image Cloud* lassen sich Daten auch online sichern. Möchten Sie das nicht, sichern Sie Ihre Daten unbedingt auf einer externen Festplatte und nie auf dem gleichen Laufwerk, das auch die Quelldaten enthält!

Datensicherung mit Acronis True Image (Forts.)

7

Schritt 7

Unterhalb der Bezeichnung Ihres Backups sehen Sie das Datenvolumen Ihrer Sicherung ❸. Klicken Sie auf **Ziel wählen**, um den Speicherort für die Datensicherung festzulegen.

8
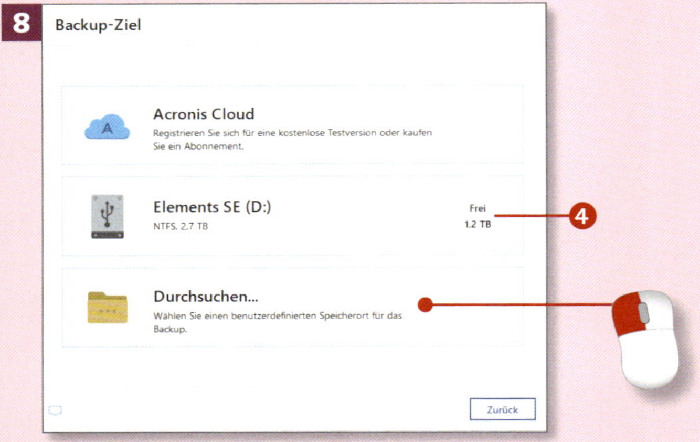

Schritt 8

Haben Sie eine externe Festplatte angeschlossen und eingeschaltet, wird diese als mögliches Ziel angezeigt ❹. Klicken Sie aber stattdessen auf den Menüpunkt **Durchsuchen**, um den genauen Speicherort auf der externen Platte festzulegen.

9
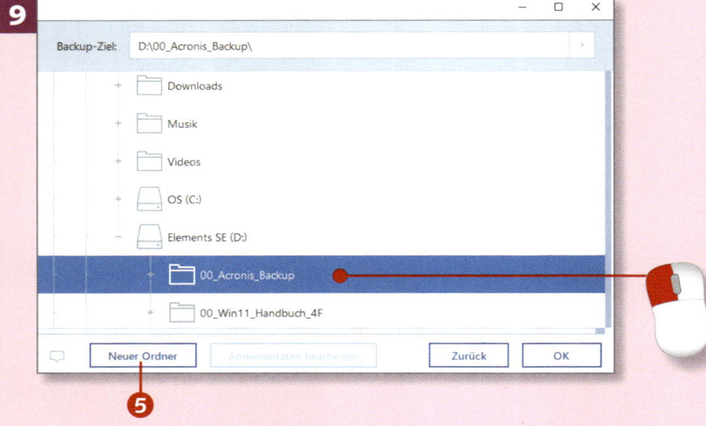

Schritt 9

Wählen Sie Ihre externe Festplatte als Sicherungsmedium aus, und legen Sie fest, in welchem Verzeichnis die Sicherung gespeichert werden soll. Über die Schaltfläche **Neuer Ordner** ❺ können Sie bei Bedarf einen neuen Ordner anlegen. Klicken Sie auf **OK**, um die Einstellungen zu übernehmen.

Inkrementelle Sicherung

Bei einer inkrementellen Sicherung werden nur die geänderten Daten seit der letzten Sicherung kopiert, nicht alle Daten.

Schritt 10

Handelt es sich um eine einmalige Sicherung, klicken Sie auf die grüne Schaltfläche **Backup jetzt** 6, um den Vorgang sofort zu starten. Soll die Sicherung hingegen regelmäßig durchgeführt werden, klicken Sie auf **Optionen**.

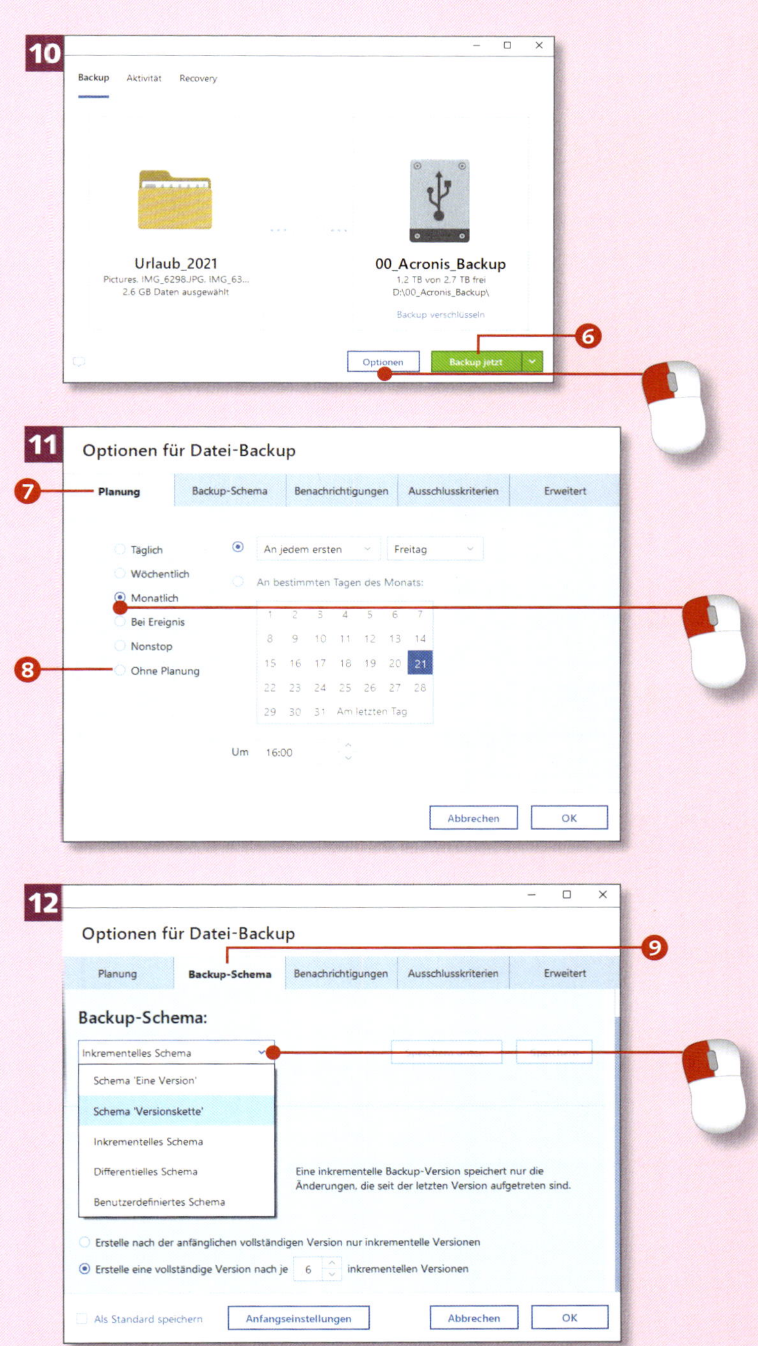

Schritt 11

Legen Sie im Register **Planung** 7 fest, wann die Sicherung durchgeführt werden soll. Geben Sie auch eine Uhrzeit an. Möchten Sie keine Planung vornehmen, sondern die Sicherung lieber manuell von Zeit zu Zeit ausführen, klicken Sie auf **Ohne Planung** 8.

Schritt 12

Im Register **Backup-Schema** 9 ist das Sicherungsschema **Inkrementell** voreingestellt. Um dies zu ändern, klicken Sie auf die Bezeichnung **Inkrementelles Schema** und wählen ein anderes Schema aus. Sind alle Einstellungen getroffen, klicken Sie auf **OK**. Die Sicherung wird dann zu dem von Ihnen definierten Zeitpunkt automatisch durchgeführt.

Gesicherte Daten wiederherstellen

Ein Daten-Backup hilft nur, wenn Sie die darin gesicherten Daten auch wieder auf den Rechner zurückspielen können. Alle dazu nötigen Schritte finden Sie in diesem Abschnitt am Beispiel der Software Acronis True Image.

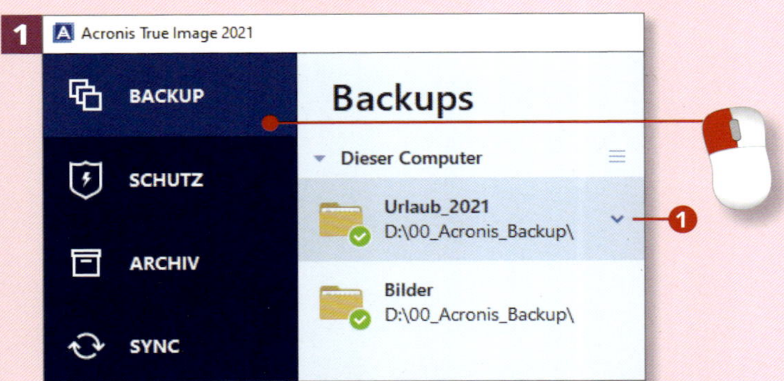

Schritt 1

Starten Sie das Programm *Acronis True Image*. Markieren Sie in der linken Spalte **Backup**, und wählen Sie dann in der Spalte rechts davon die Sicherung aus, aus der Sie Daten wiederherstellen möchten ❶.

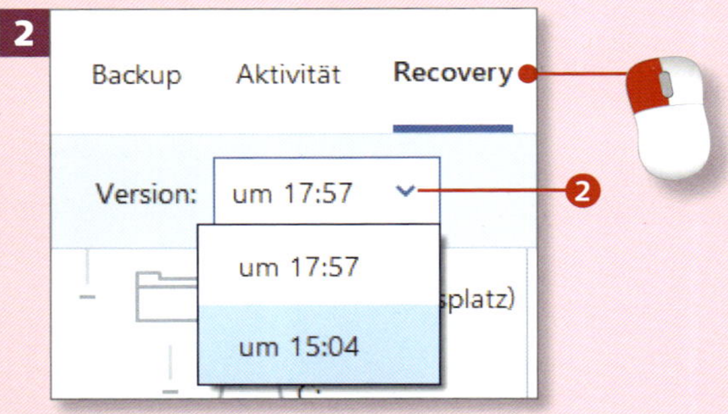

Schritt 2

Klicken Sie nun rechts auf **Recovery**. Über das Dropdown-Menü **Version** können Sie auswählen, aus welcher Datensicherung Sie die Daten wiederherstellen möchten ❷.

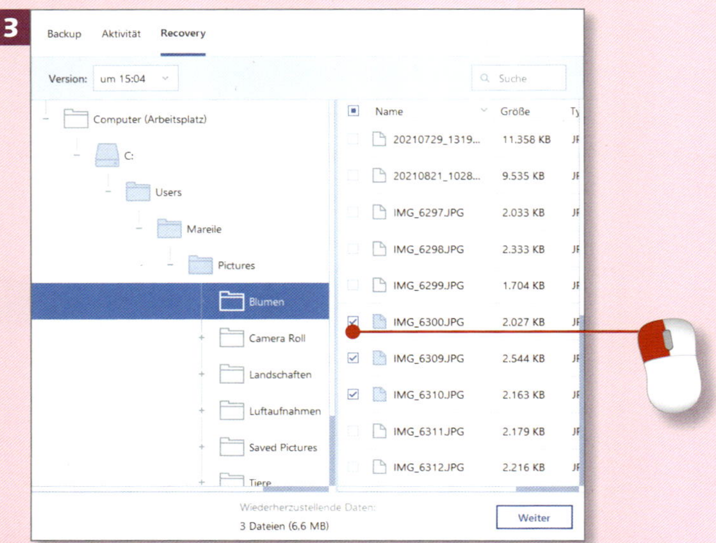

Schritt 3

Wählen Sie nun die wiederherzustellenden Daten aus, indem Sie die Kontrollkästchen vor den jeweiligen Datei- oder Ordnernamen aktivieren. Klicken Sie auf **Weiter**, wenn Ihre Auswahl vollständig ist.

Schritt 4

Standardmäßig stellt Acronis True Image die Dateien an ihrem ursprünglichen Speicherort wieder her. Wenn Sie das nicht ändern möchten, klicken Sie auf **Recovery jetzt** 3, um die Wiederherstellung zu starten. Um einen neuen Speicherort festzulegen, klicken Sie auf **Durchsuchen**.

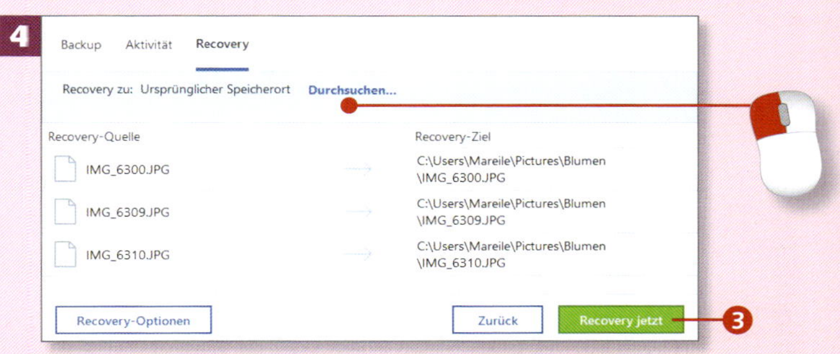

Schritt 5

Navigieren Sie nun durch die Verzeichnisse, und wählen Sie einen neuen Speicherort für die Wiederherstellung aus. Mit **Neuer Ordner** 4 können Sie auch ein neues Verzeichnis anlegen. Haben Sie sich für einen Speicherort entschieden, klicken Sie auf **OK**.

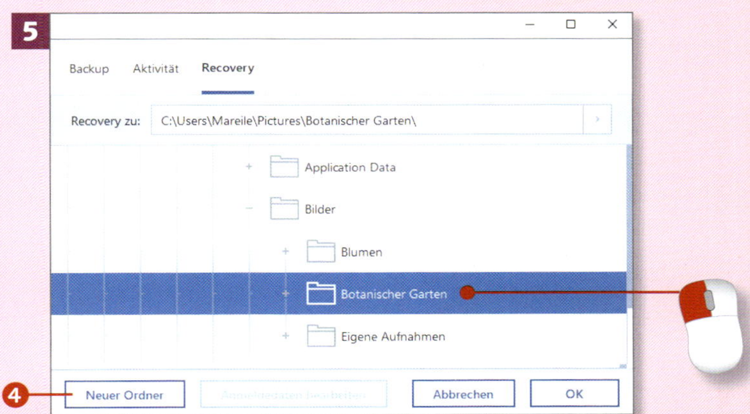

Schritt 6

Nun ist es fast geschafft. Noch einmal können Sie kontrollieren, welche Daten wo wiederhergestellt werden. Wenn Sie etwas vergessen haben, klicken Sie auf **Zurück** 5 und korrigieren die Auswahl. Wenn alles passt, klicken Sie auf **Recovery jetzt**.

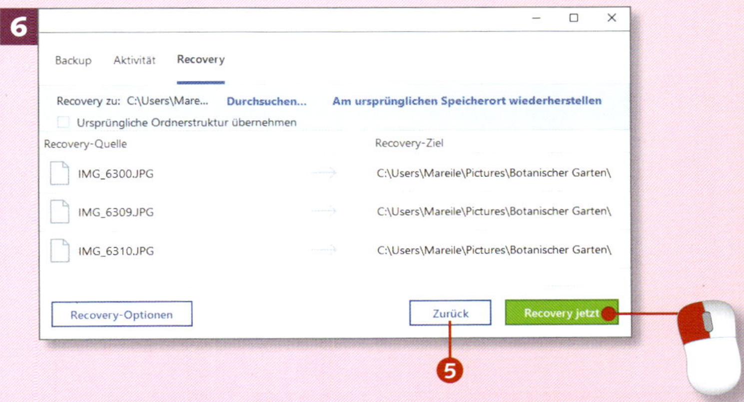

Den Dateiversionsverlauf aktivieren und konfigurieren

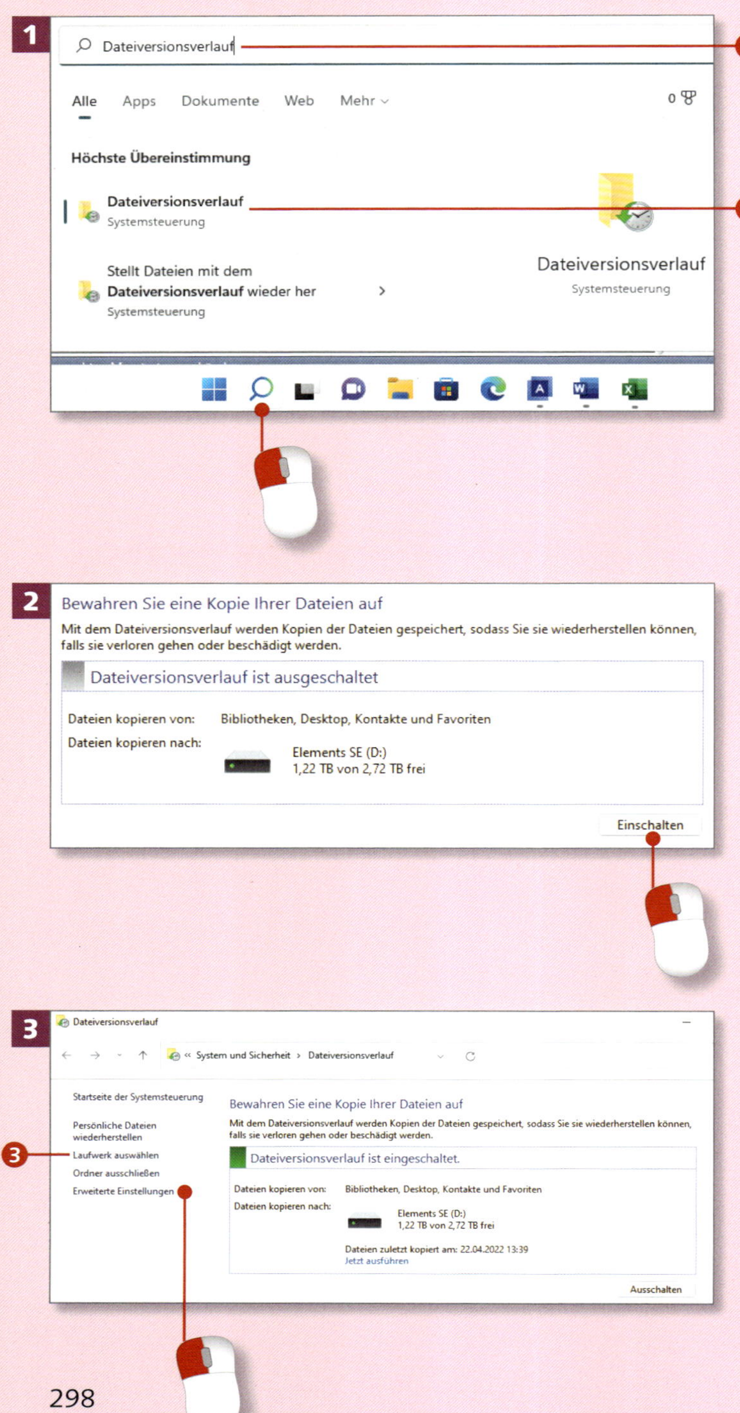

Der Dateiversionsverlauf sichert automatisch Kopien Ihrer Dateien und kann sie auch wiederherstellen, falls die Originale beschädigt oder versehentlich gelöscht wurden.

Schritt 1

Schließen Sie eine externe Festplatte an Ihren Computer an. Klicken Sie dann auf das Lupensymbol in der Taskleiste, und geben Sie im Suchfeld »Dateiversionsverlauf« ein ❶. Wählen Sie den gleichnamigen Treffer aus ❷.

Schritt 2

Im Dialog **Dateiversionsverlauf** wird die externe Festplatte aufgeführt. Mit einem Klick auf **Einschalten** aktivieren Sie die Funktion. Die erste Datensicherung wird sofort durchgeführt.

Schritt 3

Per Standardeinstellung sichert der Dateiversionsverlauf einmal pro Stunde Ihre Daten. Falls Sie die Einstellung ändern möchten, klicken Sie in der linken Fensterhälfte auf **Erweiterte Einstellungen**.

Laufwerk austauschen
Möchten Sie ein neues Laufwerk zur Datensicherung nutzen, wählen Sie **Laufwerk auswählen** ❸.

Schritt 4

Legen Sie über das Dropdown-Menü **Speichern von Dateikopien** das bevorzugte Intervall für Ihre Datensicherung fest, z. B. **Alle 3 Stunden**.

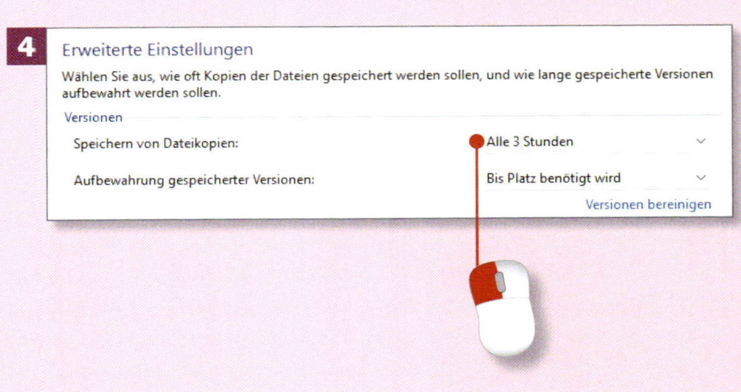

Schritt 5

Unter **Aufbewahrung gespeicherter Versionen** geben Sie an, wie lange Ihre Sicherungen gespeichert bleiben sollen. Zur Auswahl stehen z. B. **1 Jahr** oder auch **Bis Platz benötigt wird**. Letzteres sorgt dafür, dass die älteste Version einer Datei gelöscht wird, falls der Speicherplatz auf der externen Festplatte zu knapp wird. Bestätigen Sie Ihre Einstellungen mit **Änderungen speichern** ❹.

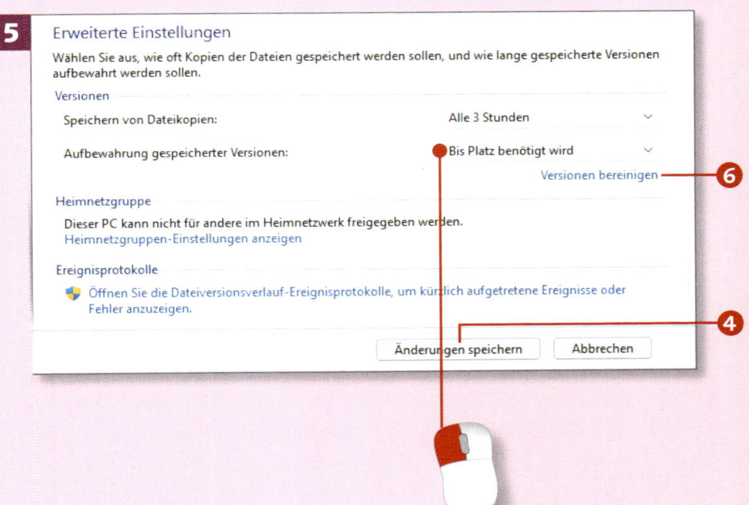

Schritt 6

Falls Sie außerhalb des Sicherungsintervalls eine Sicherung starten möchten, klicken Sie auf **Jetzt ausführen**. Um den Dateiversionsverlauf zu deaktivieren, wählen Sie die Schaltfläche **Ausschalten** ❺.

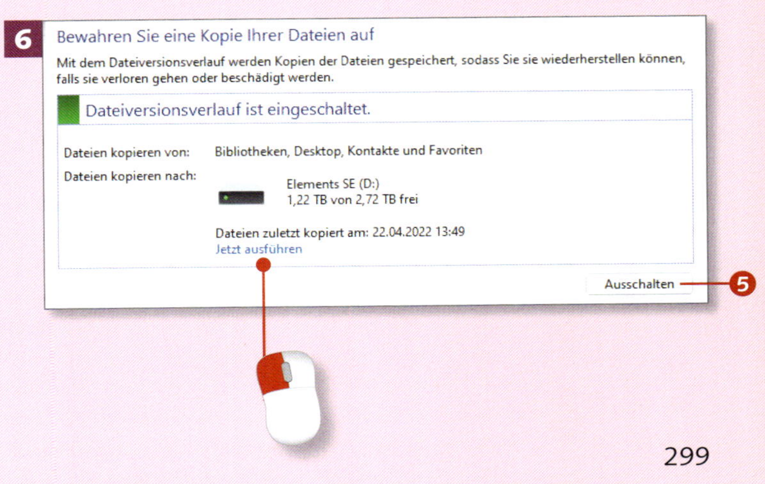

Versionen bereinigen

Benötigen Sie mehr Platz auf der externen Festplatte, können Sie selbst ältere Dateiversionen löschen. Klicken Sie auf **Versionen bereinigen** ❻, und wählen Sie aus, welche Daten gelöscht werden sollen, z. B. **Älter als 1 Jahr**. Bestätigen Sie mit **Bereinigen**.

Kapitel 15
Die große Windows-Pannenhilfe

Was tun, wenn sich Windows plötzlich nicht mehr starten lässt? Sind alle Daten verloren? Was können Sie tun, wenn Windows instabil läuft und es immer wieder zu schweren Systemfehlern kommt? Mithilfe mächtiger Tools wie der Starthilfe oder der Systemdateiprüfung können Sie Windows wieder auf die Beine helfen. Nutzen Sie zusätzliche Ressourcen zur Fehleranalyse und -vorbeugung.

Die Starthilfe
Ein Albtraum: Sie schalten den Computer ein, aber nichts passiert. Windows startet plötzlich nicht mehr. Vielfach bleibt dabei der Bildschirm schwarz, und es wird keine Fehlermeldung ausgegeben. Wie kommen Sie in einem solchen Fall an Ihre Daten, und wie lässt sich Windows wieder reparieren? Die Systemstartreparatur oder auch Starthilfe ❶ kann es meistens wieder richten.

Gesicherte Dateien aus dem Dateiversionsverlauf wiederherstellen
Ein kleiner Moment der Unachtsamkeit, und schon hat man versehentlich eine Datei gelöscht oder sie mit einer veralteten Version überschrieben. Wenn Sie Ihre Daten regelmäßig sichern, können Sie jetzt auf eine Sicherung zurückgreifen. Wurde die Datei jedoch nicht gesichert, wird es knifflig. Ist der Dateiversionsverlauf ❷ aktiviert und befand sich die Datei im überwachten Bereich, können Sie wenigstens eine Vorgängerversion wiederherstellen.

Die Windows-Ereignisanzeige
Alle relevanten Systemereignisse werden von Windows protokolliert. Diese Ereignisanzeige können Sie hervorragend nutzen, um lästige Computerfehler zu ermitteln und zu beseitigen. Mit den Daten der Ereignisanzeige ❸ machen Sie sich im Internet auf die Suche nach Lösungen.

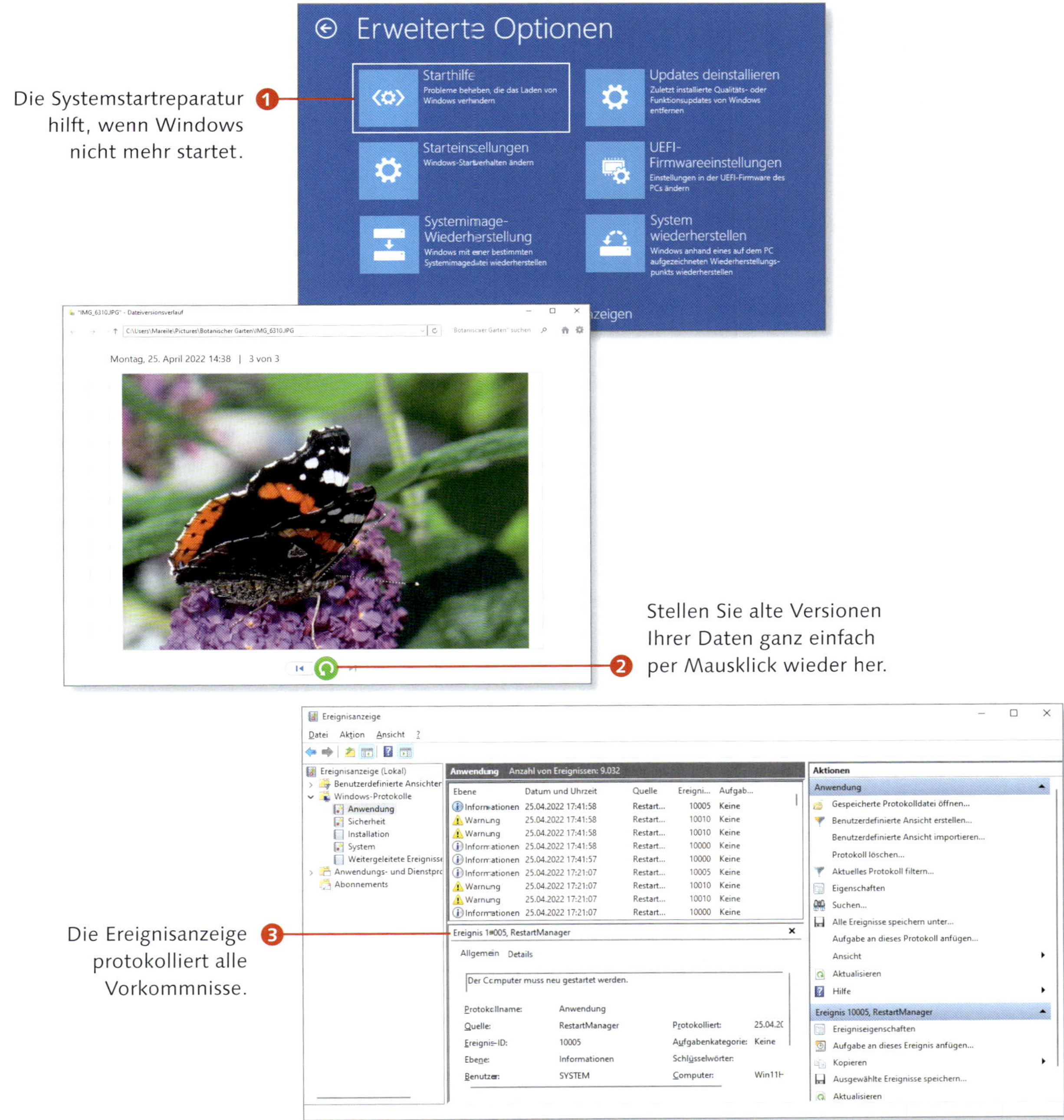

1 Die Systemstartreparatur hilft, wenn Windows nicht mehr startet.

2 Stellen Sie alte Versionen Ihrer Daten ganz einfach per Mausklick wieder her.

3 Die Ereignisanzeige protokolliert alle Vorkommnisse.

Probleme beim Start – die Systemstartreparatur hilft

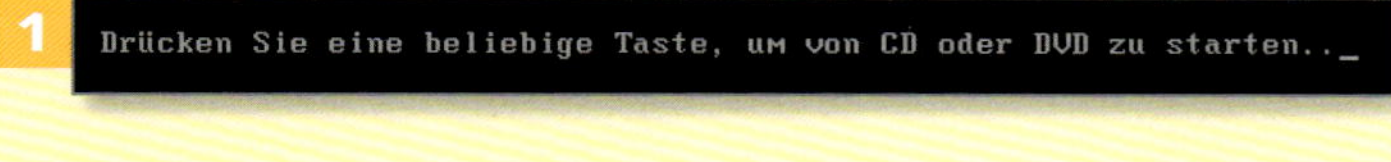

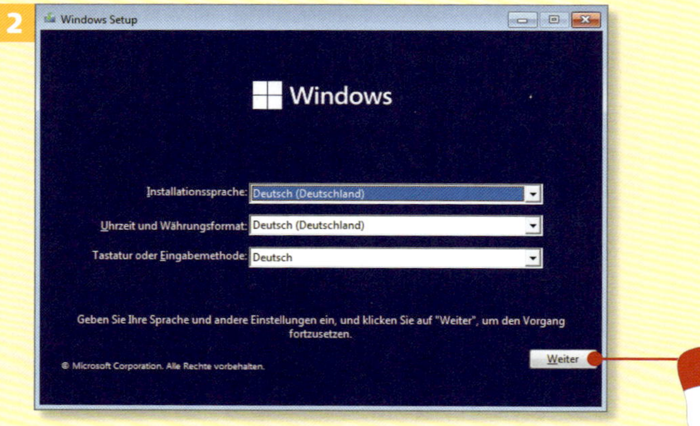

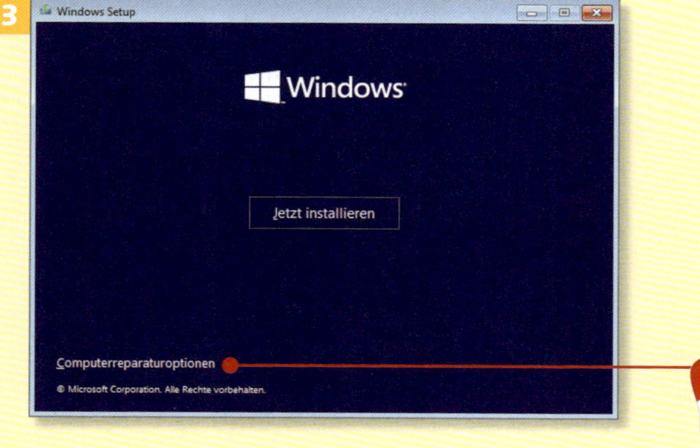

UEFI-BIOS

Der Start von CD/DVD klappt nicht, wenn Ihr PC über ein modernes UEFI-BIOS verfügt. Nutzen Sie in diesem Fall stattdessen einen Notfall-USB-Stick (siehe den Abschnitt »Einen Windows-Notfall-USB-Stick erstellen« auf Seite 286).

Sie schalten den Computer an und möchten Windows hochfahren, doch nichts geschieht. Windows bleibt einfach »hängen« und kann nicht gestartet werden. Hier hilft die Systemstartreparatur.

Schritt 1

Legen Sie Ihre Windows-DVD ein oder verbinden Sie Ihren Notfall-USB-Stick mit dem PC, und starten Sie den Computer. Bei Verwendung eines USB-Sticks entfallen die Schritte 2 und 3. Sobald die Meldung erscheint, eine beliebige Taste für den Start von einer CD/DVD zu drücken, tun Sie das.

Schritt 2

Prüfen Sie die Einstellungen zu Sprache, Uhrzeit, Währungsformat und Tastatur, und klicken Sie auf **Weiter**.

Schritt 3

Klicken Sie schließlich links unten auf den Link **Computerreparaturoptionen**, um die erforderlichen Einstellungen aufzurufen.

Schritt 4

Es stehen Ihnen nun mehrere Auswahlmöglichkeiten zur Verfügung. Da ein Problem mit dem Start des Betriebssystems vorliegt, klicken Sie auf **Problembehandlung**.

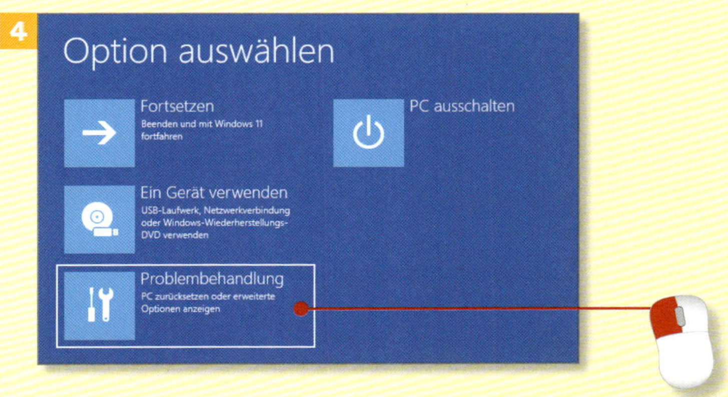

Schritt 5

In der Kategorie **Problembehandlung** werden zwei weitere Optionen angeboten. Klicken Sie auf **Erweiterte Optionen**.

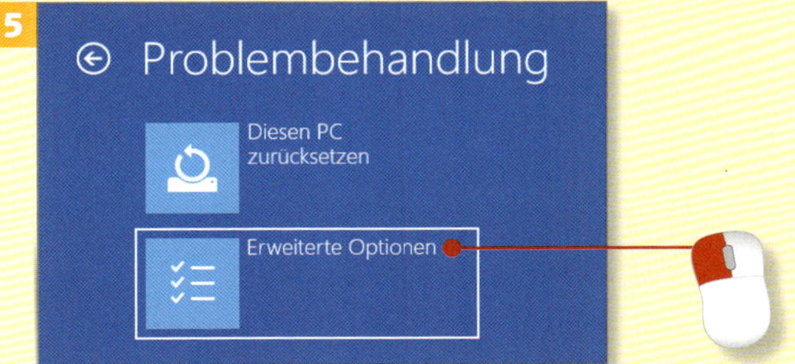

Schritt 6

Die Auswahl der Option **Starthilfe** verspricht schließlich die Beseitigung von Problemen, die den Start des Betriebssystems verhindern. Windows wird nun einer Diagnose unterzogen, und erkannte Fehler werden automatisch behoben. Starten Sie Windows im Anschluss neu.

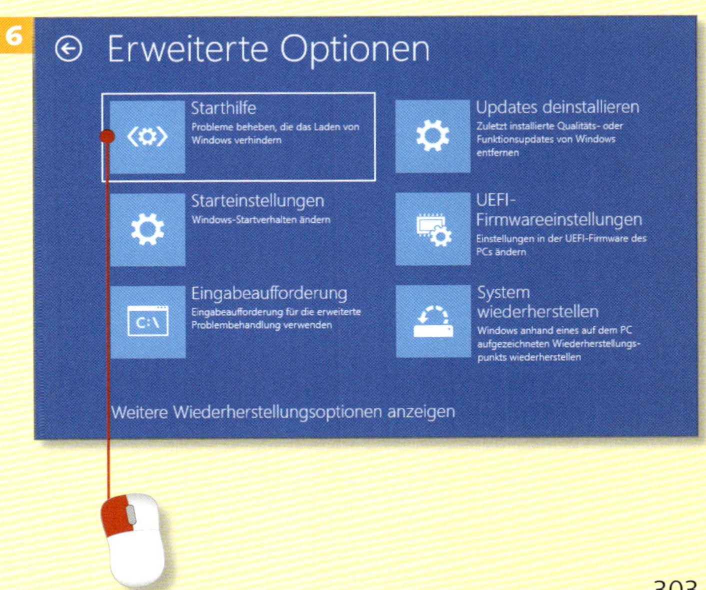

Reparatur gescheitert?
Wenn das nicht hilft, versuchen Sie eine Reparatur mithilfe der Systemwiederherstellung. Lesen Sie dazu die folgende Anleitung »Windows startet nicht mehr – was tun?« auf Seite 304.

Windows startet nicht mehr – was tun?

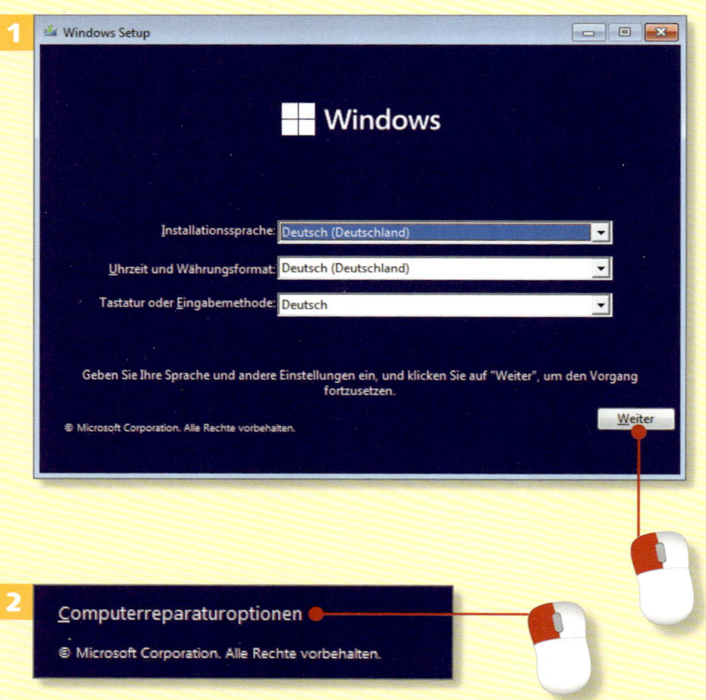

Scheitert eine Systemstartreparatur, kann eine Systemwiederherstellung der Retter in der Not sein. Wie Sie sie ausführen, falls sich Windows nicht mehr starten lässt, lesen Sie hier.

Schritt 1

Starten Sie den Rechner von Ihrer Windows-DVD, und kontrollieren Sie im Dialog die Sprach- und Zeiteinstellungen. Klicken Sie auf **Weiter**, um den Vorgang fortzusetzen.

Schritt 2

Da keine Installation des Betriebssystems durchgeführt werden soll, klicken Sie nicht auf **Jetzt installieren**, sondern wählen links unten den Menüpunkt **Computerreparaturoptionen** aus.

Schritt 3

Wählen Sie dann nacheinander die Menüpunkte **Problembehandlung ▸ Erweiterte Optionen ▸ System wiederherstellen** aus. So kann Windows anhand eines zuvor aufgezeichneten Wiederherstellungspunkts wiederhergestellt werden.

Schritt 4

Der Dialog der Systemwiederherstellung wird eingeblendet. Klicken Sie hier auf **Weiter**.

Schritt 5

Das System listet nun alle verfügbaren Wiederherstellungspunkte auf. Wählen Sie einen geeigneten Punkt aus. Die Wiederherstellung hat keinen Einfluss auf Ihre persönlichen Daten; einige Programme müssen aber möglicherweise neu installiert werden. Welche das sind, erfahren Sie über **Nach betroffenen Programmen suchen** ❶. Weiter geht es mit **Weiter**.

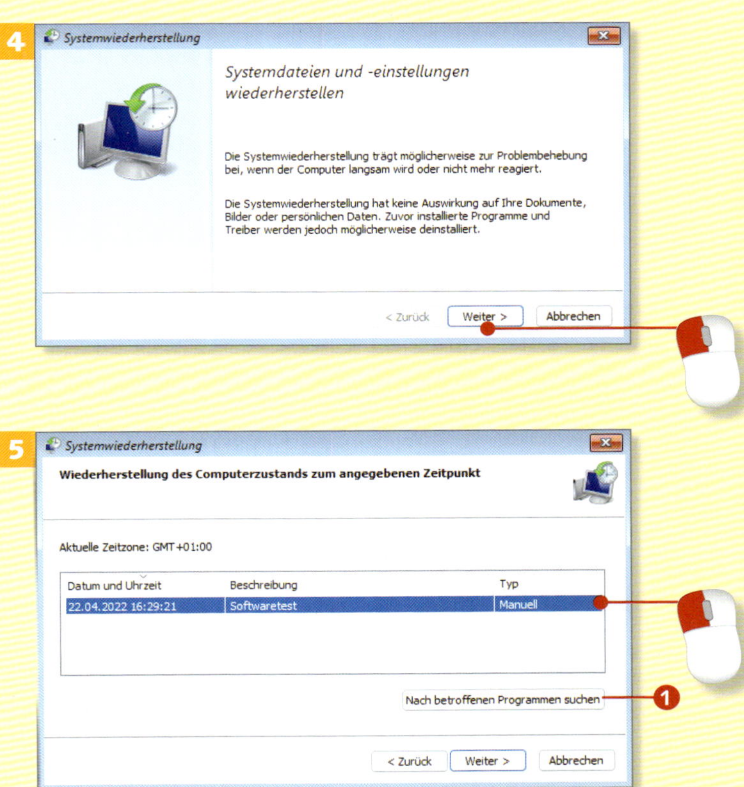

Schritt 6

Eine Zusammenfassung Ihrer Einstellungen wird angezeigt. Klicken Sie auf **Zurück** ❷, falls Sie einen anderen Punkt auswählen möchten, und auf **Fertig stellen**, um die Wiederherstellung zu starten.

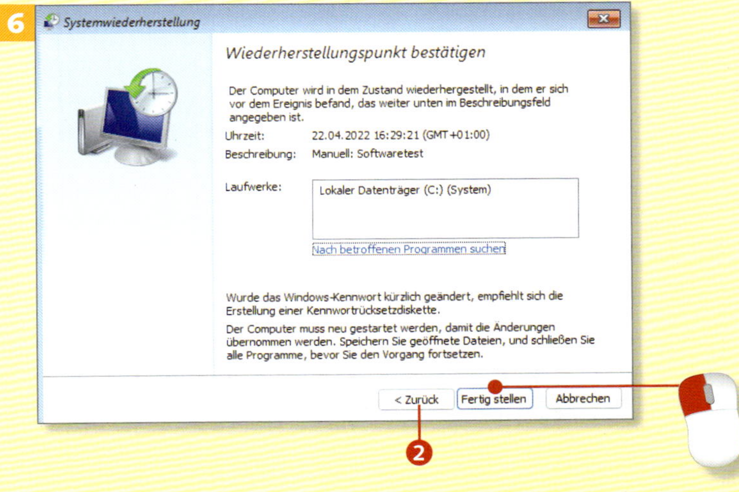

Wiederherstellungspunkte

Die Systemwiederherstellung erstellt automatisch alle sieben Tage einen neuen Wiederherstellungspunkt.

Windows 11 auffrischen

1

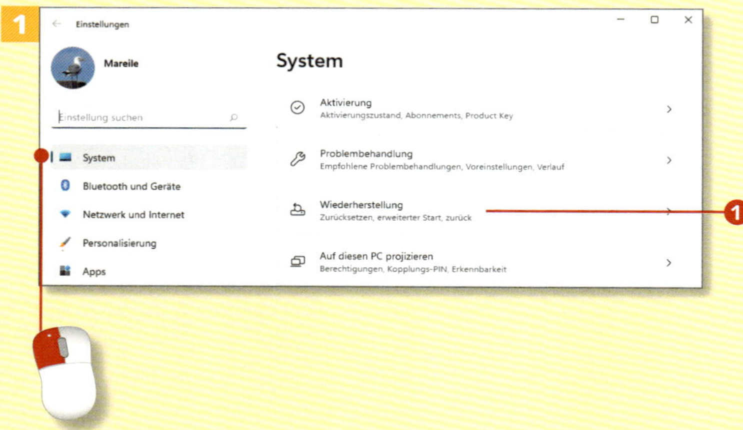

2

3

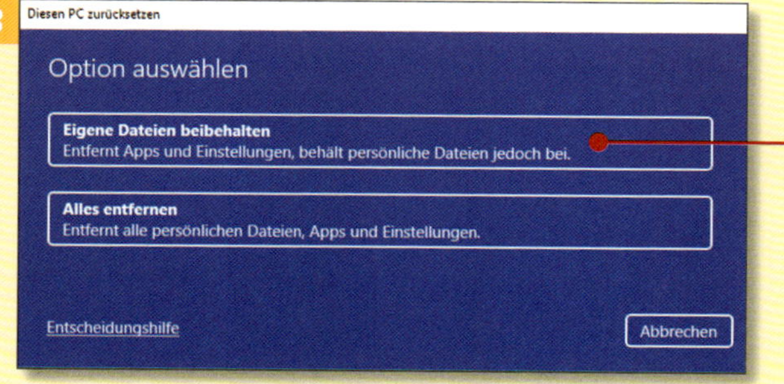

Manchmal ist das System so beschädigt, dass auch eine Systemwiederherstellung nicht hilft. In diesem Fall frischen Sie Windows einfach auf.

Schritt 1

Öffnen Sie die Einstellungen-App mithilfe der Tastenkombination [Windows] + [I]. Stellen Sie sicher, dass die Kategorie **System** ausgewählt ist, und klicken Sie rechts auf **Wiederherstellung** **1**.

Schritt 2

Klicken Sie in der rechten Fensterhälfte im Abschnitt **Wiederherstellungsoptionen** auf **PC zurücksetzen**.

Schritt 3

Um Windows aufzufrischen und dabei die eigenen Dateien zu behalten, wählen Sie nun die Option **Eigene Dateien beibehalten**. Programme und Apps, die nicht im Lieferumfang enthalten waren, werden entfernt.

!

Stromversorgung sicherstellen

Achten Sie darauf, dass die Stromversorgung des Rechners gesichert ist. Ein Laptop oder Tablet-PC sollte an das Stromnetz angeschlossen sein.

Schritt 4

Als Nächstes können Sie auswählen, ob Windows aus der Cloud heruntergeladen und installiert oder ob eine lokale Neuinstallation durchgeführt werden soll. Entscheiden Sie sich für die **Lokale Neuinstallation**.

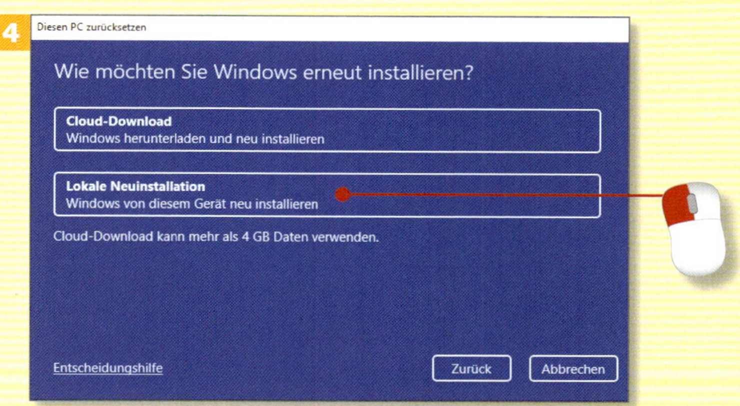

Schritt 5

Im folgenden Dialog werden die aktuellen Einstellungen angezeigt. Bestätigen Sie diese mit **Weiter**.

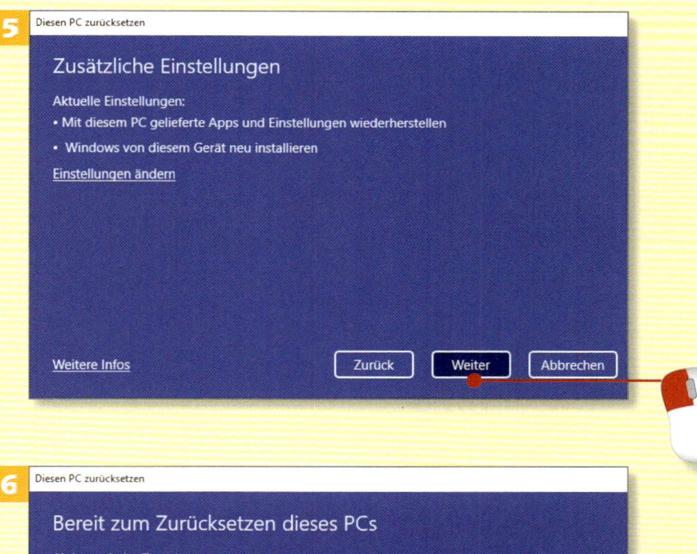

Schritt 6

Schließlich wird nochmals zusammengefasst, was nun geschieht. Wenn Sie mit den Auswirkungen einverstanden sind, starten Sie die Auffrischung mit einem Klick auf **Zurücksetzen**.

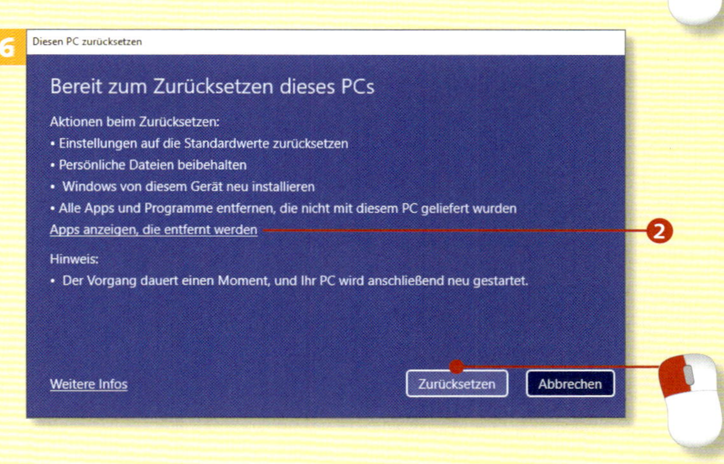

Entfernte Apps

Über den Link **Apps anzeigen, die entfernt werden** ❷ erfahren Sie, welche Anwendungen während des Zurücksetzens des PCs deinstalliert werden. Windows legt nach der Auffrischung eine Datei mit dem Namen *Entfernte Apps* auf dem Desktop ab, in der die entfernten Apps und Programme nochmals aufgeführt werden.

Windows auf die Werkseinstellungen zurücksetzen

Bei schwerwiegenden Fehlern ist das Zurücksetzen des Systems die letzte Möglichkeit. Dabei werden alle Dateien, Programme und Einstellungen gelöscht.

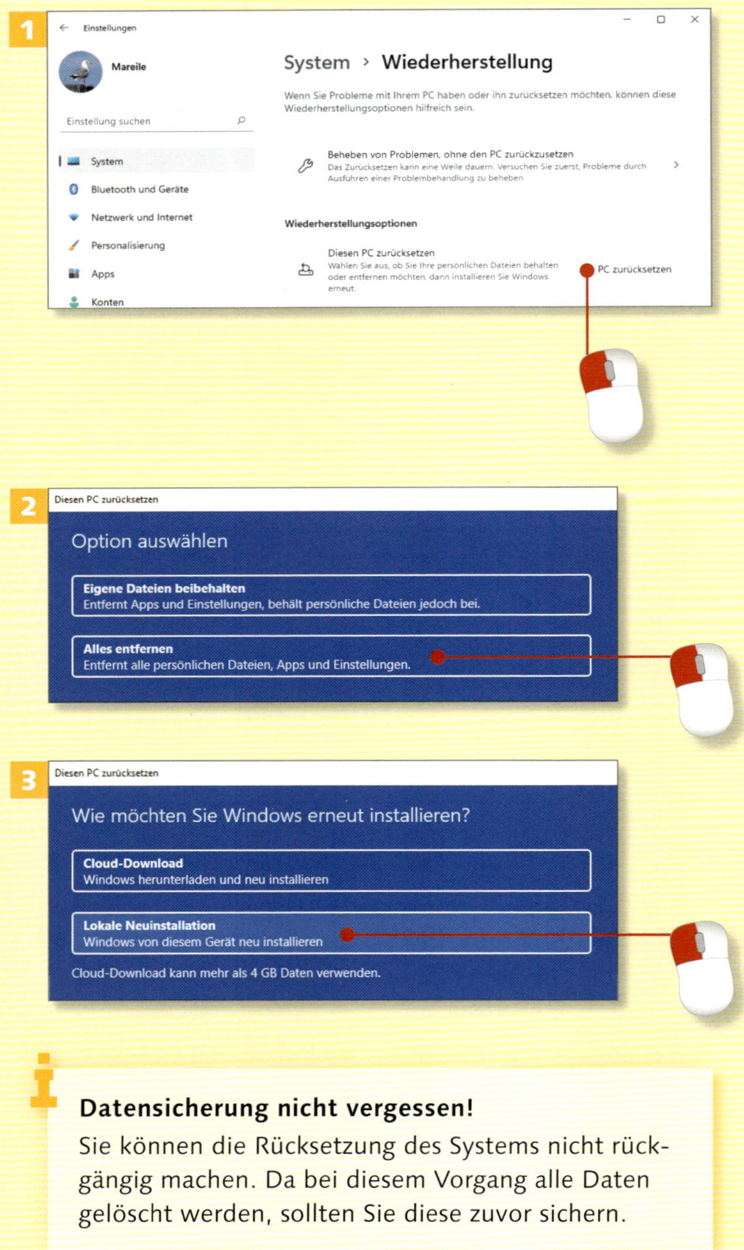

Schritt 1

Öffnen Sie die Einstellungen-App, z. B. mithilfe der Tasten [Windows] + [I]. In der Kategorie **System** wählen Sie per Mausklick die **Wiederherstellung** aus (siehe Abbildung zu Schritt 1 auf Seite 306). Klicken Sie im Bereich **Wiederherstellungsoptionen** rechts von **Diesen PC zurücksetzen** auf **PC zurücksetzen**.

Schritt 2

Um das System vollständig zurückzusetzen, wählen Sie nun die Option **Alles entfernen**. Alle persönlichen Dateien, Programme und Einstellungen werden dabei entfernt.

Schritt 3

Als Nächstes entscheiden Sie, wie Windows erneut installiert werden soll. Um Windows von Ihrem Gerät neu zu installieren und nicht erst über die Cloud herunterzuladen, wählen Sie **Lokale Neuinstallation**.

Datensicherung nicht vergessen!

Sie können die Rücksetzung des Systems nicht rückgängig machen. Da bei diesem Vorgang alle Daten gelöscht werden, sollten Sie diese zuvor sichern.

Schritt 4

Sie erhalten eine Übersicht über die aktuellen Einstellungen. Klicken Sie auf **Einstellungen ändern**.

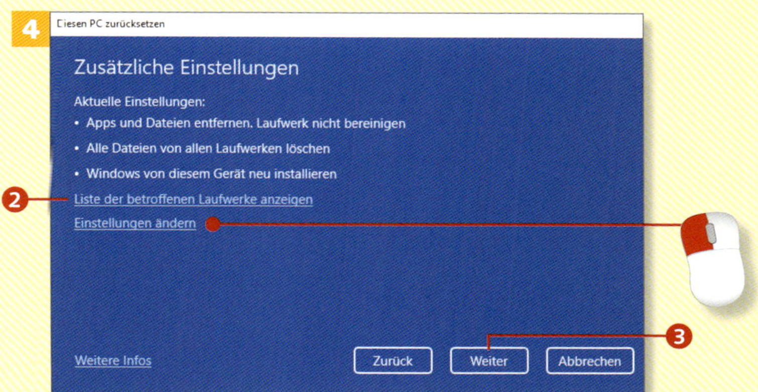

Schritt 5

Verfügt Ihr PC über mehrere Laufwerke, können Sie nun festlegen, dass die Daten von allen Laufwerke entfernt werden sollen. Setzen Sie hierzu den Regler **Dateien von allen Laufwerken löschen** nach rechts. Falls nur die Daten des Laufwerks gelöscht werden sollen, auf dem Windows installiert ist, lassen Sie den Regler links stehen. Übernehmen Sie Ihre Einstellungen mit **Bestätigen** ❶. Anschließend erscheint erneut der Dialog von Schritt 4, nun ergänzt um den Link **Liste der betroffenen Laufwerke anzeigen** ❷. Klicken Sie auf **Weiter** ❸.

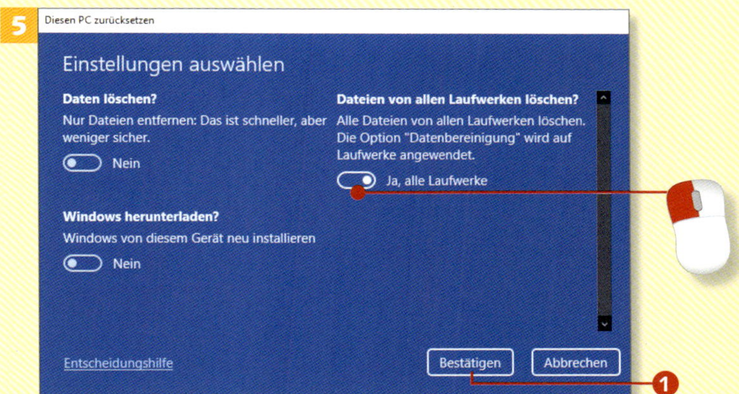

Schritt 6

Windows zeigt Ihnen nochmals an, dass nun alle Ihre Daten und Programme gelöscht werden. Sind Sie bereit, klicken Sie auf die Schaltfläche **Zurücksetzen**. Der Vorgang dauert einige Minuten, und der Rechner wird im Anschluss neu gestartet.

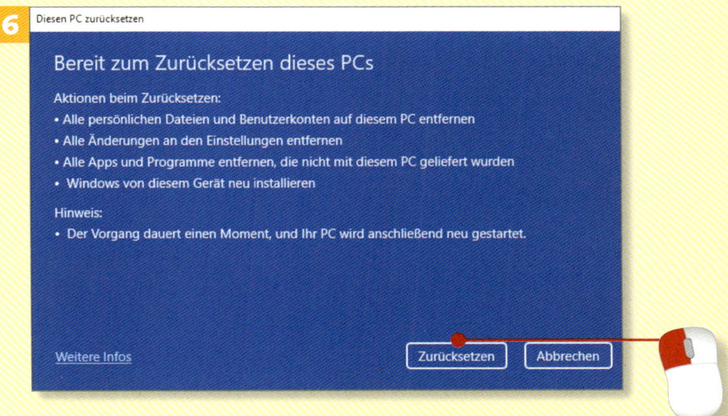

ISO-Dateien als virtuelles Laufwerk einbinden

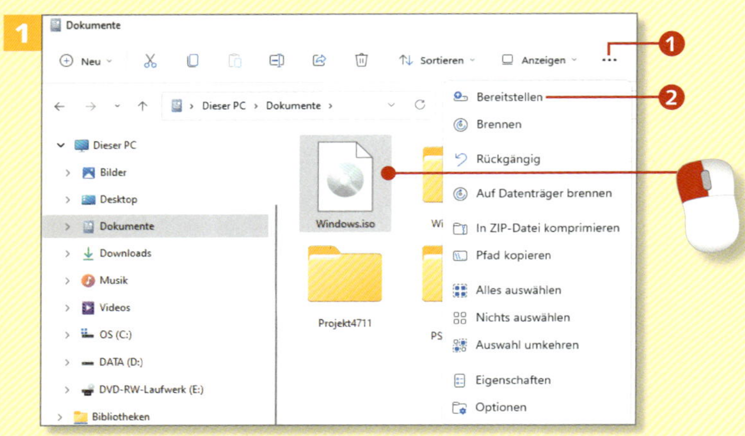

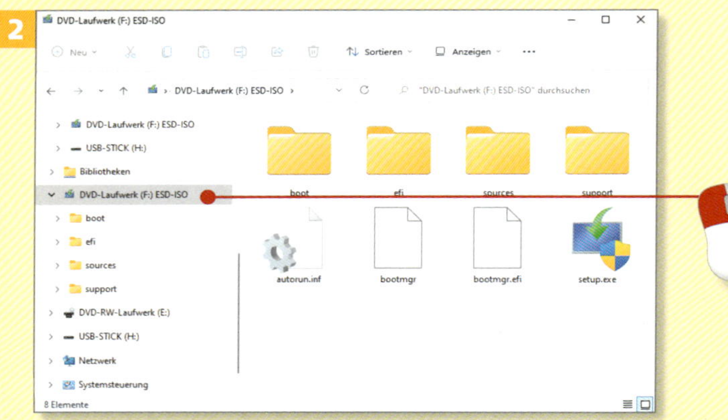

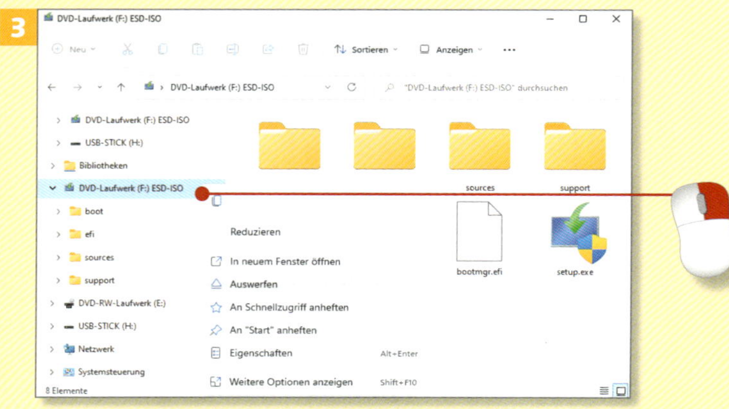

Bei einer ISO-Datei handelt es sich um das Abbild einer Daten-CD oder -DVD. Um diese Datei nutzen zu können, müssen Sie sie entweder auf eine CD/DVD brennen oder einfach als virtuelles Laufwerk in das System einbinden.

Schritt 1

Das Einbinden einer ISO-Datei, auch *Mounten* genannt, ist sehr einfach. Markieren Sie die ISO-Datei im Explorer per Mausklick. Klicken Sie dann in der Symbolleiste auf das Symbol mit den drei Punkten ❶, und wählen Sie den Befehl **Bereitstellen** ❷ aus.

Schritt 2

Das Datenträgerabbild wird nun als virtuelles Laufwerk eingebunden und kann wie ein normales DVD-Laufwerk angesprochen werden. Wenn Sie das Laufwerk auswählen, sehen Sie in der rechten Fensterhälfte die zum Abbild gehörenden Dateien.

Schritt 3

Wird das virtuelle Laufwerk nicht mehr benötigt, führen Sie einen Rechtsklick darauf aus und wählen die Option **Auswerfen** aus dem Kontextmenü.

ISO-Dateien mit Bordmitteln brennen

Um ein Datenträgerabbild in Form einer ISO-Datei auf CD oder DVD zu brennen, benötigen Sie kein teures Brennprogramm. Windows selbst kann diese Aufgabe hervorragend übernehmen.

Schritt 1

Um das ISO-Brennprogramm zu starten, markieren Sie die Datei per Mausklick. Drücken Sie die Tastenkombination ⇧ + F10, um das erweiterte Kontextmenü einzublenden. Wählen Sie den Befehl **Datenträgerabbild brennen** ❶ aus.

Schritt 2

Das kleine Hilfsprogramm startet. Wählen Sie über das Dropdown-Menü das Laufwerk aus, in das Sie den zu verwendenden CD/DVD-Rohling eingelegt haben.

Schritt 3

Setzen Sie das Häkchen vor der Option **Datenträger nach dem Brennen überprüfen** ❷, und starten Sie den Brennvorgang über die Schaltfläche **Brennen**.

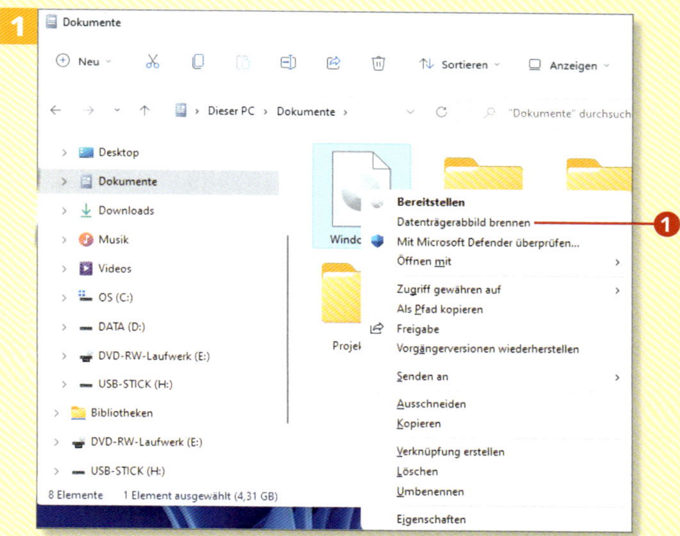

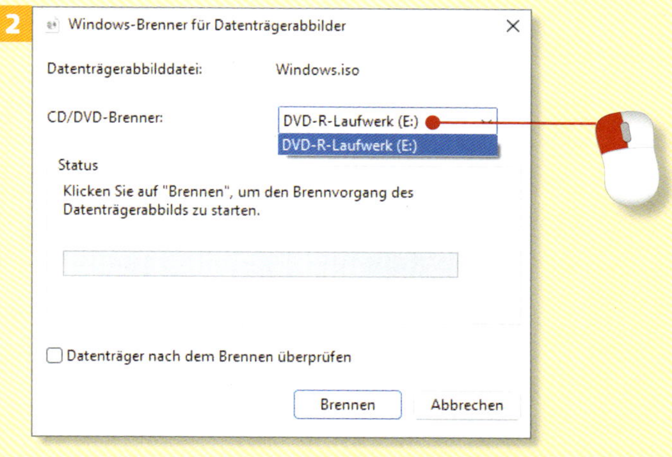

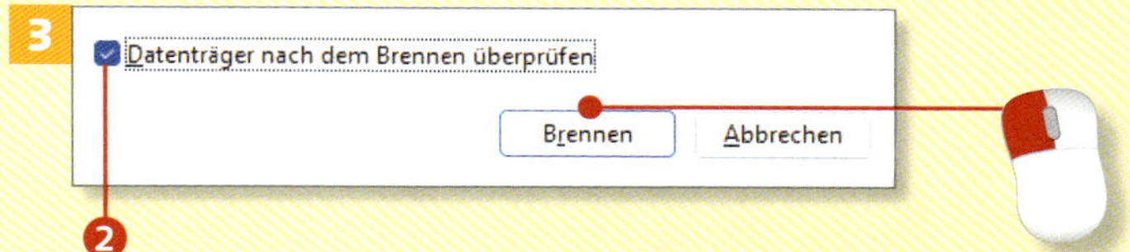

USB-Geräte werden plötzlich nicht mehr erkannt

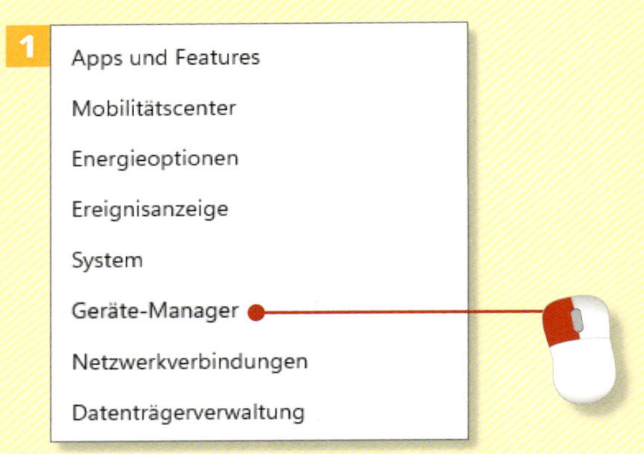

Ein USB-Gerät, z. B. eine externe Festplatte oder ein USB-Stick, konnten vor wenigen Minuten noch problemlos verwendet werden, doch plötzlich wird das Gerät von Windows nicht mehr erkannt. Eine mögliche Ursache ist die Energieverwaltung.

Schritt 1

Starten Sie den Geräte-Manager. Öffnen Sie dazu mit den Tasten [Win] + [X] das Schnellstartmenü, und wählen Sie daraus den Eintrag **Geräte-Manager**.

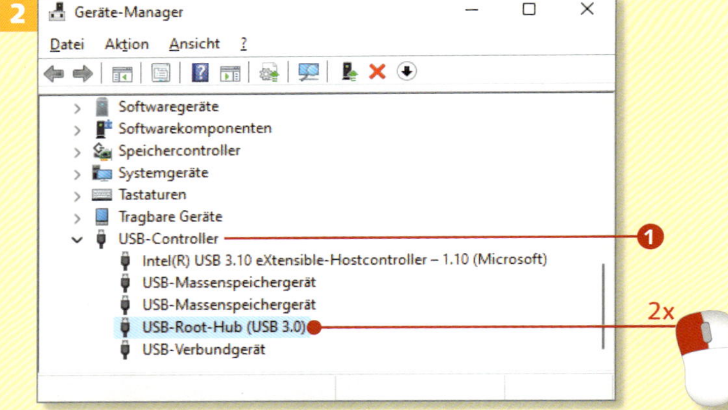

Schritt 2

Erweitern Sie den Gerätezweig **USB-Controller** ❶ mit einem Doppelklick, und führen Sie einen weiteren Doppelklick auf den ersten Eintrag **USB-Root-Hub** aus, um dessen Eigenschaften zu öffnen.

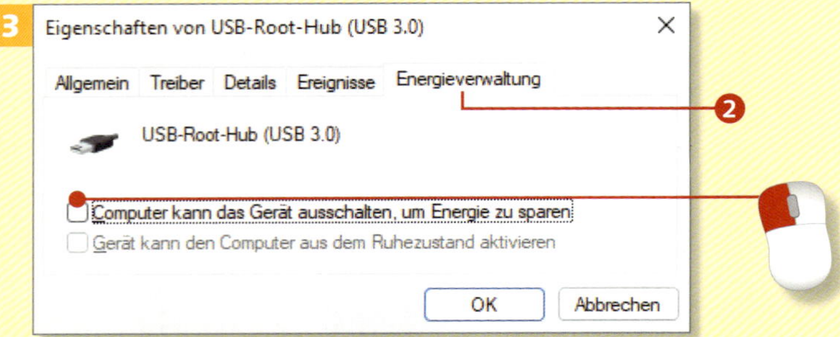

Schritt 3

Wechseln Sie in das Register **Energieverwaltung** ❷. Entfernen Sie das Häkchen vor dem Eintrag **Computer kann das Gerät ausschalten, um Energie zu sparen**, und bestätigen Sie die Änderung mit **OK**.

Der Lautsprecher gibt keinen Ton von sich, der Drucker bereitet Schwierigkeiten? Die Problembehandlung leistet hier häufig gute Dienste.

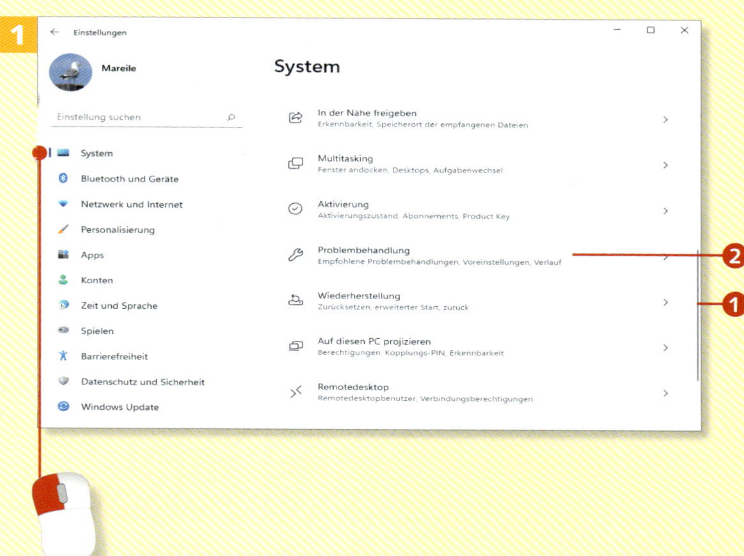

Schritt 1

Rufen Sie die Einstellungen-App auf, z. B. über die Tastenkombination [Windows] + [I]. Stellen Sie sicher, dass links die Kategorie **System** ausgewählt ist. Blättern Sie rechts mithilfe der Bildlaufleiste ❶ nach unten, und wählen Sie die **Problembehandlung** ❷ aus.

Schritt 2

Klicken Sie in der rechten Fensterhälfte im Bereich **Optionen** auf **Andere Problembehandlungen**.

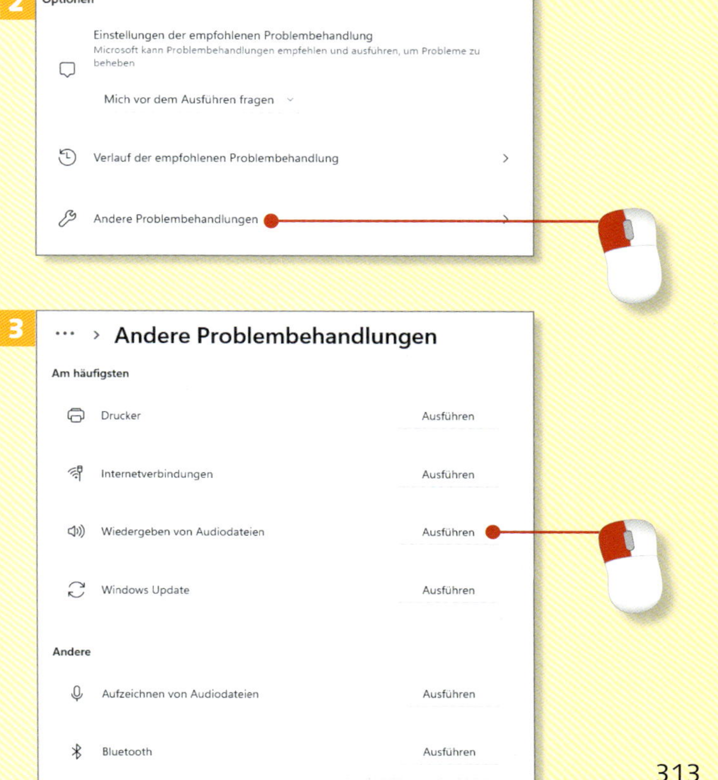

Schritt 3

Nun wird eine umfangreiche Liste mit häufig auftretenden Problemen wie **Drucker**, **Windows Update** oder auch **Bluetooth** eingeblendet. Suchen Sie in der Liste nach dem Problem, das auf Ihrem PC besteht, und klicken Sie rechts davon auf **Ausführen**. Anschließend startet ein Assistent, der Sie Schritt für Schritt durch die Problemermittlung und -behebung führt.

Kennwort des Microsoft-Kontos vergessen

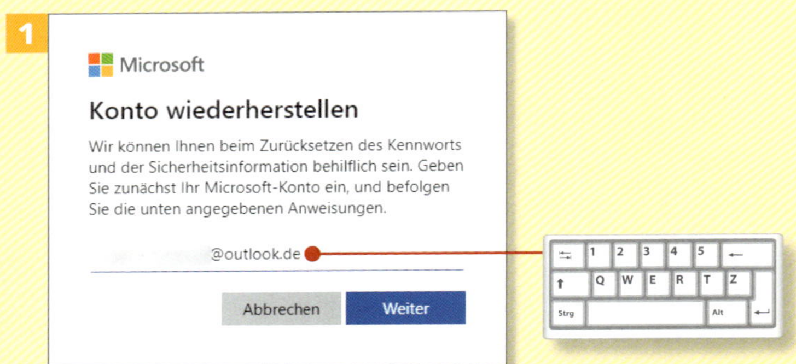

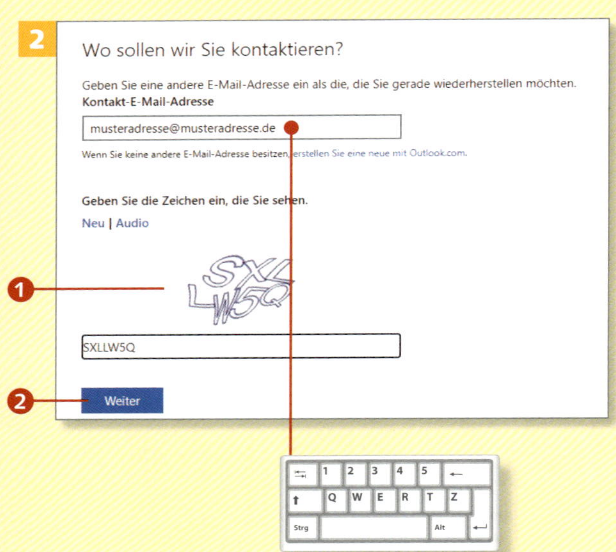

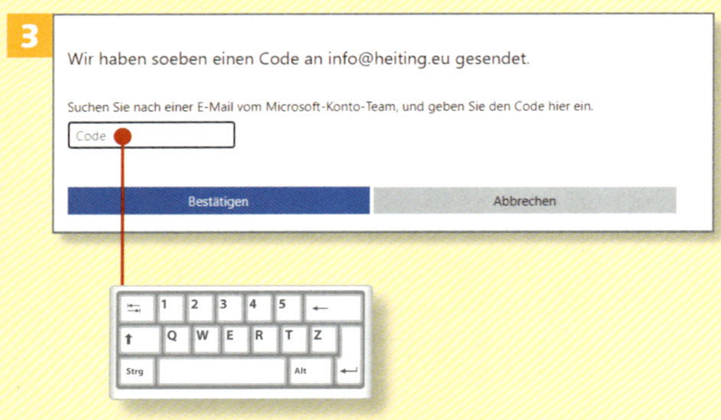

Sie haben die PIN und das Kennwort zu Ihrem Microsoft-Konto vergessen? Wenn Sie Ihr Benutzerkonto mit einem Microsoft-Konto verbunden haben, können Sie sich dann nicht mehr anmelden. Es gibt aber einen Schlüsseldienst.

Schritt 1

Rufen Sie über einen Browser die Seite *https://account.live.com/resetpassword.aspx* auf. Geben Sie die E-Mail-Adresse des Kontos ein, das Sie wiederherstellen möchten. Bestätigen Sie mit **Weiter**.

Schritt 2

Geben Sie im Abschnitt **Wo sollen wir Sie kontaktieren** eine E-Mail-Adresse ein, auf die Sie Zugriff haben und an die Microsoft einen Sicherheitscode schicken kann. Im Feld darunter tragen Sie die Zeichen ein, die in der Grafik eingeblendet werden ❶. Klicken Sie auf **Weiter** ❷.

Schritt 3

Kontrollieren Sie das Postfach der in Schritt 2 angegebenen E-Mail-Adresse, und geben Sie den erhaltenen Sicherheitscode zur Authentifizierung ein. **Bestätigen** Sie die Eingabe.

Schritt 4

Als Nächstes werden Sie aufgefordert, Ihren Namen, Ihr Geburtsdatum und das Land anzugeben, in dem Sie das Konto erstellt haben. Fahren Sie mit **Weiter** fort.

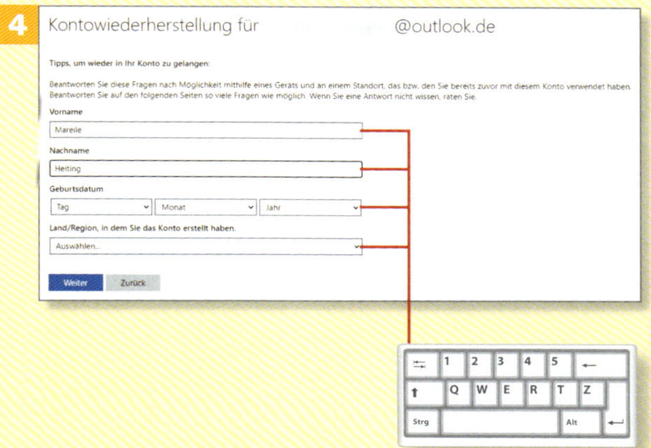

Schritt 5

Auch im folgenden Dialog werden weitere Informationen abgefragt. Versuchen Sie, so viele Angaben wie möglich zu machen, etwa zu einem früher genutzten Kennwort oder auch zu Produkten, die Sie mit der E-Mail-Adresse genutzt haben, deren Kennwort Sie wiederherstellen möchten. Klicken Sie dann auf **Weiter**.

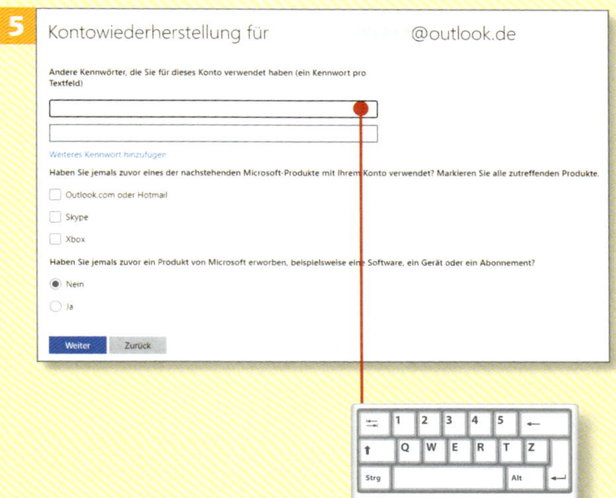

Schritt 6

Nun müssen Sie etwas Geduld haben. Es kann bis zu 24 Stunden dauern, bis Sie im Postfach der in Schritt 2 angegebenen E-Mail-Adresse eine Nachricht erhalten. Diese informiert Sie darüber, ob Ihre Angaben zur Wiederherstellung des Kontos ausreichen. Folgen Sie nun den Anweisungen, die Sie mit der Nachricht erhalten.

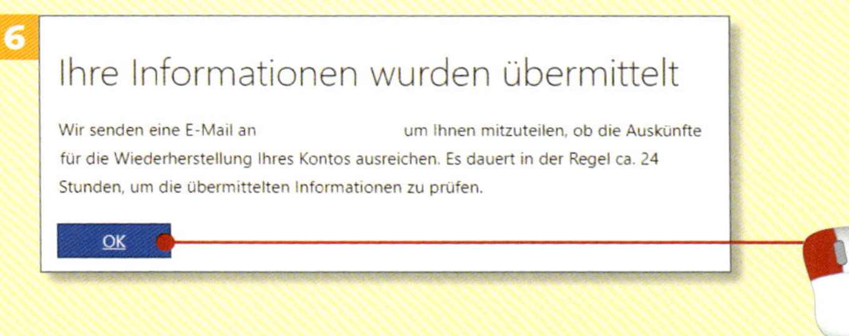

Kennwort eines lokalen Kontos vergessen

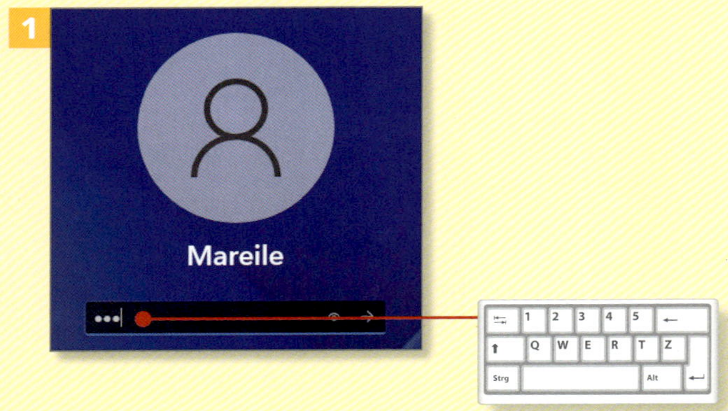

Es kann schon mal vorkommen, dass man sein Benutzerkennwort vergisst. Was dann? Hier helfen die Sicherheitsfragen weiter, die Sie bei der Einrichtung des Kontos beantwortet haben.

Schritt 1

Sie können sich nicht mehr an das Kennwort des lokalen Kontos erinnern? Geben Sie im Anmeldedialog zunächst eine beliebige Zeichenfolge ein, und drücken Sie die Taste [↵].

Schritt 2

Windows weist Sie auf die falsche Eingabe hin. Bestätigen Sie den Dialog mit **OK**.

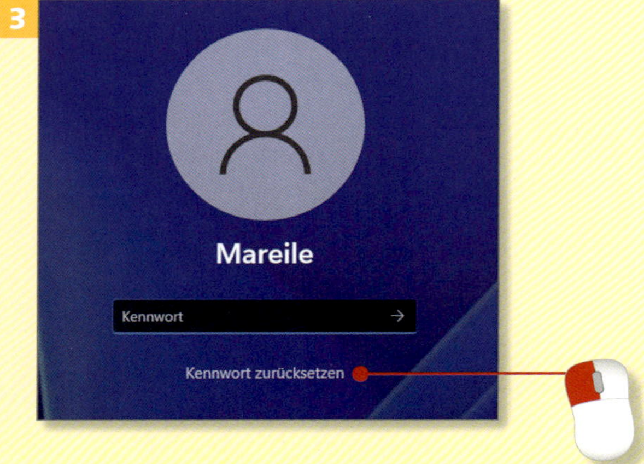

Schritt 3

Bevor Sie ein neues Kennwort festlegen können, müssen Sie auf **Kennwort zurücksetzen** klicken.

Anmeldung mit PIN-Code
Anstatt eines komplizierten Kennworts können Sie zur Anmeldung unter Windows 11 auch einen individuellen PIN-Code verwenden (siehe dazu die Anleitung »Schnelle Anmeldung mithilfe eines PIN-Codes« auf Seite 232).

Schritt 4

Nun werden die drei Sicherheitsfragen eingeblendet, die Sie bei der Einrichtung des lokalen Kontos ausgewählt und beantwortet haben. Klicken Sie in das erste Feld, und geben Sie die Antwort zu der darüber stehenden Frage ein. Nach einem Klick in das zweite Feld geben Sie die Antwort für die zweite Sicherheitsfrage ein. Wiederholen Sie dies für die dritte Frage. Drücken Sie nun zur Bestätigung die Taste [↵].

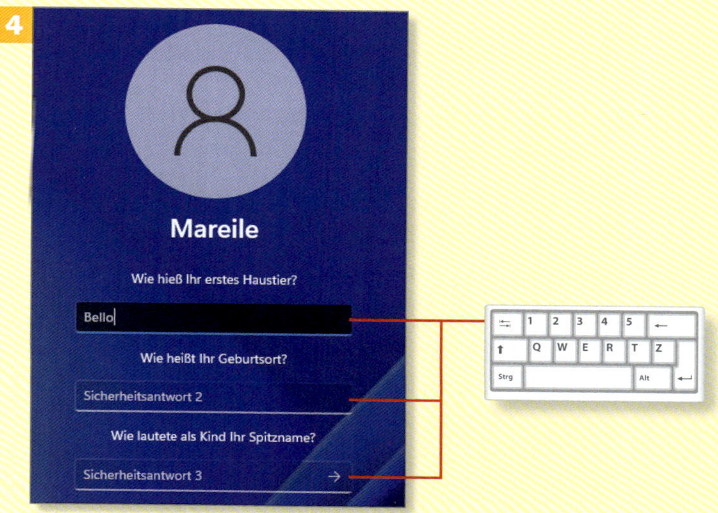

Schritt 5

Tippen Sie ein neues Kennwort ein, das Sie im Feld darunter wiederholen. Sobald Sie die Taste [↵] drücken, werden Sie am System angemeldet.

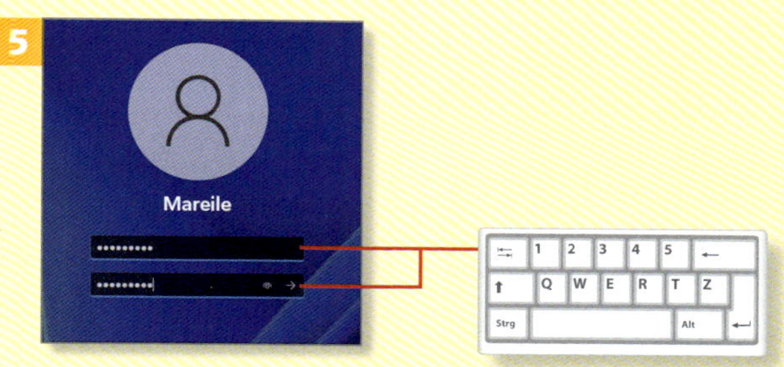

Schritt 6

Falls Sie später einmal das Kennwort des lokalen Kontos ändern möchten, rufen Sie in der Einstellungen-App nacheinander **Konten ▸ Anmeldeoptionen ▸ Kennwort** auf. Nach einem Klick auf **Ändern** können Sie ein neues Kennwort festlegen.

Daten aus dem Dateiversionsverlauf

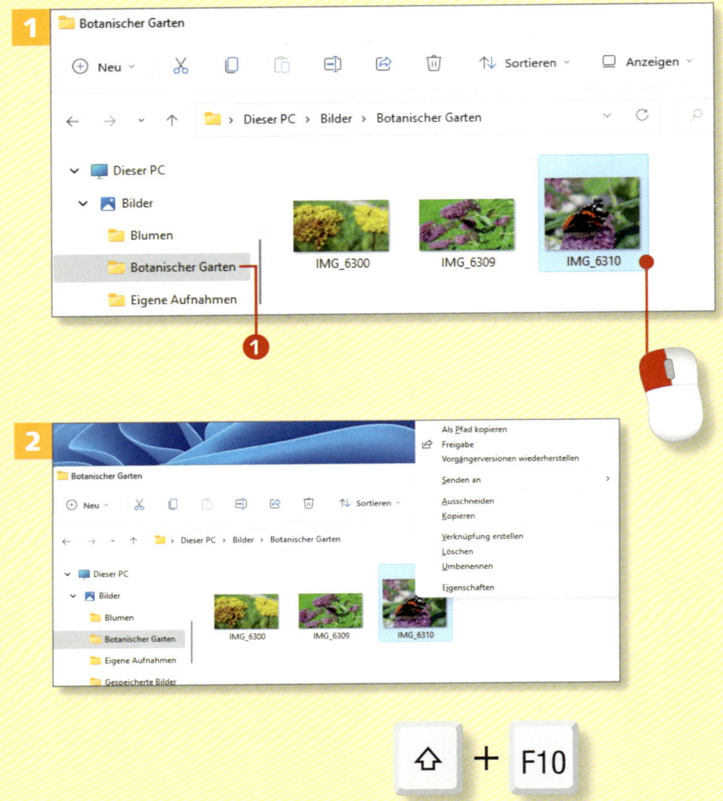

Ein wichtiges Dokument oder ein Foto wurde versehentlich durch eine ältere Version überschrieben oder sogar gelöscht? Wurde der Dateiversionsverlauf aktiviert und liegt die Datei in einem von ihm überwachten Bereich, können Sie schnell und einfach auf eine frühere Version zurückgreifen.

Schritt 1

Starten Sie den Explorer, z. B. mithilfe der Tastenkombination [Win] + [E]. Öffnen Sie den Ordner, in dem sich die wiederherzustellende Datei befindet, und markieren Sie sie. Wurde die Datei irrtümlich gelöscht, markieren Sie den kompletten Ordner **1** im Navigationsbereich des Explorers.

Schritt 2

Drücken Sie die Tastenkombination [⇧] + [F10], um das erweiterte Kontextmenü einzublenden. In diesem wählen Sie **Vorgängerversionen wiederherstellen** aus.

Schritt 3

Klicken Sie im Eigenschaftendialog auf den Pfeil rechts von **Öffnen**, und markieren Sie **In Dateiversionsverlauf öffnen**.

Schritt 4

Nach einer kurzen Suche nach verfügbaren Versionen zeigt der Dateiversionsverlauf die ausgewählte Datei in einer Vorschau an. Links oben sehen Sie das Datum der letzten Sicherung ❷ und daneben die Anzahl der vorhandenen Dateiversionen ❸.

Schritt 5

Über die Bedienelemente am Fuß des Fensters können Sie zwischen den Versionen blättern ❹. Mit einem Klick auf die grüne Schaltfläche stellen Sie das angezeigte Dokument wieder her.

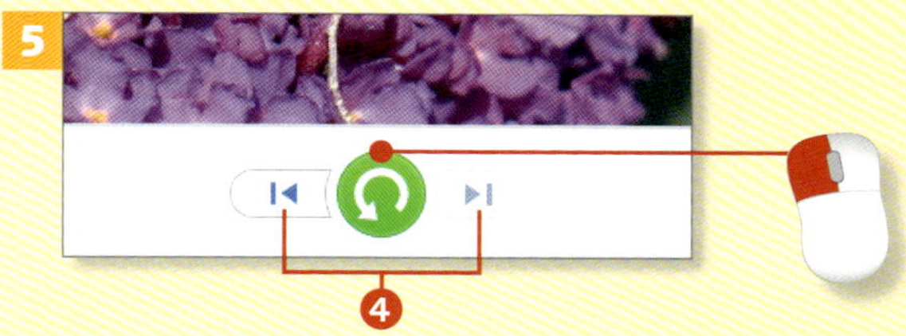

Schritt 6

Befindet sich am ursprünglichen Speicherort eine Kopie der Datei, haben Sie nun die Wahl, die Datei im Ziel zu ersetzen, sie zu überspringen oder die beiden Dateiversionen miteinander zu vergleichen.

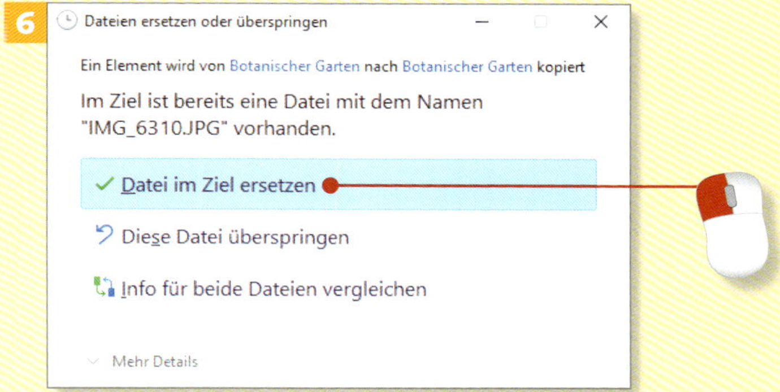

Dateiversionsverlauf einschalten

Wie Sie den Dateiversionsverlauf einschalten können, lesen Sie in der Anleitung »Den Dateiversionsverlauf aktivieren und konfigurieren« auf Seite 298.

Den Arbeitsspeicher auf Fehler hin überprüfen

Wenn der Computer häufiger auf einen Schlag »einfriert« und keine Aktion mehr möglich ist, kann dies an einem fehlerhaften Arbeitsspeicher liegen. Testen Sie Ihre Speichermodule.

Schritt 1

Klicken Sie in der Taskleiste auf das Lupensymbol, um das Suchmenü einzublenden.

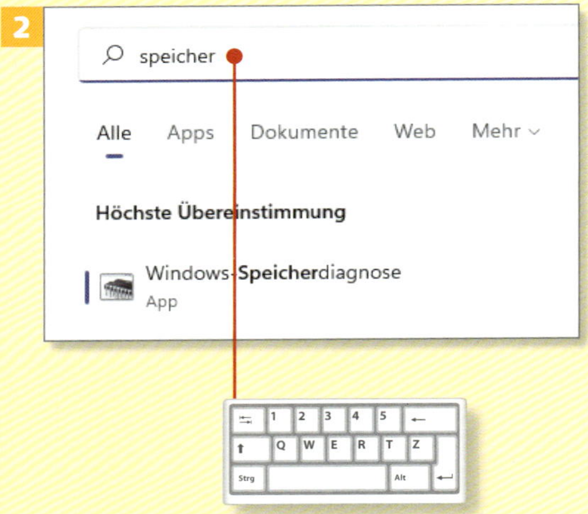

Schritt 2

Geben Sie im Suchfeld den Suchbegriff *Speicher* ein. Groß- oder Kleinschreibung spielt dabei keine Rolle. Starten Sie das Hilfsprogramm, indem Sie aus den angezeigten Übereinstimmungen den Eintrag **Windows-Speicherdiagnose** auswählen.

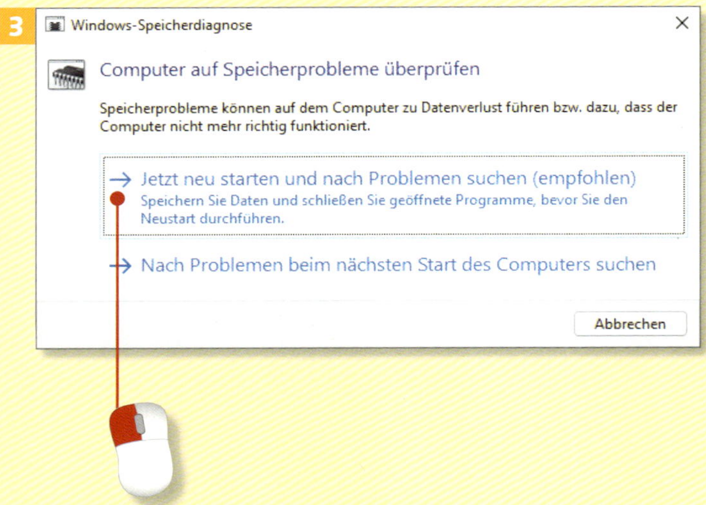

Schritt 3

Für die Prüfung des Arbeitsspeichers muss der Computer neu gestartet werden. Klicken Sie daher auf die Option **Jetzt neu starten und nach Problemen suchen (empfohlen)**.

Speichertyp?

Welcher Speichertyp in Ihrem Computer verbaut ist, können Sie beispielsweise mit dem Programm *SiSoft Sandra* ermitteln.

Schritt 4

Möchten Sie Ihre Arbeit jetzt nicht unterbrechen, wählen Sie stattdessen den Menüpunkt **Nach Problemen beim nächsten Start des Computers suchen**. In diesem Fall startet die Überprüfung automatisch, wenn Sie Ihren Rechner das nächste Mal einschalten.

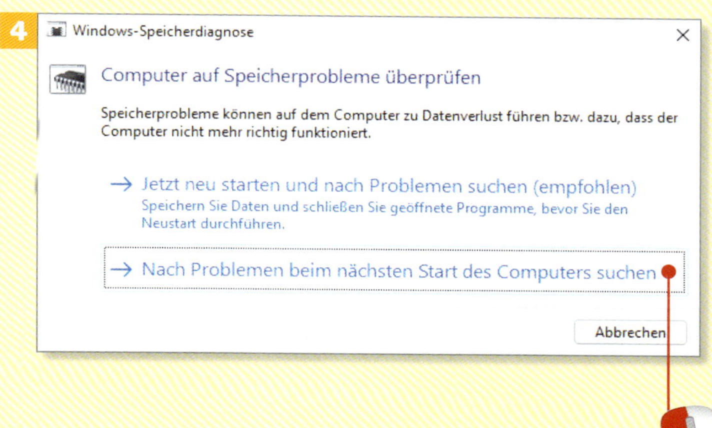

Schritt 5

In zwei Testdurchläufen wird nun der Arbeitsspeicher überprüft. Je nach Speicherkapazität dauert der Vorgang zwischen 15 und 30 Minuten. Während der Tests kann der Computer nicht verwendet werden.

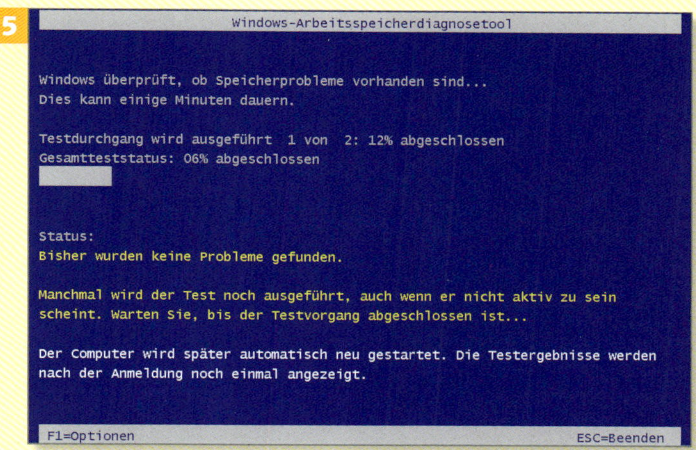

Schritt 6

Ist die Diagnose abgeschlossen, startet der Rechner neu. Melden Sie sich wieder an. Es dauert einen kurzen Moment, dann blendet Windows das Ergebnis der Überprüfung ❶ in einer kleinen Sprechblase über der Taskleiste ein.

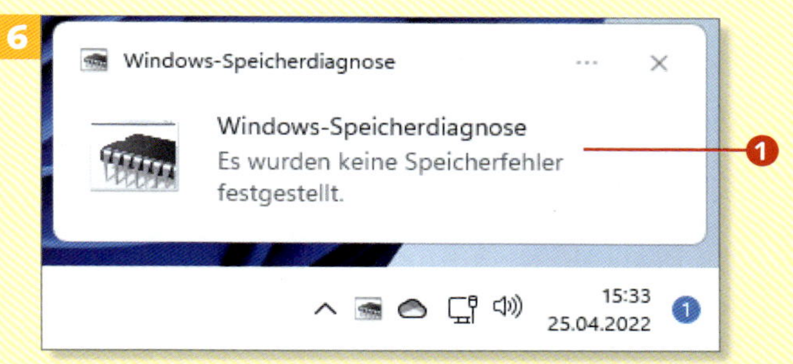

Fehler gefunden?
Speicherfehler können zu Datenverlust führen. Da die Reparatur defekter Speichermodule nicht möglich ist, sollten Sie fehlerhaften Speicher zeitnah austauschen.

Windows-Systemdateien reparieren

Mancher Fehler des Betriebssystems resultiert aus defekten Systemdateien, bedingt z. B. durch fehlerhafte Updates oder Computerschädlinge. Prüfen und reparieren Sie Ihre Windows-Systemdateien. In diesem Abschnitt erfahren Sie Schritt für Schritt, wie Sie dazu vorgehen müssen.

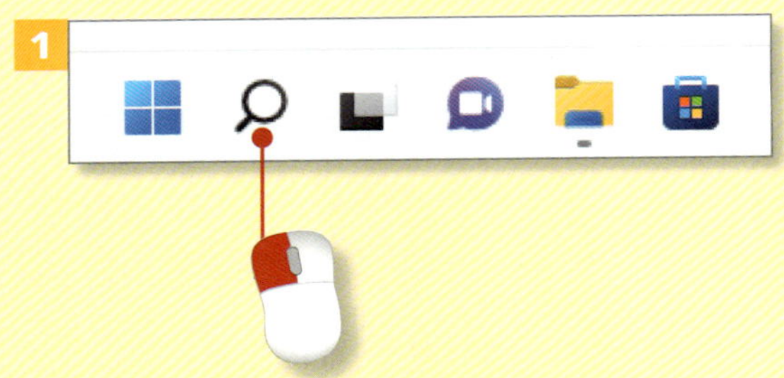

Schritt 1

Klicken Sie in der Taskleiste auf das Lupensymbol, um das Suchmenü einzublenden.

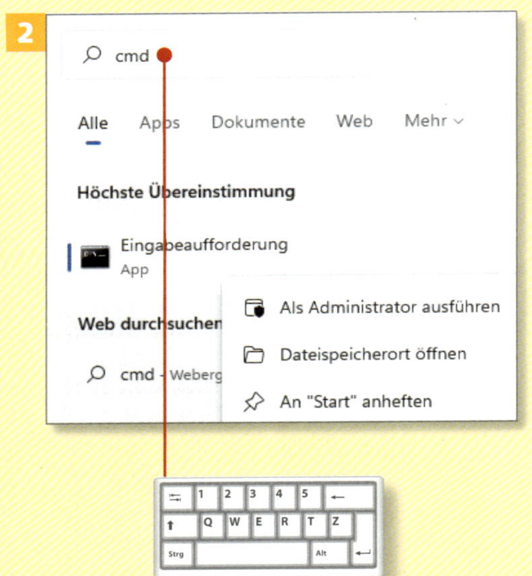

Schritt 2

Geben Sie im Suchfeld die Buchstaben *cmd* ein. Wird der Treffer **Eingabeaufforderung** einblendet, klicken Sie ihn mit der rechten Maustaste an und wählen im Kontextmenü den Befehl **Als Administrator ausführen**.

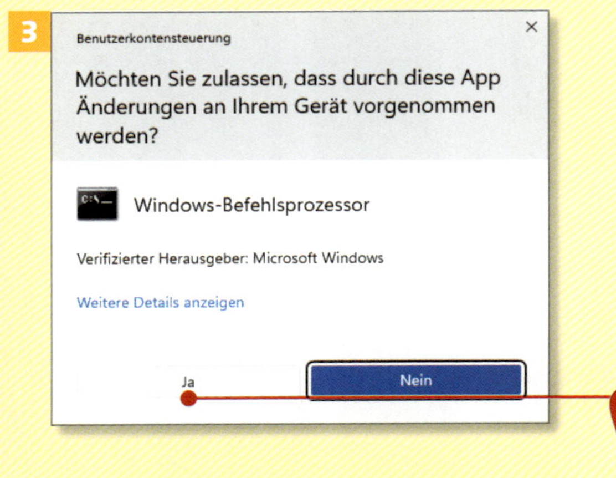

Schritt 3

Die Benutzerkontensteuerung meldet sich mit einem Hinweis. Bestätigen Sie die Abfrage mit einem Klick auf **Ja**.

Schritt 4

Geben Sie folgenden Befehl in die Konsole der Eingabeaufforderung ein: *sfc /scannow*, gefolgt von ↵. Damit starten Sie die Systemdateiprüfung.

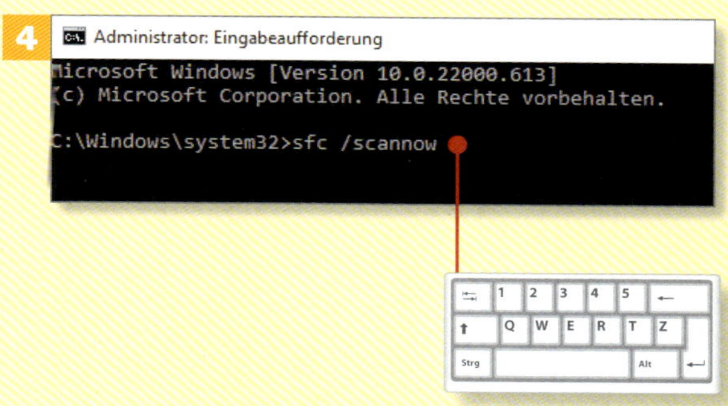

Schritt 5

Die Prüfung auf fehlerhafte Systemdateien wird durchgeführt. Ob beschädigte Systemdateien gefunden und repariert werden konnten, wird Ihnen zum Schluss mitgeteilt ❶.

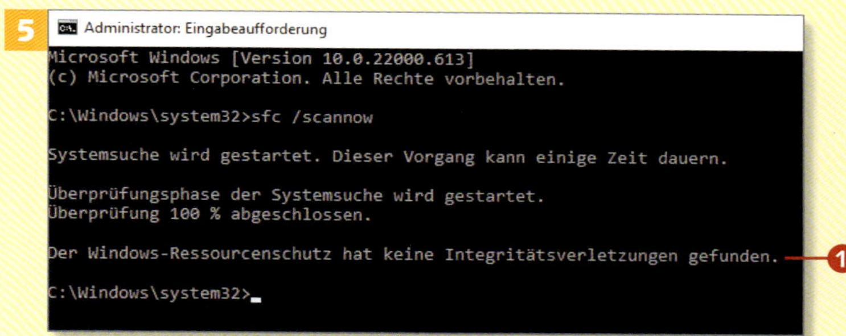

Schritt 6

Wurden Fehler gefunden, erstellt Windows unter *C:\Windows\Logs\CBS\CBS.log* eine Protokolldatei. Mit einem Doppelklick lässt sich die Datei öffnen und auswerten. Nur die Einträge mit der Kennzeichnung **[SR]** stammen aus der Ressourcenprüfung und bedürfen Ihrer Aufmerksamkeit.

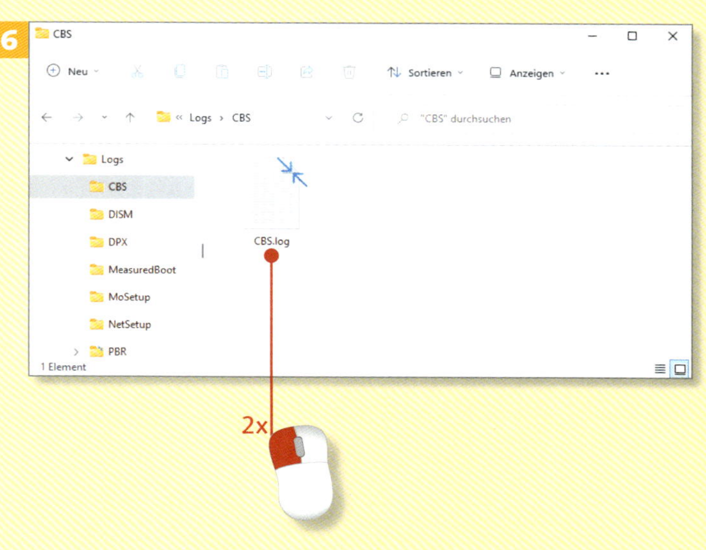

Einträge filtern
Starten Sie die Eingabeaufforderung mit Admin-Rechten, und geben Sie *findstr /c:"[SR]" %windir%\Logs\CBS\CBS.log >"%userprofile%\Desktop\protokoll.txt"* ein. Damit wird auf dem Desktop die Datei *protokoll.txt* erstellt. Sie enthält nur die relevanten Einträge aus der CBS-Logdatei.

Die Ereignisanzeige zur Fehlersuche nutzen

Windows protokolliert alle relevanten Systemereignisse in der Ereignisanzeige. Tritt ein Computerfehler auf, können Sie diese Informationen zur Fehlersuche nutzen. Hier den Überblick zu behalten, ist nicht ganz einfach. Wir zeigen Ihnen, wo Sie die entsprechenden Informationen finden.

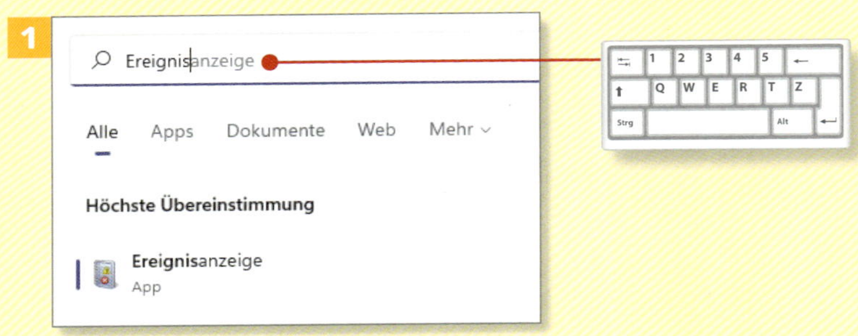

Schritt 1

Drücken Sie die [Windows]-Taste, und tippen Sie *Ereignis* in das Suchfeld des Startmenüs ein. Windows ergänzt Ihre Eingabe automatisch und zeigt in den Übereinstimmungen die Option **Ereignisanzeige** an. Klicken Sie auf diesen Eintrag.

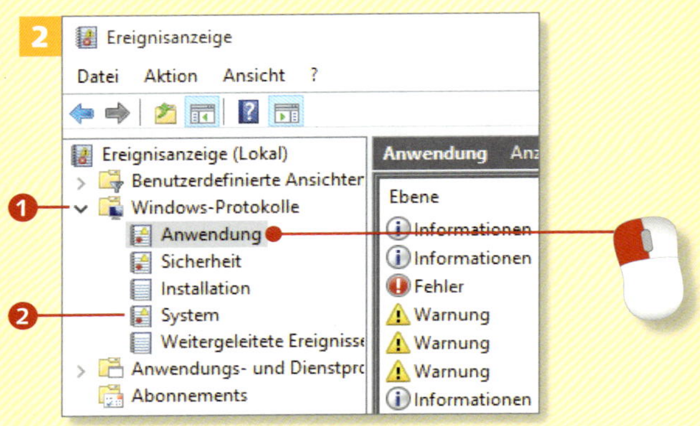

Schritt 2

Um Ereignisse für Programme anzuzeigen, klicken Sie doppelt auf **Windows-Protokolle** ❶ und anschließend einfach auf **Anwendung**. Systemmeldungen finden Sie im Abschnitt **System** ❷.

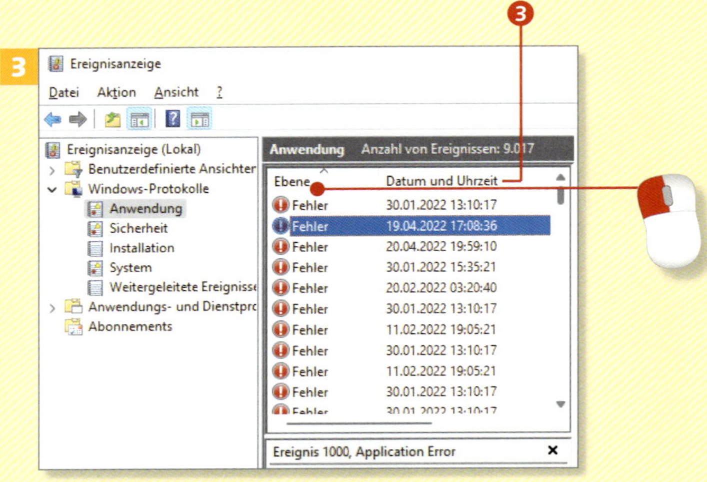

Schritt 3

Klicken Sie in der Ereignisanzeige auf den Tabellenkopf **Ebene**, um die Einträge zu sortieren. Klicken Sie auf die Bezeichnung der Spalte **Datum und Uhrzeit** ❸, um sich die Ereignisse chronologisch anzeigen zu lassen.

Schritt 4

Rote Ausrufezeichen zeigen Fehler an. Klicken Sie auf einen derartig markierten Eintrag ❹, werden darunter Details zum Fehler angezeigt, unter anderem eine Ereignis-ID ❺. Mit einem Klick auf den Link **Onlinehilfe** können Sie in der Microsoft-TechNet-Datenbank nach weiteren Informationen suchen.

Schritt 5

Dürfen die Informationen zum ausgewählten Fehler über das Internet an Microsoft versendet werden? Klicken Sie auf **Ja**, um den Vorgang zu erlauben. Liegen weitere Informationen zum Fehler vor, werden diese jetzt angezeigt. Leider ist die Suche aber häufig nicht von Erfolg gekrönt.

Schritt 6

Nutzen Sie zur Fehlersuche stattdessen die in den Details des Eintrags angezeigte Ereignis-ID aus Schritt 4. Rufen Sie die Microsoft-Hilfeseite unter *http://support.microsoft.com* auf, und tragen Sie die Ereignis-ID in das Suchfeld der Seite ein, oder fragen Sie nach Unterstützung in einem Computer-Forum.

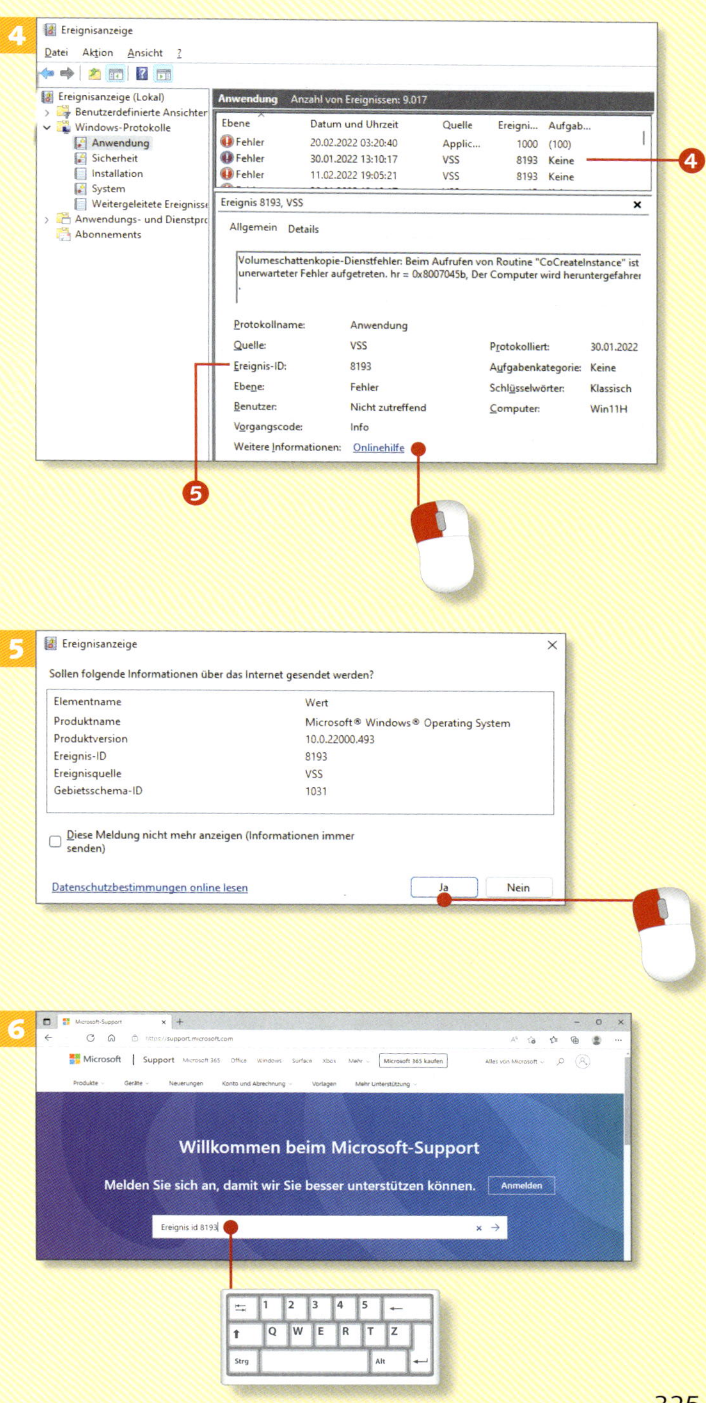

Wichtige Systeminformationen abrufen

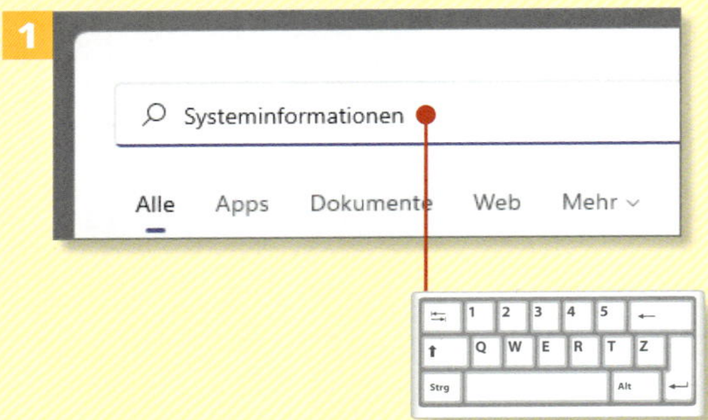

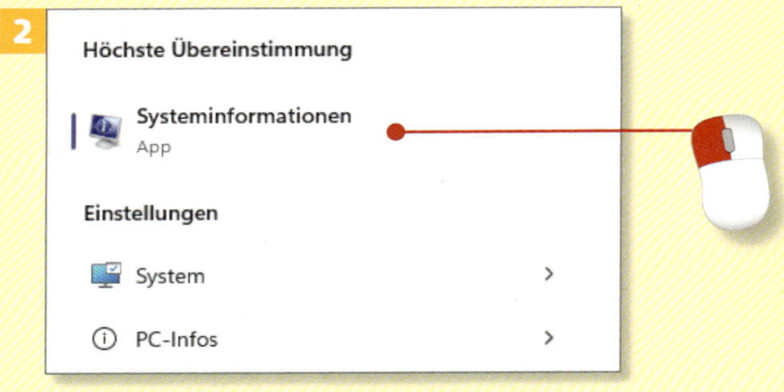

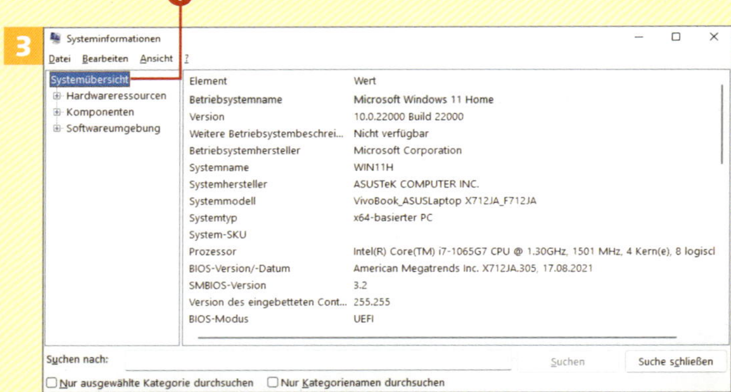

Welcher Prozessor ist in Ihrem Computer verbaut, und wie viel Arbeitsspeicher steht zur Verfügung? Windows hält einige Informationen zu Ihrem System bereit, die Sie mit wenigen Mausklicks aufrufen und zur Fehleranalyse nutzen bzw. im Bedarfsfall an einen Techniker oder den Kundendienst weitergeben können.

Schritt 1

Drücken Sie die Taste [Windows], und tippen Sie *Systeminformationen* in das Suchfeld des Startmenüs ein.

Schritt 2

Wählen Sie aus den angezeigten Ergebnissen den Eintrag an der ersten Stelle, **Systeminformationen**, mit einem Mausklick aus.

Schritt 3

Die Systeminformationen werden geladen. Das Hauptfenster zeigt eine Systemübersicht ❶, der Sie wichtige Informationen entnehmen können, z. B. den PC-Hersteller, den im Rechner verbauten Prozessor, den verfügbaren Arbeitsspeicher oder auch die BIOS-Version.

Schritt 4

Im Abschnitt **Hardwareressourcen** ❷ werden Informationen zu Ihrer Hardware aufgelistet. Diese Daten sind allerdings sehr technischer Natur und eher für einen PC-Techniker von Interesse, der z. B. den Austausch einer Hardwarekomponente vorbereitet.

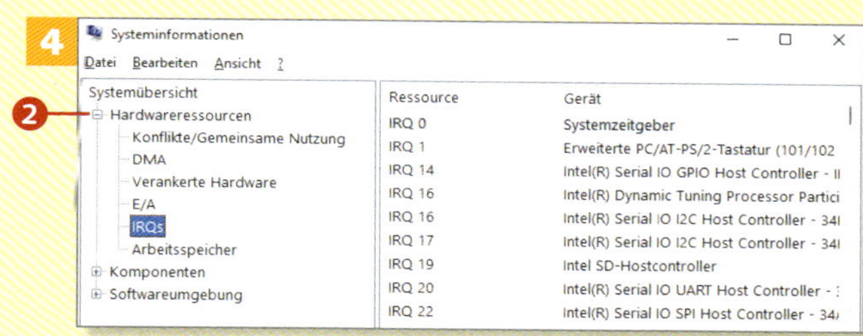

Schritt 5

Der Kategorie **Komponenten** ❸ können Sie Informationen zu Audiogeräten, zum Netzwerk oder zu Ihren Laufwerken entnehmen. Welche Grafikkarte oder welcher Grafikchip zum Einsatz kommt, inklusive der Info zur Größe des Grafikspeichers oder zur Treiberversion, erfahren Sie im Unterpunkt **Anzeige**.

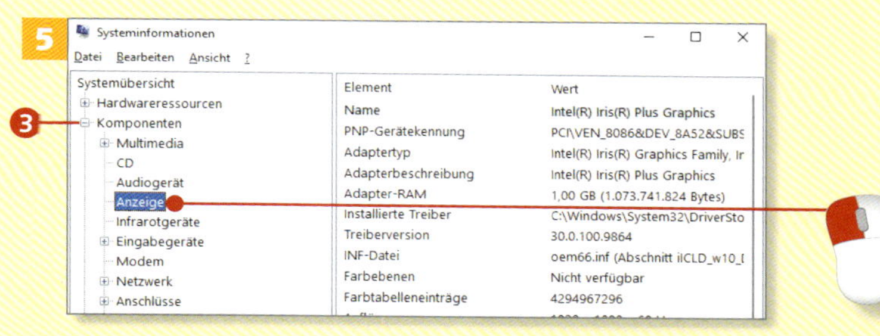

Schritt 6

Besonders nützlich für die Fehlersuche ist der Punkt **Windows-Fehlerberichterstattung** im Abschnitt **Softwareumgebung** ❹. Hier listet das System Ereignisse auf, die die Fehlerberichterstattung erfasst hat. Auch diese Informationen können Sie an einen Helfer weitergeben oder selbst zur Fehleranalyse nutzen.

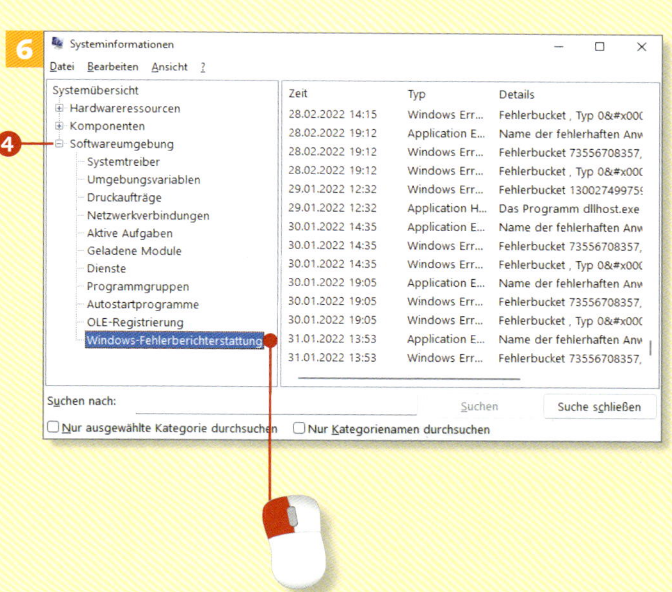

Windows im abgesicherten Modus starten

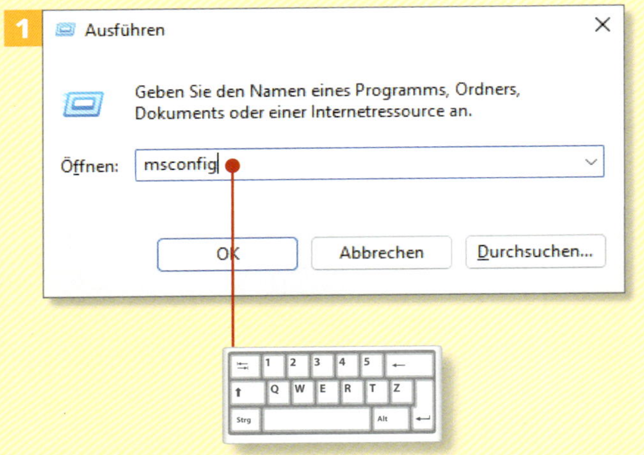

Bleibt Windows immer wieder hängen oder stürzt es ab? Im abgesicherten Modus startet das System mit einer Minimalkonfiguration, mit Basistreibern und ohne Autostart-Programme auszuführen. Nutzen Sie dies, um zuletzt installierte Treiber und Programme zu deinstallieren oder Ihr System einem Virenscan zu unterziehen.

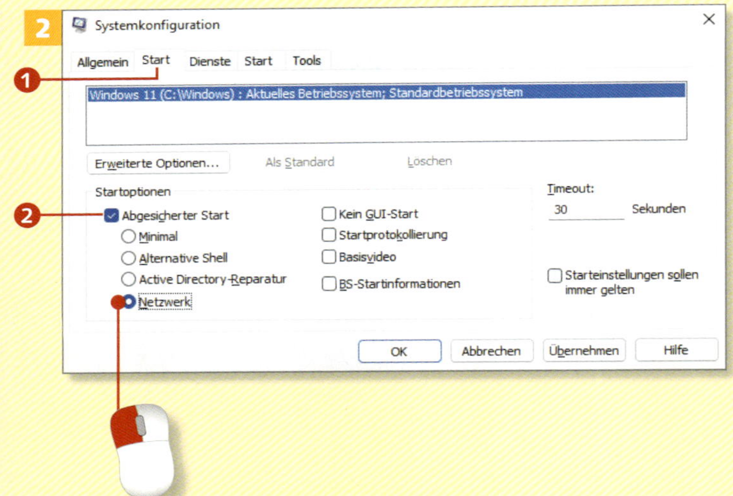

Schritt 1

Drücken Sie [Win] + [R], um den **Ausführen**-Dialog einzublenden, und geben Sie dort den Befehl *msconfig* ein. Klicken Sie auf **OK**.

Schritt 2

Das Fenster **Systemkonfiguration** wird aufgerufen. Wechseln Sie zum Register **Start** ❶, und aktivieren Sie die Kontrollkästchen vor **Abgesicherter Start** ❷ und **Netzwerk**. Schließen Sie die Eingabe mit **OK** ab.

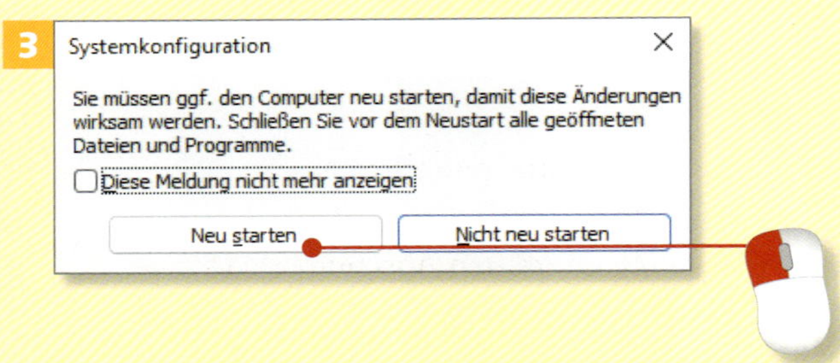

Schritt 3

Starten Sie Windows neu. Das System wird nun im abgesicherten Modus gestartet, und Sie können z. B. einen ausführlichen Virenscan durchführen. Vergessen Sie nicht, das Häkchen vor dem Eintrag **Abgesicherter Start** danach wieder zu entfernen!

Welche Windows-Version läuft auf dem PC?

Wie seine Vorgänger wird auch Windows 11 über Programmaktualisierungen laufend erweitert und verbessert. Aber welche Windows-11-Version nutzen Sie aktuell?

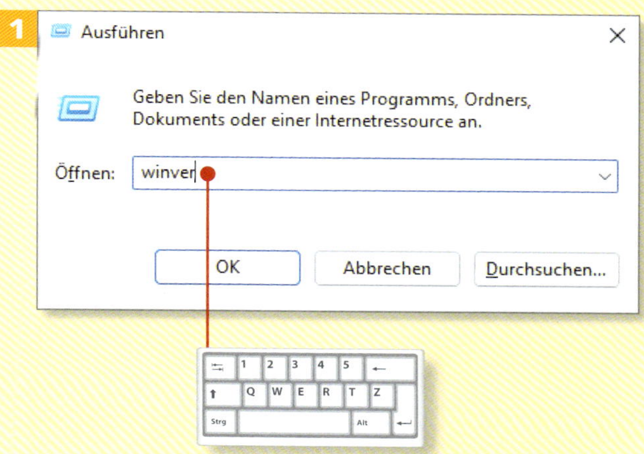

Schritt 1

Drücken Sie die Tastenkombination [Windows] + [R], und geben Sie den Befehl *winver* ein. Bestätigen Sie ihn mit einem Klick auf **OK** oder mit der [↵]-Taste.

Schritt 2

Windows ermittelt die aktuelle Version und zeigt sie an. In diesem Beispiel handelt es sich um Version 21H2 (Build 22000.613) ❶. Vor allem die Build-Nummer erlaubt eine exakte Versionsbestimmung.

Schritt 3

Zusätzlich wird vermerkt, um welche Edition es sich handelt ❷: *Windows 11 Home* richtet sich an Privatanwender, *Windows 11 Pro* an kleinere Betriebe. Mit einem Klick auf die Schaltfläche **OK** schließen Sie das Fenster wieder.

Weitere Systeminformationen

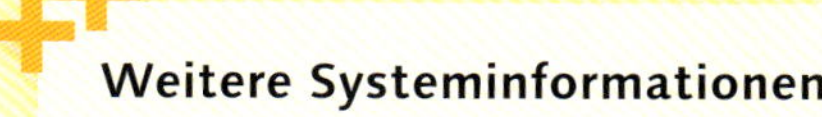

Wenn Sie weitere Informationen zu Ihrem System benötigen, lesen Sie bitte den Abschnitt »Wichtige Systeminformationen abrufen« auf Seite 326.

Hilfreiche Tastenkombinationen

Allgemeine Tastenkombinationen	
Win	Startmenü öffnen und schließen
Win + A	die Schnelleinstellungen öffnen
Win + B	die Option **Ausgeblendete Symbole** in der Taskleiste wählen
Win + C	Microsoft Teams starten
Win + D	zum Desktop wechseln
Win + E	den Explorer öffnen
Win + H	das Menü **Teilen** innerhalb verschiedener Apps öffnen
Win + I	die App **Einstellungen** öffnen
Win + K	die Anzeige drahtloser Geräte in der Menüleiste öffnen
Win + L	das System sperren
Win + M	alle geöffneten Fenster auf dem Desktop minimieren
Win + N	das Benachrichtigungcenter ein- bzw. ausblenden
Win + P	zwischen Bildschirmen umschalten
Win + Q oder Win + S	das Suchfeld einfelden
Win + R	das Dialogfenster **Ausführen** öffnen
Win + U	die Kategorie **Barrierefreiheit** der Einstellungen-App aufrufen
Win + W	Widgets ein- bzw. ausblenden
Win + X	das Schnellstartmenü öffnen
Win + Z	Snap-Layouts ein- bzw. ausblenden
Win + →	aktives Fenster an den rechten Bildschirmrand andocken
Win + ←	aktives Fenster an den linken Bildschirmrand andocken
Win + ↑	aktives Fenster maximieren
Win + ↓	aktives Fenster minimieren
Win + ,	den Desktop-Inhalt kurzzeitig ausblenden
Win + Pause	Systemeigenschaften anzeigen
Win + Ziffer	das Programm starten, das sich an der durch die Ziffer angegebenen Position in der Taskleiste befindet

⊞ + Leertaste	die Spracheinstellung der Tastatur ändern
⊞ + ↹	zwischen geöffneten Anwendungen umschalten und den Aktivitätsverlauf öffnen
⊞ + Strg + ↵	die Sprachausgabe aktivieren die Sprachausgabe aktivieren
⊞ + Strg + D	einen virtuellen Desktop hinzufügen
⊞ + Strg + F4	den aktiven virtuellen Desktop schließen
⊞ + +	Ansicht mit der Bildschirmlupe vergrößern
⊞ + -	Ansicht mit der Bildschirmlupe verkleinern
⊞ + Esc	die Bildschirmlupe schließen
⊞ + F1	die Windows-Hilfe öffnen
Strg + A	alles markieren
Strg + B	markierte Zeichen fett darstellen (u. a. in Mail-App und WordPad)
Strg + C	Kopieren
Strg + I	markierte Zeichen kursiv darstellen (u. a. in Mail-App und WordPad)
Strg + U	markierte Zeichen unterstrichen darstellen (u. a. in Mail-App und WordPad)
Strg + V	Einfügen
Strg + X	Ausschneiden
Strg + Z	Rückgängig machen

Tastenkombinationen für den Explorer

Strg + E oder Strg + F	das Suchfeld aktivieren
Strg + N	ein neues Fenster öffnen
Strg + W	das aktuelle Fenster schließen
Strg + Mausrad	die Größe der Symbole ändern
Alt + P	das Vorschaufenster anzeigen
Alt + ↵	die Eigenschaften des ausgewählten Elements öffnen
Alt + ↑	zum übergeordneten Ordner springen
Alt + →	zum nächsten Ordner springen

Hilfreiche Tastenkombinationen

Tastenkombinationen für den Explorer (Forts.)	
Alt + ←	zum nächsten Ordner springen
F2	das ausgewählte Element umbenennen
F3	zur Suche nach Dateien und Ordnern wechseln
F4	die Adressleiste anzeigen
F5	das Explorer-Fenster aktualisieren
F11	das Explorer-Fenster maximieren oder minimieren
⇧ + F11	weitere Optionen anzeigen

Tastenkombinationen in Dialogfenstern	
Strg + ↹	zwischen Registerkarten umschalten (vor)
Strg + ⇧ + ↹	zwischen Registerkarten umschalten (zurück)
↹	zum nächsten Steuerelement wechseln
↹ + ⇧	zum vorherigen Steuerelement wechseln
Alt	Buchstaben als Kürzel für Menüs einblenden
Alt + unterstrichener Buchstabe (mit Alt werden die Menübuchstaben eingeblendet)	das zum Buchstaben gehörende Menü öffnen oder den entsprechenden Befehl aufrufen
Leertaste	Kontrollkästchen aktivieren oder deaktivieren
↵	das ausgewählte Element ausführen/öffnen

Tastenkombinationen für die Mail-App	
Strg + R	Antworten
Strg + ⇧ + R	Allen antworten
Strg + F	Weiterleiten
Strg + M	den Posteingang aktualisieren
Strg + U	eine E-Mail als ungelesen markieren
Strg + Q	eine E-Mail als gelesen markieren
Strg + N	eine neue Nachricht erstellen
Strg + ↵	eine E-Mail senden

Tastenkombinationen für Microsoft Edge	
Bild ↓	eine Seite nach unten blättern
Bild ↑	eine Seite nach oben blättern
Ende	zum Ende der Seite springen
F3 oder Strg + F	auf der Seite suchen
F4	die Adressleiste aktivieren
F5	die Seite aktualisieren
F7	Tastaturnavigation ein-/ausschalten
Pos1	zum Anfang der Seite springen
Strg + -	Darstellung verkleinern
Strg + +	Darstellung vergrößern
Strg + 0	Darstellung wieder auf 100 % setzen
Strg + 1 bis 8	die Registerkarte öffnen, deren Nummer gedrückt wurde
Strg + 9	zur vorherigen Registerkarte wechseln
Strg + Alt + F4	alle Registerkarten bis auf die aktive schließen
Strg + H	den Verlauf öffnen
Strg + K	die aktuelle Registerkarte kopieren
Strg + Link anklicken	die Seite in einem neuen Register öffnen
Strg + N	ein neues Fenster öffnen
Strg + P	die aktuelle Seite ausdrucken
Strg + T	eine neue Registerkarte öffnen
Strg + ⭾	zwischen Registern wechseln
Strg + ⇧ + N	den privaten Modus aktivieren (InPrivate)
Strg + ⇧ + O	die Favoritenverwaltung öffnen
Strg + ⇧ + R	den Lesemodus ein-/ausschalten
Strg + ⇧ + T	die zuletzt geschlossene Registerkarte wieder öffnen

Glossar

Administrator	Als *Administrator* bezeichnet man den Anwender, der unter Windows die meisten Rechte besitzt. In einem Netzwerk ist er der Verwalter und kann anderen Benutzern Rechte zuteilen oder entziehen.
App	Kurzform des englischen Begriffs *Application Software*, zu Deutsch *Anwendungsprogramm*. Apps werden über entsprechende Einträge im Startmenü aufgerufen, können aber in der Taskleiste abgelegt und über diese Verknüpfung gestartet werden.
Arbeitsplatz	*Arbeitsplatz* wird der Hauptbildschirm von Windows genannt. Unten befindet sich die Taskleiste, und auf dem Arbeitsplatz selbst sehen Sie zu Anfang lediglich das Programmsymbol des Papierkorbs. Anstatt *Arbeitsplatz* wird häufig auch der Begriff *Desktop* verwendet.
Backup	Ein *Backup* ist eine Sicherheitskopie einer Anwendung oder allgemein das Anlegen einer Datensicherung. Windows 11 bietet die Möglichkeit, ein Systemabbild zu erstellen. Für eine regelmäßige Sicherung einzelner Dateien sollten Sie auf externe Programme von Drittanbietern zurückgreifen.
Benachrichtigungscenter	Das Benachrichtigungscenter ist die zentrale Anlaufstelle für Systemmeldungen und Benachrichtigungen. Es kann über das Symbol der Uhr in der Taskleiste oder mithilfe der Tastenkombination [Windows] + [N] am rechten Bildrand eingeblendet werden.
Benutzerkonto	Unter Windows 11 können Sie ein lokales Benutzerkonto oder ein Benutzerkonto mit Anbindung an ein Microsoft-Konto anlegen. Beide Kontentypen können als Standard- oder als Administrator-Konto eingerichtet werden. Aus Gründen der Übersichtlichkeit und zum Schutz der Privatsphäre sollte für jeden Nutzer ein eigenes Benutzerkonto eingerichtet werden. Bei dem ersten Konto, das nach einer *Windows 11 Home*-Neuinstallation eingerichtet wird, muss es sich um ein mit einem Microsoft-Konto verknüpftes Benutzerkonto handeln.
Bibliothek	In Bibliotheken werden Daten zu verschiedenen Themen zusammengefasst, z. B. Urlaubsbilder. Alle Bilder werden in der Bibliothek angezeigt, können sich aber an unterschiedlichen Speicherorten auf der Festplatte befinden.

Glossar

Browser	Ein Programm, mit dessen Hilfe Sie sich im Internet bewegen (*surfen*) können. Die bekanntesten Browser sind Mozilla Firefox, Google Chrome, Opera und Microsoft Edge.
Cortana	Die Sprachassistentin Cortana war in Windows 10 ein fest integrierter, sprachgesteuerter Dienst, über den Sie per Sprachbefehl Anwendungen starten oder Fragen (z. B. nach dem Wetter) stellen können. In Windows 11 ist Cortana nur noch als App verfügbar.
Defender	Eine in Windows 11 integrierte Software zum Schutz vor Viren, Würmern, Trojanern und anderen Computerschädlingen. Der Oberbegriff für diese Schadsoftware lautet *Malware*.
Defragmentierung	Windows speichert Daten nicht an einem Stück auf die Festplatte, sondern zerlegt sie in kleine Datenpakete und legt sie in *Clustern* dort auf der Festplatte ab, wo gerade Platz ist. Bei der Defragmentierung werden die Daten neu geordnet und wieder zusammenhängend abgespeichert, wodurch der Zugriff auf die Festplatte beschleunigt wird.
Deinstallation	Das Entfernen einer Anwendung vom Computer bezeichnet man als *Deinstallation*. Siehe auch *Installation*.
Desktop	Siehe *Arbeitsplatz*.
Drag & Drop	Sie klicken mit der linken Maustaste ein Objekt an und verschieben dieses mit weiterhin gedrückter Maustaste an eine andere Position. Lassen Sie die Maustaste wieder los, wird das Objekt an dieser Stelle abgelegt oder eingefügt. Diesen Vorgang nennt man *Drag & Drop*.
Einstellungen	Die Einstellungen können über den gleichnamigen Menüpunkt im Startmenü oder mithilfe der Tastenkombination [Win] + [I] aufgerufen werden. Ähnlich wie in der klassischen Systemsteuerung können Sie in dieser App Systemkonfigurationen und -einstellungen vornehmen. Immer mehr Optionen sind mittlerweile nur noch über die Einstellungen und nicht mehr über die Systemsteuerung erreichbar.
Entpacken	Siehe *Packen/Entpacken*.

Glossar

Firewall	Ein Programm, das einen Computer mit Anbindung an das Internet vor Angriffen aus dem Netz schützen soll. Ein- und ausgehende Verbindungen werden überwacht und gegebenenfalls blockiert. Unter Windows 11 ist eine Firewall bereits fester Bestandteil des Betriebssystems.
Icon	Siehe *Programmsymbol*.
Installation	Den Vorgang, eine Anwendung auf den Computer aufzuspielen, bezeichnet man als *Installation*. Siehe auch *Deinstallation*.
Link	Ein Verweis auf eine andere Seite oder eine andere Stelle im Programm oder im Internet. Häufig in Textform, aber auch Schaltflächen und Grafiken können mit einem Link unterlegt sein.
Media Player	Ein Programm zum Abspielen von Musik-CDs und Betrachten von Videodateien. Unter Windows 11 gibt es zwei Programme dieses Namens: Die neue App *Media Player* und den aus früheren Windows-Versionen bekannten *Windows Media Player*. Der Windows Media Player kann keine DVDs mehr wiedergeben. Zum Ansehen von DVDs am Computer können Sie z. B. auf den kostenlosen *VLC Media Player* ausweichen.
Microsoft-Konto	Vormals auch unter dem Namen *Windows Live ID* bekannt. Dabei handelt es sich um ein Kundenkonto, das für die Nutzung bestimmter Dienste benötigt wird. Bei der Neuinstallation von Windows 11 Home ist die Einrichtung eines Microsoft-Kontos erforderlich. Anschließend lässt sich aber auch weiterhin ein lokales Benutzerkonto einrichten und nutzen. Für die Verwendung einiger Apps, wie etwa den *Store* oder *Microsoft Teams*, ist das Microsoft-Konto Voraussetzung.
Microsoft Teams	Die in Windows 11 integrierte App ermöglicht Chats, Audio- sowie Videotelefonate mit den in Microsoft Teams oder der Kontakte-App gespeicherten Kontakten. Der Aufruf der App erfolgt z. B. über das entsprechende Chat-Symbol in der Taskleiste. Zur Nutzung ist ein Microsoft-Konto erforderlich.

Glossar

Netzwerkschlüssel	Mit einem *Netzwerkschlüssel* oder auch *Netzwerkkennwort* ist ein Funknetz (WLAN) abgesichert. Anwender, die auf die WLAN-Verbindung zugreifen möchten, müssen zur Authentifizierung diesen Schlüssel angeben.
OneDrive	Ein kostenloser Onlinespeicher von Microsoft, der unter Windows 11 im System integriert ist. Der Dienst ermöglicht es Anwendern, Fotos und Dokumente auf einen Speicherplatz im Internet hochzuladen und anderen Benutzern zugänglich zu machen. Bis Februar 2014 trug der Dienst den Namen *SkyDrive*.
Outlook.com	Ein kostenloser E-Mail-Dienst der Firma Microsoft. Das E-Mail-Konto ist per Browser im Internet von jedem internetfähigen Computer erreichbar, kann aber auch lokal über ein E-Mail-Programm verwaltet werden. Dieser E-Mail-Dienst war zuvor unter der Bezeichnung *Windows Live Hotmail* bekannt.
Packen/Entpacken	Das Komprimieren und Dekomprimieren von Daten bezeichnet man umgangssprachlich auch als *Packen* und *Entpacken*.
PDF	Abkürzung für *Portable Document Format*. Dabei handelt sich um ein Dateiformat, das zum Austausch von Informationen verwendet wird. PDF-Dateien lassen sich mit verschiedenen Zusatzprogrammen oder direkt aus Microsoft Office heraus erstellen. PDF-Dateien können Sie mit dem Browser Edge betrachten.
Product Key	Auch *Produktschlüssel* oder *Lizenzschlüssel* genannt; ein meist alphanumerischer Code, mit dem Sie die Testversion einer Anwendung so freischalten können, dass Sie die Vollversion erhalten, oder ein Code, der zur uneingeschränkten Nutzung einer Anwendung berechtigt.
Programmsymbol	Nahezu jedes Programm verfügt über ein eigenes Programmsymbol (nebenstehend sehen Sie das Symbol des Browsers Microsoft Edge). Programmen ohne eigenes Symbol wird von Windows ein Standardsymbol zugeordnet. Anstelle von *Programmsymbol* wird häufig auch der Begriff *Icon* verwendet.
Registrierungsdatenbank	In der Registrierungsdatenbank speichert Windows sämtliche benutzer-, soft- und hardwarespezifischen Einstellungen. Die Datenbank ist hierarchisch aufgebaut und kann von erfahrenen Anwendern mit dem Registrierungs-Editor bearbeitet werden.

Glossar

Registry	Englisch für *Registrierungsdatenbank*. Siehe dort.
Schaltfläche	Ein Menüpunkt in einer besonderen optischen Form. Die häufig rechteckigen Schaltflächen müssen vom Benutzer angeklickt werden, um eine Aktion auszuführen. Teilweise wird für Schaltflächen auch der Begriff *Buttons* verwendet.
SSD-Festplatte	Abkürzung für *Solid State Drive*. Ein elektronisches Speichermedium, für das schnelle, Flash-basierte Speicherchips verwendet werden. Da im Gegensatz zu einer herkömmlichen Festplatte keine mechanischen Bauteile verwendet werden, arbeitet ein SSD-Laufwerk geräuschlos. Der Schreib- und der Lesezugriff auf ein SSD-Laufwerk sind erheblich schneller als bei Festplatten der alten Generation.
Startmenü	Das Startmenü wird über das Windows-Logo in der Taskleiste oder das [⊞]-Symbol auf der Tastatur geöffnet. Jedes Symbol steht für eine App, ein Desktop-Programm oder eine Einstellung.
Systemabbild	Ein Systemabbild ist eine exakte Kopie eines Laufwerks, oftmals auch als *System-Image* oder *Festplatten-Image* bezeichnet. In ein Systemabbild können neben der Systemfestplatte auch weitere Festplattenkopien integriert werden.
Systemsteuerung	Über die Systemsteuerung erreichen Sie zahlreiche Einstellungen und Konfigurationsmöglichkeiten. Die klassische Systemsteuerung wird aber zusehends von den neuen Einstellungen abgelöst. Der schnellste Weg zur Systemsteuerung führt über das Suchfeld der Taskleiste.
Update	Updates sind Programmverbesserungen und Erweiterungen, die vom Hersteller – meist kostenlos – zur Verfügung gestellt werden. Updates beheben oft bekannte Programmfehler oder schließen Sicherheitslücken.
USB	Abkürzung für *Universal Serial Bus*. Mittlerweile die häufigste Schnittstelle zum Anschluss von Hardware, z. B. von Maus, Tastatur, Scanner, Drucker, Digitalkameras sowie USB-Speichersticks und externen Festplatten.

Glossar

Wechseldatenträger	Ein Datenträger, der nicht fest in den Computer eingebaut ist, beispielsweise eine CD/DVD, ein USB-Stick oder eine externe Festplatte.
Widgets	Miniaturanwendungen, die wichtige Informationen wie Nachrichten, Wettermeldungen oder auch Aktienkurse bereithalten. Unter Windows 11 lassen sich Widgets über das entsprechende Symbol in der Taskleiste ein- bzw. ausblenden.
Windows Store	Über den integrierten Windows Store können Sie kostenfreie sowie kostenpflichtige Apps beziehen und auf Ihrem Computer installieren. Für die Nutzung des Stores ist ein Microsoft-Konto erforderlich.
WLAN	Ein drahtloses lokales Netzwerk (*Wireless Local Area Network*). Die Daten werden dabei meist per Funk übertragen. WLAN ermöglicht die kabellose Nutzung des Internets, z. B. über einen Laptop.
WPA/WPA2	Eine Verschlüsselungsmethode für Drahtlosnetzwerke (WLANs). Ihr WLAN zu Hause sollte unbedingt über eine solche Methode verschlüsselt werden.
Zwischenablage	Ein Zwischenspeicher zum Austausch von Daten, die über den Menüpunkt **Kopieren** oder mit der Tastenkombination Strg + C kopiert und mit dem Befehl **Einfügen** oder Strg + V in eine andere Anwendung eingefügt werden können. Wird ein weiteres Objekt (Datei, Grafik, Text) kopiert, wird der Speicherinhalt mit den neuen Daten überschrieben.

Stichwortverzeichnis

A

B

C

Stichwortverzeichnis

Stichwortverzeichnis

F

G

H

Stichwortverzeichnis

I

J

K

L

M

Stichwortverzeichnis

N

O

P

Stichwortverzeichnis

R

S

Stichwortverzeichnis

T

U